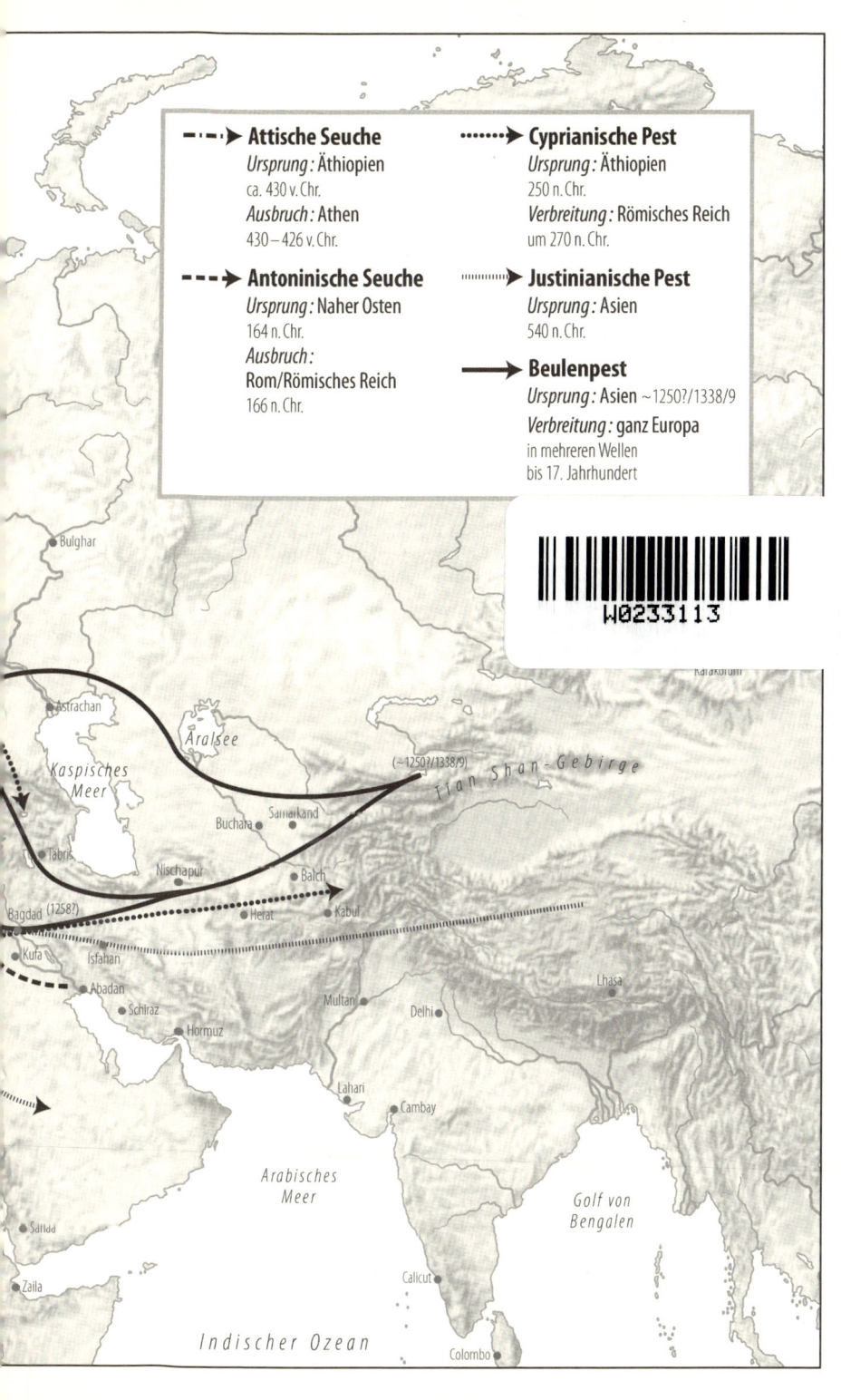

Attische Seuche - · - ▶
Ursprung: Äthiopien
ca. 430 v. Chr.
Ausbruch: Athen
430 – 426 v. Chr.

Antoninische Seuche - - - ▶
Ursprung: Naher Osten
164 n. Chr.
Ausbruch:
Rom/Römisches Reich
166 n. Chr.

Cyprianische Pest ·········▶
Ursprung: Äthiopien
250 n. Chr.
Verbreitung: Römisches Reich
um 270 n. Chr.

Justinianische Pest ⸽⸽⸽⸽⸽⸽▶
Ursprung: Asien
540 n. Chr.

Beulenpest ───▶
Ursprung: Asien ~1250?/1338/9
Verbreitung: ganz Europa
in mehreren Wellen
bis 17. Jahrhundert

Bulghar

Astrachan

Aralsee

*Kaspisches
Meer*

Samarkand

Buchara

Tian Shan-Gebirge

(~1250?/1338/9)

Tabris

Nischapur

Balch

Bagdad (1258?)

Herat

Kabul

Kufa

Isfahan

Abadan

Multan

Delhi

Lhasa

Schiras

Hormuz

Lahari

Cambay

*Arabisches
Meer*

*Golf von
Bengalen*

Sdidd

Calicut

Zaila

Indischer Ozean

Colombo

Karakorum

Matthias Glaubrecht
Die Rache des Pangolin

MATTHIAS GLAUBRECHT

DIE RACHE DES PANGOLIN

Wild gewordene
Pandemien und der Schutz
der Artenvielfalt

Ullstein

Wir verpflichten uns zu Nachhaltigkeit
• Klimaneutrales Produkt
• Papiere aus nachhaltiger
  Waldwirtschaft und anderen
  kontrollierten Quellen
• ullstein.de/nachhaltigkeit

Aus Gründen der Lesbarkeit wurde im Text die männliche Form gewählt. Nichtsdestoweniger beziehen sich die Angaben auf Angehörige aller Geschlechter.

MIX
Papier | Fördert
gute Waldnutzung
FSC® C014496

ISBN 978-3-550-20141-7
© 2022 Ullstein Buchverlage GmbH, Berlin
Alle Rechte vorbehalten
Karten in Vor- und Nachsatz: Peter Palm
Lektorat: Katharina Hellriegel-Stauder
Gesetzt aus der Scala OT
Satz: LVD GmbH, Berlin
Illustration: © by Kevin from The Noun Project
Druck und Bindearbeiten: GGP Media GmbH, Pößneck
Printed in Germany

Für Hannelore

INHALT

PROLOG: ANSTECKUNG UND ÜBERSPRUNG

Am Anfang ist es keine Nachricht. Denn es beginnt immer im Verborgenen und bleibt unsichtbar. Daher weiß man später auch nicht, womit alles begann.

Alles begann damit, dass 2019 in der Volksrepublik China die Afrikanische Schweinepest grassierte – ausgerechnet im Jahr des Schweins, das dort eigentlich im Zeichen von Wohlstand und Lebensfreude stehen sollte. Ausgebrochen war sie bereits im August des Vorjahres, als die ersten Tiere hohes Fieber bekamen und innerhalb von wenigen Tagen dahingerafft wurden. Doch die betroffenen bäuerlichen Betriebe vor Ort meldeten wegen der zu befürchtenden Nachteile diese Infektionen mit dem für den Menschen harmlosen Virus nicht. So konnte sich die unter den Schweinen hochansteckende Seuche im ganzen Land ausbreiten. Die Schweinepest stürzte China – das mit mehr als 400 Millionen Tieren knapp die Hälfte des gesamten Schweinebestands der Welt hält und wo mehr Schweinefleisch konsumiert wird als in jedem anderen Land – in eine beispiellose Versorgungskrise.[1] In der Volksrepublik, die als weltweit größter Schweinefleischproduzent gilt, ist Schweinezucht ein Markt im Wert von knapp 130 Milliarden Dollar und ernährt mehr als 30 Millionen meist kleine landwirtschaftliche Schweinezuchtbetriebe mit weniger als 50 Tieren.

Da Millionen Tiere an der Schweinepest starben oder auf Anordnung der Behörden notgeschlachtet wurden, fiel ein erheblicher Teil der Schweineproduktion aus. Immerhin wurde bis Ende des Jahres mit mehr als 150 Millionen Schweinen beinahe die Hälfte der gesamten Schweineherde des Landes gekeult. Der Versorgungsengpass ließ die Preise explodieren – zuerst für Schweinefleisch, dann für sämtliches Fleisch auch anderer Nutztiere und von Wildtieren, nicht nur in China. Dort allerdings ist Schweinefleisch, von dem pro Kopf durchschnittlich rund 30 Kilo im Jahr konsumiert werden, ein beliebtes Grundnahrungsmittel und wichtigste Proteinquelle. Schnell machte man sich auf die Suche nach Alternativen, nachdem die strategische Reserve von tonnenweise eingefrorenem Schweinefleisch weitgehend aufgebraucht und die Versorgung mit dem Fleisch dieser Tiere um mehr als elf Millionen Tonnen binnen eines Jahres zurückgegangen war. Natürlich versuchte man dies zuerst durch vermehrte Importe beispielsweise aus Europa zu kompensieren und das fehlende Schweinefleisch durch andere Fleischprodukte – etwa von Rind und Huhn, aber auch durch Fisch – auszugleichen. Es half nichts: Der Preis für Schweinefleisch erreichte bis November 2019 Rekordhöhen, er war mehr als doppelt so hoch wie im Vorjahr.

Daher wichen die Konsumenten auf andere Fleischarten aus – auf Nutztiere, aber auch auf Wildbret vor allem aus dem Süden Chinas, wo Wildfleisch traditionell stärker genutzt wird. Diese vermehrte Nachfrage sowie der entsprechende Handel und Transport haben sowohl Wild- wie auch Farmtiere als potenzielle Virenüberträger verstärkt mit dem Menschen in Kontakt gebracht. Ein lebhafter, nicht nur regionaler Handel mit Fleischprodukten setzte ein. Dabei könnten lebend wie auch gefroren transportierte Tiere und deren Fleisch etwa aus dem Süden Chinas einem neuartigen Virus neue Wege der Ausbreitung selbst über Tausende von Kilometern eröffnet haben – so in die großen aufwachsenden Millionenstädte, die sich entlang des Jangtsekiang in Zentralchina wie Perlen auf einer Kette aufreihen: von Shanghai mit seinen 25 Millionen Bewohnern über Wuhan mit 11 Millionen Einwohnern bis hin zur einwohnermäßig größten Stadt der Welt, Chongqing mit 34 Millionen.[2]

Die dadurch möglich gewordenen vielfältigen Kontakte mit einem sich anfangs im Verborgenen vermehrenden und mutierenden Virus könnte schließlich den – aus Sicht des Erregers erfolgreichen – Übersprung in die menschliche Population eingeleitet haben. Möglich, dass dieser Erreger bereits lange vor dem eigentlichen Ausbruch zirkulierte, zuerst im Süden Chinas oder in angrenzenden Staaten wie Laos und Vietnam. Möglich auch, dass er dabei immer wieder einmal Menschen infizierte. Doch haben sich die Mutationen anfangs wohl noch nicht effektiv etabliert. Erst als eine kritische Anzahl von Mutationen in immer mehr infizierten Wirten, Tier wie Mensch, stattfand, adaptierte sich das Virus. Diese genetischen Veränderungen ließen es nicht nur besser in Lungenzellen eindringen, sondern führten auch dazu, dass es von Mensch zu Mensch weitergegeben werden konnte. Schließlich explodierte Ende 2019 in Wuhan die Virus-Population und löste die Corona-Pandemie aus.

Letztlich spielte die Millionenmetropole am Jangtse dabei wohl eher zufällig eine – wenn auch zentrale – Verteilerrolle. Seinen eigentlichen Ursprung aber könnte das neuartige Virus sehr wohl anderswo gehabt haben. Durch weitere Funde von Coronaviren auch in Laos, Kambodscha und Thailand rückte Südostasien mit seinen zahlreichen natürlicherweise dort vorkommenden Wildtieren ebenso wie den vielen Farmtieren in den Fokus.

Dass dort und anderswo auf den zahllosen Märkten weiterhin Wildtierfleisch verkauft und verzehrt wird, macht weitere Fälle von *contagion* (Ansteckung) und von *spillover* (das Überspringen mutierter Viren vom Tier auf den Menschen) sehr wahrscheinlich – darunter auch solche, die noch weitaus tödlichere Varianten hervorbringen könnten.

***

So könnte es begonnen haben. So könnte sich aus einem anfangs vergleichsweise harmlosen, wenigstens außerhalb Chinas kaum beachteten Vorkommnis ein historisches Ereignis von globaler Tragweite entwickelt haben.

Eine Nachricht wurde dieses Ereignis erstmals, als sich im Dezember 2019 in der chinesischen Millionenstadt Wuhan rätselhafte Lungenerkrankungen häuften, die innerhalb weniger Tage immer mehr Menschen in die Krankenhäuser strömen ließen und an denen die ersten bald verstarben. Schnell wurde den Medizinern klar, dass die Ursache ein unbekannter Erreger sein könnte, der durch Tröpfcheninfektion sehr leicht von Mensch zu Mensch übertragen wird. Daraufhin ging Wuhan Ende Januar in einen Lockdown, und die Menschen dieser Metropole wurden geradezu in Isolationshaft genommen, um die Ausbreitung der neuen Seuche zu verhindern. Doch da hatte die Pandemie längst ihren Lauf genommen. Während Menschen nun in immer mehr Ländern starben und sich das Virus weltweit verbreitete, wurde der mysteriöse Erreger als ein neues Coronavirus identifiziert und fortan als Sars-CoV-2 bezeichnet. Als tierische Wirte und eigentlichen Infektionsherd identifizierte man *Rhinolophus*-Fledermäuse aus der südchinesischen Provinz Yunnan. Aufgrund eher zufälliger Funde beim Zoll zuerst in Guangxi, dann auch in Guangdong nahe Hongkong gerieten bald die auch Pangoline genannten Schuppentiere, die massenhaft nach und in Asien geschmuggelt werden, in den Verdacht, den neuartigen Erreger als Zwischenwirte von den Fledermäusen auf den Menschen zu übertragen. Irgendwo auf diesem Weg mutierte das Virus, sodass es sich auch ohne weiteres Zutun von Tieren direkt unter den noch immer viel zu unvorsichtigen Menschen ausbreitete.

Abermals in kürzester Zeit, rekordverdächtig in weniger als einem Jahr, wurden neuartige Impfstoffe entwickelt, mit denen sich 2021 weltweit immer mehr Menschen schützen konnten – selbst gegen immer neue Varianten des weiter lebhaft mutierenden Virus. Als dank breiter Impfung der Bevölkerung immer weniger Menschen schwer erkrankten oder gar starben und schließlich die meisten entweder geimpft oder von einer Erkrankung genesen waren, schien die Pandemie endlich abzuebben.

Das neue Coronavirus hat bis heute mehrere Millionen Menschen weltweit umgebracht. Es hat dafür gesorgt, dass sich überall Abermillionen Menschen voneinander isolieren, Länder für Wochen und Monate lahmgelegt werden und sich ganze Kontinente abriegeln, begleitet von wirtschaftlichen Verwerfungen und erheblichen sozialen Belastungen und Spannungen. Regierungen wurden wegen des Virus oder des Umgangs mit ihm abgewählt, andere fanden dadurch – wenigstens vorübergehend – neuen Zuspruch.

Rätselhaft aber bleibt bis heute, woher das Virus wirklich kam. Wie und wo sind die ersten Erreger dieser Pandemie entstanden? Wie konnte das Virus auf den Menschen gelangen? Vor allem: Welche Rolle spielen besagte Fledermäuse aus Südchina dabei – und welche die Pangoline? Nicht zuletzt auch fragt man sich: Wie ist der Erreger ausgerechnet nach Wuhan gelangt? Dorthin, wo man seit Jahren in einem Forschungslabor mit den aus Fledermäusen isolierten Coronaviren hantiert und Experimente durchführt, die anderswo aus gutem Grund verboten sind.

Und wenn wir noch einen Schritt weiter zurücktreten, um die Dinge mit etwas größerem Abstand zu betrachten, können wir fragen: Ist das, was dem Menschen hier gerade passiert, ein Naturereignis, wie viele annehmen? Handelt es sich tatsächlich um eine Naturkatastrophe, wie selbst namhafte Virologen immer wieder meinen? Oder ist die Coronakrise, vergleichbar etwa dem Einschlag eines Meteoriten, gleichsam höhere Gewalt? Vielleicht gar eine Art Strafe Gottes?

Wir wollen hier untersuchen: Wo kommen Seuchen wie diese her? Hat diese Pandemie einen natürlichen Auslöser? Und welche Rolle spielen wir Menschen wirklich dabei?

Jeder weiß, dass Pestilenzen in der Welt immer wieder
auftreten, aber irgendwie fällt es uns schwer,
an solche zu glauben, die von einem blauen Himmel auf
unseren Kopf fallen.

ALBERT CAMUS: DIE PEST (1947)

EINLEITUNG: GÖTTLICHE STRAFE ODER EIGENE SCHULD?

Um es vorwegzunehmen und damit gleich einen Irrtum auszuräumen: Es ist natürlich nicht die Schuld des Pangolins. Weder rächt sich der auch Schuppentier genannte Mitbewohner des Planeten an uns noch die Natur selbst. Sicher: Beide hätten hinreichend Grund dazu. Denn wir sind es, die das Unheil einer solchen Pandemie wie Covid-19 verursachen. Wir setzen den Tieren, darunter auch dem stellvertretend genannten Pangolin, in vielerlei Weise zu, indem wir die Natur verändern.

Corona ist mithin mehr als eine vom Sars-CoV-2-Erreger ausgelöste Plage – die Seuche steht symptomatisch für das Verhältnis der Menschheit zu ihrer Umwelt. Dabei geht es nicht um das Leben und den Tod des Einzelnen, nicht einmal um die vielen Menschen, die infiziert wurden, erkrankt und gestorben sind. Es geht um unsere Welt und den Planeten, den wir mit anderen Lebewesen teilen. Das Virus stellt uns und unsere Lebensweise insgesamt infrage. Denn der Mensch ist zu einem Faktor geworden, der für die Entstehung von Seuchen sorgt und dafür, wie diese sich ausbreiten.

Das war anders, als der Mensch auf diesem Planeten noch weniger dominant war und Krankheiten, die ihn ohne sein Zutun trafen, ausschließlich natürliche Ursachen hatten. Doch seit Langem haben wir nun unsere Finger im Spiel, heute mehr denn je.

Davon handelt dieses Buch: dass viele Infektionen – von Kinderkrankheiten wie Masern und Röteln über Pest und Pocken, Aids und Affenpocken bis hin zu Covid-19 – einen tierischen Ursprung haben und vom Tier auf den Menschen übergesprungen sind, und dass sie als solche Anschauungsunterricht in Sachen Evolution liefern. Das Buch untersucht aber auch, warum die neuerliche Pandemie keine unabwendbare Naturkatastrophe ist wie etwa ein Erdbeben. Nein, letztlich ist diese Krise menschengemacht; selbst wenn das Virus nicht unmittelbar, wie Verschwörungserzähler meinen, vom Menschen erschaffen wurde. Solche Pandemien werden durch uns selbst begünstigt, und die jüngste wird nicht die letzte sein. Wobei die Grenzen zwischen dem, was natürlich ist, und dem, was wir als »menschlich« bezeichnen, alles andere als festgezurrt sind. Daher fragen wir in diesem Buch: Wo und wie nahmen diese und andere Seuchen wirklich ihren Anfang? Und warum spielt gerade bei der Corona-Pandemie der Ursprung in China eine Rolle?

Es geht dabei ebenso um Viren wie um uns Menschen, unsere Umwelt und unsere Lebensweise – und darum, weshalb wir die Natur schützen und die Artenvielfalt erhalten müssen.

ZWEI PARADOXIEN UND EINE CHANCE

Denn das ist das erste Paradoxon dieser Pandemie: Corona ist eine Seuche mit einer Naturgeschichte und einem tierischen Ursprung. Zugleich aber ist sie auch menschengemacht, gewissermaßen die Folge unseres eigenen evolutiven Erfolgs. Damit liegt es in unserer Hand, solche Pandemien nicht erst zu bekämpfen, wenn sie bereits über uns gekommen sind, sondern zu verhindern, dass sie überhaupt erst zu uns kommen.

Corona ist nicht allein, auch wenn – abgesehen von der Spanischen Grippe – wohl keine Plage in so kurzer Zeit für so viele Todesfälle sorgte. Katastrophen und Apokalypsen sind eine nicht enden wollende Konstante unserer Geschichte. Deshalb handelt dieses Buch auch von dem, was wir – gleichsam mit dem Blick in den Rückspiegel der Geschichte – über solche Seuchen lernen können, welche Lektion wir aus der Vergangenheit mitnehmen. Eine davon ist zweifelsohne die Einsicht in das zweite Paradoxon: dass zwar Pandemien ganz bestimmt zur Menschheitsgeschichte gehören und allgegenwärtig sind und kleinste Erreger schon immer die Geschicke der Menschen und die großen Linien geschichtlicher Geschehnisse entscheidend geprägt haben – dass dies aber den meisten Menschen kaum bewusst ist, geschweige denn, dass wir hinreichende Konsequenzen daraus zögen.

Wie andere Katastrophen – etwa Sintfluten und Dürren, Erdbeben und Vulkanausbrüche – begleiten Epidemien uns Menschen schon seit Urzeiten. Wie wir mit diesen Krisen umgehen, ist existenziell und essenziell für das Überleben der Menschheit. Doch seit den Einsichten der Mikrobiologie und den Erfolgen der Immunologie hat sich unser Blick auf Pandemien radikal verändert; mit dem Effekt, dass wir irrigerweise bis vor Kurzem kollektiv annahmen, Seuchen weitgehend ausgerottet zu haben. Genau damit aber haben wir aus der Geschichte das Falsche gelernt und noch immer nicht die Gesetzmäßigkeiten der Natur verstanden.

Geschichte, so sagt man, wiederhole sich nicht. Aber sie spiegelt sich in dem, was während der jüngsten Pandemie passierte. Oder, wie es die amerikanische Lyrikerin Amanda Gorman gerade erst so wunderbar erfasst hat: »For while we have our eyes on the future, history has its eyes on us« – denn während wir in die Zukunft schauen, schaut die Geschichte auf uns.[1] Sich mit der Geschichte verheerender Seuchen zu beschäftigen vermag durchaus den Blick auf die gegenwärtige Lage und damit unsere Zukunft zu verändern – nicht nur, weil der Schrecken früher ungleich größer war, da man überhaupt nicht wusste, wie man sich vor der Plage schützen konnte. Vielmehr ist Seuchengeschichte auch Fortschrittsgeschichte geworden, da Epidemien nicht das Ende der Welt bedeuteten, sondern seit der Antike immer auch als Warnsignal verstanden wurden. Mit Quarantäne und Hygiene lernten die Menschen, geeignete Maßnahmen zu ergreifen. Als Erbe der Pest entstanden Lazaretthäuser wie etwa die Charité in Berlin. Und bei einer Pockenepidemie beobachtete der englische Landarzt Edward Jenner, dass die vorherige Infektion mit Kuhpocken gegen die Infektion schützt, was zur ersten Impfung führte. Choleraausbrüche durch mit Bakterien verunreinigtes Trinkwasser führten in den dicht besiedelten Armenvierteln von Berlin und Hamburg zum Bau der Kanalisation.

Und was lehrt uns Corona? Gerade aus der gegenwärtigen Pandemie können wir etwas über unseren wahren Platz auf diesem Planeten und in der Natur lernen, auch über die eigene Verwundbarkeit und die unserer Zivilisation. Denn wir sehen, wie gefährlich es ist, wenn wir die Erfahrungen der Geschichte vergessen oder meinen, diese ignorieren zu können. Und wir erfahren, wie tödlich politische Indolenz und gar Wissenschaftsfeindlichkeit sein können oder in welche Sackgassen die stammtischgleichen Echokammern moderner Internetkommunikation führen können.

Vor allem aber verstehen wir: Nicht das Virus ist es, das sich verbreitet, sondern wir Menschen verbreiten es. Nicht das Virus kommt aus dem Nichts zu uns; vielmehr kommen wir dem Virus immer näher, indem wir dahin gelangen, wo gefährliche Viren auf uns warten. Wie schon bei vorangegangenen Seuchen sind wir, die Menschen, das eigentliche Problem. Die jüngst zunehmenden Virenausbrüche geschehen nicht zufällig; sie spiegeln vielmehr unsere Lebensumstände und Verhaltensweisen wider. Ganz abgesehen davon, dass wir in Hochsicherheitslaboren zwecks Erforschung von Viren auch das Stück von Johann Wolfgang Goethes *Zauberlehrling* neu inszenieren und ein buchstäblich mordsgefährliches Risiko eingehen: »Die ich rief, die Geister, werd ich nun nicht los.« Erst all diese Einblicke machen den Weg frei für einen neuen Umgang mit der Natur – mit tief greifenden Veränderungen in unserer Lebensweise, einem neuen systemischen Ansatz unseres Wirtschaftens und des Umgangs mit unserer Umwelt. Nicht aus ideologischen, sondern aus logischen Gründen; nicht um eine politische Utopie zu leben, sondern um zu überleben. Leicht vergessen wir es – aber letztlich geht es um nichts weniger.

Daher beschäftigt uns hier, wie die neuen Erkenntnisse uns in Zukunft auf derartige Pandemien vorzubereiten vermögen. Angesichts des immer größeren Einflusses des Menschen im angebrochenen Anthropozän – dem Zeitalter des Menschen – stellt sich die Frage, ob die Sars-Seuche, die die Welt überzog, gar der Auftakt eines neuen, eines pandemischen Zeitalters ist, wie manchmal behauptet wird.[2] Ist Corona also eine Jahrhundert-Pandemie oder eher der Beginn eines neuen Jahrhunderts der Pandemien? Die anfangs vorherrschende Konzentration auf den Augenblick und die meist eingenommene Nahperspektive nur auf den Verlauf der Pandemie dürfte eine Falle sein, wurde zu Recht gewarnt.[3] Mit einigem Abstand können wir nunmehr sagen, dass wiederkehrende Pandemien alles andere als auszuschließen sind. Tatsächlich schafft der Mensch selbst die Voraussetzungen dafür. Gerade darin lauert die Gefahr; auch darum geht es bei dieser Geschichte.

GLOBALE KRISE

Mit Sars-CoV-2 war die Welt nicht mehr dieselbe. Und nach Jahren läuft die Pandemie weiter; alle hoffen, dass sie bald auslaufe, um dann zu vergessen, wie es dazu kam. Sie entstand, weil irgendwann, lange, bevor wir es bemerkten, irgendwo in Südostasien ein Erreger sehr wahrscheinlich aus einer Fledermaus auf einen noch nicht näher ausgemachten Zwischenwirt übergesprungen ist. Weil er dann unbemerkt die ersten Menschen infizierte, die ihn weitertrugen und ihn so auf eine rasante Reise um den Globus schickten. Das jedenfalls legen alle Indizien nahe, die wir derzeit haben.

Dieser Erreger, der – wie sein Vorgänger Sars vor zwei Jahrzehnten – aus dem Tierreich kam, hat das Leben der Menschen beinahe überall auf diesem Planeten vor unseren Augen innerhalb kürzester Zeit grundlegend verändert. Mehr als 400 Millionen Menschen sind bis Mitte 2022 weltweit an Covid-19 erkrankt, mehr als sechs Millionen sind angeblich daran gestorben. Das zumindest behauptete bis vor Kurzem noch die offizielle Statistik.

Doch diese Zahlen dürften kaum richtig sein; bereits nach zwei Jahren der Pandemie gibt es mit annähernd 18 bis 20 Millionen Corona-Toten sehr wahrscheinlich eher dreimal so viele, wie jüngste Analysen zeigen. Zwar verläuft die Erkrankung in der Regel vergleichsweise harmlos; im Verhältnis zur Zahl der Infizierten versterben nur wenige. Und doch führt sie zu einer Übersterblichkeit, die nur von der Grippe-Pandemie Anfang des 20. Jahrhunderts übertroffen wurde.[4] Zudem wurden die Pandemien nicht nur tödlicher, sondern auch immer teurer. Allein in Deutschland hat Corona in den ersten zwei Jahren rund 350 Milliarden Euro an Wirtschaftsleistung gekostet; weitere 50 Milliarden kamen im ersten Quartal 2022 laut dem Institut der deutschen Wirtschaft dazu. Amerikanische Forscher, darunter auch Ökonomen, um den Ökologen Andrew Dobson haben indes errechnet, dass die Kosten zur Prävention von Pandemien mit etwa 20 Milliarden US-Dollar jährlich weltweit weniger als ein Zehntel der jährlich dadurch zu erwartenden ökonomischen Verluste ausmachen.[5]

Fast niemand blieb von den Ereignissen und Folgen der Covid-19-Pandemie in den Jahren 2020 und 2021 verschont. Mit neuen Varianten und dem erratischen Hin- und Herspringen zwischen den Menschen sowie tierischen Wirten hat Sars-CoV-2 inzwischen ein neues Stadium erreicht. Bisher standen weltweit meist das Infektionsgeschehen sowie seine wirtschaftlichen und sozialen Folgen im Zentrum der Aufmerksamkeit. Weniger Beachtung fanden dagegen die eigentlichen Ursachen. Etwa die Tatsache, dass die Menschen gerade in Asien auf der Suche nach Ressourcen immer tiefer in einst weit abgelegene Lebensräume vordringen und dort mit Wildtieren in Berührung kommen, die sie wiederum mit ihren massenhaft gehaltenen Nutztieren in Kontakt bringen – und neuerdings auch mit dem Rest der Welt.

Das eröffnet zuvor begrenzt vorkommenden Erregern unbegrenzte Möglichkeiten; gerade solchen aus den artenreichen Tropen, wo nicht nur die Biodiversität insgesamt am größten ist, sondern auch das Vorkommen potenziell gefährlicher Viren. Da dort die Weltbevölkerung in unserer Generation gleichsam explodiert ist, bietet sie dem Virus mithin eine wahre Brutkammer zur weiteren Evolution. Zudem hat die Plünderung der Natur dort ein Ausmaß ohnegleichen erreicht.

Wenn demnächst die Pandemie mithilfe von Impfstoffen bezwungen ist und der Mensch wieder meint, Herr der Lage zu sein, werden viele erwarten, dass alles wieder so ist, wie es vor Beginn der Seuche und der damit verbundenen Angst und den Abweichungen vom Alltag war. Sosehr wir uns das vielleicht wünschen, werden wir feststellen, dass eben doch nicht mehr alles so ist wie zuvor. Auf ihre Weise hat diese Pandemie eine Büchse der Pandora geöffnet, und es ist ein Geist aus der Flasche, der nicht wieder hineingehen wird. Bereits am Anfang der Pandemie, als sich die ersten so fatalen wie globalen Auswirkungen abzeichneten, die durch eine Welt in Lockdown und Isolation ausgelöst wurden, diskutierten die ersten Historiker, inwieweit das Virus die Weltordnung verändere. Einige waren sich sicher, dass Covid-19 einmal als Geschichtszeichen eine Marke setze, dass es als Epochenwende gesehen werde. Schnell waren sich alle einig, dass die Welt durch die Pandemie in den Krisenmodus versetzt worden sei; und dass sich in so einer Krise immer etwas entscheide. Ausgerechnet das chinesische Wort für Krise besteht aus zwei Silben, die durch zwei Schriftzeichen ausgedrückt werden: eines für Gefahr, das andere für Chance. Die Ahnen müssen geahnt haben, dass Krisen aus diesen beiden Komponenten bestehen, dass sie ebenso gefährlich sind, wie sie Chancen bieten können. So zeichnet die Krise auch den Weg entweder zur Genesung oder in den Untergang vor. »In diesem Sinn ist Krise ein Begriff, der die Zeit unterteilt in ein Davor und ein Danach.«[6] Die Krise ist unsere Chance, die Erkenntnisse und Möglichkeiten, die uns diese Pandemie eröffnet, für uns zu nutzen. Denn, so wusste schon der Schweizer Schriftsteller Max Frisch: »Krise kann ein produktiver Zustand sein. Man muss ihr nur den Beigeschmack der Katastrophe nehmen.«[7] Wie jede Krise legt auch diese Pandemie offen, was vorher verdrängt und ignoriert wurde. Zur Aufarbeitung gehört dann auch eine schonungslose Untersuchung der Ursachen und der Frage, warum die Welt so offensichtlich blind in die Krise geraten ist. Dieser Punkt wird uns noch beschäftigen.

Was das Epochale betrifft, waren andere vorsichtiger und meinten, es sei durchaus nicht sicher, ob man bereits von einer weltgeschichtlichen Zäsur sprechen solle. »Historisch gesehen sind die Zeitgenossen solcher Epochenwenden oft nicht die besten Zeugen dafür, dass so ein Epochenwechsel tatsächlich stattfand.«[8] Allerdings muss man beachten, dass die Selbstbeobachtung der Gesellschaft heute viel ausgeprägter ist, soll heißen: Wir nehmen, anders als etwa zur Zeit der Spanischen Grippe, die Pandemie in Echtzeit und gleichzeitig überall auf der Erde wahr. Dennoch werden viele Zusammenhänge erst im Nachhinein klar. Erst im Rückblick lassen sich Muster erkennen; wie etwa, dass viele solcher Seuchen in Verbindung mit Kriegen auftauchten. Zumindest ist das eine These des Historikers Herfried Münkler, der darauf hinweist, dass bereits der Autor der biblischen Offenbarung, Johannes von Patmos, in der Figuration seiner vier apokalyptischen Reiter die Seuchen mit Krieg, Gewalt und Hunger verbunden hat. Tatsächlich war das beispielsweise bei der sogenannten Attischen Pest in Athen der Fall, die während des Peloponnesischen Krieges auftrat (und uns hier ebenfalls noch beschäftigen wird). Oder bei den regelmäßig auftretenden Seuchen während des Dreißigjährigen Krieges. Denken wir auch an die Spanische Grippe 1918 bis 1919, die es ohne den Ersten Weltkrieg nicht gegeben hätte.

Im Unterschied dazu traf uns Corona in Zeiten der scheinbaren Normalität; doch nur, wenn wir vom Krieg gegen die Natur absehen, den wir von den meisten unbemerkt seit Langem führen. Bereits dieser Umstand eröffnet uns einen anderen, einen neuen Blick auf diese Pandemie. Dazu gehört auch die Erkenntnis, dass die Globalisierung die Gesundheit gefährdet; und das nicht erst seit heute, sondern seit dem Beginn der europäischen Expansion vor 600 Jahren. Im Grunde standen Viren am Anfang der Eroberung und Inbesitznahme immer neuer Territorien durch europäische Konquistadoren und Kolonisatoren wenigstens seit Beginn der Moderne. Auch darum wird es in diesem Buch gehen; und darum, dass dank der Globalisierung heute die nächste Seuche gleichsam immer schon um die Ecke wartet. Sie braucht indes nicht mehr Jahre, um sich auszubreiten, wie einst etwa die Pest im Mittelalter, die vom Ende der Seidenstraße am Schwarzen Meer noch zwei Jahre unterwegs war, bis sie zu uns in die Mitte Europas gelangte. Allein schon das öffnet uns die Augen über die Natur unserer modernen Gesellschaft, die gerade erst weltweit in Quarantäne ging und bei der dadurch zur medizinischen Seuche noch eine ökonomische Verheerung ungeheuren Ausmaßes hinzukam. Es zeigt uns die

Verletzlichkeit unserer immer komplexer werdenden Welt, die starke Vernetzung von Menschen- und Handelsströmen – von der wir profitieren, von der wir uns aber auch nicht mehr lösen können und die uns nachhaltig zu schaden vermag, wenn wir die Globalisierung nicht resilient gestalten.

RÄTSELRATEN UM DEN URSPRUNG

Die allgegenwärtige Diskussion um Lockdown und Lockerung, um Impfstoffe und Impfpflicht, um Escape-Varianten, die kurzfristig jeder Immunantwort entgehen, um die Langzeitfolgen durch Long Covid und die gesellschaftlichen Verwerfungen – all dies hat den Blick auf die Herkunft des Virus und die Historie von Seuchen verstellt. Die beängstigende Flut der Infizierten und die Folgen für die Krankenhäuser haben die Fragen nach den eigentlichen Ursachen lange verdrängt. Woher genau und wie dieses neuartige Coronavirus so plötzlich auf den Menschen kam, schien in den ersten Wochen und Monaten auch weitaus weniger wichtig als die gewaltige Welle selbst, mit der es dann um die Welt raste. Nun ist die Flut zurückgegangen – und damit tauchen die Fragen wieder auf.

Ihren Anfang nahm die Corona-Pandemie – mehr ließ sich nicht mehr ermitteln, so hieß es lange – auf einem Wildtiermarkt in der zentralchinesischen Millionenstadt Wuhan. Von den ersten mit den Symptomen einer neuartigen Lungenkrankheit in Kliniken eingelieferten Patienten hatten die meisten nachweislich Verbindung zum Huanan Seafood Market. Wie auf vielen asiatischen Märkten wurden dort neben Fisch und Meeresfrüchten auch Dutzende Arten exotischer Wildtiere zum Verkauf angeboten – unter oft abenteuerlichen hygienischen Bedingungen. Dicht gedrängt waren Schlangen, Schildkröten und Vögel bis hin zu Nagetieren und allerlei Katzenverwandten lebend in Käfige gepfercht, während nebenan frisch geschlachtete Tiere zum Verzehr zerlegt wurden. Ideale Bedingungen für einen *spillover* – den Übersprung tierischer Viren, die in dem einem oder anderen dieser Tiere zirkulierten, auf den Menschen. Just dies kannte man bereits vom ersten Sars-Erreger, der 2003 und 2004 von Hongkong aus eine Epidemie mit Tausenden Infizierten und Hunderten Toten ausgelöst hat, nachdem die nachweislich von Fledermäusen stammenden Erreger über lebend zum Verzehr angebotene Schleichkatzen auf den Menschen übergesprungen waren. Damals.

Bei Covid-19 verdichtete sich in den ersten Wochen und Monaten 2020 die Erkenntnis, dass Sars-CoV-2 ebenfalls aus Fledermäusen stammt; und zwar solchen der Gattung *Rhinolophus*, bei denen man Jahre zuvor bereits Viren isoliert hatte, die sich nun beim Vergleich als genetisch sehr ähnlich erwiesen. So weit, so sicher; doch bereits dies warf mehr Fragen auf, als sich bis heute beantworten lassen, wie wir in Teil 1 sehen werden. Für weitere Rätsel sorgte dann aber vor allem der Zwischenwirt. Zwar meinte man bald, Pangoline als tierischen Überträger ausgemacht zu haben, nachdem sich – wenn auch etwas entfernter verwandt – ähnliche Viren in einigen geschmuggelten und beschlagnahmten Schuppentieren nachweisen ließen. Tatsächlich aber wissen wir bis heute nicht, ob und von welchem Tier das Virus wirklich auf den Menschen übergesprungen ist. Die erste Vermutung jedenfalls, dass die Pandemie auf dem Wildtiermarkt von Wuhan ihren Anfang nahm, trifft nicht mehr zu – unabhängig davon, für wie wahrscheinlich man eine genetische Manipulation im Zusammenhang mit der sogenannten »Labor-Hypothese« hält. Keine Frage: Die ganze Geschichte ist komplizierter; aber sie birgt dadurch auch tiefere Einblicke in den tatsächlichen Ursprung dieser Seuche.

Was wir wissen, ist, dass solche *spillover* weitaus häufiger und weiter verbreitet sind, als meist angenommen wird. Infektionskrankheiten, die von Tieren auf den Menschen überspringen, nennen Wissenschaftler Zoonosen. Etwa zweihundert solcher Zoonosen sind beschrieben. Jedes Jahr erkranken Millionen Menschen an ihnen – die meisten in Asien und Afrika; viele sterben daran. Bekannte und weniger bekannte Infektionskrankheiten haben einen solchen zoonotischen Ursprung. Tollwut und Tuberkulose etwa, die Pest und Pocken, auch Aids, Affenpocken und Ebola oder Hepatitis, Hendra und Hanta, genauso wie Zika und Chikungunya, Dengue und Lassa – sie alle stammen ursprünglich von Tieren. Und was wir oft verkennen: Selbst einige unserer Kinderkrankheiten stammen von Nutz- und Haustieren wie Rindern, Ratten oder Mäusen, von denen sie auf uns kamen und anfangs oft genug verheerende Epidemien auslösten. Dies ließ sich allen voran von Masern und Röteln erst jüngst nachweisen; was uns hier neue Einblicke verschafft.

Um solche Zoonosen wird es in diesem Buch gehen – um die Geschichte alter und neuer Infektionskrankheiten, um Seuchen, die den Menschen seit langer Zeit begleiten und als einer jener apokalyptischen Reiter Leiden und Tod über die Menschen bringen. Denn so viel ist sicher: Viren und Bakterien gehören seit Urzeiten zum Inventar der Evolution, und sie sind auch die ältesten Bekannten des Menschen. Sie haben immer schon – und mehr als alle Kriege – die Geschichte und Geschicke der Menschheit beeinflusst, ja diese einst vermutlich sogar zum Glauben gebracht. Und sie zeigen uns mit Corona einmal mehr unsere Grenzen auf. Angesichts derartiger weltgeschichtlicher Einflussnahme durch die Erreger darf man allerdings mit voller Berechtigung fragen, warum wir von der jüngsten Pandemie derart überrascht wurden. Immerhin kam Corona für die meisten als Schock, so plötzlich und gewaltig wie vielleicht ein Asteroiden-Einschlag. Wenn aber Pandemien nichts Neues sind, warum waren wir dann nicht gewarnt? Warum kommen Viren so unvermutet auf uns? Warum treffen sie uns so unvorbereitet, dass es ihnen innerhalb kürzester Zeit gelingt, uns so vollständig lahmzulegen?

Dieser Eindruck der Überraschung trügt freilich ebenso wie der des Unabwendbaren. Dass wir von der Pandemie so kalt erwischt wurden, hat vielmehr mit einer Verkettung von Irrtümern, Missverständnissen und Fehlannahmen zu tun. Zum einen ist das Auftreten von Pandemien eben kein seltenes Naturereignis, das nur ausnahmeweise passiert. Zum anderen ist es keine Naturkatastrophe.[9] Unter den Virenökologen zumindest hat der jüngste Ausbruch niemanden wirklich überrascht. Stattdessen haben viele Fachleute seit Jahrzehnten eine tödliche Infektion in *Touristville* in *Anycountry* sowie die Bedrohung der weltweiten Gesundheitssituation vorhergesagt und nachdrücklich davor gewarnt. Nur hat niemand darauf gehört. Die Weltgesundheitsorganisation WHO spielte unter dem Platzhalternamen »Disease X« schon lange entsprechende Szenarien durch. Auch die Bundesregierung hatte einen nationalen Pandemieplan in der Schublade, und der Bundestag war über ein konkretes Risikoszenario unterrichtet, das den Ausbruch einer mysteriösen Lungenkrankheit simuliert. Nur haben die Abgeordneten dies vollständig ignoriert. Immer gab es scheinbar Wichtigeres.[10] Dabei rechneten die meisten Fachleute zwar mit einem mutierten Grippevirus (und tun dies übrigens immer noch), in mehreren Szenarien folgt dann aber die Infektion mit einem Coronavirus.

Wie buchstäblich virulent das Thema ist, zeigte bereits Mitte der 1990er-Jahre Richard Preston mit seinem Tatsachen-Thriller *The Hot Zone*. Zeitgleich kam mit dem Hollywoodfilm *Outbreak* ein ganz ähnlicher Plot in die Kinos. Beide beschwören mit dem Ausbruch einer rätselhaften Viruskrankheit, die wie etwa Ebola oder HIV aus dem afrikanischen Regenwald stammt und die sich über die Luft von Mensch zu Mensch verbreitet, Horrorszenarien ausgerotteter Dörfer, abgeriegelter Regionen und einer über Labortiere verschleppten Seuche herauf.[11] Dann brach in

Hongkong 2003 die Sars-Epidemie aus. Wissenschaftsautoren wie David Quammen mit *Spillover. Animal Infections and the Next Human Pandemic* und Virenforscher wie Nathan Wolfe mit *The Viral Storm. The Dawn of a New Pandemic Age* haben vor einem Jahrzehnt in eindrücklichen Büchern vor solchen Pandemien gewarnt. Kaum erschienen, folgte Mers. Der Medizinhistoriker Mark Honigsbaum, um nur einen zu nennen, hat in *The Pandemic Century* – im Jahr vor Sars-CoV-2 erschienen – auf die Geschichte und Gefahr der Pandemien aufmerksam gemacht. Doch sämtliche Warnungen wurden überhört und übersehen.

DIE SAGE VON DER »NATURKATASTROPHE IN ZEITLUPE«

Der existenzielle Charakter der Krise, die jüngst mit dem Coronavirus über die Welt kam, war unmittelbar greifbar und hat die ersten Wochen und Monate der Pandemie entscheidend geprägt. Dennoch ist Covid-19 keine »Naturkatastrophe in Zeitlupe«. Namhafte Virologen – und in ihrem Gefolge die von der Realität überraschten Politiker – haben just dieses Credo einer Naturkatastrophe, gar einer »Jahrhundertkatastrophe«, die wir ernst nehmen müssten, weil es ernst sei, seinerzeit geradezu mantraartig wiederholt. Man muss zugeben, dass auch ausgewiesene Experten, wie der erwähnte Virenökologe Nathan Wolfe, dieses gängige Bild einer Naturkatastrophe beschwören, wenn sie davon sprechen, Pandemien seien »wie Hurrikane«, die gleichzeitig den gesamten Planeten träfen.[12] Wir müssen genauer hinsehen und klären, was eigentlich unter einer Naturkatastrophe zu verstehen ist. Denn mit diesem Begriff verbindet sich ein bestimmtes Narrativ, und das wird gern, oft ungewollt, als Ausflucht missbraucht.

Ganz unverdächtig bedeutet das griechische *katastrophé* so

viel wie »jäher Umschwung«; das Wort war bis ins 16. Jahrhundert für den Wendepunkt einer Komödie gebräuchlich. Erst später erhielt es seine negative Konnotation, als der Begriff verallgemeinert wurde und man ihn allmählich für ein entscheidendes Ereignis im Leben eines Menschen oder einer Gruppe verwendete. Heute steht er für ein Extrem- und Großereignis, das den Menschen und seine Kultur in zerstörerischer Weise trifft. Tatsächlich lässt sich die Geschichte der Menschheit auch als Geschichte der Katastrophen schreiben, wobei jeweils die größten Krisen nicht nur historische Meilensteine markieren, sondern auch Wendepunkte der Menschheitsgeschichte definieren. Das beginnt anderswo noch früher, aber im Westen handeln vor allem die biblischen Erzählungen oftmals von unheilvollen Naturereignissen, etwa von der Sintflut, Heuschreckenplagen und eben von Seuchen. Wobei wir festhalten müssen, dass im Grunde – noch ein Zitat von Max Frisch – »die Natur keine Katastrophe kennt. Nur der Mensch kennt Katastrophen, sofern er sie überlebt.«[13]

Mittlerweile bezeichnen wir als Katastrophe nicht nur überwältigende natürliche Ereignisse wie Erdbeben oder Vulkanausbrüche und andere Naturgewalten, sondern jede Art von Unfall, Krieg oder Gewaltakt; also jedes plötzliche, einschneidende Ereignis oder Unglück mit verheerenden Folgen.[14] Versuchen wir es anders: Im Englischen wird ein unabwendbares und unvorhergesehenes Ereignis – Stürme, Überflutungen, Vulkanausbrüche, Erdbeben, Tsunamis etwa – als *act of god* bezeichnet, als höhere Gewalt und als Zeichen göttlicher Einmischung. Dahinter verbirgt sich zwar der Widerspruch, dass einerseits von einem natürlichen Vorkommnis die Rede ist, es sich andererseits aber um einen göttlichen Willen handeln soll. Dessen ungeachtet liefert es uns aber den Hinweis auf einen wesentlichen Zusammenhang. Denn bei krisenhaften Ereignissen suchen wir Menschen immer nach den Ursachen. Das scheint in unserer Natur angelegt zu sein. Es dürfte einst also jenen einen entscheidenden Überlebensvorteil verschafft haben, die sich so vor der nächsten Überraschung zu schützen versuchten, indem sie den Dingen auf den Grund gehen wollten. Irgendwann kamen dabei die Götter als überirdische Instanz ins Spiel, wurden anders nicht erklärliche Kalamitäten im Nachgang als Zeichen göttlicher Einmischung, eines himmlischen Willens oder als Warnung gesehen, etwa als Strafe für Fehlverhalten und frevlerisches Treiben.

Da die Menschen auch im Fall von Seuchen nicht wussten, woher sie kamen, hielten sie diese verheerenden Katastrophen ebenfalls für eine göttliche Strafe oder Prüfung, die ihnen auferlegt wurde, eben als *act of god*. Zwar mögen sich die Menschen in der Antike gelegentlich im Status von Halbgöttern gesonnt und sich später sogar für gottgleich gehalten haben; dennoch erfanden sie Götter und dann den einen Gott als Instanz höherer Gewalt. Vor allem, sobald der Mensch offenkundig nicht mehr Herr seines Schicksals ist, bemüht er sich, Naturkatastrophen als göttliche Antworten zu verstehen. So erschien ihm auch jede neue Epidemie lange als Beweis überirdischer Aktivitäten. Später, mit dem Beginn der modernen Wissenschaft und der Aufklärung, galt dies allmählich als Aberglaube. Erste Vorstellungen von Hygiene und die Entwicklung der Medizin begleiteten die Moderne bis hin zur Infektionsbiologie unserer Tage. Schließlich gewährte uns die Wissenschaft Einblicke in die Natur der Zusammenhänge. Die Sache mit einem zürnenden Gott hat sich erledigt, lediglich in der Sprache bleibt es ein *act of god*.

So wandelte sich das Katastrophen-Narrativ, und jede Zeit entwickelte ihre eigene Vorstellung von Krisen samt mitgereichter Erklärung. Zum Beispiel hielt in der antiken Welt jedes der vier aristotelischen Elemente seine eigene Katastrophe bereit: die Erde das Beben, das Wasser die Flut, die Luft den Sturm und das Feuer den Vulkan. Götter erfüllten die Aufgabe der

Wissenschaft, bevor es diese gab. Heute erkennen wir vor allem die Aktivität der Plattentektonik als Ursache für Erdbeben, Vulkanausbrüche und Tsunamis. Zur tödlichen Naturkatastrophe werden sie indes nicht durch die Geologie und Natur an sich, sondern dadurch, dass der Mensch etwa in erdbebengefährdeten Gebieten siedelt, auf falsche Weise und mit ungeeigneten Materialien baut oder seine Frühwarnsignale versagen.

Bei den Seuchen ist es ganz ähnlich. Zwar ist die jüngste Pandemie ein Naturereignis, aber dadurch noch lange keine Naturkatastrophe. Sie hat weder eine göttliche noch allein eine natürliche Ursache. Doch warum dann diese Natur-Konnotation, wenn wir es als Wissenschaftler besser wissen? Warum werden die einst für göttliche Strafe gehaltenen Plagen in der aufgeklärten Moderne gemeinsam mit anderen Krisen zu Naturkatastrophen befördert? Weil damit weiterhin gleichsam die Macht naturalisiert wird – und der Mensch sich selbst gegenüber abermals die wahren Zusammenhänge verschleiert. Erst waren die Götter schuld, jetzt ist es die Natur – aber in jedem Fall ist der Mensch einmal mehr die Verantwortung los. Gott oder die Natur, immer taugt eine höhere Gewalt zur Erklärung. Doch in beiden Fällen machen wir es uns zu einfach.

Indem wir Menschen Pandemien als natürliche Kalamität erscheinen lassen, täuschen wir uns selbst darüber, dass sie tatsächlich vielfach erst durch Menschenhand entstanden sind. Das ist es, was wir uns in diesem Buch vor Augen führen wollen. Nicht jedoch, weil es im Fall der Corona-Pandemie eine dubiose Labortheorie vom Zauberlehrling und menschlichen Hexenmeister zu belegen (oder zu widerlegen) gilt. Selbst ohne dieses unmittelbare Zutun in einem chinesischen Viren-Labor – das ist die eigentliche Botschaft hinter der bloßen Feststellung – ist der Mensch in der Verantwortung. Anders ausgedrückt: Selbst wenn er im konkreten Fall an einer bestimmten Stelle seinen Finger am Abzug gehabt hätte, hat er auch ohne dies bereits seine Hände im Spiel.

EVOLUTION IN ECHTZEIT UND
DAS LEBEN IN FIEBRIGER AKTION

Nicht um das Dafür oder das Dagegen einer Hypothese zum Ursprung des Virus in einem Labor geht es also. Vielmehr interessiert uns die Frage: Welche Rolle spielt der Mensch bei der Entstehung von Pandemien allgemein, unabhängig von den mordsgefährlichen Experimenten der Labor-Virologen? Es geht um die Evolution von Viren und um Virenökologie; auch um historische Muster und ökonomische Zusammenhänge. Denn so betroffen wir durch Covid-19 sind und so fertig uns die Corona-Pandemie vielfach macht – was wir gerade erleben, ist nicht mehr und nicht weniger als ein klarer Fall von Evolution in Aktion. Viren mutieren ziellos, so wie sich sämtliche Organismen auf genetischer Ebene primär ungerichtet verändern. Dann aber setzen sich solche mit vorteilhaften Mutationen durch, wie in der Theorie der natürlichen Selektion einst von den britischen Naturforschern Charles Darwin und Alfred Russel Wallace unabhängig voneinander beschrieben. Es überleben und verbreiten sich jene Variationen, die das Virus ansteckender machen. Und weil das so schnell geht und so viele Menschen als Wirte betroffen sind, in denen sich das Virus gleichzeitig vermehren kann, lässt sich Evolution quasi live und in Echtzeit verfolgen. »Der Brutkasten Menschheit liefert immer schneller Nachschub.«[15] Mindestens eine Viertelmillion Mutationen allein von Sars-CoV-2 sind inzwischen bekannt. Unklar ist, welche dieser Mutationen in welcher Kombination das Potenzial hat, noch infektiöser zu sein als die vorherrschende Variante. Auch hier lässt sich die Evolution nicht in die Karten sehen.

Damit verhält sich dieses Virus nicht anders, als Biologen es generell erwarten würden – bei allen Problemen, die es Virologen, Infektiologen und Epidemiologen im Einzelnen bereitet. Die Evolution durch Mutation und Selektion macht solche

Pandemien zum Alltag auf unserem Planeten – und dank des Zusammenspiels mit Tieren und deren Ökologie zu einem Phänomen der Naturkunde und der Evolutionsbiologie. Durch Viren und Bakterien ausgelöste Krankheiten gibt es seit Urzeiten; sie stellten lange eine existenzielle Bedrohung dar. Sie gehören seitdem nicht nur zum menschlichen Leben, sondern sind uralte Bekannte der Biologie, die uns Evolution in Echtzeit vorführen.

So wenig wie Covid-19 eine Naturkatastrophe ist, so wenig sind dafür in erster Linie im Urwald verborgene exotische Tiere als Überträger verantwortlich. Es ist weder die Schuld der Fledermäuse noch der Schuppentiere oder anderer potenzieller Zwischenwirte. Ist dann Sars-CoV-2 nicht, wie unterstellt, ein wild gewordenes »Dschungel-Virus«? Seit sich der virale Erreger der neuen Lungenkrankheit von Südchina aus um die Erde verbreitete, hieß es immer wieder, es handle sich um ein Virus aus dem Urwald, das (ähnlich wie bei Ebola oder HIV in Afrika von Flughunden) nun in entlegenen Regionen Asiens von Fledermäusen über weitere Wirtstiere auf den Menschen übergesprungen sei. So zutreffend das an sich ist: Zur biologischen Wirklichkeit und daher zur Wahrheit gehört, dass es der Mensch ist, der Zoonosen wie Covid-19 fördert, indem er die Lebensbedingungen von Wildtieren einschneidend verändert, während er gleichzeitig überall massenhaft Nutztiere züchtet und so das Auftreten von immer weiter mutierenden Viren provoziert. Wissenschaftliche Studien zeigen, dass Tiere, die uns krank machen, entweder jene sind, die wir domestiziert haben, oder solche, die am besten in vom Menschen dominierten Lebensräumen gedeihen. Indem der Mensch immer mehr Natur zu seinem Nutzen umwandelt, erntet er unabsichtlich auch immer mehr der gefährlichen Infektionskrankheiten. Während Wildtiere natürlicherweise entweder das Reservoir darstellen und andere zu Zwischenwirten werden, fungieren unsere Nutztiere – Schweine, Rinder, Hühner bis hin zu Pferden und Kamelen – zunehmend als eine Art Brückenwirte. Sie erlauben es Pathogenen und Pandemie-Verursachern, den Weg zu uns zu finden. Entscheidender noch ist, dass vor allem die massenhaft gehaltenen Populationen solcher Brückentiere ihnen eine perfekte Brutkammer bieten.

Fassen wir zusammen, was die Krise offenlegt, aber dennoch bisher meist in Angst und Aufregung untergegangen ist: Die Pandemie hat uns auf geradezu brutale Art zurückgeworfen in die archaische und sehr reale Welt der Viren sowie anderer Krankheitserreger, der wir hofften längst entgangen zu sein. Doch nach wie vor gehört auch der Mensch zu dieser Natur, beeinflussen auch uns Ökologie und Evolution ebenso wie die eigene Geschichte und Kultur. Gleichwohl ist die Pandemie keine Naturkatastrophe – sie ist das Leben mit all seinen Krisen. Ganz zu schweigen davon, dass sie als solche nicht unvorhergesehen kam. Vielmehr verursachen wir unsere Krankheiten selbst, in historischer Zeit ebenso wie jetzt. Paradoxerweise sind diese zwar natürlichen Ursprungs, zugleich aber auch menschengemacht in dem Sinne, dass wir durch unsere Ressourcennutzung überhaupt erst die Voraussetzungen für neue Seuchen schaffen. Damit aber sind Pandemien keineswegs unabwendbar. Das ist die gute Nachricht.

Allerdings gehört zur Analyse und zur Aufarbeitung dieser Krise auch die Erkenntnis, dass wir möglicherweise Pandemien auslösen, die wir dann nicht mehr beherrschen. Corona liefert uns die Chance zu einem Crashkurs in Evolutionsbiologie und Ökologie – und der führt zu der Selbsterkenntnis, dass die Lebensweise des Menschen auf diesem Planeten längst ökologisch höchst bedenklich und problematisch geworden ist. Die Pandemie offeriert aber auch die Chance, sich nicht nur von lieb gewonnenen Gewissheiten zu verabschieden, sondern tatsächlich etwas zu ändern. Dabei steht uns aber die fortgesetzte Rede von einer »Naturkatastrophe« im Weg, denn sie maskiert ein eklatantes Erkenntnisdefizit. Wir haben zwar inzwischen das viel bemühte Narrativ von einer vermeintlichen Strafe Gottes für sündhaftes Verhalten als ideologischen Missbrauch erkannt und die Ursache vieler Krisen wissenschaftlich durchschaut. Dennoch unterstellen wir, wenn wir die Krise zur Naturkatastrophe erklären, dass die Natur in einer Art Machtprobe unablässig die menschliche Kultur herausfordert – mit der Implikation, dass wir dann dank unserer Kultur schließlich die Kontrolle wieder zurückerlangen. Insgeheim schwingen wir uns damit gleichsam doch wieder zu gottgleicher Macht und Herrschaft auf.

Wie weit wir uns damit tatsächlich vom religiösen Gott-Narrativ entfernt haben, mag eine eigene Untersuchung an anderer Stelle wert sein. Wir wollen hier nur noch eine Befürchtung erwähnen, die sich in diesem Kontext aufdrängt. Sosehr wir sie nicht missen wollen und mithin feiern: Die Erfolge der Medizin lassen leicht auch eine fatale Selbstgefälligkeit aufkommen. Mit der Entwicklung von Impfung und Impfstoffen sowie von Antibiotika schienen Infektionskrankheiten lange besiegt, die meisten Kinderkrankheiten wurden zurückgedrängt, die Pocken ausgerottet. Und selbst dort, wo wir noch keine Impfstoffe und Medikamente haben – etwa gegen HIV, Hepatitis C oder Malaria –, hoffen wir, dass dies bald der Fall sein wird. Doch folgt auf dem Fuß, dass wir uns selbst täuschen, wenn wir daraus ableiten, keine Unterworfenen der Natur zu sein. Es nährt zugleich eine möglicherweise trügerische Hoffnung. Denn so viele Menschen auch an und mit Covid-19 gestorben sind, so vielen Menschen die Pandemie auch Leid gebracht hat und jenen, die immunologisch weiter naiv sind, noch bringen wird: Wir hoffen, dass Corona demnächst nicht mehr sein wird als ein lästiger Schnupfen. So wie Masern, Pest und Pocken inzwischen entweder ausgerottet oder dank Impfung beherrschbar geworden sind, hoffen wir, dass auch Covid zur Normalität werden wird.

Wir mögen zwar inzwischen dank der Impfstoffe etwas besser für den evolutionären Wettlauf mit dem Virus gerüstet sein und Vakzine auf der Basis von mRNA schnell an neue Varianten anpassen können. Aber Grund für die dem Menschen eigene Hybris haben wir nicht; und wir sollten uns nicht in der Gewissheit wiegen, unsere Innovationen würden es schon richten. Vielmehr lenken Hoffnung und Hybris von unserer Verantwortung ab. Wir missbrauchen einerseits das Katastrophen-Argument, indem wir die Natur verantwortlich machen, andererseits täuschen wir uns mit dem Verweis auf eine mögliche Entstehung im Labor über die eigentlichen Ursachen hinweg. Denn nur vordergründig müssten dann konkrete Mängel diskutiert und behoben werden; wir aber wären vor tiefer greifenden Änderungen sicher, weil wir ja weder Naturkatastrophen noch Laborexperimente verschuldet hätten.

Wir Menschen haben es sehr wohl in der Hand, ob und in welchem Ausmaß Naturgefahren uns treffen. Nur müssen wir dazu nicht ins Reagenzglas und in Probenröhrchen schauen, sondern in die Natur und auf unser Zusammenleben mit Tieren. Das kaum vermeidbare Auftreten neuer Viren muss keineswegs zwangsläufig in weltweiten Seuchen enden.

WORUM ES BEI ZOONOSEN UND IN DIESEM BUCH GEHT

Der Wunsch nach Verdrängen und Vergessen im Anschluss an eine Krise wäre nicht wirklich überraschend. Wie oft haben Menschen genau das immer schon getan? Doch nachdem selbst Historiker lange nicht die gestalterische Macht von Viren anerkannt haben, mehren sich inzwischen Analysen, die Pest, Pocken und anderen Pandemien eine Wirkungsmacht auch in Politik und Geschichte zubilligen. Ebenso werden Evolutionsbiologen aufmerksam, für die Viren nicht bloße Plagegeister sind, sondern zu Leben und Tod dazugehören. Für sie kommen die tödlichen Viren nicht urplötzlich und unvermittelt aus der unberührten Wildnis abgelegener Urwälder zu uns. Für sie sind Pandemien nicht allein ein globales Problem der Medizin im Allgemeinen und der Virologie insbesondere, sondern ein weiteres evolutionsbiologisches Phänomen, zu dem sie Konkretes beitragen können.

Daher ist dies vornehmlich ein Buch über Evolution, über die Geschichte von Pathogenen und deren Wirten. Es erzählt, wie Erreger von einer Wirtstierart auf eine andere gelangen und wie es Erregern dadurch auch gelingt, vom Tier auf den Menschen überzuspringen. An Zoonosen wollen die einen Forscher verstehen, was beim Wirtswechsel passiert und wie er abläuft; die anderen interessiert, wie dies mit den jeweiligen Umweltbedingungen zusammenhängt. Ihr gemeinsamer Ansatz aber ist zu zeigen, dass es immer von uns Menschen neu geschaffene Mitwelten sind, in denen durch Viren und Bakterien verursachte Infektionskrankheiten ihre Seuchenzüge starten. Im evolutiven Rahmen haben viele der Infektionskrankheiten ihren Ursprung in Wildtieren, mit denen der Mensch in seiner Frühzeit in Berührung kam. In historischer Zeit, seit dem Übergang zu Sesshaftigkeit und Domestikation von Nutztieren, sind viele Menschheitsseuchen hinzugekommen, die ihre Herkunft ebendiesem grundlegenden Umstand verdanken.

Erst diese sogenannte Neolithische Revolution machte den Menschen zu dem, was er ist. Indes öffnete sie auch ein neues evolutionsbiologisches Kapitel der Menschheitssaga, in dem das ohnehin dynamische Verhältnis zwischen Parasit und Wirt an Fahrt aufnahm. Betrachtet man Epidemien und ihre eigentlichen Ursachen aus dieser Perspektive, rücken Tiere – unsere Nutztiere ebenso wie die verschiedenen Wildtiere, exotische wie Pangoline und Fledermäuse sowie weniger exotische wie Mäuse und Ratten – in den Mittelpunkt von Seuchen und Infektionen, die auf den Menschen überschwappen. Dadurch werden die Mechanismen zoonotischer Infektionskrankheiten besser verständlich und lassen sich Pandemien wie die jüngste besser einordnen.

Nun werden im Anthropozän, der zum Zeitalter des Menschen erklärten und in unserer Generation angebrochenen geologischen Epoche, die Karten neu gemischt. So beobachten wir, dass neue Seuchen – sogenannte *emerging infectious diseases* – nicht nur zunehmen, sondern zur geradezu zwangsläufigen Konsequenz jener Wirklichkeit werden, die hoch angepasste Viren ihre Wirte wechseln lässt, sobald wir ihnen dafür den Boden bereitet haben. Jüngst haben Evolutionsbiologen diese Erkenntnis wie folgt zusammengefasst: »The danger is great, time is short, and we are unprepared. But we are not dead yet.«[16] Im Zentrum dieses Buches steht unser Krieg gegen die Natur und die Frage, wie die mit dem Anthropozän zunehmende Vernichtung natürlicher Lebensräume und der Vielfalt darin lebender Arten mit der Wiederkehr der Seuchen zusammenhängt. Wir werden dazu benennen, was wir wissen; aber auch, was noch unklar und ungesichert ist und hypothetisch bleiben muss.

Damit will das Buch das Phänomen der Corona-Pandemie als eine prägnante Signatur der Moderne einordnen. Weltweit schlummern zahllose Viren in Tieren, die auch uns Menschen infizieren können. Unsere moderne, vor allem stetig enger werdende globalisierte Welt macht es immer wahrscheinlicher, dass Krankheitserreger überspringen. Deshalb wird die Corona-Pandemie auch nicht die letzte der neuen Infektionskrankheiten sein. Denn zum einen ist der Mensch ein idealer Wirt für epidemische Viren, jene evolutive Brutkammer; zum anderen ist er selbst Verursacher von deren jüngstem Eroberungszug um den Erdball. Weil wir die Welt verändern, lösen wir Pandemien aus, die wir dann nicht mehr beherrschen. Deshalb werden wir in Zukunft mit mehr Zoonosen rechnen müssen. Grund genug, diese von Tieren auf den Menschen überspringenden Seuchen und ihre Ursachen näher zu beleuchten.

Die Erkenntnis am Ende, dass wir Menschen mit schuld sind an der Zunahme von Zoonosen, wird diese allein nicht aus der Welt schaffen. Aber sie kann entscheidend dabei helfen, das Risiko zukünftiger Pandemien zu verringern – und ganz nebenbei auch die Natur und ihre Artenvielfalt zu bewahren. Denn – das ist die Botschaft des Buches – die Menschheit steht den Pandemien nicht hilflos gegenüber. Da sie, obwohl von einem natürlichen Ursprung ausgehend, von uns Menschen entscheidend mit verursacht werden, kann es auch gelingen, diese Krankheiten zu kontrollieren – wenn wir sie erkennen, bevor sie sich auf den Weg machen können. Vor allem aber, wenn wir ihnen nicht länger ahnungslos die Grundlagen geben, die sie zur Gefahr werden lassen.

Damit helfen wir nicht nur, die globale Gesundheit als ein wertvolles Gut zu erhalten. Eine weitgehend intakte oder wieder instandgesetzte Natur muss uns dabei zukünftig als wichtige Lebensversicherung dienen. Das Ende der gegenwärtigen Pandemie wird dann hoffentlich nicht der Auftakt zu regelmäßig wiederkehrenden Seuchen sein, sondern der Beginn eines neuen Verständnisses und Verhältnisses zur Natur. Nur das wird – gleichsam als die bessere Schutzimpfung – gegen globale Krisen infolge von Infektionskrankheiten wirken.

*If we do not find out how this pandemic began,
we are ill-equipped to know when, where and how
the next pandemic may start.*

ALINA CHAN, MATT RIDLEY: VIRAL.
THE SEARCH FOR THE ORIGIN OF COVID-19 (2021)

TEIL 1:

WOHER DIE SEUCHE KOMMT

Hier lernen wir zuerst Viren allgemein und im Besonderen das jüngst entdeckte Coronavirus kennen, gehen der Frage nach, wo dieses Virus herkommt und wie es auf andere Arten und vor allem den Menschen überspringen konnte. Wir fahnden danach, wie und wann das Virus nach Wuhan kam und dann in die ganze Welt. Wir wollen wissen, ob in einem Viren-Labor vielleicht etwas schiefgelaufen sein könnte, was es überhaupt mit Zoonosen als Ursache von Seuchen auf sich hat und warum doch alles auf einen Wildtiermarkt in Wuhan hindeutet.

DER URSPRUNG DER CORONA-PANDEMIE

Es war immerhin ziemlich genau ein ganzes Jahrhundert her, seit zuletzt durch eine Infektionskrankheit eine globale Pandemie mit Abermillionen Toten verursacht worden ist. Daher rechnete niemand ernsthaft mit einer Pandemie noch gewaltigeren Ausmaßes, als am vorletzten Tag des Jahres 2019 die ersten Fälle einer mysteriösen Atemwegsinfektion bekannt wurden. Nachdem dann Anfang Januar 2020 die Fälle von Krankenhauseinweisungen in der in Zentralchina gelegenen Millionenstadt Wuhan am Jangtse regelrecht explodierten, war die Ursache schnell ausgemacht: ein bis dahin unbekanntes Coronavirus, das sich in gefährlicher Weise über die Luft direkt von Mensch zu Mensch überträgt. Dadurch breitete es sich rasend schnell von Wuhan ausgehend erst in China und anschließend überall auf der Welt aus – überholt noch von der Angst vor diesem neuartigen Erreger, der den Tod bringt.

In dieser Anfangszeit setzte sich bei den meisten Menschen das Narrativ fest, dass das Virus von Fledermäusen stammen und auf einem der im Westen ohnehin für dubios, wenigstens aber für kurios gehaltenen typisch asiatischen Wildtiermärkten – dem Huanan Seafood Market in der Innenstadt Wuhans – auf den Menschen übergesprungen sein könnte. Auch, weil sich dort keine Spuren mehr finden ließen, nachdem der Markt von den Behörden bereits in den ersten Januartagen geschlossen worden war und man alles komplett gereinigt und entsorgt hatte, griff bald ein anderer Verdacht um sich: dass das Virus einem Labor entstammen könne, das sich ausgerechnet in Wuhan der Forschung an Coronaviren aus Fledermäusen widmet. War das Virus unabsichtlich aus dem Labor entkommen? Hatte man gar mit gefährlichen Viren experimentiert und war dabei etwas schiefgegangen?

Wenn wir heute alle verfügbaren Befunde und Indizien zusammennehmen, müssen wir feststellen: Der eigentliche Ursprung des bald als Sars-CoV-2 identifizierten neuartigen Coronavirus liegt weder im Huanan-Markt noch in Wuhan, unabhängig davon, ob wir an einen tierischen Ursprung oder an einen Laborunfall glauben. Vielmehr weist der Vergleich der molekularen Strukturen des aus Menschen isolierten Virus darauf hin, dass es nächstverwandt ist mit ganz ähnlichen Viren, die man in Fledermäusen im äußersten Südwesten Chinas, in der Provinz Yunnan, entdeckt hat – und damit etwa 1500 Kilometer entfernt, eine Entfernung, die in Europa etwa der Strecke von Kopenhagen nach Rom entspricht. Zudem sollten die chinesischen Fledermäuse nicht die einzigen Tiere bleiben mit auffälligen Ähnlichkeiten zum Coronavirus in Menschen. Die entscheidende Frage ist mithin, wie ein neuartiges Virus nach Wuhan und auf den Menschen kommen konnte.

Um zu verstehen, was es mit dem Ursprung dieser Pandemie wirklich auf sich hat, woher das neue Virus stammt und warum es ausgerechnet in Wuhan ans Tageslicht kam, wie überhaupt neue Seuchen in unserer Zeit entstehen und warum sie so gefährlich sind, müssen wir uns in den subtropischen Südosten Asiens begeben. Dort beginnt unsere Spurensuche – lange vor dem ersten Ausbruch der Corona-Pandemie. Denn die hat eine brisante Vorgeschichte.[1]

DIE HÖHLE: ÜBERSPRUNGSHANDLUNG

Mojiang-Höhle, Tongguanzhen, Provinz Yunnan – Anfang April 2012

Wie ein schmaler heller Faden windet sich der Fluss Babian durch meist noch bewaldete Höhenzüge rund 20 Kilometer südlich der kleinen Siedlung Tongguanzhen. Hier ziehen sich an einigen Hügeln Terrassenanlagen hinauf, auf denen neben Bananen und Orangen vor allem Tee und Tabak angebaut werden; an anderen Stellen gehen Kautschukplantagen in die dichte tropische Vegetation über. Ein schmaler Bachlauf, der bei den Einheimischen Bengpinghe heißt, schlängelt sich vom Tal hinauf in die Hügel, wo ein kleines Dorf namens Danaoshan liegt. Von hier sind es auf einer unbefestigten Straße knapp 1,4 Kilometer bis zu einer verlassenen Kupfermine in einer Höhle, von der wir heute immerhin die genaue Position kennen: 101° 21′ 28″ E 23° 10′ 36″ N. Während einer ersten Industrialisierungsphase bis Ende der 1950er-Jahre war sie unter dem Namen des Bachlaufs als Bengping-Kupfermine in Betrieb, wurde dann aber aufgrund magerer Erträge wieder aufgegeben. Erst als um 2011 der Kupferpreis weltweit anzog, kam jemand auf die Idee, die stillgelegte Mine wieder in Betrieb zu nehmen.

In der Zwischenzeit hatten Fledermäuse von den Minenschächten, die man in die Höhle hineingetrieben hatte, Besitz ergriffen. Anfang April 2012 wurde deshalb eine kleine Gruppe von Arbeitern beauftragt, den Grund der 150 Meter tief in den Felsen getriebenen Mine von den Hinterlassenschaften der dort zu Tausenden rastenden, den Tag verschlafenden Fledermäuse zu befreien. Der Kot der Tiere einschließlich der sich davon ernährenden, ebenfalls höhlenbewohnenden Insekten, Pilze und Bakterien hatte sich zu erbärmlich stinkenden Guano-Schichten aufgehäuft. Diese nun nur mit Schaufeln bewaffnet zu beseitigen, dürfte nicht nur eine dreckige, staubige und schweißtreibende Angelegenheit gewesen sein. In der Folge erkrankten dementsprechend von den im April und Mai 2012 dort arbeitenden Einheimischen sechs Männer an einer eigenartigen Lungenentzündung. Statt in eines der Krankhäuser in näher liegenden Städten brachte man die Erkrankten in das Universitätshospital in der sechs Stunden Autofahrt entfernt im Norden gelegenen Provinzhauptstadt Kunming.

Nur dadurch sollte der Fall dieser erkrankten Arbeiter später überhaupt der Weltöffentlichkeit bekannt werden. Wer weiß, wie viele ähnlich mysteriös verlaufende Erkrankungen von Einheimischen es zuvor schon gegeben hat, die auf diese oder andere Weise mit Fledermäusen der Region in Berührung kamen? Hier jedenfalls nahm das erste Aufflackern einer durch Coronaviren vom Sars-CoV-2-Typ verursachten Epidemie ihren Ausgang.

Kunming Medical University Hospital, Provinz Yunnan – April bis September 2012

Als die sechs Arbeiter ins Krankenhaus in Kunming gebracht wurden, litten sie an trockenem Husten, Kurzatmigkeit, hohem Fieber, Muskel- und Kopfschmerzen und Müdigkeit. Vier der älteren Männer waren durch Atembeschwerden im kritischen Zustand, drei von ihnen starben im Juni und August an der eigenartigen Krankheit, die ihr Immunsystem derart schwächte, dass andere Infektionen die Oberhand gewannen. Aufgrund der Symptome und des Verlaufs kamen die Ärzte zu dem Schluss, dass es sich um eine Infektion mit einem unbekannten Virus handeln müsse. Alarmiert, dass dadurch weitere Ansteckungen in ihrem Krankenhaus folgen könnten, testeten sie die Patienten auf damals bekannte Vireninfektionen wie etwa Grippe, Sars, Hepatitis B, Dengue, Epstein-Barr und sogar HIV – ohne Erfolg. Proben wurden auch an andere Labore und Fachleute in China geschickt. Zwischenzeitlich kam auch die Idee auf, es könnte sich um eine Pilzinfektion handeln, doch ein Therapieversuch mit entsprechenden Gegenmitteln schlug nicht an. Erst nachdem man eine Antithrombosetherapie versuchte, besserte sich der Zustand auch des letzten überlebenden Patienten, der dann vier Monate nach Einlieferung entlassen werden konnte.

Mit allen medizinischen Details festgehalten wurde dieser ungewöhnliche Fall der Mojiang-Minenarbeiter zuerst in einer

Abschlussarbeit eines Medizinstudenten namens Li Xu. Er trug die verfügbaren Befunde sorgfältig zusammen und kam im Mai 2013 zu dem Ergebnis, dass die sechs Patienten an einer schweren Lungenentzündung gelitten hatten, verursacht durch ein Sars-ähnliches Coronavirus, das von Fledermäusen übertragen worden war und deren Untersuchung in der Höhle er dringend empfahl. Im Jahr 2016 beschäftigte sich dann der Infektionsmediziner Fu (genannt George) Gao in seiner Doktorarbeit mit dem Fall, seinerzeit tätig am Labor des nationalen chinesischen Center for Disease Control and Prevention in Peking, zu dessen Direktor Gao im Jahr darauf befördert wurde. Er bestätigte Li Xus Verdacht einer Coronavirus-Infektion als Ursache, da Proben der Mojiang-Arbeiter, die man 2012 unter anderen an das Wuhan Institute of Virology (WIV) geschickt hatte, dort in vier Fällen positiv auf Sars-Viren getestet wurden. Gao führte sogar aus, dass zwei der aus dem Krankenhaus entlassenen Patienten mehr Antikörper aufgewiesen hatten als die beiden damals noch hospitalisierten Arbeiter. Der Schluss lag nahe, dass je weniger Zeit ein Patient in der Mine verbracht hatte und je jünger er war, desto milder auch sein Krankheitsverlauf war und umso besser seine Aussichten, das Krankenhaus lebend zu verlassen.

Zwar lag damit noch kein definitiver Nachweis des unbekannten Virus vor, aber alles deutete nun auf eine Infektion mit Coronaviren der Gattung Betacoronavirus und der Untergattung Sarbecovirus hin, so das Fazit der chinesischen Mediziner, die auf ähnliche Erfahrungen mit dem ersten Sars-Virus ein Jahrzehnt zuvor verweisen konnten. Anders als dieses Virus und auch später Sars-CoV-2 ist das Mojiang-Virus 2012 offenbar nicht zu einem Erreger mutiert, der durch den Kontakt über die Atemwege auch von Mensch zu Mensch weitergegeben werden konnte. Nur die Minenarbeiter erkrankten durch den direkten und intensiven Kontakt mit den Viren in der Fledermaushöhle, aber keiner, der anschließend mit den Patienten in Kontakt kam.

So blieb China eine weitere Epidemie und der Welt eine Pandemie erspart.

»THE SEEKER« UND WARUM WIR ÜBERHAUPT ETWAS WISSEN

Der Mojiang-Vorfall blieb nicht ohne Resonanz zumindest in der chinesischen Medizinergemeinschaft, ganz abgesehen von Li Xus medizinischer Abschlussarbeit und George Gaos Doktorarbeit. Tatsächlich machten sich nicht weniger als drei Virologenteams verschiedener chinesischer Forschungseinrichtungen auf den Weg und nahmen Proben in der besagten Höhle, unter anderem von den Fledermäusen und von anderen Säugetieren, wie etwa Nagern. Es gab dazu Ende März 2014 sogar einen kurzen News-Bericht im US-amerikanischen Fachmagazin *Science* unter dem Titel »A new killer virus in China«, aus dem die Welt außerhalb Chinas erstmals von dem Fall erfuhr.[2] Doch wurde das Virus vor allem wegen seiner fehlenden direkten Übertragbarkeit von Mensch zu Mensch eher als eine weitere »Kuriosität« aus dem Tierreich abgetan und nicht weiter beachtet.

Dass wir heute von diesem Mojiang-Vorfall wissen, erinnert an einen Kriminalfall. Aufgedeckt haben ihn nicht, wie man hätte erwarten dürfen, die beteiligten Wissenschaftler selbst oder andere namhafte Virologen angesehener Institutionen überall auf der Welt. Vielmehr war es ein anfangs anonymer Twitter-Nutzer namens »The Seeker« – ein, wie sich später herausstellte, knapp 30-jähriger Inder aus der Provinz, der mit vollem Namen Prasenjit (genannt »Jeet«) Ray heißt, Architektur studiert hatte und den Abschluss eines Instituts für Medienkunst in Mumbai besitzt.[3] Ray war nie in seinem Leben in China gewesen; er hat nie mit den Erkrankten oder den Ärzten gesprochen. Was er getan hat, ist etwas, was Kriminalisten tun – und andere Angehörige gleich mehrerer Professionen hätten tun sollen, auch Virologen. Ray hat Indizien recherchiert und mittels Suchmaschinen, die er für sich arbeiten ließ, Spuren im Internet verfolgt, die ihm Anfang 2020 beim Ausbruch der Pandemie auch in Indien zugänglich waren und ihn immer tiefer in den Fall vordringen ließen. »It was more madness than method«, wie er sagt. Ausgelöst aber wurden diese und alle weiteren Recherchen durch erhebliche Auffälligkeiten und Inkonsistenzen in verschiedenen Publikationen der Arbeitsgruppe um die chinesische Virologin Dr. Shi Zhengli vom bereits erwähnten Wuhan Institute of Virology (WIV).

Ein von Shi Zhengli geleitetes Team hat Tongguanzhen zwischen August 2012 und Juli 2013 wenigstens vier Mal, in den folgenden zwei Jahren noch weitere drei Mal besucht. »Der Schacht der Mine stank wie die Hölle und war von mit Pilzen bedecktem Fledermauskot angefüllt«, wird Shi Zhengli später berichten. Zu diesem Zeitpunkt hatte sie im Süden Chinas seit beinahe einem Jahrzehnt nach Sars-ähnlichen Viren gefahndet und unzählige Expeditionen in Fledermaushöhlen unternommen, um dort von mit Netzen gefangenen Tieren Proben zu nehmen, die sie dann im Labor auf Viren untersuchte. Dabei war sie auch bereits bei einigen chinesischen Hufeisennasen-Fledermäusen (*Rhinolophus sinicus*) fündig geworden, die sich als Reservoir für Coronaviren erwiesen. Auch in den Proben der Mojiang-Mine entdeckte ihr Team 2013 Coronaviren. Die molekulare Struktur, genauer die Buchstabenfolge der genetischen Bauanleitung RNA eines kleinen Fragments dieses neuen Virus, veröffentlichte Shi Zhenglis Team dann im Jahr 2016 unter dem Code-Namen BtCoV/4991. Es war in einer nahe verwandten Fledermausart *Rhinolophus affinis* entdeckt worden und das erste publizierte Fledermaus-Virus aus der Mojiang-Höhle.[4]

Einigermaßen verblüfft stellen Beobachter heute fest, dass diese Entdeckung damals, im Jahr 2013, von den beteiligten

Wissenschaftlern eher niedrig gehängt wurde. Anders als der erwähnte *Science*-Bericht eines weiteren Teams publizierte Shi Zhengli ihren Fund im chinesischen Fachjournal *Virologica Sinica*, was kaum größere Aufmerksamkeit generierte. Eigentlich hatte die Virologin in Mojiang aber genau jenen Nachweis von Coronaviren gefunden, nach dem sie bei ihren Expeditionen immer gesucht hatte. Es lag mehr als nahe, die rätselhafte Lungenerkrankung der sechs Minenarbeiter direkt in Verbindung mit dem aus Fledermäusen der Höhle isolierten neuen Coronavirus BtCoV/4991 zu bringen. Und auch wenn, anders als bei der ersten Sars-Epidemie, weitere Infektionen glücklicherweise ausgeblieben waren, waren erschreckenderweise drei von sechs Erkrankten gestorben, das Virus hatte also eine letale Quote von immerhin 50 Prozent.

Dennoch wurden diese Zusammenhänge nicht explizit erklärt. Nur wer heute das Kleingedruckte der Materialbasis in den einschlägigen Fachartikeln liest, versteht nachträglich, was es mit dem Viren-Fragment BtCoV/4991 auf sich hat. Es ist nämlich in Teilen seiner Sequenz mit einem später RaTG13 genannten Virus identisch. Es wird uns noch beschäftigen, da es sich in den ersten Wochen der Pandemie als nächstverwandt mit jenen Viren herausstellte, die aus den ersten chinesischen Patienten Anfang 2020 isoliert wurden. Anders ausgedrückt: Bis weit in das Jahr 2021 hinein galt das Fledermaus-Virus RaTG13 als nächster Verwandter des beim Menschen gefundenen Virus Sars-CoV-2. Seine Bezeichnung setzt sich zusammen aus der Herkunft in Hufeisennasen-Fledermäusen der Art *Rhinolophus affinis* (Ra) und aus der Mojiang-Höhle in Tongguanzhen (TG), wo es bereits im Jahr 2013 gefunden worden war. Doch dieses Virus schlummerte – offenbar lange unerkannt – im Labor und in einer Datenbank des Wuhan Institute of Virology, bis ein Team um Shi Zhengli dann im Februar 2020 endlich die Ähnlichkeit mit dem Erreger von Covid-19 offenlegte.

In einer wissenschaftlich argumentierenden Arbeit aufgedeckt aber hat die entscheidenden Zusammenhänge um BtCoV/4491 aka RaTG13 zuerst die Mikrobiologin Rossana Segreto an der Universität Innsbruck in Österreich, die darüber gemeinsam mit ihrem Kollegen Yuri Deigin, einem Biotech-Unternehmer im kanadischen Toronto, Ende 2020 berichtete.[5] Wie die Fachöffentlichkeit, aber auch die Medien mit diesen Enthüllungen umgingen, ist eine eigene Geschichte. Mit dem Verweis, die beiden Autoren seien keine namhaften Virologen, während ebendiese (in Deutschland allen voran Christian Drosten) anderer Meinung seien, wurde die Studie von Segreto und Deigin anfänglich ignoriert, was kein Ruhmesblatt für die Medienberichterstattung zumindest hierzulande ist. Allzu schnell erhielten solche Untersuchungen zur Virenherkunft das Stigma einer Verschwörungstheorie; zudem war die Stimmung angesichts der Auseinandersetzung zwischen den USA und China politisch hoch aufgeladen.[6]

NEUARTIGE CORONAVIREN ENTDECKT

Für uns hier ist wichtig: Erst durch die hartnäckige Recherche von Segreto und einer sich passenderweise *Drastic* nennenden Twitter-Gruppe wurde bekannt, dass offenbar in Mojiang ein und dasselbe Coronavirus zweimal entdeckt wurde.[7] Und zwar durch das gleiche Forscherteam um Shi Zhengli, das aber die Sequenz dieses Virus anfänglich unter zwei verschiedenen Namen – BtCoV/4991 und RaTG13 – wissenschaftlich bekannt und in Datenbanken verfügbar gemacht hat.

Nachdem man in den ersten Januartagen 2020 von Patienten, die nach Kontakt zum Huanan-Markt in Wuhan mit Lungenerkrankung ins Krankenhaus eingeliefert worden sind, Proben entnommen hatte, dauerte es dank der heute verfügbaren

Techniken nur Tage, bis die Sequenz des isolierten Virus bestimmt war. Mit dieser Sequenz wurden Datenbanken durchforstet, und die größte Übereinstimmung von Teilen des Genoms entdeckten die Forscher schnell zu BtCoV/4991: Die Virus-Sequenz aus den Fledermäusen von Mojiang glich dem Erreger von Wuhan zu 98,7 Prozent.[8] Doch nur wenige Tage, bevor dieses an sich aufsehenerregende Ergebnis publiziert wurde (und daher dann kaum noch Beachtung fand), hatte das Team um Shi Zhengli vom WIV im hoch angesehenen Journal *Nature* ebenfalls das Virus-Genom aus Patienten in Wuhan publiziert. Es wurde zuerst mit dem zu mehr als 76 Prozent identischen Erreger der ersten Sars-Epidemie von 2003 verglichen und dann angemerkt, dass das Wuhan-Virus zudem jenem RaTG13-Virus aus *Rhinolophus affinis* aus Yunnan ähnele, und zwar zu 96,2 Prozent. Damit deutete alles auf den Ursprung des neuartigen Coronavirus in Fledermäusen hin. Kurioserweise beendete diese Studie vorläufig auch die Spekulationen darüber, von welchem der auf dem Huanan-Markt in Wuhan gehandelten Tiere das Virus wohl übergesprungen sein könnte.[9]

Dabei wurde gleich eine ganze Reihe von Aspekten und Fragen völlig unterschlagen oder übersehen. Etwa, dass die besagten Fledermäuse aus dem Süden Chinas weder in der Umgebung von Wuhan vorkommen noch auf dem Markt in Huanan angeboten wurden. Wie also sollten deren Viren auf den Menschen übergesprungen sein? Die in Zentralchina heimischen Fledermäuse überwinterten zu dieser Zeit in ihren Winterquartieren. Und Fachleute wissen, dass sich selbst scheinbar große Sequenzübereinstimmungen von 96 oder sogar 98 Prozent in mehrere Jahrzehnte getrennter evolutiver Entwicklung übersetzen; soll heißen: Die Viren aus Yunnan dürften sich bereits vor Jahrzehnten von den die Menschen krank machenden Coronaviren getrennt haben. Das ist wichtig.

Wenn man sich heute jenen *Nature*-Artikel Zhenglis und

seine Wirkung ansieht, verblüffen zwei Dinge. Zum einen schien sich anfangs kaum jemand zu fragen, wie das Virus von Fledermäusen aus dem Südwesten Chinas ausgerechnet Menschen im mehr als 1800 Kilometer entfernten Wuhan infiziert haben konnte. Zum anderen fiel nur einigen wenigen aufmerksamen Lesern des Fachartikels auf, dass für die RaTG13-Sequenz weder Referenz oder Quelle noch Link zu einer einschlägigen Datenbank angegeben wurden, was ungewöhnlich ist und in einem renommierten Fachjournal gerade angesichts der globalen Bedeutung des Befundes nicht hätte passieren dürfen. Woher die Forscher um Shi Zhengli das Virus überhaupt kannten sowie die Geschehnisse der hier eingangs rekonstruierten, alles andere als unwichtigen Vorgeschichte – all dies blieb völlig im Dunkeln. Denn obwohl Shi Zhenglis Team bis dahin zahllose neue Viren aus Yunnan publik gemacht hatte, war RaTG13 zuvor nicht aktenkundig erwähnt worden. Und das, obgleich das Genom dieses Virus im WIV bereits spätestens 2018 vollständig sequenziert und in einer internen Datenbank eingestellt war, wo Shi Zhengli es dann »wiederentdeckte«, kaum dass die Pandemie ausgebrochen war.

Was hinzukommt: Erst im Verlauf der folgenden Monate wurde dank unabhängiger Internet-Recherchen der *Drastic*-Twitter-Gruppe aufgedeckt, dass die Sequenzen von BtCoV/4991 und RaTG13 in Teilen identisch waren. Als dann immer mehr Fachleute auf Korrektur drängten, haben Shi Zhengli und ihr Team die Übereinstimmung und diesen Zusammenhang schließlich im Dezember 2020 in einer Berichtigung ihres ersten Originalartikels bestätigt. Warum ein und dasselbe Virus aus ein und derselben Quelle unter zwei verschiedenen Bezeichnungen lief, ohne dass es im WIV aufgefallen wäre, ist bis heute nicht geklärt.[10]

Brisant daran ist, dass die chinesischen Virologen damit nachträglich eingestanden haben, dass sie entgegen ihrer früheren Darstellung ein Sars-CoV-2 am nächsten stehendes Virus bereits vor Jahren gefunden (2013) sowie isoliert und beschrieben haben (2015) und die Genomsequenz des identischen Virus 2018 im WIV vorlag. Damit ist auch klar, dass ein aus den Fledermäusen in Yunnan stammendes Coronavirus, das mit dem Erreger und Verursacher der aktuellen Corona-Pandemie am nächsten verwandt ist, schon vor Jahren im Labor in Wuhan identifiziert und mithin vorhanden war; was Shi Zhengli erst im Sommer 2020 in einem ihrer wenigen Interviews eingestand.[11] Warum aber gerade die Verbindung zur mysteriösen Erkrankung der sechs Minenarbeiter, von denen immerhin die Hälfte an einer Coronavirus-Infektion gestorben ist, anfangs nicht offengelegt wurde, bleibt eines der Rätsel dieses Falls.

FLEDERMAUSVIREN AUS MOJIANG

Als sich im November 2020 in China Reporter der AP aufmachten, dem Ursprung des Sars-Coronavirus in einer Fledermaushöhle im Südwesten Chinas auf den Grund zu gehen, waren bereits knapp 1,7 Millionen Menschen weltweit an oder mit dem Coronavirus gestorben. Nicht nur der eine Tatort, der Markt in Wuhan, war in den ersten Tagen des Jahres 2020 übereifrig von sämtlichen möglicherweise vorhandenen Spuren gesäubert worden (zwar hatten die Behörden zahllose Proben genommen, diese aber standen zur weiteren Untersuchung dann später nicht mehr zu Verfügung, nachdem sie angeblich keine Befunde ergeben hatten). Auch der zweite Tatort in Tongguanzhen sollte sich bald aufgrund der restriktiven Politik chinesischer Behörden als eine Art Blackbox erweisen. Die Reporter versuchten es dennoch, mit magerem Erfolg. Offenbar war es einem, wie es heißt, *Bat Research Team* zwar kurz zuvor gelungen, Proben in Mojiang zu nehmen, doch wurden diese allem Anschein nach konfisziert.

Weder Fachleuten noch Ortsansässigen wurde gestattet, mit den Reportern zu reden. Ihnen selbst wurde der Zugang zur Mine sowie weiterer Fledermaushöhlen in Yunnan mehrfach durch Polizeikräfte oder Sicherheitsleute in Zivilkleidung verwehrt, die sie im Geländewagen und zu Fuß von der Umgebung der Höhle fernhielten.[12]

Nicht viel besser erging es im Oktober 2020 einem Team um John Sudworth von der BBC. Ausgestattet mit den GPS-Koordinaten, die der »Seeker« in der medizinischen Arbeit von George Gao aufgedeckt hatte, versuchten die Reporter, von Kunming aus zur Mojiang-Mine zu kommen, wobei sie über Stunden von einem halben Dutzend Wagen ohne Kennzeichen verfolgt wurden. Als der Weg unpassierbar wurde, schafften sie es zwar zu Fuß zum Dorf Danaoshan, kamen aufgrund einbrechender Dunkelheit aber nicht weiter. Ein neuer Versuch, am nächsten Tag bis zur Mine vorzudringen, wurde von unverhohlen mit Gewalt drohenden Männergruppen verhindert, deren Job es nach eigener Aussage war, sie zurückzuhalten. Als das BBC-Team es bei einer anderen nahe gelegenen Fledermaushöhle namens Shitou versuchte, in der Forscher zuvor ebenfalls Coronaviren gefunden hatten, hielt man sie abermals auf und zwang sie umzukehren. Sudworth berichtete von einem groß angelegten, koordinierten Vorgehen uniformierter Polizei, Staatsbediensteter, von Männern in Zivil und rekrutierten Einheimischen, um ihre Erkundungen vor Ort zu unterbinden.[13]

So sehr einerseits dieses Vorgehen das hinlänglich bekannte repressive chinesische Regime beleuchtet, und so wichtig es andererseits wäre, mehr über die Örtlichkeit der Virenfunde in Yunnan zu erfahren – entscheidend ist, was in den (nicht leicht zu folgenden) Details der Rekonstruktion, die sich aus verschiedenen Indizien und Quellen zusammensetzt, bisher meist untergegangen ist: BtCov/4491 aka RaTG13 ist keineswegs allein! Zwischen 2012 und 2015 wurden allein in der Mojiang-Mine vom WIV-Team um Shi Zhengli mehr als 1300 Proben genommen. Darin fanden sich, wie die Forscherin im besagten *Nature*-Addendum im November 2020 berichtete, immerhin 293 sehr unterschiedliche Coronaviren. Davon wiederum war die überwiegende Mehrzahl sogenannte Alpha-Coronaviren (mehr dazu weiter unten). Immerhin neun (!) wurden als Vertreter der für den Menschen gefährlicheren Beta-Coronaviren identifiziert – und damit als nächstverwandt den Erregern der beiden Sars-Ausbrüche. Das bedeutet: Sie alle kommen potenziell infrage, beim Menschen atypische Lungenentzündungen vom Typ eines *Severe Acute Respiratory Syndrome* – nichts anderes bedeutet Sars – auszulösen. Das erst nachträglich mit RaTG13 bezeichnete Virus ist nur eines dieser neun damals in Yunnan neu entdeckten gefährlichen Viren, die seitdem im Labor des WIV lagern. Was ist mit den anderen acht? Welche Sequenz und Wirkung haben diese? Darüber wissen wir bis heute nichts.

Vielleicht noch wichtiger: Aus Recherchen der US-amerikanischen Mikrobiologin Alina Chan und des britischen Wissenschaftsjournalisten Matt Ridley ergibt sich, dass durch Expeditionen in China allein des Wuhan Institute of Virology bis 2019 mehr als 22 000 Proben von Viren gesammelt und in einer Datenbank erfasst wurden. Vermerkt sind darin Proben, die bei Fledermäusen und Nagetieren nasal und anal gewonnen wurden, ebenso Blutproben. Ausweislich einer jüngsten Veröffentlichung von Forschern des WIV wurden allein in Proben, die zwischen 2010 und 2015 genommen wurden, insgesamt 630 neue Coronaviren isoliert, identifiziert und sequenziert. Nicht alle davon sind so gefährlich wie jene, die Sars verursachen und eine Pandemie auslösen können. Doch einer der beteiligten Autoren, der langjährige Kollege von Shi Zhengli, Dr. Peter Daszak, ein amerikanischer Virologe, sagte in einem Interview kurz vor Ausbruch von Covid-19 noch sinngemäß, dass sie nach jahrelanger Arbeit sogar mehr als 100 Sars-ähnliche Coronaviren entdeckt hätten. »Einige von ihnen können im Labor in menschliche Zellen eindringen, einige verursachen bei Mäusen Sars-ähnliche Erkrankungen und können nicht mit antiviralen Therapien behandelt werden.«[14] Unter Umständen, die bis heute nicht aufgeklärt sind, ging diese mit Forschungsmitteln unter anderem der amerikanischen Regierung mitfinanzierte und bis dahin öffentlich zugängliche Datenbank des WIV im September 2019 offline. Dazu befragt, wird Shi Zhengli mit den Worten zitiert: »We have nothing to hide.«[15] Doch Fakt ist: Nicht einmal kollaborierende Virologen und andere Forscher erhielten in der Folge Zugang zu dieser Datenbank. Eine gerade erst sich abzeichnende neue Welt von Coronaviren, darunter potenziell gefährliche Pandemie-Erreger, verschwand im Nebel chinesischer Forschungs- und Regierungspolitik.

Halten wir hier vorerst fest: Den wahrscheinlichsten Hinweis auf einen natürlichen Ursprung auch des Covid-19 auslösenden Sars-CoV-2 lieferten seit Beginn der Pandemie die nahe verwandten Coronaviren in Fledermäusen aus Tongguanzhen in der Provinz Yunnan. Und es wurden bereits viele weitere verwandte Fledermausviren identifiziert, zumeist aus der Provinz Yunnan sowie aus angrenzenden Regionen. Dazu zählt prominent auch RmYN02, der sich neben RaTG13 als am engsten verwandt mit dem neuen Coronavirus beim Menschen erwies. Sein Kürzel steht, wie wir nun unschwer entziffern können, für das zweite, aus Fledermäusen der Art *Rhinolophus malayanus* in Yunnan isolierte Virus. Unter den infrage kommenden Viren sind neuerdings auch einige, die aus Laos, Thailand, Vietnam und Myanmar stammen – eines der biologisch artenreichsten Gebiete der Erde – und die damit unseren Blick über die Grenzen Chinas hinaus erweitern.[16] In jedem Fall deutet alles auf Fledermäuse aus der Zone des subtropisch-tropischen Südostasiens hin und auf Coronaviren mit besonderen Eigenschaften. Es wird also Zeit, dass wir uns diese Viren etwas näher ansehen.

WAS VIREN MIT ÄPFELN ZU TUN HABEN

Wenn wir an das Leben auf der Erde denken und seine Träger, fallen uns (außer natürlich uns selbst, selbstbezogen wie der *Homo sapiens* nun einmal ist) eine Fülle verschiedenster Lebewesen ein – vom Adler bis zum Zebrafisch, vom Borstenwurm bis zum Cnidarier genannten Korallentier. Im Ganzen machen allein diese vielzelligen Organismen wohl nicht weniger als rund acht Millionen Arten aus. Nicht so recht auf der Rechnung haben wir dagegen weitaus unsichtbarere Träger des Lebens, die aber ebenso dazugehören: Heerscharen von Bakterien und Viren, von denen nicht einmal die Experten genau wissen, wie viele es sind. Hochrechnungen landen bei unvorstellbaren 10^{33} Viren und immerhin 10^{31} Bakterien, mit der größten Menge an Biomasse und einer bisher weitgehend verborgen gebliebenen Formenvielfalt an RNA-Viren in den Ozeanen.[17] Auch wenn sich unter diesen Zahlen nur wenige Fachleute etwas vorzustellen vermögen, dient uns hier als Krücke der Vergleich zu den Sternen; denn davon gibt es *nur* etwa 10^{25}, ein Faktor mit wenigstens sechs Stellen weniger. Halten wir also fest: Es gibt mehr Viren als Sterne am Himmel. Oder: Es sind enorm viele; und sie sind überall. Doch sie haben mehr zu bieten als schiere Menge; sie sind, ob wir es wollen oder nicht, immer schon Teil unserer Existenz.

Damit genießen Viren, nicht erst neuerdings, einen eher schlechten Ruf – nicht zuletzt, weil die Geschichte der Medizin bislang ein eher einseitiges Bild von ihnen gezeichnet hat: ebenjenes Drama vom viralen Akteur einerseits und mikrobengeplagten Menschen andererseits. Kein Wunder, Viren brachten über Jahrtausende ansteckende Krankheiten, gegen die wir lange keine guten Mittel fanden. Nun schaffen sich aber jede Gesellschaft und jede Zeit ihr eigenes Bild von Krankheiten. Die zentrale Metapher vom Mikroorganismus als bösem Feind, der in den reinen Körper des Gesunden eindringt, herrschte lange vor; in martialischen Bildern wurde die Bekämpfung der Krankheit als Seuchenfeldzug, der Kampf gegen die Mikroben als Vernichtungskrieg geschildert. Andere Narrative hatten es da schwer.[18]

Wir wollen dennoch hier mit einigen groben Pinselstrichen versuchen, ein günstigeres Bild von den Erregern zu zeichnen. Keineswegs sind sie nur für Krankheiten und Seuchen verantwortlich; auch wenn wir gleich einen echten Killer im Porträt kennenlernen werden. Tatsächlich sind Viren viel besser als ihr Ruf, nur »a piece of bad news wrapped up in protein« zu sein.[19] Selbst Virologen hatten bis vor Kurzem nicht die verblüffende Kehrseite der Viren im Blick, die nicht nur überall sind und offenbar von Anfang des Lebens an mit dabei waren, sondern gleichsam zu den Antreibern der Evolution wurden. »Viren sind von viel allgemeinerer Bedeutung für unsere Welt, unser Ökosystem, unsere Evolution, ja sogar unser Erbgut«, fasst die renommierte Forscherin Karin Mölling ihr flammendes Plädoyer für Viren als *Supermacht des Lebens* (so der Titel ihres Buches) zusammen. Für sie sind Viren die erfolgreichsten Organismen der Erde und eine »*success story*«.

Die beginnt früh. Als Teil des sogenannten Mikrobioms, der Gesamtheit aller Mikroorganismen, sind Viren seit rund 3,8 Milliarden Jahren auf der Erde. Knapp zehn Milliarden Jahre nach dem Urknall entstanden sie als erste Lebensspuren auf der Erde, dürfen wir annehmen. Zwar haben wir, anders als etwa von Bakterien- und Algenrasen, keine frühen fossilen Spuren aus dieser Zeit, doch vermuten Molekulargenetiker aufgrund von Eigentümlichkeiten viraler Erbsubstanz, dass sie und andere mikrobielle Erreger gleichsam um Lichtjahre älter sind als viele Linien vielzelliger Organismen, ja vermutlich sogar die ältesten biologischen Elemente überhaupt auf unserem Planeten. Und sie könnten maßgeblich an der Entstehung und Entwicklung des

Lebens beteiligt gewesen sein, was sich etwa darin widerspiegelt, dass ein nicht unerheblicher Teil des menschlichen Erbguts aus Viren besteht (genauer gesagt aus Resten des Erbguts von Viren). Bei der Größenordnung des Anteils dieser viralen Erbsubstanz an unserer DNA gehen die Schätzungen der Fachleute indes erheblich auseinander: Für die einen sind es nur rund acht Prozent unseres Genoms, andere gehen von bis zur Hälfte (oder sogar mehr) unseres Erbguts aus.[20]

Wie auch immer: Einmal eingeschleust, könnten Gensequenzen der Viren bereits in grauer Vorzeit dauerhaft ins genetische Material unserer ersten tierischen Vorfahren eingebaut worden sein. Auf diese Weise verinnerlicht, haben unsere animalischen Ahnen ihre Feinde zu Freunden gemacht. Diese Vorstellung vom einstigen Feind in uns und die Tatsache, dass virale Gensequenzen in unserem Erbgut sogar mehr Raum einnehmen als unsere eigenen protein-kodierenden Gene, hat bei vielen Evolutionsbiologen zu einem Perspektivwechsel auf Viren erheblich beigetragen. Viren dürften auch insofern zu Antreibern der Evolution geworden sein, weil sie Erbgut von Organismen untereinander austauschen und transferieren. Sie fungieren gleichsam als Gen-Fähren und ermöglichen so genetische Innovationen. Neue Genkombinationen könnten vorteilhaft gewesen sein, etwa um vor potenziellen Krankheitserregern zu schützen; sie könnten durch diesen Einbau vielleicht sogar erst die Grundlage für unsere Immunabwehr geschaffen haben. Das Drehbuch für derartige biologische Innovationen darf man sich etwa so vorstellen: Vor langer Zeit könnte sich ein in einen Wirt eingedrungenes Virus gleichsam in unser Genom gehackt haben (so, wie wir das von Computerviren kennen), brachte dort das genetische Programm für die Herstellung seiner Proteine unter und verlor dann irgendwann (vielleicht, weil es selbst wieder gehackt wurde) seine Infektionsfähigkeit. Fortan wurde es vom Wirt zur Arbeit herangezogen und sorgt daher heute mit für unser Wohl. Von diesem ständigen Mit- und Gegeneinander von Viren und Wirt kündet ein riesiger Friedhof von vielleicht 100 000 Viren, die gleichsam evolutiv in unserem Genom beerdigt sind.

In jedem Fall dürfte die Symbiose mit Viren eine weitaus wichtigere Komponente der Evolutionsbiologie sein als bisher gedacht. Im stetigen kreativen Prozess der Evolution, in dem Gene und Genome immer wieder variiert und kombiniert werden, spielen die unscheinbaren Viren offenbar eine bedeutsame Rolle. Sie könnten im dynamischen Zusammenspiel mit ihrem Wirt und anderen Viren neue Organe und Gewebe, aber auch Verhaltensweisen hervorgebracht haben, die dann die Naturgeschichte veränderten. Wobei die Natur – deshalb gelegentlich auch als »fauler Fälscher« apostrophiert – immer dann besonders kreativ wurde, wenn sie Ideen im *Copy and paste*-Modus klaute und einfach Abschnitte der Erbsubstanz, über die sie ohnehin schon verfügte, erneut verwendete, um daraus etwas Neues entstehen zu lassen. »Viele Gene tragen wir nur in uns, weil unsere Vorfahren ein Date mit Viren hatten«, kommentierte unlängst der amerikanische Evolutionsbiologe Neil Shubin.[21]

Solche Überlegungen sind nicht nur bloße Spekulation. Tatsächlich hat das Humangenomprojekt, die Entzifferung des gesamten menschlichen Erbguts, gezeigt, dass sich virale Gensequenzen in Hülle und Fülle auch im Erbgut des Menschen finden. Sie sind dort nicht einfach nur Überreste und Zeugen früherer Auseinandersetzungen zwischen Virus und Wirt, sondern erfüllen Funktionen, die Forscher gerade erst zu verstehen beginnen, die oft aber auch von medizinischer Relevanz sein könnten. Und im Verlauf ihrer Koevolution, dem evolutionären Wettrüsten zwischen Viren und Wirt, könnten einige Viren dann durch Anpassung und Selektion auch ihre Letalität für uns verloren haben, uns stattdessen aber länger als Wirte nutzen.[22]

Ein grundsätzlicher Befund ist zudem, dass das Erbmolekül

prinzipiell in zwei Varianten vorkommt: als einsträngige Ribonukleinsäure (RNA), aus der viele Viren bestehen (darunter die Coronaviren), oder als das bekannte doppelsträngige Erbmaterial der Desoxyribonukleinsäure (DNA), aus der zum Beispiel unsere Bauanleitung in den Zellen aufgebaut ist. Ob und wie einfache RNA möglicherweise als Vorläufer die komplexere Erbsubstanz pflanzlicher und tierischer Zellen aufgebaut haben könnte, ist eine spannende Frage – der wir hier aber nicht weiter nachgehen, da sie uns zu einer ganz anderen Geschichte führen würde. Wir wollen indes noch schnell die nicht unwichtige Frage klären, ob diese einfachen Viren nun eigentlich Lebewesen sind oder eigenartige Nichtlebewesen mit Eigenschaften irgendwo zwischen belebter und unbelebter Natur. Während sich die meisten Menschen Viren als Partikel vorstellen, wollen einige in ihnen stattdessen lebendige Prozesse eines symbiotischen Miteinanders sehen. Die Virologin Karin Mölling sagt zu diesem Rätsel, Viren seien »beinahe Lebewesen, eher ja als nein!«, und vergleicht sie mit Äpfeln, um den zentralen Aspekt nach der selbstständigen Reproduktion von Viren als Kennzeichen des Lebens so zu beschreiben: »Ein Apfel auf dem Küchentisch wird nicht von selbst zu zwei Äpfeln; ein Virus auch nicht. Tot wie ein Stein in der Erde ist der Apfel aber auch nicht, denn er wird in der Erde zum Baum, ein Stein nicht.« Zudem sei es verblüffend, wie ähnlich Viren und Äpfel aufgebaut seien. Beide enthielten im Inneren ihr Erbgut, umgeben und geschützt von einer meist symmetrischen Hülle.[23]

Bevor wir damit zu den eher an Kastanien als an Äpfel erinnernden Coronaviren kommen, hier noch einige Fakten. Der Begriff Virus – was im Lateinischen so viel bedeutet wie Saft, Schleim oder auch Gift – wurde 1898 durch einen niederländischen Biologen namens Martinus Beijerinck geprägt. Der hatte durch Filtrationsversuche mit Proben erkrankter Pflanzen erkannt, dass es neben den größeren Bakterien (die im Filtrat hängen blieben) noch ein infektiöses Agens oder deutlich kleineres Element des Mikrobioms geben musste, das selbst durch die Filter der kleinsten Porenweite hindurch andere Pflanzen infizierte. Während man Bakterien dank der ersten Lichtmikroskope schon seit dem späten 17. Jahrhundert kannte, tat man sich mit den im Nanobereich heimischen Viren lange schwer. Vor etwas mehr als einem Jahrhundert fanden andere Forscher heraus, dass auch bei Tieren etwas Kleineres als Bakterien Maul- und Klauenseuche verursachte; kurz darauf wurde mit dem Gelbfiebervirus das erste Virus entdeckt, das auch den Menschen betraf. Damit war ein Fenster in die Virosphäre (oder das Virom) – die Welt der Viren – aufgestoßen, in die wir erst neuerdings dank moderner Technik wie etwa dem Elektronenmikroskop weitere Einblicke erhalten.[24]

So wissen wir inzwischen, dass Viren meist nicht nur deutlich kleiner als Bakterien sind, sie sind vor allem unselbstständiger – man könnte auch sagen: primitiv und (wie einige Fachleute meinen) nicht einmal richtige Lebewesen. Denn Viren bestehen aus kaum mehr als der Erbsubstanz, umgeben von einer Eiweißhülle, während Bakterien in ihrem Inneren komplexe Stoffwechselapparate haben und sich autonom vermehren können. Viren sind dazu auf die Hilfe anderer angewiesen; sie sind Parasiten und bei ihrer Vermehrung von Wirtszellen abhängig, da sie selbst keine der lebensnotwendigen Proteine herstellen können und auch über keine eigene Energiequelle verfügen. Gleichsam wie Piraten kapern sie deshalb andere Zellen – seien es einzellige Bakterien oder Zellen mehrzelliger Organismen wie etwa uns Menschen. Um sich zu vermehren, entert die Erbsubstanz des Virus den Zellapparat der Wirtszelle, den sie dann für ihre eigenen Zwecke nutzt. Dazu reicht ihnen ein vergleichsweise begrenztes Sortiment an Genen, das von rund 70 bei einigen Bakteriophagen genannten Viren bis zu etwa 2500 Genen reicht (zum Vergleich: bei Bakterien sind es 3000), was wenig ist – nicht nur im Vergleich zum Menschen. Aber die Zahl der Gene allein ist eben nicht entscheidend, eher, was man damit macht. Die banale Bananenpflanze übrigens hat mit 32 000 Genen erheblich mehr als der Mensch mit seinen rund 22 000 Genen; und das Aids-Virus mit nur zehn Genen richtet global enormen Schaden unter den Menschen an. So primitiv ihr Bau also ist, der sie als kaum mehr denn eine Art *low profile*-Wesen erscheinen lässt, so wenig sollten wir Viren unterschätzen. Und zwar nicht nur, weil sie uns umbringen können.

EINE KLEINE VIRENKUNDE

Viren sind nicht nur häufig, es gibt sie auch in einer Unmenge von Spielarten. Nur ein Bruchteil, vielleicht um die 1500 Viren, ist als Krankheitserreger bekannt und beschrieben. Dennoch galten sie lange nur als Feinde von Tier und Mensch. Dabei leben wir mit ihnen, wie mit den meisten Mikroorganismen, in friedlicher Koexistenz. Das war vielleicht nicht immer so, doch könnten Viren gerade dadurch im Verlauf der Evolution zu deren kreativsten Triebkräften geworden sein. Vieles spricht dafür, dass wir, so wie eine Reihe anderer Vielzeller, den Angriffen von Viren die Erfindung und Weiterentwicklung unseres Immunsystems verdanken.

Heute jedenfalls sind Viren uns in vielfältiger Weise von Nutzen, wir brauchen sie von Geburt an. So funktioniert etwa unsere Verdauung diverser Nahrungsmittel nur dank eines reichen Mikrobioms in unserem Darm, an dem vor allem Bakterien, aber eben auch die dazugehörigen Viren beteiligt sind (ohne Krankheiten zu verursachen). Diese Viren sind ganz im Gegenteil sehr nützlich, weil spezialisierte Bakterienfresser unter ihnen, die sogenannten Bakteriophagen, sogar diverse Bakterien in Schach halten. Nicht wenige Virologen sehen in ihnen unsere natürlichen Helfer, da sie bei der sogenannten Phagentherapie multiresistente Krankenhauskeime bekämpfen, also gegen Bakterien eingesetzt werden können, gegen die gängige Antibiotika nicht mehr wirken.[25] Viren sitzen auch auf unserer Körperoberfläche sowie auf sämtlichen Tieren und Pflanzen, die wir nutzen. Sie sind überall in unserer Umwelt; auch in den Böden, vor allem in den Ozeanen hängen die Nahrungsketten vom Zusammenspiel der Bakterien und der Bakteriophagen ab.

Je nach Aussehen und Erkrankung haben Forscher bestimmte Gruppen oder Klassen von Viren zu unterscheiden gelernt. Wir wissen beispielsweise, dass Adenoviren häufig Bindehautentzündungen verursachen oder dass wir unter Durchfall und Erbrechen leiden, wenn wir unabsichtlich Noroviren mit der Nahrung aufgenommen haben. Die häufigsten von ihnen, immerhin rund 200 an der Zahl, kennen wir alle: die Erkältungs- und Grippeviren, die durchaus nicht identisch sind. So weiß man in England sehr wohl zwischen einer durch Erkältungsviren wie etwa Rhinoviren verursachten *flu* und einer durch Grippeviren ausgelösten *influenza* zu unterscheiden. Für Erkältungen sind zu 30 bis 50 Prozent Rhinoviren verantwortlich, 15 bis 20 Prozent gehen dagegen auf das Konto von Coronaviren.

Diese Coronaviren sind vergleichsweise spät entdeckt worden (was weder heißt, dass es sie nicht schon seit Langem gibt, noch, dass sie nicht bereits zuvor Seuchen ausgelöst haben). Erstmals wurden sie 1968 als eine neue Gruppe von Viren beschrieben und nach der für Virologen verbindlichen Nomenklatur des International Committee on the Taxonomy of Viruses als eine eigene Familie mit Namen Coronaviridae benannt.[26] Kurioserweise wurden diese Viren, die man anfangs beim Menschen für Schnupfen verantwortlich machte, von den Humanmedizinern in der Folge wieder einigermaßen vernachlässigt. Coronaviren infizierten uns alle gelegentlich, machten uns meist aber nicht richtig krank, hieß es. Dagegen begannen sich Veterinärmediziner für sie zu interessieren, denn bald wurde klar, dass Corona-viren bei vielen Nutztieren, vor allem bei Geflügel, Schweinen und Rindern, für Erkrankungen und Todesfälle verantwortlich sind. Vieles von dem, was wir bei Coronaviren über die molekularen Mechanismen wissen, die zur Erkrankung von Wirten führen, verdanken wir daher den Tiermedizinern. Erst mit der Sars-Epidemie 2002/2003 begann sich das zu ändern.

Diese Viren bestehen aus von Eiweiß umhüllter einzelsträngiger RNA und verteilen sich nach derzeitiger Kenntnis auf insgesamt vier Gruppen. Am häufigsten kommen alpha-Corona-viren vor, die meist Säugetiere wie Schweine, Hunde und Katzen, aber auch Menschen befallen. Zu diesen sogenannten Humanen Coronaviren (HCoV) zählen die von den Experten mit den kryptischen Kürzeln als 229E und NL63 bezeichnete Viren. Uns interessieren hier die beta-Coronaviren, die man vor allem in Nagetieren, Fledermäusen und neuerdings auch im Menschen findet. Dazu zählen Viren wie etwa OC43 oder HKU1, und dazu rechnen Experten nun auch – als eine eigene Untergattung der Sarbecoviren – die Erreger Sars-CoV und Sars-CoV-2, die auch als Sars-ähnliche Coronaviren bezeichnet werden.

Bis vor Kurzem dachte man, nur alpha- und beta-Coronaviren könnten auch den Menschen infizieren. Unlängst aber stellten Mediziner anhand von Untersuchungen an erkrankten Kindern auf Haiti fest, dass diese sich mit einer dritten Gruppe, den delta-Coronaviren, angesteckt hatten, die man bisher nur von Schweinen kannte. Und dass die wilde Vielfalt dieser Viren wohl noch nicht vollständig bekannt ist, zeigt eine weitere Entdeckung eines nunmehr neunten Coronavirus im malaysischen Teil der Insel Borneo, das offenbar von Hunden auf Kinder übergesprungen ist – ohne dann aber von Mensch zu Mensch weitergegeben worden zu sein. Das unterstreicht, dass Coronaviren das Zeug zu Evolution und Adaptation haben, sich also immer wieder an einen für sie neuen Wirt anpassen können. Dass gerade Coronaviren dabei zudem Züge eines regelrechten »Killers« entwickeln können, stellen sie dadurch unter Beweis, dass drei der jüngsten großen Seuchenausbrüche des noch nicht eben alten 21. Jahrhunderts – Sars, Mers und die aktuelle Pandemie – auf ihr Konto gehen, jedes Mal ausgelöst durch einen zoonotischen Übersprung von einem tierischen Wirt. [27]

Wie gesagt: Anfangs hatten meist Tierärzte mit Coronaviren zu tun. Denn diese verursachen etwa bei Hühnern Bronchitis und bei Schweinen eine für junge Ferkel meist tödliche Erkrankung des Verdauungstraktes. Erst als Forscher Ende der 1960er-Jahre Coronaviren auch beim Menschen isolierten, wo sie Erkältungen auslösten, wurden sie auf die typischen borstenartigen Strukturen der Eiweißhülle dieser Viren aufmerksam. Unter dem Elektronenmikroskop erinnern sie dank der stacheligen Zacken dieser sogenannten Spike-Proteine an eine Sonnenkorona – daher ihr Name. Bald erkannte man, dass diese Coronaviren munter zwischen verschiedenen Tierarten hin- und herspringen können; sie brachten Hunde und Katzen um, aber auch Schweine, Rinder und Pferde. Doch bis zum Sars-Ausbruch 2003 hielten Virologen sie beim Menschen für eher harmlose Erkältungsverursacher. Die Epidemie mit dem schweren akuten Respirations-Syndrom belehrte sie eines Besseren, und spätestens seit der zweiten Atemwegs-Pandemie offenbaren diese Coronaviren ihre wahren Killerqualitäten.[28]

Waren es bislang sieben ihrer Stämme, wie einige Virologen die verschiedenen Gruppen oder Gattungen von Coronaviren verwirrenderweise auch nennen, so sind nun allein im Jahr 2021 mit den Funden auf Haiti und Borneo zwei weitere hinzugekommen. Insgesamt also neun Coronaviren können auch den Menschen infizieren und meist an einer Infektion der Atemwege erkranken lassen. Davon sind vier Stämme schon lange auch in Deutschland vorhanden, wo sie vor allem in den Herbst- und Wintermonaten für die üblichen Erkältungen sorgen. Diese vier

Typen werden anhand genetischer und anderer Unterschiede differenziert und können diverse Formen von Erkältungen auslösen. Sie befallen üblicherweise die oberen Atemwege, also Nase und Rachenraum. Dagegen haben es die drei Sars-ähnlichen Coronaviren eher auf die unteren Atemwege abgesehen, sie greifen gezielter vor allem die Zellen der Lunge an. Sars-CoV-2 attackiert im Gegensatz zu ihren nächsten Verwandten offenbar neben Rachen und Lunge sogar Zellen anderer Organe im menschlichen Körper, wie viele Covid-19-Patienten aus leidvoller Erfahrung wissen und weshalb der Verlauf der Krankheit derart unterschiedlich sein kann. Durch die gleichsam doppelte Kriegsführung, also Angriff zugleich in den oberen Atemwegen im Rachenbereich und in den unteren der Lunge, verbindet Sars-2 die leichte Übertragbarkeit eines gewöhnlichen Erkältungsvirus mit der gesteigerten Letalität, die jene schweren, akuten Atemwegsinfekte von Sars und Mers auslöst.

Da die vier Erkältungs-Coronaviren bei uns, ähnlich wie Grippeviren auch, regelmäßig und in Wellen auftreten, vermuten Wissenschaftler, dass das nun entdeckte Sars-CoV-2, wenn die Pandemie einmal abgeebbt sein wird, es ihnen gleichtut und sich bei uns einnistet. Sehen wir es einmal aus der Perspektive jenes Virus, das einst nur begrenzt irgendwo in Südostasien in Fledermäusen lebte, dann aber irgendwann vor nicht allzu langer Zeit viral ging und gleichsam große Karriere auf der Weltbühne machte – zweifelsohne eine erstaunliche Erfolgsgeschichte. Was aber hat ausgerechnet dieses Coronavirus, was andere nicht haben?

PORTRÄT EINES KILLERS

Das neu entdeckte Coronavirus hat eine ganze Reihe von Besonderheiten. Zum einen kann es ein erstaunlich breites Spektrum von Tieren infizieren – neben den Fledermäusen und Menschen reicht es von Katzenartigen und Marderartigen bis zu Hundeverwandten, nicht zu vergessen die Schuppentiere. Zum anderen ist dieses Coronavirus mit knapp 30 000 Nukleotiden, also den genetischen Bausteinen der Erbsubstanz, das größte aller humanpathogenen RNA-Viren. Genau genommen sind es 29 903 dieser Bausteine, während etwa Influenza-Viren mit 13 500 Nukleotiden gerade einmal auf die Hälfte kommen und die Rhinoviren einer gewöhnlichen Erkältung gar nur auf 8000. Damit ist das Erbgut von Sars-CoV-2 gut dreimal so groß wie das des Erregers von Aids oder von Hepatitis C. In jedem Fall ist es das detaillierte Betriebssystem eines regelrechten Killers, denn es bringt Zellen offensichtlich auf sehr wirkungsvolle Weise dazu, immer neue Viren zu produzieren. Vermutlich verdankt das Coronavirus der ungewöhnlichen Größe seines Genoms, dass es in Verbindung mit seiner vergleichsweise hohen Mutationsrate und Rekombinationsfähigkeit nicht nur in einer breiten Palette von Wirtsarten unterkommen kann, sondern sich auch geradezu rasant immer wieder an neue Wirte anpasst. Das prädestiniert Coronaviren dazu, die Tier-Mensch-Schranke zu durchbrechen, die indes in den Köpfen von Medizinern und anderen Menschen offensichtlich undurchlässiger ist als in der Natur, wo sie nicht wirklich existiert.

Die ungewöhnliche Größe des Coronavirus hat Konsequenzen für das Virus sowie für die Entwicklung von Impfstoffen, denn ihretwegen können die Pharmakologen nicht mit dem gesamten Virus arbeiten, sondern nur mit Teilen davon. Für das Virus ist Größe durchaus gut, denn dadurch ist in seinem Genom eine riesige Menge Information codiert, mit der das Virus mehr Proteine herstellen und nutzen kann als andere RNA-Viren. Aber diese jeweils immer wieder neu abzuschreibende Information macht den Replikationsprozess fehleranfällig. Denn je mehr Buchstaben es gibt, desto öfter können sie falsch kopiert werden, was dem Funktionieren des Virus abträglich ist. Sars-CoV-2 hat dazu offenbar im Verlauf seiner Evolution einen Korrekturmechanismus entwickelt, um bei der Vervielfältigung auftretende genetische Kopierfehler zu erkennen und zu korrigieren – also eine Art Qualitätskontrolle samt Tipp-Ex. Diese ist übrigens bei tierischen Zellen oder auch bei bestimmten anderen Viren üblich, für RNA-Viren aber höchst ungewöhnlich.

Wozu das Coronavirus seine herausragende Informationsmenge genau nutzt, versuchen Wissenschaftler geradezu fieberhaft herauszufinden. Einige Gene im Genom von Sars-CoV-2 kennen sie schon etwas besser. Was das Virus mit anderen solchen sogenannten akzessorischen Genen anstellt, haben die Forscher noch nicht vollständig verstanden; sie vermuten, dass diese Erbanlagen dem Erreger dabei helfen, die Immunabwehr des Wirts auszuschalten.[29]

Gewissermaßen einen Kopierfehlerschutz zu haben, ist einerseits vorteilhaft, um nicht immer mehr Unfug fortzuschreiben. Andererseits bedeutet es auch das Ende der Evolution jedes Lebewesens, wenn nicht wenigstens hier und da einmal ein Lesefehler passiert, durch den Neues entstehen kann. Solche genetischen Ablesefehler und Veränderungen, Mutationen genannt, sind der Stoff, aus dem die Entwicklung des Lebens besteht. Es ist gewissermaßen die Regieanweisung der Natur schlechthin, die da lautet: Verändere dich, damit du dich wechselnden Umwelten anpassen kannst! Die meisten Ablesefehler sind zwar genau das: Fehler, die keinen Sinn haben, aber auch für Viren können Mutationen durchaus nützlich sein. Beim Genom des Coronavirus schätzen Experten, dass pro Virengeneration drei neue Mutationen entstehen, das sind auf die Länge des Genoms bezogen etwa 10 000 mehr als beim Menschen. Zudem sprechen die Fachleute davon, dass die Viren in so riesigen Stückzahlen existieren, dass sich die Virengenome an vielen Positionen der jeweiligen Gensequenz gleichzeitig verändern.[30]

Wichtig für uns ist, dass dadurch in der Natur mehr Mutationen pro Zeiteinheit beziehungsweise Generationsfolge ablaufen, als dies bei komplexer organisierten Wirbeltieren (einschließlich uns Menschen) geschieht – aber auch als Biologen selbst bei gezielter Züchtung in einem Labor an Mutationen erreichen würden. Was wir künstlich bewirkten, sei also nur ein Bruchteil des natürlichen Mutationsspektrums, sagt etwa der renommierte Evolutionsgenetiker Diethard Tautz, der vermutet, dass Sars-CoV-2 »ziemlich sicher eine Evolution zu schnellerer Vermehrung in menschlichen Zellen durchgemacht hat«.

Wenn sich beispielsweise Grippeviren nicht schnell veränderten, hätten sie keine Chance, uns immer wieder mit einer Erkältung heimzusuchen, weil unser Immunsystem ihre Tricks sozusagen durch frühere Infektionen kennt und diese abwehren kann. Wenn Viren ihren Baukasten immer wieder neu sortieren und etwas anders daherkommen, entgehen sie dem Immunsystem der menschlichen Zellen und können sich vermehren. Dabei sind gerade auch Coronaviren höchst einfallsreich; sie verändern nicht nur einzelne Buchstaben ihres genetischen Codes, sondern tauschen auch ganze Sequenzfolgen untereinander aus. Mitunter können bei diesem Tauschhandel zweier Coronaviren beeindruckende neuartige Gen-Kombinationen entstehen. Was für Molekulargenetiker und Evolutionsbiologen ein faszinierendes Kapitel im Buch des Lebens ist, bedeutet für einen mit Viren infizierten Erkrankten Unheil und möglicherweise sogar den Tod. Doch nur wenn Forscher diese raffinierten Tricks der Viren verstehen, können sie Wege finden, den Erkrankten zu helfen.

Nehmen wir den Faden an der Stelle wieder auf, an der wir festgestellt haben, dass Viren allein kaum lebensfähig sind. Was ihre besondere Qualität ausmacht, nämlich ihr einfacher Bauplan aus vergleichsweise wenigen Genen plus wenige (vor allem Hüll-)Proteine, ist zugleich ihre Achillesferse. Denn Viren sind nichts ohne die Zellen ihrer Wirte, die sie stets auch als passenden Überträger brauchen, um evolutiv weiterzukommen. Zum einen müssen sie also stets Unterschlupf in einer Wirtszelle suchen und finden, da nur deren Zellmaschinerie es ihnen ermöglicht, unzählige Kopien ihrer selbst herstellen zu lassen und dadurch ihr Überleben zu sichern. Zum anderen müssen sie sich aber auch weiterverbreiten; der nächsten Generation muss es irgendwie gelingen, in die Zellen eines neuen Wirts zu kommen. Was dabei passiert, ist Standardlehrstoff jedes Biologieunterrichts, der es am Anfang der jüngsten Pandemie dann vorübergehend sogar in die Abendnachrichten brachte. Das Virus heftet sich an die Zelle an und schleust im eigentlichen Infektionsvorgang seine Erbsubstanz ins Zellinnere ein.

AUS DER TRICKKISTE DES NEUEN CORONAVIRUS

Einmal eingedrungen, folgt Sars-CoV-2 dem üblichen Drehbuch einer viralen Invasion: Es sorgt dafür, dass die Zellmaschinerie seine Abfolge der knapp 30 000 RNA-Buchstaben abliest, die daraus aufgebauten 15 Gene kopiert und in 29 Proteine übersetzt, aus denen dann ein neues Virus aufgebaut wird. Diese vermehren sich, verlassen die Wirtszelle und das Ganze beginnt von Neuem. Allerdings haben Coronaviren für diesen Piratenakt ein besonderes Werkzeug entwickelt: ebenjenes bereits erwähnte zacken- oder stachelartige Spike-Protein auf ihrer dadurch kronenartigen Oberfläche. Damit gelingt es ihnen, die schützende Außenhülle einer Wirtszelle zu durchbrechen, weil sie gleichsam im Besitz eines passenden Schlüssels sind. Denn die Spike-Stacheln heften sich an bestimmte Antennen, die sogenannten ACE2-Rezeptoren (für Angiotensin-konvertierendes Enzym2). Diese Rezeptoren sitzen auf der Oberfläche vieler verschiedener Zellen tierischer und menschlicher Wirte.

So kommen sie beispielsweise in allen Arterien und Venen des Blutgefäßsystems vor, wo sie unter anderem bei der Regulierung des Blutdrucks eine wichtige Rolle spielen. Sie sitzen auf den Zellen der Schleimhäute in Nase und Rachen, aber eben auch auf den Zellen, die etwa die Lungenbläschen auskleiden, ebenso wie übrigens auch den Dünndarm. Alle diese Zellen verfügen mithin über dieselbe Schnittstelle zur Außenwelt, die damit zum Einfallstor für Viren wird.[31]

Doch nicht genug damit, dass ACE2 als universeller Türöffner wirkt; anders als die beiden übrigen Sars-ähnlichen Coronaviren hat Sars-CoV-2 an dieser Stelle abermals in die Trickkiste gegriffen und eine Art Invasionsverstärker auf der Rezeptorbindungsdomäne RBD seiner Spike-Proteine eingebaut. Denn dieses Virus hat – letztes Detail unserer kleinen Virenkunde – zusätzlich eine besondere Schlüsselvariante: die sogenannte Furin-Spaltungsstelle. Damit ein Virus überhaupt in eine Zelle eindringen oder infizieren kann, muss das Spike-Molekül gespalten werden. Erst dadurch verschmilzt die Eiweißhülle des Virus mit der Membran der Zelle und die Erbgutfracht des Virus gelangt in den Maschinenraum der Zelle, wo fortan sein Befehl umgesetzt wird, der da lautet: Kopiere mich, vemehre mich! Zwar sind die knubbeligen Stacheln des kugelförmigen Virus auf den antennenartigen ACE2-Rezeptoren etwa der menschlichen Zellen eingerastet, der Schlüssel steckt also im Schloss, doch kann das Virus mit seiner für die Zelle unheilvollen Fracht noch immer nicht hinein. Denn es kann, um im Bild zu bleiben, den Schlüssel nicht selbstständig umdrehen, so, als ob dieser noch mit einer Sicherung blockiert sei. Doch Hilfe kommt fatalerweise ausgerechnet vom Wirt, der hier infiltriert werden soll. Denn der stellt ein bestimmtes Protein – Furin – gleich zuhauf bereit. Wie alle Enzyme dient es dazu, im Gewebe andere Proteine zu aktivieren; das macht es in diesem Fall, indem es Teile von ihnen abspaltet. Furin ist dabei ein wirkungsvoller, aber blinder Helfer; es wirkt bei Freund wie

Feind – es spaltet auch das Spike-Protein des Virus und löst so gewissermaßen die Sicherung am Schloss. Dadurch macht das wirtseigene Furin den Weg für das Virus frei, das nun in die Zelle eindringt.

Das Novum des neuen Coronavirus ist nun, dass bei diesem Spaltungsvorgang der Erreger von Covid-19 auf das Enzym Furin setzt. Wo andere Viren noch konventionelle Schlüssel mit Zackenbart einsetzen, um einzudringen, bedient sich unser kreatives Virus gleichsam einer modernen Schlüsselkarte. Dank dieser innovativen Invasionstechnik kann Sars-CoV-2 in verschiedene Zelltypen und verschiedene Wirte eindringen, und zwar in immer solche, die das Enzym Furin aufweisen, was nun nicht eben selten ist.[32] Zufällige genetische Mutationen in der molekularen Bauanleitung für das Spike-Protein können die Eigenschaften der Rezeptorbindung an das ACE2 oder auch das Einschleusen des Erbguts in die Zelle verändern, was ein Virus entweder weniger oder mehr infektiös werden lässt. Solche zufälligen Veränderungen sind der Stoff der Evolution – und bei Viren stets ein Spiel mit dem Feuer. Es macht ein winzig kleines und unscheinbares Molekül zum Auslöser für eine der größten globalen Krisen seit Langem.

Erst die Innovation einer Furin-Spaltstelle auf dem stacheligen Spike-Protein, verbunden mit der Fähigkeit, effektiv in ein ganzes Spektrum verschiedener Zellen einzudringen, lasse Sars-CoV-2 zum Auslöser eine Pandemie werden, so vermuten die Wissenschaftler, denen gerade der Trick mit dem Furin einigermaßen Sorgen bereitet. Einer von ihnen, der amerikanische Virologe Robert Garry, sagt dazu: »Als ich sah, dass Sars-CoV-2 diese Spaltungsstelle besitzt, habe ich in der Nacht darauf sehr schlecht geschlafen.«[33] Just um diese *furin cleavage site* gab und gibt es erhebliche Dispute. Denn dank Furin dürfte das neuartige Virus besonders effektiv von Zelle zu Zelle und von Mensch zu Mensch gelangen. Vielleicht hat es ursprünglich auch erst dadurch den Übersprung vom Tier zum Menschen geschafft. In jedem Fall ist unklar, woher ausgerechnet das neue Coronavirus diese Spaltungsstelle samt effektivem Invasionsmechanismus hat. Sie konnte lange nicht bei anderen Coronaviren nachgewiesen werden und gab Rätsel auf, über welche Rekombination und über welches Tier sie entstanden ist, bevor der Erreger dann zum Menschen gelangte.

Halten wir fest: Dank der Furin-Spaltstelle seiner an das ACE2 andockenden Rezeptorbindungsdomäne des Spike-Proteins weist das neue Coronavirus eine Besonderheit auf, die anderen, selbst nahe verwandten Coronaviren fehlt. Es unterscheidet sich darin auch von jenen Viren aus den Fledermäusen von Yunnan, die Menschen daher nicht oder wenigstens nicht sehr gut befallen können. Ebenso fehlt diese Furin-Spaltstelle den Viren aus anderen Zwischenwirten, etwa aus dem Pangolin. Trotzdem rückten die Schuppentiere in den Fokus, da ausgerechnet Coronaviren, die man bei ihnen fand, zur menschlichen Virus-Variante fast identische Rezeptorbindungsdomänen besitzen. Es lag daher nahe zu vermuten, ein von Fledermäusen stammendes Virus sei über diese Tiere als Zwischenwirte auf den Menschen gelangt und habe bei der Passage durch den Pangolin jene RBD-Mutation erworben, die es auf besonders effektive Weise in menschliche Zellen eindringen lasse, was es für uns so gefährlich macht.

Also ist doch der Pangolin schuld? Nun, lediglich bestimmte Abschnitte der genetischen Sequenz des Pangolin-Virus ähneln dem des menschlichen Coronavirus stark. Da aber im Rest des Virusgenoms die genetische Übereinstimmung nur knapp über 90 Prozent beträgt, ist für die meisten Wissenschaftler das Schuppentier als Zwischenwirt dann doch wieder raus. Was wir indes im Hinterkopf behalten müssen, ist, dass sich die inzwischen in vielen verschiedenen Tieren nachgewiesenen Coronaviren dort bereits seit Jahrzehnten versteckt gehalten haben können und sämtliche Linien jeweils eine eigene Entwicklung genommen haben. Welche dieser Stammlinien der Ursprung des beim Menschen aufgetretenen Virus Sars-CoV-2 ist, wissen wir bisher nicht sicher.

Unstrittig ist: Auch die Sars-Viren haben eine länger zurückreichende Stammesgeschichte, bei denen einige die genetische Bauanleitung jener RBD besitzen, andere dafür aber nicht. Jene Tiere, bei denen diese Viren vorkommen, haben dadurch ein ganz besonderes Pandemie-Potenzial und bergen die Möglichkeit beziehungsweise das damit verbundene Risiko, durch zoonotische Übertragung zufällig und unvorhersehbar (wie wir dann sagen) aufzutauchen. Dabei lässt sich dieses Risiko eines Übersprungs sehr wohl theoretisch vorhersagen, nur eben für die Praxis nie genau genug. Denn wir unterschätzen systematisch die Macht des Zufalls. Der aber spielt gerade in der Biologie und der Evolution eine tragende Rolle, als ein einmaliger so und nicht anders ablaufender – die Fachleute sagen: kontingenter – historischer Vorgang. Biologie ist eben nicht Physik. In der unbelebten Welt der Physik und Chemie gibt es Naturgesetze; in der Biologie gibt es zwar auch Regelmäßigkeiten, aber vor allem den Zufall.[34] Was in der belebten Natur alles möglich ist, ist unmöglich vorherzusagen, bis es passiert ist. Weshalb Evolutionsbiologen übrigens ähnlich wie Historiker besser darin sind, die Vergangenheit zu erklären, als die Zukunft vorherzusagen.

Was uns zu einem kleinen Exkurs bringt, der dabei hilft – so wie Umwege die Ortskenntnis erweitern –, die Macht des Möglichen und die Zufälligkeit der Zeitläufe besser einzuschätzen. Wir brauchen diese grundsätzliche Erkenntnis, um die Auswirkung der Viren in den Fledermäusen und ihre möglichen Wege nach Wuhan besser zu verstehen – und um damit letztlich zum Ursprung von Covid-19 vorzudringen.

EXKURS ZU DEN »SCHWARZEN SCHWÄNEN« – ODER: ÜBER DEN ZUFALL

Überall, wo Leben ist, treibt der Zufall sein Spiel. So auch in der Naturgeschichte. Denken wir nur daran, wie ein zufälliges, höchst seltenes, unvorhersehbares, aber eben mögliches kosmisches Ereignis, der Einschlag eines Meteoriten vor 66 Millionen Jahren, das Schicksal der Dinosaurier besiegelte. Oder wie gewaltige Vulkanausbrüche zu früheren Massenaussterben führten. Bei Naturkatastrophen oder anderen Krisen, auch bei einem Börsencrash oder eben dem Ausbruch eines Virus, spielt der Zufall mit hinein; was nicht heißt, dass diese Ereignisse allein ein Zufallsprodukt sind. Sie haben jeweils ihre Ursachen, die wir immer besser verstehen. Dennoch dürfen wir die Rolle der historischen Zufälle nicht unterschätzen.

Wenn wir hier die Ereignisse um die Coronakrise weitgehend chronologisch erzählen, erweckt dies den Eindruck der Zwangsläufigkeit, als sei diese unvermeidbar gewesen. Dabei sind wir Menschen geradezu blind gegenüber dem Zufall. Wir ignorieren insbesondere Ereignisse, die von Natur aus selten, aber nicht völlig unwahrscheinlich sind, gänzlich überraschend eintreten und dann (fast) alle erstaunen, obgleich sich im Nachhinein herausstellt, dass es hinreichend Anhaltspunkte für ihr Eintreten gab und die Begebenheiten von einigen Experten womöglich vorausgesehen wurden – denen man aber nicht zugehört hatte, weil sie nicht verstanden oder nicht ernst genommen wurden.

Das zumindest sind die Thesen des Bestsellers *Der Schwarze Schwan*, in dem es um die *Macht höchst unwahrscheinlicher Ereignisse* geht, wie der Untertitel sagt. Geschrieben hat ihn Nassim Nicholas Taleb, ein Derivatehändler und Finanzmathematiker, der zuvor 20 Jahre lang an der New Yorker Wall Street gearbeitet hat und dort mit Geldmachen unter unsicheren und unvorhersehbaren Bedingungen beschäftigt war. Taleb interessierte sich für die Wahrscheinlichkeit, mit der unerwartete Ereignisse eintreten, trotz derer sich ein gewisser Profit machen lässt. Sein Buch stand monatelang auf der Bestsellerliste der *New York Times* und hat nicht nur bei Bankern und Aktienhändlern große Aufmerksamkeit gefunden; nicht zuletzt, als die Welt 2008 einen Finanzcrash erlebte – ein typisches *Schwarzer Schwan*-Ereignis. Taleb hatte zunächst nur die Finanzwelt im Blick, erkannte dann aber, dass alle wichtigen Entdeckungen, Einsichten und Erfindungen, aber auch künstlerische Werke und historische Ereignisse als *Schwarze Schwäne* bezeichnet werden können. Denken wir dabei nur an den Zufallsfund der antibiotischen Wirkung von Pilzen, aus denen dann gezielt das Penizillin entwickelt wurde. Oder an die – tatsächlich zufälligen – Entdeckungen Amerikas und Brasiliens; beide Entdecker, Christoph Kolumbus wie Pedro Álvares Cabral, waren – wenn auch in unterschiedlichen Richtungen – auf dem Weg nach Indien, um vom Gewürzhandel zu profitieren, als sie auf Land stießen, wo keiner es vermutet hatte.

»Was wir hier einen Schwarzen Schwan nennen, ist ein Ereignis mit den drei folgenden Attributen. Es ist erstens ein Ausreißer – es liegt außerhalb des Bereichs der regulären Erwartungen, da nichts in der Vergangenheit überzeugend auf seine Möglichkeit verweisen kann. Es hat zweitens enorme Auswirkungen. Drittens bringt die menschliche Natur uns trotz seines Status als Ausreißer dazu, im Nachhinein Erklärungen für sein Eintreten zu konstruieren, um es erklärbar und vorhersagbar zu machen.«[35] Sprich: Nach Talebs Theorie gibt es höchst unwahrscheinliche und unvorhersehbare Ereignisse, die dennoch eintreten und die wir uns nachträglich zu erklären versuchen. Wie den *spillover* zoonotischer Viren etwa; oder die Veränderung der Basenabfolge in einer bestimmten genetischen Sequenz eines Erregers, der dadurch – auf natürliche oder künstliche Art – hochinfektiös und gefährlich wird.

Tatsächlich werden im Englischen als *black swan* seltene und unvorhersehbare Ereignisse bezeichnet, die umso extremere Auswirkungen haben. Warum? Weil die Menschen die Möglichkeit, dass schwarze Schwäne existieren könnten, ignoriert haben. Ähnlich wie bei der britischen Redewendung *as dead as a dodo* steht auch hier ein realer Vogel im Zentrum, und es gibt eine historische Begebenheit vor ornithologischem Hintergrund. In diesem Fall waren die Menschen in der Alten Welt deshalb so lange überzeugt, alle Schwäne seien weiß, weil sie keine anderen kannten. Sie wussten auch lange Zeit nichts von der Existenz des australischen Kontinents, bis er im Jahr 1606 durch den Niederländer Willem Jansz entdeckt wurde, der auf dem Schiff *Duyfken* erstmals von Neuguinea aus weiter südlich australisches Festland erreichte und entlang der Nordspitze der Cap-York-Halbinsel segelte. Bei der Erkundung des Kontinents durch andere, die allerlei weitere zoologische Überraschungen unter den mitunter skurrilen Wesen der australischen Fauna zutage förderte, wurden dann in Westaustralien tatsächlich schwarze Schwäne gesichtet, die daher im Englischen zur Metapher eines zwar unwahrscheinlichen, aber möglichen Ereignisses wurden. »Eine einzige Beobachtung kann eine allgemeine Feststellung, die aus Jahrtausenden von bestätigten Sichtungen von Millionen weißer Schwäne abgeleitet wurde, ungültig machen. Alles, was dafür nötig ist, ist ein einziger (und, wie ich gehört habe, ausgesprochen hässlicher) schwarzer Vogel.«[36]

Auch wenn wir hier keinesfalls Talebs vorschnelles Urteil über die sehr eleganten schwarzen Schwäne Westaustraliens teilen, so trifft die zentrale Idee seines Buches zu – nämlich, dass wir blind gegenüber dem Zufall sind, insbesondere gegenüber großen Abweichungen, und dass »das Leben der kumulative Effekt einer Handvoll signifikanter Erschütterungen ist«.

Wir handeln stets so, als ob es dieses Phänomen der schwarzen Schwäne gar nicht gebe. Weshalb ein Ereignis gerade deshalb eintreten kann, weil eben niemand davon ausgeht, dass es passieren könnte. Deswegen sollten wir übrigens auch skeptisch gegenüber Prognosen sein. Taleb schreibt dazu Folgendes: »Dass wir Ausreißer nicht vorhersagen können, bedeutet angesichts ihres großen Anteils an der Dynamik der Ereignisse, dass wir den Lauf der Geschichte nicht vorhersagen können.« So produzierten viele Fachleute etwa Projektionen für den Ölpreis oder die Defizite bei der Sozialversicherung für die kommenden 30 Jahre, ohne zu erkennen, dass sie nicht mal die Entwicklung im nächsten Sommer vorhersagen können. »Das Überraschende ist nicht das Ausmaß unserer Fehler bei den Vorhersagen, sondern dass wir uns dessen überhaupt nicht bewusst sind.«[37]

Genau dieser Punkt ist wichtig: dass das, was man nicht weiß, letztlich wesentlichere Auswirkungen hat als das, was man weiß. *Schwarze Schwäne* sind nicht vorhersehbar, eben weil sie so unerwartet erscheinen. Es läuft unseren Denkgewohnheiten zuwider, dass unsere Welt vom Extremen, Unbekannten und sehr Unwahrscheinlichen beherrscht wird; und so fokussieren wir uns zu sehr auf das, was bekannt ist und sich wiederholt, und lassen das außer Acht, was ausnahmsweise passiert. So lässt sich nicht nur des Zufalls wegen die Zukunft nicht vorhersagen; unsere allzu menschlichen Verhaltensweisen, aber auch unsere Wissenschaft scheinen nach Talebs Darstellung mehr denn je dazu geeignet, *Schwarze Schwäne* nicht wahrzunehmen. »Wir müssen jedoch den Extremfall als Ausgangspunkt benutzen«, so Taleb.

Natürlich wurde bald diskutiert, ob die Corona-Pandemie so ein *black swan* sei. Auch wenn die Wahrscheinlichkeit für eine solche Pandemie gering war, trat sie ein und hatte erhebliche Konsequenzen für Gesundheit sowie Wirtschaft. Und nachdem die Pandemie in der Welt war, wurde sie unmittelbar erklärbar, und jeder fragte sich, warum wir nicht darauf vorbereitet gewesen waren. Zwar ist es alles andere als das erste Mal, dass wir es mit einer Pandemie zu tun haben – denken wir an die Pest, an Sars und Mers. Dennoch kam die nächste unerwartet und scheinbar aus dem Nichts. Daher sehen viele die Kriterien eines *Schwarzen Schwans* erfüllt. So war zwar die Bedrohung durch ein Virus theoretisch bekannt, doch weil Pandemien als selten und unwahrscheinlich angesehen wurden, führte die mangelnde Vorbereitung von Regierungen auf der ganzen Welt erst zur globalen Krise.

Andere meinen allerdings, dass wir, um bei Taleb zu bleiben, eher von einem *Grauen* statt einem *Schwarzen Schwan* sprechen sollten, da es zuvor durchaus deutliche Anzeichen für dieses Ereignis gegeben habe. Solch ein Auftreten sei eben nicht völlig unwahrscheinlich gewesen; ganz im Gegenteil hätten gerade erst die Epidemien durch Sars und Mers auf die Risiken eines häufigeren Vorkommens potenziell gefährlicher Coronaviren hingewiesen und seien in Zeiten der Globalisierung zudem vorhersagbar gewesen. Überzeugender finde ich den Vorschlag von Evolutionsbiologen um Daniel Brooks, in diesem Fall vom *Schwarzen Elefanten* zu sprechen – abgeleitet von der Vorstellung jenes sinnbildlichen Elefanten im Raum, mit dem ein hinlänglich großes Problem bezeichnet wird, das zwar alle kennen, aber ignorieren, als sei es gar nicht da. Auch die Gefahr neuer unbekannter Viren war zwar unter Experten hinreichend bekannt, doch bis der Corona-Erreger plötzlich auftauchte, wurde das Problem gleichsam als Elefant im Raum behandelt. *Schwarze Elefanten* sind vielleicht noch fataler als die Schwäne derselben Farbe, bei denen man sich hinterher wenigstens halbwegs glaubwürdig auf eine vermeintliche Naturkatastrophe zurückziehen kann. Gegen den besagten Elefanten hätten wir indes etwas unternehmen können.[38]

VON »NARRATIVEN VERZERRUNGEN« UND DEM »FRIEDHOF DER STUMMEN ZEUGEN«

Talebs Metapher vom *Schwarzen Schwan* erlaubt eine Kette von Assoziationen, denen er in seinem ebenso unterhaltsamen wie aufschlussreichen, wenngleich manchmal arg anekdotenlastigen Buch ausführlich nachspürt. Wenigstens zwei dieser Aspekte wollen wir hier noch beleuchten. Da ist zum einen das, was bei Taleb »narrative fallacy« heißt und eine der Natur unseres Denkens immanente Art kognitiver Verzerrung meint: die Tendenz des Menschen, nachträglich vereinfachende Erklärungen für die Ereignisse zu finden. Und zwar, weil wir uns nach Regeln und Ordnung sehnen, mit denen wir versuchen, die Dimension der Dinge so zu reduzieren, dass sie in unseren Kopf passen. Da die Welt geradezu überquelle von Details, so Taleb, sei es uns Menschen einfach angenehmer, die Welt als geordnet und verständlich zu betrachten. Daher versuchten wir, Ereignisse zu reduzieren und so Ordnung zu schaffen. »Je mehr Ordnung wir hineinbringen, desto geringer wird die Zufälligkeit. [...] Und der Schwarze Schwan ist das, was wir bei der Vereinfachung weglassen.«[39]

Ganz ähnliche Überlegungen finden sich auch bei dem israelisch-amerikanischen Psychologen, Ökonomen und Wirtschaftsnobelpreisträger Daniel Kahneman, auf den sich Taleb gelegentlich bezieht und der seinerseits kurz darauf als Autor des Bestsellers *Schnelles Denken, langsames Denken* hervortrat. Darin wirft Kahneman einen Blick auf die blinden Flecken unseres Denkens und erklärt ebenfalls, dass unser mentales System nach dem Gesetz der geringstmöglichen Anstrengung arbeite. Da wir auf die meisten Eindrücke intuitiv, eben durch jenes »schnelle Denken« reagieren, ist gerade dies für systematische Verzerrungen anfällig. »Der Mensch ist nicht gewohnt, scharf nachzudenken«, sagt Kahneman. Denn: »Die Faulheit ist tief in unsere Natur eingebaut.« Unser Gehirn ist darauf programmiert, nach Verbindungen zu suchen, um es sich einfach zu machen. Wir nutzen daher, wann immer möglich, Abkürzungen beim Denken, wobei uns Instinkte und Emotionen ebenso wie Sparsamkeitserwägungen helfen. Das sei zwar laut Kahneman effizient, führe aber eben zu Fehlern. Vor allem täuschen wir uns dadurch selbst über unsere Fähigkeit zum wirklich vernünftigen Denken. Ständig überschätzten Menschen ihr eigenes Wissen, wobei – wie er betont – Experten dafür sogar besonders anfällig seien; und dann auch besonders unwillig, ihr Scheitern zuzugeben. Aber Wunschdenken hat noch immer von der Wirklichkeit abgelenkt.[40]

Bei dem Versuch der Reduzierung bedienen wir uns der Erzählung. Dazu zählen, von Mythen und Geschichten über Romane bis hin zur Wissenschaft, sämtliche Formen des Narrativen, die alle die gleiche Funktion haben: »Sie schützen uns vor der Komplexität der Welt und vor ihrer Zufälligkeit, sie verleihen der Unordnung der menschlichen Wahrnehmung und dem Chaos der menschlichen Erfahrungen Ordnung.«[41] Zugleich sind wir bemüht, Ursachen zu finden und die Dinge zu erklären, damit sie für uns viel plausibler und viel wahrscheinlicher werden. Daher suchen wir geradezu verbissen nach Ursachen, die wir in Form einer Geschichte erzählt bekommen wollen, und nehmen dabei folgenschwere Verzerrungen der Realität in Kauf. Wir bemühen uns, einwandfreie Fakten zu sammeln, die wir dann so zu einer Erzählung verweben, dass sie den Eindruck von Kausalität und gelegentlich auch von mehr Wissen vermitteln, als wir tatsächlich besitzen. Das sei nicht nur in der Natur des Menschen begründet, sondern dieses Erzählerische finde sich sowohl im Journalismus wie in der Wissenschaft wieder.[42]

Unser Bestreben nach Narrativität und Kausalität seien Symptome derselben Krankheit – ebenjener Reduktion der Dimension, wobei wir die Dinge in eine chronologische Ordnung bringen und zugleich kausative Linien durch die Geschichte ziehen. Dies lässt uns den Strom der Zeit wahrnehmen, der dank der Kausalität dann in nur eine einzige Richtung fließt. Dank dieser Rekonstruktion sieht eine Geschichte im Rückblick viel erklärbarer aus, als sie vielleicht tatsächlich ist. Zudem übernimmt unser Gedächtnis die Funktion einer Art »dynamischer Überarbeitungsmaschine«, bei der unsere Erinnerung die Geschichte beständig weiter verändert. Narrative Verzerrungen sind also das nachträgliche Schaffen einer Erzählung, um einem unwahrscheinlichen Ereignis einen plausiblen Grund zu verleihen. Kurz gesagt: Um in einer komplexen Welt zu bestehen, vereinfachen wir die Dinge und verdichten sie zu einer Erzählung, bei der wir die Begebenheiten zeitlich reihen und in Beziehung zueinander setzen. Wir sind beim nachträglichen Erklären besser als beim ursächlichen Verstehen.

Weil aber vergangene Ereignisse auf vielerlei Weisen und Wegen interpretiert werden können, kommt es auch zu unterschiedlichen Verzerrungen der Wahrnehmung. Daher gibt es nicht die eine Erzählung, sondern es lassen sich stets mehrere Erzählungen weben. Wobei das bloße Fehlen von Unsinn nicht ausreicht, um etwas wahr zu machen. Denn bei solchen Erzählungen können auch weniger bedeutende Dinge und Details miteinander verbunden werden und daraus mitunter ausgefeilte, in sich stimmige Theorien konstruiert werden – bis hin zu Verschwörungen. Da wir einen natürlichen Hunger nach Zuschreibung von Ursachen haben, also geradezu verbissen nach Kausalität suchen, sind wir für entsprechende Erzählungen empfänglich, die das bedienen. Wenn die Geschichte gut ist, überprüfen wir dabei oft genug nicht ausreichend gründlich, ob diese die Realität über die Maßen verzerrt. Es kann sogar so weit kommen, dass die Fiktion die Wahrheit enthüllt, dass vielleicht Fabeln und Geschichten der Wahrheit näher kommen als die sorgfältig auf die Fakten hin überprüfte wissenschaftliche Arbeit oder Nachrichtensendung. Zwar bemühten sich gerade Journalisten und Forscher um einwandfreie Fakten, aber auch sie seien nicht davor gefeit, diese so zu einer Erzählung zu verweben, dass der Eindruck von Kausalität und Wissen vermittelt werde, meint Taleb zu Recht. Und das gilt natürlich auch für das vorliegende Narrativ. Denn auch wir Wissenschaftler sind anfällig für Erzählungen. Und, so Taleb, gerade Akademiker in den narrativen Disziplinen verbrämten dieses Phänomen erzählender Verzerrung mit ihrer formalen Sprache.[43]

Ein weiterer, letzter Aspekt hängt unmittelbar mit diesem Drang zur erzählerischen Vereinfachung zusammen. Wir können ihn hier als *Friedhof der stummen Zeugen* bezeichnen. Auf diesem sinnbildlichen Gottesacker versammeln sich all jene Faktoren, Einzelheiten wie Personen, die bei einem Ereignis ebenfalls eine Rolle spielen, die aber nicht wahrgenommen und so zu stummen Zeugen werden. Wie häufig mögen Viren von einem Tier auf ein anderes übergesprungen sein, im subtropischen Süden Chinas, ohne nachweisbare Spuren zu hinterlassen? Wie häufig mag es Mutationen gegeben haben, die es bis zum Menschen schafften, aber unbemerkt wieder verschwanden, bis dann ein zufälliges Ereignis irgendwo in einer Millionenstadt wie Wuhan explodierte?

Ausgangspunkt dieser Überlegung vom *Friedhof der stummen Zeugen* ist, dass wir im Hinblick auf das, was wir zu wissen glauben, nachweislich arrogant seien, wie Taleb schreibt. »Wir wissen zweifelsohne eine ganze Menge, neigen aber von Natur aus dazu zu glauben, wir wüssten ein bisschen mehr, als wir tatsächlich wissen.« Doch seien wir schlicht nicht so klug, dass man uns beim Wissen vertrauen dürfe.[44] Oft genug werden wir von einem einzigen Ereignis derart geblendet, dass wir uns keine anderen Ereignisse mehr vorstellen können. Dabei haben wir ja gerade im Zusammenhang mit dem *Schwarzen Schwan* verstanden, dass so vieles im Leben ungeplant und von einem günstigen Zufall bestimmt ist. Und doch macht uns einmal mehr der historische Zufall als unterschätzte Kraft einen Strich durch die Rechnung, halten wir Dinge für unwahrscheinlich, weil wir blind gegenüber dem Zufall sind. So überschätzen wir etwa dank einer entsprechenden Erzählung systematisch den Anteil einer bestimmten Person oder einer bestimmten Begebenheit an einem Ereignis, weil wir zugleich die nicht leicht fassbaren Bedingungen oder andere, auch relevante Personen unterschätzen. Zwar wissen wir jetzt nach der Theorie des *Schwarzen Schwans*, dass Geschichte von unwahrscheinlichen Ereignissen beherrscht ist, aber nicht, was für ein Ereignis das sein wird. Und wir übersehen nachträglich, wenn wir einen bestimmten Erzählfaden weben, all jene Faktoren, die auch dabei waren, aber vielleicht zufällig nicht zum Zuge gekommen sind.

Zu dieser Idee vom *Friedhof der stummen Zeugen* gehört auch die finalistische Neigung menschlichen Denkens, das heißt »die intuitive Annahme, Dinge seien ›gemacht‹, um einen bestimmten Zweck zu erfüllen, aber eben nicht zufällig ›geworden‹«. Dies lasse sich aus der historischen Situation des Menschen heraus verstehen, denn es »beruht auf der in unserer ersten Natur wurzelnden Annahme, hinter allem Geschehen der Welt steckten Ziele verfolgende Akteure«, so erklären es der Anthropologe Carel van Schaik und der Historiker Kai Michel.[45] Mit der »ersten Natur« meinen sie die angeborenen und intuitiven Fähigkeiten und Verhaltensweisen des Menschen und verweisen darauf, dass diese Annahme einst im Zuge der Menschwerdung adaptiv gewesen sei, da von Akteuren unmittelbare Gefahr ausgehe. Wir nehmen also immer Akteure in den Blick, um Gefahren zu erkennen; eben auch da, wo diese weniger aktiv eine Rolle spielen. Weil wir aber ein Geschehen stets auf Akteure zurückführen, übersehen wir die Zufälle, die dazu beigetragen haben. Oder umgekehrt: Weil es uns so schwerfällt, Ereignisse als Folge zufälliger Wendungen zu verstehen, meinen wir immer einen Akteur ausmachen zu müssen. Alles stellen wir uns in Form eines Agierenden vor und reduzieren es allein auf dessen Leistung. Dabei sehen wir nicht, wer da noch dabei war und wie viele Möglichkeiten es ebenfalls gab.

Weil wir einen ganzen Friedhof jener nur mehr stummen Zeugen übersehen, entstehen unsere Erzählungen über bestimmte Ereignisse stets als Heldengeschichten. Solche narrativen Verzerrungen führen dann auch zu Verschwörungstheorien. Über die durch Fakten gestützte wissenschaftliche Formulierung einer Theorie hinausgehend, unterstellen wir dann die Anwesenheit von im Dunkeln agierenden Akteuren mit einer bestimmten Agenda, wo es sich um zufällige und höchst unwahrscheinliche, aber eben dennoch auch mögliche Ereignisse handelt.

DIE »FLEDERMAUS-FRAU«

Damit sind wir zurück bei der Frage, wie das Coronavirus aus dem Süden Chinas in unsere Welt gelangen konnte; ob die jüngste Pandemie also auf natürlichem Weg als Zoonose von Tieren auf den Menschen übersprang – oder ob sie etwas mit einem ausgerechnet in Wuhan ansässigen virologischen Labor zu tun hat, in dem jahrelang Forschungen an den Viren aus Fledermäusen und anderen Tieren durchgeführt wurden, darunter auch solche, die wenigstens zwischenzeitlich anderswo aufgrund ihrer Gefährlichkeit ausgesetzt waren.

Wir sollten vorausschicken, dass diese Frage nach dem Ursprung der Seuche keine rein akademische ist (und angesichts der globalen Folgen nie wirklich war), sondern inzwischen eine hochpolitische. Auch müssen wir feststellen, dass sie ebenso vielfältige Facetten wie grundlegende Auswirkungen hat. Alina

Chan und Matt Ridley sind dieser Frage nach dem Ursprung von Covid-19 jüngst in einem eigenen spannenden Buch nachgegangen, das viele Ereignisse und Befunde in ihren Verästelungen minutiös darlegt, von denen wir hier nur skizzenhaft die wichtigsten umreißen.[46] Und zwar, ohne in unserer Rekonstruktion die Wirklichkeit narrativ zu verzerren, den *Schwarzen Schwan* ebenso zufälliger wie unwahrscheinlicher Ereignisse zu ignorieren und die stummen Zeugen weiterer Akteure und Möglichkeiten zu übersehen. Wir haben dabei den Vorteil, dass inzwischen weitere Studien erschienen sind, die ebenfalls wichtige Indizien liefern, um das Für und Wider der scheinbar gegensätzlichen Hypothesen zu beleuchten.

Außerdem vorab noch ein Wort zur WHO: So wichtig diese Organisation auf internationaler Ebene ist und so schwierig ihr diplomatisches Geschäft bei einer Pandemie sein mag – bei der Aufklärung dessen, was sich tatsächlich Ende 2019 und 2020 in China ereignet hat, spielt diese offizielle Institution und die von ihr gemeinsam mit China verabredete Untersuchung keine Rolle. Zumindest ist besagte, Anfang 2021 durchgeführte Untersuchung keine wirkliche Hilfe bei unserer Spurensuche. Weil uns an der Rekonstruktion der Ursachen einer Pandemie gelegen ist und nicht an einer Chronologie eines offiziellen Narrativs, werden wir hier weder auf die offiziellen Verlautbarungen und mitgeteilten Ergebnisse der WHO noch auf die politischen Verwicklungen diesseits und jenseits des Pazifiks näher eingehen. Uns interessieren hier in erster Linie die darunterliegenden wissenschaftlichen Fakten und insbesondere die naturkundlichen Zusammenhänge.

Räumen wir gleich ein grundlegendes Missverständnis aus: Bei der Frage nach dem Ursprung der Pandemie geht es nicht – wie zumeist angenommen – um den Gegensatz einer natürlichen Ursache versus einer im Labor verursachten Entstehung. Auf der alleruntersten Ebene ist diese Frage längst entschieden.

Denn sämtliche Coronaviren stammen aus der Natur und von Tieren, von denen sie auf den Menschen gelangten; insofern liegt auch der aktuellen Pandemie in jedem Fall eine Zoonose zugrunde und letztlich eine natürliche Verursachung. Mithin ist die eigentliche Frage nicht vordergründig die nach einem natürlichen oder menschengemachten Ursprung; vielmehr interessiert uns, auf welchen Wegen ein Virus aus Südostasien mit tierischem Ursprung bis zu uns und einmal um die Welt gelangt ist.

Was nur auf den ersten Blick wie eine semantische Spitzfindigkeit wirken mag, ist tatsächlich der Grund dafür, dass in dieser Frage so viele Menschen aneinander vorbeireden und in Streit geraten. Wir müssen diesen Gegensatz hier genauer beleuchten, denn mit der Frage nach den wahren Ursachen verknüpft ist auch jene nach den Risiken und Gefahren von Viren. Im Kern geht es darum, inwieweit wir Menschen durch unsere Lebensweise auch potenziell für uns gefährlichen Viren ökologische Bedingungen schaffen, die diesen dann im evolutiven Wettlauf mit uns als ihren Wirten einen Vorteil verschaffen. Oder ob wir uns Sorgen um eine bestimmte Art von Virenforschung und die Arbeitsweise von Forschern in zahlreichen Laboren der Welt machen müssen. Beides ist wichtig.

Deshalb wollen wir nicht primär darüber berichten und beurteilen, wann und warum welcher Wissenschaftler die eine oder andere Hypothese bevorzugte, damit wiederum andere beeinflusste, die ihre Meinung eventuell wieder änderten und welche Motive sie dabei möglicherweise verfolgt haben. Es soll vielmehr darum gehen, die Fakten, wie sie sich heute darstellen lassen, im Hinblick auf die eigentlich zugrunde liegende Frage nach Ursprung, Entstehung und Verbreitung des Virus und insbesondere nach der Beteiligung von Tieren und Menschen zu rekonstruieren.

Auch wenn wir gerade gesagt haben, dass einzelne Wissenschaftler nicht in unserem Fokus stehen, kommen wir an einer zentralen Person nicht vorbei. Denn Dr. Shi Zhengli, die wir bereits kurz als Fledermausforscherin kennengelernt haben, spielt sowohl bei der Jagd nach den Viren als auch bei deren Erforschung im Labor eine essenzielle Rolle. Shi Zhengli hat an der Universität in Wuhan und am dortigen Viren-Institut WIV studiert, bevor sie für ihre Doktorarbeit an die Universität im französischen Montpellier ging. Im Jahr 2000 kehrte sie ans WIV zurück, wo sie fünf Jahre später an einer Studie mitgearbeitet hat, die zeigen konnte, dass Fledermäuse am ersten Sars-Ausbruch beteiligt waren. Shi Zhengli wies erstmals bei Fledermäusen Coronaviren nach, die sich als nächstverwandt herausstellten zu jenen, die von Schleichkatzen als Zwischenwirten auf den Menschen übersprangen und dort die schwere und akute Lungenerkrankung Sars auslösten. Später wurde Shi Zhengli Direktorin des Center for Emerging Infectious Diseases am WIV und – sogar in seriösen Medien gern einmal mit dem Spitznamen »batwoman« (Fledermausfrau) bezeichnet – zur Ikone der chinesischen Virenforschung.[47] Mit ihrem Team hat sie während der vergangenen zwei Jahrzehnte Proben vor allem von Fledermäusen, aber auch von anderen Tieren in China gesammelt – intensiver wohl als alle anderen Wissenschaftler. Im Labor in Wuhan wurden daraus nach ihrer eigenen Aussage wenigstens 2000 neue Viren sequenziert, darunter Hunderte Coronaviren, von denen zumindest einige das Zeug haben, aus der Natur auf den Menschen überzuspringen.

Um es zu betonen: Genau davor haben Shi Zhengli und ihre Forscher-Kollegen etwa aus den USA, allen voran Dr. Peter Daszak von der EcoHealth Alliance, immer wieder gewarnt; und zwar nicht erst seit dem Ausbruch von Covid-19.[48] Dabei dachten sie in erster Linie an eine Epidemie in den subtropischen Provinzen im Süden Chinas, in Guangdong, Guangxi und Yunnan, wo die erste Sars-Epidemie aufflackerte, wo die Minenarbeiter von Mojiang erkrankten und die betreffenden Coronaviren in Fledermäusen gefunden wurden, die zur aktuellen Pandemie geführt haben. »Nie hätte ich gedacht, dass es einmal Wuhan in Zentralchina betreffen würde«, wird Shi später zitiert. Allerdings sind beide, Zhengli und Daszak, zugleich auch diejenigen, die am tiefsten in die höchst bedenkliche Laborforschung in Wuhan an ebendiesen Viren verstrickt sind. Was die Trennung von wissenschaftlichen Fakten und Forschern so heikel macht. Versuchen wir es dennoch.

Beginnen wir mit dem Institut für Virologie, Shi Zhenglis Labor in Wuhan. Am WIV gibt es die weltweit wohl umfangreichste Sammlung von Fledermaus-Viren und entsprechenden Proben. Gerade dieser umfangreichen Sammlung und einer über Jahre dazu aufgebauten Datenbank ist es überhaupt zu verdanken, dass der anfangs mysteriöse Erreger von Covid-19 so schnell als zoonotischen Ursprungs identifiziert werden konnte. Schauen wir indes genauer hin, gerät dieses Labor und die Rolle, die Shi Zhengli (aber auch Peter Daszak) dabei spielt, ins Zwielicht. Denn die kuriose Volte dieses Viren-Krimis ist, dass ausgerechnet die, die durch ihre Forschungen eine durch Viren ausgelöste Pandemie verhindern wollten, diese möglicherweise selbst ausgelöst haben könnten. Wer zündelt, auch als Brandbekämpfer, der läuft Gefahr, ungewollt einen Flächenbrand zu entfachen.

Wir sprachen vom *Schwarzen Schwan*, vom unwahrscheinlichen Zufall sowie von unserem Drang, nachträglich Akteure narrativ verantwortlich zu machen für Dinge, die wir uns einfach nicht anders erklären können. Doch was für ein Zufall ist es, dass ausgerechnet dort, wo die Pandemie ihren Ausgang nahm, auch – neben anderen Institutionen der Virenforschung – jenes Labor ist, in dem die aktivste Fledermaus-Virenforscherin Chinas arbeitet? Keine Frage: Dort, wo eine Epidemie zuerst entdeckt wird, muss sie nicht zwangsläufig auch entstanden sein. Auch Shi Zhengli zeigte sich später erschüttert und zerknirscht darüber, dass nun von Wuhan ausgehend eine Pandemie Panik in der Welt verbreitete. Sie habe schlaflose Nächte deshalb gehabt, sich aber nichts vorzuwerfen.[49] Und natürlich ist es der erste Impuls, an eine direkte Verbindung zu denken, wenn just in jener Stadt, in der die Pandemie ihren Ausgang nimmt, sich auch eines der wichtigsten Labore virologischer Forschung in China befindet. *Honi soit qui mal y pense* – beschämt sei, wer Schlechtes dabei denkt, wie schon der altehrwürdige Sinnspruch besagt. Was aber auch nicht heißt, dass dieser erste Impuls falsch sein muss.

Wir erinnern uns, dass nicht nur die ersten Proben der Minenarbeiter von Mojiang unter anderem nach Wuhan zur Untersuchung geschickt wurden. Wir wissen auch, dass Shi Zhenglis Team vor Ort war und dass aus den bei Fledermäusen in jener Höhle genommenen Proben dann am WIV gleich eine ganze Reihe von Coronaviren entdeckt und wenigstens teilweise als neu beschrieben wurden. Kaum war Anfang Januar 2020 die genetische Sequenz von Sars-CoV-2 entziffert, identifizierte das Team um Shi Zhengli Ende des Monats auch schon den bis dahin nächsten Verwandten als ein aus Fledermäusen isoliertes Virus. Die Arbeit erschien im Februar in einem hochrangigen internationalen Journal, versäumte aber, eines der charakteristischen Merkmale des Virus zu benennen, das es erst so infektiös werden lässt. Bei dieser Gelegenheit als Sequenz des besagten Fledermaus-Virus RaTG13 publiziert, stellte sich erst nachträglich und nur durch die Recherchen anderer heraus, dass dieses Virus identisch ist mit dem bereits Jahre zuvor ebenfalls von Shi Zhengli publizierten Virus BtCoV/4991 aus Mojiang.[50] So weit waren wir bisher bei unserer oben beschriebenen Spurensuche gekommen.

Spätestens damit beginnen auch die vielen bis heute aufgedeckten, aber nicht ausgeräumten Ungereimtheiten, die es selbst bei wohlwollender Betrachtung der Zusammenhänge um Shi Zhengli und das WIV gibt. Da sind die zahllosen Expeditionen und Probennahmen vor allem in Yunnan, bei denen seit 2012 nicht eben wenige Coronaviren entdeckt wurden, und die sich daran anschließende Forschung, von der aber bis zum Ausbruch der Pandemie Ende 2019 für die Wissenschaft wenig zu sehen war. Wir reden immerhin über eine Größenordnung von 15 000 bis 22 000 tierischen Proben insgesamt, die Mehrzahl davon von Fledermäusen, wie eine Datenbank des WIV noch 2019 auswies.[51]

Zumindest kurios mutet es an, dass besagte Datenbank des WIV – gleichsam das Herzstück der pandemie-präventiven Virensuche – jahrelang mit Millionen von Forschungsgeldern auch aus den USA aufgebaut und finanziert, auch noch 2019 von Shi Zhengli und ihrem Team in einem Artikel beschrieben worden war, dann aber plötzlich Mitte September 2019 offline ging und seitdem nicht mehr zugänglich ist. Angeblich »aus Sicherheitsgründen«, wie Shi Zhengli sagt; und sie betont, dass ihre Forschung vollständig transparent sei. »We have nothing to hide.«[52]

Tatsächlich zeigen die entsprechenden Recherchen heute, dass in wenigstens einigen kritischen Fällen die genaue Herkunft und Identität von Viren und Proben unklar bleiben, da sie von Shi Zhenglis Team wenig systematisch und professionell dokumentiert wurden. Erst durch die akribische QuellenRecherche unabhängiger Nicht-Virologen (die dabei nie in China oder in dem Labor selbst waren), stellte sich nach Ausbruch der Pandemie heraus, dass das WIV sehr viel mehr gefährliche Coronaviren bestimmt und sequenziert hatte, mithin in Zhenglis

Labor in Wuhan in Bearbeitung waren. Obgleich es das – unter anderem dank der Zusammenarbeit mit Peter Daszak und der von ihm geleiteten EcoHealth-Organisation – erklärte Ziel ihrer Forschung war, solch potenziell gefährliche Viren systematisch ausfindig zu machen und zu dokumentieren, wurden sie der Wissenschaft anfangs kaum und erst nach Aufforderung nur zögerlich kundgetan. Das verblüfft und verwirrt – und stimmt zugegebenermaßen skeptisch.

Bis heute wurde durch die chinesischen Wissenschaftler am WIV nicht aufgeklärt, welche Art von Forschung sie dort tatsächlich betrieben: in welchem Umfang, mit welchen Viren und mit welchem Erfolg. Viele grundlegende Fragen bleiben dadurch unbeantwortet; etwa, ob es eine Laborzucht lebender Fledermäuse in Wuhan gab, gar von *Rhinolophus*-Arten aus Yunnan. Oder ob höchst bedenkliche sogenannte *Gain-of-Function*-Versuche (GoF) an den für Menschen gefährlichen Coronaviren aus Fledermäusen von Yunnan durchgeführt wurden. Bei GoF geht es, sehr vereinfacht ausgedrückt, unter anderem darum, die Eigenschaften verschiedener Viren miteinander zu kombinieren. Um die Entstehung neuer Viren mit einem potenziell gefährlichen Mix aus Eigenschaften besser zu verstehen, schafft man im Labor künstlich, was durch zufällige Mutationen auch in der Natur selbst entstehen kann: eine Chimäre aus bekannten Viren-Varianten mit neuen Eigenschaften, die das so entstandene Virus besser an bestimmte Umweltbedingungen anpasst.[53]

Sicher ist heute, dass die nächstverwandten Viren von Sars-CoV-2, die aus Fledermäusen und anderen Tieren gewonnen wurden, im Labor des WIV aufbewahrt wurden und werden. Sicher ist auch, dass Shi Zhenglis Arbeitsgruppe dort über Jahre Experimente an Viren-Mutationen durchgeführt hat. Dabei sind nachweislich Viren-Chimären produziert worden, mit denen man dann etwa Kleinsäuger infizierte, um die Wirkung zu testen.[54] Zwei Dinge dürfen dabei nicht miteinander verwechselt oder vermischt werden. Einerseits wäre es bei einem *laboratory leak*, also einem folgenschweren Laborunfall, möglich, dass ein natürliches Virus, das man ins Labor brachte, von dort entweichen konnte. Andererseits könnte auch ein völlig neues Virus als Chimäre aus Komponenten anderer bekannter Viren neu im Labor hergestellt worden sein, das dann freigesetzt wurde. Allerdings müssen wir dabei bedenken, dass letztere Option wohl eher unabsichtlich eingetreten sein dürfte. Denn warum sollte man dieses Virus ausgerechnet dort absichtlich freisetzen, wo verdächtigerweise jenes Labor ist, in dem es hergestellt wurde? Wer immer hier verschwörerisch chinesisches Militär und/oder Geheimdienst in Verdacht hat, muss auch dies plausibel beantworten.

In jedem Fall problematisch erscheint, unabhängig von solcherlei Spekulationen, die allgemeine Sicherheitslage im WIV. Das Institut erhielt im Jahr 2015 das Siegel eines Hochsicherheitslabors der höchsten Sicherheitsstufe 4 (biosafety level, BSL4).[55] Nur in solchen Laboren dürfen nach den international geltenden Regeln Versuche mit der genetischen Manipulation und Rekombination hochansteckender Erreger unternommen werden, darunter etwa Ebola-, Marburg- und Lassa-Viren. Was zu denken gibt, ist, dass offensichtlich die Forschungen an den Coronaviren aus den Fledermäusen aus Yunnan wohl nicht ausschließlich in diesem BSL4-Labor, sondern routinemäßig in weniger gesicherten und geeigneten Laboren des WIV stattfanden. Erst nach Ausbruch der Pandemie wurde allgemein bekannt, dass bereits 2018 eine US-amerikanische Delegation das WIV besucht und daraufhin in internen Berichten die Art und Weise der dort durchgeführten Forschungsarbeiten kritisiert hat. Explizit warnten die Experten seinerzeit vor der Gefahr, dass dort eine Epi- oder gar Pandemie ausgelöst werden könnte. Auch andere Fachleute, etwa die Züricher Virologin Karin Mölling, zeigten sich später überrascht: »Zu meinem größten Erstaunen darf man Versuche mit derart hochgefährlichen Viren in Bio-safety-Laboren der Stufe 3 durchführen (BSL3).«[56]

Halten wir fest, dass am WIV nicht nur unzählige Viren-proben aus dem Süden Chinas, sondern auch hinreichend aus-gebildetes Personal und finanzielle Mittel vorhanden waren, um molekulargenetische Forschungen unterschiedlichster Zielrich-tung in entsprechenden Laboren bis hin zur höchsten Sicher-heitsstufe durchzuführen, darunter auch sogenannte *Gain-of-Function*-Experimente (wie sie übrigens überall rund um die Welt betrieben werden; sie sind von der Charité in Berlin bis nach Peking tägliche Routine in virologischen Laboren).

So beschreiben Shi Zhengli und ihr Team etwa in einer Ar-beit von 2017 auf diese Weise rekombinierte Viren. Diese tragen das Gen für das Spike-Protein von acht neuen Sars-ähnlichen Coronaviren aus Fledermäusen, die die chinesischen Virolo-gen in andere verwandte Coronaviren eingebaut haben. Einem vermehrungsfähigen Virus als Rückgrat wurde dabei mit den Spike-Sequenzen von aus Fledermäusen stammenden Viren so-zusagen die Zacken der Krone aufgesetzt. Doch es kommt noch besser: In den Spike-Sequenzen ist auch die Information zum Andocken an den oben beschriebenen ACE2-Rezeptor enthalten. Auf diese Weise erwiesen sich die Viren-Chimären in der Lage, an all jene Zellen anzudocken und sie zu infizieren, die auch den menschlichen ACE2-Rezeptor aufweisen. Die Autoren um Shi Zhengli vermuteten seinerzeit, dass jenes Virus, das vor zwei Jahrzehnten im Süden Chinas die erste Sars-Epidemie ausgelöst hatte, durch eine ähnliche, aber auf natürliche Weise hervor-gebrachte Mutation und Rekombination von Viren entstanden sein könnte, die bestimmte Eigenschaften des Spike-Proteins und Interaktionen mit dem ACE2-Rezeptor beim Menschen ver-knüpften.[57] Damit passte plötzlich nicht nur der Schlüssel ins Schloss; vielmehr probierte dieser Schlüssel gleichsam selbst verschiedene Kombinationen aus, um den Eintrittscode der

Wirtszellen zu knacken. Damit stand der Feind unmittelbar vor der Tür und machte sich gezielt am Sicherheitsschloss zu schaffen – es war nur eine Frage der Zeit, bis es ihm gelingen würde einzudringen.

Nehmen wir alle Fakten zusammen, legen diese die Schlussfolgerung nahe, dass bereits Jahre vor Covid-19 alle Komponenten für eine Katastrophe beisammen waren – indem man am Virologischen Institut in Wuhan durch Laborversuche künstlich Viren herstellte, die ungleich gefährlicher waren als die Mehrzahl der für den Menschen vergleichsweise harmlosen Coronaviren. Keineswegs erwiesen ist damit, dass solche Experimente auch der Ursprung der von Wuhan ausgehenden aktuellen Pandemie waren, dass diese also durch einen wie auch immer gearteten Laborunfall ausgelöst wurde. Es ist auch nicht die wahrscheinlichste Annahme, aber genauso wenig können wir dies ausschließen. Die vielen Ungereimtheiten um die Herkunft verschiedener aus Yunnan stammender Fledermausviren im WIV und die mangelnde proaktive Transparenz um die betriebene Laborforschung tragen nicht dazu bei, Vertrauen aufzubauen und diesen Verdacht auszuräumen. Solange dies so ist, bleibt es ein legitimes Ansinnen, die wenngleich vage Möglichkeit eines Laborunfalls als Auslöser von Covid-19 in Betracht zu ziehen. Was indes erst spät von vielen Wissenschaftlern akzeptiert wurde, da dieser Alternative zu einem rein zoonotischen Ursprung und Übersprung lange der Geruch einer Verschwörungstheorie anhaftete.

»SHUT YOUR STINKY MOUTH«

Ein Problem mit dem Erreger Sars-CoV-2 ist, dass man es seiner Sequenz beim besten Willen nicht ansieht, ob er auf natürliche Weise entstanden ist oder ob der Mensch im Labor nachgeholfen hat – entweder indem er das Virus unabsichtlich freigesetzt oder indem er es überhaupt erst durch genetische Manipulation aus den Eigenschaften anderer Viren erschaffen hat. Um es klar zu sagen: Auf molekulargenetischer Basis allein lässt sich jedenfalls nicht widerspruchsfrei belegen, dass das Virus einen natürlichen Ursprung hat; obgleich genau dies nach bewährtem Vorgehen in der Wissenschaft unsere Null-Hypothese ist. Mit dieser Grundannahme ist zugleich der in der Wissenschaft übliche Versuch verknüpft, sie dann tunlichst zu widerlegen. Denn statt etwas wirklich beweisen zu können (Verifikation), ist es in der Wissenschaft ein allgemein erprobtes Vorgehen, zu versuchen, wenigstens das Gegenteil zu widerlegen (Falsifikation). So weit die Theorie. Für uns heißt das praktisch: Wenn sich aus der Sequenz weder der natürliche Ursprung zweifelsfrei beweisen lässt noch das Gegenteil, also eine (spätere) Entstehung im Labor, dann bleibt uns hier nur zusammenzutragen, welche andere Indizien für oder gegen die jeweilige These sprechen.

Zuvor aber noch zu einem anderen Problem der Corona-Affäre: Die Labor-Hypothese wurde von Beginn an instrumentalisiert und nicht nur lange als Verschwörungstheorie diskreditiert, sondern sorgte zu allem Überfluss auch noch für politische Brisanz in dem Verhältnis der beiden Großmächte China und USA. Diese Theorie hat damit alles, was es braucht, um die Emotionen hochkochen zu lassen und zu verhindern, dass man sich im Dunst der erhitzten Gemüter noch klar sichtbar die eigentlichen Fakten vor Augen führt; sich also nüchtern mit den – wenn auch wenigen – verfügbaren Befunden beschäftigt. Um es nochmals deutlich zu sagen: So wie die Zoonose ist auch die These eines Labor-Ursprungs oder -Unfalls eine legitime wissenschaftliche Theorie und als solche zu behandeln. Sie ist nicht notwendigerweise deshalb eine Verschwörungstheorie, weil sich neben Wissenschaftlern viele Nicht-Fachleute in durchaus unkonventioneller Weise mit ihr beschäftigen und ihr dezidiert anhängen. Gleichwohl war dies der Sache an sich nicht immer nur förderlich. Andererseits wissen wir auch erst dank der unermüdlichen Arbeit gerade vieler Nicht-Wissenschaftler überhaupt eine Menge von dem, was uns die chinesischen Forscher am WIV lange vorenthalten haben.

Unglücklicherweise haben sich nicht eben wenige westliche Wissenschaftler, darunter viele international führende Köpfe der Virologie (auch in Deutschland), sehr früh gegen diese Hypothese einer wie auch immer gearteten Labor-Herkunft positioniert. Als maßgeblich dafür können wir zwei Arbeiten in wissenschaftlichen Zeitschriften aus der Anfangsphase der Pandemie anführen. Zum einen geht es da um ein Statement im britischen Mediziner-Fachjournal *Lancet* vom 19. Februar 2020. Dieser von immerhin 27 Forschern unterzeichnete Artikel ist, wie sich erst später herausstellte, maßgeblich von Peter Daszak initiiert worden. Das scheint heute durchaus mehr als fragwürdig hinsichtlich der Kollision möglicher Interessen; nicht zuletzt, weil Daszak eng mit Shi Zhenglis Arbeiten verbunden ist und mittelbar auch an den kritischen und im Fokus stehenden Labor-Experimenten beteiligt war. Doch erst anderthalb Jahre später veröffentlichte der *Lancet* eine editorische Anmerkung dazu. Einen Monat später erschien ebenfalls dort von 24 der ursprünglichen 27 Autoren des ersten Artikels ein Statement, das die potenziellen Konflikte einzelner offenlegte.[58] Insgesamt ist dies kein Ruhmesblatt der beteiligten Virologen und letztlich auch der Journal-Editoren (was häufig genug Personalunion ist), wird doch deutlich, wie schwer es auch in der Wissenschaft ist, bestehende Interessenkonflikte zu vermeiden oder wenigstens transparent zu machen.

Die zweite Arbeit ist ein inzwischen viel zitierter *Review*-Artikel unter Federführung des aus Dänemark stammenden Virologen Kristian Andersen, der bereits im März 2020 im Fachmagazin *Nature Medicine* erschien. Darin wird behauptet, die molekulare Analyse des Sars-CoV-2 zeige deutlich, dass es weder ein Labor-Konstrukt noch ein absichtlich manipuliertes Virus sei.[59] Doch entgegen dieser Darstellung lässt sich dem neuartigen Virus allein anhand der Sequenz der Erbsubstanz eben nicht ansehen, wie es entstand oder wie ein Vorgänger-Virus sich auf entscheidende Weise veränderte. Damit lässt sich aber auch nicht bestimmen, ob es vor oder nach dem Übersprung von einem tierischen Wirt oder Zwischenwirt oder erst im Menschen zu Sars-CoV-2 mutierte.

Inzwischen ist durch eine in den USA verbindliche Regelung zur Offenlegung des E-Mail-Verkehrs aus der fraglichen Zeit bekannt geworden, wie es nicht nur zum Artikel im *Lancet* kam (an dem Andersen ebenfalls beteiligt war), sondern auch, dass und wie Andersen dann seine Meinung bezüglich der früh geäußerten Labor-Theorie geändert hat.[60] In jedem Fall regten sich erst allmählich vonseiten der Forscher-Gemeinde immer mehr Bedenken. Bald aber gab es dazu vielfältige Stimmen; nicht nur solche, die klar Position entweder für den Zoonosen-Ursprung oder für eine Labor-Theorie bezogen, sondern vor allem auch Stimmen, die eine kritische Überprüfung beider kontrovers diskutierter Theorien forderten.[61] Man sei mitten in einer der schlimmsten Pandemien seit Generationen und wisse immer noch nicht, wie es dazu gekommen sei. Ort, Zeit und Mechanismus des kritischen Übersprungs auf den Menschen müssten dringend aufgedeckt werden.

Als am wenigsten hilfreich erwies sich dabei die chinesische Fledermaus-Virenforscherin Shi Zhengli, die zweifelsohne am meisten zur Aufklärung hätte beitragen können. Als in den ersten Pandemie-Tagen vor allem in China die Nerven bloß lagen und Shi Zhengli auch über die sozialen Medien mit dem Vorwurf eines Labor-Unfalls konfrontiert wurde, postete sie auf WeChat am 2. Februar 2020 zum einen, sie erkläre bei ihrem Leben, die Pandemie habe nichts mit ihrem Labor zu tun. Zum anderen riet sie jedem, der aufgrund der damals bekannt werdenden Internetrecherchen etwas anderes behaupte, wenig damenhaft: »Shut your stinky mouth.«[62]

EINE DUBIOSE VOLTE ZUR LABOR-HYPOTHESE

Gut ein Jahr später war es ein Hamburger Professor für Nanophysik, der sich zu einem ungewöhnlichen Manöver berufen fühlte. Letztlich erwies er damit der ohnehin schon kontroversen Labor-Theorie wenigstens im deutschsprachigen Raum insofern einen Bärendienst, als er in wenig wissenschaftlicher Art und Weise eine recht eigenwillige Dokumentation aus Fakten und Informationsschnipseln als »Studie« öffentlich machte. Während es zu diesem Zeitpunkt längst von Fachleuten eine Serie relevanter Publikationen in entsprechend professionellem Format gab, vermengte Roland Wiesendanger auf unkonventionelle Art Befunde aus einschlägigen Originalarbeiten, etwa medizinische Fachartikel, mit bloßen Spekulationen aus Social-Media-Foren.[63] Schließlich behauptete er, den bis dahin lediglich dort vorgetragenen Recherchen von Nicht-Fachleuten eine wissenschaftlich kompetente Stimme und größere Reichweite geben zu wollen – in kompletter Ignoranz der längst in biologischen Fachzeitschriften angekommenen Debatte um einen Labor-Ursprung.[64]

Wichtig ist hier festzustellen, dass die Labor-Theorie zu diesem Zeitpunkt bereits in vielfacher Weise durchaus kompetente Unterstützung erhalten hatte. Allerdings sprach in der gleichsam als wissenschaftlicher Indizienprozess geführten Diskussion weitaus mehr gegen einen Unfall am Virologischen Institut in Wuhan als dafür. Zum einen gibt es eine Fülle wissenschaftlicher Fakten im Zusammenhang mit Zoonosen, die die Labor-Theorie unwahrscheinlich machen. Zum anderen haben wir am Beginn dieses Kapitels gelernt, dass wir Menschen nicht vor narrativen Verzerrungen gefeit sind (das schließt die als rational geltenden Wissenschaftler ein); zu diesen Narrativen gehören auch bestimmte Arten von Heldengeschichten, aus denen leicht Verschwörungserzählungen entstehen. Erinnern wir uns an Talebs Theorie vom *Schwarzen Schwan*, nach der wir Menschen blind gegenüber der Macht des Zufalls sind, weshalb wir verständlicherweise das Geschehene auf einen Akteur zurückführen wollen, statt an bloßen Zufall und unwahrscheinliche Möglichkeiten zu glauben. Erstaunlicherweise sind es dadurch immer wieder andere unwahrscheinliche Möglichkeiten, die besonders viel Aufmerksamkeit erregen. So ist es zwar nicht auszuschließen, dass das Virus aus Versehen (wohl kaum absichtlich) in einem Labor in Wuhan entstanden ist. Doch wird diese Option von den meisten Experten derzeit für eher unwahrscheinlich gehalten.

Nicht leicht aus der Welt räumen lassen sich indes zwei Argumente, die viele für die Labor-Theorie einnehmen: Weil Viren aus Fledermäusen in Wuhan bereits genetisch manipuliert wurden mit dem Ziel, sie besser zu verstehen (jene *Gain of Function*-Experimente), könnten erstens zoonotische Viren gerade dort unter Mitwirkung des Menschen auf die Bevölkerung übergesprungen sein. Zweitens weist Sars-CoV-2 bestimmte, zuvor von ähnlichen Coronaviren unbekannte Eigenschaften auf, die den Erreger infektiöser machen. Diese besonderen Eigenschaften könnten, Macht des Zufalls, entweder durch natürliche Mutation und Rekombination zweier Virenformen entstanden sein, oder sie wurden durch absichtliche Manipulation von Menschenhand zusammengeflickt. Wie gesagt: Man sieht es der genetischen Sequenz der Erbsubstanz des Virus nachträglich nicht mehr an. Und wir wissen inzwischen, dass sich mit RNA-Viren im Labor vieles von dem machen lässt, was auch in der Natur durch zufällige Mutation und Rekombination passiert. Dass dies theoretisch möglich ist, darf allerdings noch nicht als Beweis dafür angesehen werden, dass im Fall von Sars-CoV-2 ein Virus mit höherer Pathogenität freigesetzt wurde.

Wir werden uns einige Vireneigenschften im nächsten Kapitel im Zusammenhang mit den tierischen Wirten dieser Viren einmal genauer ansehen, ebenso die Möglichkeit, dass zwei verschiedene Viren mit unterschiedlichen Merkmalen ein Tier oder einen Menschen gleichzeitig infizieren und wie dabei neue Viren entstehen können, die dann Teile des Erbguts sowohl des einen als auch des anderen Virus enthalten. Hier kommt die Spurensuche tatsächlich einem Krimi gleich, bei dem es bekanntlich um kleinste Details geht, mit denen der oder die Täter schließlich doch noch überführt werden. Und wie im Krimi müssen wir dazu einige der Tatverdächtigen noch genauer kennenlernen.

Da sind zum einen die Fledermäuse. Warum werden die Coronaviren gerade bei ihnen so häufig entdeckt? Zum anderen gibt es weitere Tiere, die als mögliche Zwischenwirte infrage kommen, darunter Larvenroller, die zu den Schleichkatzen gehören. Oder eben jene Pangoline genannten Schuppentiere, die als Überträger von Sars-CoV-2 gleich am Anfang der Pandemie in Verdacht gerieten, weil ausgerechnet bei einigen von ihnen Viren mit merkwürdigen Eigenschaften entdeckt wurden.

Tatsächlich kommt gleich eine ganze Armada von Arten sowohl als Wirt wie auch als Zwischenwirt infrage – die Suche gestaltet sich wie jene sprichwörtliche Suche nach der Nadel in dem in diesem Fall größten Heuhaufen der Welt. Immerhin: Nach Abschluss ihrer Untersuchung bekräftigte eine Experten-Kommission der Weltgesundheitsorganisation (WHO) Anfang 2021, dass es sich beim Ausbruch der Pandemie in Wuhan »höchst wahrscheinlich« um eine Zoonose handele, während es »extrem unwahrscheinlich sei, dass das Virus aus einem chinesischen Labor stammt«.[65] Die unrühmliche Rolle, die ein Jahr nach Ausbruch jene international zusammengesetzte, aber unter chinesischer Aufsicht kaum eigenständig agierende Forschergruppe der WHO spielte, ist in der Fachwelt wie den Medien ausführlich debattiert worden. Die im Abschlussbericht der WHO-Gruppe abgegebene Erklärung zum Ursprung hatte kaum wissenschaftliche, allenfalls politische Relevanz. Obgleich sich die von der WHO eingesetzte Gruppe – nach zähem Ringen mit den von chinesischer Seite beteiligten Wissenschaftlern – wenig überraschend gegen die Labor-Theorie aussprach, ruderte die WHO kurz darauf zurück, um nun zu fordern, dass neben der Zoonose als wahrscheinlichste Option auch die Labor-Theorie weiterhin zu prüfen bliebe. Genau das wollen wir im folgenden Kapitel tun. Denn die Tatsache, dass Zoonosen nicht nur in der Vergangenheit eine Rolle gespielt haben, sondern dies vor allem auch in Zukunft tun werden, bleibt selbst dann unberührt, wenn wir konkret feststellen sollten, dass es in Wuhan doch zu einem Labor-Leck gekommen ist. Sagen wir es so: Wir haben es bei diesem Kriminalfall gewissermaßen mit einem gefährlichen Serientäter zu tun, für den wir selbst die Bühne bereitet haben – der aktiv bleibt und jederzeit wieder zuschlagen kann, auch wenn wir in einem der zu untersuchenden Fälle noch einen weiteren Einzeltäter dingfest machen.

ZOONOSEN ALS URSACHE VON SEUCHEN

Die Nachrichten am Abend des 10. Januar 2020 sind noch kaum dazu angetan, besonders viele Menschen in Deutschland oder Europa sonderlich zu beunruhigen. »Hongkong verschärft die Kontrollen bei der Einreise, die US-Botschaft warnt vor Kontakten mit Tieren und erkrankten Menschen. Anlass dafür ist die mysteriöse Lungenkrankheit in der chinesischen Millionenstadt Wuhan, ausgelöst möglicherweise durch ein neuartiges Coronavirus«, meldet die *Tagesschau*. Zwei Tage zuvor hatte das US-amerikanische *Wall Street Journal* erstmals über das chinesische Virus berichtet. Doch noch sind es Berichte über die Auswirkungen von Lungenentzündungen unklaren Ursprungs irgendwo weit weg in China.

Erst allmählich wird klar, dass Covid-19, wie die neuartige Lungenkrankheit später genannt wird, wie ein Lauffeuer um sich greift. Vor allem, weil das Virus über die Atemwege übertragen wird und weil es offenbar bereits zur Ansteckung kommt, noch bevor die infizierte Person selbst an Symptomen leidet. So wächst mit jeder Begegnung zweier Menschen die Brandgefahr, und die Epidemie wird bald zu einem verheerenden Flächenbrand, der die ganze Welt erfasst.

Wie die Krise begann, lässt sich heute im Rückblick minutiös rekonstruieren.[1] Klar wird dabei, dass die Seuche einen längeren, im Dunkeln verborgenen Vorlauf hatte, deren Einzelheiten seinerzeit noch niemandem auffielen, aber wichtige Voraussetzungen für jenen Flächenbrand schufen. Deutlich wird aber auch, dass gerade am Anfang viel wertvolle Zeit verschenkt wurde, in der das Schlimmste vielleicht hätte verhindert werden können. Drei Wochen gefährlichen Nichtstuns ließ die Zentralregierung in Peking im Januar 2020 verstreichen, belegte aber jeden mit

Repressalien, der vor der viralen Lungenkrankheit warnte. Nachdem sich das Virus bis Mitte Januar bereits massenhaft in der Provinz Hubei und darüber hinaus verbreitet hatte, bestätigten die chinesischen Behörden erst am 20. Januar, dass es von Mensch zu Mensch übertragbar sei, und Präsident Xi Jinping sprach zum ersten Mal öffentlich über den Ernst der Lage. Doch dann begingen 1,4 Milliarden Chinesen das Neujahrsfest am 25. Januar; sie waren zum wichtigsten Familienfest des Jahres ähnlich unserem Weihnachten zu Millionen auf Reisen im ganzen Land und darüber hinaus aufgebrochen. So explodierten die Zahlen der offiziell gemeldeten, angeblich ersten Corona-Fälle. Später erkannte man, dass längst zu den anfänglich registrierten etwa 400 Fällen in Wuhan weitere 10 000 unerkannte Covid-Erkrankungen hinzukamen. Die Machthaber in Peking ließen die Millionenstadt über Nacht mit Polizeipatrouillen und Straßensperren von der Außenwelt abriegeln, verlängerten in ganz China die Ferien, schlossen Schulen, Universitäten, Büros, Fabriken.

In dieser Phase war es zumindest vorstellbar, dass sich das neue Virus in diese Ecke der Erde verbannen ließe. Tatsächlich jedoch war es längst zu spät. Das Virus, kaum mehr als ein winziges Teilchen mit genetischer Information auf der Suche nach immer weiteren Möglichkeiten, sich zu vermehren, war in der Welt. Am 30. Januar – gut anderthalb Monate, nachdem Krankenhausärzte in Wuhan auf Fälle jener seltsamen Lungenkrankheit aufmerksam wurden – erklärte die WHO den Ausbruch von Covid-19 zu einer, wie es wörtlich hieß, »gesundheitlichen Notlage von internationaler Tragweite«. Die Pandemie war da. Weil aber auch die Regierungen vieler Staaten der Welt gerade in der kritischen Anfangsphase ähnlich wie China nicht entschieden genug handelten, breitete sich die Seuche immer weiter aus.

Vielleicht also wäre anfangs eine kleine Chance gewesen, der Welt diese Pandemie zu ersparen. Doch wir wissen: Es kam alles anders. Sars-CoV-2 breitete sich schneller aus, als wir die

Nachrichten verfolgen konnten – in Oberitalien, in Bergamo, in den USA, in New York; dann rund um die Welt, bis nach Delhi, Kapstadt, Manaus und Lima. Aus dem Boden gestampfte Behelfskrankenhäuser in China, überfüllte Intensivstationen und Patienten an Beatmungsmaschinen in Italien, überfordertes Krankenhauspersonal überall – wir kennen es zur Genüge, ebenso die Wellen und Varianten, die parallel zu den Impfstoffen in den Monaten und Jahren danach folgten: Alpha und Delta, später vor allem Omikron. Endlich die Impfstoffe und, bis auf die Impfunwilligen, die Erleichterung über die Rückkehr zu mehr Normalität – endlich, im dritten Jahr dieser Pandemie.

Aus dem vergleichsweise überschaubaren Reservoir seiner Vorgänger, die einst nur in Fledermäusen in abgelegenen Regionen Chinas zirkulierten, hatte sich ein mutiertes Atemwegsvirus innerhalb kürzester Zeit dank des Zutuns seines neuen Wirts in einer weltweit nach Milliarden zu zählenden Population des Menschen als idealem Überträger eingenistet und eingerichtet. Es ist die grandiose Karriere eines zoonotischen Erregers, wie aus dem Lehrbuch der Virologie – und dabei Evolution in Aktion, das mustergültige Naturschauspiel von zufälliger Mutation und blinder Selektion, ein Paradebeispiel für das ewige Zusammenspiel eines Virus mit seinen tierischen und menschlichen Wirten.

Doch etwas ist anders: der Evolutionsfaktor Mensch, der eine neue Runde des ewigen Zusammenspiels von Parasit und Wirt begonnen hat.

RÜCKBLENDE: DIE ERSTEN GERÜCHTE UM DEN HUANAN-WILDTIERMARKT

Am 31. Dezember 2019 informierte die chinesische Regierung die Weltgesundheitsorganisation WHO. Am selben Tag beorderte die Nationale Gesundheitskommission, die in China unserem Gesundheitsministerium entspricht, ein Expertenteam nach Wuhan. Die eigenartige Lungenkrankheit, darauf deuteten die ersten Erkrankungsfälle hin, sollte ihren Ursprung angeblich auf einem der Wildtiermärkte mitten in der Millionenstadt haben. Am 1. Januar 2020 ordneten die chinesischen Behörden an, den Huanan-Markt im Nordwesten der Stadt zu schließen. Die Polizei rückte an, die Stände auf dem Markt wurden gereinigt und desinfiziert, alle Wildtiere und Waren entsorgt – und damit am möglichen Tatort die wichtigsten Spuren vernichtet.

Immerhin wissen wir, dass von den ersten 100 Infizierten, bei denen die Lungenkrankheit Covid-19 bemerkt wurde, knapp die Hälfte direkten Kontakt zum Markt hatte, die meisten als Verkäufer oder Marktmanager; die Übrigen könnten sich von Mensch zu Mensch angesteckt haben. Und immerhin wurden auf dem leer geräumten Markt im umfangreichen Maße Umweltproben genommen, also Abstriche von den Marktständen und Gegenständen, aus denen man dann Viren gewann. Erste Analysen ergaben, dass sie den Viren bei den zuerst infizierten Patienten sehr ähnlich waren. Doch da direkt vom Markt stammende Wildtiere nicht mehr untersucht werden konnten, bezweifelten Experten anfangs, dass sich je eindeutig nachweisen lassen würde, woher das Coronavirus wirklich kam. Mithin fehlten zwar die faktischen Belege, doch deutete tatsächlich vieles darauf hin, dass die Seuche auf dem Huanan-Wildtiermarkt ihren Ausgang nahm.

Die entscheidende Frage bleibt trotzdem, ob Covid-19 ursprünglich auf dem Markt entstanden ist, ob also dort der entscheidende Übersprung vom Tier auf den Menschen stattgefunden hat. Der eigentliche *spillover*, wenn es denn einer war, könnte auch zuvor und anderswo erfolgt sein. Das Virus könnte dann von Menschen auf den Markt getragen worden sein, wo es anschließend an viele andere Marktbesucher weitergegeben wurde – ein typisches Superspreading-Ereignis also, wie wir es im Verlauf dieser Pandemie vielfach erlebt haben.

Einige wenige Viren schaffen es erst durch bestimmte Mutationen, sich so zu verändern und an einen neuen Träger zu adaptieren, dass sie anschließend auch von Wirt zu Wirt leicht übertragen werden können. Wie und wann dies das neue Virus Sars-CoV-2 geschafft hat, ist im Detail unklar. Bei allem, was wir in unserem Kriminalfall noch aufdecken mögen, ist wichtig festzuhalten, dass wir an diesem entscheidenden Punkt bisher nicht weitergekommen sind. Irgendwo zwischen den Fledermäusen in Yunnan aus dem Süden Chinas und dem Markt in Wuhan schlummert gewissermaßen unsere epidemische Leiche im Keller. Das soll uns aber nicht hindern, mehr über die Methode des Täters zu erfahren, mit der er üblicherweise vorgeht.

Guangzhou, Provinz Guangdong
im Süden Chinas – Ende Dezember 2003

Kaum war die erste Welle der Epidemie 2003 verebbt, und kaum, dass die WHO offiziell, aber vorschnell das Ende der neuartigen Lungenerkrankung Sars erklärt hatte, kehrte das Virus zurück. Eine 20-jährige Frau gehörte Ende Dezember 2003 zu den ersten Patienten, die in Guangzhou in der im Süden Chinas nahe Hongkong gelegenen Provinz Guangdong mit grippeartigen Symptomen erkrankten. Sie arbeitete als Bedienung in einem Restaurant in der Innenstadt, in dem verschiedene Säugetiere als Delikatessen zum Verzehr angeboten wurden. Als kurz darauf auch ein 40-Jähriger erkrankte, der im gleichen Restaurant eines dieser Tiere gegessen hatte, wurde klar, dass die erste große Seuche des 21. Jahrhunderts mit pandemischem Potenzial abermals von einem Wildtier übergesprungen war. Schließlich wurden in diesem Restaurant bei sechs lebend in Käfigen gehaltenen Larvenrollern – einer knapp einen halben Meter großen asiatischen Schleichkatze, lateinisch *Paguma larvata* – Varianten jener Coronaviren entdeckt, die beim Menschen die mitunter tödliche Erkrankung Sars (Schweres Akutes Respiratorisches Syndrom) auslösten.

Wie und wann das Virus auf den Menschen übersprang, wissen wir nicht genau. Die erkrankte Serviererin behauptete steif und fest, keine Larvenroller gegessen zu haben. Doch sie und andere hatten im Restaurant engen Kontakt zu den offenkundig infizierten Schleichkatzen in den Käfigen, wo sie leicht mit deren Speichel oder Ausscheidungen in Berührung gekommen sein könnten. Unklar ist, ob sich das Virus dieser Tiere auch über die Luft verbreitet hat, bevor es dann von Mensch zu Mensch weitergetragen wurde.

Nachdem die Serviererin mit grippeartigen Symptomen erkrankt war, dauerte es nur eine Woche, bis die Diagnose feststand. Chinesische Epidemiologen um Ming Wang konnten nachweisen, dass sich die Erbsubstanz der aus den Larvenrollern isolierten Viren nur wenig von der genetischen Sequenz des Sars-CoV unterschied, das zuvor beim Menschen gefunden worden war. Während weitere Erkrankte bei diesem zweiten Sars-Ausbruch in Guangzhou keinen Kontakt zu diesen oder anderen Tieren hatten, wurden bei mehreren Angestellten jenes Restaurants, die dort als Koch oder Serviererin arbeiteten, sogar Antikörper gegen das Virus nachgewiesen. Weil diesmal alles auf Säugetiere als Quelle der Erreger hindeutete, reagierten die chinesischen Behörden – anders als beim ersten Sars-Ausbruch ein Jahr zuvor – schnell und ordneten das Keulen von Tausenden Käfigtieren auf den Wildtiermärkten und in den Pelzfarmen der Region an.[2]

Dort, in der südchinesischen Provinz Guangdong, hatte auch die erste Welle von Sars im November 2002 ihren Ausgang genommen, war Mitte Februar 2003 nach Hongkong übergesprungen und hatte sich anschließend über 30 Länder ausgebreitet. Etwa 8000 Menschen erkrankten, von denen knapp 800 auf fünf Kontinenten starben. Die Kosten für die Weltwirtschaft wurden auf fast 40 Milliarden US-Dollar geschätzt. Sars hätte ein Weckruf sein können – aber er wurde zu wenig gehört. Obgleich er in Asien Spuren hinterließ. Eine der Fragen, die bei der Epidemie damals wie heute eine wichtige Rolle spielt, war, woher der Erreger ursprünglich stammte. Als die neuartigen Sars-Coronaviren des ersten Ausbruchs bei einem Wildtierhändler in Shenzhen gefunden wurden, konnten sie bei beinahe jedem zweiten (40 Prozent) der anfänglich infizierten Menschen nachgewiesen werden, die entweder Wildtiere gefangen, zerlegt oder sie verkauft hatten. Schnell wurde dann im Mai 2003 der Infektionsherd ausgemacht – nur zwei Monate, nachdem der Erreger erstmals identifiziert worden war, und drei Monate, nachdem Sars in Hongkong ausgebrochen war.

Damals entdeckten Virologen um Yi Guan von der Universität in Hongkong bei zwei von vier untersuchten Larvenrollern auf einem Wildtiermarkt in Shenzhen dem Sars-Erreger ähnliche Coronaviren.[3] Zwei weitere in Südostasien heimische Säugetiere – der Marderhund *(Nyctereutes procyonoides)* und der Sonnendachs *(Melogale moschata)* – wurden ebenfalls positiv getestet. Und 13 Prozent der getesteten Händler, die Larvenroller anboten, wiesen Antikörper gegen das Sars-Virus auf. Alle diese Wildtiere stammten aus verschiedenen Regionen im Süden Chinas, von wo aus sie lebend auf die Märkte gebracht wurden, um als Delikatesse verkauft und verspeist zu werden. Bei sämtlichen untersuchten tierischen Zwischenwirten wies der Sars-Erreger einen charakteristischen Abschnitt der Gensequenz auf, der 29 Nukleotide benannte Bausteine umfasst. Just dieser Abschnitt fehlte bei dem Sars-Virus, das man aus den infizierten Menschen isolierte. Offenbar hatte es sich also beim Übersprung von den Wildtieren auf seinen neuen Wirt verändert und an diesen angepasst. Evolution in Aktion, wie Biologen das nicht anders erwarten.

Mit dem Larvenroller im Restaurant von Guangzhou als Überträger und Auslöser einer zweiten Welle schloss sich die Infektionskette – nachdem indes die ersten Fälle von Sars im Jahr zuvor bereits auf diese Schleichkatzen und den Wildtiermarkt in Shenzhen hingewiesen hatten. So kamen die Puzzleteile zusammen, führte die Spur direkt zum Überträger. Mit den infizierten Larvenrollern gab es eine klare epidemiologische Verbindung zu einem tierischen Zwischenwirt. Bis heute gilt dies als der unmittelbare und direkte Nachweis, dass von einem Wildtier auf den Menschen übertragene Coronaviren der Auslöser einer neuartigen Infektionskrankheit waren. Und doch: So eindeutig der Befund auch wirkt, tatsächlich ist unklar, ob der Larvenroller das natürliche Reservoir für das Sars-Virus war, oder ob die Schleichkatzen auf dem Wildtiermarkt und im Restaurant selbst durch eine andere Tierart infiziert wurden und damit zum Überträger geworden sind.

In jedem Fall unterscheidet sich die Situation des zweimaligen Sars-Ausbruchs in Guangdong vom Covid-19-Ausbruch beinahe zwei Jahrzehnte später in Wuhan. Zwar geriet auch hier der Wildtiermarkt in Huanan schnell in den Fokus; doch konnte man dort keinen direkten tierischen Überträger dingfest machen. Alles deutete auf die Fledermäuse von Yunnan als natürliches Reservoir hin; die aber kamen rund 1500 Kilometer von Wuhan entfernt vor. Das Rätsel blieb ungelöst.

Bis man bei der Suche nach dem tierischen Wirt kurz nach Beginn der Pandemie, Anfang Februar 2020, überraschend auf einen neuen Verdächtigen stieß: auf Schuppentiere, ausgerechnet. Nach den Fledermäusen und exotischen Schleichkatzen wie den Larvenrollern wird die Sache spätestens mit dem Pangolin auch für Zoologen interessant. Was haben all diese Tiere aus China mit jener neuartigen Infektionskrankheit zu tun, die um den Globus läuft?

ZUR ZOOLOGIE VON ZOONOSEN

Der Austausch von Mikroben zwischen Tieren und Menschen, von der Wissenschaft Zoonosen genannt, ist ein großes Kapitel der Naturgeschichte und zugleich der Menschheitsgeschichte. Die Erreger vieler unserer Infektionskrankheiten haben ihren natürlichen Ursprung in Tieren, die sie auf den Menschen übertragen, bevor sie dann von Mensch zu Mensch weitergegeben werden. Masern stammen ursprünglich von Rindern, Grippe stammt von Wasservögeln, Aids und Ebola stammen von Menschenaffen und Sars und Corona von Fledermäusen.

Ursprünglich meinte der Begriff *Zoonose* allgemein Tierkrankheiten, ganz seiner sprachlichen Ableitung entsprechend (Zoonose setzt sich aus den altgriechischen Wörtern *zoon* für Tier und *nosos* für Krankheit zusammen). Erst um die Mitte des 19. Jahrhunderts wurden damit mehr und mehr Erkrankungen bezeichnet, die vom Tier auf den Menschen übertragen werden.[4] Wobei es inzwischen keine Rolle spielt, ob dabei die Erreger vom Tier auf den Menschen überspringen oder umgekehrt wir Menschen diese an Tiere weitergeben. Neben dem im Englischen oft auch als *spillover* bezeichneten Übersprung gibt es also auch einen *spillback* (was wir später noch als *reverse Zoonose* kennenlernen werden).

Was die Ursache und Häufigkeit menschlicher Krankheiten angeht, sind einige Fakten bereits höchst aufschlussreich, zumal sie unserer allgemeinen Wahrnehmung zuwiderlaufen. Denn wir glauben heutzutage oft, dass wenigstens in den Industrieländern die meisten Menschen an Zivilisationserscheinungen wie etwa Herzerkrankungen, Bluthochdruck, Diabetes und vor allem an Krebs leiden, wenn wir von Demenz, Depression, Allergien und Asthma einmal absehen. Wir vermuten auch, dass die meisten Menschen an der einen oder anderen dieser Krankheiten sterben. Doch über diese gleichsam alltäglichen Killer und aufgrund unseres immer individueller werdenden (statt kollektiven) Blicks auf die Gesundheit haben wir vergessen, dass tatsächlich zahllose, weltweit in Tieren schlummernde Erreger zu den gefährlichsten Krankheitsursachen zählen, die laut Angaben der WHO die Menschheit bedrohen. Zudem verkennen wir, dass die Hälfte aller Organismen der Erde Parasiten oder Pathogene sind – also Lebewesen oder Erreger, die Krankheiten verursachen und es dabei auch auf uns Menschen abgesehen haben. Neben Viren und den einzelligen Bakterien gehören dazu Pilze und Mehrzeller verschiedener zoologischer Zuordnung. Sie alle warten nur darauf, sich in den Zellen und Organen anderer Organismen einschließlich des Menschen einzunisten und zu vermehren, wodurch sie Krankheiten auslösen und ihren Wirt gar töten können.[5]

Nur ein Bruchteil der in der Natur vorkommenden Pathogene ist der Wissenschaft bisher wenigstens einigermaßen bekannt. Die meisten schlummern weiterhin unerkannt in den noch unberührten Wäldern vor allem der Tropen und in den Tieren, die dort natürlicherweise leben. Aber sie kommen auch in jenen Tieren vor, die wir zu unserem Nutzen domestiziert haben, die wir ganz nahe bei uns halten, inzwischen massenhaft.

Ein paar Zahlen helfen uns, Krankheitsgefahren, die von diesem Viren-Vorkommen ausgehen, besser einzuordnen. Laut Schätzungen einiger Experten leben allein in Säugetieren und Vögeln knapp 1,7 Millionen unterschiedliche Virenarten (meist ohne ihre Wirte krank zu machen), von denen etwa die Hälfte irgendwann einmal dem Menschen Probleme machen könnte. Nach anderen, vorsichtigeren Annahmen könnte es rund 700 000 unentdeckte Viren auf der Welt geben, von denen 320 000 potenziell für den Menschen gefährlich werden könnten. Große Zahlen, wenig Gesichertes. Einschlägige Datenbanken für Mediziner weisen dagegen konkret bislang nur um die 1600 Pathogene aus (andere wiederum listen allein nahezu

2000 relevante Bakterienarten auf; da bleibt gar kein Platz für die zahllosen Viren). Insgesamt gewinnt der Eindruck die Oberhand, dass selbst Fachleute nicht einmal der Größenordnung nach wissen, mit wie vielen (human)pathogenen Erregern sie es zu tun haben.[6]

Das ist die eine Seite: die der Theorie und der Inventur. Verändern wir die Perspektive, dann erfahren wir, dass es mehr als 200 besser bekannte Zoonosen gibt; Krankheiten also, die ursprünglich bei Tieren und auch beim Menschen vorkommen und bei denen es den Erregern gelungen ist, die Artschranke zu überbrücken und auf uns als Wirtsart überzuspringen. Immerhin etwa zwei Drittel aller neu auftretenden Infektionskrankheiten des Menschen werden von Tieren übertragen. Demnach sind Zoonosen deutlich häufiger und weiter verbreitet, als den meisten Menschen bewusst ist. Schlimmer noch: Zusammengenommen erkranken an ihnen jedes Jahr Abermillionen Menschen; Millionen davon sterben jährlich, die meisten davon im tropischen Asien und Afrika.[7]

Tatsächlich sind solche Infektionskrankheiten, die vom Tier stammen, rund um den Globus gegenwärtig. Das beginnt bereits bei der klassischen Zoonose Tollwut, die wohl seit dem Altertum bekannt und seit Jahrtausenden durch den Biss infizierter Säugetiere wie Hunde oder Füchse auf den Menschen übertragen wird. Auslöser ist das Rabies-Virus (von lateinisch *rabere*: toll sein), das das Gehirn befällt, erst Angstzustände und Aggressivität auslöst, zu erhöhtem Speichelfluss führt und den Infizierten schließlich umbringt. Zwar ist die Tollwut in Mittel- und Westeuropa durch systematische Impfung erfolgreich verdrängt, doch spielt sie weltweit mit schätzungsweise etwa 60 000 Todesfällen pro Jahr bei Menschen insbesondere in Afrika und Asien noch immer eine Rolle.[8] Oder nehmen wir Milzbrand, eine Infektion vor allem von Rindern und Schafen, die durch das Bakterium *Bacillus anthracis* verursacht wird. Weil diese Bakterien von den

Tieren auf den Menschen übertragen werden können, ist Milzbrand auch für den Menschen gefährlich und gilt deshalb ebenfalls als Zoonose.

Diese beiden sind nur die bekanntesten unter den von Tieren übertragenen Infektionskrankheiten. Weltweit kommen mit Brucellose, Leishmaniose, Leptospirose, Toxoplasmose oder wie sie alle heißen viele weitere hinzu, für die teilweise ganz andere Erreger verantwortlich sind. An diesen Krankheiten leidet oft nicht nur ein erheblicher Teil des Nutzviehbestandes (gerade Rinder in ärmeren Ländern), an ihren Erregern können sich auch Menschen infizieren. Ganz zu schweigen von bakteriellen Erregern, etwa Salmonellen, Listerien und Campylobacter, die durch verseuchte Lebensmittel übertragen beim Menschen regelmäßig Magen-Darm-Infektionen verursachen. Ihnen allen ist gemeinsam, dass sie zwar immer wieder kurzzeitig ausbrechen und sich sogar schnell verbreiten, dann aber auch ebenso schnell wieder verschwinden, wenngleich nie vollständig.[9] Sie haben kein großes epidemisches oder gar pandemisches Potenzial.

Halten wir also zwei Dinge fest: Zoonosen gibt es viele und hat es immer schon gegeben. Der Kernpunkt bei zoonotischen Infektionen ist, dass sie aus einem tierischen Reservoir stammen und entweder direkt oder über Zwischenwirte auf den Menschen überspringen können. Daran, dass das durchaus nicht bei allen menschlichen Infektionskrankheiten so sein muss, erinnern uns solche, die – wie etwa Pocken und Polio, Diphterie oder Hepatitis B, wie Scharlach oder Syphilis – ausschließlich oder wenigstens als Hauptreservoir beim Menschen vorkommen. Zwar kann sich das Polio-Virus, das beim Menschen Kinderlähmung verursacht und durch Schmier- und Tröpfcheninfektion von Mensch zu Mensch verbreitet wird, nach vorherrschender Ansicht auch nur im Menschen vermehren; weshalb wir Polio hier nicht als Zoonose behandeln. Allerdings dürfte es sich wohl einst ebenfalls von Affen auf unsere Ahnen übertragen haben.

Auch bei der Diphtherie werden noch andere Übertragungsquellen als nur der Mensch selbst vermutet. Wir werden später mit den Masern ein weiteres Beispiel näher kennenlernen, für das in den Mediziner-Handbüchern – ebenso wie übrigens für die Kinderkrankheit Mumps – noch immer ausschließlich der Mensch als Erregerreservoir vermerkt ist. Verursacher ist also ein Virus, das angeblich einzig den Menschen befällt, hier vor allem Kinder oder mit der Krankheit noch nicht in Berührung gekommene Erwachsene. Doch das muss inzwischen laut jüngster Studien für Masern wie für Mumps (und übrigens auch Röteln) als überholt gelten.[10]

ANATOMIE EINER ANGEKÜNDIGTEN PANDEMIE

Die recht einseitige Bevorzugung des Menschen als Wirt ist indes kein Wunder. Immerhin ist der Mensch seit geraumer Zeit eine der häufigsten Großtierarten, er lebt überall, und das zudem noch dicht an dicht gedrängt – ideale Bedingungen für die Ausbreitung vieler Krankheitserreger, von denen einige dann vor allem bei uns evolutiv gleichsam Karriere gemacht haben. Diese Krankheitserreger sorgen oft dafür, dass die von ihnen ausgelöste Seuchen nicht nur ein lokal begrenztes Ereignis bleiben, sondern buchstäblich viral gehen und sich global verbreiten.

Dass dabei die Epidemien und Pandemien von Tuberkulose und Lepra, Pest und Masern, Russischer und Spanischer Grippe bis neuerdings hin zu Ebola und Sars allesamt einen zoonotischen Ursprung haben, ist hier unser Thema. Das Beunruhigende an diesen von Tieren überspringenden Keimen ist, dass von ihnen eine vom Menschen selbst gemachte wachsende Gefahr für uns ausgeht. Jüngst kommen solche, als »neue Seuchen« bezeichnete tierische Infektionskrankheiten aus den tropischen Regionen vor allem Asiens und Afrikas bis zu uns. Dazu zählt neben Aids vor allem das gefürchtete hämorrhagische Fieber Ebola; beide haben ihren Ausgang bei Schimpansen in West- und Zentralafrika. Das Lassa- und das Hanta-Virus stammen dagegen – ebenso wie übrigens die (eigentlich falsch benannten) Affenpocken, die jüngst von sich reden machten – aus Nagetieren, während das Marburg-Virus seinen Ursprung in Fledertieren hat, zu denen neben Fledermäusen auch Flughunde zählen. Von Flughunden sprang in den 1990er-Jahren gleich zweimal eine Virusinfektion auf den Menschen über: In Australien waren es 1994 Hendra-Viren, die Pferde infizierten, von wo aus sie auf den Menschen übersprangen. In Malaysia waren es 1998 Nipah-Viren, die Schweine infizierten und auch zur Erkrankung von Menschen führten. Dagegen haben die meisten Influenza-Viren, die zu weltumspannenden Epidemien wurden, ihren Ursprung in Hühner- und Entenvögeln, etwa die verheerende Spanische Grippe H1N1 vor einem Jahrhundert oder wie die vor zehn Jahren glimpflich verlaufende Vogelgrippe H5N1. Sie alle kommen via Vertebraten – also Wirbeltieren, insbesondere Säugetieren oder Vögeln – zu uns. Hinzu kommen tropische Virusinfektionen, die sich fliegender Arthropoden bedienen, landläufig besser als Moskitos bekannt, etwa bei Gelbfieber, Dengue, Chikungunya und dem West-Nil-Fieber. Das Gemeinsame und Gemeine, jedenfalls Tückische an all diesen Zoonosen ist, dass damit infizierte Menschen auch andere mit der Krankheit anstecken können.

Sehen wir uns zunächst jene Tiere genauer an, die für die jüngsten Infektionskrankheiten verantwortlich sind (wobei wir jene zahlreichen, von Mücken, Zecken oder anderen Gliederfüßern unter den wirbellosen Tieren übertragenen Infektionen gänzlich ausklammern, da sie eine ganz eigene Geschichte und eine Welt für sich sind).[11] Worum es uns hier geht, sind jene Erreger – insbesondere Viren, aber auch Bakterien – sowie Krankheiten, die entweder von Wildtieren stammen (von denen gerade in den Tropen die größte Artenvielfalt lebt) oder von Nutztieren auf uns kommen – von Schweinen, Hühnern oder Rindern, mit denen viele Menschen vor allem in ärmeren Ländern auf engstem Raum zusammenleben. In einer Übersichtsstudie hat die britische Zoologin Kate Jones vom University College in London gemeinsam mit amerikanischen Kollegen insgesamt 335 Fälle von zwischen 1945 und 2004 neu aufgetretenen Infektionskrankheiten untersucht. Ihr Befund: Immerhin knapp 60 Prozent dieser sogenannten *emerging infectious diseases* (EID), wie etwa Ebola, Nipah oder Sars, ließen sich auf einen zoonotischen Ursprung zurückführen. Diese EID wiederum stammten überwiegend (genauer: zu 72 Prozent) von wild lebenden Wirbeltieren. Wie die Auswertung einer entsprechenden Datenbank zeigt, ist von insgesamt 586 in Säugetieren vorkommenden Virusarten mit 263 beinahe die Hälfte auch schon beim Menschen nachgewiesen worden.[12] Und es finden sich die meisten Krankheitserreger da, wo die größte biologische Vielfalt der Wirtsarten ist: in den äquatornahen tropischen Regionen.

Die Übersprünge haben in den vergangenen Jahrzehnten einen klaren Trend: Sie nehmen zu. In einer weiteren, 2020 publizierten Studie konnte das Team um Kate Jones nachweisen, dass es unter den die jüngsten Zoonosen auslösenden Erregern ökologische Gewinner und Verlierer gibt. Dazu haben die Forscher Daten aus mehr als 600 Untersuchungen zum Vorkommen von weltweit knapp 3900 Wirbeltierarten ausgewertet und die Befunde mit den Krankheitserregern dieser Arten verglichen. Nicht nur ließen sich so insgesamt 5700 Pathogene nachweisen – Jones erkannte darüber hinaus auch, dass die Arten, die in von Menschen veränderten landwirtschaftlichen und städtischen Lebensräumen zu Hause sind, deutlich häufiger und zahlreicher mit Krankheitserregern wie Viren und anderen Parasiten infiziert sind als jene, die in noch weitgehend ungestörten

Ökosystemen vorkommen. Zugleich tragen die Tierarten, die dank des Menschen im Bestand eher zugelegt haben, deutlich häufiger und mehr Erreger von Zoonosen in sich als bedrohte Arten mit abnehmenden Populationen (wobei Arten mit rascher Fortpflanzungsweise mit Infektionen besser zurechtkommen, die sie dann auf andere Wirte übertragen). Unter diesen Wirtsarten haben weltweit bestimmte Säugetiere die Nase vorn: Nagetiere wie Mäuse und Ratten, aber auch Fledermäuse und einige Affenarten.[13]

Zu ähnlichen Schlüssen kommt eine zweite Studie, diesmal von Christine Johnson und Kollegen vom One Health Institute der Universität von Kalifornien in Davis. Sie haben dazu 5335 an Land lebende Säugetierarten von weltweit etwa 6400 bekannten Säugerarten insgesamt untersucht. Dabei fanden sie heraus, dass die häufigsten Überträger von Krankheiten weitverbreitete und häufige Wildtierarten sind, die sich an menschliche Umgebungen angepasst haben, sowie domestizierte Nutztiere.[14] Insgesamt beherbergen rund 600 Arten – das sind knapp elf Prozent aller untersuchten Säuger – überhaupt zoonotische Viren, von denen wiederum etwa die Hälfte auch Menschen infiziert. Von diesen fraglichen Arten entfallen drei Viertel auf die drei Ordnungen der Nagetiere, der Fledertiere und der Affen – einmal mehr also dieselben Tatverdächtigen. Obgleich sie zusammengenommen nur insgesamt zwölf Arten repräsentieren, waren die Nutztiere des Menschen aufgrund ihrer hohen Bestandsdichte bei der Belastung mit Krankheitserregern immer ganz vorn mit dabei.

An dieser Stelle müssen wir uns einer Gruppe von Säugetieren zuwenden, die den Virenökologen schon seit geraumer Zeit aufgefallen ist, da sie an einigen der größten Seuchenausbrüche der beiden vergangenen Jahrzehnte ursächlich beteiligt war – bei den gefürchteten hämorrhagischen Fiebern in Afrika, allen voran Ebola, wie auch bei den Enzephalitisfällen und jüngst den eigenartigen Lungenerkrankungen in Asien wie Sars 2003 oder auch Mers 2012 in Saudi-Arabien.[15] Unter den in Rede stehenden Fledermäusen und Verwandten weisen vor allem die in den Tropen verbreiteten Arten die größte Zahl verschiedener Viren auf; oft tragen einzelne Tiere gleich mehrere Virenarten in sich – ein brisantes Reservoir, aus dem sich die Evolution dann per Rekombination bedient. Damit war ein von Fledermäusen ausgehender zoonotischer Virenübersprung nicht nur vorhersehbar; er war auch mehrfach von Experten tatsächlich vorausgesagt worden.

Was also sollten wir über diese Fledertiere wissen? Und warum sind ausgerechnet sie regelrechte Virenschleudern?

WENN SÄUGER FLIEGEN: VON FLEDERTIEREN ALS VIRENWIRTE

Flugsäuger gelten vielen als blutsaugende Nachtschwärmer, als Draculas Verwandte, und sie scheinen eine Reihe dunkler Geheimnisse zu haben. Dabei sind nur drei Arten von Fledermäusen in Südamerika routinierte Blutsauger. Doch spätestens, als im Februar 2020 allgemein bekannt wurde, dass man bei südchinesischen Fledermäusen Sars-CoV-2-ähnliche Viren entdeckt hatte, wurden die nachtaktiven Flattertiere ins Licht der Diskussion um Zoonosen gezerrt. So ist innerhalb kürzester Zeit die ganze Zunft in den Verdacht geraten, zu den gefährlichsten Überträgern von Krankheiten zu gehören. Tatsächlich weist gleich eine ganze Serie einschlägiger Studien diese fliegenden Säugetiere als Überträger mehrerer für den Menschen gefährlicher Krankheiten aus – mit dem Risiko von Seuchen. Demnach dürfte etwa ein Viertel aller von Tieren überspringenden Viren aus Fledertieren stammen, die mehrheitlich in den tropischen Regenwäldern von Amerika über Afrika bis nach Asien heimisch sind. Andere gehen sogar davon aus, dass jedes zweite Retrovirus in ihnen vorkommt.[16]

Dabei sind die bei uns wohlbekannten Fledermäuse nicht allein. Denn zur Gruppe der sehr wahrscheinlich vor rund 100 Millionen Jahren entstandenen Fledertiere (offiziell Chiroptera genannt) gehören auch die eng verwandten Flughunde der Tropen. Letztgenannte wurden von den Zoologen traditionell als Megachiroptera von den eigentlichen Fledermäusen oder Microchiroptera unterschieden. Jüngste molekularsystematische Studien förderten etwas kompliziertere Verwandtschaftsverhältnisse zutage. Demnach sind Flughunde nur mit einer Gruppe der Fledermäuse, den Hufeisennasenartigen, näher verwandt als wiederum diese mit allen übrigen Fledermäusen. Flughunde, die sich nicht von Fluginsekten, sondern vor allem von Früchten ernähren, orientieren sich auch anders als die eigentlichen Fledermäuse nicht mehr durch Echoortung. Zoologen vermuten, dass sie die Fähigkeit ihrer echoortenden Vorfahren im Laufe ihrer Evolution durch eine bessere Nachtsicht ersetzt haben. Was beide aber von allen anderen Säugetieren unterscheidet, ist, dass sie die einzigen sind, die aktiv fliegen können – und die sich damit eine ganze Palette neuer Lebensmöglichkeiten und ökologischer Nischen erschlossen haben, was sich wiederum in ihrer Artenvielfalt widerspiegelt. Weltweit gibt es nach jüngsten Erkenntnissen um die 1400 Fledermausarten – was sie (nach den Nagetieren) zur zweitgrößten Gruppe unter allen Säugern macht. Anders ausgedrückt: Beinahe jeder vierte Säuger der Erde ist ein Flattertier.[17] Für Biologen sind Flughunde und Fledermäuse in jedem Fall sogenannte Schlüsselarten, da sie beinahe überall auf der Erde weitverbreitet sind (nur in polaren Regionen, auf einigen abgelegenen ozeanischen Inseln und in Wüsten fehlen sie). Und dank ihrer vielfältigen Ernährung, die von Nektar und Pollen über Früchte bis zu Insekten reicht, spielen Fledertiere in vielen Ökosystemen eine zentrale Rolle.

Sie verbreiten Pollen und Samen vieler Pflanzen, sind also als Bestäuber und Gärtner unterwegs, und kontrollieren die Populationen von Insekten. Alles ökologisch sehr nützliche Dienstleistungen – und ganz unentgeltlich für uns Menschen, die wir in unserer Hybris immerzu fragen, wozu denn andere Tiere eigentlich taugen.

Was indes ihre zoonotischen Eigenschaften angeht, sind insbesondere Flughunde der Gattung *Pteropus* früh gleichsam verhaltensauffällig geworden. So starben 1994 in Hendra, einem Vorort von Brisbane in Australien, plötzlich Pferde und Menschen an einer mysteriösen Erkrankung; betroffen waren mehr als 100 Pferde und sieben Menschen – wobei mehr als jeder zweite Infizierte dem Virus zum Opfer fiel. Dem aus Shanghai stammenden chinesischen Virologen Linfa Wang gelang es damals, das bis dahin unbekannte Paramyxovirus zu sequenzieren. Wang, der einer der profiliertesten Virenforscher werden sollte, identifizierte wenige Jahre später auch das eng verwandte Nipah-Virus in Malaysia als Ursache der dort und anderswo in Asien immer wieder aufflackernden Ausbrüche der gleichnamigen Erkrankung, die er (gemeinsam mit anderen) auf Infektionen durch zwei Flughundarten der Gattung *Pteropus* zurückführen konnte.[18]

Das Nipah-Virus war erstmals in den 1990er-Jahren bei Schweinebauern in Malaysia entdeckt worden. Die asiatischen Flughunde scheiden die Viren mit Speichel und Urin aus und übertrugen sie so mittels angenagter oder verunreinigter Früchte auf Schweine, bei denen sich wiederum die Bauern ansteckten. So wurde eine Tierseuche zu einer Krankheit auch beim Menschen. Es war genau diese mögliche Infektionskette, mit der der amerikanische Kinofilm *Contagion* (zu Deutsch »Ansteckung«) spielte. Was sich im Thriller zu einer tödlichen Pandemie auswächst, blieb bislang in Malaysia, Indien und Bangladesch noch eine lokal begrenzte Seuche.

Auch die Lungenerkrankung Mers im Jahr 2012 war für viele nicht nur in Saudi-Arabien überraschend. In der Folge infizierten sich mehr als 2400 Menschen in 27 Ländern (bei einer Sterblichkeit von knapp 33 Prozent) – als Reservoir wurden Dromedare identifiziert. Bald war klar, dass auch die Vorfahren der Mers-Viren aus Fledertieren stammen. In diesem Fall konnte schließlich die Ägyptische Grabfledermaus *(Taphozous perforatus)* als ursprüngliches Wirtsreservoir dingfest gemacht werden.[19]

Dann kam Sars, und die Fledermäuse rückten weiter in den Fokus. Als die erste Infektionswelle vorbei war, stellte die WHO im Juli 2003 eine Forschergruppe zusammen, die dem Ursprung der Epidemie auf die Spur kommen sollte. Linfa Wang hatte den Verdacht, dass auch diesmal Fledertiere die Quelle sein könnten. Diesem ging er gemeinsam mit Shi Zhengli nach. Die Chinesin hatte bis dahin an Viren in Fischen und Krebsen gearbeitet, war seinerzeit aber die Einzige, die Wangs These ernst nahm. Zwei Jahre später gelang es den beiden, chinesische Hufeisennasen-Fledermäuse der artenreichen Gattung *Rhinolophus* tatsächlich als das Reservoir von Sars auslösenden Coronaviren ausfindig zu machen. Von den Hufeisennasen leben in Südostasien rund drei Dutzend Arten, die offensichtlich besonders empfänglich für Viren sind. Ihre Systematik ist, wie bei vielen Tiergruppen, noch arg im Wandel, wobei die Existenz weiterer Arten vermutet wird; immerhin schätzen einige Forscher, dass sogar bis weit mehr als ein Drittel der Arten Asiens erst noch beschrieben werden muss.[20] Im Fall von Sars ähnelt die Erbsubstanz von Coronaviren, die man bei der Rötlichen Hufeisennase *Rhinolophus sinicus* aus der chinesischen Provinz Yunnan isolierte, zu mehr als 98 Prozent dem Genom der Erreger beim Menschen. Mehr noch: Die Fledermaus-Viren verwenden just jenen ACE2-Rezeptor, der ihnen als Schlüssel erlaubt, auch in menschliche Zellen einzudringen.

Der Fall von Sars, der in Asien viele Menschen betraf, bekam einige Zeit später eine Art Fortsetzung. Doch wurde sie ungleich weniger beachtet, weil sie diesmal nur auf Tiere beschränkt blieb. In den Jahren 2016 und 2017 machte in Südchina eine weitere Coronaviren-Erkrankung von sich reden: Sads (für *Swine acute diarrhoea syndrome*). Sie trat nur bei Schweinen, insbesondere Ferkeln auf. Auch sie ließ sich bald auf eine Kolonie von *Rhinolophus*-Fledermäusen in der Nähe von Schweinezuchtbetrieben als Quelle zurückführen.[21] In dieses Bild fügte sich nahtlos die Nachricht von Anfang Februar 2020 ein, dass auch die nächsten Verwandten der Erreger von Covid-19 bei chinesischen Hufeisennasen-Fledermäusen gefunden wurden. Diese gelten seitdem vielen Virologen als ursprünglicher Wirt und eigentliche Quelle der Lungenkrankheit.[22] Allerdings ist die Übereinstimmung zwischen Sars-CoV-2 und den Coronaviren der Fledermäuse deutlich niedriger als jene bis zu 98-prozentige des Erbguts beim früheren Sars-Ausbruch. Die aus der Java-Hufeisennase *Rhinolophus affinis* aus Yunnan isolierten Viren ähnelten, je nach betrachtetem Sequenzabschnitt, zwischen 85 und 96 Prozent dem Erbgut des Erregers von Covid-19. Eine solche genetische Distanz übersetzt sich in einen bereits lang zurückliegenden Ursprung, der in diesem Fall mehrere Jahrzehnte zählt. Was bedeutet, dass die Fledermaus-Viren aus Yunnan zwar den eigentlichen Verursachern von Covid-19 sehr nahestehen, sie es selbst aber nicht gewesen sind. Das wirft abermals die Frage nach dem wahren Ursprung und nach einem möglichen Zwischenwirt auf, bei dem sich durch neue Virenmutationen das Evolutionsspiel auf gefährliche Weise beschleunigt und schließlich im Menschen zur Seuche ausgewachsen hat.

Bleiben wir vorerst bei den Fledermäusen, die offenbar ihr eigenes kleines Universum an Viren haben; mit allein rund 500 verschiedenen Coronaviren beherbergen sie, soweit bekannt, mehr Viren als jedes andere Säugetier. Und das, ohne erstaunlicherweise auch bei höherer Virenlast selbst daran zu erkranken. Wie machen sie das? Nachdem Virenökologen in den beiden vergangenen Jahrzehnten Fledermäuse als besondere Tiergruppe und ideales Viren-Reservoir erkannt haben, rätseln sie noch immer, warum ausgerechnet diese fliegenden Säuger nicht nur besonders empfänglich für Krankheitserreger sind, sondern als regelrechte Virenfabriken fungieren. Während die einen Forscher dabei äußere ökologische Faktoren – etwa die weite Verbreitung der Tiere und hohe Bestandsdichte in den Kolonien – betonen, machen andere eher innere physiologische Besonderheiten dieser fliegenden Säugetiere für eine zögerliche Virenabwehr und Immunantwort verantwortlich. Denn ganz offensichtlich haben Fledertiere dank eines speziellen, über viele Millionen Jahre entstandenen Abwehrsystems einen pragmatischen Weg gefunden, sich mit den in ihrem Körper existierenden Viren zu arrangieren. Entscheidend könnte dabei in der Tat eine fein austarierte Balance zwischen antiviraler Wirtsverteidigung und Immuntoleranz sein. Statt Viren mit allem, was ihr Immunsystem hat, zu bekämpfen, wie etwa wir Menschen das tun, könnten Fledermäuse die Erreger effektiv in Schach halten, die ihnen umgekehrt weniger zusetzen als anderen Wirten.[23]

ANTI-AGING UNTER FLEDERMÄUSEN: WENN DIE TEMPERATUR DEN UNTERSCHIED MACHT

Warum und wie ausgerechnet Fledertieren dies gelingt, könnte möglicherweise damit zu tun haben, dass sie, wie gesagt, die einzigen Säugetiere sind, die aktiv fliegen. Da Fliegen eine besonders anstrengende Art der Fortbewegung ist, verbrauchen die Tiere extrem viel Energie. Im Flug steigt die Stoffwechselrate von Fledermäusen bei deutlich schnellerem Herzschlag auf das Doppelte und Dreifache von dem an, was andere Säuger ähn-

licher Größe umsetzen, wenn sie rennen. Aufgrund ihrer ener-
giezehrenden Lebensweise ist ihre Stoffwechselrate also um ein
Mehrfaches höher als etwa bei Mäusen. Der damit verbundene
Energiebedarf führt dazu, dass Fledertiere oft innerhalb eines
einzigen Tages etwa die Hälfte ihrer gespeicherten Reserven verbrauchen – physiologisch führen sie ein Leben am Rande des
täglichen Hungertodes. Um dem zu entkommen, haben gerade
auch die in kälteren Klimaten beheimateten Fledermäuse eine
Reihe physiologischer Tricks entwickelt. Einer davon führt im
Zusammenhang mit unserer Frage zur immer wieder diskutierten Fieber-Hypothese.

Wie wir von uns selbst wissen, ist die Körpertemperatur nicht
immer gleich hoch. So ist etwa starke körperliche Aktivität unter
anderem mit höherer Körpertemperatur verbunden; schon bei
15 Minuten Radfahren erwärmt sich der Körper um 0,5 Grad,
nach zwei Stunden Joggen liegt die Temperatur bei 38,5 Grad.
Wenn sie dauerhaft um zwei, drei oder gar mehr Grad steigt,
sprechen wir von Fieber. Bei Chiroptera hat dieses Hochfahren
der Körpertemperatur gleichsam Methode. Wie übrigens auch
bei den fliegenden Vögeln liegt diese höher als ansonsten bei
Säugetieren üblich und gleicht jener, die wir Mensch bei Fieber
herstellen, um eingedrungene Erreger abzutöten: Wir schalten
ab etwa 38 Grad die Herstellung körpereigener Proteine (etwa
Interferon) an, die unser Immunsystem zur Bekämpfung einer
Infektion braucht. Die dauerhaft höhere Körpertemperatur der
Fledermäuse geht einher mit speziellen Hitzeschock-Eiweißen,
mit denen sich die Zellen an die fieberartigen Zustände adaptiert
haben. Vielleicht, so die Überlegung, können die ständig höheren
Körpertemperaturen der Fledermäuse zur effektiven Virenabwehr
dienen. Die Erreger dringen zwar in den Körper ein, können dort
aber besser in Schach gehalten werden. Im Tierversuch ließ sich
immerhin zeigen, dass sich Coronaviren tatsächlich schon bei
leicht höherer Körpertemperatur deutlich schlechter vermehren.

Interessanterweise könnte eine solche *heat shock*-Abwehr bei Fledermäusen ihre Entsprechung bei unseren Kindern haben. Die erkranken bekanntlich und statistisch nachweisbar weniger schnell und schwer an Covid-19 als ältere Menschen. Möglich, dass dies damit zu tun hat, dass auch Kinder eine leicht erhöhte Körpertemperatur haben. Während diese bei Kindern im Mittel bei über 37 Grad liegt, haben ältere Menschen meist unter 36,5 Grad. Nun reagieren jene Eiweiße im Körper, die bei uns für die Abwehr auch des Sars-CoV-2 zuständig sind, nachweislich auf Wärme. Da genügt offenbar schon weniger als ein Grad mehr, um jene Gene anzuschalten, die für antivirale Proteine zuständig sind. Und je wärmer der Körper, desto höher die Anzahl an Abwehrproteinen und desto besser die Immunabwehr.[24]

Typischerweise hat ein schnellerer Stoffwechsel, verbunden mit höherer Herzfrequenz, eine nicht unwichtige biologische Konsequenz. Zumindest die meist kleineren Tiere, bei denen dies so ist, leben weniger lang als größere Tiere mit langsamem Herzschlag und Stoffwechsel. Umso erstaunlicher, dass auch das nicht für Fledermäuse gilt. Die nämlich können bis zu 40 Jahre alt werden; in jedem Fall leben sie deutlich länger als andere vergleichbar große Säugetiere, etwa Nagetiere, die kaum einmal älter als zwei Jahre werden. Mithin taugen Fledermäuse durchaus als Vorbild der Natur in Sachen Anti-Aging, von dem wir uns etwas abschauen können.

Von diesen Tieren können Mediziner überhaupt eine Menge lernen, denn sie werden nicht nur sehr alt. Fledermäuse zeichnen sich zudem dadurch aus, dass sie offenkundig besondere Anpassungen entwickelt haben, um Tumore zu unterdrücken; sie sind also deutlich krebsresistenter als wir. Zudem verfügen sie über ein besonderes Immunsystem und zeigen deutlich weniger Entzündungsreaktionen; irgendwie gelingt es ihnen, bei einer Virusinfektion besser mit den körpereigenen Alarmsignalen umzugehen, die ansonsten im Gewebe schädliche Wirkung verursachen. Dabei könnte der erwähnte Botenstoff Interferon als antiviraler und entzündungsfördernder Faktor eine Rolle spielen. Wie Infektionsmediziner erläutern, werden dazu bestimmte Gene aktiviert, die die Bildung viraler Erbsubstanz in den Zellen unterbinden. Fledermäuse fahren bei einer Virusinfektion die Herstellung von Interferon blitzartig hoch und halten diese auf hohem Niveau; wodurch die zelleigene Maschinerie, die das Virus braucht, blockiert wird.[25]

So recht erklärlich ist das Ganze noch nicht; uns indes genügt hier festzuhalten, dass Fledermäuse dank ihrer spezifischen Körperabwehr bei einer Infektion offenbar eine höhere Virenlast ohne Schaden tolerieren. Sie erkranken nicht, können aber die Erreger munter an andere Artgenossen und sogar Vertreter anderer Arten weitergeben. Genau damit sind wir bei den ökologischen Faktoren, die eine andere Gruppe von Forschern für weitaus wichtiger hält, wenn es um unsere Ausgangsfrage geht: Warum gerade Fledermäuse bei Seuchen eine so zentrale Rolle spielen. Denn die Fledertiere sind nicht nur artenreich, sondern auch über größere geografische Regionen verbreitet; sie kommen einerseits mit mehr dort vorhandenen Viren in Berührung, andererseits können sie diese dadurch auch gut weitergeben und so verteilen.

Für viele Fledermausforscher ist vor allem der Dichtefaktor ausschlaggebend. Eng aneinandergedrängt, bewohnen oft Abertausende dieser Tiere Bäume und Höhlen, wo sie in immer wieder wechselnder Kombination zusammenkommen und oft in regelrechten Trauben zum Schlafen buchstäblich »abhängen«. So etwas wie Social Distancing gibt es bei den Flattertieren nicht, und so fungieren ihre Schlafplätze als wahre Virentauschbörsen, wo die Tiere reihenweise immer wieder mit allen möglichen Varianten und Strängen viraler Krankheitserreger in Kontakt kommen. Je mehr Viren zirkulieren, desto wahrscheinlicher kommt es bei der Vervielfältigung der Erreger zu Mutationen, und umso größer ist die Chance, dass in einer Fledermaus mehrere Virusvarianten zusammentreffen. Diese könnten sich so zu einer neuen Variante vereinen, die dann dank entsprechend vorteilhafter Mutationen plötzlich auch auf einen Menschen überspringt und von diesem gar an andere Artgenossen weitergetragen wird – ohne weiteres Zutun von Fledermäusen als Ursprung des Virus.

Durch diese Kette besonderer biologischer Eigenschaften dienen Fledermäuse nicht nur als Quelle zahlloser Viren – durch das ständige Vermischen verschiedener Virenstämme im tierischen Reservoir entstehen bei ihnen auch leichter als anderswo neue Krankheitserreger. Weil sie durch ihre Virenlast und -duldung in Verbindung mit ihrem so flatterhaften wie kommunalen Lebensstil den Boden für massenhaft mögliche Rekombination bereiten, werden Fledermäuse zum potenziell gefährlichsten natürlichen Reservoir für Infektionen. Nun müssen wir uns nur noch vorstellen, wie ein delikat eingespieltes natürliches Gleichgewicht durcheinandergerät, wenn der Mensch immer mehr in den Lebensraum vieler Fledermäuse und Flughunde vordringt, wenn deren Lebensraum schrumpft, weil sich Siedlungen und Farmland ausbreiten; weil da, wo früher natürlicher Wald war, etwa im australischen Queensland oder in Malaysia, plötzlich Pferde weiden oder Schweine gezüchtet werden. Je mehr die natürlichen Verbreitungsgebiete vieler Arten schrumpfen und je häufiger die verbliebenen Tiere sich dann nicht nur untereinander begegnen, sondern auch auf neue Mitbewohner wie den Menschen und seine Nutztiere treffen, desto mehr Gelegenheit bietet sich für Viren, plötzlich Artenschranken zu überwinden, und desto wahrscheinlicher kommt es zu Zoonosen. Der *Schwarze Schwan* ist in diesem Fall ein Kind des noch so unwahrscheinlichen, aber eben möglichen Zufalls. Und so könnte es auch bei den Viren-Vorfahren von Sars und Covid-19 gewesen sein: Eines der vielen Coronaviren aus der Natur wird nach zahllosen Mutationen und dank neu zusammengesetzter Varianten zufällig in die Lage versetzt, auf den Menschen überzuspringen – unmittelbar und direkt oder durch das Zutun eines Zwischenwirtes.

EIN BLICK IN DIE VIRALE UMWELT VON FLEDERMÄUSEN

Ganz so einfach ist es möglicherweise aber doch nicht. Einspruch, warnen einige besonnene Virenökologen und Wildtierbiologen wie unlängst Edward Holmes vom Institute for Infectious Diseases der Universität im australischen Sydney. Es sei nämlich noch überhaupt nicht ausgemacht, dass Fledertiere tatsächlich derart ursächlich, wie oben skizziert, für die Entstehung neu auftretender Seuchen sind. Zwar sei es durchaus wahrscheinlich, dass Fledertiere eine wesentliche Rolle spielten.[26] Doch dass nun gerade sie vermehrt in den Fokus der Virologen geraten sind, könnte einen methodischen Fehler nach sich ziehen. Denn je intensiver man Fledertiere untersucht, desto mehr Viren entdeckt man auch bei ihnen. Fledermäuse aber sind nicht allein in der Natur, sie lassen sich halt deutlich leichter fangen als viele andere Arten gerade der Tropen. Man hängt einfach ein Netz vor den Eingang einer Fledermaushöhle und wartet, bis sie hineinfliegen. Mit Schlangen oder Affen oder welcher Art auch immer geht das nicht so leicht; weshalb solche Arten oft übersehen werden – und mit ihnen möglicherweise die Viren, die sie tragen.

Fledermäuse, so argumentiert Holmes, seien zwar wichtige Player beim Auftreten neuer Seuchen, aber sie seien nur eine Komponente in einem komplexen globalen Viren-Ökosystem. Wie innere Eigenschaften der Tiere selbst und äußere Umweltbedingungen tatsächlich zusammenwirken und was genau dann einen Übersprung und Virus-Infektionen etwa auch beim Menschen verursacht, das beginnen wir gerade erst zu verstehen. Weshalb Seuchen, obgleich absehbar, auch weiterhin nicht vorherzusagen und schon gar nicht leicht abzuwenden sind. Daher braucht es viel mehr Forschung; und zwar nicht nur virologische Forschung im Labor und Impfstoffentwicklung, sondern vor allem Forschung im Freiland, was Fledertiere und allgemein andere Wildtiere und ihre Ökologie angeht. Gerade daran hapert es bislang noch. Wir müssen uns nochmals in Erinnerung rufen, dass Coronaviren zwar bereits Ende der 1960er-Jahre entdeckt worden sind, also vor einem halben Jahrhundert; dann aber lange lediglich von einigen wenigen Veterinärmedizinern beachtet und erforscht wurden. Ebenso wie die Fledermäuse als Wirte sind Coronaviren als Erreger überhaupt erst in den beiden vergangenen Jahrzehnten in unser Blickfeld geraten.

Nicht übersehen dürfen wir auch, dass gerade Coronaviren ausgesprochene Generalisten sind. So hat Sars-CoV-2 innerhalb der kurzen Zeit, die wir das Virus kennen, nicht nur seine Anpassungsfähigkeit unter Beweis gestellt, es kann offenbar auch eine breite Palette von Säugetierwirten infizieren und zwischen den verschiedenen Tierarten und dem Menschen hin- und herspringen. Vor allem aber sind diese Viren in ganz Südostasien weitaus häufiger und weiter verbreitet als bislang angenommen. Hier helfen uns einige aktuelle, erst jüngst bekannt gewordene Studien etwa aus Kambodscha und Laos im Zusammenspiel mit früheren Untersuchungen, unseren Blickwinkel über die Grenzen Chinas hinaus zu erweitern, um ein präziseres Bild der Virosphäre und bestimmter Tiere als potenzielle Überträger zu entwerfen. Denn wir leben ganz offensichtlich in einer viralen Umwelt mit immer durchlässigeren Schnittstellen zwischen Wildtieren und uns Menschen. Demnach sind sehr viel mehr Bewohner ausgedehnterer Regionen der Erde dem Risiko ausgesetzt, dass sie an Seuchen erkranken, sodass, von ihnen ausgehend, neue Epidemien um den Globus laufen. Wir müssen mithin eine Art »Pandemie-Radar« in Betrieb nehmen und den Kreis der Tiere erweitern, die als potenzielle Kandidaten für einen Viren-Übersprung infrage kommen.

Dabei helfen uns in einem ersten Schritt die Studien von Shi Zhengli und Peter Daszak, die wir beide bereits im vorangegangenen Kapitel kennengelernt haben. Gemeinsam mit einem Team chinesischer und amerikanischer Virologen haben sie – kurioserweise just unmittelbar vor Ausbruch der Corona-Pandemie – bei der Fachzeitschrift *Nature Communications* einen ausführlichen Artikel eingereicht, in dem sie die verfügbaren Kenntnisse zur Fledermaus-Vielfalt und deren Rolle als Überträger von Coronaviren vor allem im Süden Chinas zusammenfassen. Darin stellen sie fest, dass die Vielfalt an Coronaviren mit der Wirtsvielfalt zu korrelieren scheint. Konkreter ausgedrückt: Je mehr Fledermausarten es in einer Region gibt, desto unterschiedlichere Coronaviren kommen dort vor. Allerdings tragen auch noch andere ökologische Faktoren zur Flattertier-Vielfalt bei.[27] Und China – ein Land, das am Übergang zwischen den beiden biogeografischen Regionen der Paläarktis und Indo-Malaysias liegt – weist mit mehr als 100 beschriebenen Arten eine der reichsten Fledermausfaunen auf. Darunter ist mit mehr als 20 beschriebenen Vertretern der Rhinolophidae – jener Hufeisennasen-Fledermäuse der Gattung *Rhinolophus* – eine der artenreichsten Gruppen in China, wo immerhin ein Drittel ihrer weltweit vorkommenden Spezies lebt. Innerhalb des Landes lassen sich wiederum einzelne zoogeografische Gebiete hinsichtlich sowohl der Fledermäuse als auch der Coronaviren unterscheiden, die aus ihnen isoliert wurden und die zwischen ihren Wirten hin- und herwechseln.

Inzwischen verfügen Forscher über eine ganze Reihe molekulargenetischer Methoden und Verfahren, mit denen sich sowohl die Verwandtschaftsverhältnisse besser durchschauen lassen als auch der dauerhafte Wechsel der Viren von einem Fledermauswirt auf den anderen. Dadurch liegen dank der erwähnten Arbeit des Teams um Zhengli und Daszak zwei besonders beachtenswerte Ergebnisse vor: Zum einen ist da der Befund, dass die überwiegende Mehrzahl der einschlägigen Viren ebenso wie der Fledermäuse aus der im äußersten Südwesten gelegenen chinesischen Provinz Yunnan stammt. Mit dem Sars-Coronavirus nächstverwandte Sequenzen wurden vor allem bei Viren aus den dort lebenden Arten *Rhinolophus affinis* und *R. malayanus* identifiziert, von denen sie nachweislich auch am häufigsten auf andere verwandte Fledermäuse übertragen werden. Wie wir gesehen haben, leben Fledermäuse nicht nur dicht gedrängt an ihren Schlafplätzen zusammen, oft pflegen sie auch gemischte Schlafgemeinschaften, in denen Angehörige verschiedener Arten miteinander in engen Kontakt kommen, ihre Viren weitergeben und austauschen. Zum anderen, und das ist der zweite zentrale Befund, stammen die bei den Virologen aus gutem Grund neuerdings im Fokus stehenden Viren der Untergattung Sarbecovirus – oder auch beta-Coronaviren genannt – interessanterweise aus Flughunden, insbesondere von den auch in Asien weitverbreiteten Rosettenflughunden *Rousettus*. Es sind also just die beiden miteinander eng verwandten Flughunde und *Rhinolophus*-Fledermäuse, die die für den Menschen gefährlichsten Viren beherbergen. Und von denen Letztere natürlicherweise just dort vorkommen, wo die ersten Fälle der eigenartigen Lungenkrankheit bei den Arbeitern der Mojiang-Mine und die ersten Sars-Fälle überhaupt auftraten. Denn besagte Coronaviren finden sich auch in den südöstlich angrenzenden Provinzen Guangxi und Guangdong mit dem nahe gelegenen Hongkong.

Doch Sarbecoviren und ihre Wirte ziehen noch weitere Kreise. Da das Team um Shi Zhengli und Peter Daszak seinerzeit nur Proben aus China analysierte, blieb ihnen verborgen, was erst während des vergangenen Jahres dank der Detektiv-arbeit gleich mehrerer jeweils vor Ort tätiger Forscherteams aufgedeckt wurde. Fassen wir diese jüngsten Studien zusammen, zeigt sich ein deutlich komplexeres, aber auch vollständigeres Bild dieser Corona-Zoonose. Dabei kristallisieren sich abermals zwei zentrale Befunde heraus. Zum einen leben mit den beiden *Rhinolophus*-Arten *pusillus* und *malayanus* in Yunnan Fledermäuse, deren Viren ausweislich ihrer genetischen Konstitution wenigstens in einigen Abschnitten sogar noch näher mit dem Covid-Erreger verwandt sind als das bereits zuvor identifizierte Virus namens RaTG13 (jenem Erreger aus Mojiang, der zuerst in *Rhinolophus affinis* entdeckt wurde). Zum anderen fand man nun bei verschiedenen Hufeisennasen-Fledermäusen zuerst in Japan und Thailand, dann auch in Kambodscha und in Laos weitere Coronaviren, die nächstverwandt mit Sars-CoV-2 sind. Einige darunter sind ihm sogar in einigen Genabschnitten noch ähnlicher als die aus dem Südwesten Chinas, ohne dass die betreffende Fledermaus dort natürlicherweise beheimatet wäre. Allerdings: All diesen Fledermaus-Viren fehlt just jene genetische Information, mit der Viren so effektiv den ACE2-Rezeptor auch menschlicher Zellen als Schlüssel zu bedienen vermögen.

Was wir uns gleich im Einzelnen ansehen, hält die in mehrfacher Hinsicht brisante Nachricht bereit, dass Sars-Coronaviren keineswegs urplötzlich und aus sprichwörtlich heiterem Himmel aufgetaucht sind. Vielmehr schlummert in Südostasien ganz offensichtlich ein reiches natürliches Reservoir mutationsfreudiger Viren, die munter und mit Vorliebe zwischen verschiedenen *Rhinolophus*-Fledermäusen ausgetauscht werden. Und die das Potenzial haben, auf andere Arten überzuspringen, weshalb sie dem Menschen gefährlich werden können.[28]

WAS SICH IN LABORKÜHLTRUHEN IN KAMBODSCHA UND LAOS FINDET

Kaum war das jüngste Coronavirus von Wuhan aus in die Welt hinaus und kurz darauf eine Fledermaus als Quelle ausgemacht, begannen gleich mehrere Forschergruppen ihre Laborkühltruhen auf Proben hin zu untersuchen, die sie bereits Jahre zuvor an verschiedenen Orten für diverse Studien im Freiland gesammelt hatten. Hunderte, wohl eher Tausende solcher Proben von Fledermäusen, Flughunden und anderen zoonotischen Kandidatenarten gibt es weltweit in den Forschungslaboren. Einige waren bereits genauer untersucht worden, andere lagerten noch unbearbeitet in den Freezern. Anfang 2020 setzte dann mit der Pandemie eine geradezu fieberhafte Fahndung nach den Verursachern ein, die der Suche nach der Stecknadel im Heuhaufen alle Ehre machte. Erste Erfolge wurden im Juni 2020 aus Thailand und kurz darauf aus Japan gemeldet, wo man mit RacCS203 aus *Rhinolophus acuminatus* und Rc-o319 aus *R. cornutus* zwei Virensequenzen aus Hufeisennasen-Fledermäusen identifizierte. Damit hat sich das potenziell natürliche Vorkommen potenter Coronaviren ähnlich wie Sars-CoV-2 mit einem Schlag von Japan über China bis ins östliche Thailand um eine Strecke von rund 4800 Kilometer Luftlinie ausgedehnt.

Die thailändischen Forscher aus Bangkok haben ihre verdächtige virentragende Fledermaus im Juni 2020 in einem Wildtierreservat der Provinz Chachoengsao im Osten Thailands lebend gefangen, aus der sie in Zusammenarbeit mit Linfa Wang in Singapur besagte Viren identifizieren konnten. Dagegen entdeckten japanische Forscher um Shin Murakami von der Universität in Tokio die Viren in Fledermäusen, die sie bereits 2013 in der Präfektur um die Stadt Iwata gefangen hatten. Da deren Sequenz allerdings dem Wuhan-Virus nur zu 81 Prozent ähnelte, schieden diese Viren aus dem engeren Kreis potenzieller Vorfahren gleich wieder aus. Die thailändischen Viren hingegen stimmten in Teilen bis zu beinahe 96 Prozent mit dem menschlichen Sars-Coronavirus überein und sogar zu mehr als 96 Prozent mit den aus Yunnan stammenden Viren.[29]

Ebenfalls in einer Laborkühltruhe, diesmal aber in Phnom Penh in Kambodscha, fand dann ein internationales Team um die Virologen Veasna Duong und Etienne Simon-Lorière einen weiteren heißen Kandidaten unter den Coronaviren. Entdeckt wurde der in einer Probe, die man vor mehr als einem Jahrzehnt, im Dezember 2010, in der Provinz Stung Treng im Nordosten Kambodschas an der Grenze zu Laos bei einem Tier der Fledermaus *Rhinolophus shameli* genommen hatte. Sie stellte sich als zu 92,6 Prozent identisch mit dem menschlichen Sars-CoV-2 heraus. Insbesondere die kritische Rezeptorbindungsdomäne ähnelte sehr dem menschlichen Coronavirus (wobei die für Sars-CoV-2 exklusive Furin-Spaltstelle auch hier fehlte). Da die kambodschanischen *shameli*-Fledermäuse in China nicht vorkommen, müssen die ähnlichen Coronaviren irgendwann einmal von einer Wirtsart an eine andere weitergegeben worden sein.

Gleich drei weitere Coronaviren haben unlängst französische Virologen um Marc Eloit – vom Institut Pasteur in Paris – gemeinsam mit Kollegen vor Ort bei drei *Rhinolophus*-Fledermäusen im nördlichen Laos, an der Grenze zu China, entdeckt. Das Besondere an diesen Funden ist: Sie alle gleichen in bestimmten Abschnitten dem menschlichen Coronavirus mehr als jedes andere bisher bekannt gewordene Virus. Sie also sind die bislang heißesten Kandidaten für Hinweise auf die natürliche Quelle der Pandemie, denn mit einer Sequenzübereinstimmung von 96,8 Prozent ähnelt eines dieser drei Viren – mit dem schönen Namen Banal-52 – noch etwas mehr der Sequenz von Sars-CoV-2 als das bislang als nächstverwandt angesehene Virus RaTG13 aus Yunnan (mit seinem zu 96,1 Prozent identischen Genom). So minimal diese Differenzen in der genetischen Bauanweisung auf den ersten Blick wirken mögen, sie zeigen den Experten, dass diese Viren keine direkten Vorfahren von Sars-CoV-2 sind, sondern eher ihren etwas entfernteren Tanten und Onkeln gleichen. Zwischen ihnen liegen viele Jahre oder gar Jahrzehnte getrennter Evolution. Was dennoch ein interessantes Licht auf die Frage nach dem wahren Ursprung der Pandemie wirft. Es lohnt sich also, noch etwas genauer hinzusehen, wie solche Entdeckungen eigentlich zustande kommen und was sie konkret bedeuten.

In dem vorliegenden Fall hat Marc Eloit im Jahr 2020 gemeinsam mit seinem Team aus Frankreich und Laos bei knapp 650 Fledermäusen von 45 unterschiedlichen Arten in den Kalksteinhöhlen der Karstberge im nördlichen Laos Proben aus Speichel, Kot und Urin gesammelt und im Labor untersucht. Die dabei in drei Fledermausarten (*R. malayanus, pusillus* und *marshalli*) aus dem Fueng-Distrikt der Provinz Vientiane nachgewiesenen Viren namens Banal-52, Banal-103 und Banal-236 – von *bat anal* für die Art der Probennahme – weisen im Schnitt eine Übereinstimmung von jeweils mehr als 95 Prozent mit dem Pandemie-Erreger von Wuhan auf. Durchaus besorgniserregend empfanden die Experten dabei, dass Banal-52 gerade in seiner wichtigen Rezeptorbindungsstelle über eine besonders große Ähnlichkeit mit Sars-CoV-2 verfügt. Dank dieser genetischen Eigenschaft des Spike-Proteins sind alle drei neuen Banalviren so wie Sars-CoV-2 in der Lage, an die ACE2-Rezeptoren der menschlichen Zellen anzudocken und auf diese Weise in sie einzudringen, was sie für uns potenziell gefährlich macht. Gerade die Rezeptorbindungsstelle des Sars-Virus aus Wuhan sah anfangs »nicht wirklich wie etwas aus, was wir zuvor gesehen hatten«, erinnert sich der australische Virenökologe Edward Holmes an den ersten Eindruck, den die Experten von dem damals neuen Coronavirus hatten.[30] Inzwischen erkennen die Fachleute mehr und mehr, dass die zunächst unbekannte

Virusstruktur, die man Anfang 2020 zuerst beim Menschen identifizierte, tatsächlich weitverbreitet in der Natur vorkommt.

Neben mehreren natürlichen Vorkommen ähnlicher Viren bei Fledermäusen in Yunnan belegen nun die im Laufe des vergangenen Jahres hinzugekommenen Nachweise ganz ähnlicher Fledermausviren in Thailand, Kambodscha und Laos, dass beta-Coronaviren mit zoonotischem Potenzial längst nicht nur in China vorkommen. Sie zirkulieren in wenigstens sechs verschiedenen Arten von *Rhinolophus*-Fledermäusen und gehören mithin zur Virosphäre eines deutlich größeren Gebietes in Südostasien, das sich insgesamt als virologischer Hotspot insbesondere für beta-Coronaviren erweist. Dabei reichen die dort häufig vorkommenden Fledermäuse ihre Viren untereinander nicht nur weiter – diese Viren rekombinieren sich auch in ihnen, wobei einzelne Abschnitte ihres Genoms ausgetauscht werden, um anschließend verschiedene Evolutionsverläufe zu nehmen: das typische Bild einer unter Viren üblichen Mosaikentwicklung.

Für nicht wenige der Experten unter den Virenökologen und Zoologen sprechen daher nicht nur die zahlreichen Übereinstimmungen im Viren-Genom des Sars-CoV-2 beim Menschen mit den nun mehrfach und an vielen auch entfernt voneinander liegenden Orten entdeckten Fledermaus-Viren eine deutliche Sprache. Dass wir es gerade in diesen Regionen vom südlichen China bis nach Laos, Kambodscha und Thailand mit ihren subtropisch-tropischen Klimata, ihren lang intakten Regenwäldern und ihrer biologischen Vielfalt mit einer Drehscheibe für zahllose Coronaviren zu tun haben, weist ebenfalls auf einen natürlichen Ursprung des Erregers von Covid-19 hin. Dessen Vorfahr dürfte dann, so die Vermutung, irgendwo und irgendwann vom Tier auf den Menschen übergesprungen sein. Der Mensch ist es auch, der die natürlichen Lebensräume ebendieser Region durch seine rasch wachsende Bevölkerung, Besiedlung und Benutzung immer stärker unter Druck setzt. Es ist daher alles andere als

Zufall, dass neue ansteckende Infektionskrankheiten ausgerechnet dort auftauchen. China, der Osten und Süden Asiens sind Regionen mit besonders schnell wachsenden urbanen Zentren; Regionen, in denen sich zugleich auch die Nutztierhaltung ausweitet, um den wachsenden Fleischbedarf zu decken; wo deshalb Abertausende kleiner Geflügel- und Schweinefarmen sowie Pelztierzuchtbetriebe ansässig sind. Und wo eine wachsende städtische Bevölkerung über Wildtiermärkte mit traditionellen Angeboten weiterhin ihre eigenwilligen kulinarischen Gelüste befriedigt.[31]

ZWISCHENSPIEL AUF DEM WILDTIERMARKT

Dass die Studie, um die es im Folgenden geht, erst spät – im Sommer 2021 – allgemein bekannt wurde, gehört zu den unerklärlichen Kuriositäten unserer Spurensuche nach den Ursachen der Corona-Pandemie. Zumal der sogenannte Huanan Seafood and Wholesale Market in Wuhan, wie erwähnt, von Anfang an bei dieser Frage eine zentrale Rolle spielte. Überhaupt sind diese *wet markets* beim Thema Zoonosen und Pandemien von entscheidender Bedeutung. Sie werden im Englischen häufig so bezeichnet, weil nicht nur das auftauende Eis, das zur Aufbewahrung der leicht verderblichen Ware allenthalben verwendet wird, sondern auch die mit Wasser ständig von Schlachtabfällen gereinigten Verkaufsstände den Boden der Markthalle permanent nass machen. Obgleich sich viele der ersten bekannt gewordenen Krankheitsfälle mit dem Huanan-Markt in Verbindung bringen lassen, trifft dies keineswegs für alle Covid-Patienten zu, sodass die Geschichte des Marktes und des Ausbruchs komplizierter ist; wir werden uns dies später noch ansehen.[32]

Für die von der WHO eingesetzte internationale Expertengruppe, die Wuhan und auch den Wildtiermarkt vom 14. Januar bis 10. Februar 2021 besuchte, erwies es sich als peinliche Panne, die Studie übersehen zu haben. Denn gerade in Bezug auf den Markt enthält der anschließende Bericht des WHO-Teams, das überhaupt erst nach langem diplomatischem Ringen vor Ort in China recherchieren konnte, einen gravierenden Fehler: nämlich die Aussage, dass es angeblich »no verified reports of live mammals being sold around 2019 at Huanan« gebe. Doch aus besagter Studie ergibt sich eindeutig, dass auf dem Huanan-Markt wie auch anderen Märkten in Wuhan nachweislich nicht nur bereits verarbeitete Wildtiere, sondern auch eine ganze Reihe noch lebender Säugetiere verkauft wurden.

Wir müssen daher diese bereits im Oktober 2020 bei einem renommierten Journal eingereichte und dort begutachtete Studie kurz beleuchten; sie wirft ein Schlaglicht auf den im Zusammenhang mit Zoonosen so wesentlichen Wildtierhandel in Asien und insbesondere in China. Das wiederum liefert uns ein wichtiges Puzzleteil, um eine wesentliche Lücke zu schließen, die offenkundig zwischen den Viren-Nachweisen bei Fledermäusen aus dem Süden Chinas und dem Ausgangspunkt der Pandemie in der Millionenstadt Wuhan in Zentralchina klafft. Wie gesagt: Zwischen beiden Regionen liegen immerhin rund 1500 Kilometer; und weder legen *Rhinolophus*-Fledermäuse aus dem subtropischen Süden diese Strecke fliegend zurück, noch kommen sie natürlicherweise in der Region Hubei um Wuhan vor. Auch wurden sie – so viel sei vorweggenommen – auf dem Wildtiermarkt in Wuhan nachweislich nicht zu kulinarischen Zwecken angeboten. Wie die hier relevanten Coronaviren sind auch ihre natürlichen Wirte auf den Süden Chinas beschränkt. Man muss das wiederholt erwähnen, weil unter allerlei Vermutungen im Zusammenhang mit dem Übertragen von Viren auf den Menschen auch solch irrige Ideen einer direkten Verbindung aufkamen, obgleich sich daraus beim besten Willen kein Für oder Wider einer bestimmten Ursprungshypothese ableiten lässt.[33]

Tatsächlich braucht es die Flattertiere in Wuhan gar nicht. Was wir brauchen, ist eine Besichtigung des Wildtiermarktes *vor* dem Ausbruch der Pandemie. Wie erwähnt, wurde der Markt unmittelbar zu ihrem Beginn geschlossen und sämtliche angebotenen Tiere wurden beseitigt. Währenddessen oder später genommene Umweltproben vom Markt oder den Ständen erwiesen sich als weitgehend wertlos, weil sie nur zeigten, dass die Örtlichkeit inzwischen voller Coronaviren war.[34] Obwohl der Markt in Wuhan also zu jenen Tatorten gehört, an denen jegliche Spuren (aus welchen Gründen auch immer) verwischt wurden, liefert uns besagte Studie unverhofft wertvolle Indizien für eine über Zwischenwirte laufende Zoonose. Denn sie dokumentiert ganz konkret die für die Tiere erbarmungswürdigen Zustände auf dem Huanan-Markt zwischen Mai 2017 und November 2019. Zwar gibt es diesmal keine eingefrorenen Proben, die man wieder auftaut, um daraus Viren zu isolieren und deren DNA zu sequenzieren; dafür aber endlose Tabellen, Zahlenreihen und vor allem Fotos. Auf diese Weise hat Zhao-Min Zhou von der China West Normal University in Nanchong gemeinsam mit einem Team vor allem britisch-kanadischer Wildtierschützer – eher zufällig im Rahmen einer veterinärmedizinischen Untersuchung über Zeckenbefall bei geschmuggelten Wildtieren – ermittelt, dass im genannten Zeitraum mehr als 47 000 Tiere aus 38 Arten (darunter die Mehrzahl formal geschützte Spezies) meist lebend an 17 Ständen in Huanan und auf drei weiteren Märkten Wuhans verkauft wurden. Mehr als 47 000 Tiere in zweieinhalb Jahren, das sind rund 1500 im Monat oder 51 Tiere am Tag, von denen jedes einzelne als Virenüberträger infrage kommt; theoretisch zumindest. Keiner der Shops hatte übrigens für seine Tiere Herkunfts- oder Quarantänezertifikate vorzuweisen; es wurde also mitten in Wuhan illegaler Wildtierhandel betrieben, wie die Autoren in ihrem im Juni 2021 in *Scientific Reports* veröffentlichten Bericht schreiben. Nach einem vorläufigen Verbot vom 26. Januar 2020, mit Wildtieren zu handeln, hat China schließlich am 24. Februar 2020 dauerhaft Verzehr und Handel mit terrestrischen Wildtieren untersagt.[35]

Für uns wichtig: Ausdrücklich vermerkten Zhou und Kollegen, dass auf dem Markt seinerzeit weder Fledermäuse noch Schuppentiere angeboten wurden. Demnach spielten also die als Reservoir und möglicher Zwischenwirt in Rede stehenden Arten dort keine Rolle. Dagegen betonen die Autoren, dass die übrigen regelmäßig auf dem Markt gehandelten lebenden Tiere, darunter auch Larvenroller, deutlich bessere Überträger von Viren seien als ihr frisches oder gar eingefrorenes Fleisch. Seinerzeit fanden sich auf den Märkten in Wuhan insbesondere auch Marderhunde und Nerze. Diese Tiere stammten aus den unzähligen Zuchtfarmen, in denen allein in China jährlich mehr als 53 Millionen Tiere gezüchtet werden und etwa 14 Millionen Menschen beschäftigt sind. Und so kommen auf den Märkten Nutz- und Wildtiere sowie Menschen miteinander in Kontakt.[36] Längst schon hätten diese Tiermärkte in China – ebenso wie die weiterhin in anderen asiatischen Ländern betriebenen Wildtiermärkte – vermehrt in unseren Fokus rücken müssen, ebenso wie die massenhafte Pelztierzucht Asiens, allein schon wegen der meist unhygienischen und aus Tierschutzsicht höchst bedenklichen Haltungsbedingungen, aber auch, weil ausweislich mehrerer Studien auf diesen Märkten für den Menschen gefährliche Coronaviren übertragen werden.

Fledermäuse mögen dabei zwar das Ausgangsmaterial liefern. Doch sind sie aufgrund ihrer Ökologie vom Menschen vergleichsweise separiert. Außerdem ist da noch auf molekulargenetischer Ebene der Sequenzunterschied von immerhin knapp vier Prozent zwischen den Coronaviren der Fledermäuse und Sars-CoV-2 des Menschen. Einschlägige Berechnungen solch genetischer Distanzen legen nahe, dass sich der Pandemie-Erreger und die Fledermaus-Viren bereits vor mehreren Jahrzehnten evolutiv auseinanderentwickelt haben und einzelne Abschnitte des Genoms jeweils eigene evolutive Wege nahmen. Deshalb haben Virologen wie etwa Edward Holmes schon im April 2020 vorhergesagt, dass ohne Zweifel mehr Probennahmen auch Fledermausviren zutage fördern werden, die sogar noch näher mit Sars-CoV-2 verwandt sind.[37] Wie es dann ja auch mit den Flattertierviren aus Laos und Kambodscha geschehen ist.

Doch den Schlüssel zur Auflösung des Rätsels, so wurde ebenfalls von Anfang an vermutet, dürften andere Säugetiere liefern. Und zwar solche, mit denen der Mensch häufiger in Kontakt kommt und die daher besser geeignete Vehikel zur zoonotischen Übertragung sind – und in denen es zu den kritischen Mutationen in der Rezeptorbindungsdomäne und insbesondere der Furin-Spaltungsstelle des Virus gekommen sein könnte, die entscheidend zu seinem pandemischen Potenzial beitragen. Denn ein Coronavirus mutiert nicht einfach so aus dem Nichts zu einem Killer, wenn es auf den Menschen überspringt. Es braucht eine Art mutativen Vorlauf, eine kryptische, im Verborgenen ablaufende Anpassungsphase, während der die Virenevolution Fahrt aufnimmt, es zu neuen Schlüsselmutationen und zu Anpassungen an die neue Wirtsart und ihr Gewebe kommt. Den bisher bekannt gewordenen tierischen Viren fehlen aber sämtlich jene infektiösen Eigenschaften auf dem Spike-Protein, die es dem Erreger von Covid-19 erlauben, leichter in menschliche Zellen einzudringen und weitergegeben zu werden. Zwar weiß man inzwischen, dass auch in der Virussequenz anderer Coronaviren ähnliche Eigenschaften angelegt sind, doch ist Sars-CoV-2 bisher in seiner Gruppe, als Sarbecovirus innerhalb der beta-Coronaviren, das einzige Virus mit jener typischen Furin-Spaltstelle. Nicht einmal beim nahe verwandten Sars-Virus, dem ersten Auslöser der rätselhaften Lungenerkrankungen, ist es zu finden. Woher aber kommen dann diese entscheidenden genetischen Veränderungen? Könnten sie sich vielleicht bei Viren anderer Tierarten entwickelt haben und wurden in ihnen irgendwann zu einem tödlichen Erreger kombiniert? Dadurch könnten anfangs vergleichsweise harmlose Coronaviren aus einer Fledermaus ihren Weg zum Menschen gefunden haben. Dieser Übersprung wäre alles andere als eine Überraschung, denn die vielfältigen Mutationen und Rekombinationen passieren immer wieder in der Natur, nur haben sie meist keine dramatischen Konsequenzen: Niemand erkrankt, oder wenn, dann nur lokal eine kleine Gruppe – wie etwa jene Minenarbeiter von Mojiang. Was wir dabei zu wenig beachten, ist das große Spiel der Evolution, das Zufall heißt und die Zukunft bestimmt. Immerhin ist der Zufall eine der am meisten unterschätzten Kräfte der Naturkunde und der Geschichte zugleich.

Dennoch bleibt die Frage, wer der Überträger war. Bei Hendra waren es Pferde und bei Nipah Schweine, bei Mers waren es Dromedare. Und beim ersten Ausbruch von Sars Schleichkatzen. Womit wir bei des Larvenrollers Rolle wären, der uns dann zu den Schuppentieren führt.

EIN LARVENROLLER IST EIN LARVENROLLER – UND KEINE ZIBETKATZE

Wenn man als Zoologe genauer hinsieht, kann man durchaus daran zweifeln, dass das asiatische Säugetier in Mardergestalt als besonders geeigneter Zwischenwirt infrage kommt. Larvenroller gehören zur Familie der Viverridae (Schleichkatzen). Diese sind nicht näher verwandt oder gar zu verwechseln mit den echten Katzen aus der Familie der Felidae, zu denen neben unserer heimischen Wildkatze und unseren aus Vorderasien stammenden Hauskatzen auch Großkatzen wie Leopard und Löwe bis zum Tiger und Nebelparder gehören. Zwar sind beide katzenartige Raubtiere, doch etwa der Schädel samt den Zähnen beider Familien liefert den Fachleuten wertvolle Merkmale, um Viverriden eindeutig von den Feliden abzugrenzen. Während die echten Katzen in einem kurzen Gesichtsschädel zwischen 28 und 30 Zähne haben und ihre drei oder vier Backenzähne eine kräftige Brechschere bilden, sitzen im spitzeren Schädel der Schleichkatzen zwischen 32 und 40 Zähne, darunter insgesamt sechs oder gar acht Backenzähne.[38] Die echten Katzen sind zudem eher mit den kleinen Mangusten und den Hyänenartigen verwandt, während die Schleichkatzen im Stammbaum etwas entfernter von ihnen allen stehen.

Noch eine weitere zoologische Feinheit, verbunden mit einer Verwechslung, müssen wir hier behandeln, weil sie Verwirrung stiftet und dadurch der Sache wenig dienlich ist. Besagte Schleichkatzen-Familie wird von Säugetierforschern heutzutage meist in vier Unterfamilien gegliedert, von denen uns hier nur zwei interessieren. In der einen Unterfamilie, den nur in Asien vorkommenden Palmenrollern (Paradoxurinae), gibt es sechs Arten, darunter der Larvenroller *Paguma larvata*. Diese stehen den ebenfalls mit sechs Arten sowohl in Asien wie auch in Afrika beheimateten Zibetkatzen der Unterfamilie Viverrinae gegenüber. Weil sämtliche Palmenroller im Englischen (in dieser Sprache sind die meisten relevanten Fachartikel heute verfasst) als *palm civet* – gelegentlich auch irreführend als *civet cats* – bezeichnet werden, führte dies hierzulande zu einer zwar naheliegenden, aber dennoch zoologisch falschen Zuordnung. Denn unser dementsprechend als *Masked palm civet* ausgewiesener Larvenroller ist keineswegs eine Zibetkatze.[39] Das würde einen anderen Verwandtschaftskreis aufmachen und unter anderem auch sofort weitere, nahestehende Arten als potenzielle Virenüberträger nahelegen. Während man übrigens bei dieser baumlebenden Schleichkatze den englischen Namen noch leicht nachvollziehen kann, ist die deutsche Bezeichnung Larvenroller schon weniger einleuchtend. Angeblich soll ihr heller Nasenstreifen einer Larve ähnlich wirken und den Tieren diesen Namen eingebrockt haben.

Zugegeben: Die zoologischen Einzelheiten sämtlicher Palmenroller, Zibet- und Ginsterkatzen, die eben keine echten Katzen sind und des Nachts durch asiatische und afrikanische Regenwälder schleichen, sind weder den meisten Zoologen vertraut noch selbst unter Säugetierforschern allgemein bekannt. Nur eine Handvoll ausgewiesener Experten weltweit beschäftigt sich überhaupt mit diesen heimlich lebenden Tieren, die sich als baumbewohnende Allesfresser meist von Früchten wie Feigen, Mangos und Bananen, gelegentlich aber auch von Insekten und sogar kleinen Wirbeltieren wie Vögeln oder Hörnchen ernähren. Allerdings gelten Larvenroller in China als Delikatesse, weshalb sie bejagt und gegessen werden, wie überhaupt dort »jedes Wildtier als potenzielles Schlachtvieh gilt«.[40] Unter wohlhabenden Chinesen in Guangdong besonders geschätzt ist *dragon-tiger-phoenix-soup*, ein aus dem Fleisch von Larvenrollern und Schlangen zubereitetes Gericht, garniert mit den Blütenblättern von Chrysanthemen. In China, wo Larvenroller zudem auch für den Markt gezüchtet werden, kommen die hübschen, grau bis orange-braun gefärbten Tiere mit der maskenartigen Gesichtszeichnung natürlicherweise ebenso vor wie in einer schmalen Region vom südlichen Himalaja bis in die tropischen Regenwälder von Sumatra und Borneo (soweit es diese dort heute überhaupt noch gibt). Für unsere Betrachtung hier allerdings nicht eben unwichtig ist ihre Biogeografie: Denn sie machen um das Innere der indochinesischen Halbinsel mit Laos und Kambodscha sowie Teilen von Thailand regelrecht einen Bogen.

Noch eine weitere biologische Eigenschaft macht den Larvenroller zu einem eher ungeeigneten und mithin unwahrscheinlichen natürlichen Zwischenwirt für die nach Vermehrung strebenden Viren. *Paguma larvata* ist, wie viele seiner Schleichkatzen-Verwandten, als ausgeprägter Einzelgänger unterwegs, der tagsüber allein in den Kronen von Bäumen schläft. Damit aber sind Larvenroller gleichsam der Gegenentwurf zu den Fledermäusen, die es beim Schlafen dicht an dicht mögen. Deshalb lässt sich aus zoologischer Sicht daran zweifeln, dass ausgerechnet die mit dem ersten Sars-Ausbruch überführten Larvenroller für Coronaviren tatsächlich besonders geeignete Überträger sind. Zwar wurden unbestritten bei systematischen Untersuchungen von Larvenrollern ebenso wie bei den Menschen, die mit Handel oder Zubereitung dieser Wildtiere auf den Märkten im Süden Chinas beschäftigt waren, reihenweise Infektionen mit Coronaviren nachgewiesen (unter den 25 verschiedenen Tierarten, die im Mai 2003 in Shenzhen überprüft wurden, waren vier der sechs Larvenroller mit den Sars-Coronaviren infiziert, ebenso acht von 20 Wildtierhändler und drei von 15 Schlachtern), während nur einer von 20 Gemüsehändlern Antikörper gegen das Virus aufwies. (Merke: Finger weg vom Larvenroller!)

Doch das heißt nicht, dass diese tierischen und menschlichen Virenträger die ursprüngliche und eigentliche Quelle des Ausbruchs waren; auch wenn sie unmittelbar für die Ansteckungen gesorgt haben mögen.[41] Die Strategie des Virus muss es sein (wenn wir einen evolutiven Mechanismus hier als einen scheinbar bewussten Akt schildern), sich in einem Reservoir geschützt zu vermehren; es tut das par excellence in den Fledermäusen, nicht aber im Larvenroller, der ein eher zufälliger Überträger, aber kaum der natürliche Zwischenwirt zu sein scheint.

Diese Unschuldsvermutung hat den Larvenrollern beim ersten Sars-Ausbruch wenig geholfen. Kaum waren die auf Märkten als kulinarischer Leckerbissen angebotenen Tiere als Viren-Überträger und mögliche Quelle der Epidemie in der an Hongkong grenzenden Provinz Guangdong und dann in Guangzhou an der Mündung des Pearl River entlarvt worden, ordnete die Pekinger Regierung die Schlachtung von Zehntausenden Larvenrollern in Käfigen und auf Märkten des Landes an. Beobachter hofften damals, ein ultimatives Essverbot werde den geplünderten Beständen der harmlosen Larvenroller fortan wieder Erholung verschaffen. Allerdings ist die Hauptursache für den Rückgang dieser im Bestand gefährdeten Waldbewohner der dramatische Verlust ihres natürlichen Lebensraumes überall in Südostasien. Und der läuft ungehemmt überall weiter, wie auch – so lässt sich unschwer erahnen – der nun illegale Handel und heimliche Verzehr von Larvenrollern in China; Lukullus und die Sucht eines besonderen Mahls lassen grüßen.

Gemeinsam mit dieser Schleichkatze geriet schon beim ersten Sars-Ausbruch 2003 in Shenzhen eine weitere Wildtierart Südostasiens kurzzeitig in den Fokus. Auch beim etwa dachsgroßen Marderhund *Nyctereutes procyonoides*, einem mit dem Fuchs nächstverwandten hundeartigen Raubtier, wurden damals wiederholt Sars-ähnliche Coronaviren isoliert, ebenso beim mit Mardern nächstverwandten Chinesischen Sonnendachs *Melogale moschata*. Beide kommen im südlichen China vor. Während der Sonnendachs engste Artverwandte in den unmittelbar angrenzenden Regionen vor allem Südostasiens hat, konnte der Marderhund, ein scheuer und nachtaktiver Waldbewohner, sein ursprünglich auf Ostasien beschränktes Verbreitungsgebiet weit im Westen davon ausdehnen. Nachgeholfen hat dabei zwar der Mensch, aber auch die mit sechs bis zehn Welpen recht reiche Nachkommenschaft eines monogam lebenden Marderhundpaares. Nachdem man diese Fuchsverwandten zu Zuchtzwecken bereits im 19. Jahrhundert in Westrussland eingeführt hatte, wurden Marderhunde Anfang des vergangenen Jahrhunderts in der Ukraine zu Tausenden ausgesetzt, von wo aus sie westwärts zogen. Mittlerweile gehört die Art bei uns in Deutschland und anderswo ähnlich wie der Waschbär aus Nordamerika zur Neobiota, jenen biologischen Neubürgern also, die nicht unproblematisch für die heimische Tier- und Pflanzenwelt sind. In China werden sie wegen ihres weichen Pelzes millionenfach gezüchtet. Und anders als bei den Wildtiermärkten hat die dortige Regierung diese Pelztierfarmen, die weiterhin ein florierendes Geschäft sind, bisher nicht stillgelegt.

Während Marderhunde aus südchinesischen Pelztierfarmen bei der Verbreitung von Coronaviren des ersten Sars-Ausbruch 2003 eine Nebenrolle gespielt haben könnten, ließ sich eine primäre Infektion bei der zweiten Corona-Pandemie bislang ebenso wenig wie beim Larvenroller nachweisen.[42] Indes wäre nicht nur aus zoonotischen Überlegungen heraus, sondern aus Gründen des Tierschutzes ein Ende der Pelztierhaltung gerade von Marderhunden in China geboten (wie dies Tierschutzverbände seit Langem schon vergeblich fordern). Weil sich ihr weicher Pelz perfekt für modische Besätze an Jacken oder Schuhen eignet und Marderhunde zudem leicht und billig zu halten sind, werden sie millionenfach zu Opfern dieser Pelzwut. China züchtet weltweit die meisten Marderhunde – meist unter den erbärmlichsten Bedingungen für die Tiere: in viel zu kleinen Drahtkäfigen, oft ohne Dach und Boden, die in Hinterhöfen ebenso wie in großen Farmen übereinandergestapelt stehen und den Tieren nichts außer Qualen bieten.[43]

Dass nun aber Marderhunde die natürlichen Zwischenwirte bei der Corona-Pandemie waren, ist eher unwahrscheinlich. Überhaupt sind gerade Hundeverwandte nicht das geeignetste Reservoir für Coronaviren, wie eine Studie chinesischer Tierärzte nahelegte. Darin beschreiben sie, dass sich das neuartige Coronavirus bei Hunden, Schweinen sowie Hühner- und Entenvögeln nicht gut vermehrt und diese daher als Überträger kaum infrage kommen. Dagegen vermehrt sich Sars-CoV-2 durchaus in Hauskatzen und in den zu den Mardern zählenden Frettchen, die es per Tröpfcheninfektion auch an Artgenossen weitergeben, ohne selbst an einer Infektion der Lungen zu erkranken. Dazu passt, dass zuerst im New Yorker Zoo, dann auch anderenorts offenbar mit Erkältungssymptomen erkrankte Großkatzen wie Tiger und Löwen bereits im März 2020 positiv auf das Virus getestet wurden; und sich auch bei Hauskatzen etwa in Wuhan Antikörper gegen Sars-CoV-2 im Blut nachweisen ließen. Allerdings ist hier eher von einer Rückübertragung von mit Coronaviren infizierten Menschen auf Zoo-, Haus- und sogar Wildtiere auszugehen. Entsprechende Experimente mit Tieren vor allem aus den Säugerfamilien der Katzen, Hunde und Marder zeigen, dass das Coronavirus in der Lage ist, in Zellen vor allem von Katzenartigen einzudringen – offenbar über denselben Schlossmechanismus des ACE2-Rezeptors, zu dem das Stachel-Protein als Schlüssel in der Virushülle passt. Allerdings braucht es erhebliche Virenlasten, um dann auch eine Weitergabe über die Atemwege auszulösen. So vermehren sich die Viren zwar in den Katzen, der Spike-Schlüssel passt aber bei diesen Wirten nicht perfekt. Deshalb wird vermutet, dass die Viren inzwischen besser an uns Menschen als an andere Arten angepasst sind.[44]

Das zeigt immerhin, dass für die generalistischen Coronaviren, die offenbar in vielen Wirtsarten zurechtkommen, eine Vielzahl von Tieren empfänglich ist, ohne zwingend selbst daran zu erkranken. Diese Arten kommen zwar grundsätzlich als Zwischenwirte oder vorübergehendes Reservoir infrage, ihre Übertragung auf andere Arten ist aber nicht effizient. Möglicherweise haben bisher unentdeckt gebliebene Wirtstiere ihre Viren an Larvenroller oder Marderhunde weitergegeben, mit denen der Mensch besonders häufig und eng in Kontakt ist. Eine solch zufällige Übertragung betrifft mitunter wohl auch weitere unwahrscheinliche Kandidaten; was uns schließlich zum Pangolin bringt. Und damit zu der These dieses Buches, dass mit dem Schuppentier eher ein zufälliger Überträger entdeckt wurde als ein natürlicher Zwischenwirt für Coronaviren mit pandemischem Potenzial. Weshalb wir neben den zoonotischen Kandidaten insbesondere die jeweiligen sozioökologischen Umstände und Faktoren in den Blick nehmen müssen, wenn wir zukünftige globale Krankheiten vermeiden wollen.

DIE SACHE MIT DEM PANGOLIN

Kaum hatte Covid-19 begonnen, sich zur Pandemie auszuwachsen, als Anfang Februar 2020 erste Berichte aus China bekannt wurden, nach denen vom Zoll in der Provinz Guangdong beschlagnahmte Wildtiere nachträglich positiv auf das Coronavirus getestet wurden. Die erste elektrisierende Nachricht kam am 7. Februar 2020 von der South China Agricultural University in Guangzhou, also keine zwei Wochen, nachdem Shi Zhengli ihre Arbeit online gestellt hatte, in der Fledermäuse aus Yunnan als Ursprung des Coronavirus beschrieben werden. Nun hatten Forscher auch beim Pangolin Viren isoliert, die in einem kürzeren Abschnitt ihres Genoms angeblich zu 99 Prozent mit Sars-CoV-2 übereinstimmten. Mit einem Mal war dem bis dahin weitgehend unbekannten Schuppentier oder Malaiischen Pangolin *Manis javanica* die gesteigerte Aufmerksamkeit der Weltöffentlichkeit sicher – leider nicht aufgrund des Umstands, dass Schuppentiere mittlerweile zu den am häufigsten geschmuggelten Säugetieren gehören, die vielerorts an den Rand der Ausrottung gebracht wurden.

Schuppentiere, gelegentlich auch Tannenzapfentiere genannt, verfügen als einzige Säugetiere über eine aus großen überlappenden Hornschuppen bestehende Körperbedeckung. Diese lässt sie wie eine längliche bräunliche Artischocke auf Beinen aussehen. Biologen wissen eher wenig über sie; nur, dass sie mit jeweils vier Arten sowohl in Asien wie auch in Afrika beheimatete, einzelgängerische und nachtaktive Insektenfresser sind. Sie haben sich auf Ameisen und Termiten spezialisiert und sind – ausgestattet mit kräftigen Grabkrallen, einer röhrenförmigen zahnlosen Schnauze und einer langen Zunge – daran angepasst, sich allein von dieser besonderen Beute zu ernähren. Schuppentiere leben entweder am Boden oder auf Bäumen, sowohl in Wäldern wie auch in teils offenen Landschaften. Wenn sie sich bedroht fühlen, rollen sie sich – wie wir das vom heimischen Igel kennen – zu einer Kugel ein. Von diesem Verhalten leitet sich das ursprünglich malaiische Wort *peng-guling* (sich einrollen) ab. Früher wurden Pangoline als verwandt mit den ebenfalls zahnlosen Gürteltieren und Ameisenbären gehalten. Doch deren Ähnlichkeit geht lediglich auf parallele Anpassungen an dieselbe spezielle Nahrung zurück. Im zoologischen System stehen Pangoline eher etwas abseits.[45]

So wenig wir über Schuppentiere wissen, so sehr setzt der Mensch ihnen neuerdings zu: wegen ihres in Asien, vor allem in China und Vietnam, als Delikatesse geschätzten Fleisches und vor allem wegen ihrer eigenartigen breiten Hornschuppen, die in der traditionellen asiatischen Medizin als Heilmittel gelten; obgleich sich eine Wirkung wissenschaftlich nicht nachweisen lässt, denn die Schuppen bestehen – ähnlich wie unsere Fingernägel oder Haare – aus dem Protein Keratin. Chinesen, die an die heilende Wirkung der Hornschuppen des Pangolins glauben, könnten also ebenso gut an ihren eigenen Finger- und Fußnägeln kauen. Aber an was glauben auch wir hierzulande nicht alles, obgleich es dafür keine wissenschaftliche Evidenz gibt ...

Im Fall des Pangolins würden fingernagelkauende Chinesen entscheidend dazu beitragen, dass Schuppentiere in Asien und Afrika weniger rücksichtslos bejagt werden. Denn Bevölkerungswachstum und wirtschaftlicher Aufstieg breiter Schichten in Asien, wo seltene Tierprodukte zunehmend als Statussymbole herhalten müssen, bedrohen die Bestände und Arten. Inzwischen ist der Chinesische Pangolin *Manis pentadactyla* bereits nahezu ausgerottet, auch die übrigen Arten gelten als stark gefährdet. Denn die Plünderung der schon erheblich dezimierten asiatischen Bestände hat längst auch auf die in Afrika lebenden Arten übergegriffen. Während viele andere Tier- und Pflanzenarten überwiegend unter dem Verlust ihres Lebensraumes leiden, ist es beim Pangolin hauptsächlich die direkte Nachstellung, die sein Überleben bedroht. Denn er wird aufgrund der Nachfrage massiv gewildert und trotz eines weltweiten Handelsverbots geschmuggelt.

Wie dramatisch die Situation ist, belegen einige Zahlen. Vom illegalen Handel sollen schätzungsweise pro Jahr wenigstens 200 000 Schuppentiere betroffen sein. Allein seit dem (offenbar wirkungslosen) verschärften Handelsverbot 2016 dürfte eine Million dieser Tiere getötet worden sein; andere Schätzungen gehen sogar von bis zu zweieinhalb Millionen gewilderter Schuppentiere aus. Diesen gewaltigen Aderlass legen die zahlreicher werdenden Beschlagnahmungen nahe, die vermutlich nur einen Bruchteil des illegalen Handels aufdecken. Das Epizentrum der Wilderei liegt inzwischen in West- und Zentralafrika, die Hauptdrehscheibe des Handels ist neben Thailand und neuerdings Vietnam vor allem China. Beispielsweise wurden im Mai 2018 in Vietnam drei Tonnen Hornschuppen in Containern entdeckt. Im Jahr darauf kamen bei drei Anti-Schmuggel-Einsätzen in Singapur 40 Tonnen Pangolin-Schuppen zusammen. Sie spiegeln einen Schwarzmarktwert von Millionen von Euro; doch vor allem bedeuten sie Zehntausende getötete Tiere. Im Februar 2019 wurden in Sabah, im malaysischen Norden Borneos, 28 Tonnen eingefrorener Schuppentiere samt einer halben Tonne ihrer Schuppen konfisziert.

Was den Schuppentieren wie auch Elefanten und Nashörnern zusetzt, ist einerseits eine völlig außer Kontrolle geratene Wilderei mit teilweise paramilitärisch operierenden Verbrecherbanden vor allem in Afrika, andererseits ein global florierendes Multimilliarden-Geschäft mit professionell organisierten Lieferketten über Handelswege, die fest in den Händen des organisierten Verbrechens sind – vornehmlich in China als dem mit Abstand wichtigsten Markt. Gleich nach dem illegalen Handel mit Drogen, Menschen und Waffen ist der Schmuggel von Wildtieren der viertgrößte Markt weltweit. Er beläuft sich nach Angaben der Ernährungs- und Landwirtschaftsorganisation der Vereinten Nationen (FAO) auf umgerechnet zwischen sechs und 19 Milliarden Euro pro Jahr und hat einen Schwerpunkt zunehmend in Nigeria, das inzwischen zum weltweit wichtigsten Umschlagsort nicht nur für Elfenbein, sondern auch für Pangolin-Schuppen geworden ist. Allein 2019 kamen mindestens 51 Tonnen (!) beschlagnahmter Schuppen von Pangolinen aus nigerianischen Häfen; das war die Hälfte aller Zollfunde weltweit und deutlich mehr als die nur zwei Tonnen noch vier Jahre zuvor. Im Januar 2021 wurden in Nigeria mehrere Tonnen Pangolin-Schuppen vor der Verschiffung nach Vietnam beschlagnahmt. Und in Vietnam, das eine Drehscheibe des internationalen illegalen Wildtierhandels in Südostasien ist, wurden zwischen Januar 2016 und Dezember 2020 bei mehr als 90 Konfiszierungen insgesamt 1342 lebende und 759 tote Pangoline vornehmlich aus Afrika sowie mehr als drei Tonnen Fleisch und fast 44 Tonnen (!) Pangolin-Schuppen sichergestellt, die vor allem für den Markt in China bestimmt waren. Wie diese kriminellen Syndikate funktionieren und welche Wege die lebend transportierten oder abgeschlachteten Wildtiere sowie ihre Körperteile nehmen, lässt sich zwar aufdecken – aber leider immer noch nicht wirkungsvoll unterbinden.[46]

Auch die im Zusammenhang mit der Pandemie auf Viren untersuchten Pangoline waren Opfer dieses Wildtierschmuggels. Die Tiere, es handelte sich in einem Fall um wenigstens 155 Individuen des bislang in Südostasien noch häufigen Sunda-

oder Malaiischen Schuppentiers *Manis javanica,* waren beim Versuch der illegalen Einfuhr vom Zoll der chinesischen Provinzen Guangdong und Guanxi bereits zwischen August 2017 und Januar 2018 beziehungsweise zwischen Mai und Juli 2018 beschlagnahmt worden – lange bevor irgendjemand an eine Corona-Pandemie dachte. Von den noch lebend aufgefundenen Pangolinen, die in derart schlechtem gesundheitlichem Zustand waren, dass sie bald darauf verstarben, wurden Proben genommen; diese wurden zur späteren Untersuchung eingefroren. Bei der Untersuchung solcher Zoll-Proben von 30 Pangolinen haben dann Virologen um Yi Guan von der Universität Hongkong bei insgesamt sechs Tieren Coronaviren nachweisen können – und teilweise deutliche Übereinstimmungen zwischen diesen bereits 2017 und 2018 offenbar zirkulierenden Viren und dem Erreger von Covid-19 festgestellt.

FREISPRUCH FÜR DEN PANGOLIN

Allerdings sind diese Übereinstimmungen unterschiedlich stark ausgeprägt und keineswegs so deutlich, wie in den ersten Pressemitteilungen und Medienberichten verbreitet wurde. Als wenig später, im März 2020, die betreffenden Studien unter anderem in *Nature* publiziert wurden, stellte sich heraus, dass das Genom dieser Pangolin-Viren allenfalls zwischen 85 und 92 Prozent mit Sars-CoV-2 beim Menschen übereinstimmt, mithin um einiges weniger als die Viren der *Rhinolophus*-Fledermäuse.[47] Immerhin zeigte sich bei wenigstens einem Pangolin, der in Guangdong konfisziert worden war, dass eine spezifische Gen-Region zu 97,4 Prozent der eines Coronavirus aus Wuhan gleicht: und zwar jene Sequenz, die als rezeptorbindende Domäne (RBD) gemeinsam mit der Furin-Spaltstelle das Einfallstor des neuartigen Virus in menschliche Lungenzellen darstellt.

Lediglich die spezifische Furin-Spaltstelle, die das menschliche Coronavirus so gefährlich macht, fehlt sowohl den Viren des Pangolins als auch denen der Fledermäuse. Allerdings enthält die Bauanweisung für die Bindungsdomäne RBD bei den Pangolin-Viren alle sechs Schlüsselmutationen, von denen man annimmt, dass sie die Bindung an den ACE2-Rezeptor vermitteln. Zumindest einige bei Schuppentieren gefundene Coronaviren weisen also diejenigen – offenbar wieder in Mosaikevolution entstandenen – Veränderungen auf, die die Erreger für Menschen gefährlich machen. Sind also Pangoline doch die meistgesuchten Zwischenwirte?

Studiert man die Arbeit der chinesischen Virologen genau, entdeckt man einen weiteren wichtigen Befund, der in der allgemeinen Berichterstattung meist untergegangen ist. Bei den Viren aus den vom Zoll in Südchina beschlagnahmten Pangolinen wurden zwei unabhängige Linien identifiziert, da sich einzelne Viren doch erheblich voneinander unterscheiden. Demnach zirkulieren in den Tieren, die von verschiedenen Orten irgendwo in Südostasien (möglicherweise aus Vietnam) stammen, unterschiedliche Varianten von Coronaviren, ganz so, wie wir dies bereits bei den Fledermäusen gesehen haben. Und eher beiläufig und am Rande ihrer Untersuchung an Fledermäusen, die seinerzeit im Fokus standen, berichteten unlängst auch thailändische Forscher in Zusammenarbeit mit dem Virologen Linfa Wang aus Singapur von Coronaviren aus Pangolinen, die ebenfalls in beschlagnahmten Tieren entdeckt worden waren – diesmal in Zentral- und Süd-Thailand. Dort hatte man zwischen Februar und Juli 2020 an drei Wildtier-Checkpoints Pangoline unbekannter Herkunft beschlagnahmt, die durch molekulargenetischen Abgleich ebenfalls als *Manis javanica* bestimmt wurden. Von zehn der dann positiv auf Sars-Coronaviren getesteten Schuppentiere wies eines eine Übereinstimmung von immerhin 91 Prozent auf. Ähnlich war der Anteil positiv auf Coronaviren getesteter

Pangoline, die bereits 2018 im Norden Vietnams beschlagnahmt worden waren und einmal mehr den regen Wildtierhandel in der Region bezeugen.[48] Was allerdings hier, wie schon bei den chinesischen Zollfunden, gänzlich unterging, war der Umstand, dass von den vielen konfiszierten Tieren (die sowohl aus Afrika als auch Südostasien stammten) nur einige wenige überhaupt infiziert waren. Entgegen dem lange vorherrschenden Eindruck ist also eine Infektion von Schuppentieren mit Sars-Coronaviren ähnlichen Erregern offenbar kein in der Natur vorherrschendes Phänomen; es findet sich viel eher bei konfiszierten Tieren entlang des verzweigten illegalen Wildtierhandels.

Wenn wir die bis hierhin verfügbaren Befunde bewerten, gibt es zwei Schlussfolgerungen: Zum einen, dass in den Schuppentieren Südostasiens zwar Sars-CoV-2-ähnliche Coronaviren zirkulieren, nachweislich bereits vor dem Ausbruch der Pandemie, wenn auch nicht besonders zahlreich. Und zum anderen, dass deren Erbgut, bei aller Ähnlichkeit in einzelnen Sequenzabschnitten des Genoms, stärker von den menschlichen Coronaviren abweicht als bei den Fledermausviren. Kurz: Weder die Viren bei den Pangolinen des chinesischen noch des thailändischen oder vietnamesischen Zolls sind echte Konkurrenz für RaTG13 und Co. aus dem Süden Chinas, Laos und Kambodscha. Übereinstimmung und Häufigkeit reichen nicht aus, um Schuppentiere zum natürlichen Zwischenwirt zu machen und damit eine direkte Übertragung auf den Menschen als Ursache der Pandemie nahezulegen. Es sei daran erinnert, dass die seinerzeit beim ersten Sars-Ausbruch 2003 bei Larvenrollern entdeckten Erreger ein zu 99,8 Prozent identisches Genom mit dem Sars-Virus der infizierten Menschen aufwiesen; und selbst bei diesen Schleichkatzen war fraglich, ob sie tatsächlich das gesuchte tierische Reservoir sein können.

Den Pangolin dürfen wir getrost freisprechen. Die bei ihm isolierten Viren sind in ihren genetischen Eigenschaften mit durchschnittlich zwischen 85 und 92 Prozent insgesamt schlicht zu weit weg, um als Ausgangspunkt für die Entstehung von Sars-CoV-2 eine entscheidende Rolle spielen zu können. Da selbst die *Rhinolophus*-Fledermäuse mit mehr als 96 Prozent genetisch dichter an den Coronaviren des Menschen dran sind, müssten diese in einem echten Zwischenwirt nochmals deutlichere Sequenzübereinstimmungen aufweisen. Und es kommt noch ein wichtiger Umstand hinzu: Nur ausnahmsweise ließen sich bei den systematisch daraufhin untersuchten Vertretern aus dem Kernland des Vorkommens vom Malaiischen Pangolin überhaupt verdächtige Coronaviren nachweisen. Ein Team von Veterinär-Virologen um Jimmy Lee und Peter Daszak von der EcoHealth Alliance in New York berichtete in einer erstmals im November 2020 online gestellten Studie, dass es reihenweise zwischen August 2009 und März 2019 beim illegalem Wildtierhandel konfiszierte Pangoline auf Sars-Viren untersucht hätte; insgesamt 334 *Manis javanica*, die auf der Malaiischen Halbinsel sowie in Sabah, im Norden der Insel Borneo, beschlagnahmt worden waren. Bei keinem dieser Schuppentiere gab es einen positiven PCR-Test, egal, ob für Coronaviren oder einen anderen bekannten und infrage kommenden viralen Erreger. Diese negativen Nachweise gleichsam stromabwärts in der Lieferkette des illegalen Wildtierhandels spiegeln nach Ansicht der Forscher wider, dass die stromaufwärts an der Quelle vorkommenden, also in der Natur lebenden Tiere weder ein natürliches Reservoir noch regelmäßig Zwischenwirte für Coronaviren darstellen. Vielmehr dürften sie, ähnlich wie die Schleichkatzen, eher zufällig infiziert zu Überträgern werden. Zum Freispruch der Pangoline trägt zudem der Befund bei, dass diese, anders als Fledermäuse, durch die Coronaviren häufig selbst an Lungenentzündungen erkranken; auch die vom Zoll in Guangdong und Guanxi beschlagnahmten Schuppentiere waren gesundheitlich stark angegriffen.[49]

Wenn aber auch Pangoline nicht wirklich als natürliche Zwischenwirte für pandemische Coronaviren infrage kommen, ist höchst fraglich, ob beim eigentlichen Übersprung überhaupt asiatische Schuppentiere beteiligt waren, wie dies Anfang 2020 vorschnell angenommen wurde und seitdem kolportiert wird. Tatsächlich können wir davon ausgehen, dass diese stark bedrohten einzelgängerischen Insektenfresser eher unwahrscheinliche Virenwirte sind. Sie wurden außerdem nachweislich, wie die Studie der Veterinäre um Zhao-Min Zhou in *Scientific Reports* vom Sommer 2021 zeigt, auf den Wildtiermärkten in Wuhan gar nicht angeboten. Demnach fehlen mit den *Rhinolophus*-Fledermäusen und mit den Schuppentieren bereits am Startpunkt der Pandemie gleich beide als zoonotische Wirte ausgemachte Überträger.

Dennoch führt uns die Spurensuche wieder zu den Märkten nach Zentralchina. Zwar wurde in Wuhan, wie sich inzwischen herausgestellt hat, keines der untersuchten Tiere positiv auf Coronaviren getestet. Dagegen erwiesen sich die eilig bei der hektischen Reinigung des Huanan-Marktes genommenen Umweltproben zu 99,9 Prozent identisch mit den aus den ersten Patienten isolierten Sars-CoV-2-Erregern. Nachträglich ist schwer zu entscheiden, ob es just dort zu einem zoonotischen Übersprung gekommen ist, oder ob infizierte Menschen das Virus auf den Markt trugen. Anders als etwa beim ersten Sars-Ausbruch 2003, wo die Puzzleteile bald auf eine Zoonose hindeuteten, ist das Mysteriöse an Covid-19, dass bislang bei keinem Tier irgendwo in China oder in Südostasien ein wirklich nächstverwandtes Virus gefunden wurde. So lässt sich mit einigen weitverbreiteten, Coronaviren übertragenden *Rhinolophus*-Arten zwar ein natürliches Reservoir für potenziell gefährliche Erreger dingfest machen, doch sind deren Viren eben (mit ihren vier Prozent Sequenzunterschied zu Sars-CoV-2) evolutiv zu weit entfernt, um für einen direkten *spillover* infrage zu kommen.

Weder der Larvenroller noch der Marderhund und auch nicht der Pangolin kommen als ernsthafte Zwischenwirte in Betracht. In ihnen haben wir wohl eher zufällige Überträger zu sehen.

Was dagegen wirklich geschah und warum der Huanan-Markt dennoch zu Recht im Zentrum des virologischen Interesses steht, verstehen wir erst besser, wenn wir uns jene Indizienkette anschauen, die sich heute mit dem Blick unmittelbar auf Entstehung und Verlauf der Corona-Pandemie nachzeichnen lässt. Wir müssen uns dazu im Detail ansehen, wo und wann genau die ersten Krankheitsfälle von Covid-19 in Wuhan auftraten, mit denen diese Zoonose ihren Anfang nahm. Dabei spielen die Analysen des renommierten US-amerikanischen Forschers Michael Worobey, der kein Virologe, sondern Evolutionsbiologe ist, eine zentrale Rolle. Obgleich Worobey anfangs eher skeptisch war, was den Markt in Wuhan angeht, hat er seine Ansicht inzwischen gründlich geändert – nicht allein aufgrund medizinischer Krankenhausdaten und anderer epidemiologischer Befunde, sondern auch und vor allem durch seine molekular-phylogenetischen Rekonstruktionen der Viren-Mutationen. So fatal eine Infektion mit dem Coronavirus für den Einzelnen ist, für einen Evolutionsbiologen liefert die genetische Sequenz des bei ihm isolierten Erregers einen wichtigen Datenpunkt, aus dem sich nicht nur der Verlauf der Pandemie rekonstruieren lässt, sondern der auch einen Blick zurück auf die im Dunkeln verborgene Vorgeschichte erlaubt.

VON WUHAN IN DIE WELT

Wie lange auch immer das neuartige Virus zuvor im Verborgenen sein Unwesen getrieben hat, der weltweite Kampf gegen Covid-19 begann am Morgen des 10. Januar 2020 in der chinesischen Stadt Shanghai, einer in den vergangenen Jahrzehnten rasant gewachsenen Megacity am südlichen Rand des breiten Mündungsfächers des Jangtse-Flusses. Für einige war dies der vielleicht wichtigste Tag im frühen Verlauf der Pandemie, als dort der Virologe Yongzhen Zhang, nach Tagen des Zögerns, zustimmte, dass sein Kollege Edward Holmes von der Universität in Sydney in einer internationalen Datenbank die vollständige Sequenz jenes Virus zugänglich machte, das in Wuhan für eigenartige Lungenentzündungen sorgte. Dank des Genom-Vergleichs weiß die Welt seitdem, dass das neue Coronavirus jenem Erreger sehr ähnlich ist, der bereits von 2002 bis 2004 in China für den tödlichen Ausbruch einer akuten Lungenerkrankung gesorgt hat. Damals hatte es noch mehrere Monate gedauert, bis nach den ersten Krankheitsfällen der Erreger ausfindig gemacht und sequenziert werden konnte. Dank neuer Verfahren, die Zhangs Labor routinemäßig einsetzte, konnten daraufhin überall auf der Welt Wissenschaftler die Eigenschaften und Schlüssel-Proteine des neuen Erregers untersuchen; sie entwickelten diagnostische Tests und schließlich neuartige Impfstoffe.

Ganz einfach war weder dies noch überhaupt die erste Veröffentlichung der Genom-Sequenz. Erste Proben hatte das Krankenhauslabor von Zhang in Shanghai zwar bereits am 3. Januar aus Wuhan erhalten, am selben Tag jedoch untersagte die chinesische Regierung allen Forschungseinrichtungen und örtlichen Behörden, jegliche Informationen über das mysteriöse Virus zu veröffentlichen, nachdem sie die Weltgesundheitsorganisation WHO informiert hatte. Nach zwei Tagen und Nächten ununterbrochener Arbeit erkannte ein Labormitarbeiter Zhangs, dass das neue Virus Ähnlichkeiten mit dem Sars-Virus aufwies. Noch am selben Tag informierte Zhang die örtlichen Behörden in Shanghai über die damit verbundene Gefahr für die Gesundheit vieler Menschen – und lud die genetischen Daten in einer großen internationalen Datenbank namens NCBI hoch.[50]

Während Zhang auf die Bestätigung von dort wartete, reichte

er beim britischen Fachmagazin *Nature* einen Artikel ein, in dem er das Virus-Genom beschrieb und erste Berichte von Medizinern in Wuhan über dessen Wirkung zitierte. Ein Redakteur des Magazins drängte daraufhin, dass Zhang unbedingt die Sequenz vorab zugänglich machen solle. Edward Holmes aus Sydney, mit dem Zhang seit vielen Jahren eng zusammenarbeitete, rief ihn an und fragte, ob er die genetischen Daten vorab online posten solle. Zhang überlegte; er stand unter Druck, war hin- und hergerissen. Dann autorisierte er Holmes, die Genom-Daten auf einer Virologen-Webseite zu posten, und bat seinerseits die NCBI, das Genom freizuschalten. Später wird Zhang sagen, dass er zu diesem Zeitpunkt vom Erlass der chinesischen Regierung noch nichts gewusst, sondern nur angenommen habe, dass einige seiner Mediziner-Kollegen über das Posten der Daten wenig erfreut sein könnten.

Innerhalb von zwei Tagen gelang es dann, in Thailand erstmals dank dieser Genom-Daten nachzuweisen, dass das neuartige Coronavirus Chinas Grenzen längst passiert hatte. Die chinesischen Behörden schlossen Zhangs Labor vorübergehend; angeblich, weil Biosicherheitsauflagen nicht erfüllt waren. Erst Ende Januar durfte Zhang an den Coronaviren weiterforschen. Heute arbeitet er vor allem an Influenzaviren – und erfreut sich der Hochachtung seitens der Fachwelt für seine mutige Entscheidung, die den 11. Januar 2020 zu einem ersten Wendepunkt in der Coronakrise werden ließ. Denn mit der Entschlüsselung eines mit Sars eng verwandten Virus wurde der Welt allmählich klar, dass diese sich zur Pandemie auswachsende Epidemie ein ernstes Problem werden würde.

Wie ernst solche neu auftretenden Infektionskrankheiten tatsächlich sind und in Zukunft werden können, haben viele Entscheidungsträger in der Politik (und manche in der Wissenschaft) noch immer nicht verstanden. Und wenn, dann ignorieren sie die Gefahr für die Menschheit, die durch solche von

Wild- und Nutztieren ausgehenden Seuchen besteht. Zwar warnen Fachleute die Politik seit Langem, doch diese Warnungen verhallen ungehört. Die Augenblickskrisen bringen immer auch Fehlentscheidungen, Versäumnisse und falsche Prioritätensetzungen der Vergangenheit ans Licht. Über die Gründe ließe sich trefflich streiten, etwa über die fatale Tatsache, dass Politiker in unserer zunehmend durch Wissenschaft bestimmten Epoche geradezu regelhaft keinerlei wissenschaftliche Kenntnisse und schon gar keine naturwissenschaftliche Ausbildung haben, ihnen also das Rüstzeug fehlt, um nicht alles allein vor juristischem und ökonomischem Hintergrund zu sehen – von sonstigen allzu menschlichen Motiven ihrer Berufswahl einmal ganz abgesehen. In der Konsequenz führt dies zudem dazu, dass die tatsächliche Beweislage in unserem Kriminalfall schwerlich richtig eingeschätzt wird. Diese ist heute zugegebenermaßen ungleich besser als in der Anfangsphase der Pandemie; zum einen, weil die Sachlage nicht mehr so unübersichtlich ist, zum anderen, weil unmittelbarere Probleme drängten als die Frage nach dem Ursprung. Nun, mehr als zwei Jahre nach Ausbruch von Covid-19, wissen wir um die Fledermäuse in Yunnan und auch anderswo; gleichwohl fehlt trotz aller Verdachtsmomente noch immer ein passender Zwischenwirt. Dafür aber liegen inzwischen weltweit mehrere Millionen Virusproben sequenziert in Datenbanken vor; jede dieser Sequenzen ist ein winziger Datenpunkt in einem immer umfangreicheren Stammbaum, dessen Auswertung entscheidende Erkenntnisse zu Ursprung und Evolution des neuen Erregers birgt.

Eine grundsätzliche Schwierigkeit ist dabei, dass man aus der Gensequenz der ersten isolierten Viren von Patienten, die in Wuhan erkrankten, nur bedingt auf die Herkunft und Ursache eines früheren, weiter zurückliegenden Ereignisses schließen kann. Wir erkennen den Verlauf der Pandemie mithilfe immer weiterer Erkrankter, blicken aber gleichsam in ein schwarzes

Loch, wenn wir versuchen, in die Vergangenheit zu schauen. Vieles deutet darauf hin, dass die ersten bekannt gewordenen Krankheitsfälle im Dezember nur die Spitze eines Eisbergs sind. Die tatsächlich ersten Infektionen muss es schon früher gegeben haben, da sind sich die Experten einig, gleich welche Hypothese sie im Einzelnen favorisieren. Dass es Fälle schon vor Dezember, etwa im November oder gar in den Wochen davor gegeben haben könnte, bestreitet China offiziell und lässt keine unabhängige Untersuchung früherer potenzieller Krankenhausproben oder Daten zu. Dadurch kennen wir den tatsächlichen Patienten Null bisher nicht sicher. Diesem Rätselraten der Epidemiologen könnten nur ältere Proben aus China ein Ende setzen, idealerweise Nachweise von Coronaviren bei im Herbst 2019 an Lungenproblemen Erkrankten. Diese mangelnde Offenlegung seitens der offiziellen chinesischen Stellen ist, nach den anfänglichen Vertuschungsversuchen im Januar 2020, der zweite große Skandal, der dem Regime jede Glaubwürdigkeit nimmt.

Es ist durchaus plausibel anzunehmen, dass der Vorläufer von Sars-CoV-2 bereits um einiges früher entstand, es also eine Phase munterer kryptischer Mutationen des Virus irgendwo in China zwischen Yunnan und Wuhan gab – entweder bereits in einem tierischen Wirt oder, viel wahrscheinlicher, nach dem Übersprung auf den Menschen. Dadurch ausgelöst, dürfte es schon vor Dezember 2019 Infektionen mit dem neuen Virus gegeben haben. Möglicherweise gab es erste unbemerkte Ausbrüche von geringem Ausmaß, die sich in einem kleinen Teil der chinesischen Bevölkerung, vielleicht gar nur bei wenigen Menschen abspielten; wahrscheinlich, weil das Virus noch nicht so infektiös war und sich nicht so effektiv von Mensch zu Mensch ausbreiten konnte, wie dies einer späteren Mutation gelang. Ähnlich haben wir dies 2012 bei den Minenarbeitern von Mojiang gesehen. Ein Virus mutiert, eine Infektion flackert auf, doch da immer eine direkte Ansteckung beim Reservoir nötig ist, verebbt sie wieder. Aber die Coronaviren sind da; sie schlummern, bis irgendwann neue äußere Bedingungen ihr schlummerndes Potenzial wecken.

Besagter Huanan-Markt in Wuhan dürfte am Ende einer solchen ersten kryptischen Phase eine entscheidende Rolle gespielt haben, allerdings eine andere als lange angenommen. Beim Versuch, ins Dunkel des Ursprungs der Zoonose zu blicken, können uns auch anfangs irritierende ärztliche (und andere) Befunde helfen, die darauf hindeuten, dass ein neuartiges Coronavirus tatsächlich schon viel früher unter Menschen kursierte, viel früher auch in Europa gewesen sein könnte, als gemeinhin vermutet. Zu diesem Schluss jedenfalls kommen einige Forscher mittels neuester Methoden der molekulargenetischen Bioinformatik.

AUF VERSCHLUNGENEN PFADEN ZUR PANDEMIE: VOM VERSTECKTEN TREIBEN EINES VIRUS

Möglicherweise bereits im September 2019, also drei Monate früher als gemeinhin angenommen, sprang unerkannt ein Coronavirus von einem Tier auf den Menschen über und mutierte zum tödlichen Erreger Sars-CoV-2. Nicht ausgeschlossen ist, dass dieser *spillover* sogar noch früher geschah und das Virus mehrfach auf Menschen übergesprungen ist, dort aber lange unbemerkt blieb. Die für die Pandemie nötigen Mutationen entstanden dabei entweder im tierischen Zwischenwirt oder in den ersten infizierten Menschen. Das ist die Schlussfolgerung, die sich im April 2020 aus Analysen eines Teams um den deutschen Genetiker Peter Forster ergab, der an der Universität im britischen Cambridge arbeitet. Obgleich im renommierten amerikanischen Journal *Proceedings of the National Academy of*

Sciences publiziert, wurden sein Verfahren und Befund von der Virologen-Gemeinschaft sträflich ignoriert.[51] Denn Forster ist eigentlich in der Archäologie zu Hause. Unstrittig ist unter Forschern, dass alle heute zirkulierenden Varianten von Sars-CoV-2 und dessen genetische Linien, die sich ausmachen lassen, auf einen einzigen gemeinsamen Ursprung zurückgehen. Da jedes Virus beim milliardenfachen Kopiervorgang in einem Wirt ständig mutiert, also Lesefehler akkumuliert, können Molekularbiologen aus dem Vergleich der Erbgutsequenz eine statistische Mutationsrate berechnen, die ihnen eine Art »molekulare Uhr« liefert. Mithilfe einer solchen mittleren Mutationsrate kann man die sich entwickelnden Verwandtschaftsverhältnisse unzähliger Lebewesen rekonstruieren, einschließlich der längst wieder verschwundenen Vorfahren des Menschen. Anfangs (das ist kaum zwei Jahrzehnte her) dienten dazu nur mehr kurze Fragmente der Erbinformation; inzwischen haben Paläogenetiker gelernt, ganze Genome miteinander zu vergleichen. Daraus ist ein wichtiger Seitenzweig archäologischer Forschung geworden. Womit Peter Forster wieder ins Spiel kommt – denn mit solchen Verfahren lässt sich mittels Vergleiches von Virus-Sequenzen der ersten Covid-19-Patienten rechnerisch der Ursprung dieses Erregers ermitteln. Auf ähnliche Weise hatte auch das Team um den bereits erwähnten Virologen Kristian Andersen vom Scripps Research Institute im kalifornischen La Jolla in einer viel beachteten Arbeit Mitte März 2020 den Ursprung von Sars-CoV-2 auf Ende November bis Anfang Dezember 2019 datiert.[52]

Forster hat das Datum sogar noch weiter vorverlegt, auf ein bereits seit September 2019 im Dunkeln ablaufendes Infektionsgeschehen. Mithilfe eines speziellen Verfahrens, der sogenannten phylogenetischen Netzwerkanalyse, hatten er und andere zuvor bereits prähistorische Verwandtschaftsverhältnisse und Wanderungen des Menschen rekonstruiert. Nun testeten sie dies erstmals auch an Viren-Genomen. Entsprechend kritisch kommentierten einige Virologen das Verfahren. Dennoch konnte das Team um Forster durch diese Netzwerkanalyse von 1000 vollständigen Sars-CoV-2-Genomen tatsächlich Entstehung und Verbreitung des neuartigen Erregers nachvollziehen. Demnach zirkulierten bereits am Anfang drei genetisch unterschiedliche Virus-Stränge, die als Typ A, B und C bezeichnet werden. Durch die auffällige Nähe zu jenen Coronaviren ausgewiesen, die von südchinesischen Fledermäusen stammen, ist Typ A die Urversion. Diese findet sich in den Viren von Menschen aus Yunnan und Guangdong, wo sie laut Forster bereits im Zeitraum zwischen Mitte September bis Anfang Dezember 2019 entstanden sein könnte. Dagegen ist der durch zwei nachfolgende Mutationen ausgewiesene Typ B am häufigsten bei Patienten aus Zentralchina, wo auch Wuhan liegt und die Pandemie ihren Ausgang nahm. Später dann finden sich außerhalb von Asien neben dem Urtypen A vor allem mutierte Varianten des Typs C. Dessen Ausbreitung ließ sich ab Dezember in Hongkong, Singapur, Taiwan, Südkorea und anschließend auch in Europa, Amerika und Australien schrittweise nachverfolgen.

Das Verfahren erlaubt nicht nur eine Art ersten Schnappschuss von der Frühphase des Infektionsgeschehens, es zeigt zudem übereinstimmend mit den nachgewiesenen Infektionsfällen, wie Ende Januar ein Patient den Erreger von Guangdong nach Kanada brachte und Ende Februar gleich zwei in Italien Infizierte Covid-19 nach Brasilien sowie nach Mexiko verschleppten; so wie sich dies, auch nach anderen Befunden zu urteilen, tatsächlich zugetragen hat. Forsters Befunden kommt mithin ein erheblicher Grad an Plausibilität zu. Doch wurden sie in der Diskussion um die Entstehung bisher eher unterschlagen.

FRÜHE UNBEMERKTE ANFÄNGE

Diese Hinweise auf einen frühen Ursprung von Covid-19 stehen nicht allein. Ein Team britischer und französischer Genetiker um Lucy van Dorp vom University College in London datierte anhand molekulargenetischer Analysen von mehr als 7600 Genomen den Ursprung des mutierten Erregers auf einen Zeitraum zwischen Anfang Oktober und Mitte Dezember 2019. Weitere Analysen zur Verwandtschaft der Virusgenome von Patienten in China haben schließlich den Zeitraum auf Mitte Oktober bis Mitte November 2019 als plausibel für ein erstes Auftreten des vom Menschen übertragenen Virus in der Provinz Hubei, in der Wuhan liegt, eingekreist.[53]

Beteiligt an diesen neueren Studien war der Evolutionsbiologe Michael Worobey mit Kollegen kalifornischer Universitäten. Sie können aus den subtilen molekularen Veränderungen des Virus mithilfe hochkomplexer bioinformatischer Verfahren den Zeitpunkt des letzten gemeinsamen Vorfahren errechnen, auf den das Virus übersprang und erstmals einen Menschen infizierte. Auch ihr Fazit lautet, dass das Coronavirus bereits sechs bis zehn Wochen vor den ersten dokumentierten Fällen in Wuhan übertragen worden sein muss, und das gleich mehrfach von Mensch zu Mensch. Allerdings vermuten die Forscher auch, dass diese initialen Infektionsketten noch sehr kurz waren. So berichtet das Team um Michael Worobey und Joel Wertheim in seinem Forschungsbericht, der Ende April 2021 in *Science* erschien, von einer Geschichte »abortiver« Humaninfektionen, die das Infektionsgeschehen anfangs immer wieder in sich zusammenbrechen ließen, ohne dass die bei Einzelnen erfolgten Ansteckungen weiterliefen. Die mathematischen Modellrechnungen der Forscher legen nahe, dass etwa zwei Drittel der Viren-Linien, deren Pioniere den Artenübersprung vom Tier zum Menschen schafften, bald wieder ausstarben, noch bevor sich die Infektionsketten verzweigen konnten. *Spillover* mögen mithin häufig sein, eine Epidemie wird jedoch nicht jedes Mal daraus – bis es irgendwann einer Variante gelingt, eine produktive Infektionskette zu etablieren und eine Folge ausreichender Ansteckungen auszulösen, um das Virus immer effektiver von Mensch zu Mensch wandern zu lassen und so die Pandemie zu starten. Ähnliches gilt wohl auch für andere zoonotische Viren; und dies sei ein Indiz dafür, so die beteiligten Forscher, wie viel Glück die Menschheit bisher im Grunde gehabt habe.

Und noch eine – allerdings beunruhigende – Botschaft haben die kalifornischen Wissenschaftler: Auf solche immer wieder auftretenden zoonotischen Ereignisse durch Überwachung der tierischen Reservoire rechtzeitig aufmerksam zu werden, sei aufgrund der Zufälligkeit und der Vielzahl erst anlaufender, dann aber wieder abbrechender Infektionsketten aussichtslos; zumal wenn die ersten Ansteckungen, wie bei diesen Coronaviren, in der überwiegenden Mehrzahl der Infektionen über Tage asymptomatisch verliefen. Da Menschen ohne sichtbare Kennzeichen erkranken, geben sie das Virus weiter, bevor sie die Infektion bemerken und sich isolieren können. Eine perfide Taktik des Parasiten, könnte man sagen, die Covid-19 und Übersprünge ähnlicher Coronaviren erst zur globalen Gefahr macht.

Zu einem unbemerkten und deutlich früheren Beginn der Pandemie passt auch eine Reihe von Berichten aus anderer Quelle, wie etwa in der *South China Morning Post*, wonach es bereits Mitte November erste nachgewiesene Infektionen in China gegeben haben soll. Und in dasselbe Bild fügen sich Hinweise auf frühzeitig auftretende schwere Atemwegserkrankungen, die anfangs nicht als Covid-19-Fälle eingeordnet wurden, zumal sie in Europa auftraten, wo es das Virus nach gängiger Lesart zu diesem Zeitpunkt noch gar nicht gegeben haben dürfte. So erkannten etwa Ärzte im Elsass auf nachträglich daraufhin untersuchten Computertomografie-Aufnahmen von Patienten mit Lungenproblemen, dass bereits Mitte November und im Dezember nicht eine »seltsame Grippe«, wie anfangs geglaubt, sondern Covid-19-ähnliche Erkrankungen die Ursache gewesen sein könnten. Als dort bereits Ende Dezember eingelagerte Proben von Patienten mit Lungenentzündung positiv auf das Coronavirus getestet wurden, war klar: Das Virus war bereits in Frankreich, bevor China offiziell am letzten Tag des Jahres die ersten Fälle von Covid-19 in Wuhan an die WHO meldete.

Dass sich der Erreger auch in Europa bereits wochen- oder gar monatelang unerkannt ausbreitete, legen überdies Abwasserproben aus Kläranlagen in Italien nahe. Mitte Juni 2020 meldete das nationale italienische Gesundheitsinstitut ISS, dass Erbgut von Sars-CoV-2 in Proben aus Mailand und Turin von Mitte Dezember 2019 sowie aus Bologna von Ende Januar 2020 an nachweisbar ist, nicht aber in Proben von Oktober und November. Weitere Untersuchungen in Frankreich und Spanien zeigten schließlich, dass Abwasserproben tatsächlich gut die lokale Dynamik der Epidemie spiegeln. Auch wenn dazu befragte Virologen die allerfrühesten Nachweise eher für Verunreinigungen halten, deuten die übrigen Befunde darauf hin, dass eine pandemische Virus-Linie spätestens im November und nicht erst im Dezember 2019 in Wuhan auftauchte und schnell an Boden gewann.[54]

Diese Fälle und Nachweise werfen im Zusammenhang mit den phylogenetischen Befunden die Frage nach der Frühphase des Infektionsgeschehens auf. Wann also begann tatsächlich die Pandemie? Und wo hatte sie ihren Ausgangspunkt? Und wenn Wuhan nicht der einzige und beste Ort für den Start des Ausbruchsgeschehens ist, sondern – wie etwa Forsters Studie nahelegt – vielmehr die Menschen in den südlichen Provinzen Chinas wie Guangdong und Yunnan einen ursprünglichen Virentyp aufweisen, wäre dann nicht ein anderes Szenario denkbar? Immerhin gilt den Experten der Süden Chinas aufgrund der reichen Fledermausvorkommen als das Gebiet mit dem größten Risiko eines *spillovers*.[55] Hier also könnte entweder bereits in einem tierischen Reservoir oder, nach dem Übersprung zum Menschen, ein Coronavirus zum Vorgänger von Sars-CoV-2 mutiert sein. Anfangs könnten sich einzelne Menschen infiziert haben, doch war dieses neue Virus offenbar lange nicht in der Lage, sich so zu vermehren, dass sich Menschen untereinander ansteckten. Vielleicht sind von dort bereits im Herbst 2019 gelegentlich Atemwegserkrankungen auslösende Coronaviren bis nach Europa gelangt, ohne eine ernsthafte Epidemie auszulösen. Irgendetwas müsste diesen Viren demnach noch gefehlt haben, um sich zu einer wahren Seuche auszuwachsen.

Fassen wir alle verfügbaren Evidenzen zusammen, konturiert sich der Fall so: Irgendwann im späten Herbst des Jahres 2019 – vielleicht im Oktober, spätestens aber im November – hat sich ein ursprünglich in Fledermäusen Südostasiens entstandenes Coronavirus dank zahlreicher zufälliger Mutationen und fortgesetzter natürlicher Auslese der am besten angepassten Linien so weit an seinen neuen menschlichen Wirtsorganismus adaptiert, dass er sich von Mensch zu Mensch zu verbreiten beginnt, bevor dieser Symptome entwickelt. Dazu ist es durch sprunghafte genetische Veränderung und Neuverknüpfung von in der Virosphäre zirkulierender Erbinformation gekommen. Nur ein paar Buchstaben im genetischen Code wurden ausgetauscht, ein kleiner, aber entscheidender Unterschied entstand.

Den genauen Ablauf werden wir wahrscheinlich im Detail niemals rekonstruieren können. Vermutlich auch nicht, ob und welches Tier daran als möglicher Zwischenwirt beteiligt war. Und weder jene erste Person, in der sich das neue mutierte Virus zuerst vermehrte, noch die anderen Personen, die anschließend angesteckt wurden, erfuhren jemals davon, welche Rolle sie für die Pandemie spielten. Covid-19 nahm in seiner Frühphase noch keinen epidemischen Verlauf, und so blieben die allererste Entstehung und die ersten Übertragungen lange unterhalb des Radars. Bevor dann im Dezember 2019 in Wuhan die ersten Fälle mysteriöser Lungenerkrankungen diagnostiziert wurden.

ÜBERALL CORONAVIREN: VOM EVOLUTIONÄREN ÜBERSPRUNG

Während dieser Phase der kryptischen Übertragung passte sich das Virus durch Mutationen seiner genetischen Ausstattung und in spezifischen Eigenschaften an den menschlichen Wirt an; Eigenschaften, mit deren Hilfe es dann epidemisch wurde.[56] Noch vor zwei Jahrzehnten war es undenkbar, dass sich ein viraler Erreger unmittelbar nach seiner Entdeckung in einem erkrankten Patienten mittels genomischer Verfahren komplett mit seiner gesamten genetischen Information identifizieren lässt. Erst nach Monaten mühevoller Sequenzierarbeit konnte damals allenfalls ein Bruchteil der Erbsubstanz eines Virus bestimmt werden. Doch als 2012 in Arabien Mers und 2015 in Asien die Vogelgrippe ausbrach, es 2014 in Afrika zu Ebola kam und 2015 in Brasilien zu vermehrten Zika-Fällen, wurden bereits neueste genomische Methoden und bioinformatische Analyseverfahren eingesetzt, die zur Aufklärung der Auslöser bereits innerhalb weniger Monate beitrugen. Nach dem Ausbruch der Corona-Pandemie lagen wesentliche Sequenzinformationen zum viralen Genom aus diversen Tieren und vielen Menschen innerhalb weniger Wochen vor. Durch die schnelle Identifizierung des Virus konnte zwar die Pandemie trotz aller (letztlich zu spät umgesetzter) Maßnahmen nicht verhindert werden, doch schon im Sommer des ersten Krisenjahres 2020 hatten Evolutionsbiologen die Grundzüge der Entstehung dieser Zoonosen rekonstruiert.

Beginnen wir mit der Feststellung, dass Coronaviren überall und beta-Coronaviren vor allem in Ostasien weitverbreitet sind. Und dass die Rekombination, also das Re-Arrangement von ganzen Blöcken genetischer Information, »ihr Ding« ist. Das macht es für die Biologen so schwer, die Evolution dieser Viren nachzuvollziehen. Denn jeder dieser Informationsblöcke aus genetischen Bausteinen hat seine eigene Evolutionsgeschichte; es ist ein genetisches Puzzle mit vielen Komponenten, die jeweils immer wieder neu und anders zusammengesetzt werden. Besonders kreativ scheint die Evolution bei den Coronaviren immer dann zu sein, wenn es darum geht, die genetische Information in besagter kritischer Region ihrer Rezeptorbindungsstelle umzubauen und so zu verändern, dass es das Andocken an die ACE2-Rezeptoren einer Wirtszelle verbessert.

Wie wir gesehen haben, deuteten die molekulargenetischen Vergleiche des neu entdeckten Virus früh darauf hin, dass es eine relativ lange Phase kryptischer Übertragungen zwischen Menschen gegeben haben muss, die sich auf die Zeit zwischen dem initialen zoonotischen Ereignis und dem Erwerb bestimmter Mutationen an der Rezeptorbindungsstelle im Spike-Protein des Virus erstreckt. Der Virologe Kristian Andersen betont in einer ersten, im April 2020 veröffentlichten Einschätzung zum Ursprung des neuen Virus, dass es wohl ausreichend Gelegenheit für derartige Mutationen gebe, wenn es zu vielen solcher zoonotischen Ereignisse komme – was angesichts der vielfältigen Kontaktmöglichkeiten mit Wild- und Nutztieren im Süden Chinas leicht vorstellbar ist. Diese Übersprünge haben dann immer wieder jene kurzen Infektionsketten unter Menschen hervorgerufen, bis das Virus die Infektion der oberen Atemwege quasi perfektioniert hatte. Es kam folglich nicht nur zum Übersprung des Virus von einer Art zur anderen, es kam dabei auch zu einem Fitness-Sprung.

Von dieser Fähigkeit zur schnellen Evolution und einer Zunahme der Übertragbarkeit sind Virologen immer wieder überrascht, obgleich sie Ähnliches von früheren Ausbrüchen der

Coronaviren beim Menschen durchaus schon kennen.[57] Eine Frage treibt sie dabei besonders um, weil sie essenziell ist für die Beurteilung, wie gefährlich das Überspringen der Artschranke von einem potenziellen Wirtstier zum Menschen ein Virus tatsächlich macht: nämlich, ob ein Sars-ähnliches Virus sich bereits im Wirtstier durch bestimmte Mutationen eine leichtere Übertragbarkeit aneignet oder ob diese Anpassung und Optimierung erst nach dem *spillover* im Menschen passiert.

Hinter dieser Frage steht ein ganzes Theoriegebäude der Evolutionsbiologie. Bevor wir in diesen Bereich wenigstens eine Stippvisite machen, sehen wir uns aber an, woher Coronaviren eigentlich die genetische Anweisung für das Andocken an ihren Wirtszellen haben. Wie gerade Sars-Coronaviren in ihre Wirte gelangen, ist nämlich – anders als lange angenommen – keine neue Erfindung, sondern eine in ihrer Evolution ursprünglich angelegte Fähigkeit: also altes Erbe und eine Nummer aus dem Werkzeugkasten ihrer früheren Entwicklungsgeschichte. Und ganz nebenbei wirft eine Ende März 2022 erschienene Studie zum alten Türöffner-Trick der neuen Viren auch noch ein interessantes Licht auf die Frage nach der Entstehung von Covid-19.

WENN VIREN MIT ALTEN TRICKS NEUE WIRTE EROBERN

Auf die Kontroverse um einen natürlichen oder einen Labor-Ursprung von Sars-CoV-2 angesprochen, hat der US-amerikanische Virologe Jesse Bloom in einem Interview geantwortet, die richtige Antwort auf diese Frage könne nur sein, dass wir die richtige Antwort nicht kennen und sie vielleicht niemals erfahren werden. Er selbst aber ist der Antwort einen entscheidenden Schritt näher gekommen, denn er konnte zeigen, dass gerade die Gruppe asiatischer Coronaviren einen alten evolutiven Trick beherrscht, um mithilfe eines Türöffners in die Zellen einer ganzen Palette von Wirtsarten einschließlich des Menschen einzudringen.

Dazu hat Bloom mit Mitarbeitern an verschiedenen Forschungseinrichtungen in Seattle die Bindungseigenschaften relevanter Coronaviren untersucht, die unterschiedlich gut an die bekannten Oberflächen-Rezeptoren ACE2 der Wirtszellen andocken. Unter anderem über diese universellen Rezeptoren, die bei vielen Wirtstieren als Türöffner fungieren, gelangen Viren in die Zelle, deren Maschinerie sie dann für ihre Zwecke – die eigene Vermehrung – kapern. Die Befunde, die Bloom gemeinsam mit seinem Postdoktoranden Tylor Starr am Fred-Hutchinson-Forschungszentrum im Fachmagazin *Nature* beschrieb, legen eine neue, überraschende Sicht auf Herkunft und Entstehung jener Erreger nahe.[58] Sowohl das erste, die Lungenentzündung Sars verursachende Coronavirus wie auch Sars-CoV-2 besitzen spezielle genetische Eigenschaften, um besonders effektiv an die Rezeptoren auf der Oberfläche menschlicher Wirtszellen anzudocken. Diese als Rezeptorbindungsdomäne, oder kurz RBD, bezeichneten viralen Erbeigenschaften wurden bereits am Beginn der Corona-Pandemie nicht nur bei Sars-CoV-2 entdeckt, man kannte diese genetische Information auch schon von Viren, die aus Fledermäusen im Süden Chinas isoliert worden waren. Kurz darauf wurde eine spezielle Ausprägung der RBD, die eine bessere Bindung an Wirtszellen ermöglicht, auch bei Viren in jenen Schuppentieren oder Pangolinen entdeckt, die ebenfalls im Süden Chinas beim illegalen Wildtierhandel beschlagnahmt worden waren. Unklar blieb allerdings, ob diese besondere Bindungsfähigkeit der Coronaviren an ACE2-Rezeptoren auf natürliche Weise durch Mutations- und Rekombinationsereignisse entstanden ist, oder ob sie künstlich in einem Labor bei Kreuzungsversuchen mit verschiedenen Erregern erzeugt wurde und diese neuartigen Viren dann versehentlich entwichen.

Anfangs kannte man Coronaviren mit den spezifischen ACE2-Bindungseigenschaften nur von Viren aus den beiden *Rhinolophus*-Arten *sinicus* und *affinis* im Süden Chinas. Dann wurden ähnliche Coronaviren im Verlauf der Pandemie auch bei Fledermausarten in Thailand, Kambodscha und Laos entdeckt. Weil man dieses ACE2-Bindungsvermögen bei anderen Viren in Südostasien oder gar aus anderen geografischen Regionen außerhalb Asiens lange nicht kannte, nahmen viele Forscher an, dass jenes besondere Zusammenspiel mit dem Türöffner im tierischen Wirt nur zufällig bei einigen wenigen Viren neu entstanden sei und evolutive Vorteile biete. Man nimmt ja an, dass der zoonotische Übersprung vom Tier auf den Menschen stets mit einem Fitness-Sprung hinsichtlich Übertragbarkeit einhergeht. Und immerhin ist es dem neuen Sars-Virus gelungen, seine Infektiosität spürbar zu optimieren. Je mehr Menschen sich anstecken, desto erfolgreicher die Evolution des Virus, die dadurch rasant an Fahrt aufnimmt.

Lediglich in einer früheren Studie des Evolutionsbiologen David Robertson von der Universität Glasgow aus dem April 2020 war zuvor anhand der seinerzeit verfügbaren Sequenzvergleiche vermutet worden, dass der spezielle Türöffner-Trick einiger Viren eben nicht durch Rekombination neu entstanden sei; stattdessen könne es sich um ein altes Werkstück der Evolution handeln, das bereits in den Vorfahren der Coronaviren angelegt gewesen sei.[59] Genau dafür fand das Team um Jesse Bloom dann die ersten experimentellen Belege. Ihre Laborbefunde ergänzen nicht nur die früheren phylogenetischen Daten, die Forscher haben auch selbst entsprechende Stammbaum-Analysen samt Rekonstruktion der Verwandtschaft durchgeführt. Sie kommen zu dem Ergebnis, dass die ACE2-Bindungsfähigkeit bei Sars-ähnlichen Coronaviren ein ursprüngliches Merkmal sein dürfte, das anschließend bei einigen Linien in Asien wieder verloren gegangen ist. Das aber stellt die Evolutionsgeschichte dieser Viren vom Kopf auf die Füße.

In ihrer Studie weisen Starr und Bloom nach, dass es auch außerhalb Asiens Fledermaus-Viren gibt, die effektiv an ACE2-Rezeptoren binden. Eines dieser als BtKY72 bezeichneten Viren ist erst 2019 in Fledermäusen aus Kenia nachgewiesen worden, ein weiteres (BM48-31) stammt aus Europa. Diese beiden Viren nehmen in den durchgeführten Stammbaumanalysen eine basale Stellung ein, stehen also an der Wurzel der asiatischen Coronaviren, aus denen sich die Vorfahren der Auslöser von Sars und Covid-19 entwickelten. Daraus schließen die Forscher, dass die gute Bindungsfähigkeit von Coronaviren an ACE2 bereits vor langer Zeit entstanden und weitverbreitet sei. Einige Viren-Linien haben diese enge Verbindung zum Rezeptor der Wirtszelle später wieder eingebüßt. Während man bisher also annahm, der Türöffner-Trick sei nur bei jenen zoonotischen Viren entstanden, die jüngst über Fledermäuse und Zwischenwirte wie Larvenroller oder Pangoline auf den Menschen übergesprungen seien, dürfte es wohl genau umgekehrt gewesen sein: Die ACE2-Bindungsfähigkeit ist ein altes stammesgeschichtliches Erbe bei den asiatischen Coronaviren. Zudem ist sie evolutionär ausgesprochen plastisch; wobei bereits der Austausch einer einzigen Aminosäure über die Bindungsfähigkeit entscheidet.

Wenn man diese Ergebnisse mit den jüngsten Befunden zur phylogenetischen Verwandtschaft der Viren aus Fledermaus und Pangolin verrechnet und bewertet, ergibt sich plötzlich ein neues Narrativ zur Naturgeschichte der Erreger von Sars und Covid-19. Die große evolutionäre Anpassungsfähigkeit der Coronaviren gerade im Bereich der Rezeptorbindung zusammen mit der deutlich weiteren Verbreitung entsprechender Türöffner-Tricks legt auch die drohende Gefahr weiterer zoonotischer Übersprünge nahe. Gut möglich, dass diese Viren ihr evolutionäres Potenzial zum *spillover* noch keineswegs voll ausgespielt haben.

VIRALE WEICHENSTELLUNG

Damit erinnern uns die Viren an eine grundsätzliche evolutionsbiologische Regel: Es geht um nichts anderes als die Ausbreitung vorteilhafter genetischer Eigenschaften in einer Population.
Dazu sollte der zoonotische Wirt aus Sicht der Viren tunlichst
in hoher Bestandsdichte auftreten. Denn in einem hinreichend
großen Genpool können sie durch das vielfältige Zusammenspiel von Millionen zufälliger genetischer Mutationen und der
natürlichen Auslese in kürzester Zeit etwa jene an menschliche
Rezeptoren adaptierten Bindungseigenschaften entwickeln.

Einerseits macht es also bei den Mutationen die Masse.[60] Andererseits wissen Evolutionsbiologen aus unzähligen Beispielen,
dass sich einzelne genetische Veränderungen am deutlichsten
und schnellsten ausprägen, wenn sie sich nach zufälliger Mutation und noch so unwahrscheinlicher Entstehung – dem eigentlich kreativen Momentum der Evolution – erst einmal in einer
vergleichsweise kleinen Population irgendwo an der exklusiven
Peripherie der Verbreitung aller anderen bisherigen Varianten
etablieren können, geschützt vor der Verwässerung durch die
breite Masse – Neues wird zuerst in Nischen probiert. Es braucht
mithin beides: sowohl Masse wie auch Exklusivität. Steht am
Beginn einer Pandemie also ein eigenartiges Paradoxon?

Was auf den ersten Blick wie ein Widerspruch aussieht, ist in
der Natur durchaus keiner. Denn im evolutionären Ablauf wirken
beide Komponenten konstruktiv und produktiv zusammen. Da
entsteht irgendwo abseits, in einem tierischen Reservoir, durch
Mutation und Rekombination etwas Neues; es breitet sich in den
Wirten aus, sobald es einen Fitnessvorteil erlangt. Irgendwo auf
den vielen Wegen im weiten Möglichkeitsfeld der Evolution muss
es zum Übersprung vom tierischen Fledermauswirt oder wahlweise einem bereits als Überträger dienenden Zwischenwirt gekommen sein. Entweder noch im tierischen Reservoir oder un-

mittelbar mit und beim *spillover* zum Menschen entstand aus einem unverdächtigen, aber vielleicht präadaptierten Vorläufer mit Sars-CoV-2 jenes Täter-Virus, das sich schließlich erstmals am Tatort in Wuhan bemerkbar machte, als es gewissermaßen die Deckung der kryptischen Transmission verließ.

Während die bisher untersuchten Coronaviren aus Fledermäusen in China und anderswo in Südostasien sowie aus einigen Pangolinen typische Rezeptorbindungseigenschaften aufweisen, die sie bereits zu sehr effektiven Erregern machen, verfügt allein Sars-CoV-2 zusätzlich noch über besagte Furin-Spaltstelle. Diese muss, sofern wir sie nicht doch noch bei einem anderen Virus und Wirt finden, beim Menschen entstanden sein. Die Frage drängt sich auf, ob auch das Vorläufer-Virus von Sars-CoV-2 – nach dem ja die Virologen bisher vergeblich fahnden – bestimmte Bindungseigenschaften im tierischen Wirt erworben haben könnte, es also gewissermaßen vorangepasst oder präadaptiert an andere Wirtszellen wie die des Menschen gewesen sein könnte. Dazu passt gut, dass die nächstverwandten Coronaviren in den zu Abertausenden eng zusammenlebenden tropischen Fledermäusen massenhaft zirkulieren und ausgetauscht werden (auch dort übrigens schon über artliche Grenzen hinweg, wenngleich innerhalb der Gattung *Rhinolophus*). Die Fledertiere stellen durchaus den theoretisch geforderten großen Genpool zur Entstehung spezifisch gefährlicher RBD-Mutationen zur Verfügung. Wenn es dagegen umgekehrt erst mit dem Übersprung zum Menschen als neuen Wirt zur Anpassung der an sich generalistischen Viren kommt, dann sind entsprechende zufällige Mutationen und Rekombinationsereignisse wohl eher selten. Und die »Erfindung« einer Furin-Spaltstelle, durch die sich die Übertragbarkeit der Viren nochmals sprunghaft erhöht, umso wichtiger.

So akademisch dieser kleine Exkurs zu den Grundlagen der Evolutionsbiologie auch klingen mag, werden die Konsequenzen aus der Theorie doch unmittelbar sichtbar, wenn es darum geht, wann und wie es zur nächsten Pandemie kommen könnte. Wenn Sars-CoV-2 und seine spezifische Bindungsregion präadaptiert bereits in einem tierischen Reservoir entstand, droht von den vielen nächstverwandten Coronaviren eine erhebliche Gefahr durch den wiederholten zoonotischen Transfer auf den Menschen, wo immer er den Viren und ihren natürlichen Wirten zu oft nahe kommt. Wenn dagegen die mutationsgetriebene Anpassung und evolutive Optimierung des Virus erst im Menschen stattfand, reduziert sich aufgrund der ungleich selteneren Inzidenz solcher genetischen Ereignisse die Wahrscheinlichkeit, dass abermals durch Rekombination von Viren mit einer Furin-Spaltstelle ein für den Menschen hochinfektiöser Erreger entsteht.

Um abzuschätzen, zu welcher der beiden evolutionsbiologisch wichtigen Weichenstellungen es an der Wurzel von Covid-19 gekommen ist, können wir jetzt mehrere Indizien zusammentragen. Seit Neuestem wissen wir, dass alles, was Sars-CoV-2 zum Auslöser einer Pandemie machte, bereits natürlicherweise in der Virosphäre Ostasiens vorlag. Die Evolution hat sich im Grunde lediglich aus einem geöffneten Werkzeugkasten der Natur bedient. Wir wissen inzwischen auch, dass verschiedene Rezeptorbindungsvarianten, die unserem Coronavirus genetisch sehr nahekommen, allenthalben in *Rhinolophus*-Fledermäusen zirkulieren und überdies auch in anderen Tieren, etwa dem Pangolin. Jedoch dürften nicht sämtliche Eigenschaften bereits in ein und demselben Virus und nicht in einem einzigen tierischen Wirt vereint gewesen sein. Die Evolution hat sich als unermüdlicher Experimentator erwiesen, der mit großem Geschick kontinuierlich die Werkzeuge zusammensucht, aus denen er dann etwas ganz Neues macht.

WARUM WUHAN?

So zufällig, wie neue Varianten entstehen, springen diese auch auf einen neuen Wirt über – entweder auf ein Wildtier oder eines, das Menschen in Farmen halten, oder auf die Menschen selbst. Zugegeben: Es ist ein langer Weg von Mojiang nach Wuhan. Aber er wurde offenkundig ebenso überwunden, wie auch viele Male die Artschranke zwischen einer Fledermaus und einem neuen Wirt bezwungen wurde. Und so mobil wie Viren sind auch wir Menschen, die sie verbreiten. Wie ihre Wirte begeben sich auch Viren auf Wanderschaft, wenn wir Wildtiere und Nutztiere zwischen den Regionen und Ländern großräumig transportieren. Die viralen Erreger im tierischen Gepäck bleiben dabei unentdeckt, bis sie zum Menschen gelangt sind und es irgendwann zu einem größeren Ausbruch mit vielen Infizierten und ernsthaft Erkrankten kommt. Denn in der Anfangsphase macht das Virus nur Einzelne krank, die wieder gesund werden oder sterben, ohne andere Menschen anzustecken. Irgendwann lassen zufällige Mutation und Selektion das Virus virulenter werden. Nach der anfänglichen, noch unbemerkten Übertragung vom Tier auf den Menschen stecken dann Menschen andere Menschen an, ohne selbst – für die ersten zwei oder drei Tage – Symptome zu zeigen. Das Übersprungsvirus ist im evolutiven Tarnkappenmodus unterwegs, bevor es seinen Deckmantel abwirft und sich zunehmend schneller verbreitet.

Warum aber ausgerechnet Wuhan? Es gibt mit der Hafen- und Industriestadt Shanghai und ihren inzwischen 25 Millionen Einwohnern im Osten oder gar Chongqing im Westen mit mehr als 34 Millionen Bewohnern deutlich größere Megacitys entlang des Jangtsekiang, die durch schnelle Verstädterung seit den 1980er-Jahren rasant gewachsen sind. Längst weiß man in der Epidemiologie, dass dort, wo ein Seuchenherd zuerst entdeckt wird, der Erreger keineswegs zuerst aufgetreten sein muss. Die Spanische Grippe heißt nur deshalb so, weil erst Zeitungsberichte aus diesem Land über sie berichteten; das sie verursachende Influenza-Virus stammt aus den USA. Umgekehrt wurde das Aids-Virus zuerst in den Vereinigten Staaten beschrieben, stammt aber aus Afrika. Gut möglich, dass Wuhan nur der Ort ist, wo Covid-19 zuerst erkannt wurde, wo der erste nachweislich durch das mutierte Coronavirus Infizierte lebte, jener viel gesuchte »Patient Null«; weil es just dort gute Krankenhäuser und Ärzte gibt, die eine entsprechende Diagnose überhaupt stellen können. Erinnern wir uns an die Minenarbeiter in Mojiang, deren Fall nur deswegen bekannt wurde, weil man sie ins entfernt gelegene Krankenhaus in Kunming gebracht hat, wo wenigstens nachträglich entsprechende Viren identifiziert wurden.

Aber ist es nicht ein unglaublicher und höchst unwahrscheinlicher, geradezu verrückter Zufall, dass eben nicht in Shanghai oder Chongqing oder sonst wo im dicht bevölkerten China, sondern ausgerechnet in jener Stadt, wo es mit dem Wuhan Institute of Virology ein auf die Forschung an Fledermausviren spezialisiertes Labor gibt, ein neuartiges mutiertes Coronavirus eine Pandemie auslöst? Man muss grundsätzlich vorsichtig damit sein, allein aus der geografischen Nähe, etwa des ersten diagnostizierten Patienten, Schlüsse zu ziehen, zumal sich das Virus anfangs über längere Zeit unbemerkt und schnell verbreitet hat. Kristian Andersen nennt es eine »crazy coincidence« und meint weiter: Alles sei möglich, er aber interessiere sich für das, was plausibel sei. Andere Virologen erklären: Die Situation gleiche einem Dorf, in dessen Nähe jemand erschossen wird und in dem der Dorfpolizist eine Dienstwaffe hat, mit der er pflichtgemäß Schießübungen macht. Doch das allein mache ihn noch nicht zum Täter. Dass er es war, sei nicht auszuschließen, nur äußerst unwahrscheinlich.[61]

Am plausibelsten gilt heute nach allem, was wir wissen, dass es das Virus bereits im November gab, es spätestens ab Anfang Dezember 2019 in Wuhan und anderswo zirkulierte und Menschen erkranken ließ. Wobei, wie gesagt, die ersten früheren, kryptischen Infektionen, wie es in der Natur der Sache liegt, noch unentdeckt blieben. Schon bald geriet der Huanan-Großmarkt in Wuhan als der Ort in den Fokus, an dem sich in kürzester Zeit viele Menschen infizierten, von denen mehrere erkrankten und die ersten starben. Auch das WHO-Expertenteam hat ein Jahr später diesen Markt als den wahrscheinlichsten Ausgangspunkt von Covid-19 lokalisiert und dafür zwei Fakten besonders betont.[62]

Fakt eins: Allein auf dem Huanan-Markt, der schätzungsweise von 10 000 Menschen täglich besucht wurde, gab es etwa 650 Marktstände. An zehn von ihnen wurden entweder lebende Wildtiere wie Schleichkatzen oder Tiere von Zuchtbetrieben wie Marderhunde verkauft und verarbeitet, bevor der Markt am 1. Januar 2020 geschlossen wurde; durch sie könnte es zum zoonotischen Übersprung gekommen sein. Zudem fanden sich just dort nachträglich die meisten Spuren von Coronaviren.

Fakt zwei: Von den etwa 170 frühesten Infektionsfällen war nahezu ein Drittel (28 Prozent) direkt mit dem Huanan-Markt verbunden; mehr als die Hälfte (55 Prozent) hatte Kontakt zu diesem oder anderen Märkten in Wuhan. Zehn Prozent der Infizierten war zudem auf Reisen außerhalb von Wuhan gewesen. Diese epidemiologischen Daten sprechen vielleicht die deutlichste Sprache und weisen auf den Wildtiermarkt als ein frühes und bedeutendes Epizentrum der Infektionen hin. Doch welche Rolle genau hat er beim Ausbruchsgeschehen und als Keimzelle der Pandemie gespielt? War er wirklich der eigentliche Tatort des zoonotischen Übersprungs? Oder könnte er lediglich der Ort eines anschließenden Superspreading-Ereignisses gewesen sein, wie einige Forscher meinen? Wir müssen zur Beantwortung dieser Frage unsere Spurensuche nochmals verfeinern.

EINE ETWAS ANDERE CORONA-CHRONOLOGIE

Als es beginnt, sind sich die Experten sicher, dass es das Nachrichtenthema des Jahres 2020 werden wird. Doch selbst sie ahnen wohl nicht, dass es auch die beiden nachfolgenden Jahre kaum ein anderes Thema geben wird (bis die Krise vom russischen Überfall auf die Ukraine im Februar 2022 abgelöst wird). Liest man heute die Berichte über den Ausbruch der Pandemie, wird deutlich, dass sich die anfänglich sporadischen Meldungen von Lungenentzündungen unklaren Ursprungs erst ab Ende Dezember 2019 unter den Medizinern der Elf-Millionen-Metropole Wuhan zu verdichten beginnen. Da aber ist die eigentliche Epidemie bereits voll in Gange. Befunde an Patienten in mehreren Krankenhäusern machen die Runde, werden bald mit der Nachricht angereichert, die auf ein neues Sars-Coronavirus als Verursacher der Lungenerkrankungen hindeutet. Die Kunde verlässt schließlich die Stadt, dann das Land; erste Warnungen vor einer neuartigen atypischen Lungenentzündung gehen in Expertenforen rund um den Globus. Die Ersten in der medizinischen Fachwelt wissen kurz nach dem Jahreswechsel, dass sich da etwas zusammenbraut. Erst im Gefolge des Erregers, dann noch schneller als die von ihm ausgelöste Seuche selbst breiten sich die Nachrichten über ihn in Asien und endlich im Rest der Welt aus. Erst erkranken Hunderte, dann Tausende, schnell werden es Zehntausende; in wenigen Wochen sind es Hunderttausende, schließlich Millionen Menschen. Was sich in Wuhan ereignet, in den Krankenhäusern, auf den Intensivstationen, in den Wohnblocks, geschieht bald fast überall auf der Welt.

Aus der kurzen Chronologie der wichtigsten Ereignisse, die im Anhang dieses Buches zusammengetragen ist, lässt sich der Verlauf der Pandemie in China, in anderen Ländern und auch bei uns in Deutschland in groben Zügen rekonstruieren. Was dann in den ersten Wochen des ersten Corona-Jahres 2020 passierte, ist heute hinlänglich bekannt. Wir haben sie gesehen, die Bilder abgeschotteter chinesischer Städte, die Särge von Bergamo, die Leichensäcke von New York. Wir kennen die Berichte über unter Quarantäne festliegende Kreuzfahrtschiffe, die fatale Karnevalsfeier in Heinsberg, die Skifahrer von Ischgl, die vielen Toten, den ersten Lockdown. Das Virus hat Geschichte geschrieben. Ein unrühmliches Kapitel ist dabei, dass nicht nur in China in den ersten drei Wochen der Versuch zur Vertuschung und Verheimlichung überwiegt. Auch die USA ignorieren lange die Warnungen der eigenen Experten. Überall werden dadurch drei bis vier Wochen wertvollste Zeit verloren, in denen es um die Eindämmung einer Pandemie gehen muss. Kaum viel besser ist die zögerliche Reaktion in Deutschland und andernorts, wo man dem bekanntermaßen wie nach Lehrbuch ablaufenden Seuchengeschehen von Beginn an hinterherläuft, auch wenn sich der Abstand phasenweise durch entsprechend angepasste Maßnahmen etwas verkleinert.

Das Virus ist dem Verhalten der Menschen stets einen Schritt voraus, der Umsetzung von Wissen durch die Politik sogar um Längen, fatalerweise nicht nur im Angesicht von Krisen. Die Geschichte des Coronavirus ist an dieser Stelle auch die Geschichte permanent falscher Lageeinschätzungen und das Versagen nicht nur der politischen Klasse in China, den USA und in Europa – in jedem Land auf seine Weise. Aber das soll hier nicht unser Thema sein, obgleich die Dysfunktionalität von Regierungen und ihrer Kommunikation ein Kardinalthema unserer Zeit ist; vielleicht sogar aller Zivilisationen vor dem Kollaps.[63]

So erstaunlich es sein mag: Auch mehr als zwei Jahre nach Ausbruch wissen wir nicht sicher, wie das Virus entstand, wie und wo alles begann, wie es sich zu Anfang verbreitete. Auch nach etwa 20 Millionen Corona-Toten weltweit liegen der eigentliche Beginn und Ursprung dieser Pandemie im Dunkeln. Immerhin: Wir haben gesehen, welche Belege es gibt, die darauf hinweisen, was vorher war, was und wie es sich ereignet haben könnte. Wir wissen, dass die initialen Ereignisse eine zoonotische Vorgeschichte haben, deren Konturen wir schemenhaft nachzeichnen konnten. Wir wissen um die Fledermäuse als ein über 1000 Kilometer entferntes Coronaviren-Reservoir. Doch es fehlt der besonders aussichtsreiche Kandidat eines natürlichen Zwischenwirts. Zwar kämen aus mehreren Gründen – Analogieschlüssen und Indizien – Larvenroller oder Marderhunde dafür in Betracht; aber es fehlen die Belege tatsächlicher Infektionen bei diesen Tieren. Und die ohnehin schon gebeutelten Pangoline haben wir freigesprochen.

Wir wissen daher nicht, wie und wann das Virus aus dem Süden Chinas nach Wuhan gelangte. Nimmt man alle verfügbaren Berichte und Studien zusammen, dann endet (oder beginnt, je nach Blickrichtung) unsere Spurensuche weiterhin in Wuhan, auf dem Huanan-Wildtiermarkt als Ursprung der eigentlichen Pandemie. Tatsächlich sind es derzeit zwei Evidenzlinien aus wissenschaftlich belegbaren Fakten, die uns zu dieser und eben keiner anderen Schlussfolgerung bringen: Zum einen sind es die epidemiologischen Befunde, die Daten der ersten mit dem neuen Virus infizierten Patienten, die es erlauben, das Ausbruchsgeschehen rund um den Markt minutiös nachzuzeichnen. Zum anderen sind es molekulargenetische Daten der Virussequenzen selbst, die aus den Infizierten isoliert wurden und die es mittels bewährter phylogenetischer Verfahren möglich machen, den Blick zurück in den Halbschatten der unmittelbaren Anfänge zu richten. Hinzu kommt die räumliche Analyse der Umweltproben, die auf dem Markt genommen wurden.

Wie deckungsgleich diese Evidenzlinien sind, haben federführend der australische Virenökologe Edward Holmes und der amerikanische Evolutionsbiologe Michael Worobey in mehreren Überblicksstudien gemeinsam mit Fachkollegen dargelegt. Worobey (der zuvor in einschlägigen Kreisen durch seine Arbeiten zum Ursprung von HIV und zur Spanischen Grippe bekannt war) ist inzwischen eine der kompetentesten Stimmen zum Ausbruchsgeschehen von Covid-19. Dabei stand er anfangs der Möglichkeit eines natürlichen oder eines Labor-Ursprungs von Sars-CoV-2 eher neutral gegenüber. Im Mai 2021 schloss er sich dem Aufruf einer Gruppe von Wissenschaftlern an, die forderten, als Alternative auch einen Labor-Ursprung der Pandemie in Betracht zu ziehen. Die jüngst verfügbaren, hier zusammengetragenen Befunde aber lassen Worobey nun eine natürliche Entstehung für die wahrscheinlichste Option halten.

Beginnen wir mit den Daten zum viralen Erbgut, bei dem uns die moderne Evolutionsbiologie durch die Ermittlung von Stammbäumen weiterhelfen kann. Vor allem hierbei angewandte genomische Verfahren erlauben Phylogenetikern, ein verblüffend genaues Bild davon zu zeichnen, wo das neue Coronavirus zuerst auftrat und wie es sich von Wuhan aus um die Welt verbreitet hat.[64] Die Stammbaumforscher folgten dabei einer Spur, die das Virus gewissermaßen durch seine eigene Schlampigkeit bei der Vermehrung selbst legte. Denn jedes Mal, wenn ein Virus sich in einer Wirtszelle vermehrt, wird seine auf dem RNA-Strang kodierte Erbinformation vollständig kopiert. Dabei kommt es gerade beim vergleichsweise großen Genom der Coronaviren immer wieder zu unvermeidlichen Fehlern. So wie wir beim handschriftlichen Abschreiben eines längeren Textes gelegentlich einmal Fehler machen, wenn wir zum Beispiel einen Buchstaben vergessen oder vertauschen, sammeln sich auch Kopierfehler im Genom der sich vermehrenden Viren an. Die meisten dieser Mutationen bleiben völlig ohne Folgen, so wie wir ein Wort oder gar einen Satz ja immer noch fehlerfrei lesen können, selbst wenn der eine oder andere Buchstabe falsch abgeschrieben wurde.

Die Phylogenetiker vergleichen nun die Gensequenzen der

Viren, die bei Patienten an verschiedenen Orten zu verschiedenen Zeiten entnommen wurden, und erstellen mithilfe von Computerprogrammen einen Stammbaum der Erreger. Als Faustregel gilt dabei: Je ähnlicher die Genome zweier Virusproben sind, desto näher sind sie miteinander verwandt. Umgekehrt sprechen viele Abweichungen zweier Genome für eine entferntere Verwandtschaft. Kennt man nun noch den Ort und den Zeitpunkt, an dem eine Virenprobe genommen wurde, lässt sich auch die zeitliche Abfolge, in der winzige Mutationen aufeinanderfolgen, bestimmen – und damit die Ausbreitungsgeschichte. Daher lassen sich mittels solcher Verwandtschaftsdiagramme, die meist in Form bunter Stimmgabel-Diagramme dargestellt werden, Entstehung und weitere Entwicklung von Sars-CoV-2 rekonstruieren. (Gleichsam in Echtzeit mitverfolgen lässt sich dies sogar dank einer Internet-Plattform namens Nextstrain, die von den Virologen Richard Neher vom Biozentrum in Basel und seinem Kollegen Trevor Bedford vom Fred-Hutchinson-Forschungszentrum in Seattle initiiert wurde.)[65]

Die Daten einzelner Abstammungslinien können mit statistischen Verfahren und Modellen der Bioinformatik analysiert werden. Dadurch lassen sich, anschließend an eine frühe Ausbreitung von Sars-CoV-2 in China und weiteren asiatischen Ländern, mehrere parallele interkontinentale Verschleppungen, etwa nach Australien, Europa und Nordamerika, erkennen. Durch rasche Infektionen an diesen Brückenköpfen wird das Ausbreitungsgeschehen dann an jedem Ort für sich komplexer, mit zahlreichen weiteren Transmissionen innerhalb und zwischen den Regionen der einzelnen Kontinente, doch im Detail folgt es überall demselben Prinzip einer zeitlich abgestuften Abstammungslinie.[66]

Diese Algorithmen können mehr als nur das augenblickliche Ausbreitungsgeschehen abbilden. Sie erlauben auch einen Blick zurück – bis an die Wurzel solcher Stammbäume.

DIE FISCHVERKÄUFERIN: AUF DER SUCHE NACH »PATIENT NULL«

Auf Basis dieser Daten zur Ausbreitungsgeschichte der Pandemie legen mehrere Studien durch Anwendung einer sogenannten »molekularen Uhr« nahe, dass sich das neue Coronavirus bereits seit der ersten Novemberhälfte 2019 in China unbemerkt ausgebreitet haben könnte; mindestens einen Monat also, bevor die ersten schweren Lungenerkrankungen in Wuhan ans Tageslicht kamen. Am Anfang der Pandemie konnten verständlicherweise nur die Daten weniger infizierter Patienten in die Auswertung einbezogen werden. Nach einigen Wochen wurden bereits einige Tausend Genome berücksichtigt. Nach dem ersten Jahr der Pandemie lagen dann mehr als eine Viertelmillion Genomsequenzen in den einschlägigen Datenbanken vor, sodass sich Ursprung und Ausbreitung von Sars-CoV-2 immer präziser bestimmen ließen. Unterstellt man eine daraus abgeleitete Mutationsrate von einem Buchstaben-Austausch der Genominformation alle elf Tage (oder etwa zwei Mutationen pro Genom im Monat), liegt die evolutive Entstehung in der zweiten Novemberhälfte 2019. Allerdings weisen die Experten ausdrücklich darauf hin, dass aufgrund der nur spärlichen Virensequenzen gerade aus der Anfangsphase und den damit einhergehenden statistisch-mathematischen Gründen der eigentliche Übersprung um wenige Wochen früher lag – daher die Vermutung, dass er sich spätestens Anfang November, vielleicht sogar schon Ende Oktober ereignete.[67]

Der evolutionäre Stammbaum der Coronaviren aus den Leidtragenden der Pandemie lässt zwei Hauptzweige erkennen. Diese durch unterschiedlich abgelaufene Mutationen kenntliche Verzweigung war bereits in den ersten phylogenetischen Analysen von Proben der frühen Covid-Fälle mit Kontakt zum Wuhan-Markt aufgefallen und als »lineage A« und »lineage B« bezeichnet worden. Beide Virenstränge, so die Ansicht des Teams um Michael Worobey, dürften unabhängig voneinander in Tieren entstanden sein. Demnach wäre das Virus auf dem Markt sogar gleich zweimal vom Tier auf jene Menschen übergesprungen, die dort zum Arbeiten oder Einkaufen waren, und hätten sich dann jeweils selbstständig an den neuen Wirt angepasst. Eine der beiden Linien könnte demzufolge im November auf den Menschen übergesprungen sein, die zweite dann im Dezember. So genau die Forscher das inzwischen sagen können, so deutlich betonen sie auch, dass es für die alternative Theorie, nach der das Coronavirus aus einem Labor in Wuhan entwichen sei, keine Anhaltspunkte gebe.

Mitte Dezember 2019 nahmen – ein Umstand, der anfangs noch unbemerkt blieb – in mehreren Krankenhäusern Wuhans gleichzeitig die Fallzahlen schwerer Atemwegserkrankungen zu. Die Symptome ähnelten einander: Fieber, trockener Husten, Kurzatmigkeit, Atemschwierigkeiten. Die ersten Ärzte schlugen Alarm, allen voran Wenliang Li, 33 Jahre, Augenarzt. Wenige Wochen später war er tot, abgekanzelt von den Behörden als Unruhestifter – ein erstes Opfer der Epidemie, vor der er mutig warnte, während andere zu vertuschen versuchten, bis es zu spät war, die Gefahr noch einzudämmen. Da nahm die Zahl der Neuinfektionen schon exponentiell zu.[68]

Wie wir gesehen gaben, zirkulierte das Virus zu diesem Zeitpunkt bereits in Wuhan und darüber hinaus. In der umliegenden Provinz Hubei leben rund 58 Millionen Menschen. Wuhan ist mit rund elf Millionen Einwohnern nicht nur die größte Stadt in Zentralchina, sie ist auch eine Drehscheibe für Verkehr und Handel, die in ein dichtes Verkehrsnetz eingebunden ist, mit täglichen Direktflügen zu Flughäfen rund um den Globus. Die Stadt zeigt mustergültig, was es zu einer zoonotischen Pandemie braucht: eine dichte menschliche Bevölkerung in einem urbanen Zentrum, das weltweit vernetzt ist. Und in dem auf den Märkten verschiedenste Wildtierarten aus abgelegenen Regionen frisch zur Schlachtung oder eingefroren angeboten werden; daneben Pelztiere und andere Nutztiere aus Farmen der Umgebung, alle eng zusammengepfercht in Kontakt zueinander und zum Menschen.

Begeben wir uns kurz mit Michael Worobey und gerüstet mit den minutiösen Recherchen seines Forscherteams auf die Suche nach dem ominösen »Patienten Null«. Worobey und seine Kollegen haben dazu, basierend auch auf dem Report der WHO-Kommission, die zugänglichen Krankenhausberichte mit den genomischen Daten aus den Proben der Patienten kombiniert und daraus die räumliche Verteilung der frühesten Fälle ermittelt.[69] Es sei vorausgeschickt, dass bis heute niemand sicher weiß, wer der allererste Patient war (und dass es aus den genannten Gründen auch eher unwahrscheinlich ist, dass wir es jemals wissen werden). Immerhin aber gibt es gewichtige Hinweise auf die ersten Opfer.

Offiziell wird sich die ein Jahr nach Ausbruch vor Ort recherchierende Forschergruppe der WHO in ihrem Bericht auf einen Buchhalter mittleren Alters mit Nachnamen Chen als ersten Patienten festlegen, der angeblich bereits am 8. Dezember 2019 erste Covid-Symptome entwickelte. Um ihn gab es indes gleich in mehrfacher Hinsicht einige Verwirrung; zum einen, was seine fiebrigen Symptome betrifft, zum anderen, weil ausgerechnet er angeblich keinen Kontakt zu dem in Verdacht geratenen Huanan-Markt hatte. Denn nach eigener Aussage sei er zum Einkaufen immer nur in einen Supermarkt auf der anderen Seite des Jangtse-Flusses gegangen. Später jedoch durch das WHO-Team befragt, wird er erwähnen, dass seine Eltern auf einem örtlichen Wildtiermarkt der Stadt eingekauft haben; er also sehr wohl, wenn auch nur indirekt, Kontakt zu einem Virus aus Wild- oder Zuchttieren gehabt haben könnte. Und was sein Fieber angeht, so hat sich inzwischen herausgestellt, dass dessen Ursache ihn um den zweifelhaften Ruf des ersten Corona-Patienten gebracht hat, wie wir gleich sehen werden.

Anders als in den meisten Berichten bisher dargestellt, dürfte stattdessen der erste nachweisbare Fall von Covid-19 eine Fischverkäuferin vom Huanan-Markt gewesen sein. Bei ihr brach die Corona-Erkrankung am 11. Dezember 2019 aus. Nach Aussage der Marktfrau hatten zu diesem Zeitpunkt bereits auch andere Verkäufer in Huanan erste Symptome. Einige dieser offenbar mit dem Coronavirus Infizierten hatten sich da schon in Kliniken und Krankenhäuser der Umgebung des Marktes begeben, wurden dort aber noch nicht als solche erkannt, wie etwa ein erster Patient tags zuvor im Union Hospital. In dieser frühen Phase konnte noch niemand den Zusammenhang zwischen den gehäuften Lungenerkrankungen bei den ersten Patienten in verschiedenen Krankenhäusern der Stadt und dem Huanan-Markt erkennen.

Jener Marktverkäuferin kommt die Rolle als »Patientin Null« vor allem deshalb zu, weil der von der WHO genannte Buchhalter am 8. Dezember zwar an Fieber litt und sich daraufhin ins Krankenhaus begab. Doch war die Ursache eine Zahnentzündung, wie sich später herausstellte (er hatte offenbar ein Problem mit einem aus frühen Kindertagen im Kiefer erhaltenen Milchzahn). Die Ironie der Geschichte: Der Buchhalter dürfte es diesem ersten Aufenthalt im Krankenhaus verdanken, dass er sich dort oder auf dem Weg dahin mit Covid-19 ansteckte, als sich das Virus vom Markt bereits auszubreiten begann. In jedem Fall kommt seine eigentliche Corona-Erkrankung, die mit entsprechenden Symptomen erst am 16. Dezember begann und ihn am 22. Dezember abermals ins Krankenhaus brachte, zu spät, um das Rennen um den ersten bekannten Corona-Fall für sich zu entscheiden.

WIE DIE EPIDEMIE FAHRT AUFNIMMT

Von Mitte Dezember an nahmen die Fälle von an Husten und Fieber erkrankten Patienten in mehreren Krankhäusern der chinesischen Millionenstadt Wuhan zu – viele davon mit Kontakten zum Wildtiermarkt in Huanan oder in dessen Nähe wohnend. Nachträglich stellte sich heraus, dass nur etwa sieben Prozent der Infektionen mit dem neuen Coronavirus überhaupt zur Hospitalisierung führten; Covid-19 flog von Anfang an gleichsam unter dem epidemiologischen Radar. Die anderen 93 Prozent der allerersten Infektionen wurden nie bekannt, da die Erkrankten nicht zum Arzt und ins Krankenhaus gingen, unabhängig davon, ob sie wieder gesundeten oder starben.

Am 18. Dezember diagnostizierte die Notärztin Ai Fen am Wuhan Central Hospital ihren ersten Fall einer rätselhaften Lungenentzündung bei einem 65-jährigen Mann, der am 13. oder 15. Dezember erkrankt war und auf dem Huanan-Markt als Lieferant arbeitete (was die Ärztin seinerzeit nicht wusste). Eine CT-Aufnahme ließ auf eine Infektion beider Lungenflügel des Erkrankten schließen, der nicht auf Antibiotika oder Grippemittel reagierte. Aus einer am 24. Dezember genommenen Probe isolierte ein Labor zwei Tage später erstmals einen Erreger, der als ein neues Sars-ähnliches Coronavirus identifiziert wurde (was man am 27. Dezember dem Krankenhaus mitteilte). Tags darauf waren es am Wuhan Central Hospital bereits sieben Fälle von Lungenerkrankungen; vier der Patienten hatten Verbindung zum Huanan-Markt.

Wechseln wir zum Hubei Provincial Hospital in Wuhan, wo am 26. Dezember der leitenden Ärztin Jixian Zhang bei einem älteren Ehepaar Lungenentzündungen auffielen, die im CT ebenfalls ein deutliches Krankheitsbild zeigten. Die beiden Eheleute gingen später als »cluster 1« in den WHO-Report ein – sicher auch deswegen, weil aufgrund des Befundes der Ärztin Jixian

Zhang die Leitung des Krankenhauses am 27. Dezember erstmals die örtliche chinesische Seuchenbehörde CDC des Distriktes informierte. Michael Worobey wird in dem am 26. Dezember erkrankten 62-jährigen Ehemann dieses »cluster 1« später den ersten bekannten Ursprung der phylogenetisch identifizierten »lineage A« erkennen. Allerdings dürfte der Mann sich bei seiner Ehefrau angesteckt haben, da diese bereits vor ihm, am 15. Dezember, erkrankte.

Am 26. Dezember kam ein weiterer Patient mit ähnlichem CT-Befund ins Hubei Provincial Hospital. Während das erkrankte Ehepaar keinen direkten Kontakt zum Huanan-Markt gehabt hatte, arbeitete dieser neue Patient dort; ebenso wie drei weitere Infizierte, die am 28. und 29. Dezember mit Lungenentzündungen unbekannter Natur aufgenommen wurden. Nach einer Lagebesprechung leitender Ärzte, darunter Zhang, am 29. Dezember zur ungewöhnlichen Häufung pneumonaler Infekte, und nachdem ähnliche Fälle aus dem Tonhji und dem Union Hospital bekannt werden, meldete die Leitung des Krankenhauses am selben Tag die Vorfälle an die regionalen Stellen der chinesischen Seuchenbehörde CDC. Dabei wies man erstmals explizit auf eine auffällige Häufung von Verbindungen der Infizierten zum Huanan-Wildtiermarkt hin.

GROUND ZERO DER ZOONOSE

Heute liefert diese Verbindung einer Mehrzahl von frühen Infektionen gemeinsam mit den molekulargenetischen Sequenzanalysen der bei ihnen isolierten Coronaviren die wichtigste Evidenzlinie, mit der sich der Wildtiermarkt in Wuhan als Ground Zero der Covid-19-Pandemie dingfest machen lässt. Insgesamt hatte von den im WHO-Report aufgelisteten 168 nachträglich ermittelten ersten Infizierten ein Drittel (33 Prozent) aller Fälle aus dem Dezember 2019 einen solchen Kontakt zum Markt.[70]

Es ist später viel darüber diskutiert worden, was es tatsächlich über Huanan als Infektionsherd aussagt, dass ein Drittel oder gar mehr der frühen Fälle damit in Verbindung stehen. Michael Worobey betont in seiner ersten Studie vom November 2021, es sei gar nicht unbedingt zu erwarten, dass sich Tage und Wochen nach dem ersten Ausbruch sämtliche Fälle auf diesen Markt beschränkten. Corona, wir haben es alle gelernt, ist gerade deshalb so gefährlich, weil das Virus oft unbemerkt, weil asymptomatisch übertragen wird. Das Forscherteam um Worobey hat deshalb in einem zweiten Schritt den Kreis erweitert und über die Adressen der ersten Patienten in Wuhans Krankenhäusern eine räumliche Verteilung des Ausbruchsgeschehens kartiert – genauer als im WHO-Bericht selbst. Spätere Daten zum weiteren Verlauf der räumlichen Ausbreitung bei mehr als 730 Fällen stammten dann vor allem von der in China genutzten Social-Media-App Weibo, über die erkrankte Menschen ab Januar 2020 erste Hilfe suchten.

Die geografische Verortung der 156 ersten, im Dezember aufgetretenen Fälle konzentriert sich mit der höchsten Dichte auffällig eng um den Markt, von wo aus sich das Virus erst in den Tagen und Wochen danach allmählich über umliegende Wohnbezirke und Distrikte der Millionenstadt ausbreitet. So gruppieren sich diese verorteten Fälle zu einer regelrechten Wolke nordwestlich des Jangtse-Flusses, wo im Januar 2020 auch die ersten Todesfälle durch Lungenentzündungen bekannt wurden. Dagegen gibt es keine andere Örtlichkeit, die epidemiologisch ähnlich auffällig wäre, auch nicht das Wuhan Institute of Virology (WIV), das südlich des Flusses liegt. Dass sämtliche früh Infizierte in der nächsten Umgebung des Marktes lebten und sich dort bewegten, werten viele kundige Wissenschaftler nun in der Tat als ein schon für sich genommen sehr starkes

Indiz für den Ursprung der Pandemie auf dem Wildtiermarkt. Zumal es statistisch äußerst unwahrscheinlich ist, dass so ein auffälliges räumliches Muster der Verortung zufällig entstanden sein könnte.

Zusätzlich gestützt wird diese Hypothese durch die Auswertung der Marktstände auf der Grundlage eines Raumplanes von Huanan selbst. Der zeigt (ähnlich wie auf einer farbigen Karte vom tektonischen Geschehen bei einem Vulkanausbruch) die Lage des gleichsam zoonotischen Hotspots von Covid-19. Diese virale Hitze-Karte basiert auf Erkenntnissen einer Untersuchung des Chinesischen Zentrums für Krankheitskontrolle und -prävention CDC (Chinese Center for Disease Control and Prevention) in Peking. Diese hat dazu die mehr als ein Jahr nach Ausbruch der Pandemie bekannt gewordenen Daten von den Marktständen in Beziehung zu ihren auf Coronaviren getesteten rund 500 Umweltproben von diversen Oberflächen aus Huanan gesetzt. Das chinesische CDC hat den bereits Anfang Januar 2020 geschlossenen und gereinigten Markt bis März 2020 nicht weniger als 30-mal untersucht und genau verzeichnet, wo sich welche Verkaufsstände von wem befanden und mit was dort gehandelt wurde. So konnten 33 positiv auf Corona getestete Stände, von denen sich immerhin 31 im westlichen Block des Marktes westlich der Xinhua Road befanden, konkret 45 Patienten, die zuerst mit Covid-19 infiziert wurden, zugeordnet werden. In ihrer Mitte findet sich der Hotspot positiv getesteter Umweltproben, wo vor allem Wildtiere und Meeresfrüchte verkauft wurden, darunter an wenigstens zehn Ständen auch die als Überträger besonders kritischen Säugetiere.[71]

Das Epizentrum haben die jüngsten Studien damit übereinstimmend in der Südwestecke des Marktes ausgemacht, wo nachweislich auch lebende Tiere verkauft und zubereitet wurden; darunter neben Larvenrollern und Marderhunden auch die zu den Nagetieren zählenden Malaiischen Stachelschweine,

Kurzschwanz-Stachelschweine *(Hystrix brachyura)* und südostasiatische Bambusratten der Gattung *Rhizomys*. Allein fünf der positiv getesteten Marktproben, etwa von Gegenständen und Metallkäfigen am Stand, konnten auf einen einzigen Verkaufsstand zurückgeführt werden, der diese Tiere lebend anbot. Ausgerechnet einen dieser Stände hatte der australische Virologe Edward Holmes bei einem früheren Besuch im Oktober 2014 fotografiert und so die fragwürdigen Verhältnisse dokumentiert: beispielsweise, wie Marderhunde in den engen Metallkäfigen dahinvegetieren, die auf Geflügelkäfigen gestapelt sind. Eng zusammengepfercht, wie auf dem Huanan-Wildtiermarkt in Wuhan, werden in China Abertausende dieser Tiere gehalten – mit einem oftmals durch Krankheiten geschwächten Immunsystem, das munter mutierenden Viren wenig entgegenzusetzen hat, die zwischen den Tieren hin- und herwandern und dabei immer wieder Artgrenzen überspringen.[72]

Zwar ist damit noch immer kein eindeutiger Beweis erbracht, wie ihn etwa der Abstrich bei einem infizierten Tier auf dem Markt darstellte, aber dies erhärtet den Verdacht eines zoonotischen *spillovers*, wie er von anderen Coronaviren und weiteren Epidemien hinlänglich bekannt ist. Und was hätte nicht alles verhindert werden können, was wäre der Menschheit erspart geblieben, wenn die verantwortlichen Behörden und die Regierung in China frühzeitig – schon als Edward Holmes im Oktober 2014 und zeitgleich auch chinesische Veterinäre die tierhygienisch höchst gefährlichen Bedingungen auf dem Huanan-Wildtiermarkt dokumentierten – diese hochviralen Seuchenherde stärker reglementiert, kontrolliert oder ganz geschlossen hätten. Was braucht es heute noch an Erkenntnis und Einsicht, um dies endlich überall in Ostasien umzusetzen, allen voran in China, Laos, Vietnam, Kambodscha?

SUPERSPREADING: AUF UND DAVON

Natürlich sind nicht alle Wissenschaftler gleichermaßen von solchen Untersuchungen überzeugt; vor allem nicht davon, dass der Huanan-Markt der wahre Tatort ist. Zwar leugnet kaum jemand noch den engen Zusammenhang der ersten Infektionen mit dem Tiermarkt. Dennoch zweifeln einige, dass dies allein den Markt zum Ort des eigentlichen zoonotischen Übersprungs mache. Vielmehr, so argumentieren sie, könnte er der Ort gewesen sein, der dem neuen Virus eine willkommene Bühne geboten habe und an dem die Folgen dann erstmals sichtbar wurden. Immerhin hat der betreffende Bezirk um den Huanan-Markt eine der höchsten Siedlungsdichten Wuhans mit vielen älteren Bewohnern.

Demnach spiele dieser *wet market* zwar eine zentrale Rolle, doch könnte er selbst gleichsam Opfer eines vorherrschenden Narrativs geworden sein. So jedenfalls lesen sich Berichte etwa des Mikrobiologen David Relman oder des bereits erwähnten Jesse Bloom. Bloom meint, dass es nach wie vor keinen direkten Beweis dafür gebe, dass nicht die Tiere auf dem Markt selbst erst mit dem Coronavirus infiziert worden seien. So sieht das auch Alina Chan von der Harvard University, die weiterhin der Labor-Hypothese zuneigt. Ihrer Ansicht nach wurde das neue Coronavirus nicht vom Tier, sondern erst vom Menschen zum Huanan-Markt gebracht, von wo die Epidemie ihren Lauf nahm.[73] Ausgerechnet ein Wildtiermarkt, in vielfacher Hinsicht prädestiniert für eine Zoonose durch Coronaviren – stattdessen nur ein typisches Superspreading-Event? Theoretisch denkbar, aber dadurch auch wahrscheinlich? Sicher ist so ein Event nicht die plausibelste Erklärung.

Hier endet unsere Geschichte, nicht aber die Pandemie. Trotz eines drastischen Lockdowns Ende Januar in Wuhan und in der Provinz Hubei breitete sich das Virus schnell auch im Süden, in der mit 100 Millionen Menschen besiedelten Provinz Guangdong aus. Und trotz der bald ausgesprochenen Reisebeschränkungen für China war das Virus längst schon unerkannt über die Landesgrenzen hinausgelangt und löste von Mitte Februar bis Ende März lokale Ausbrüche aus – mit wandernden Epizentren, die sich vom Mittleren Osten bis nach Europa und auf andere Kontinente bewegten –, was Covid-19 endgültig zu einer Pandemie werden ließ.

Mittels molekulargenetischer Analysen der in immer größerem Rahmen verfügbaren Genomsequenz des Coronavirus können bereits innerhalb der ersten Wochen die globalen Infektionsketten vor dem Hintergrund der klinisch belegten Fälle rekonstruiert werden. Erste Studien, unter anderem auch von Michael Worobey, zeigen dann schnell, dass ein Reisender aus Wuhan erstmals am 15. Januar das Virus in den US-Bundesstaat Washington eingeschleppt hat. Es breitet sich dann nicht nur an der Westküste der Vereinigten Staaten und Kanada aus, wobei Seattle zum frühen Epizentrum der Epidemie wird, sondern taucht auch an der Ostküste auf. Anders als anfangs angenommen, sind dafür aber jeweils mehrere unabhängige und kurz aufeinanderfolgende Neuinfektionen aus China beziehungsweise anderen Kontinenten verantwortlich.

Obwohl in Europa die ersten Fälle in Frankreich auftreten, wird Italien als Erstes und schnell zum Hotspot dieses Kontinents. Später werden die höchsten Todesfallzahlen indes aus Spanien und Großbritannien gemeldet. Weil Flüge aus Europa erst in der zweiten Märzhälfte eingestellt werden, fungiert der Kontinent gleichsam als virale Drehscheibe, durch die zahlreiche Infektionen weltweit ausgelöst werden; insbesondere jene an der Ostküste der USA, wo ab Ende März New York City zum Epizentrum wird. In Deutschland kommt es zu den ersten dokumentierten Fällen am 20. Januar 2020, als in Stockdorf bald mehr als ein Dutzend Angestellte eines Autozulieferers erkranken, nachdem sich eine nach München fliegende Mitarbeiterin zuvor in Shanghai bei ihren aus Wuhan angereisten Eltern angesteckt hat. Die Befunde Worobeys können dann auch das erste Auftreten von Covid-19 um den 20. Februar in der Lombardei auf eine andere Quelle als Deutschland zurückführen. Seine Analysen deuten darauf hin, dass eine andere, ebenfalls aus China stammende Virusvariante bereits Ende Januar nach Italien gelangte, und sich dann von dort über weite Teile Europas und Mitte Februar nach New York City sowie auch Arizona ausbreitete. Der genomische Vergleich einzelner Sequenzen von Infizierten zeigt, dass das Virus bis Anfang Februar mehrfach von verschiedenen Quellen aus China in die USA eingeschleppt wurde, unter anderem auch abermals nach New York; und auch, dass auf diesem Weg Infizierte sich an Bord des am 11. Februar nach Mexiko auslaufenden Kreuzfahrtschiffs *Grand Princess* befinden. Wir wissen, wie das ausgeht und wie sich dann alles Weitere entwickelt.

Das Ergebnis aller epidemiologischen Detektivarbeit: Der phylogenetische Stammbaum von Virenproben der Infizierten bildet ein vielfältiges, meist lange verstecktes Treiben des neuen Erregers ab. Nicht nur die weichenstellenden Mutationen, sondern auch die Wege, die die Infektionen nahmen, blieben im Verborgenen. Bis die Menschen in den noch nicht betroffenen Regionen es merkten und entsprechend auf die neuartige Lungenkrankheit reagieren konnten, war ihre Durchseuchung längst im vollen Gange – und sie hinkten dem wahren Geschehen um Tage und Wochen hinterher.

FAZIT: WIE DAS VIRUS WIRKLICH IN DIE WELT KAM

Sars-CoV-2 ist das neunte identifizierte Coronavirus und das siebte, das allein in den beiden vergangenen Jahrzehnten Menschen infizierte. Es stammt wie alle übrigen seiner Gattung ursprünglich von Tieren – wie die überwiegende Mehrzahl der viralen Erreger beim Menschen. Dabei weist der Ausbruch von Covid-19 eine Reihe von Gemeinsamkeiten auf, die bereits beim ersten Sars-Ausbruch durch einen zoonotischen *spillover* in der Provinz Guangdong im November 2002 und nochmals dort in Guangzhou Ende 2003 auffielen. Beide Fälle von Sars waren assoziiert mit Wildtiermärkten, auf denen lebende Tiere wie Larvenroller und Marderhunde zum Verzehr angeboten wurden; ebenso wie dies auch beim Huanan-Markt in Wuhan der Fall war.

Zudem sind die Erreger sowohl von Sars wie auch von Covid-19 nachweislich nächstverwandt mit Coronaviren, die sich in der Provinz Yunnan im Süden Chinas beziehungsweise in den umliegenden Regionen bis nach Thailand, Laos und Kambodscha bei Hufeisennasen-Fledermäusen der artenreichen und weitverbreiteten Gattung *Rhinolophus* fanden. Anders als in Yunnan wurden Letztgenannte nicht durch chinesische Forscher des Virologischen Instituts in Wuhan gesammelt, das in Verdacht eines Laborunfalls als Ursache der Pandemie geraten war. Während der Ausbruch der Pandemie ausgerechnet in Wuhan, wo dieses Labor ansässig ist, auf eine dieser unwahrscheinlichen Koinzidenzen zurückgeht, gehören die Sars-ähnlichen Coronaviren seit Langem zur natürlichen Virosphäre nicht nur Ostasiens. Just diesen Umstand aber scheinen die Befürworter eines unachtsamen Laborunfalls, darunter etwa auch das Autorengespann Alina Chan und Matt Ridley, weiterhin (wenn auch nicht zu ignorieren, so doch) zu negieren.[74]

Der Vergleich mit den Coronaviren aus Fledermäusen, die in Südostasien bisher als Reservoir bekannt geworden sind, weist mit etwas mehr als 96 Prozent zwar die größte Ähnlichkeit zu den neuartigen Viren im Menschen auf. Nichtsdestotrotz klafft zwischen dem Vorkommen der Fledermäuse und dem Ort des ersten Ausbruchs in den beiden Fällen von Sars-Coronaviren eine beträchtliche geografische Lücke. Diese Lücke vermögen die mutierenden und mittels infizierter Tiere auch über große Distanzen transportierten Viren offenbar leichter zu überwinden, als wir Menschen mit unserer Vorstellungskraft vom Zusammenspiel zufälliger genetischer Veränderung und natürlicher Auslese ahnen. In irgendeiner Weise vorteilhafte Mutationen – in unserem Fall eine, die das Eindringen in menschliche Zellen erleichtert – mögen extrem selten sein. Doch auch ein Lottogewinn ist extrem selten, und doch ereignet er sich Woche für Woche. Wenn Abermilliarden von Viren in Abertausenden von Fledermäusen zirkulieren, werden sich Abermillionen von Mutationen ereignen, und es ist nur eine Frage der Zeit, bis veränderte Viren auf andere Tiere überspringen oder in Kontakt mit den Menschen kommen. Was wir nachträglich für einen *Schwarzen Schwan* halten, erweist sich eher als ein *Schwarzer Elefant* – ein allgegenwärtiges Phänomen, das zu benennen und zu akzeptieren wir irrigerweise nicht bereit sind, während wir abwegige Spekulationen bevorzugen. Die indes kommen unserer intuitiven Suche nach einem agierenden Verursacher mehr entgegen als der abstrakte Zufall.

Unsere Suche nach den tierischen Wirten sowie der evolutiven Wurzel dieses Stammbaums neuartiger Viren und ihrer Entfaltung ist entscheidend dafür, wie es uns gelingen könnte, zukünftige Pandemien zu verhindern. Halten wir hier also fest, was wir sicher über die Entstehung von Sars-CoV-2 wissen: Die sparsamste Erklärung – also die, die ohne weitere argumentative Hilfskonstruktionen und Annahmen auskommt – ist, dass auch das zweite Sars-ähnliche Coronavirus durch ein zoonotisches Übersprungsereignis entstanden ist und dass laut epidemiologischer Dokumentation des Ausbruchsgeschehens der Huanan-Wildtiermarkt in Wuhan der wahrscheinlichste Ort dafür ist. Damit ähneln die Vorfälle am Beginn von Covid-19 in auffälliger

Weise denen der früheren Sars-Ausbrüche 2002 und 2003, bei denen indes nachweislich Larvenroller als Zwischenwirte beteiligt waren. Die dagegen beim Ausbruch von Covid-19 anfangs als Zwischenwirte vermuteten Pangoline spielen offenkundig keine entscheidende Rolle; sie leiden unter den Viren ebenso wie wir Menschen selbst. Jedenfalls gibt es für einen Übersprung von Sars-CoV-2 direkt von Schuppentieren auf den Menschen keine belastbare Evidenz.

Was übrigens auch für eine Zoonose spricht: Soweit bekannt, ist durch Labormanipulation von Viren noch zu keiner Zeit jemals eine Pandemie ausgelöst worden – wohl aber wiederholt und in der gesamten jüngeren Menschheitsgeschichte immer wieder durch Zoonosen. Und zwar immer dann, wenn der Mensch in unvorsichtiger und fataler Weise in zu engen Kontakt mit Tieren kam. Dies dürfen wir als Zeichen der fortgesetzten Evolution und des Wettlaufs verstehen, dem Viren und ihre Wirte gemeinsam unterliegen – und deshalb ist die Geschichte der Menschheit eine Geschichte vor allem zoonotischer Seuchen.

Es hat auf der Welt genauso viele Pest-
epidemien gegeben wie Kriege. Und doch treffen
Pest und Krieg die Menschen immer unvorbereitet.
ALBERT CAMUS: DIE PEST (1947)

TEIL 2

WAS WIR ÜBER FRÜHERE SEUCHEN WISSEN

Warum eine Geschichte der Plagen? Nur, wenn wir die Vergangenheit der Seuchen kennen, können wir sie in Zukunft verhindern. Viren wie Bakterien zählen zu den ältesten Bekannten des Menschen und sind Wegbereiter wie Begleiter der Menschheit. Sie haben unsere Geschicke gelenkt und Weltgeschichte geschrieben, brachten mehr Tod als alle Kriege und prägten die Menschen in der Alten wie der Neuen Welt. Sie stehen am Anfang der kolonialen Globalisierung und kommen nun, dank der Umweltveränderungen durch den Homo sapiens, abermals ins Spiel: durch die von ihm verursachten Zoonosen.

WIE VIREN UND BAKTERIEN
GESCHICHTE MACHEN

ATHEN, ATTISCHE HALBINSEL, 430 BIS 426 VOR CHRISTUS

»**Die unfassbare Natur** der Krankheit überfiel jeden mit einer Wucht über Menschenmaß, und insbesondere dies war ein klares Zeichen, dass sie etwas Anderes war als alles Herkömmliche.« Die Krankheit, die die Menschen plötzlich und bei bester Gesundheit ereilte, schritt im Körper von oben nach unten fort. Zuerst war da »eine starke Hitze im Kopf und Rötung und Entzündung der Augen, und innen war sogleich alles, Schlund und Zunge, blutig-rot, und der Atem war sonderbar und übel riechend«. Es folgten Niesen, Heiserkeit und starker Husten; hinzu kam Schluckauf mit heftigen Krämpfen. Dann drehte die Erkrankung einem den Magen um und führte zu schrecklicher Übelkeit. Sie erreichte die Schamteile und Gliedmaßen, strahlte bis in die Finger- und Zehenspitzen. Manchmal verursachte sie Durchfall und Geschwürbildung. Der Körper war gerötet und »mit einem dichten Flor kleiner Blasen und Geschwüren« bedeckt. Innerlich spürte der Erkrankte ein heftiges Feuer brennen, das ihm unstillbarem Durst, Unruhe und Schlaflosigkeit verursachte (und einige dazu trieb, sich vor Durst in Brunnen zu stürzen). Anderen soll sie die Erinnerung geraubt haben. Der Tod kam, ohne dass die Kranken ganz entkräftet gewesen sind. »Die meisten gingen am siebten oder neunten Tag zugrunde an der inneren Hitze.« Bald lagen auf den Straßen Tote und Sterbende übereinander.

So berichtet es der griechische Historiker Thukydides, der selbst an der Fieber-Epidemie erkrankte, diese aber überstand und uns minutiös die Symptome beschreibt, die er an sich und anderen beobachtete.[1] Thukydides bemerkte auch, dass die Überlebenden nicht ein zweites Mal erkrankten; ihm verdanken wir den ältesten bekannten schriftlichen Hinweis auf das, was Fachleute heute ein immunologisches Gedächtnis nennen. Mit seiner eindrucksvollen literarischen Schilderung einer Seuche beeinflusste Thukydides spätere Beschreibungen, angefangen beim römischen Dichter Titus Lucretius Carus, genannt Lukrez, bis hin zu Albert Camus' *Die Pest*. Im letzten Kapitel seines antiken Lehrgedichts *Über die Natur der Dinge* schildert Lukrez, wie »Leichen, zahllos aufeinandergehäuft, unbegraben auf der Erde« lagen und »Begräbnisse, an denen kein Trauernder teilnahm, eines hastiger als das andere vollzogen« wurden. Wer vor seinen erkrankten Verwandten floh, wurde für seine »übergroße Lebensgier kurz darauf selbst mit einem jammervoll erbärmlichen Ende bestraft«. Doch traf es die anderen genauso; auch sie »erlagen der Ansteckung und den Plagen, die sie wegen der Bitten der Todkranken auf sich nahmen«.[2]

Die Seuche veränderte die Menschen, die Moral wich der menschlichen Natur. Nicht nur verzichteten sie auf die traditionellen Begräbnisrituale, sie gaben sich auch exzessiven Vergnügungen hin. Das »Übel der Krankheit ist die Ursache der sittlichen Verwilderung«, bemerkte Thukydides zum »Anfang der Sittenlosigkeit«. Die Menschen zweifelten am Nutzen ihrer Gebete, jedwede Ordnung ginge in der Stadt verloren. Dass sogar die Tempel voller Leichen waren, wertete der griechische Historiker als Zeichen der Demoralisierung; denn Geburt und Tod innerhalb eines Tempels waren seit jeher ein Sakrileg.

Thukydides lieferte mit seiner Chronik eines massenhaften Sterbens das erste schriftlich dokumentierte Zeugnis einer Epidemie, ausführlich nachzulesen im zweiten seiner acht Bücher umfassenden Geschichte des *Peloponnesischen Krieges*. Mit ihr beginnt, was wir heute Geschichtsschreibung nennen – die

Rekonstruktion vergangener Ereignisse und ihrer Beweggründe durch die Analyse von Zeugnissen der Zeit.[3] Durch ihn wissen wir, dass die Seuche die griechische Stadt Athen zu einem denkbar ungünstigen Zeitpunkt traf. Im späten 5. Jahrhundert vor Christus lief die lange schwelende Rivalität zwischen der Seemacht Athen und der Landmacht Sparta auf einen Krieg um die Vorherrschaft auf der Peloponnes hinaus. Er begann 431 und war zugleich ein Machtkampf der politischen Systeme. Athen, damals der Hauptort der antiken Region Attika, stand einem Seebund vor, der aus einigermaßen gleichrangigen Demokratien hervorgegangen war und schnell zu einem Imperium mit Athen als Führungsmacht aufstieg; Sparta hingegen war eine Oligarchie, mit der Macht in den Händen weniger. Historiker halten diese kriegerische Auseinandersetzung für das bis dahin größte militärische Kräftemessen der Geschichte – sie führte zur Krise der attischen Demokratie. Und eine Mitschuld an deren vorübergehenden Niedergang hatte ebenjene von Thukydides beschriebene »Attische Seuche«, die von 430 bis 426 in der Stadt wütete. Athens vorläufiges Ende war durchaus keine Kleinigkeit: Die Kapitulation der Stadt und die Eroberung durch Sparta im Jahre 404 war eine Zeitenwende; sie bedeutete das Ende des klassischen Zeitalters und der Kultur des antiken Griechenlands, für das der Tempel auf der Akropolis monumentales Zeugnis war.[4]

Während die heranrückenden Spartaner von 431 an die Halbinsel Attika verwüsteten, wurde Athen zu einer riesigen Fluchtburg. Zu den schätzungsweise 300 000 Athenern kamen zahllose Bewohner Attikas, die vor den einfallenden Peloponnesiern hinter den Mauern der Stadt Schutz suchten. Da es nicht genug Häuser gab, hausten viele Flüchtlinge, wo immer sie unterkamen; meist in »stickig-heißen Hütten«, in Tempeln oder zwischen den Mauern. Im Sommer des zweiten Kriegsjahres, Ende Mai oder Anfang Juni 430, während Athen von den

Spartanern belagert wurde, kam dann mit der Seuche, der die Menschenmassen ideale Bedingungen zur Ausbreitung boten, das Sterben in die überfüllte Stadt. Zuerst griff die Epidemie im Hafen von Piräus um sich, der durch lange Mauern mit Athen verbunden war. Von dort bahnte sie sich ihren Weg durch das Gewirr der Zelte und Hütten der evakuierten Landbewohner, bevor sie die besseren Quartiere am Fuß der Akropolis erreichte. Die Attische Seuche wütete bis ins Jahr 429; dann verschwand sie, um anderthalb Jahre später neu aufzuflammen. Erst nach mehr als vier Jahren, Ende 426, war die Seuche endgültig überstanden. Am Ende dürften ihr vermutlich 100 000 Menschen, etwa ein Drittel der Athener Zivilbevölkerung, zum Opfer gefallen sein – ein gewaltiger Aderlass.[5]

Trotz der Beschreibung des Thukydides, der detailliert die Symptome wie Husten, Erbrechen und Durchfall notierte, rätselten die Gelehrten lange, was die Seuche verursacht haben könnte. Den Quellen nach soll sie, ausgehend von Äthiopien, erst Ägypten und Libyen, dann Persien und schließlich Griechenland erreicht haben, wo der Krieg ihr mit großen Menschenmassen, mangelnder Hygiene und hoher Mobilität beste Bedingungen zur Ausbreitung bot. Dass auch Tiere von der Krankheit betroffen gewesen seien, wie der griechische Historiker nebenbei bemerkte, liefert uns einen zusätzlichen Hinweis. »Die Vögel nämlich und die Tiere, die an Leichen gehen, rührten entweder die vielen Unbegrabenen nicht an, oder sie fraßen sie und gingen dann ein.« Vor allem aber wurden die Opfer vielfach in Massengräbern beerdigt, deren Spuren bis heute erhalten sind. Darin suchen Wissenschaftler nach Anhaltspunkten für die Ursache der Epidemie. Beim Versuch, die Attische Seuche mit einer der bekannten Infektionskrankheiten in Zusammenhang zu bringen, wurden wenigstens zwei Dutzend verschiedene Verdachtsdiagnosen erstellt, mit bakteriellen wie viralen Erregern als Auslöser. (Nicht vergessen dürfen wir dabei, dass es sich um einen inzwischen stark veränderten oder gar ausgestorbenen Keim gehandelt haben könnte; oder einen, dessen Vorkommen und Verbreitungsgebiet sich verschoben hat und inzwischen anderswo liegt.)

Während manche spontan an die Pest denken, glauben andere, dass die Attische Seuche mit dieser Plage, die erst in der Spätantike und dann im Spätmittelalter weite Teile Europas und Asiens heimsuchte, nichts zu tun habe. Es könnten stattdessen die Pocken gewesen sein, vermuten wieder andere; oder Fleckfieber, vielleicht auch Milzbrand. Es sei Typhus gewesen, behaupten die Nächsten, und stützen sich dabei auf die Befunde aus einem antiken Massengrab nordwestlich des Kerameikos-Friedhofs in Athen, wo vor 2500 Jahren Opfer der Seuche begraben wurden. In den Überresten von 89 Leichen – die »in ausgestreckter Position, aber ungeordnet« lagen, so ein Bericht – fand man 2005 Erbmaterial eines Stammes von *Salmonella enterica servar typhi*, des bakteriellen Erregers von Typhus. Doch dürfte es sich dabei wohl eher um Kontamination durch diese nicht seltenen Bodenbakterien handeln, zumal auch die geschilderten Symptome nicht in Einklang mit Typhus stehen.[6]

Neuerdings legen modernste genetische Untersuchungen als die viel wahrscheinlichere Ursache nahe, dass es sich beim großen Sterben in Athen um 430 vor Christus um eine erste Epidemie von Masern gehandelt haben dürfte. Heute hierzulande eine Kinderkrankheit, an der dank Impfung kaum jemand stirbt, lösten Masern damals, als das neuartige Virus eine immunologisch naive Bevölkerung traf, eine verheerende Seuche aus. Mag auch die Attische Seuche nicht die erste derartige Epidemie gewesen sein, war sie doch die erste Plage, von deren Umständen wir Genaueres wissen und deren Folgen für die Geschichte wir kennen.

ROM, HAUPTSTADT DES RÖMISCHEN REICHS, 166 NACH CHRISTUS

Der römische Kaiser Marcus Aurelius Antoninus, bekannt auch als Marc Aurel, hatte gleich zwei mächtige Gegner. In den Jahren 172 bis 180 führte er Krieg gegen verschiedene Stämme der Germanen. Gleichzeitig wütete von 164 bis 190 in der ganzen damals bekannten Welt eine Seuche, bei der die meisten der von ihr Befallenen starben. Auf dem Höhepunkt der Plage waren es nach Berichten des antiken Chronisten Cassius Dio allein in Rom bis zu 2000 Menschen – täglich; ihre Leichen wurden als Wagenladungen aus der Stadt gekarrt. Marc Aurel, der seine Schätze aus dem Palast verkaufen musste, hatte bald Schwierigkeiten, überhaupt noch irgendwo im Imperium Soldaten für seinen Krieg zu rekrutieren. In seinen auf Griechisch (der damaligen Weltsprache) verfassten *Selbstbetrachtungen* erwähnte er die Seuche dennoch nur einmal und schreibt sie »verdorbener Luft« zu – eine damals vorherrschende Lehrmeinung. »Die Verderbnis der Vernunft ist in einem viel höheren Masse eine Pest als irgendeine derartig schlechte Mischung und Veränderung der uns umgebenden Luft.«[7] Eine erste Welle jener Krankheit wütete bis 180 und endete mit einem markanten Schlusspunkt, indem sie auch Marc Aurel selbst auf einem Feldzug in Vindobona, dem heutigen Wien, tötete – um kurz darauf, im Jahre 189, erneut aufzutauchen.

Die Epidemie ging später, nach dem römischen Kaiser benannt, als »Antoninische Pest« in die Geschichte ein. Offenbar handelte es sich um eine bis dahin den Menschen unbekannte Infektionskrankheit. Die Römer selbst glaubten, auch diese Seuche sei vom Gott Apollo geschickt. Der kaiserliche Hausarzt Galen, der während des ersten Ausbruchs 166 nach Christus aus Rom floh, hinterließ eine genaue Beschreibung der Symptome und des Verlaufs der Krankheit. Die Auswertung seiner

Texte und jenen von anderen lässt Historiker darauf schließen, dass es sich ebenfalls nicht um die echte Pest, sondern diesmal vermutlich um Pocken gehandelt habe, ausgelöst vom Variola-Virus, das – wie wir neuerdings wissen – ebenso wie Masern einen zoonotischen Ursprung hat und fortan eine tödliche Spur durch unsere Geschichte zieht.[8]

Wenn es Pocken waren, dann betrat dieses Virus zu einem Zeitpunkt die Weltbühne, an dem es unmittelbar zu einem der größten Killer der Menschheitsgeschichte werden konnte. Denn die Antoninische Pest ist gleich aus zwei Gründen ein wichtiger Meilenstein unserer Seuchengeschichte: Sie wütete als echte *Pan-Demie* erstmals regionenübergreifend gleichzeitig auf mehreren Kontinenten, und sie entvölkerte dabei in mehreren Wellen ganze Landstriche des Römischen Imperiums. Das Wort *pan-demisch* leitet sich zwar aus dem Griechischen für *alle* und *Völker* ab – indes wurde es in antiker Zeit nicht als Begriff für eine Seuche verwendet, sondern sehr viel später zum Synonym für *Epidemie* oder einfach für den Ausbruch einer Seuche. Erst im 19. Jahrhundert verstand man darunter dann eine sich über mehrere Kontinente ausbreitende Epidemie.[9]

Für den US-amerikanischen Historiker Kyle Harper ist die Antoninische Pest jedenfalls die erste tatsächlich interkontinentale Epidemie, die gleichzeitig in Afrika, Asien und Europa wütete; zumindest ist sie die erste menschliche Infektionskrankheit, die wir aufgrund hinreichend detaillierter historischer Überlieferung als solche rekonstruieren können. Natürlich waren Seuchen an sich nichts Neues. Wir wissen das aus Hinweisen in diversen zeitgenössischen Berichten verschiedener Kulturkreise von Ostasien über Indien bis Mesopotamien, und nachweislich hatte es bereits früher, etwa um 130 nach Christus, unter Kaiser Hadrian auch im Römischen Reich regionale Ausbrüche von Infektionskrankheiten gegeben. Die Seuche zur Zeit Marc Aurels aber war anders; sie hatte eine in mehrfacher Hinsicht neue Dimension, die sich uns erst heute und beim Zusammentragen verschiedener Evidenzlinien erschließt.

Die erste stammt vom russischen Mikrobiologen-Ehepaar Igor Babkin und Irina Babkina aus Nowosibirsk, die 2015 im Fachmagazin *Viruses* dem Ursprung des Variola-Virus nachgegangen sind. Ähnlich wie Masern hielt man den Erreger von Pocken lange für ausschließlich auf den Menschen beschränkt; eine irrige medizinische Sichtweise, die wir aufgeben müssen. Die Kombination historischer Berichte und molekulargenetischer Befunde legt nahe, dass das Pocken-Virus erstmals vor 3000 bis 4000 Jahren im Osten des afrikanischen Kontinents auftauchte. Nächstverwandt mit Orthopox-Viren (wie die ebenfalls aus einem tierischen Reservoir stammenden Kuh- und Affenpocken), erlaubt die Mutationsrate des Pocken-Virus nicht nur diese frühe Datierung, sondern auch die Annahme, dass ein Kuhpocken ähnlicher Virus-Vorfahre einst in Kamelen entstand, bevor er auf den Menschen übersprang. Als die engsten Verwandten der Variola-Viren des Menschen erwiesen sich dabei Camelpox- und Taterapox-Viren, die sowohl bei altweltlichen Vertretern der Kamele als auch bei Nagetieren der afrikanisch-asiatischen Trockensavanne vorkommen.

Besonders im Fokus, weil bei ihr die nächstverwandten Pocken-Viren nachgewiesen wurden, ist eine Nacktsohlen-Rennmaus aus der Gattung *Gerbilliscus*, der eigentlichen Rennmäuse, die mit zehn Arten in Afrika leben. Diese Rennmausart ist in lokal größerer Dichte von Westafrika bis Äthiopien verbreitet, wo die nachtaktiven, sandfarbenen, langohrigen, langschwänzigen Tiere in ausgedehnten unterirdischen Ganglabyrinthen mit Wohnhöhlen samt Vorratskammern leben. Und dort kamen die Tiere mit domestizierten Kamelen in Berührung, als diese erstmals vor etwa 3500 bis 4500 Jahren am Horn von Afrika eingeführt wurden und dann im 6. oder 7. vorchristlichen Jahrhundert bis nach Ägypten sowie anschließend auch in andere umliegende Regionen gelangten. Nach Ansicht von Babkin und Babkina dürfte mithin die Einführung der Kamele als Last- und Reittiere der entscheidende Auslöser für die Entstehung der menschlichen Pocken-Viren gewesen sein. Deren Vorfahren sprangen einst von ihrem angestammten Reservoir in den Nagetieren im Osten Afrikas auf Kamele in menschlicher Obhut über, bevor das Virus dann zum Menschen als neuem Wirt wechselte. Die Experten bemerken dabei ein ihnen auch von anderen Zoonosen vertrautes Muster, das auf das erstmalige Auftreten eines für den Menschen neuen Erregers hindeutet. Denn ein neu adaptiertes Virus weist beim ersten epidemischen Auftreten meist eine hohe Letalität auf, die dann während der weiteren Evolution des Erregers allmählich abebbt. Genau dies spielte sich beim Ausbruch der Pocken wie zuvor bereits bei den Masern ab. Virologen haben errechnet, dass eine Bevölkerung von etwa 200 000 bis 300 000 Menschen nötig ist, um ein Virus zu beherbergen. Erst bei dieser Dichte findet der Erreger immer wieder hinreichend viele Opfer, etwa neugeborene Kinder, über deren Infektion er sich zyklisch vermehren und so erhalten kann. Denn für den Wirt gibt es in der Anfangsphase nur zwei Optionen: Entweder er stirbt (und ist damit auch für das Virus aus dem Spiel), oder er überlebt und ist fortan immun gegenüber dem Virus, das er aber weitergeben kann.[10]

Mit ihrer Theorie schlägt das Ehepaar Babkin eine echte Alternative zu der inzwischen weitverbreiteten Standard-Erzählung vor, nach der der Mensch mit dem Übergang vom Jäger- und Sammlertum zu Ackerbau und Viehzucht vor rund 10 000 Jahren die neuen Umweltbedingungen selbst schuf, durch die dann jene Infektionskrankheiten entstanden, die wir heute noch als Kinderkrankheiten kennen. Die Sache ist jedoch komplizierter und komplexer; und sie umfasst eine enorm lange Zeitperiode, sodass es sorgfältiger zu differenzieren gilt.

Umgekehrt hielt man einige der durch Mikroorganismen verursachten Krankheiten lange für deutlich jüngeren Datums. Bevor die Theorie von der Rennmaus-plus-Kamel-Zoonose aufkam, war meist angenommen worden, das Pocken-Virus sei erst im 16. oder 17. Jahrhundert entstanden, zumal erste molekulare Sequenzdaten ein Alter von allenfalls etwas mehr als 300 Jahren nahelegten. Dies stand indes in Widerspruch zu historischen Berichten über vermeintliche Ausbrüche von Pocken-Infektionen, die auf ein Auftreten sogar vor bereits 3000 Jahren hindeuteten; ebenso waren – wenngleich wohl fälschlicherweise – entsprechende Spuren von Erkrankungen bei wenigstens 3500 Jahre alten Mumien als Hinweise auf Pocken gedeutet worden. Die Bestätigung, dass es sich beim Pocken-Virus tatsächlich um eine ältere (wenngleich nicht derart alte) Evolutionslinie handelt, kam dann – 2020 in *Science* publiziert – von einem deutschen Forscherteam um den Archäogenetiker Johannes Krause und seine Doktorandin Barbara Mühlemann. Sie haben routinemäßig die Erbsubstanz aus 1867 menschlichen Überresten aus den unterschiedlichsten Zeiten – von vor 31 000 bis vor 150 Jahren – auf Hinweise von Pocken-Viren untersucht. Bei 13 Proben wurden sie fündig und errechneten daraus einen molekulargenetischen Stammbaum der Pocken, auf dessen Wurzeln sich nun genauer schließen lässt. Demnach war das Pocken verursachende Variola-Virus in verschiedenen Varianten vor allem im nördlichen Europa zur Zeit der Wikinger weitverbreitet; es kam dort also bereits rund tausend Jahre früher vor, als in den früheren genetischen Studien angenommen. Der eigentliche evolutive Ursprung des Virus liegt jedoch noch weiter zurück: Tatsächlich dürften die Pocken, so die jüngsten Befunde, vor mehr als 1700 Jahren entstanden sein.[11]

Das versetzt uns in die ersten nachchristlichen Jahrhunderte zurück und lenkt unser Augenmerk erneut auf jene ersten domestizierten Kamele und auf die Region des nordöstlichen

Afrikas. Denn von Äthiopien und den Küsten des Indischen Ozeans über das Rote Meer bis zum Persischen Golf erstreckte sich zur Zeit des Römischen Reichs eine durch vielfältige Handelsrouten verbundene pulsierende Region. Kyle Harper weist zudem darauf hin, dass schriftliche Überlieferungen von der Arabischen Halbinsel ein Jahrzehnt vor dem Ausbruch der Seuche in Rom von Pestilenzen in der Region berichten. Sehr wahrscheinlich sind Pocken also am Beginn der ersten nachchristlichen Jahrjahrhunderte im östlichen Afrika entstanden und haben sich entlang der damaligen Handelswege und militärischen Routen bis ins Römische Reich ausgebreitet. Es war demnach eine von domestizierten Tieren ausgehende Zoonose, die im 2. nachchristlichen Jahrhundert, das als das glücklichste Zeitalter des Römischen Imperiums gilt, dessen schleichenden Untergang einläutete. Damit kein Zweifel aufkommt: Historiker wie Kyle Harper sind der Ansicht, der Untergang des Weströmischen Reiches sei Folge einer Epidemie.

Der historischen Überlieferung nach war die Antoninische Seuche im Jahr 164 zuerst im Nahen Osten ausgebrochen und 166 von römischen Soldaten nach Kriegszügen gegen die Parther aus Syrien nach Rom gebracht worden. Nimmt man alles zusammen, was wir wissen, wütete die Plage aber wohl zuerst auf der Arabischen Halbinsel, in Ägypten und im Nahen Osten, erst anschließend in Griechenland und Italien, von wo aus sie nach Zentraleuropa gelangte, bevor sie sich bis an die Grenzen Westeuropas ausbreitete. Sie erstreckte sich etwa vom heutigen Irak bis nach Britannien im gesamten römischen Imperium – und damit über Asien, Afrika und Europa.[12]

Der Ursprung der Seuche mag außerhalb der Grenzen des Imperiums gelegen haben, doch das Römische Reich bot geradezu eine Einladung für den neuen Erreger: zum einen aufgrund des weitgespannten Netzes von Handels- und Verkehrswegen, die die am dichtesten bevölkerten Gesellschaften der damaligen Welt miteinander verbanden, zum anderen, weil Rom selbst damals eines der größten Populationszentren der Menschen war. Wie bei den Masern können wir auch bei den Pocken beobachten, was passiert, wenn ein neuer Erreger auf eine immunologisch naive Bevölkerung trifft – und was der amerikanische Historiker William McNeill meinte, als er vom »confluence of the civilized disease pool« schrieb.

Zweifellos war die Antoninische Seuche mit einer hohen Sterblichkeit verbunden; aber die demografischen Auswirkungen dieses Ereignisses präzise abzuschätzen, fällt den Historikern schwer. Kyle Harper geht von wenigstens sieben bis acht Millionen Toten aus und davon, dass diese Plage das bis dato tödlichste singuläre Ereignis der Menschheitsgeschichte war.[13]

Für uns zeigt sich einmal mehr, dass hinter der Weltgeschichte die Biologie mit der Naturgeschichte zoonotischer Seuchen steht. Oder konkreter: dass die Geschichte des Römischen Reichs unmittelbar mit der Biologie verknüpft war – ja, mehr noch: sogar von ihr bestimmt wurde. Denn die von Historikern konstatierte, in den ersten Jahrhunderten unserer Zeitrechnung deutlich geschrumpfte Bevölkerung in der Mittelmeerregion und darüber hinaus war keineswegs die Folge einer vorangegangenen Überbevölkerung, die nun aufgrund von Nahrungsmangel etwa zusammenbrach. Vielmehr, so Harper, sei die Plage zur Zeit von Antoninus ein ökologisches Produkt von Roms vorherigem Erfolg gewesen, der sich nun in einen echten Vorteil für einen sich ausbreitenden neuen viralen Erreger verwandelt habe. Dank seiner dichten Bevölkerung in Kombination mit vermehrter Vieh- und Nutztierhaltung und begünstigt durch eng vernetzte Handelsrouten und schnelle Verkehrswege bot der Mensch erstmals einem neuartigen Virus eine Bühne von interkontinentaler Dimension.

ZWISCHENSPIEL: ROM, 248 NACH CHRISTUS

In der Folge dieser Plage ging das Römische Reich zwar nicht unmittelbar unter; aber der Trend zu demografischem und ökonomischem Wachstum war erstmals gebrochen, mit vielfältigen Auswirkungen auf den Unterhalt römischer Armeen und der territorialen Ausdehnung. Um die Dynamik solch eines historischen Wandels richtig zu verstehen, müssen wir neben anderen historisch relevanten Faktoren auch immer die Evolutionsbiologie von Seuchenerregern berücksichtigen. Denn paradoxerweise sind es jeweils hoch entwickelte menschliche Zivilisationen, die erst neue Erreger entstehen und sich ausbreiten lassen, die ihrerseits dann den Untergang befördern. Das sich ausdehnende Römische Reich hat nicht nur die erste Globalisierung der damals bekannten Welt vorangetrieben, es hat auch neue Seuchen begünstigt und in Erscheinung treten lassen. Die vermeintliche Pocken-Pandemie im 2. nachchristlichen Jahrhundert war nur der Auftakt. Bald sollten weitere Katastrophen folgen, die in Form wellenförmiger Epidemien durch das Römische Reich fluteten, bis es schließlich an den Folgen der dadurch verursachten Verwerfungen zugrunde ging.[14]

Ein Jahr nach der Feier zum 1000-jährigen Jubiläum der Stadtgründung traf Rom mit der mysteriösen Cyprianischen Pest zum zweiten Mal innerhalb eines Jahrhunderts die nächste verheerende Seuche, die im 3. Jahrhundert dann Europa entvölkerte. Die hochansteckende Krankheit wurde erstmals im Jahr 252 vom Kirchenschriftsteller und Bischof Cyprian von Karthago beschrieben und später nach ihm benannt. Cyprian notierte in seinem Traktat *De mortalitate* die Symptome einer Infektion, die in Wellen jedes Mal im Herbst auftrat und bis zum Anfang der Hundstage, also den heißen Sommertagen im

August, fortdauerte. »Die Eingeweide, gelöst in ständigem Ausfluss, entleeren sich aller Körperkräfte; ein Feuer, dessen Ursprung im Mark liegt, gärt in den Wunden tief im Rachen; die Innereien werden geschüttelt vom steten Erbrechen; die Augen brennen vom eingeschossenen Blut; manchmal nimmt die Vergiftung durch krankhafte Verwesung Arme und Beine.«[15]

Der Erreger der Seuche ist bis heute nicht identifiziert, wird aber unter anderem mit Poxviriden in Verbindung gebracht, die als Pocken erwiesenermaßen ganze Landstriche verheeren können. Allerdings wird auch die Grippe als mögliche Erkrankung diskutiert sowie ein Ebola-ähnliches hämorrhagisches Fieber, verursacht durch ein unbekanntes Filovirus. Für Letzteres sprechen ungewöhnliche Symptome wie das Absterben und Abfaulen von Gliedern oder Erblindungen, die weder bei Pocken noch Grippe vorkamen; zudem fehlen in den Beschreibungen die für Pocken typischen Hautausschläge.

Was immer es war: Die Krankheit scheint 250 nach Christus offenbar erstmals in Äthiopien ausgebrochen zu sein, gelangte dann von Afrika über das Mittelmeer nach Europa und Asien, wo sie sich bis zum Jahr 270 im gesamten Römischen Reich ausbreitete. Sie war virulenter als alles, was die Menschen bis dahin kannten, und erreichte pandemische Züge; auch, weil sie sich sowohl durch den Kontakt von Mensch zu Mensch verbreitete als auch über Kleidung und andere persönliche Gegenstände. Ein großer Teil der Bevölkerung scheint davon betroffen gewesen zu sein. So tötete die Seuche im ägyptischen Alexandria Berichten zufolge die Hälfte der Einwohner. Allein in Rom fielen ihr in den Hochzeiten der Jahre 250 und 271 täglich bis zu 5000 Menschen zum Opfer; jeder zweite Infizierte starb. Das Ausmaß des Sterbens verdeutlichen Grabungsbefunde aus Theben in Ägypten. Diese zeigen, dass viele Seuchenopfer verbrannt und die Überreste ohne jedes Ritual in einem zu diesem Zweck wieder geöffneten alten Gräberkomplex beigesetzt wurden. Zur Verbrennung der zahlreichen Opfer wurden extra Öfen gemauert. Es gibt auch Anzeichen für Desinfektionsmaßnahmen mit Löschkalk.[16]

Der Pestilenz folgte Panik und die vor ihr Flüchtenden verbreiteten sie nur noch weiter. Sie tötete zwei Kaiser: Hostilian im Jahr 251, Claudius II. Gothicus 270. Doch ihre Folgen waren noch weitreichender. Kyle Harper sieht eine enge Verbindung zwischen der Krankheit und der allgemeinen Krise des Römischen Reichs im 3. Jahrhundert. Der Historiker ist überzeugt, dass die Auswirkungen der beiden großen Seuchen von 166 und 250 das Römische Reich entscheidend schwächten und die »Pest des Cyprian« seinen Niedergang beschleunigte. Nicht nur, weil überall an den Grenzen die Soldaten fehlten, sondern auch, weil große Teile Italiens unbeackert blieben, da es niemanden gab, der die Felder bewirtschaften konnte. Die Reichsgrenzen schrumpften, das Imperium zog sich 275 von Rhein und Donau zurück, es verließ Transsilvanien und den Schwarzwald. Das Sterben dünnte indes nicht nur die Bevölkerung und das Heer aus – es ließ vor allem die auf das Steuersystem gegründete Ökonomie des Imperiums zusammenbrechen, dessen Infrastruktur, etwa Straßen und Wasserleitungen, nicht mehr unterhalten werden konnte. Damit wurde die demografische und wirtschaftliche Basis des Reiches erschüttert und destabilisiert. Auch das religiöse Denken veränderte sich: Angesichts des jahrelangen Seuchenzuges war das Vertrauen in die alten Götter tief greifend erschüttert, gleichzeitig erstarkte das Christentum. Mit einem Wort: Die Antoninische und insbesondere die Cyprianische Pest waren der Anfang eines schleichenden Niedergangs des Römischen Reichs, dessen westlicher Teil schließlich im Jahr 410 kollabierte, als Rom von den Westgoten überrannt und geplündert wurde, so wie 455 dann von den Vandalen; während es im Osten zum Aufstieg von Byzanz kam. Bis auch dort eine weitere Epidemie zuschlug.

SZENENWECHSEL: KONSTANTINOPEL, HAUPTSTADT DES OSTRÖMISCHEN REICHS – 541 BIS 544

Der oströmische Kaiser Justinian I., der 527 bis 565 herrschte, ist unter anderem in die Geschichte eingegangen, weil er das römische Recht reformierte und mit der Hagia Sophia die größte Kirche der Welt bauen ließ. Gerade war er zudem dabei, weite Teile des längst verlorenen Weströmischen Reiches in Nordafrika, Sizilien und Italien, ja sogar in Spanien zurückzuerobern, da schlug ein neuer Feind zu. Heute sind Historiker überzeugt, dass es die von diesem Feind verursachten hohen Todeszahlen waren, die Justinians Pläne zur Wiederherstellung des Römischen Reiches, der *Renovatio imperii*, langfristig durchkreuzten. Was epochale Auswirkungen am Übergang der Spätantike zum frühen Mittelalter hatte.

Sicher ist, dass es diesmal tatsächlich die von einem Bakterium verursachte eigentliche Pest war. Woher sie kam, ist ungewiss. Wahrscheinlich stammte sie aus Asien, von wo sie über die Handelswege (entweder über Land entlang der Seidenstraße oder über Seeverbindungen) in den Mittelmeerraum gelangte. Nachdem sie als Plage zuerst 540 in Pelusium in Ägypten – dem Golf von Suez gegenüber an der Küste des Mittelmeeres gelegen – aktenkundig wurde und dann ab 541 im Nahen Osten wütete, erreichte sie im Frühjahr 542 mit Konstantinopel (dem heutigen Istanbul) das Zentrum des Byzantinischen Reichs. Hier sehen einige Experten einen Zusammenhang mit einem Erdbeben, das kurz zuvor die Stadt schwer getroffen hatte – inmitten der dadurch entstandenen Verwüstungen habe die Zahl der als Überträger der Pest bekannten Ratten zugenommen. Wahrscheinlicher sei, so die andere These, dass der Erreger der Seuche, der sich über die auf Ratten siedelnden Flöhe verbreitete, mit seinen Wirten in die Stadt gekommen sei, die wiederum mit den jährlichen Getreidelieferungen aus dem ägyptischen Alexandria nach Konstantinopel verschifft wurden.

Wie auch immer, die Folgen waren verheerend. Auch Justinian erkrankte, überlebte aber. Zuerst hatte die nach ihm benannte Epidemie offenbar nur eine niedrige Sterblichkeit, bald jedoch starben die Bewohner der Stadt schneller, als Massengräber für ihre Leichen ausgehoben werden konnten. Darin stapelten sich die Körper der Toten »wie Heu«; man trampelte auf ihnen, um Platz für nachfolgende Leichen zu schaffen, »wie auf Weintrauben in einer Presse«. Der griechische Geschichtsschreiber Prokopios, der auch die typischen Symptome einer Beulenpest beschrieb, berichtete aus der Hauptstadt, dass es täglich Zehntausende Tote gab, die man schließlich außerhalb der Mauern nur noch auf einen »dichten Haufen« warf. Die Wirtschaft kollabierte, da – ganz ohne eine Regierungsverordnung – Märkte und Geschäfte schlossen. Alles kam zum Stillstand, weil die Menschen von sich aus das öffentliche Leben abwürgten.

Der Justinianischen Pest fielen zig Millionen Menschen zum Opfer; sie löschte schätzungsweise bis zu einem Viertel allein der Bevölkerung des Mittelmeerraumes aus und suchte in der Folge für nahezu zwei Jahrhunderte ganz Europa in immer wieder lokal aufflackernden Ausbrüchen heim. Tatsächlich dauerte diese erste historisch überlieferte Pest-Pandemie der Weltgeschichte bis Mitte des 8. nachchristlichen Jahrhunderts an; dann verschwand sie plötzlich. Nachdem es anschließend für sechs Jahrhunderte ruhig blieb, sollte die Pest, schlimmer noch als jemals zuvor, Mitte des 14. Jahrhunderts nach Europa zurückkehren und dort vielen wie der Weltuntergang vorkommen. Bereits bei ihrem ersten Auftreten ging eine Welt unter. Möglich, dass Seuchen, die wir heute ebenfalls der Pest zuordnen würden, bereits zuvor schon an den Rändern des Römischen Reiches ausgebrochen waren. Doch erst jene zu Zeiten Justinians wurde in hinreichenden Details beschrieben, um sie eindeutig als Pest zu erkennen. Besonders auffällig dabei war, was die byzantinischen Ärzte als *anthrake* bezeichneten – eine typische Verhärtung und Verfärbung der Lymphknoten, von der unser Wort Anthrazit für eine Sorte von Kohle stammt. Es nimmt die spätere Bezeichnung dieser Infektionskrankheit als *Schwarzer Tod* vorweg, denn die verhärteten Lymphknoten eines mit der Pest Infizierten nehmen eine schwarze Farbe an.[17]

Das Bild dieser ersten Pestwelle, das sich lange Zeit nur auf historische Berichte stützte, wurde unlängst durch molekulargenetische Untersuchungen bestätigt und ergänzt. Zunutze machen konnten sich Forscher den Umstand, dass der Blutkreislauf eines Menschen im Leben auch Knochen und Zähne versorgt – in ihren widerstandsfähigen Überresten erhalten sich die Erreger lange Zeit. Das gilt allerdings vornehmlich für die von einer vergleichsweise dicken Zellwand umschlossenen Bakterien. Die nur mit einer dünnen Proteinhülle ausgestatteten Viren vermehren sich zudem meist im Weichgewebe, das sich nach dem Tod innerhalb weniger Wochen zersetzt, und mit ihm die Viren darin. Daher lassen sich durch bakterielle Infektionskrankheiten wie Pest oder Tuberkulose ausgelöste Seuchen ungleich besser in ihrer Historie rekonstruieren. Ein Forscherteam um Johannes Krause vom Max-Planck-Institut für Archäogenetik in Jena wies nun durch die Genomsequenzierung des Pestbakteriums *Yersinia pestis* aus Überresten frühmittelalterlicher Gräber zweifelsfrei nach, dass die dadurch ausgelöste Beulenpest den vielfachen Tod im Oströmischen Reich verursachte – derselbe Erreger, der im Mittelalter dann als *Schwarzer Tod* abermals wütete. Zudem ließ sich zeigen, dass diese Pestbakterien seinerzeit aus dem Osten, ursprünglich vermutlich aus China kommend, über das Rote Meer und Ägypten in den Mittelmeerraum gelangten, bevor sie sich auch weiter nördlich über das westliche Europa ausbreiteten. Demnach handelte es sich um eine einzige gemeinsame Abstammungslinie, die wohl nur einmal aus dem Mittelmeerraum bis nach Europa eingetragen wurde und die sich dann in eine bislang unbekannte Vielfalt genetisch leicht abweichender Pesterreger aufspaltete und in Wellen immer wieder neue Varianten hervorbrachte. Offenbar hat sich das Pestbakterium in den Nagetierpopulationen des Nahen Ostens und Europas festgesetzt und wurde von dort aus immer wieder auf den Menschen übertragen, wodurch es wiederholt zu Epidemien kam.[18]

Vor allem Konstantinopel war als Drehscheibe des Handels über den Seeweg mit anderen Hafenstädten des Mittelmeeres. So gelangte Europa in Kontakt mit Asien und Afrika und in vielfachen Austausch tödlicher Infektionen. Die Pestwellen surften gleichsam auf den damaligen Routen der Schiffe. Mit ihnen breiteten sich die Ratten aus, auf denen wiederum die Bakterien tragenden Flöhe saßen, die als Überträger auf den Menschen fungierten. Vielfach wird berichtet, dass sich die Pest von den jeweiligen Häfen landeinwärts ausbreitete. Beschleunigt wurde die Justinianische Pest, die mit der Spätphase der Völkerwanderung zusammenfiel, durch Ströme von Migranten, die damals durch Europa zogen und die durch den Zerfall des Römischen Reiches vor allem im Westen befördert wurden. Dieses Bild schärfte sich nun durch die Untersuchung von knapp 1400 Jahre alten menschlichen Überresten aus mehr als 20 archäologischen Fundstellen in fünf Ländern, darunter neben Deutschland auch Frankreich, Spanien und Großbritannien. Aus ihnen konnten insgesamt acht Genome der Pestbakterien gewonnen und verglichen werden. Wie ein Fund im Süden Englands zweifelsfrei zeigt, haben es die Pestbakterien damals sogar über den Ärmelkanal bis auf die britische Insel geschafft, wohin sie mit Angeln und Sachsen kamen.

DAS DRAMA FRÜHMITTEL-ALTERLICHER ENTVÖLKERUNG

Die erste echte Pest-Pandemie grassierte bis um das Jahr 770, wobei sie in Abständen von zehn bis 15 Jahren immer wieder-kehrte – zur Verzweiflung der Menschen, die nicht nur unter den ständigen Wellen der Krankheit litten, sondern auch in höchst unsicheren und politisch instabilen Zeiten lebten. In Europa breitete sich schließlich das Reich der Franken aus, im Osten verlor Byzanz pestbedingt immer mehr an Einfluss. Die einstige Metropole Rom war längst zu einer Kleinstadt he-runtergekommen – beinahe eine Geisterstadt inmitten eines von Malaria verseuchten Marschlandes. Schließlich vereinigten sich die Menschen im Nahen und Mittleren Osten sowie im Süden des mediterranen Raumes unter dem wachsenden Ein-fluss einer neuen Religion, dem Islam, nachdem sich die Pest im 8. Jahrhundert zurückzog. Kalifen regierten nunmehr von Spanien und Nordafrika im Westen bis weit nach Persien und Asien im Osten.[19]

Neben der offenkundigen Erzählung vom Untergang des Römischen Reiches zeigt uns seine Geschichte auch, dass es im Kern Roms einstiger Expansionsdrang und sein ureigener Erfolg war, der letztlich auch seinen Untergang besiegelte, weil er neue Umwelten und neue ökologische Bedingungen schuf. Denn je schneller man Distanzen dank des ausgebauten Wege-netzes überwand, je mehr Gebiete mit immer größeren Städ-ten besiedelt wurden und je mehr Ackerbau und Viehwirtschaft man betrieb, desto schneller verbreiteten sich Seuchen, die in wiederkehrenden Wellen kamen. Wir dürfen nicht unterschät-ten, dass gerade die Ballung einer zunehmend wohlhabenderen Bevölkerung in den Städten, die außerhalb der Grenzen des Reiches immer wieder Begehrlichkeiten fremder Herrscher weckten, Epidemien beförderte, weil sie die Menschen zugleich verwundbarer gegenüber Krankheiten machte. Städter waren von Kindesbeinen an deutlich mehr Infektionen (wie etwa Masern, Mumps, Röteln, Diphtherie, Scharlach oder Tuberkulose) ausgesetzt als die weit verstreute Landbevölkerung, die kaum einmal eine kritische Verdichtung erreichte. Die Bewohner römischer Siedlungen und Städte waren so gesehen im Nachteil gegenüber den nomadisierenden »Barbaren« jenseits der Grenzen des Reichs.

Die wiederkehrenden Krankheiten zwangen die frühen Zivilisationen gerade in den dichten Siedlungen und Städten dazu, sich auf natürliche Weise gegen sie zur Wehr zu setzen, und zwar, indem die Bevölkerung irgendwann weitgehend durchseucht eine natürliche Immunisierung gegen die epidemischen Infektionen entwickelte, die dann vor allem nur noch Kinder durchleiden. Dadurch entstand zwar allmählich eine Immunantwort der Überlebenden, zugleich aber sorgten die Seuchenzüge für eine deutlich schrumpfende Bewohnerschaft. Letztlich müssen wir in der seuchenbedingten Entvölkerung den wesentlichen Faktor für das endgültige Ende der antiken Zivilisationen sehen. Durch die aufeinanderfolgenden Epidemien ging die Einwohnerzahl Roms zwischen 150 und 500 nach Christus von schätzungsweise einer Million Einwohner auf nur noch 60 000 zurück; und in der Zeitspanne zwischen dem Jahr 250 und 500 wurde die Bevölkerung des gesamten Römischen Reiches durch Epidemien um etwa die Hälfte reduziert.[20] Dieser enorme Aderlass einer zuvor prosperierenden Bevölkerung dürfte zumindest Roms Untergang beschleunigt haben.

Nicht vergessen dürfen wir, dass der Dichtefaktor auch tierische Wirte und Überträger betraf. In den Siedlungen und Städten flackerte die Pest auch deshalb immer wieder auf, weil sich die Ratten in den Abfällen und Abwässern der Menschen gut vermehrten. Dagegen waren auch die Populationen der Nagetiere im ländlichen Raum viel geringer; also kamen dort, wo die Gegner der Römer lange in Feldlagern und Zelten lebten, deutlich weniger Ratten vor.

Zum Drama vom Untergang des Römischen Reichs trugen überdies noch weitere Umweltveränderungen bei, die die Menschen statt zu Beherrschern der Natur zu Marionetten und ahnungslosen Mitspielern machten. Zu den periodisch auftretenden Infektionskrankheiten kam vor allem eine frühe Klimakatastrophe hinzu in Form einer spätantiken kleinen Eiszeit. Auf dem Höhepunkt seiner Macht in den ersten nachchristlichen Jahrhunderten war im Römischen Reich das Klima relativ stabil, im Schnitt etwas wärmer und in Teilen Südeuropas feuchter gewesen; Regionen, die heute trocken sind, waren damals fruchtbar und grün. Doch die 530er- und 540er-Jahre brachten dann eine dramatische Zeit klimatischer Veränderungen, ausgelöst sehr wahrscheinlich durch eine Reihe von Vulkanausbrüchen, die in historischen Quellen und durch naturwissenschaftliche Befunde belegt sind. Dadurch war nicht nur anno 536 die Sonne für ein ganzes Jahr lang nur wie gedimmt zu sehen; insgesamt war der Zeitraum von 540 bis zum 7. Jahrhundert einer der kältesten im ganzen Holozän und die mittlere Temperatur um ein bis zwei Grad niedriger.[21]

Indes dürfen wir es uns – gerade mit unserem heutigen Blick auf das Klima – auch nicht zu einfach machen und die (anders als die heutigen) seinerzeit keinesfalls anthropogenen Klimaschwankungen der Spätantike und ihre Folgen etwa in Form von Hungersnöten und sozialen Unruhen als alleinige Ursache sehen. Das Bild ist komplexer, und so schwierig es bei historischer Gleichzeitigkeit ist, Ursache und Wirkung zu erkennen: Im Ergebnis waren es das Zusammenwirken eines klimatischen Wandels und periodischer Epidemien sowie die daraus folgenden politischen und ökonomischen Veränderungen, die als sich verstärkende Krisen aus einer bevölkerungsreichen, urbanisierten, vernetzten politischen Einheit – wie es das Römische Reich im 2. Jahrhundert unserer Zeitrechnung war – eine zersplitterte, agrarische, wirtschaftlich geschwächte Staatengruppe machte, wie sie dann im 7. Jahrhundert bestand. *Sic transit gloria mundi* – so vergeht der Ruhm der Welt.

MENSCHEN UND MIKROBEN: DIE EINSTMALS »NEUEN SEUCHEN«

Die Attische Seuche von 430 vor Christus in Athen, die Antoninische Pest 166 nach Christus und die Cyprianische Pest 248 in Rom, schließlich die Justinianische Pest 542 in Konstantinopel – hervorgerufen sehr wahrscheinlich von den Erregern der Masern, dann der Pocken und schließlich der Beulenpest, übertragen auf den Menschen aus den einstigen natürlichen Reservoiren der Erreger in Rindern und Rodentieren wie afrikanischen Rennmäusen und asiatischen Ratten. Was bisher meist randständig als alte Historie in den einschlägigen Geschichtswerken dargeboten wird, eröffnet tatsächlich eine höchst aktuelle evolutionsbiologische Perspektive auf die Gestaltungskraft der Natur in der Kulturgeschichte der Menschheit. In jedem Fall dokumentiert sich darin das durch schriftliche Zeugnisse verbürgte und heute durch naturwissenschaftliche Befunde nachweisbare erstmalige Auftreten einst neuer, für den Menschen als immunologisch naiven Wirt entsprechend vernichtender Seuchen. Schon immer also kamen in der Geschichte der Menschheit neue Seuchen hinzu.

Tatsächlich haben wir seit Urzeiten mit Infektionen zu kämpfen. Sie sind Begleiter wie Wegbereiter der Menschheit, spätestens seit wir sesshaft und zu Ackerbauern und Viehhirten wurden. Zweifelsohne haben von Viren und Bakterien ausgelöste Epidemien etwa die Hochkulturen Mesopotamiens ebenso geprägt wie auch jene Mexikos. Sie ließen in der Alten Welt mit dem Römischen Reich die am dichtesten bevölkerte und am engsten untereinander verbundene Gesellschaft der Welt ebenso untergehen wie später das Reich der Azteken und anderer indigener Völker der Neuen Welt.

Aber die für den Menschen neuen Seuchen waren nicht nur für einschneidende Krisen in der Weltgeschichte verantwortlich, sie waren auch der Urgrund für diverse Gottesanbetungen, wurden zu den mächtigsten Propagandisten dieser Götter und schließlich Geburtshelfer der großen Religionen. Mit dem Glauben wurde eine Kulturleistung sondergleichen gegen die Geißel der Menschheit in Stellung gebracht. Religion und Moral im modernen Sinn entstanden, so die These einiger Historiker heute, als ein kulturelles Schutzsystem und als eine Art Katastrophenschutz gegen Krankheiten.[22]

Ein wahres Pandämonium tödlicher Pandemien hat wiederholt Angst und Schrecken ausgelöst, Familien und Sippen, Stadtteile und Siedlungen ausgelöscht, Länder verwüstet, Kulturen vernichtet, Zivilisationen zerstört. Massenepidemien haben unzählige Opfer gefordert – in einer Größenordnung, die wir allenfalls näherungsweise abzuschätzen vermögen. Demnach dürften die meisten Menschen der Antike, des Mittelalters und selbst der Neuzeit an seuchenartigen Infektionskrankheiten gestorben sein. Biologische Plagen haben in der Vergangenheit mehrfach die Demografie ganzer Kontinente dominiert, in der Alten wie der Neuen Welt. So schwierig es ist, dazu genaue Zahlen zu ermitteln, so erschreckend sind die, die wir kennen.[23] Insgesamt dürften Epidemien einen von fünf Bewohnern der Erde getötet haben. Bei den großen Seuchenzügen der Pest im Mittelalter und frühen Neuzeit ist vermutlich rund die Hälfte aller Menschen in den betroffenen Regionen gestorben – wir reden allein bei der Pest um 1346 in Europa von wenigstens 25 Millionen Menschen. Und wenigstens jeder zweite Indigene in der Neuen Welt, so Schätzungen, dürfte den Seuchen im Gefolge der europäischen Expansion zum Opfer gefallen sein. Das könnten immerhin mehr als 50 Millionen Menschen in wenigen Jahrzehnten gewesen sein. Allein in Mittelamerika waren es im ersten Jahrhundert nach der Entdeckung möglicherweise sogar mehr als 90 Prozent der Bevölkerung, die die erste Begegnung mit den Eroberern aus Europa und ihren Seuchen mit dem Tod bezahlten – eine demografische Katastrophe sondergleichen, die dabei half, dass für die nachfolgenden Jahrhunderte Europäer die Welt und ihre Geschichte dominierten. Und bei der gerade ein Jahrhundert zurückliegenden Spanischen Grippe gehen Schätzungen von 50 bis 100 Millionen Opfern aus; mehr Tote als in beiden Weltkriegen. Da aber war die Zahl der Menschen insgesamt bereits auf ein Niveau gestiegen, bei dem so etwas wesentlich geringere Auswirkungen hatte. Während um das Jahr 1000 etwa 250 Millionen Menschen auf der Erde lebten und es bis zur Zeit der großen Pest 1346 um die 400 Millionen Menschen geworden waren, hatte sich die Menschheit am Beginn des 20. Jahrhunderts auf rund zwei Milliarden vermehrt. Und angesichts der Bevölkerungsexplosion, die diese Zahl seither vervierfacht hat, haben heute selbst massenhafte Infektionskrankheiten kaum noch einen zahlenmäßigen Einfluss. Bisher jedenfalls.

Pest und Pocken, Masern und Mumps, Tuberkulose und Typhus, nicht zu vergessen Influenza und Cholera sowie andere Pathogene haben lange nicht nur Schicksal gespielt; vielmehr haben die durch sie ausgelösten Epidemien in einem kaum zu überschätzenden Maße Geschichte geschrieben. Mehr noch als Kriege und Katastrophen sorgten massenhafte Krankheiten und nachfolgendes Chaos und Krisen für historische Meilensteine und für historische Weichenstellungen. Seuchen brachten dabei nicht selten das Beste und das Schlechteste im Menschen hervor. Sie waren schon immer eine der großen Bedrohungen für die Stabilität des menschlichen Zusammenlebens, zwangen uns,

uns voneinander zu isolieren und andere auszugrenzen. Und sie waren der große Gleichmacher, veränderten das soziale Gefüge und ganze Gesellschaften. Seuchen haben ganze Landstriche entvölkert und die wirtschaftliche Entwicklung um Jahrhunderte zurückgeworfen, Ökonomien ruiniert – und sie stehen am Anfang der kolonialen Globalisierung.

Als wiederkehrende Herausforderung und als Muster im Umgang mit historischen Plagen erkennen wir heute zweierlei. Zum einen sind Epidemien und Pandemien ein immer wieder unterschätzter Teil der Menschheitsgeschichte, zum anderen sind sie alles andere als neu. Wir verdrängen sie nur immer wieder und ignorieren dabei zugleich ihre gestalterische Kraft. So sind wir – geschichtsvergessen – jedes Mal von Neuem verblüfft und überwältigt. Was zumindest für die Menschen im globalen Norden heute kein Wunder ist, da sie seit etwa einem Jahrhundert keinerlei persönliche Erfahrungen mit tödlichen Epidemien mehr gemacht haben. Bis Covid-19 kam. Natürlich führt ein vorübergehendes Aussetzen tödlicher Seuchen zu elitärer Selbstzufriedenheit und zur Illusion von Sicherheit. Doch welche Ignoranz und was für ein Irrtum!

Sich mit der Geschichte der Seuchen zu beschäftigen, verändert den Blick auf die gegenwärtige Lage. Geschichte, so sagt man, wiederholt sich zwar nicht; aber sie weist durchaus Ähnlichkeiten und Analogien zur Gegenwart auf. Und so hält auch die Geschichte der Seuchen die eine oder andere Lektion bereit, die uns durchaus helfen könnte. Um die Geschichte indes richtig zu verstehen, müssen wir vor allem wissen, was genau die Ursachen für bestimmte Entwicklungen sind. Obgleich jede Pandemie anders ist und jede Seuche zu jeder Zeit ihre jeweils eigene Antwort gefunden hat – wie Menschen mit solchen Naturereignissen umgehen, ist insofern zeitlos, als noch jede Gesellschaft die von Tieren auf den Menschen überspringenden Seuchen auf ihre je eigene Weise narrativ bewältigt hat. Die

Zeiten sind heute natürlich ganz andere als früher (sie waren auch früher schon ganz unterschiedlich). Früher lebten Menschen in einer in technologischer Hinsicht vergleichsweise einfach organisierten Welt; heute haben wir eine industrialisierte und globalisierte Welt mit einer weitaus besseren materiellen Basis, einschließlich der modernen Medizin. Zudem wusste man früher nicht, woher das Unglück kam, was es bewirkte und wie man sich wehren sollte. Heute wissen wir darüber weitaus mehr und vieles besser. Vor allem wissen wir, dass eine Pandemie nicht das Ende der Welt ist; und wir wissen, wie gut wir im Grunde dran sind. Allerdings ist da auch die Erkenntnis, dass wir zwar einer kausalen Erklärung der Seuchen seit der Steinzeit erheblich näher gekommen sein mögen; zu verhindern wissen wir sie dennoch nicht – und wir tragen sogar selbst noch immer maßgeblich dazu bei.

Ein kursorischer Streifzug durch die Historie verschiedener epochaler Seuchen verhilft zu grundlegenden Einsichten.[24] Denn nur wenn wir die Vergangenheit der Seuchen kennen, dürfen wir hoffen, sie in Zukunft vielleicht verhindern zu können. Schauen wir uns aber zuerst noch kurz an, wie Menschen sich solche historischen Plagen einst erklärt haben.

MIASMEN UND ANDERE MISSVERSTÄNDNISSE

Seit Menschen über Geschehenes berichten können – also seit es so etwas wie Geschichtsschreibung gibt –, erzählen sie von Seuchen. Und so lange haben Menschen auch nach Erklärungen für sie gesucht. Bereits im *Gilgamesch*-Epos aus dem 2. vorchristlichen Jahrtausend wird erzählt, die Pest sei von den Göttern als Mittel gegen die Überbevölkerung auf die Erde geschickt worden. Für die Bewohner Mesopotamiens, des Zweistromlandes zwischen Euphrat und Tigris, war ihre Welt göttlichen Ursprungs. Folglich mussten die Götter auch Ursache allen Übels sein. Ein Mensch erkrankte nach damaliger Überzeugung, weil sich eine Gottheit von ihm abgewandt hatte; oder er hatte gar göttlichen Zorn auf sich gezogen.

Später lässt der griechische Verfasser Homer in seiner Meistererzählung *Illias*, entstanden um 700 oder 800 vor unserer Zeitrechnung und damit mehrere Jahrhunderte nach den eigentlichen Ereignissen, eine tödliche Krankheit über das Heerlager der Griechen vor Troja kommen, deren Urheber der Gott Apollon gewesen sein soll. So wie es in der Antike für alles Mögliche zuständige Götter gab, war für Seuchen Apollon zuständig, der zugleich der Gott der Heilkunst war. Noch heute kennt man die Sage jenes Gottes, der wütend auf den Kriegsherrn Agamemnon war und die Griechen vor Troja strafte, indem er Pfeile verschoss, die bei ihnen eine tödliche Seuche auslösten. Und bis heute liefern die Pfeile des Apollon das beliebte Bild einer uralten göttlichen Bedrohung.[25] Seinerzeit versuchten die Menschen, Apollon durch das Errichten von Statuen zu seinen Ehren zu besänftigen. Doch sie entwickelten auch bereits ein erstes rudimentäres Verständnis von der Seuchen-Übertragung. So erließen etwa die Priester des Apollon-Tempels die weise Warnung, dass die Menschen sich zur Begrüßung nicht mehr küssen sollten, wie es im Mittelmeerraum seinerzeit üblich war.

Seuchen sind für die Geschichtsschreiber seitdem ein alter, geradezu vertrauter Feind. Vom griechischen Historiker Thukydides haben wir bereits gehört. Im Alten Testament trifft die Beulenpest die Feinde Israels, die Ägypter ebenso wie die Philister. Die mythologische Deutung, nach der Krankheiten und insbesondere Seuchen auf göttliche Einflüsse zurückzuführen seien, herrschte lange vor. Wie andere Krisen und Katastrophen wurden sie als göttliche Antworten oder Warnungen betrachtet. Angesichts einer Strafe Gottes, verhängt weniger über Individuen als über eine Gemeinschaft, war es nahe liegend anzunehmen, dass sich das Verhängnis durch die intensive Ausübung der Religion am besten abwenden ließe. Folglich wurden in diesen Zeiten mehr Gottesdienste und Prozessionen als üblich abgehalten, was indes eher noch zur Verbreitung der Krankheit beitrug. Dabei ahnten die Menschen nur, dass der, der den göttlichen Schutz verloren hatte, ansteckender sein könnte als andere.

Heute mag uns diese antike Weltsicht naiv erscheinen. Doch dieses vormoderne Erklärungsmuster von Seuchen als göttliche Intervention dominierte lange, bis etwa um die Mitte des 18. Jahrhunderts stärkere Zweifel daran aufkamen. Immerhin gab es erste Ansätze einer Behandlung von Fieber, wobei Magie und Medizin noch eng verwoben waren. Beschwörungen waren Teil des Behandlungsrituals, aber auch schon die gründliche Reinigung. Der wiederum lag die durchaus diagnostische Beobachtung zugrunde, dass Rezepturen aus Pflanzen eine desinfizierende Wirkung haben können.

Wie die Medizingeschichte zeigt, ist die Vorstellung, ein Erreger könne eine bestimmte Krankheit verursachen, eine Entwicklung des 19. Jahrhunderts und Folge der damals entstehenden Mikrobiologie. Bis dahin beschrieben Mediziner ausführlich Symptome und Auswirkungen der Krankheiten, während es über die Verursacher nur Mutmaßungen gab. Dabei war *Gift* die häufigste Bezeichnung für jenen Stoff, dem krankheitsauslösende Wirkung zugeschrieben wurde. So glaubte man lange, eine Erkrankung erfolge durch sogenannte *Miasmen* – über einen *Gifthauch*, der dem Erdreich entstieg, sich über die Luft verbreite und jeden tötete, der ihn einatmete. Diese Idee verunreinigter »schlechter Luft« herrschte von der Antike an und bis weit übers Mittelalter hinaus in der einen oder anderen Form vor. Immer wieder aber kam auch der Kontagionsgedanke auf, von lateinisch *contagium* – die Idee also, dass ein Fieber etwa durch ansteckende Berührung entstehe und sich Organe durch übertragene Keime oder Krankheitssamen entzündeten.

Diese Vorstellung einer Ansteckung durch Keime konnte sich lange nicht durchsetzen, obgleich sie sich am Ende durch die Forschung ab dem 19. Jahrhundert bestätigte. Allerdings ist die Geschichte von den vermuteten Ursachen der Seuchen keineswegs so einfach und eindeutig; vielmehr gab es ein komplexes Nebeneinander der konkurrierenden Konzepte, wobei sich die alten Vorstellungen als erstaunlich langlebig zeigten und damit auch, was als Rezept zur Behandlung historischer Katastrophen galt. Bis in unsere Tage wird Gott und sein Zorn auf sündige Menschen mitunter als Erstursache eines Unglücks angenommen. Und bis ins 18. Jahrhundert findet sich diese Sündenökonomie nicht nur in kirchlichen Predigten, sondern auch in medizinischen Ratgebern wieder. Da man es nicht besser wusste, konnte es im Ernstfall nicht schaden, sich parallel des Schutzes und des Trostes hier und der Maßnahmen dort zu versichern. So entstand eine Mischung beider Ansätze; Theologen betonten das eine mehr, Mediziner das andere. In den seltensten Fällen blieb daher eine Abhandlung den Hinweis auf göttliche Ursachen der Seuchen schuldig. Immerhin wurde Gott nicht nur als unergründlicher Verursacher gesehen – die christliche Religion diente auch dazu, in Krisenzeiten Hoffnung und Zuversicht zu spenden. So beteten Ärzte und die Allgemeinheit vereint für ein baldiges Ende der Plagen und den Erfolg ihrer Maßnahmen zur Bekämpfung.[26]

Erst gegen Ende des 18. Jahrhunderts mehrten sich ernsthafte kritische Stimmen gegen diese göttlichen Deutungsmuster wie auch gegen die Miasmen-Fantastik. Allmählich entstand die Überzeugung, dass man Krankheiten nicht einfach so bekomme, sondern man sie sich bei einem anderen Menschen oder bei einem Tier hole. Schließlich wurden pathogene Mikroorganismen als Ursache erkannt – und damit auch, wenngleich spät, dass diese ein gewichtiges Agens in der Geschichte sind. Mit dem unbestechlichen Blick durchs Mikroskop haben Mikrobiologie und Immunologie im ausgehenden 19. Jahrhundert Keime als Auslöser und Keimträger als Gefährder identifiziert. So wurde nicht nur unser Verständnis von Seuchen revolutioniert – durch das neue Wissen hat diese Geißel der Menschheit auch viel von ihrem Schrecken verloren, und Impfungen wurden zum Segen.

Doch heute, nach einem euphorischen Jahrhundert der Illusion, erkennen wir, dass Seuchen uns nicht in Ruhe lassen werden. Denn sie leben weiterhin von uns, die wir ihnen aufs Neue den Boden bereiten, indem wir in den vergangenen Jahrzehnten immer mehr in ihren natürlichen Lebensraum vordringen und mobiler denn je sind, sodass auch Viren neuerdings immer weiter herumkommen. Wo also stehen wir mit unseren Einsichten und Erklärungen? Ist nicht just diese Erkenntnis vom Zusammenwirken von Viren mit ihrer jeweiligen Umwelt genau das, was wir aus der Geschichte der Seuchen lernen können? Es hilft durchaus, einen Blick insbesondere auf die Anfänge menschlicher Infektionskrankheiten zu werfen. Dabei müssen wir zuerst weit in der Menschheitsgeschichte zurückgehen; in eine Zeit lange vor unserer Zeit, als die Welt eine ganz andere war und wir Menschen noch als Jäger und Sammler eine Art unter vielen auf der Erde.

FRÜHE WEGBEGLEITER: EIN FALL FÜR DIE PALÄOVIROLOGIE

Die längste Zeit seiner Evolution lebte *Homo sapiens* als ein umherstreifender Nomade in kleinen Gruppen. In dieses vermeintlich idyllische Bild fügt sich die lange gehegte und publizistisch vielfach gepflegte Annahme, unsere mobilen Ahnen seien vergleichsweise frei von Infektionskrankheiten gewesen und dass bei diesen Jägern und Sammlern Epidemien weitgehend gefehlt haben dürften, da sie deutlich weniger zahlreich und nicht so eng beieinander lebten. Doch auch die Steinzeit war kein Paradies ohne Seuche.

Wir wissen das erst seit Neuestem, dank spektakulärer molekulargenetischer Forschungen. Und wir müssen das hier betonen: Im Folgenden geht es um Viren, um simple Molekülstrukturen, die sich jetzt dank innovativer Labormethoden auch nach vielen Jahrtausenden noch nachweisen lassen. Dadurch kommt die alte Erzählung vom infektionsfreien Jäger- und Sammlerdasein reichlich durcheinander, denn den Menschen plagen Infektionen nicht erst, seit er mit der aufkommenden Sesshaftigkeit und der Landwirtschaft vor rund 12 000 Jahren begann, in immer größeren Siedlungen und später in den ersten größeren Städten zusammenzuleben. Die epidemischen Krankheiten, so die Vorstellung bisher, seien dabei vom Tier auf den Menschen gekommen, als der dicht an dicht mit seinem Vieh lebte. So sprangen von den ersten Nutztieren wie Rindern, Schweinen und Hühnern die durch Viren verursachten Krankheiten wie Masern, Pocken, Röteln und Influenza auf den Menschen über. Später verbreiteten sich diese Seuchen mit den zunehmend engeren Handelsverbindungen in den wachsenden Zivilisationen der Alten Welt. Bis deren Bevölkerung weitgehend durchseucht eine natürliche Immunisierung gegen die epidemischen Infektionen entwickelte, die dann vor allem noch Kinder durchleiden.

Diese Vorstellung vom neolithischen Ursprung unserer Kinderkrankheiten hat vor allem der US-amerikanische Evolutionsbiologe Jared Diamond entwickelt und eloquent vertreten, der sich fragte, warum (wie man damals noch glaubte) viele Krankheiten nur bei Ackerbauern und zuerst nur in der Alten Welt auftraten.[27] Demnach müsste die Zeit unmittelbar nach der Sesshaftwerdung die wohl tödlichste Periode der Menschheit gewesen sein, aus der sich – und das ist eines der großen Paradoxa der Menschheitsgeschichte – dann aber die frühen Hochkulturen entwickelten. Diesem Narrativ folgend, könnten wir schließen, dass bei der Neolithischen Revolution aus den zoonotischen Infektionen die ersten Zivilisationskrankheiten entstanden und dass die Erreger der anfangs verheerenden Seuchen anschließend allmählich einiges an ihren virulenten Fähigkeiten verloren; unter anderem wurden sie weniger tödlich und vermochten nach langer Anpassung an ihren neuen Wirt nicht mehr ihre ursprünglichen Wirte zu infizieren. Weshalb viele Erreger heute, so dachte man, nur noch beim Menschen vorkämen. Für die Annahme einer neolithischen Entstehung unserer Infektionskrankheiten sprach auch, dass die in der Neuen Welt lebende indigene Bevölkerung anfangs vermeintlich frei war von Infektionskrankheiten, vor allem aber naiv und ohne ausreichende Immunabwehr gegenüber den nur in der Alten Welt entstandenen Erregern.

So zutreffend einzelne Aspekte dieses Narrativs auch weiterhin sind und so viele Indizien in bestimmten Fällen auch dafür sprechen – die generelle Annahme, dass unsere frühen Wegbereiter als Jäger und Sammler nicht auch unter Infektionskrankheiten litten, ist sicherlich zu einfach. Um nicht zu sagen: Sie ist historisch falsch, wie jüngste Befunde nahelegen. Zweifelsohne war die Virenlast vor dem Neolithikum eine gänzlich andere als heute, doch eine ganze Serie neuester Studien eröffnet uns eine andere Perspektive. Vielfach zeigt sich dabei, dass einzelne Erreger den Menschen schon deutlich länger besiedelten, als man bisher dachte. Vor allem bakterielle Krankheitsauslöser wie etwa jene, die Tuberkulose und Lepra verursachen, dürften sich nicht erst mit der Einführung der Landwirtschaft vor 10 000 Jahren an den Menschen herangemacht machen. Vielmehr hatten sich einige bereits zuvor bei unseren in der afrikanischen Savanne lebenden Vorfahren als unliebsame Mitbewohner eingenistet.

Ganz zu schweigen von einem der nachweislich ältesten viralen Bekannten des Menschen: den verschiedenen Hepatitis-Viren. Das Hepatitis-G-Virus beispielsweise kommt heute bei etwa fünf bis 15 Prozent der Weltbevölkerung vor, ohne nennenswerte Symptome zu verursachen. Wie unlängst entdeckt, spiegelt sein Stammbaum nicht nur die Evolution seines heutigen Wirtes, er belegt auch, dass sich die Ahnen dieses Virus sowie seiner nächsten Verwandten einst bereits bei den Primaten der Neuen und der Alten Welt unabhängig voneinander fortentwickelt haben. Hepatitis-Viren sind offenbar ein uraltes Erbe aus den Urzeiten unserer Affenvorfahren und jener unmittelbaren Ahnenlinie, die zu uns Menschen führt.[28]

An dieser Stelle lohnt es sich, die Evolutionsgeschichte eines anderen Hepatitis-Virus zu beleuchten, das ebenfalls ein alter Wegbegleiter des Menschen ist; bei Weitem nicht so alt, aber älter als lange angenommen. Hepatitis-B-Viren, kurz HBV genannt, können eine Entzündung des Lebergewebes verursachen, was bei schätzungsweise mehr als 250 Millionen Menschen weltweit chronisch der Fall ist. Zwar heilt die Infektion bei 90 Prozent der behandelten Patienten aus, dennoch ist das Virus, das über Körperflüssigkeiten etwa bei Sexualkontakten übertragen wird, für fast eine Million Todesfälle weltweit verantwortlich. Seiner Naturgeschichte auf die Spur zu kommen, gelang jüngst dank einer Besonderheit dieser Hepatitis-Viren. Denn HBV befallen zwar primär die Leber, ziehen sich aber nach einer Attacke durch das Immunsystem auch ins Knochenmark zurück. Dort erhalten sie sich, von den widerstandsfähigen Knochen umhüllt, mehr als andere Viren anderswo auch über lange Zeit nach dem Ableben seiner Träger. Zudem werden diese Hepatitis-Viren nicht aus der vergleichsweise instabilen einzelsträngigen RNA, sondern der viel beständigeren doppelsträngigen DNA aufgebaut. Beides liefert die Chance für die sich derzeit neu entwickelnde Paläovirologie.[29]

Im Gegensatz zu vielen anderen Krankheitserregern ist für HBV kein Reservoir im Tierreich bekannt, was bereits dafür spricht, dass dieses Virus schon länger beim Menschen hausiert und direkt mit ihm und seiner Geschichte verbunden ist. Im Oktober 2021 berichteten Wissenschaftler nun, dass HBV sehr wahrscheinlich bereits bei unseren Jäger- und Sammler-Vorfahren endemisch gewesen sei, also so etwas wie eine Volkskrankheit der frühen Nomaden. In ihrer Studie zeigten Forscher um Denise Kühnert und Arthur Kocher vom Max-Planck-Institut für Menschheitsgeschichte in Jena, dass HBV zwar nicht schon bei den ersten modernen Menschen vorhanden gewesen sein dürfte, die vor rund 50 000 Jahren Afrika verließen. Doch deutet die phylogenetische Analyse der untersuchten Viren-Sequenzen aus menschlichen Knochen darauf hin, dass diese Viren immerhin bereits vor rund 20 000 bis 17 000 Jahren entstanden sind. Dieses Zeitfenster ist aus zwei Gründen wichtig: Es liegt vor der Neolithischen Revolution, weshalb HBV den Menschen seit deutlich längerer Zeit als seit dem Beginn von Landwirtschaft und Viehzucht begleiten, und es zeigt, dass damals bereits Menschen aus Eurasien und vor allem Ostasien über die Beringia-Landbrücke nach Amerika einwanderten, die das Virus so früh auch in die Neue Welt brachten. Tatsächlich konnten Kocher und seine Kollegen HBV in 9000 Jahre alten menschlichen Überresten nachweisen, die aus Funden in Amerika stammen. Die Erbgutanalyse zeigt sogar zwei hauptsächlich bei amerikanischen Ureinwohnern vorkommende Varianten, deren Vorläufer den Kontinent bereits mit den ersten dort siedelnden Menschen erreicht haben dürften. Sie gehen auf eine gemeinsame Stammlinie zurück, die sowohl die Vorfahren der Ureinwohner Amerikas als auch ihre engsten europäischen Verwandten infizierte – und das zu einer Zeit, als sich deren Evolutionslinien gerade auseinanderlebten und daraus die eurasische und amerikanische Bevölkerung entstand.[30]

Die Feinanalyse der Forscher zeigt, dass die Viren-Vielfalt nach dieser Aufspaltung in der Alten und Neuen Welt noch weitere demografische Ereignisse der Menschheitsgeschichte widerspiegelt. So wurden jene Varianten, die einst bei den Menschen in weiten Teilen Europas verbreitet waren, gleichsam durch jene überschrieben, die sich dort nach dem neolithischen Übergang mit der aufkommenden Landwirtschaft auszubreiten begannen. Diese Ackerbauern, die den Kontinent während der nachfolgenden Jahrtausende besiedelten, hatten charakteristische Virusvarianten, die erst vor etwa 4000 Jahren verschwanden. Interessanterweise haben sich diese prähistorischen Viren auch unbeeindruckt von genetischen Einflüssen durch Reiterhorden aus den westlichen Steppen Asiens erhalten, die vor rund 5000 Jahren ansonsten die europäische Bevölkerung und Geschichte massiv prägten.

Eine ebenfalls ganz eigene Geschichte erzählt ein weiterer, diesmal bakterieller Erreger. Auch er steht beispielhaft für eine dieser nachweislich alten Evolutionslinien, die den Menschen schon seit Langem begleiten; dennoch ist um ihn ein regelrechter Gelehrtendisput ausgebrochen. Dabei geht es um zwei Fragen: Stammt die Plage vom Tier? Und wie alt ist sie wirklich?

TÖDLICHE TUBERKEL: DIE NEUE GESCHICHTE URALTER ERREGER

Ungeachtet gerade der jüngsten Corona-Pandemie, aber auch anderer Plagen, war sie die tödlichste Seuche der Welt. Nimmt man alles zusammen, dürfte ihr der Rang und zweifelhafte Ruf gebühren, der größte Feind zu sein, den die Menschheit je hatte. Mit der *Weißen Pest* infizieren sich bis heute jedes Jahr zehn Millionen Menschen, knapp anderthalb Millionen Erkrankte sterben. Etwa jeder vierte Mensch auf der Erde trägt heute ihren Erreger; und obgleich allenfalls zehn Prozent erkranken, gilt sie als eine der gefährlichsten Infektionen.

Die Rede ist von Tuberkulose (Tbc), die – ähnlich wie die auch als *Schwarzer Tod* bezeichnete Beulenpest – von einem Bakterium ausgelöst wird (statt eines Virus wie etwa bei Covid-19, den Pocken oder Masern). Auch *Mycobacterium tuberculosis* springt per Tröpfcheninfektion von Mensch zu Mensch und befällt meist die Lunge. Die klassischen Symptome: länger anhaltender Husten, Nachtschweiß, Fieber und Gewichtsverlust. Auf diese Weise hat Tuberkulose in der Vergangenheit mehr Menschen getötet als jede andere Seuche. Zwar haben Pest und Pocken, Spanische Grippe, Cholera und jetzt Covid-19 zusammen vielen Millionen Menschen den Tod gebracht. Doch Tbc dürfte deshalb nach Ansicht von Experten die tödlichste Pandemie der Menschheitsgeschichte sein, weil ihre Infektionsgeschichte weit zurückreicht und die Todesliste entsprechend lang ist. Allein in den vergangenen 2000 Jahren sind weltweit schätzungsweise mehr als eine Milliarde Menschen an ihr gestorben. In Europa und Nordamerika war es vom 17. bis zum 19. Jahrhundert jeder fünfte Erwachsene. Und mit hoher Erkrankungs- und Todesrate bleibt Tuberkulose weiterhin eine der schlimmsten Infektionskrankheiten weltweit – für die die WHO aktuell wieder 4100 Todesfälle täglich meldet.[31]

Auch in der Geschichte der Infektionsbiologie selbst spielt die Schwindsucht genannte Krankheit eine besondere Rolle. Immerhin hat Robert Koch mit der Entdeckung des Tuberkulose-Erregers 1882 die wilhelminische Infektiologie begründet. Ganz im Zeitgeist des deutschen Kaiserreichs und im Auftrag der Reichsregierung hat er dann wahre Seuchenfeldzüge geführt, indem er den Kampf gegen die Mikroben als Vernichtungsfeldzug gegen einen unsichtbaren Invasor auffasste. Koch, der die Sitzungen der Kaiser-Wilhelm-Akademie stets in der Militäruniform eines

Generalarztes besuchte (dessen Rang ihm ehrenhalber verliehen worden war), begründete die junge Bakteriologie, wenn man so will, als Fortsetzung des »preußischen Militarismus mit dem Mikroskop«. Schon 1890 machte sich Paul Baumgarten, der acht Jahre zuvor unabhängig von Robert Koch den Tuberkulose-Bazillus beschrieben hat, über die Mode dieser von Koch inszenierten »Bakterienjägerei« lustig.[32]

Tuberkulose ist auch durch zahlreiche literarische Zeugnisse prominent geworden; allen voran sicherlich durch Thomas Manns Roman *Der Zauberberg*, der in einem Sanatorium für Tbc-Kranke spielt und in dem Mann den Krankheitsverlauf mit präziser infektiologischer Beobachtung schildert.[33] Einen spannenden Roman ganz eigener Art schreibt aber auch die Evolutionsbiologie des Tuberkulose-Erregers selbst. Es ist die Geschichte einer Infektionskrankheit, deren Spuren sich im Dunkeln der Vergangenheit verloren haben, deren Wurzeln weit zurückreichen. Bis an den Anfang unserer sesshaften Lebensweise und damit der Neolithischen Revolution vor mehr als 12 000 Jahren, wie manche meinen. Die Befunde anderer Forscher legen dagegen nahe, dass *Mycobacterium tuberculosis* sogar weitaus älter ist. Eines jedoch erstaunte unlängst beide Seiten: Nach molekulargenetischen Befunden zu urteilen, hat sich das nächstverwandte *Mycobacterium bovis* aus dem beim Menschen vorkommenden Tbc-Bakterium entwickelt – und nicht umgekehrt. Demnach sind die Erreger der Tuberkulose nicht etwa, wie man annehmen würde, in zoonotischer Manier vom Rind auf den Menschen übergesprungen; vielmehr ist ein bereits an den Menschen adaptiertes Bakterium nachträglich auf Rinder übergesprungen und hat dort eine eigene Entwicklung durchlaufen – eine Anthroponose also, wie Experten dies nennen, oder der Fall eines evolutiven *spillback*.[34]

So überraschend dieser Befund ist, so sehr unterstreicht er, dass das *Mycobacterium* weitverbreitet ist und neben dem Menschen auch in verschiedenen Arten von Wild- und Nutztieren zirkuliert. Oder anders gesagt: Es zeigt, wie sehr der Mensch die Umwelt auch mit Blick auf die Lebensumstände infektiöser Bakterien geprägt hat. Tuberkulose jedenfalls ist eine ultimativ menschliche Seuche in dem Sinne, dass wir unwissentlich zur weltweiten Verbreitung und Vervielfältigung seines Erregers beigetragen haben.[35] Wo aber kommt dieser ursprünglich her?

Den vielleicht ersten Akt hat dabei möglicherweise nicht der *Homo sapiens* selbst bestritten, sondern einer unserer direkten afrikanischen Vorfahren *Homo erectus*. Nachweise bei ihm zugeordneten Fossilien liefern einen Hinweis darauf, dass es sich bei der Tuberkulose um eine der ältesten Krankheiten der Menschheit handeln könnte und damit um einen Erreger, der nicht erst unsere Jäger-und-Sammler-Vorfahren auf Schritt und Tritt in ihrer afrikanischen Heimat begleitet hat. Mit *Homo erectus* verschiebt sich der Zeitrahmen, über den wir bei der Tuberkulose reden, nicht um zehntausend, sondern gleich um einige Hunderttausend Jahre in die evolutive Vergangenheit des Menschen.

Es sind durchaus ernst zu nehmende Hinweise, die *Mycobacterium tuberculosis* zum wohl ältesten Humanpathogen machen, auch wenn sie diesmal nicht aus einem molekulargenetischen Labor, sondern von der Anatomie, genauer: der Paläopathologie kommen. Denn der Tbc-Erreger befällt nicht nur die Lunge, die Krankheit kann sich auch in anderen Organen des Körpers ausbreiten und typische Veränderungen am Knochenskelett und Schädel bewirken – die dadurch im Nachhinein zu wichtigen Indizien für eine entsprechende Infektion des Trägers werden. Spuren, die auf Tbc hinweisen, fanden sich unlängst an einem etwa eine halbe Million Jahre alten *erectus*-Schädel aus der Provinzstadt Denizli in der heutigen Türkei. Das in mehreren Einzelteilen erhaltene Fossil – offenbar von einem jungen Mann zwischen 18 und 30 Jahren – zeigt typische, mikroskopisch

erkennbare Spuren einer durch Tbc verursachten Hirnhautent-
zündung: millimetergroße Läsionen an der Schädeldecke, die
dort als Riefen und Höcker auf der Vorderseite der Schädelgrube
zu erkennen sind. Da der aus Afrika stammende *Homo erectus*
bereits vor sehr langer Zeit lebte, müsste der Zeitpunkt des ersten Auftretens der Tuberkulose in der Geschichte erheblich kor-
rigiert werden, sollten sich diese morphologischen Befunde
bestätigen.[36]

Dass der Tuberkulose-Bazillus wohl nicht nur mehrere Hunderttausend Jahre alt ist, sondern sogar ein noch viel beträcht-
licheres Alter haben dürfte, dafür spricht auch seine Zwillings-
oder Schwesterart *Mycobacterium leprae*. Mit diesem Erreger
der Lepra, einer chronischen Infektion der Haut und Nerven,
infizieren sich bis heute mehr als 200 000 Menschen jährlich
neu, vor allem in Ländern wie Indien und Brasilien. Wir müssen
hier einen kleinen Exkurs machen und kurz der Spur dieses
Erregers nachgehen; immerhin liefert uns dies einen entscheidenden Hinweis auf die älteste bekannte Infektionskrankheit
beim Menschen – und damit auf eine lange natürliche Erblast
menschlicher Erreger. Just diese Ursprungsfrage ist bisher in
den meisten Darstellungen zur Seuchengeschichte eher untergegangen – weshalb das wahre Alter alter Plagen und ihre gemeinsame evolutive Geschichte mit dem Menschen erheblich
unterschätzt wird.

Der Verursacher der auch als Aussatz bekannten Lepra-
Infektion ist bereits 1873 – und damit ein Jahrzehnt vor Kochs
Tuberkel-Fund – vom norwegischen Arzt und Zoologen Gerhard
Henrik Armauer Hansen in Bergen entdeckt worden. Er wies
damit als Erster nach, dass eine chronische Krankheit von Bakterien verursacht wird. Heute gilt Lepra als eine typische tropische
Seuche, deren Ursprung man lange in Afrika vermutete und
von der man glaubte, sie trete ausschließlich beim Menschen
auf. Jüngst konnte nun aus dem molekulargenetischen Stamm-

baum der beiden inzwischen als Verursacher der Lepra erkannten Bakterienarten *Mycobacterium leprae* und *M. lepromatosis* zurückgerechnet werden, dass sie sich bereits vor wenigstens zehn Millionen Jahren entwickelt haben; also nicht nur lange vor dem modernen Menschen, sondern vor dem Erscheinen irgendeiner Hominidenart überhaupt. Weshalb zu fragen ist, ob der Erreger vielleicht zuerst bei uns nächstverwandten Tieren auftrat – etwa Primaten und dann den Menschenaffen-Ahnen. Und viel grundsätzlicher noch stellt sich bei Lepra (wie auch bei Tuberkulose) die Frage, ob es sich überhaupt um eine Zoonose handelt – welches Tier also den Menschen einst infizierte. Tatsächlich stammen Mycobakterien aus einer Gruppe weitverbreiteter, frei lebender, eher generalistischer Bodenbakterien, die sich offenbar erst später mit parasitischer Lebensweise bei unseren Ahnen etabliert und dann ganz auf uns spezialisiert haben. Ob an diesem ganz eigenen zoonotischen Pfad zu irgendeinem Zeitpunkt noch andere tierische Wirte beteiligt waren, und wenn ja, welche, gehört zu den ungelösten Rätseln dieser beiden vom *Mycobacterium* beim Menschen ausgelösten Infektionskrankheiten. Zumindest ist bislang kein anderes Reservoir dieser opportunistischen Erreger bekannt, die offenbar sehr früh vollständig auf uns Menschen als Wirt gesetzt haben.[37]

Vor diesem Hintergrund der Phylogenie des Lepra-Erregers fügen sich auch die jüngsten Meldungen über entsprechende Infektionen etwa bei frei lebenden Schimpansen in Westafrika ins Bild.[38] Bislang ist den Virenökologen unklar, aus welcher Quelle in der Natur sich die Tiere angesteckt haben oder ob die Ansteckung vielleicht beim Menschen erfolgt sein könnte. Möglich, dass dem Lepra-Bazillus dabei eine stammesgeschichtliche Vergangenheit zuerst in Menschenaffen zugutekommt – dass auch Tiere Lepra haben, weiß man, seit der Erreger sogar bei Gürteltieren im Süden der USA nachgewiesen wurde. Doch nehmen die Experten an, dass der Bazillus in diesem Fall sekundär vom Menschen auf Tiere übergesprungen ist, wie dies etwa bei Infektionen von Affen in Zoos bekannt ist, wo sich die Tiere bei Pflegern angesteckt haben.

Aus der Erbsubstanz des *Mycobacterium leprae*, in der Forscher neuerdings wie in einer Art Geschichtsbuch zu lesen gelernt haben, können sie noch mehr ableiten. Zwar lässt sich bisher nicht genau bestimmen, wann es einst zum Übersprung auf den Menschen kam und wie sich die beiden Linien des Lepra-Bakteriums dann in der Neuen und in der Alten Welt entwickelten. Doch ist es wohl bereits vor weit mehr als hunderttausend Jahren zu einer starken Anpassung dieser Parasiten an den *Homo sapiens* gekommen. Weitaus klarer wurde das Bild der Lepra, als es Paläovirologen gelang, die Erbsubstanz längst vergangener Erreger aus Knochenfunden des Menschen zu analysieren, statt nur – mithilfe einer an die Stammbäume rezenter Erreger angelegten *molekularen Uhr* – das Alter der ersten Ahnen zurückzurechnen. Da sich Lepra nicht nur durch die Haut, sondern in die Knochen frisst und dadurch Schäden am Skelett verursacht, lässt sich aus erhaltenen Überresten erkennen, ob ein Mensch damit infiziert war – und so in seinen Knochen gezielt nach molekularen Spuren der Erbsubstanz des Bakteriums suchen.

Entsprechende Genom-Analysen des Lepra-Erregers erlaubten es, der Evolution dieses langsam mutierenden Bakteriums durch die vergangenen Jahrtausende und Jahrhunderte in Eurasien zu folgen. Mit dem Ergebnis, dass sich die ersten Spuren des *leprae*-Bakteriums in der äußersten nordöstlichen Region des Kontinents finden, von wo es sich vor 6000 Jahren einerseits westwärts durch Asien nach Europa und Afrika, andererseits über den pazifischen Raum und Ozeanien ausbreitete. Vor 4000 Jahren existierte diese auffällige Infektionskrankheit in Südostasien und nachweislich vom 2. vorchristlichen Jahrtausend an auch in Ägypten zur Zeit der Pharaonen; ebenso wie in Westafrika noch vor der Zeit der transatlantischen Sklaverei, durch die die Lepra später auch nach Amerika gelangte. In Europa grassierte die Krankheit vor allem im Mittelalter, wo vier der sechs heute nachweisbaren Linien gefunden wurden und von wo aus sich der Erreger später nochmals mit den ersten Siedlern in der Neuen Welt ausbreitete.[39]

WIE ALT IST ALT WIRKLICH? VOM URSPRUNG DER TUBERKULOSE

Kehren wir zur Tuberkulose zurück. Für sie hatte der Evolutionsbiologe Jared Diamond (und mit ihm viele andere) angenommen, sie stamme als Zoonose vom Tier und sei während der Neolithischen Revolution vor rund 10 000 Jahren auf den Menschen übergegangen. Tatsächlich aber lässt sich für Lepra und Tuberkulose aufgrund jüngster Befunde festhalten, dass ihre Wurzeln weiter zurückreichen, wobei ihre Entwicklung seit Langem eng mit der des Menschen verknüpft ist. Beide sind sogenannte *langsame Seuchen*, da sie – im Gegensatz zu viralen Plagen vergleichsweise neueren Ursprungs wie etwa Pest, Pocken oder Masern – nicht plötzlich und epidemieartig aufflammen. Experten vermuten, dass Lepra und Tuberkulose in ihrer Frühzeit sehr viel ansteckender und tödlicher gewesen sind. Ihre anfänglich heftigen, verheerenden Infektionen haben nur die resistentesten Menschen überlebt, deren Nachfahren wir sind. Wie bei vielen Seuchen dürften die Erreger dann mit der Zeit immer weniger virulent geworden sein.[40]

Generell lassen sich die Infektionskrankheiten des Menschen grob in diese beiden Kategorien einteilen: Da gibt es sogenannte *crowd diseases*, also Massenseuchen, die hoch virulent und von einer dichten Bevölkerung abhängig sind, in denen sich der Erreger ausbreiten kann, ohne Gefahr zu laufen, mangels neuer

Wirte auszusterben. Solchen Erregern bot der Mensch seit der Neolithischen Revolution erstmals Gelegenheit zum zoonotischen Übersprung.[41] Im Gegensatz dazu verlaufen ältere Infektionskrankheiten beim Menschen langsamer, liegen lange latent und oft asymptomatisch vor, bevor sie ausbrechen. Das kann als Anpassung an eine niedrige Bevölkerungsdichte des Menschen gewertet werden, bei der der Wirt sich von einem Massenbefall erholen kann. Auf die Tuberkulose treffen Merkmale beider Gruppen zu. Sie verbreitet sich per Tröpfcheninfektion schnell über die Luft und bringt beinahe die Hälfte aller Erkrankten um wie bei einer typischen Massenseuche. Aber sie verläuft auch chronisch und bleibt latent wie solche Infektionen, die es bereits vor dem Neolithikum gegeben haben dürfte.

Erst im vergangenen Jahrzehnt sind wichtige Befunde zur Tbc bekannt geworden, die sich wie Mosaiksteine zu einem neuen Bild dieser alten Seuche zusammensetzen lassen.[42] Analysen des gesamten Erbguts bei knapp 280 Proben von *Mycobacterium tuberculosis* aus aller Welt verweisen eindeutig auf einen frühen afrikanischen Ursprung der Seuche und auf eine Ko-Evolution ihres Erregers mit dem anatomisch modernen Menschen. Demnach begleitet die Tuberkulose den *Homo sapiens*, seit der vor etwa 70 000 Jahren den afrikanischen Kontinent zu verlassen begann. Die frühesten stammesgeschichtlichen Verzweigungen des Erregers gehen einher mit der ersten Welle, in der sich die Menschen entlang der Küsten des Indischen Ozeans ausbreiteten; erst vor rund 46 000 Jahren kamen sie dann auch nach Europa. Also trugen bereits die frühen Jäger und Sammler die Erreger der Tuberkulose mit sich, lange bevor der Mensch sesshaft und zum Ackerbauern und Viehzüchter wurde. Spätestens seit dem Auszug aus Afrika hat sich der Erreger an seinen menschlichen Wirt angepasst und wurde uns ein ständiger Begleiter. Was die Schwindsucht nachweislich zu einer der ältesten Plagen der Menschheit macht.[43]

Diese nahm allerdings erst in einer weiteren Phase, in den vergangenen 10 000 Jahren etwa, an Fahrt auf, als am Rande des östlichen Mittelmeerraumes die Bevölkerung erstmals dichter wurde. Anhand von Genvarianten des *Mycobacterium tuberculosis* konnte eine weitere Studie Tbc bei Menschen der Siedlung Atlit-Yam südlich des heutigen Haifa in Israel nachweisen, die dort vor rund 9000 Jahren Ackerbau betrieben und Tiere domestizierten. Doch war auch hier nicht etwa eine Zoonose die Ursache für das Auftreten der Tuberkulose; vielmehr war es der kombinierte Effekt, dass immer mehr Menschen immer dichter zusammen siedelten, wie das bei einer typischen *crowd disease* der Fall ist.[44]

Noch klaffen in der Evidenzkette zur Geschichte der Tbc-Infektionen erhebliche Lücken, da die jüngst so erfolgreichen Methoden der Paläopathologie meist den Zeitraum lange nach der Neolithischen Revolution abdecken. Weil dadurch regelmäßig der Fokus auf die vermeintlich nur mehrere Tausend Jahre alten Anfänge gelenkt wird, haben einige Historiker Tuberkulose wie auch Lepra als vermeintlich junge Seuche dargestellt. Und zweifelsohne hat das *Mycobacterium* in seiner heutigen genetischen Zustandsform seine pandemische Wirkung vor allem in den vergangenen zwei, drei Jahrtausenden entfaltet, als immer mehr Menschen immer dichter gedrängt in Städten siedelten. Fortan ließ die Seuche nur diejenigen überleben, die über eine effektive Immunantwort verfügten, was der Tbc indes keineswegs vollständig das Tödliche nahm.

Seit der Bronzezeit hat der Erreger die Immunantwort des Menschen erst in Europa und Afrika, dann auch auf anderen Kontinenten verändert. Gemeinsam mit seinem Postdoc Gaspard Kerner ist der Molekulargenetiker Lluís Quintana-Murci vom Institut Pasteur und Collège de France in Paris unlängst der Spur einzelner Mutationen des *Mycobacterium tuberculosis* im Genom von mehr als 1000 Europäern gefolgt, die während der vergangenen Jahrtausende den Kontinent besiedelten. Eine Schlüsselrolle spielen dabei Varianten des menschlichen Immungens TKY2. Hier fanden die Forscher eine seltene Mutation namens P1104 A bei einem Bauern in Anatolien, der dort vor rund 8500 Jahren lebte und mit dieser bereits lange zuvor entstandenen Variante des Tbc-Erregers infiziert war. Vermutlich haben Farmer und Hirten diese Mutation dann mit dem sich ausbreitenden Ackerbau und der Viehzucht nach Europa getragen.

Die genetischen Veränderungen über lange Zeiträume erlauben den Forschern eine Abschätzung, wie häufig einzelne Mutationen früher einmal waren. Auf diese Weise ermittelten Kerner und Quintana-Murci, dass die Variante P1104 A bis vor etwa 5000 Jahren bei circa drei Prozent der Bevölkerung vorhanden gewesen sein dürfte. In der mittleren Bronzezeit vor etwa 3000 Jahren trugen bereits zehn Prozent aller Europäer diese Mutante. Doch dann fiel ihr Anteil wieder auf 2,9 Prozent zurück, etwa so viel wie bei den heutigen Bewohnern des Kontinents. Diese drastische Veränderung fällt zusammen mit dem ersten Auftreten jener Tuberkulose-Variante, die heute vorherrscht. Durch Computersimulationen konnten die Forscher zeigen, wie Bevölkerungsdichte und Wanderungen die Häufigkeit einzelner Genvarianten beeinflussten. Demnach ist offenbar wenigstens ein Fünftel der Bevölkerung an Tbc ernsthaft erkrankt oder gestorben, wenn in ihrem Erbgut gleich zwei Kopien der ursprünglichen, heute seltenen Variante P1104 A vorlagen. Daher gab es von dieser Genmutation am Ende der Bronzezeit vor 2000 Jahren nur noch wenige Überträger. Weil sie bei einer Infektion mit Tuberkulose geringere Chancen hatten zu überleben und ihre genetische Ausstattung an Nachkommen weiterzugeben, sorgte die natürliche Selektion dafür, dass die tödliche Variante weitgehend eliminiert und auf einem niedrigen Niveau eingeregelt wurde.[45]

Wie dieses Beispiel unterstreicht, wirken Infektionskrankheiten als die stärkste Evolutionskraft, mit der wir Menschen konfrontiert sind. Im Zusammenhang mit der Virulenz von Seuchen haben jüngst Funde verschiedener Arten des *Mycobacterium* Experten in Amerika beschäftigt. Daran hängt nicht nur die Frage der vermeintlichen immunologischen Naivität einer indigenen Bevölkerung, es geht bei dieser von der US-amerikanischen Historikerin Monica Green als *Great Dying* bezeichneten Verseuchung des Doppelkontinents im Zuge der nachkolumbianischen Globalisierung und Kolonisierung auch um unser Verständnis der geschichtlichen Rolle von Seuchen. Einiges Rätselraten gab es bei der Datierung und Erklärung präkolumbianischer Nachweise von Tbc, etwa bei Mumien in Peru und Chile mit einem Alter von rund 1000 Jahren, also deutlich vor dem ersten europäischen Kontakt, aber auch bei einem rund 17 500 Jahre alten Fund aus Nordamerika. Man vermutete, dass bereits die ersten Menschen, die zu diesem frühen Zeitpunkt über die trockengefallene Beringstraße den Doppelkontinent erreichten und zu besiedeln begannen, den Erreger aus der Alten Welt mit sich brachten. Eine solche natürliche Ausbreitung wäre angesichts des nachweislich höheren Alters sowie der erwähnten engen Ko-Evolution von Tbc-Erreger und Mensch durchaus plausibel. Dagegen glaubten andere Forscher lange, dass Tuberkulose erst viel später durch die Europäer in Amerika eingeschleppt worden sei.

Kirsten Bos vom Max-Planck-Institut für Evolutionäre Anthropologie in Leipzig gelang es 2014, der Geschichte einen überraschenden Twist hinzuzufügen. Sie konnte anhand von Proben aus Skeletten vorkolumbianischer Gräber in Peru nachweisen, dass das in der Wildnis offenbar weiter verbreitete Tuberkel-Bakterium in diesem Fall gar nicht mit dem Menschen nach Amerika einwanderte. Vielmehr dürfte der Erreger mit Seehunden und Seelöwen aus Afrika in die Neue Welt gelangt sein.

Bos' Studie legt nahe, dass sich die Menschen des Doppelkontinents anfangs mit den ursprünglich von Ohrenrobben stammenden Bakterien infizierten. Die Robben-Bakterien passten sich allmählich an den Menschen an, bevor sie von bereits lang zuvor adaptierten Varianten aus Europa verdrängt wurden. Tatsächlich schwimmen Seehunde und Seelöwen, die vor der Küste Südafrikas und Namibias leben, bei ihren Streifzügen nach Beute (Fischen und Tintenfischen) weit in den Atlantik hinaus. Sie könnten dabei den Erreger auch nach Südamerika getragen haben. Dass diese ursprünglichen Varianten des Tbc-Bakteriums später von deutlich aggressiveren, mithin bald dominanten Varianten verdrängt wurden, half neben etlichen anderen tödlichen Krankheiten bei der rabiaten Eroberung durch europäische Konquistadoren und der nachfolgenden Kolonisierung Amerikas erheblich mit. Immerhin ließen sie Millionen der indigenen Bevölkerung erkranken und sterben.[46]

So reicht also die Geschichte des sich beim Menschen einnistenden Tuberkulose-Bakteriums nicht nur lange zurück, sondern erweist sich auch als sehr voltenreich. Zudem bereiten Infektionen mit Tbc den Medizinern bis heute Sorge. Gerade im Schatten der Covid-19-Pandemie haben sich andere gefährliche Seuchen – etwa HIV oder Malaria – wieder rasant ausgebreitet. Allein bei der Tuberkulose werden mehr als 1,2 Millionen zusätzliche Infektionen und 300 000 Tote befürchtet.[47] Da beim Wiederhochfahren nach dem Lockdown gerade im globalen Süden Hunderttausende unerkannt infiziert wurden, sei es mehr noch als früher wichtig, vor allem Tuberkulose-Infektionen frühzeitig zu diagnostizieren und auch hier in die Impfstoff-Entwicklung zu investieren, raten Fachleute. Eine Infektionskrankheit mehr also, die wir in den Griff bekommen sollten, bevor sie sich zu einer weiteren Seuche auswächst.

VON DEN MASERN: KAM DIE ERSTE PANDEMIE MIT DER POLIS?

Viele Infektionskrankheiten – neben Lepra und Tuberkulose vor allem Masern, Polio, Typhus und Cholera, aber auch Diphterie, Keuchhusten und Syphilis – hielten und halten Mediziner für ausschließlich unter den Menschen verbreitet; so steht es noch in ihren Lehrbüchern. Doch auch bei diesen allbekannten Plagen des Menschen zeichnet sich zunehmend ein anderes Bild ab. Je mehr molekulargenetische und phylogenetische Analysen zu den entsprechenden Erregern in jüngster Zeit bekannt werden, desto mehr erkennen wir die zoonotischen Wurzeln vieler Infektionskrankheiten. Sie sorgen dafür, dass nun ganze Kapitel besagter medizinischer Lehrbücher umgeschrieben werden und auch jene umdenken müssen, die den Menschen immer noch in einer Sonderstellung außerhalb des Tierreichs glauben. Wir sind Teil der Natur, wie andere Arten auch; und zum Naturgeschehen gehört die Interaktion mit Infektionserregern, deren Wirte wir irgendwann geworden sind.

Was passiert, wenn eine hinsichtlich ihrer Immunabwehr naive Bevölkerung zum ersten Mal mit einem neuartigen Erreger konfrontiert wird, zeigt exemplarisch der Fall des Masernvirus. Ausweislich jüngster Studien, die die genetische Ausstattung verschiedener dieser Morbilliviren minutiös verglichen, sind die Erreger der Masern nächstverwandt mit jenen der Rinderpest – die inzwischen neben den Pocken ebenfalls ausgerottet ist, die aber lange eine der folgenreichsten Tierseuchen war. Früher glaubte man, dass das Masernvirus, an dem – bis zur Zulassung von Impfstoffen in den 1960er-Jahren – weltweit Millionen Menschen jährlich starben, allein beim Menschen auftrete. Vielfach wurde angenommen, dass die Erreger möglicherweise im 10. Jahrhundert auf den Menschen übergesprungen sind; vielleicht auch, weil seinerzeit der persische Arzt Rhazes die für Masern typischen Symptome wie Fieber, Hautausschlag und Husten dokumentierte.[48] Doch auch dieses Virus, genau genommen sein Ahne, sprang bereits vor rund 2500 Jahren auf den Menschen über, und zwar nachweislich von Rindern. Das war just zu jener Zeit, als Menschen im östlichen Mittelmeerraum begannen, in einer städtischen Zivilisation immer enger zusammenzuleben und noch dazu oft unter einem Dach mit ihrem Vieh.

Als sich das Masernvirus dank Mutationen an seinen neuen Wirt anpasste und dabei für eine Übertragung von Mensch zu Mensch sorgte, hat es tödliche Pandemien ausgelöst, die anfangs massenhaft Opfer forderten. Immerhin steckt ein einziger Infizierter im Durchschnitt zwölf bis 18 Gesunde an, ein Vielfaches mehr als etwa bei Covid-19. Genau dies haben wir bereits mit der durch den Historiker Thukydides überlieferten Attischen Seuche kennengelernt, die in den Jahren 430 bis 426 vor unserer Zeitrechnung in Athen wütete, wo ihr ein Viertel der Bevölkerung zum Opfer fiel. Die dort dicht gedrängt lebenden Menschen boten der von einem zum anderen weitergegebenen Seuche erstmals ideale Bedingungen.

Nimmt man das auffällige zeitliche Zusammenfallen der historisch überlieferten Epidemie und die jüngste Datierung zum zoonotischen Ursprung des Masernvirus ernst und für mehr als eine Koinzidenz, dann wäre jene berüchtigte Attische Seuche also nicht – wie gelegentlich vermutet – etwa durch Pest, Typhus oder Grippe verursacht worden, sondern ein unmittelbares Erbe der attischen Rinderzucht und der griechischen Polis. Nahegelegt hat diese (zugegebenermaßen damit noch nicht erwiesene, aber sich anbietende) Schlussfolgerung die Studie eines Forscherteams um Sébastien Calvignac-Spencer und Ariane Düx vom Robert Koch-Institut in Berlin.[49] Bei der Datierung und der Frage, wann die hochansteckenden Masernviren zum ersten Mal Menschen infizierten, kommt kurioserweise eine zentrale

Rolle einer Lunge zu, die Pathologen 1912 einem zweijährigen Mädchen entnommen hatten, das zunächst an einer Maserninfektion erkrankt, dann aber innerhalb weniger Tage infolge einer Lungenentzündung in der Berliner Charité gestorben war. Das Lungenorgan wurde damals in Formalin eingelegt und mehr als ein Jahrhundert lang im Berliner Medizinhistorischen Museum aufbewahrt. Dessen Sammlung erwies sich nun einmal mehr als molekulares Archiv, in dem sich Forscher noch viele weitere Einblicke erhoffen. Mittels neuester Methoden ist es den Genetikern um Ariane Düx gelungen, aus dem Lungengewebe des Mädchens das Erbgut des darin konservierten Masernvirus zu isolieren, dessen vollständige Gensequenz zu rekonstruieren und diese mit anderen nächstverwandten Viren zu vergleichen.

Mehr noch: Dank des Verfahrens der sogenannten *molekularen Uhr* wurde auch eine zeitliche Abschätzung zur Entstehung des Masernvirus möglich. Dieses Verfahren ist gleichsam die molekulargenetische Entsprechung einer trigonometrischen Messung, die wir etwa aus der Geografie kennen und bei der sich mithilfe einer Dreipunktbestimmung die räumliche Entfernung berechnen lässt. Ganz ähnlich wurde hier mittels des Sequenzvergleichs die zeitliche Distanz unterschiedlicher Virenproben zueinander bestimmt – und dabei auf ein überraschend hohes Alter des Ahnen der Masernviren geschlossen. So ergab der genetische Abgleich der bisher ältesten verfügbaren Masernviren aus besagter Lunge von 1912 mit solchen aus den 1960er-Jahren und heutigen Varianten sowie weiteren Viren nicht nur, dass der Erreger der Rinderpest der nächste Verwandte des Masernvirus ist. Zudem ließ sich zurückrechnen, dass der letzte gemeinsame Vorfahre beider Erreger just vor 2500 Jahren grassierte.

Bei der Rekonstruktion der erstmaligen Virulenz dieser Zoonose hilft uns, was Historiker über die Entstehung der griechischen Polis wissen – also jener antiken Stadtstaaten mit mehreren Hunderttausend Einwohnern, die Grundlage unseres staatlichen Zusammenlebens wurden. Natürlich waren diese ersten griechischen Städte und Geburtsstätten der Demokratie nicht die ersten größeren Siedlungen des Menschen überhaupt. Die gab es schon Jahrhunderte und Jahrtausende zuvor etwa in Mesopotamien, Ägypten und Anatolien. Und Menschen hielten auch früher schon Rinder. Doch erst als sowohl die Zahl der Bewohner menschlicher Siedlungen wie auch die Viehbestände eine kritische Größe erreichten, konnte ein neuartiges Virus seine volle Ansteckungskraft entfalten. Berechnungen zeigen, dass eine menschliche Bevölkerung in der Größenordnung von 300 000 bis 500 000 Menschen in engem Kontakt miteinander nötig ist, um einem Virus in ausreichendem Maße neugeborene Kinder zur Neuinfektion zur Verfügung zu stellen. Nur bei dieser Dichte wird aus Sicht des Virus verhindert, dass es in einer lokalen Population wieder ausstirbt, weil es sich bei seinem Wirt nicht hinreichend vermehren und ausbreiten kann. Bis vor etwa 1000 bis 500 Jahre vor unserer Zeitrechnung gab es indes keine einzelne Stadt mit einer Bevölkerung von mehr als einer Viertelmillion Menschen. Die ersten, die in solche Dimensionen vorstießen, waren Babylon und Ninive in Mesopotamien als Hauptstädte des Babylonischen beziehungsweise des Assyrischen Reiches; kurz danach erreichte dann erstmals in Europa auch Athen diese Größe.[50] Und erntete prompt dank des *spillovers* von Rinderpestviren auf den Menschen eine katastrophale Masern-Epidemie.

Als im Mittelmeerraum mit Städten wie Athen und Karthago die Polis entstand (was altgriechisch ursprünglich Burg, dann aber auch Stadt und Staat bedeutet), schuf der Mensch also jene idealen Umweltbedingungen, die dem zufällig mutierenden gemeinsamen Ahnen von Rinder- und Masernvirus ermöglichten, auf ihn überzuspringen und die Masern zu etablieren. Mit der Bürgergemeinde der Polis – die bis heute nicht nur mit Wörtern wie *Politik* und *Kosmopolit*, sondern eben auch *Metropole* verknüpft ist – entstand die Pandemie. Den Hintergrund dieser Stadtstaaten liefert ein erstmals seit dem frühen 8. vorchristlichen Jahrhundert einsetzendes Bevölkerungswachstum gerade im griechischen Raum. Während sie bislang vor allem im Zusammenhang mit ihren hegemonialen Bestrebungen gesehen wurden, müssen wir sie nun auch im Kontext mit ihren Krisen auslösenden Krankheiten sehen.

Was heute dank der erfolgreichen Impfungen zumindest in den Industrienationen als eine weitgehend harmlose Kinderkrankheit gilt (in anderen Teilen der Erde aber immer noch Hunderttausende tötet), kam einst als blanke Katastrophe in die Welt und hat als erste (zumindest bekannte) Pandemie der Menschheit den Lauf unserer Geschichte in Europa maßgeblich beeinflusst. Später verloren die Masernviren durch genetische Veränderungen viel von ihrem Schrecken und wurden in der Alten Welt zu einer der häufigsten und typischen Krankheiten, gegen die die Menschen dort eine bedingte Immunität erwarben. Bei der europäischen Expansion in Amerika aber wiederholten sich die katastrophalen Folgen der anfänglichen Infektion bei der dortigen indigenen Bevölkerung. Dort brachten Masern abermals vielen Infizierten einen qualvollen Tod, da den Bewohnern der Neuen Welt die über zwei Jahrtausende in der Alten Welt entstandene Immunantwort fehlte.

Inzwischen gelten Masern zudem als ein Paradebeispiel dafür, wie am Ende des 19. und vor allem in der ersten Hälfte des 20. Jahrhunderts Infektionskrankheiten wenigstens in den Industrienationen in deutlichem Maß zurückgingen; und zwar überraschenderweise noch vor der Erfindung von Antibiotika und Impfung. Ähnlich wie bei Masern lässt sich dies auch für Scharlach, Diphtherie und andere Infektionen feststellen, die in den viktorianischen Romanen etwa einer Jane Austen noch so tragisch in Szene gesetzt viele Heldinnen dahinrafften. Experten diskutieren die unterschiedlichen Gründe dafür, die möglicherweise in einer Kombination aus allgemein verbesserten hygienischen Bedingungen, verbesserter Ernährung und genetischen Anpassungen sowohl bei den viralen und bakteriellen Erregern wie auch ihren menschlichen Wirten liegen.[51]

Ähnlich wie bei den Masern hat man bis vor Kurzem übrigens auch für Röteln und Mumps ein alleiniges Vorkommen beim Menschen angenommen. Doch unlängst hat die Familie der Erreger der vor zwei Jahrhunderten erstmals beschriebenen Röteln unerwarteten Zuwachs bekommen. Dabei waren die Forscher, denen die Entdeckung jener neuen Viren unter anderem in Afrika gelang, dort eigentlich auf der Suche nach Coronaviren. Dadurch wissen wir neuerdings, dass alle drei Krankheiten Masern, Mumps und Röteln tatsächlich keine Anthroponosen, sondern typische Zoonosen sind. Als solche haben sie ihren Ursprung in Nutztieren beziehungsweise unter anderem in nahe beim Menschen lebenden Nagetieren – nur dass der Übersprung ihrer genetisch ähnlichen Erreger offenbar schon sehr lange her ist und daher lange im Dunkeln der Naturgeschichte lag.[52]

Es lohnt sich, am Beispiel der »Mutter aller Plagen« der Menschheit diese tierischen Wurzeln genauer in Augenschein zu nehmen. Denn es sind jene Tiere, die wir erst ins Spiel gebracht haben, die dann Geschichte schreiben.

DIE PEST: EIN DRAMA VON TIEREN UND IHREN PARASITEN, DIE GESCHICHTE MACHEN

Aus der Sicht des Menschen ist die Pest – von lateinisch *pestis*, die Seuche – Plage und Krise im Allgemeinen; der Inbegriff einer der mächtigsten Geißeln der Menschheit und quasi das Synonym jener plötzlichen und enormen Sterblichkeit, wie sie nur eine echte Pandemie verursachen kann. Keine Krankheit hat in der Geschichte der Menschheit auf ähnliche Weise ganze Kontinente verändert und dabei traumatische Spuren hinterlassen. Wenigstens zweimal – im 6. nachchristlichen Jahrhundert und im ausgehenden Mittelalter – hat diese Seuche die demografische Entwicklung des Menschen beeinflusst. Der *Schwarze Tod* war nicht nur einer der größten Todbringer der immer zahlreicher werdenden Menschen, sondern einer der markantesten Wendepunkte in der Geschichte der Seuchen, des Abendlandes und vermutlich ganz Eurasiens.

Doch betrachten wir das Ganze einmal aus der Sicht der Evolutionsbiologie und erzählen die Geschichte neu – aus der Perspektive der Tiere. Denn die Pest ist nur in letzter Instanz ein Drama des Menschen. Im Kern ist es eine Erzählung über Nagetiere, darunter Murmeltiere und Ratten, sowie deren Ektoparasiten. Ihnen hat der Mensch mehrfach einen neuen Lebensraum bereitet, in dem sie sich massenhaft vermehren und ausbreiten konnten. Und mit ihnen jener unsichtbare Erreger, der es gleichsam gelernt hat, einen kleinen Floh zu manipulieren und für seine Belange zu instrumentalisieren. Nur in diesem Zusammenspiel haben der Parasit und seine tierischen Wirte beim Menschen die wohl verheerendsten Seuchen ausgelöst, die wir bis heute kennen. Dabei sind wir gewissermaßen als bewirtende Zaungäste nur in ein Infektionsgeschehen mit hineingezogen worden, das in erster Linie eine Nagetier-, vor allem eine Rattenseuche ist, bei der ein Floh als Überträger für Komplikationen sorgt.[53]

Wichtig für unser Verständnis der episodisch auftretenden Pestpandemien ist, dass das Sterben der Menschen nur Mittel zum Zweck des Verursachers ist – des Bakteriums *Yersinia pestis*, das sich für sein eigenes Fortkommen und bei der Übertragung der Krankheit ebenjener Tiere bedient, bevor der Mensch dazukam. Wichtig ist außerdem, dass es letztlich nur einige wenige verhängnisvolle Mutationen waren, die es dem Erreger erlaubten, effektiver von Nagern auf Menschen überzuspringen. Und die Rattenflöhe (später kommen wahlweise noch Kleiderläuse hinzu), die auch den Menschen befallen, stoßen erst in einem späteren Kapitel unserer Erzählung von der Pest dazu. Floh und Mensch wurden erst im zweiten Durchgang zu einer Schicksalsgemeinschaft, die dann in mehrfacher Hinsicht Geschichte machte – und die auch eine Erfolgsgeschichte der Evolution des Erregers ist. Wobei auch die Ratten ihr evolutives Fortkommen und globales Herumkommen einzig dem Menschen verdanken, der sie erst zum wohl erfolgreichsten Säugetier der Erde machte.

Das neue Narrativ von der Pest beginnt mit dem Auslöser der Krankheit: jenem Bakterium *Yersinia pestis*, das zuerst der in der Schweiz geborene französische Arzt und Mikrobiologe Alexandre Yersin während des dritten großen Pestausbruchs 1894 in Südchina entdeckte. Deshalb ist heute die Gruppe nahe verwandter bakterieller Erreger nach ihm benannt, von der wir hier neben *pestis* noch zwei weitere, *pseudotuberculosis* und *enterocolitica*, nennen müssen. Diese Bakterien haben ihren Ursprung nicht in Tieren, sondern sie waren ursprünglich freilebend im Boden und Wasser, von wo ihre Ahnen vermutlich bei der Nahrungsaufnahme auf Nagetiere übersprangen und dort als vergleichsweise harmloses Darmbakterium heimisch wurden, das allenfalls Darmentzündungen und Durchfall verursachte. Das Pestbakterium hat sich dagegen, eher ungewöhnlich, irgendwann auch auf den Darm von Flöhen und die Körperflüssigkeit und Gewebe von Säugetieren spezialisiert. Der Zeitraum für diesen drastischen Wechsel des Lebensstils und der Überlebensstrategie ist überschaubar und aus evolutionsbiologischer Sicht vergleichsweise jüngeren Datums, verglichen etwa mit den bakteriellen Erregern der Tuberkulose oder Lepra.

Nach den verfügbaren molekulargenetischen Daten zu urteilen, haben sich die Ahnen von *pestis* vor einigen Tausend

Jahren – längstens vor 20 000 Jahren, möglicherweise aber auch erst vor rund 5000 oder 6000 Jahren – von den nächstverwandten *pseudotuberculosis*-artigen Bakterien abgespalten. Seitdem hat *pestis* Karriere bei Nagern und Menschen gemacht, an die es sich durch weitere Mutationen immer mehr angepasst hat. Aus einem vergleichsweise harmlosen Boden- und dann Darmbakterium, das kaum einmal tödlich für seinen Wirt war, wurde erst dank zufälliger genetischer Veränderungen des Parasiten und vor allem der Aneignung fremden Erbmaterials ein Verursacher der verheerendsten Seuchen. Tatsächlich haben die Pesterreger durch den Einbau von »fremden« Genen verwandter Bakterien die Fähigkeit erlangt, im Darm von Flöhen und dann auch im Blut von Säugern zu überleben. Seitdem hat der Erreger der Pest das Potenzial, plötzlich immer wieder neue, noch gefährlichere Bakterienstämme zu bilden. Seine ungeheure biologische Sprengkraft aber entfaltet der Erreger durch seine Fähigkeit, immer wieder den Wirt zu wechseln.[54]

Die Pest ist eine Zoonose, die ursprünglich bei grabenden Nagern wie Erdhörnchen (zu denen auch das Murmeltier gehört), bei Rennratten (auch als Rennmäuse bekannt) und bei Wühlmäusen entstand (noch heute ist der bakterielle Erreger bei mehr als 200 Säugetierarten verbreitet, hinzu kommen rund 80 Floharten). Von diesen Wildtierarten sprang der Pesterreger erst später auch auf jene Nager über, die sich dem Menschen mit seinen Siedlungen und Nahrungsvorräten anschlossen – die Hausratten, und von diesen dann auf uns. Wie wir heute wissen, weisen einige vor allem der in trockenen Regionen lebenden Wüstenratten-Verwandten eine ausgeprägte genetische Resistenz gegen den Pesterreger auf; was den Schluss nahelegt, dass sie einst die natürlichen Wirtstiere von *Yersinia pestis* gewesen sein könnten. Ähnlich wie etwa bei den Coronaviren der Fledermäuse hat ihre Ko-Evolution zu einer Art immunologischem Waffenstillstand zwischen Wirt und Parasit geführt, bei dem

Letztere massenhaft vorkommen, aber nicht tödlich sind. Ein eingeschwungener Zustand, aus dem der Erreger indes durchaus auszubrechen imstande ist, wenn er etwa auf eine neue Wirtsart gelangt. In biologischer Betrachtung ist die Pest bei uns Menschen im Grunde nur mehr ein Kollateralschaden der Evolution, an dessen Beginn eine Nager-Zoonose stand, für die der Mensch zuerst irrelevant war.

Ganz anders der blutsaugende Floh, der als Überträger und Vermittler der Krankheit bereits bei den Nagern die zentrale Rolle spielt. So tödlich die Geschichte der Pest für uns Menschen ist, wir sollten dennoch einen Moment voller Bewunderung innehalten. Das *pestis*-Bakterium, dessen unmittelbare Ahnen erst kurz zuvor vom Boden in den Darm von Nagetieren gelangt sind, entwickelte genetische Werkzeuge, die es ihm erlaubten, einen ihrerseits bei Nagern parasitierenden Floh als Überträger zu kapern, um damit von einem Wirtstier zum anderen zu kommen. Denn darum geht es: um die Ausbreitung des parasitischen Bakteriums mittels eines Vektors, der für den Transport zum nächsten Wirt sorgt. Der Mensch, der anfangs nur eine Nebenrolle spielte, verwandelte sich dabei allmählich zum idealen Vehikel, je mehr es von ihm gab und je dichter er siedelte. Vom Erfolg der Menschheit profitierte schließlich auch der Pesterreger.

Am Anfang dieser Dreiecksbeziehung waren wir Menschen aus Sicht des Bakteriums zwar weitverbreitet und immer auch im Kontakt mit Nagern; aber wir lebten eher noch dünn verteilt und waren mithin kein besonders vielversprechender Wirt. *Pestis* infizierte wohl immer wieder einmal hier und da eine jener kleinen Jäger- und Sammler-Gruppen, ähnlich wie der Tuberkulose-Erreger. Doch um weiter herumzukommen und sich zu vermehren, eigneten sich andere Arten besser; allen voran die in Kolonien lebenden Nagetiere, da sich bei ihnen der Erreger gut vermehren konnte. Auf uns Menschen stellte sich *pestis* erst ein, als immer mehr unserer Ahnen sich niederließen, Ackerbau und Viehzucht betrieben und somit immer enger und zahlreicher zusammenlebten. Jetzt sprang das Bakterium immer häufiger über, etwa wenn ein Mensch von einem Nager gebissen wurde, mit dessen Kot und Urin in Kontakt kam oder wenn er gar die Tiere aß – und sobald genügend andere Menschen in der Nähe waren, die ebenfalls infiziert werden konnten, um von diesen zum nächsten Wirt weiterzukommen.

Irgendwann während der nachfolgenden Evolution machte der indische Rattenfloh *Xenopsylla cheopsis* das unheilvolle Trio vollzählig. Vor allem im Mittelalter kam noch die Kleiderlaus *Pediculus humanis corporis* hinzu – ein unangenehmer Mitbewohner der Unterwäsche und Zwischenwirt gleich mehrerer gefährlicher Mikroorganismen. Und irgendwann entwickelte der bakterielle Erreger der später als Beulenpest bezeichneten Seuche weitere schicksalhafte genetische Veränderungen in bestimmten Teilen seiner Erbinformation. Diese Veränderungen sind nicht nur für das Überleben des Bakteriums im Magen des Flohs verantwortlich, sondern zudem für eine raffinierte Volte im Zusammenspiel des Parasiten mit seinem Wirt – von den Experten als *Virulenzgene* bezeichnete Mutationen. Denn erst diese Virulenzgene veranlassen den Erreger, einen Biofilm im Vormagen des Insekts zu produzieren: eine Art Klumpen von Bakterien, der den Magen des Flohs verstopft und dazu führt, dass dieser hungert. Weil so keine Nahrung mehr in den Magen gelangt, wird der Floh zunehmend bissiger. Er zapft umso mehr Opfer an, je mehr er hungert. Doch obgleich er gierig das Blut seiner Wirte einsaugt, bleibt der Weg zum Magen verstopft. Wenn sich der Floh nun erbricht, um in seinem Verdauungstrakt Platz für neue Nahrung zu schaffen, infiziert er den Gebissenen, sei es ein Nager oder ein Mensch, mit den Pestbakterien seines Darms, die über die Wunde in Körper und Blutbahn des neuen Wirts gelangen, wo sie sich munter vermehren. Abermals von einem Floh gestochen – oder (bei der Lungenpest) über den Auswurf beim Husten weiterverbreitet –, gelangen die Bakterien in den Flohdarm und von dort auf weitere Opfer. Mit verheerenden Folgen: Als sich die ersten Menschen massenhaft mit den Pestbakterien infizierten, sorgten diese dafür, dass zwei von drei Infizierten daran starben.

Aus Sicht des Bakteriums ist ein sterbender Mensch lediglich eine Fähre für die eigenen Gene. Der Wirt fällt letztlich einer tödlichen Vergiftung seines Blutes zum Opfer, weil darin ebenso wie in der Lymphe sehr viele Bakterien vorhanden sind – ja sein müssen, damit sie eine Chance haben, beim Kontakt mit anderen Menschen über das Blut und andere Sekrete an neue Wirte weitergegeben zu werden, die so als neue Opfer für den evolutiven Erfolg von *Yersinia pestis* sorgen. Bei der gefürchteten Beulenpest vermehren sich die Pestbakterien nach einem Flohstich in den zu Beulen angeschwollenen Lymphknoten, von wo aus sie sich verbreiten. Die Lungenpest halten Forscher heute dagegen meist für eine Nebenerscheinung. Sie wird direkt übertragen, wenn zersetzende Zellen der Lunge sich über die Atemluft in Tröpfchenform verbreiten. Dabei gelangen die Pestbakterien mit Aerosolen in die Lunge eines anderen Menschen, der dann, von der Pest befallen, nach zwei bis drei Tagen ebenfalls tot ist.

Zum Sterben im pandemischen Stil kam es wohl erstmals zur Zeit Justinians, um das Jahr 540 unserer Zeitrechnung, als – wie eingangs geschildert – die Pest aus Asien kommend über eine Küstenstadt in Ägypten ins Römische Reich gelangte und schließlich mit zu dessen Untergang im westlichen Teil führte. Wissenschaftler wissen heute um die damalige genetische Ausstattung des Pesterregers. Daher können sie sagen, dass dieser bereits beim ersten historisch dokumentierten Ausbruch der Pandemie die Rattenflöhe sich erbrechen ließ, die so für die Verbreitung unter den Menschen sorgten. Dieser Befund ist wichtig. Dagegen kamen die frühesten bekannten Varianten von *Yersinia pestis* noch ohne jene Virulenzgene aus, die dafür sorgten, dass die Flöhe hungerten und bissiger wurden. Erst anschließend, mit Beginn der Bronzezeit, setzte eine fatale Dynamik in der Beziehung zwischen Parasit und Wirt ein – irgendwo in den ostasiatischen Steppengebieten.

STEINZEITPEST UND STEPPENPFERDE

Die Entschlüsselung der Erbinformation legt den Schluss nahe, dass Steppen und die dort lebenden Nagetiere bei der Entstehung des Pesterregers die entscheidende Rolle gespielt haben. Die ältesten Verzweigungen im Stammbaum von *Yersinia pestis* entdeckte man bei Funden menschlicher Überreste aus der eurasischen Steppe. Diese erstreckt sich als baumloser Graslandgürtel von der Mongolei im Osten bis nach Ungarn. Über sie standen die wandernden Menschen seit Urzeiten vom äußersten Nordosten Asiens bis weit in den Westen Europas miteinander in Verbindung. Die Steppe ist zudem ein idealer Lebensraum für eine ganze Palette von potenziell den Pesterreger tragenden Nagern – und damit die Urheimat der Seuche. Die ältesten Funde menschlicher Skelette mit den ersten Spuren dieses Erregers lassen sich auf ein Alter von etwas mehr als 5000 bis vor etwa 3800 Jahren datieren – also an den Übergang der späten Jungsteinzeit (oder Neolithikum) zur Bronzezeit, eine Epoche, die durch wachsende technische und soziale Komplexität gekennzeichnet ist. Was zwei wesentliche Implikationen hat: Zum einen grassierte der erste Pesterreger also bereits sehr viel früher unter den Menschen, als man lange aufgrund historischer Überlieferung der Pest annehmen konnte, zum anderen war er seinerzeit offenbar weit über Asien und Europa verbreitet.[55]

Doch verfügte dieser früheste Auslöser der Steinzeitpest

noch nicht über jene wesentliche Komponente, die spätere Ausbrüche erst so grausam effizient machte. Anhand der molekulargenetischen Rekonstruktion des Genoms der ersten Pesterreger lässt sich nachweisen, dass dem Bakterium anfangs die entscheidenden Virulenzgene der echten Beulenpest fehlten. Weil *pestis* seinerzeit ohne jene Gene auskam, die bei Flöhen zum Magenverschluss führen, die Blutsauger kotzen und dadurch neue Wirte finden ließ, dürften sich Infizierte anfangs über die Atemwege angesteckt haben, wie etwa bei der Grippe oder Tuberkulose. Was also heute als Lungenpest nur eine Begleiterscheinung der Beulenpest ist, könnte einst der Hauptübertragungsweg gewesen sein – und Flöhe könnten erst später ins Spiel gekommen sein. Was das Augenmerk auf die eigentlichen tierischen Wirte lenkt, insbesondere auf Nagetiere, etwa die in den Steppen verbreiteten, in Kolonien lebenden Murmeltiere, denen die Menschen dort vermutlich wegen ihres begehrten Felles nachstellten oder sie als Nahrungsquelle betrachteten (während die beim Menschen heimischen Hausratten wie die Flöhe erst später zum tödlichen Trio hinzukamen und den Lebensraum des Bakteriums nochmals deutlich vergrößerten).

Tatsächlich haben sich die Pestbakterien ihre speziellen Floh-Gene erst im weiteren Verlauf der Bronzezeit zugelegt, irgendwann im 2. Jahrtausend vor unserer Zeitrechnung – und damit grob gerechnet zwei Jahrtausende, bevor es zur ersten großen, historisch dokumentierten Pestwelle der Menschheitsgeschichte kam (jener zur Zeit Justinians). Während die ersten Formen des Erregers der eigentlichen Beulenpest offenbar im Gebiet des russischen Samara auftauchten, aber bald die Region des nordöstlichen Asiens bis in den Westen des Mediterraneums einnahmen, verschwand der ältere steinzeitliche Pesterreger ohne besagte Virulenzgene. Archäogenetiker sehen einen Zusammenhang zwischen der anschließenden Ausbreitung der Pest und der großen Einwanderung von Menschen aus der pon-

tischen Steppe nach Europa und deren Domestikation von Nutztieren. Demnach stand der Erreger der Seuche »bereits in der
Steinzeit vor der Haustür Europas, bis er diese dann einrannte,
offenbar zur gleichen Zeit, in der die Steppenbewohner immi-
grierten«.[56] Pest und Steppenbewohner hatten denselben Weg.
Wobei *pestis* der eigentlichen Einwanderung von Menschen aus
dem Osten entweder vorausgeeilt sein könnte und von Opfer zu
Opfer springend ein beinahe menschenleeres Land hinterließ,
das dann neu besiedelt wurde. Oder aber die Pest ist überhaupt
erst mit der großen Migrationswelle nach Europa gekommen,
wobei die Ansteckung nicht zwischen Menschen stattfand, sondern etwa die erwähnten Nagetiere beteiligt waren.

Was hier genau Ursache und was Wirkung war, darüber sind
sich die Experten der verschiedenen Fachrichtungen keineswegs
einig. Nachweisen lässt sich bisher nur, dass die Menschen damals bereits von den Steppen im Osten bis nach Westeuropa in
Kontakt miteinander standen, etwa über umherreisende Händler, aber sicherlich auch über kriegerische Reiterhorden. Wo immer das Bakterium eingeschleppt wurde, traf es auf eine völlig
unvorbereitete Bevölkerung und dürfte – ähnlich wie in anderen
solchen Fällen – für deren deutlichen Einbruch verantwortlich
sein. Der Archäogenetiker Johannes Krause bringt diese ersten
Pestzüge konkret in Zusammenhang mit Nutztieren wie Rinder
und vor allem Pferde, die die Wanderungen der Steppenmigran-
ten aus dem Osten nach Europa erst möglich machten.

Dabei hält die Geschichte der domestizierten Pferde eine
interessante Volte bereit, die durchaus im Zusammenhang mit
der Pest stehen könnte, auch wenn dies bisher nicht wirklich
nachgewiesen ist. Die aus den Steppen Ostasiens stammenden
Pferde werden nämlich später fast vollständig von domestizierten europäischen Pferden ersetzt; heute haben von ihnen
nur noch die verwilderten Przewalski-Pferde überlebt, wie die
Untersuchung des Erbguts von Pferden aus diversen Regionen

Eurasiens jüngst offenbarte.[57] Dieser komplette Austausch der Pferdepopulation fand im dritten Jahrtausend vor unserer Zeit statt, als sich Steppenbewohner und Pest gen Westen ausbreiteten. Was aber ließ die asiatischen Steppenpferde verschwinden? Was brachte die Menschen dazu, buchstäblich umzusatteln und fortan wilde europäische Pferde zu zähmen? Möglich wäre, dass sich die Steppenvölker aus dem Osten von ihren alten Begleitern getrennt haben, weil diese den Pesterregern als Reservoir dienten, sie ansteckten, selbst aber nicht resistent gegen das Bakterium waren und nahezu ausstarben. Dagegen waren die domestizierten Nachfahren der europäischen Wildpferde, auf denen wir heute reiten, womöglich resistent gegen den Pesterreger.

Wie so vieles bei dieser komplexen Geschichte der Pest ist auch dies noch unsicher und eine Beweisführung derzeit noch nicht möglich. Für die Historiker klafft so oder so zwischen dem erstmaligen Erscheinen des Erregers und dem Auftreten der ersten Beulenpest zur Zeit Justinians eine erhebliche zeitliche Lücke; wobei zu bezweifeln ist, dass eine etwaige zwischenzeitlich aufgetrete Pest mit ihren weitreichenden Wirkungen nicht aufgezeichnet worden wäre. Was dann aber die Frage aufwirft, warum es erst so viel später im Mittelmeerraum zu jener fatalen Seuche kam, wenn doch mit einem Steppennager und dem Steinzeiterreger zwei der Player bereits lange vorhanden waren. Was hat sich erst um 500 nach Christus geändert, dass es zu jenen verheerenden Pestausbrüchen kam? Immerhin haben diese sogar das Römische Reich untergehen lassen, was auch ein Erstarken des Islams ermöglichte, der sich über den Norden Afrikas bis auf die Iberische Halbinsel auszubreiten begann und dort zu einer ganz eigenen Blüte und Hochkultur führte. Geschichte als Folge einer Zoonose.

KARRIERE EINES NAGERS AUS DEM SÜDOSTEN

Bei der Frage, was sich geändert haben könnte, hilft uns eine Überlegung der Evolutionsbiologie weiter, die beantworten kann, wann und warum ein Erreger wie jener der Pest überhaupt auf andere Wirte überspringt. In der Regel werden Wirtspopulationen nach einer Phase der Ko-Evolution irgendwann resistent gegenüber einem Krankheitserreger. Auf diese Weise dürfte anfangs auch der Kreislauf zwischen dem Pest-Parasiten und den Flöhen als Überträger in sich geschlossen gewesen sein. Wenn diese den Erreger zufällig aber auch auf eine neue Wirtspopulation übertragen, sterben die neuen Wirte anfangs meist sehr rasch an der Krankheit, weshalb ihr Bestand abnimmt und dann die Gefahr besteht, dass die Flöhe aufgrund von Nahrungsmangel etwa auch auf den Menschen überspringen und ihn infizieren – mit ähnlichen Folgen auch bei dieser neuen Wirtsart. Im Fall der ersten Pest-Pandemie ist der Hauptverdächtige ein ganz besonderer Wirt: die Hausratte *Rattus rattus*, die sich als Kulturfolger beim Menschen eingerichtet hat. Möglicherweise boten erst die Bedingungen des Römischen Reiches diesen Ratten die perfekte Umwelt, um sich auch in Europa auszubreiten. Demnach hätten zur damaligen Zeit die Menschen selbst für eine der schlimmsten Seuchen der Menschheit gesorgt.

Die Hausratte liebt wie wir die großen Samen der Süßgräser als Nahrung; nur zu gern bedient sie sich bei den Getreidekörnern, aus denen wir unser Brot backen und Bier brauen. Als der Mensch damit begann, von diesen Körnern große Vorräte anzulegen, wurde er zum idealen Wirt der kommensalischen Ratten. Wir kommen überall vor und sorgen durch unsere Vorratshaltung auch für jene Tierarten, die sich daran anpassen. So hat sich auch die Hausratte bei uns eingerichtet, hat ihre spezifische ökologische Nische ausgebildet und ist dabei so weit herumgekommen wie kaum eine andere Nagetierart. Sie ist uns bei unserer Ausbreitung sogar als Schiffsratte über die Meere gefolgt und heute so kosmopolitisch wie wir. Und weil die Hausratte samt Floh zum Menschen kam, kam auch die Pest zu uns.

Sowohl zooarchäologische Belege als auch molekulargenetische Befunde zu den Tieren zeigen übereinstimmend, dass *Rattus rattus* ursprünglich aus dem südlichen Asien und vom indischen Subkontinent stammt. Nach den jüngsten, Anfang 2022 veröffentlichten Studien zu urteilen, kamen die Ahnen dieser Ratten – im Unterschied zur weiter verbreiteten, nahe verwandten asiatischen Hausratte *(Rattus tanezumi)*, von der sie sich vor rund 400 000 Jahren phylogenetisch trennten – einst nur in einem recht kleinen Verbreitungsgebiet im Süden Indiens und auf der Insel Sri Lanka vor. Aus den Studien ergibt sich auch, dass sich die ersten Rattenlinien vor rund 5000 Jahren vermutlich im Industal und dann in Mesopotamien an den in den ersten größeren Siedlungen lebenden Menschen adaptierten. Von dort haben sich Hausratten im Gefolge des Menschen in den Nahen Osten, nach Afrika und Europa ausgebreitet. Ackerbau, Verstädterung und Handel sind die wichtigsten Faktoren bei dieser Reise der Ratten, die nach allem, was wir wissen, anfangs im westlichen Eurasien und Nordafrika noch für lange Zeit fehlten. So gab es sie etwa auf den Britischen Inseln erst zur Zeit der Römer, was kein Zufall ist, wie Experten meinen, die die Ausbreitung der Hausratte nachweislich eng mit den Eroberungen der Römer verknüpft sehen. Bemerkenswert dabei ist, dass die Molekulargenetiker sämtliche Rattenknochen aus der Zeit der Römer, die sich vom Balkan bis nach England finden, in genetischer Hinsicht einer einzigen Gruppe zuordnen. Als die Ratten später im Mittelalter wiederauftauchen, tragen sie dagegen eine völlig andere genetische Signatur – obgleich abermals alle Proben von Ungarn bis England und Finnland einer einzigen Gruppe angehören. Einen deutlicheren Beleg für die wiederholte Besiedlung Europas durch die Wirte und ihre Parasiten hätten sich Forscher nicht wünschen können.[58]

Anders betrachtet: Die durch *Yersinia pestis* ausgelöste Seuche wäre eine Infektion von Nagern geblieben und vielleicht nur für einige Wildtierbiologen von Interesse, wenn da nicht ebenjene Rattenart aus dem Süden Indiens gewesen wäre, die bei uns Menschen Karriere machte. Im globalen Erfolg dieser Ratte spiegelt sich unser eigener wider, die wir einst aus Afrika auswanderten und inzwischen den Planeten dominieren. Dank der Veränderungen, die unsere neue Lebensweise als sesshafte Ackerbauern seit einigen tausend Jahren nach sich zog, haben wir neue Umwelten auch für andere Arten geschaffen. In den Siedlungen und Städten mit immer mehr und dichter zusammenlebenden Menschen haben wir gerade den Ratten mit unseren Vorräten und den Abfällen einen reichen Tisch gedeckt. Die Anfänge und die Ausdehnung der menschlichen Zivilisation haben neue Nager-Welten kreiert. Während sie unsere Lebensweise übernommen haben, haben wir ihre Infektionen bekommen.

Die Hausratte gehört – zusammen mit der Hausmaus *(Mus musculus)* und der Wanderratte *(Rattus norvegicus)* – zu den drei Nagetierarten, die sich an das Leben in menschlichen Siedlungen angepasst und sich menschliche Nahrungsquellen und Transportmöglichkeiten zunutze gemacht haben. Heute ist *Rattus rattus* eine der häufigsten der weltweit 56 *Rattus*-Arten, der es dank des Menschen gelungen ist, sich weltweit zu verbreiten; sie kommt inzwischen in ganz Asien, Europa, Afrika, Australien und Amerika vor. Bis ins 18. Jahrhundert war die Hausratte auch in Europa weitverbreitet, bevor ihre Population abermals stark zurückging; diesmal höchstwahrscheinlich, weil sie von der einwandernden Wanderratte verdrängt wurde, die heute hier die dominierende Rattenart ist. Und der es letztlich zu verdanken ist, dass die Pest verschwand.

Anhand der Analyse von Genomen alter Hausratten, deren

Überreste bei archäologischen Ausgrabungen in Europa und Nordafrika gefunden wurden und die den Zeitraum vom 1. bis zum 17. Jahrhundert umspannen, lässt sich rekonstruieren, wie sich die Rattenpopulationen überhaupt erst dank menschlicher Aktivitäten ausbreiten konnten. Dabei spielten stets menschlicher Handel, die Urbanisierung und die Entstehung von Weltreichen die entscheidenden Rollen. So hat neuesten Studien nach zu urteilen die Hausratte Europa mindestens zweimal besiedelt: einmal zur Zeit der römischen Expansion, danach noch einmal im Mittelalter. Anschließend, so belegen die archäologischen Funde, gehen die Populationen der Hausratten während des frühen Mittelalters zurück, bis sie ganz verschwanden. Was wiederum sehr wahrscheinlich mit dem Zusammenbruch des römischen Wirtschaftssystems zusammenhing – möglicherweise gekoppelt mit klimatischen Veränderungen, vor allem aber mit den Auswirkungen jener Justinianischen Pest vom 6. bis zum 8. Jahrhundert, zu denen es erst dank der Ratten gekommen ist.

Schlaglichtartig erlaubt auch hier die neue Disziplin der Archäogenetik einen Einblick in die Entstehung und Ausbreitung dieser ersten großen Pest-Epidemie Europas. Dank methodischer Weiterentwicklungen in der Molekulargenetik und vor allem mittels effektiver Rechenverfahren, die es ermöglichen, innerhalb kurzer Zeit in Millionen von DNA-Sequenzen nach bestimmten genetischen Informationen zu suchen, fanden Forscher – allen voran jene im Team um den Jenaer Archäogenetiker Johannes Krause – parallel zu den Rattenstudien heraus, dass die Seuche (anders als aus historischen Quellen überliefert) damals nicht nur im Mittelmeerraum wie etwa in Frankreich und Spanien auftrat, sondern auch Regionen nördlich der Alpen erreichte. Nachdem sie mehrere Tausend verschiedene menschliche Skelette aus Gräbern der gesamten Region auf eine Reihe von Krankheiten hin untersucht hatten, gelang ihnen der Nachweis des Pesterregers unter anderem in Überresten von Reihengräberfeldern bei Aschheim und Altenerding nahe München und erstmals auch darüber hinaus in einem angelsächsischen Gräberfeld, Edix Hill, in Großbritannien. Sie konnten dabei eine bisher unbekannte Vielfalt von Pesterreger-Stämmen aufdecken, die trotzdem alle auf nur eine einzige gemeinsame Abstammungslinie zurückgehen. Demnach ist die Pest wohl nur einmal in den Mittelmeerraum und dann weiter nördlich nach Europa eingetragen worden. Die Forscher konnten zudem zeigen, dass die Seuche nicht nur in größeren Städten grassierte, sondern sich auch in eher ländlichen Regionen mit Siedlungen von nicht mehr als 50 oder 60 Bewohnern ausbreitete – wo sie mit den seinerzeit schon sehr mobilen Menschen und ihren Kulturfolgern, ebenjenen sich ausbreitenden Ratten und deren Flöhen, von Siedlung zu Siedlung gesprungen sein dürfte.[59]

Was wir neuerdings über das Kommen und Gehen der Pest wissen, deutet darauf hin, dass diese Plage wie viele andere Seuchen nicht wirklich irgendwann endete. Vielmehr können wir von einer über Jahrhunderte und Jahrtausende andauernden Pertinenz der Pestilenz ausgehen. Sie kommt, wenn sie sich neue Nagerpopulationen als Überträger erschließen kann, die sie weitertragen, und sie kehrt aus diesem Bioreservoir in Wellen immer wieder zurück, sobald günstige Umweltumstände es erlauben. Seuchen kommen streng genommen nicht aus dem Nichts und überschwemmen die Lebensbereiche des Menschen. Vielmehr sind sie ständig in unserer Nähe und in der Umwelt, bis es lokal oder regional zu Ereignissen kommt, die die im tierischen Reservoir schlummernden Erreger gleichsam aufwecken und explodieren lassen. Wir selbst sind es, die dabei den Zünder scharf stellen. Das dürfte sehr wahrscheinlich bereits in der Frühphase der Pest der Fall gewesen sein, als es wiederholt zu Ausbrüchen kam, die aber lange nur unzureichend untersuchte historische Zeugnisse und Spuren hinterlassen haben.

Weitaus besser dokumentiert und daher bekannt ist, was geschah, als diese Plage zum zweiten Mal nach der Justinianischen Pest Europa heimsuchte. Nach den verheerenden Ausbrüchen Mitte des 14. Jahrhunderts hat sich der Pesterreger dort festgesetzt und ist, anfangs sogar in regelmäßigen Abständen von 10 bis 15 Jahren, vermutlich aus dem einen oder anderen Nager-Reservoir lokal und regional wieder zurückgekehrt. Wie genau es dabei auch zu einem Austausch zwischen den Nagetierpopulationen Asiens und Europas sowie zwischen verschiedenen Wirtsarten kam, wird unter Experten derzeit noch vehement debattiert. Wenigstens erste Konturen lassen sich aber bereits nachzeichnen, mit einigen spannenden Facetten – und der Erkenntnis, dass selbst bisher häufig kolportierte Erzählungen der Historiker tatsächlich ins Reich der Legende gehören. So etwa die Legende fliegender Leichen in einer Hafenstadt der heutigen Ukraine, die auf ein Ereignis zurückgeht, das angeblich zum Auslöser der zweiten Pest-Epidemie in Europa wurde, das aber tatsächlich nur die zeitlich nachgeordnete Episode einer echten Pandemie war, die ihren Ursprung einmal mehr weit im Osten des asiatischen Kontinents hatte.

FLIEGENDE LEICHEN – ODER: DIE RÜCKKEHR DER PEST

Wenn wir die Geschichte der Pest konsequent aus der Perspektive der tierischen Wirte erzählen, müssen wir die Ratten zumindest in erster Instanz freisprechen, wenn es um den *Schwarzen Tod* geht – jene im ausgehenden Mittelalter und der frühen Neuzeit auftretende Pest, die in wiederkehrenden Seuchenzügen Europa wie auch andere Teile der Alten Welt entvölkerte. Denn sehr wahrscheinlich sind diesmal nicht Ratten (obgleich möglicherweise später bei der Weitergabe beteiligt) der eigentliche Ursprung und Auslöser vom Ausbruch der durch *Yersinia pestis* verursachten Plage. Vielmehr dürften kaum bekannte und erforschte Murmeltierverwandte aus den nördlich des Himalajas gelegenen Steppen und Hochgebirgen an der Wurzel dieser Pandemie stehen. Wer bisher glaubte, diese Seuche sei gut dokumentiert und mithin ebenso gut bekannt, wird verblüfft sein, dass sich dank der Murmeltiere neuerdings ein ganz anderes Narrativ der Pest abzeichnet. Denn die vertrauten Ereignisse im Europa des 14. Jahrhunderts waren weder ein isoliertes, einmaliges Ereignis, noch waren sie in zeitlicher wie räumlicher Hinsicht der Beginn dieser zweiten Pest. Diese hat ihren Ursprung viel weiter im Osten und zudem mehr als ein Jahrhundert früher.

Tatsächlich fügen sich die Evidenzen erst seit Neuestem zu einer anderen Erzählung der Pest. Bei dieser spielen die Reitervölker der Mongolen oder Tartaren, die während des sogenannten Mongolensturms im 13. Jahrhundert ein riesiges Reich quer über Zentralasien eroberten, aber vor allem besagte Murmeltiere mit ihren begehrten Fellen sowie Getreidevorräte samt der sie begleitenden Nagetiere und deren bakterienbefördernde Flöhe die Hauptrollen. Mit der neuen Erzählung wird klar, dass wir bisher kaum einmal den Blick weit genug nach Osten und weit genug in die Zeit zurückgerichtet haben, wenn es um den wahren zoonotischen Ursprung der großen Pest am Ende des Mittelalters geht.

Was diesen Pest-Ausbruch in Europa zum Inbegriff des Schreckens machte, war sicherlich die Urgewalt, mit der der *Schwarze Tod* von heute auf morgen wütete, wo immer er hinkam, sowie das Gefühl, einer unbekannten Seuche ausgeliefert zu sein, vor der es keine Rettung gab. »Die Pest ließ die Herzen der Menschen erstarren«, schrieb der florentinische Dichter und Zeitzeuge Giovanni Boccaccio in seinem vom *Schwarzen Tod* inspirierten Meisterwerk *Il Decamerone*. Die Novellensammlung gilt als Ursprung der italienischen Prosa, die spätere Literaten wie Goethe und Lessing beeinflusst hat. Zur allgemeinen Furchtstarre trug aber auch die totale Unkenntnis der durchaus komplexen biologischen Zusammenhänge bei. Unfähig, sich den Grund des allgegenwärtigen Todes zu erklären, verließen »viele, nur auf eigene Rettung bedacht, ihre Vaterstadt, ihre Häuser, ihre Wohnungen«, so Boccaccio. »Der Bruder verließ den Bruder, der Oheim seinen Neffen, die Schwester den Bruder und häufig auch die Frau ihren Gatten. Ja, fast unglaublich ist: Väter und Mütter vermieden es, ihre Kinder zu pflegen.«[60]

Während die Reichen die engen Städte mit ihren unhygienischen Zuständen verließen, suchten immer mehr Leute vom Land hinter ihren Mauern Zuflucht – und bereiteten damit den Ratten und Flöhen nur noch bessere Lebensbedingungen. Anders als die Geflohenen schliefen sie meist auf Stroh, das sie mit Ratten teilten. Und so stiegen die Todeszahlen weiter, wofür es zahllose Beispiele und Berichte gibt; eines muss hier genügen: Allein in Florenz sollen binnen eines Jahres mehr als 100 000 Menschen gestorben sein; »und niemand war zu finden, der die Toten begrub«, berichtet eine italienische Stadtchronik. Solange die Ursache der Pestilenz in bestimmten Sternenkonstellationen gesehen wurde, die angeblich bewirkten, dass von der Erde giftige Dämpfe – jene erwähnten *Miasmen* – frei würden, die die Menschen verseuchten, war ihr nicht beizukommen. Kurios mutet aber an, dass die jene vermeintlichen Miasmen abweisende typische Schutzkleidung – mit einem Schnabel in der Höhe der Mundöffnung, gefüllt mit aromatischen Essenzen gegen den penetranten Leichengeruch – ungeahnt trotz falscher Diagnose das Richtige bewirkte, nämlich die unbewusste Desinfektion und vor allem Distanz.[61] Den Nimbus der Apokalypse verlor die Seuche erst durch die Entdeckung des Pestbakteriums 1894 und die Entwicklung von Antibiotika. Heute lässt sich eine Infektion mit *Yersinia pestis* meist mit dem

Wirkstoff Streptomycin oder Chloramphenicol behandeln. Doch als der mittelalterliche *Schwarze Tod* erstmals auftrat, war das anders – kein Wunder, wenn beinahe jeder Zweite starb, dass unmittelbar Panik ausbrach, wo immer die ersten Anzeichen der Seuche bemerkt wurden.

Auf besonders drastische Weise – und wohl deshalb so häufig geschildert – erlebten das Erscheinen der Pest Anfang 1347 zuerst die Bewohner von Caffa am Schwarzen Meer. Dieser genuesische Hafenstützpunkt auf der Krim, heute die Stadt Feodossija, wurde im Februar 1344 und dann nochmals 1346 bis 1347 von den auch Tartaren genannten mongolischen Soldaten der Goldenen Horde belagert; allerdings vergeblich, da die Eingeschlossenen von der Seeseite mit Lebensmitteln versorgt werden konnten. Dann brach unter den Belagerern plötzlich die Pest aus, »lähmte ihr ganzes Heer und vernichtete jeden Tag viele Tausend von ihnen«, so ein Bericht. In seiner Verzweiflung kam dem Heerführer Khan Janibeg eine grausame Idee. »Daraufhin ließen die Tartaren, die durch das Unglück und die Krankheit erschöpft, niedergedrückt und völlig ratlos waren [...], die Leichen der Pesttoten mit Maschinen in die Stadt schleudern.« Statt zentnerschwerer Steinbrocken wurden die verwesenden Pestleichen auf die Katapulte gelegt und flogen über die Stadtmauern. Dieser Biowaffenangriff verfehlte seine Wirkung nicht. Als die Krankheit nun auch innerhalb der Stadt um sich griff und binnen weniger Wochen mehr als die Hälfte der Bewohner starb, breitete sich mit der Pest auch Panik aus. Die Überlebenden, darunter bereits Infizierte, »auf der Flucht vor der Rache Gottes« (wie es in einem historischen Bericht heißt), trugen mit den Schiffen aus Caffa die Seuche nach Westen in die Hafenstädte des Mittelmeeres, von wo aus diese anschließend halb Europa den Tod brachte.

Die meisten Darstellungen und Abhandlungen zum zweiten Seuchenzug der Pest legten bisher den Fokus stets und meist ausschließlich auf Europa, wo die Pest im Oktober 1347 zuerst in der Hafenstadt Messina auf Sizilien ins Blickfeld kam. Im November und Dezember 1347 erreichte die Krankheit dann Konstantinopel und schließlich, von den Hafenstädten Genua und Venedig ausgehend, den Rest des Kontinents.[62] Die Berichte der Historiker kranken gleich an zwei Dingen. Zum einen wurde den überlieferten Quellen lange Augenzeugenschaft zugeschrieben und ihnen kaum einmal hinreichend Skepsis entgegengebracht. Zum anderen wurden weitere, ebenfalls verfügbare historische Zeugnisse aus dem außereuropäischen Raum nicht berücksichtigt. Diese aber werden inzwischen durch molekulargenetische Befunde zur phylogenetischen Verwandtschaft und Evolution des Pesterregers gestützt.

Vor allem dem Notar und Chronisten Gabriele de' Mussi aus Piacenza in Italien wurde bisher hohe Autorität zugebilligt, die von ihm geschilderten Umstände galten als Tatsachen, obgleich er die 1340er-Jahre in Piacenza verbrachte und um die Ereignisse in Caffa nicht aus eigener Anschauung wusste. Immerhin berichtete er in seiner *Historia de morbo*, dass »ein Konstantinopel gehöriger, aber von den Tartaren beherrschter Ort namens Thanna, in dem viele Kaufleute aus Italien zusammenkamen«, belagert und schließlich verlassen worden sei. Die Vertriebenen flohen »in den mit Mauern umgebenen Ort Caffa [...], den die Genuesen vor einiger Zeit errichtet hatten«.[63] Damit wird aus den frühesten Quellen deutlich, dass nicht der genuesische Handelsstützpunkt Caffa der eigentliche Ursprungsort war, sondern dem weiter nordöstlich am Asowschen Meer gelegenen venezianischen Tana – der heutigen russischen Stadt Asow – die entscheidende Rolle bei der Übertragung der Seuche zukommt. Und nicht etwa der Krieg war, wie lange geglaubt, der Auslöser der Pest. Eher dürfte die Seuche die unfreiwillige Folge des anschließenden Friedens gewesen sein – so jedenfalls die jüngst vorgetragene Theorie der US-amerikanischen Historikerin Hannah Barker, die nicht nur minutiös Mussis Erzählung als Legende entlarvte, sondern nachwies, dass offenbar die Lieferungen von Getreide nach Aufhebung der Handelsblockaden insbesondere in Tana zur Verbreitung der Pest nach Europa führten.

Venezianische und genuesische Kaufleute hatten den Ort als Handelsplatz gegründet, der zur Zeit des Steppenreichs der sogenannten Goldenen Horde im 13. und 14. Jahrhundert aufblühte und zu einer durch Venedig dominierten Handelskolonie wurde, während die ständige Konkurrentin Caffa auf der Krim von Genua kontrolliert wurde. Als Endpunkt eines Seitenarms der Seidenstraße war Tana ein wichtiger Umschlagplatz für Handelsgüter aus dem fernen Osten, darunter neben Seide und Gewürzen auch Pelze und vor allem Getreide – und ein Zentrum für den Handel zwischen nördlichem und südlichem Schwarzen Meer. Tatsächlich waren die italienischen Niederlassungen dort vor allem gegründet worden, um die Seerepubliken, die selbst über kein Ackerland verfügten, mit dem dringend notwendigen Getreide aus der fruchtbaren Schwarzmeerregion zu versorgen.

Sehr wahrscheinlich hat bereits zuvor ebenfalls Getreide eine Schlüsselrolle in der Geschichte der Pest gespielt. Sehr viel weiter im Osten des Schwarzen Meeres erlebte Zentral- und Ostasien mit dem Mongolensturm unter Dschingis Khan vom Ende des 12. Jahrhunderts an eine der gewalttätigsten und chaotischsten Umbruchphasen in der Geschichte Eurasiens. Sie brachte durch einen Korridor im Inneren Asiens Menschen von Ost bis West über Tausende von Kilometern miteinander in engen Kontakt – und auch mit neuen tierischen Wirten von Seuchen wie eben der Pest. In dieser Phase entstanden zugleich neue ökologische Bedingungen, die wiederum Auswirkungen in der gesamten Alten Welt haben sollten. In ihrem Gefolge kam es zu einer der größten biologischen Krisen, ausgelöst durch eine *emerging infectious disease* tierischen Ursprungs, die wir heute historisch nennen, die seinerzeit aber eine neu aufkommende Seuche war, die die Menschen fortan begleiten sollte.

Somit waren keineswegs die geschilderten Ereignisse an der Schwarzmeerküste der eigentliche Urknall der Pest; vielmehr müssen wir darin nur die später die Welt erschütternde Schockwelle sehen. Anders als die kosmische Namenspatenschaft eines Urknalls impliziert, handelt es sich aber nicht um ein einmaliges und kurzfristiges Ereignis. Vielmehr erschloss sich der Erreger dank eines uns im Detail noch unbekannten Umstandes eine neue ökologische Nische – für die sich allerdings ein anderes räumliches Muster abzeichnet als das der oft bemühten Ausbreitung aus dem Osten über die Seidenstraße. Vielmehr deutet sich eine weiter südlich verlaufende Route ab, die *Yersinia* aus dem zentralasiatischen Hochland über den Norden des Iran in die Region des Kaukasus und schließlich an die Küsten des Schwarzen Meeres brachte. Und nicht reisende Kaufleute, sondern reitende Krieger waren die menschlichen Überträger.

Nachdem sich die Mongolen im 13. Jahrhundert als dominierende Macht im Osten Asiens etabliert und gen Westen ausgebreitet hatten, entwickelte sich dort die Goldene Horde zu ihrem spätmittelalterlichen Feudalstaat und zur Großmacht im östlichen Europa. Dieses mongolische Khanat war ein von einem Khan regiertes Staatsgebilde türkischer und mongolischer Stämme, vergleichbar etwa einem Fürstentum oder Königreich; nur eben in diesem Fall eines, das sich von Westsibirien bis nach Osteuropa erstreckte. Und über das die Pest aus den Steppen des Ostens an die Küsten des Asowschen und des Schwarzen Meeres gelangt sein dürfte. Allerdings gibt es hier nun gleich mehrere denkbare Szenarien. So könnte sich der Pesterreger entlang der mittelalterlichen Handelsrouten aus dem Osten über Land und dann über das Schwarze Meer in mehreren Wellen wiederholt bis nach Europa ausgebreitet haben.[64] Dabei könnte auch, so wurde lange vermutet, der Pelzhandel aus dem Mongolenreich die Pest in Europa verbreitet haben. Wie erwähnt, waren sowohl Tana als auch Caffa ein wichtiger Umschlagplatz für Pelze aus Bolgar und Nischni Nowgorod im damaligen Khanat der Goldenen Horde. Wir täuschen uns oft darüber, wie vernetzt bereits die Menschen des Mittelalters waren, die selbst über die Ausdehnung ganzer Kontinente miteinander in Kontakt standen. Das »dunkle Mittelalter« gebe es nur deshalb, sagen Historiker, weil wir bis heute so wenig über diese globale Vernetzung wüssten. Ausgerechnet Krankheiten wie die Pest und ihre Ausbreitung liefern uns neuerdings wichtige Hinweise, wie eng geknüpft vor allem die Handelsnetze seinerzeit bereits waren und dass die Globalisierung eben kein Phänomen allein der Neuzeit oder gar unserer Zeit ist. Allein schon dadurch wird die Geschichte der Pest zu der einer mittelalterlichen Pandemie.

Für die Historikerin Hannah Barker spielt allerdings der Handel mit Getreide die entscheidende Rolle, nicht der mit Pelzen. Ausgangspunkt ihrer Theorie ist ebenfalls die Belagerung Caffas durch die Mongolen unter Khan Janibeg, in deren Folge es zwischen 1346 zu wechselseitigen Handelsblockaden der Häfen am Asowschen und Schwarzen Meer kam. Durch dieses Handelsembargo wurde die Lieferung von Getreide vom mongolischen Festland um ein gutes Jahr verzögert – Getreide, das die bevölkerungsreichen Städte Italiens wie Genua und Venedig dringend brauchten; immerhin stammte bereits damals etwa ein Drittel des Getreides aus der Schwarzmeerregion. Die Wiederaufnahme der Handelbeziehungen 1347 führte dann dazu, dass große Mengen an teils eingelagertem, teils frisch herangeschafftem Getreide in kurzer Zeit nach Europa verschifft wurden. Und mit den Getreidelieferungen wurden auch Ratten und Flöhe, die sich darin ebenso vermehrt hatten wie der nun vielfach replizierte Pesterreger, über die weitverzweigten Handelsnetze in die Häfen der gesamten Mittelmeerküste transportiert.

Anders als vielfach kolportiert, wurde also ausgerechnet

durch den Krieg und die dadurch bedingte Störung der Handels-
ketten die Pest wenigstens zeitweilig von Europa ferngehalten –
um dann aber im Herbst 1347 umso heftiger zuzuschlagen. Das
erklärt auch, warum es vom Ausbruch der Pest 1346 im Lager
der Mongolen vor Caffa etwa zwölf bis 18 Monate dauerte, bis
die Seuche Europa erreichte. Wobei, so Hannah Barker, die Pest
durchaus unterschiedliche Wege nahm. Offenbar infizierte die
Besatzung genuesischer Schiffe die Menschen in den Häfen von
Sizilien und Neapel durch direkten Kontakt. Wie Mussi berichtete, starb dort, wer mit den Seefahrern der zwölf Galeeren gesprochen hatte, innerhalb weniger Tage. Dagegen dauerte es in
Venedig einige Monate nach Ankunft der Schiffe aus Tana und
Caffa, bevor sich die von Ratten auf den Menschen übertragene
Pest hier wie anderswo ab Februar und März 1348 auszubreiten
begann.

NEUE LEBENSWELTEN UND DER
URSPRUNG DES SCHWARZEN TODES

Als die Pest an die Gestade des Schwarzen Meeres gelangt war,
dürfte sie bereits weiter östlich bis wenigstens nach Zentralasien
ihre markanten Spuren hinterlassen haben. Zwar ist die Faktenlage weniger eindeutig als in Europa, aber inzwischen gehen
Historiker davon aus, dass seinerzeit in Zentral- und Ostasien
weitaus mehr Menschen an der Pest starben als anschließend
in Europa. Beispielsweise soll die Bevölkerung in China bereits
seit den 1330er-Jahren von 125 Millionen auf 90 Millionen gesunken sein.[65] Dabei dürfte das lediglich eine spätere Episode
dieser zweiten Pest gewesen sein.

Verblüffenderweise liefern molekulargenetische Analysen
und historische Zeugnisse (wie etwa authentische Augenzeugen-
berichte) neuerdings ein weitgehend übereinstimmendes Bild.

Eine Altersabschätzung der verschiedenen, aus menschlichen Zähnen in einschlägigen Grabfunden analysierten genetischen Linien des Pesterregers mittels einer sogenannten *molekularen Uhr* lieferte den Ausgangspunkt für das alternative Seuchen-Narrativ. Demnach lassen sich die ältesten Funde des mittelalterlichen *pestis*-Bakteriums recht präzise auf ein Alter von etwas mehr als 800 Jahre datieren, also in die Zeit zwischen 1170 und 1196. Gleichzeitig legt die geografische Verteilung der *Yersinia*-Nachweise nahe, dass das Ursprungszentrum der zentralasiatischen Gebirgsregion um den Tian Shan *(Himmelsgebirge)* an der Grenze zwischen dem heutigen Kirgisistan und China lag.[66] Von dort hat sich die Pest nicht durch Nager, sondern mithilfe der Mongolen über Zentral- und Vorderasien nach Westen ausgebreitet.

Klar ist damit, dass die viel zitierten Ereignisse an der Schwarzmeerküste nicht länger als Auslöser der Pandemie zu sehen sind, sondern lediglich als lokale *spillover events* aus einem zoonotischen Reservoir. Die Pest dürfte dabei von einem tierischen Wirt an einen anderen weitergereicht worden sein, bevor der Erreger auf den Menschen übersprang, der durch seine eigene Mobilität dann für die Ausbreitung von Seuchenzügen sorgte. Verlieren wir indes nicht aus den Augen, dass die Pest keine primär menschliche Krankheit ist. Bakterien wie *Yersinia pestis* kommen gut ohne uns aus, da sie zur Vermehrung und Verbreitung tierische Wirte einspannen. Wann genau es in diesem Fall überhaupt zur Zoonose kam, ist extrem schwer zu bestimmen.

Diese neue Erzählung hat erst kürzlich die US-amerikanische Historikerin Monica Green vorgeschlagen. Ihrer Darstellung nach – in die sich viele der verstreuten, von ihr erstmals zusammengetragenen Puzzleteilchen erstaunlich passgenau fügen – nahm die Pest ihren Ausgang nicht erst Mitte des 13. Jahrhunderts, sondern ein Jahrhundert zuvor, und, wie gesagt, auch nicht zuerst bei Ratten, sondern bei den an kalte Steppen und Gebirge angepassten Murmeltieren im zentralasiatischen Hochland. Wobei etwa das Himalaja-Murmeltier *(Marmota himalayana)*, das in Zentralasien durchaus weiter verbreitet ist, als sein Name nahelegt, sowie einige andere Murmeltierarten der mongolischen Steppenregion in den Fokus geraten. Einst wurden sie wegen ihres wasserabweisenden Fells und ihres Fleisches von den Mongolen gejagt und dürften der natürliche Startpunkt jener Pest-Pandemie gewesen sein, die in den folgenden Jahrhunderten die Geschichte beeinflusste. Dazu passt etwas, was zu den immer wieder aufflackernden Ausbrüchen der Pest leicht überlesen wird: dass sich nämlich in der Mongolei bis heute Menschen mit der Pest anstecken, wenn sie das Fleisch von Murmeltieren essen, die das Bakterium in sich tragen. Während einige der insgesamt 14 Arten nachweislich selbst an dem Pesterreger erkranken, den sie in sich tragen, ist dies für andere nicht bekannt – darunter etwa dem weiter westlich bis einst in die Ukraine vorkommenden Steppenmurmeltier *(Marmota bobaka)*.[67] Allerdings waren es nicht allein die Murmeltiere untereinander, sondern weitere Nagetiere, allen voran die dem Menschen folgenden Mäuse und Ratten, auf die der Erreger unterwegs gewechselt sein dürfte und die dann die Seuchenzüge gen Westen und vermutlich auch gen Osten ausgelöst haben könnten.

Zwar stützen die bisher verfügbaren genomischen Daten der Archäogenetiker nicht jeden einzelnen Schritt in Greens Argumentationskette, doch deutet alles auf eine rasche urknallartige Entfaltung einzelner genetischer Linien des *Yersinia pestis*-Stammes in der zentralasiatischen Region und in einem tierischen Reservoir hin, aus dem sich dann sämtliche im Mittelalter und der frühen Neuzeit wütenden Seuchenzüge entwickelt haben. Bisher wussten Experten von Grabsteinen aus der Umgebung des nördlich des Tian Shan gelegenen Sees Yssykköl[68], die eine Seuche als Todesursache um 1338 und 1339 bezeugen, also weniger als ein Jahrzehnt vor dem Ausbruch des *Schwarzen Todes*, der sich einige Tausend Kilometer weiter westlich ereignete. Tatsächlich ist die dank epigrafischer Evidenz nachweisbare Seuche von Yssykköl einem späteren, ebenfalls lokalen Ausbruch zuzuordnen, so Monica Green. Ihre Spurensuche geht dagegen an den Beginn des Mongolenreichs zurück, das 1206 entstand. Die Wanderungen und Eroberungen dieses berittenen Steppenvolks verbreiteten den ursprünglich aus einem Murmeltier-Reservoir im Tian Shan-Gebirge freigesetzten Pesterreger über Zentralasien und seine benachbarten Regionen. Mit den Getreideladungen, die die Mongolen auf Ochsenkarren bei ihren Belagerungen immer neuer Städte mit sich führten, beförderten sie auch die sich darin einrichtenden Ratten und Flöhe als Überträger von *Yersinia*.

Während dieser Teil des neuen Narrativs in Teilen noch Spekulation, aber biologisch durchaus plausibel ist, gibt es überzeugende schriftliche Quellen aus Persien sowie aus dem China der Song-Dynastie, die bisher zu wenig beachtet wurden. Meist wurden die daraus ableitbaren historischen Zusammenhänge auch deshalb übersehen, weil viele der geschilderten Ereignisse im Chaos des ein Jahrhundert währenden Mongolensturms untergingen. So blieb auch die biologische Geschichte dahinter verborgen. Gemeinsam mit Schriftsachverständigen dieser Zeugnisse, die erst neuerdings übersetzt verfügbar sind und nun ausgewertet wurden, kommt Monica Green zu dem Schluss, dass beispielsweise bei der Belagerung – und später auch Einnahme – Bagdads durch ein Mongolenheer unter dem Anführer Hülegü (einem Urenkel Dschingis Khans) die Pest 1258 ausbrach. Tatsächlich wussten unlängst wieder aufgefundene Berichte sowie arabische Chroniken aus Syrien und Ägypten von dieser und weiteren Epidemien zu berichten, die zeitgleich mit den Eroberungen der Mongolen im westlichen Asien ausbrachen. Dem erwähnten Pestausbruch am Ende der Belagerung Bagdads, mit der das dortige Kalifat unterging, fielen nicht nur viele der mongolischen Belagerer zum Opfer, sondern auch so viele Bewohner auf einmal, dass die noch nicht Erkrankten die Leichen der Toten schließlich einfach in die Fluten des Tigris warfen, statt sie noch zu beerdigen; später soll sich angeblich selbst dafür niemand mehr gefunden haben.

Mehrfach findet sich in solchen Berichten der Hinweis, dass die Mongolen bei ihren Eroberungszügen Karrenladungen an Getreidevorräten aus den bereits besetzten Gebieten mit sich führten; vor allem wohl gedroschene Hirse, von der sich die Mongolen hauptsächlich ernährten und aus der sich überdies Bier brauen lässt – nicht unwichtig für die Soldaten eines ständig weiterstürmenden Heeres, die permanent in Gefahr waren, entweder im Kampf oder durch Krankheiten zu sterben. Nachdem die eher menschenscheuen Murmeltiere im Hochland Zentralasiens ihre Pesterreger an andere Nagetiere wie Mäuse und Ratten im Gefolge der Mongolen weitergegeben hatten, gelangte *Yersinia* in den dicht besiedelten Städten entlang eines innerasiatischen Korridors in eine neue ökologische Umwelt. Vorstellbar ist etwa, dass die Flöhe von den mitgeführten Murmeltierfellen ihren Wirt wechselten und auf die Getreide bewohnenden Nager auswichen, die dann den Erreger von Tier zu Tier weitergaben. Tatsächlich lässt sich den Berichten entnehmen, dass es meist erst nach der eigentlichen Belagerung zu Seuchenausbrüchen kam. Möglicherweise haben die Belagerer nach Ende der feindlichen Handlungen ihre Getreidevorräte mit den Belagerten geteilt, und die Nager und ihre Flöhe breiteten sich aus, was durch die Menschenansammlungen in den zuvor belagerten Städten weitaus leichter war als in den Feldlagern der Mongolen.

Auf diese Weise haben die raumgreifenden militärischen Unternehmungen der Mongolen im 13. Jahrhundert die Pest weitergetragen, bis *Yersinia pestis* schließlich nach einem Jahrhundert an die nordöstliche Schwarzmeerküste, in den Mittelmeerraum und nach Europa gelangte. Historiker wissen inzwischen auch aus chinesischen Quellen von Pestzügen weit im Osten Asiens, die zeitgleich möglicherweise ganz ähnliche Verheerungen in China ausgelöst haben. Demnach hätten die Mongolen dem aus einem Reservoir in Zentralasien stammenden Pesterreger, wo er seit Langem natürlicherweise unter Murmeltieren zirkulierte (die daran ebenfalls erkrankten), neue evolutive Möglichkeiten verschafft, die ihn dann weit von seinem Ursprungsgebiet entfernt in Erscheinung treten ließen. Eine historische *emerging infectious disease*, deren Auftreten die Menschen und die Geschichte der Alten Welt mehr als ein halbes Jahrtausend in ihren Bann zog.

Die jüngst rekonstruierten Vorkommnisse zum Beginn der Pest erinnern in erstaunlicher Weise an das Ausbruchsgeschehen der Coronakrise, bei der das natürlicherweise im Süden Chinas und in benachbarten Regionen in Fledermäusen zirkulierende Virus durch zufällige Ereignisse in andere Umwelten eingetragen und dadurch zum Auslöser der Pandemie wurde. Beide Zoonosen erzählen mithin davon, wie die Interaktion des Menschen mit seiner Umwelt und speziell mit potenziellen tierischen Wirten von Bakterien und Viren den Boden für epochale Seuchen bereitete. Und die Geschichte der Pest lehrt uns, dass Seuchen keine plötzlichen, wie aus dem Nichts kommenden zufälligen Naturkatastrophen sind, sondern ursächlich einer fatalen Verkettung menschlicher Aktivitäten in der Natur geschuldet sind.

ALTE POCKEN: VOM AUSBRUCH UND ENDE EINER SEUCHE

Es beginnt mit Schüttelfrost und hohem Fieber, begleitet von Übelkeit und Erbrechen, Kopf- und Gliederschmerzen. Dann folgt der Ausschlag vor allem an Kopf und Rumpf: Aus blassroten Flecken werden linsengroße Knötchen, die sich nach Tagen zu

Erbsengröße auswachsen, mit Flüssigkeit füllen und zu schmerzhaften hochinfektiösen Blasen auswachsen, die dann vereitern. Der Tod tritt in der Regel am achten oder neunten Tag ein.

Der ereilte auch den französischen König Louis XV., vom Volk zuerst der *Vielgeliebte* und später der *Ungeliebte* genannt, der irrigerweise annahm, die Krankheit schon als Jugendlicher durchgemacht zu haben. Nachdem er sich bei einem Schäferstündchen mit einer jungen Müllerin infiziert hatte, die ihm wie üblich Madame du Barry im berüchtigten Hirschgarten zugeführt hatte, starb er zehn Tage später unter elenden Qualen: »Sein Leib war durch schwärende Pusteln entstellt und aufgedunsen und von einem derart pestilenzialischen Gestank, daß kein Arzt wagte, die Autopsie vorzunehmen. Die rapid verwesende Fleischmasse wurde von Lakeien mit den Schuhen in den Sarg hineingetrampelt.« Der Moralist Nicolas Chamfort bemerkte dazu: »Eine Krankheit von Gottes Gnaden nahm uns den König von Gottes Gnaden!«; um dann jenen viel zitierten Satz hinzuzufügen: »Le Roi est mort, vive le Roi!«[69]

Das alles ist Geschichte. Inzwischen hat die Krankheit dank weltweiter Impfung viel von ihrem Schrecken verloren; nach einem letzten Aufflackern im Oktober 1977 in Somalia gelten Pocken offiziell als ausgerottet. Doch lange waren die Blattern, wie sie auch genannt wurden, eine der schlimmsten Infektionskrankheiten überhaupt. Und das sie verursachende Variola-Virus, das durch Tröpfcheninfektion von Mensch zu Mensch übertragen wird, gehörte zu den ärgsten Feinden der Menschheit. Wir haben diese Seuche eingangs als mögliche Ursache für die Antoninische Seuche zur Zeit Marc Aurels kennengelernt, der nicht nur gegen die Germanen, sondern vor allem gegen die Pocken kämpfte. Auch die Cyprianische Seuche, die um 250 nach Christus weite Teile des Römischen Reichs verheerte, wurde mit ihnen in Verbindung gebracht.

Dass diese Plage wohl sehr viel älter sein dürfte, belegen zum einen altägyptische Mumien, darunter die des 1145 vor Christus verstorbenen Pharaos Ramses V., genannt *der Große*; an ihnen will man eindeutige Pockennarben ausgemacht haben. Zum anderen sprechen dafür auch Studien zum tierischen Ursprung dieser Viren, der bei afrikanischen Rennmäusen vermutet wird. Wie beschrieben, könnten die nahe den Menschen siedelnden Nager erstmals vor rund 4000 Jahren am Horn von Afrika mit dort domestizierten Kamelen in Berührung gekommen sein. Kurios, dass ausgerechnet dort, wo die letzten Fälle von Pocken auftraten, das Virus einst auf den Menschen übergesprungen sein könnte, bevor es dann nach Ägypten und weiter hinaus in die Welt gelangte.[70]

Wie die Pest waren auch die Pocken hochansteckend und aufgrund der hohen Sterblichkeitsrate eine Katastrophe, wo immer sie auftraten. Neben typischen Blessuren der Haut, insbesondere im Gesicht, war der ganze Körper mit stinkenden Beulen überzogen. Etwa jeder dritte Infizierte starb; wer überlebte, war häufig durch Pockennarben gezeichnet oder gar entstellt. Verzweifelt suchte man nach einer Lösung, experimentierte vergeblich mit Heilpflanzen, doch das lange unbekannte Virus raffte die Menschen weiter dahin. Sicher belegt ist, dass Pocken im Mittelalter und der beginnenden Neuzeit von großer Bedeutung und gerade für Kinder eine Heimsuchung waren; immer wieder kam es zu periodisch auftretenden Ausbrüchen, die kaum einen verschonten – Fürsten und Könige ebenso wenig wie das gemeine Volk. Von Mozart und Beethoven wissen wir, dass sie von Pocken gezeichnet waren; auch Johann Wolfgang von Goethe, der darüber in *Dichtung und Wahrheit* schrieb, litt daran.[71] Noch im 19. Jahrhundert verursachte das Virus weitaus mehr Tote als die Kriege. Beim letzten großen Ausbruch einer Pocken-Epidemie in Europa gab es allein im Königreich Preußen, wo damals keine Impfpflicht bestand, in den Jahren 1871 und 1872 mehr als 125 000 Tote, was immerhin 0,5 Prozent der damaligen Bevölkerung entsprach. Deutlich weniger dramatisch verlief die Epidemie dagegen im Königreich Bayern, wo nur ein Drittel der Bevölkerung starb und sieben von zehn Personen geimpft waren.[72]

Die ersten Impfversuche gegen Pocken gehen auf das Ende des 18. Jahrhunderts zurück. Als der britische Landarzt Edward Jenner beobachtete, dass Melkerinnen – die sich bei ihrer Arbeit hin und wieder mit den vergleichsweise harmlosen Kuhpocken ansteckten – besser gegen die viel gefährlicheren menschlichen Pocken gewappnet schienen, führte er 1796 erstmals eine Impfung an einem jungen Probanden durch. Jenner ritzte dazu die Haut am Arm eines achtjährigen Jungen namens James Phipps ein, die er mit dem Eiter der Kuhmagd Sarah Nelmes bestrich, die an Kuhpocken erkrankt war. Als er dies dann sechs Wochen später mit dem Eiter von einem an Pocken Erkrankten wiederholte, blieb der Junge gesund. Jenner nannte sein Verfahren Vakzination – von lateinisch *vacca*, die Kuh. Bis heute wird mit einem abgeschwächten Stamm von *Variola vaccina*, dem Kuhpockenvirus, geimpft. Seinerzeit war es der Beginn der Entwicklung weiterer Impfungen, etwa gegen Diphterie oder Keuchhusten, Tollwut oder Polio.[73]

Allein für das 20. Jahrhundert wird die Zahl der Todesopfer durch Pocken noch auf rund 300 oder gar 500 Millionen geschätzt, bis die Krankheit dann dank Immunisierung durch Impfung vollständig vom Erdboden verschwand. Denn das ist das Besondere an dieser Viruserkrankung: Sie steht nicht nur am Anfang der Bemühungen, gegen Infektionserreger eine Impfung zu entwickeln, als einzige Infektionskrankheit von historischer Bedeutung wurde sie auch, nachdem die WHO 1967 eine globale Impfkampagne gestartet hatte, im Jahr 1980 ausgelöscht – was als ein epochaler Erfolg der modernen Medizin gefeiert wird. Heute gibt es das Pockenvirus nur noch in Proben, die in Labors der höchsten Sicherheitsstufe in den

USA und in Russland aufbewahrt werden (und damit neue Risiken heraufbeschwören).

Das bisher einzige Beispiel einer erfolgreich ausgerotteten Seuche darf uns indes nicht zur Hoffnung verleiten, dass dies bei anderen Krankheiten auch funktioniert. Pocken sind ein Sonderfall: zum einen, weil das Virus nur im Menschen als einzigem Wirt vorkommt, sich also nicht (mehr) in Tiere zurückziehen kann, um von dort wieder auszubrechen; zum anderen, weil der Erreger genetisch stabil ist und sich daher nicht durch rege Mutationen dem Schutz durch Impfstoff entziehen kann, der – ein weiterer Vorteil – ein Leben lang anhält. Und ausgerottet wurde nur das humane Pockenvirus; andere Pocken-Viren, die natürlicherweise etwa in Nagern oder Kamelen vorkommen, gibt es nach wie vor. Es ist nicht ausgeschlossen, dass es einem dieser Pockenerreger aus dem Tierreich abermals gelingt, Artgrenzen zu überwinden und Menschen zu infizieren – so wie das Pockenvirus einst vor Jahrtausenden vom Kamel auf den Menschen übergesprungen ist.

Beinahe wie auf Bestellung meldeten die Agenturen im Mai 2022 eine ungewöhnliche Häufung von Fällen der an sich seltenen Affenpocken. Zuerst stieg in Großbritannien, dann auch in anderen europäischen Ländern einschließlich Deutschland sowie in den USA, Kanada und Australien innerhalb kurzer Zeit die Zahl der Infizierten – es waren vor allem Männer, die Sex mit anderen Männern hatten. Nach kaum einem Monat meldeten bereits 30 Länder mehr als 1300 neue Infektionsfälle weltweit. Das klinische Bild der Infektion ähnelt dem der Pocken – Fieber, Kopf- und Muskelschmerzen, dem nach ein bis zwei Tagen ein Hautausschlag folgt. Das verantwortliche Orthopoxvirus, das bereits 1958 bei in einem dänischen Labor gehaltenen Javaneraffen entdeckt und benannt wurde, stammt vermutlich aus afrikanischen Nagetieren; welchen genau, ist unklar. Das Virus ist in West- und Zentralafrika immer wieder aufgetreten, unter anderem bei Affen und Schweinen, die aber wohl, wie der Mensch, nur sogenannte Fehlwirte sind. Die Erkrankung, obgleich bei Kontakt mit den Hautläsionen und Pusteln ansteckend, verläuft deutlich milder als Pocken. Wobei die westafrikanische Variante eine Sterblichkeitsrate von einem Prozent aufweist, die im zentralafrikanischen Kongobecken auftretende Variante indes von immerhin bis zu zehn Prozent.[74]

Während in Afrika die Fälle in den vergangenen drei Jahrzehnten kontinuierlich zugenommen und sich allein in Nigeria seit 2017 vervielfacht haben, gab es Infektionen mit Affenpocken bisher außerhalb Afrikas nicht; abgesehen von einigen wenigen Reisenden, die sich zuvor offenkundig in Afrika infiziert hatten. Doch unabhängig vom zoonotischen Ursprung nahmen unlängst nun auch Fälle zu, bei denen offenbar direkt Mensch-zu-Mensch-Übertragungen stattgefunden haben. Während die Erkrankten in Afrika mit Tieren in Kontakt kamen, die das Virus übertragen können, sind die neuerdings erkrankten Personen zuvor nicht in afrikanischen Ländern gewesen. Experten schließen daraus, dass das Virus sein Verhalten ändert, möglicherweise in einem neuen tierischen Reservoir mutiert ist und sich nun auch durch direkten Kontakt verbreitet – und dies möglicherweise schon seit Längerem und meist unerkannt. Dabei könnte ein weiteres tierisches Reservoir in einer Tierart außerhalb Afrikas eine neue Rolle bekommen, denn nun werden nicht nur Menschen unabhängig von ihrer sexuellen Orientierung zu potenziellen Überträgern – auch Nagetiere, wie die etwa in den USA als Haustiere gehaltenen Präriehunde, kommen dafür infrage.

In Afrika dagegen kommt es offenbar aufgrund der zunehmenden Bevölkerung, die zudem mobiler wird, und von Siedlungen in der Nähe von Urwäldern zu immer mehr Möglichkeiten für die tierischen Viren, auf den Menschen überzuspringen – dies vermuten Experten. Sie befürchten, dass Affenpocken die ökologische und immunologische Nische besetzen, die einst das Pockenvirus einnahm. Denn der frühere in der Bevölkerung weitverbreitete Impfschutz gegen Pocken hat weltweit deutlich nachgelassen, allen voran in Afrika. Damit sind Affenpocken möglicherweise gerade dabei, von einer regional verbreiteten Zoonose zu einer global relevanten Infektionskrankheit zu werden. Auch wenn die Gefahr deutlich geringer ist als etwa bei Sars-CoV-2, da sich das Affenpocken-Virus viel langsamer verändert und sich eine Infektion anhand der Symptome schnell entdecken lässt.

Inzwischen haben wir Menschen die eigentlichen Pocken ausgelöscht (aber eben nur die Pocken), früher war es umgekehrt. Was sie indes an- und ausgerichtet haben, als Menschen erstmals mit dem Virus in Kontakt kamen, die keinerlei Immunität dagegen hatten, führen uns insbesondere die indigenen Völker der Neuen Welt in dramatischer Weise vor Augen. Sie und ihre jahrtausendealten Kulturen waren die Opfer der ersten Globalisierung, als während der Expansion der Europäer in Amerika durch Seuchen ausgelöste Epidemien wiederholt und in massiver Weise die dortige Bevölkerung dezimierten. Es war, gleichrangig der Pest in der Alten Welt, mit vielen Millionen Toten der vermutlich größte Aderlass der Menschheitsgeschichte.

1492 – ODER: DIE GESCHICHTE EINER VERLORENEN WELT

Was sich nach 1492 aus der glücklichen Wendung eines navigatorischen Irrtums entwickelte (schließlich glaubte Kolumbus zeit seines Lebens, die Küste Asiens statt Amerikas erreicht zu haben), gehört zu den größten biologischen Umwälzungen von globalem Ausmaß. Als die Alte Welt der Neuen Welt begegnete, ging binnen kürzester Zeit eine über Jahrtausende währende Ära der Abschottung zu Ende. Die Entdeckung Amerikas sorgte zuerst und vor allem für den rasanten Untergang jener Ordnung, die diesen Doppelkontinent aus Nord- und Südamerika lange ausgemacht hatte. Verkannt wurde diese Tatsache wegen einer der größten bis heute bestehenden Illusionen unserer noch immer auf Europa zentrierten Geschichtsschreibung: Dem Mythos zufolge seien die Kontinente jenseits der Ozeane vor ihrer Entdeckung durch Europäer kaum besiedelt gewesen – und weitgehend unberührt von zivilisatorischen Einflüssen, die nun über sie kamen.

Doch Altamerikanisten erkennen inzwischen immer mehr, dass das vorkolumbianische Amerika vielerorts deutlich anders ausgesehen hat, als man es sich lange vorstellte. Sicher, auch die Alte Welt in Europa und Asien hat sich verändert, kaum dass die Neue Welt entdeckt war. So kamen etwa Tabak und Mais, Kartoffel und Kautschuk, Chili und Silber aus Südamerika über das Meer nach Europa – und zudem Krankheiten wie die Syphilis, die angeblich Kolumbus' Männer mit zurückbrachten, wie man bislang fälschlicherweise glaubte.[75] Doch weit mehr noch und auf ungleich radikalere Weise ging mit Kolumbus' Ankunft in Amerika eine für Millionen von Menschen vertraute Welt unter, deren Bild sich erst allmählich abzeichnet.

Es sind drei zentrale Erkenntnisse, an denen entlang die Geschichte der indigenen Kulturen der Neuen Welt völlig neu geschrieben werden muss. Erstens wurde Amerika viel früher vom Menschen besiedelt als bisher angenommen; mithin sind die »indianischen« Kulturen – wie man sie irrigerweise bis heute nennt – deutlich älter als lange vermutet. Zweitens waren die indigenen Kulturen wesentlich weiter entwickelt, als westliche Forscher glauben mochten, und wohl auch viel besser an ihre Umwelt angepasst – wobei sie ganze Landschaften zu ihrem Nutzen formten. Und drittens waren die beiden Amerikas erheblich dichter besiedelt, die Ureinwohner weitaus zahlreicher. Möglicherweise lebten vor der Ankunft der Europäer dort nicht etwa, wie man früher glaubte, weniger als zehn Millionen; vielmehr dürften es realistisch zwischen 40 und 60 Millionen neuweltliche Bewohner gewesen sein, im Norden des Doppelkontinents weniger als im tropischen Süden, wie neuere Hochrechnungen nahelegen. Das waren sogar mehr als in Europa zu jener Zeit, wo rund 40 Millionen Menschen lebten.[76]

Das Bild des biologischen Austauschs zwischen den beiden Welten diesseits und jenseits des Atlantiks stellt sich mittlerweile differenzierter dar, als es bei Umwelthistorikern der ersten Stunde wie Alfred Crosby und Jared Diamond möglich war. Ihre Idee des »terrible und tragic fury unleashed when the germs of civilization met the virgin soil of the Americas« bleibt ebenso gültig wie die richtige Erkenntnis, dass es sich bei der Überwindung der Barriere des Atlantiks – wohl nur vergleichbar mit der Neolithischen Revolution – um einen höchst außergewöhnlichen, einschneidenden Moment der Menschheitsgeschichte handelt.[77] Eine ganze Palette tödlicher Erreger stieß unvermittelt auf eine naive, dagegen nicht natürlicherweise immunisierte Bevölkerung. Den Ureinwohnern der Neuen Welt – ähnlich wie denen Australiens und Ozeaniens – fehlte die über zwei Jahrtausende in der Alten Welt entstandene natürliche Immunantwort auf diverse Erreger; ein entsprechend programmiertes Immunsystem, das die Menschen dort im Verlauf des Neolithikums als eine Art immunologisches Schutzschild gegen verschiedene Fieber und Seuchen aufgebaut hatten. Viele Uramerikaner starben an bis dahin ihnen unbekannten Krankheiten wie Pocken, Masern, Mumps, Typhus oder Influenza, oft sogar, bevor sie überhaupt den ersten Europäer erblickten. Innerhalb nur einer Generation folgte auf das anfängliche Massensterben auf den von Spaniern erkundeten und kolonisierten karibischen Inseln der pandemische Exitus auf dem mittel- und südamerikanischen Festland. Hier stießen die Eroberer auf die dicht besiedelten und weit entwickelten Hochkulturen der Azteken in Mittelamerika und der Inka in den Andenländern, wo der demografische Effekt katastrophal war. Die von den europäischen Eindringlingen mitgebrachten Viren und Bakterien breiteten sich unter den »Indianern« rasend schnell aus. »Denn überall, wohin die Spanier kamen, war es, als ob ein Feuer durchs Land rase und alles auf seiner Bahn zerstöre«, so ein zeitgenössischer Kommentar.[78] Gespenstische Seuchenzüge entvölkerten ganze Landstriche, noch bevor deren Bewohner je einen Europäer getroffen hatten.

Das Grauen und Sterben der amerikanischen Urbevölkerung war sicherlich eine weitgehend »unbeabsichtigte Tragödie«, wie Umwelthistoriker heute sagen. Dennoch drängt sich die Frage auf, ob die wahrscheinliche Unvermeidbarkeit des Todes die historische Schuld der Europäer zu verringern vermag. Verantwortlich waren sie und ihre Seuchen in jedem Fall dafür, dass die Menschen in der Neuen Welt in Massen starben. Und dies eben weniger an der brutalen Gewalt und den unzähligen Gräueltaten, die ihnen die Eroberer aus der Alten Welt antaten – vielmehr rafften die Erreger von bald grassierenden Infektionskrankheiten sie hinweg. Letztlich ebneten erst diese Seuchen Europa ab dem 16. Jahrhundert den Weg, fortan die Welt zu dominieren. Nur dank ihrer Krankheitserreger – und eben nicht nur dank der Feuerkraft ihrer Gewehre, anderer Waffen und der Gewalt – gelang es einer anfangs kleinen Schar bewaffneter Konquistadoren und kaum viel mehr europäischen Immigranten überhaupt, die zahlreiche Bevölkerung Mittel-, Süd- und Nordamerikas zu verdrängen. Zugrunde gegangen sind die vorkolumbianischen Kulturen und vergessenen amerikanischen Zivilisationen im 16. Jahrhundert nicht durch jene Handvoll brutaler Haudegen, der unsere Geschichtsschreibung bisher huldigt, sondern durch von winzigen Erregern verursachte Seuchen, jenem eingeschleppten biologischen Erbe der Europäer, das erst den Boden für die eigentlich unglaubliche Besitznahme der Alten in der Neuen Welt bereitete. Ohne diese genozidale Wirkung der europäischen Krankheitskeime gäbe es weder die heutige Staatenwelt noch die Kulturkreise Nord- und Südamerikas. Doch immer mitverantwortlich waren auch die jeweiligen Umweltbedingungen und sozioökonomischen Dynamiken jener Zeit, wie Historiker betonen. Vor diesem Hintergrund wurde die Wiedervereinigung der Hemisphären der Erde zu einem bedeutenden Meilenstein bei der globalen Verbreitung von Seuchen. Vor allem die Pocken gelangten so vom 16. Jahrhundert an rund um den Globus.[79]

Da sich die Immunantwort in der Bevölkerung der Neuen Welt nicht sofort nach der ersten Epidemiewelle einstellte, dezimierten Seuchen sie in der Folgezeit immer wieder. Auf der von Kolumbus im Dezember 1492 angesteuerten Karibik-Insel Hispaniola etwa brach infolge einer ersten Pocken-Epidemie die indigene Bevölkerung von schätzungsweise einer halben Million Menschen auf 20 000 ein. In den Andenländern wie Peru etwa, dem Kernland der Inka, ging die dortige Urbevölkerung nicht nur durch die erste Pocken-Epidemie dramatisch zurück, sondern auch noch viele Jahrzehnte nach dem ersten Auftauchen der Spanier. Zwischen 1573 und 1602 brach die Bevölkerung nochmals um mehr als 30 Prozent ein; kaum mehr als 320 000 Menschen überlebten dort, obgleich in den Jahrzehnten zuvor bereits zwei Pocken-Epidemien für eine gewisse Resistenz gesorgt hatten.

Nachdem das Variola-Virus zuerst in der Karibik und dann in Mittel- und Südamerika gewütet hatte, gelangte es erst später auch nach Nordamerika. Die natürliche Anpassung des Menschen an neue Krankheiten brauchte ihre Zeit – bis dahin ging das Sterben weiter. Das ist eine der biologischen Lektionen aus der Geschichte der Menschheit; wir dürfen sie nicht vergessen. Die europäischen Entdecker und Eroberer haben das schnell begriffen. Die Konquistadoren wussten durchaus, dass ihr Eintreffen zu einem Desaster unter den amerikanischen Ureinwohnern führte. Nach Kolumbus' Entdeckung 1492 gingen schätzungsweise 90 Prozent der amerikanischen Urbevölkerung zugrunde. So forderten die *Pox Americana*, die Pocken der Neuen Welt, mehr Todesopfer als die Schlachten der vielen Kriege in Amerika, meint etwa der Schweizer Historiker Aram Mattioli. Und viele seiner Zunft sind überzeugt, dass die Siedlergesellschaften in Amerika buchstäblich in der Schneise entstanden, die Bakterien und Viren geschlagen hatte.[80]

Die wohl größte demografische Katastrophe weltweit nahm indes ihren Ausgang in Mittelamerika zur Zeit der spanischen Konquistadoren, als das eingeschleppte Pockenvirus Hernán Cortés dabei half, das riesige Reich der Azteken in Mexiko und Guatemala zu erobern und die spanische Kolonialherrschaft in Mittel- und Südamerika zu begründen. Die Geschichte, wie der Aztekenherrscher Moctezuma Cortés' Tross im November 1519 ohne Widerstand die Tore Tenochtitlans öffnete, ist oft erzählt worden; vielleicht auch, weil bis heute nicht restlos aufgeklärt ist, was ihn dazu trieb.[81] Seinerzeit war das Zentrum des Aztekenreichs im mexikanischen Hochland (wo heute mit Mexiko-City eine der größten Ballungsregionen der Welt liegt) bereits eine gewaltige Metropole mit mehr als 200 000 Menschen. Damit war die Azteken-Hauptstadt vergleichbar mit europäischen Hauptstädten wie Paris oder Konstantinopel.

Nachdem die spanischen Neuankömmlinge mit Argwohn in der Stadt der Azteken willkommen geheißen wurden, eskalierte die angespannte Situation bald. Im weiteren Verlauf nahmen die Spanier Moctezuma gefangen, der wenige Monate darauf unter nicht vollständig geklärten Umständen starb; sie selbst flohen aus Tenochtitlan, viele wurden massakriert. Als Cortés im Jahr darauf mit Heerscharen der durch die Azteken zuvor drangsalierten mexikanischen Verbündeten zurückkehrte, erkannten sie die einst so pulsierende Stadt kaum wieder. Mit den Spaniern, die schon als Kinder immun geworden waren, waren auch die Pocken angekommen, die die indigene Bevölkerung der Stadt zu Tausenden dahinrafften und die streng hierarchische Ordnung des Aztekenreichs auflösten. Nach monatelanger Belagerung fiel am 13. August 1521 die durch Hunger und Pocken-Epidemie geschwächte Hauptstadt – Cortés ließ sie dem Erdboden gleichmachen. Mit dem Untergang des Aztekenreichs legte er den Grundstein für ein riesiges spanisches Kolonialreich in Amerika, das sich bis dahin im Wesentlichen auf die Antilleninseln beschränkt hatte. Die unermesslichen Reichtümer, die daraufhin nach Kastilien flossen, stellten alles in den Schatten, was sich europäische Seefahrer wie Kolumbus oder Magellan erhofft hatte. Das unlängst begangene heikle Jubiläum der von zahllosen Grausamkeiten begleiteten spanischen Entdeckungen und Eroberungen sollte Anlass sein, das altbackene Bild barbarischer Ureinwohner ebenso wie das bisherige Heldennarrativ der europäischen Expansion zu revidieren und den Weg zur Neudeutung einer ganzen Kulturgeschichte freizumachen. Mit dem Jahr 1521 beginnt eine Zeit der abenteuerlichen Erkundung unserer Welt, aber eben auch die brutale Unterwerfung und verheerende Ausplünderung ferner Erdregionen durch europäische Mächte. Darin spiegelt sich die ganze Widersprüchlichkeit der Epoche. So haben die großen Themen der Reise- und Abenteuerliteratur ihre Grundierung in der rücksichtslosen Unterwerfung der Bewohner anderer Regionen, geprägt von christlich-konservativer Moralvorstellung und rassistischem Überlegenheitsdünkel, aber letztlich befördert durch unsichtbare Krankheitserreger. Heute lesen wir diese Erzählungen zunehmend als eine lange verdrängte Gewaltgeschichte in der von Europa neu entdeckten Welt – und als eine Geschichte von Zoonosen, die dort in Wellen für seismische Verwerfungen ganzer Gesellschaften sorgte.

DIE AZTEKENSEUCHE COCOLIZTLI UND DIE WELT- GESCHICHTE DER SEUCHEN

Während Spanien dank der Eroberung Mexikos im 16. Jahrhundert zum reichsten Land der Erde wurde, vernichtete Cortés' Conquista mit den Azteken die indigene Hochkultur und veränderte für immer den amerikanischen Kontinent. Lebten in Mittelamerika seinerzeit schätzungsweise 25 Millionen Menschen, war es nicht einmal ein Jahrhundert später kaum mehr als eine Million. Innerhalb der Grenzen des heutigen Mexikos allein könnte es acht bis zehn Millionen Bewohner gegeben haben; am Ende des Jahrhunderts waren es allenfalls zwischen zwei und fünf Millionen.

Während der ersten tödlichen Welle der Epidemie ab 1520 starben in Mexiko allein acht Millionen Menschen, die Historiker heute zweifelsfrei auf Pocken zurückführen. Die Epidemie breitete sich anschließend über das eng geknüpfte Wege- und Handelsnetz der Azteken von ihrem Zentrum in Tenochtitlan ausgehend im gesamten Reich nach Süden aus, auf die Yukatan-Halbinsel, nach Guatemala und bis nach Panama. Dann aber kam es von 1545 bis 1550 zu einem zweiten großen Massentod, der den endgültigen Untergang der Azteken besiegelte. Die Azteken nannten diese Epidemie *Cocoliztli*, was so viel wie Seuche bedeutet. Ihr folgte 1576 eine dritte Welle, der weitere zwei Millionen Menschen zum Opfer fielen. Während die Pocken als Ursache des ersten großen Seuchenzugs feststehen, gibt es um den Auslöser von *Cocoliztli* Debatten unter Historikern, die es erlauben, Seuchen im multikausalen Kontext zu sehen. Letztlich wird auch hoch entwickelten Zivilisationen selten nur eine einzige Ursache zum Verhängnis, vielmehr ist das Geflecht und die Anhäufung dicht aufeinanderfolgender Krisen der tödliche Cocktail, bei dem zoonotische Infektionskrankheiten oft genug das sprichwörtliche Zünglein an der Waage sind.

Die Aztekenseuche Mitte des 16. Jahrhunderts stellt die Wissenschaft seit Langem vor ein Rätsel. *Cocoliztli* war schnell und letal und keineswegs nur eine von vielen Epidemien, die Mexiko nach der Ankunft der Europäer heimsuchten. In absoluten wie relativen Zahlen gemessen, war *Cocolitzli* darunter die wohl verheerendste Seuche, mit rund 15 Millionen Menschen in sieben Jahren forderte sie die meisten Todesopfer – immerhin knapp 80 Prozent der aztekischen Bevölkerung, vergleichbar mit dem *Schwarzen Tod* im Europa des 14. Jahrhunderts. Auch die spätere Epidemie von 1576 tötete etwa die Hälfte der verbliebenen Azteken-Bevölkerung.

Die infizierten Azteken haben vermutlich unter starken Kopfschmerzen, Erbrechen und Fieber gelitten, was mit Dehydrierung und Magen-Darm-Problemen einherging; wenig später bluteten sie aus Nase, Mund und Augen, bevor sie nach wenigen Tagen starben. Darstellungen spanischer und indigener Künstler zeigten die Infizierten mit Nasenbluten und blutigem Husten. Das Krankheitsbild erinnert einerseits an eine Typhus-Infektion, andererseits vermutete man ein hämorrhagisches Fieber, das durch Blut übertragen wurde. Konkrete Belege waren allerdings schwer zu finden. Kurioserweise führten unlängst Untersuchungen an der archäologischen Grabungsstelle Teposcolula-Yucundaa in der südmexikanischen Provinz Oaxaca zu einer unerwarteten Entdeckung: Neben einem präkolumbianischen Friedhof der Siedlung fanden die Archäologen auf der Grand Plaza mitten im Zentrum der Siedlung ein Massengrab mit Überresten von mehr als 800 Menschen. Dieses lässt sich eindeutig mit der Epidemie von 1545 in Verbindung bringen und zeugt vom katastrophalen Ausmaß der Krankheitswelle auch in dieser Ansiedlung, die 1552 verlassen wurde.

Während die Infektion an den Knochen der Skelette keine

sichtbaren Spuren hinterließ, wurden Archäogenetiker um Åshild Vågene vom Max-Planck-Institut für Menschheitsgeschichte in Jena an den Zähnen von 29 indigenen Leichnamen aus Teposcolula-Yucundaa fündig. Die sequenzierte DNA verglichen sie mit Informationen aller bekannten Pathogene und fanden große Übereinstimmungen mit der Erbsubstanz eines speziellen Stammes von *Salmonella enterica,* einem dem Typhus-Erreger verwandten Bakterium. Demnach könnten sich die Azteken mit Salmonellen vergiftet haben, die sich über kontaminiertes Wasser oder Lebensmittel verbreiteten. Während sich dieser Keim bei keinem der früheren Toten auf dem vorkolumbischen Friedhof fand, entdeckten die Forscher die Bakterien des Paratyphi-C-Stamms bei Überresten von Azteken aus der Zeit, in der sie Kontakt zu Europäern gehabt hatten.[82]

So spektakulär die jüngste molekulargenetische Studie ist – das jahrhundertealte Rätsel hat sie damit keineswegs aufgeklärt; vielmehr erweitert sie die Möglichkeiten und verkompliziert das Bild. Denn der Nachweis von Bakterien macht diese nicht automatisch zum Auslöser der Aztekenseuche. Zum einen sind die beschriebenen Symptome nicht in Einklang mit Typhus zu bringen, zum anderen könnten andere tödliche Krankheitserreger verantwortlich gewesen sein, deren Spuren sich aber an den Skeletten und Zähnen in den mexikanischen Gräbern bislang nicht nachweisen lassen. Die Toten könnten die Salmonellen-Bakterien im Körper gehabt haben, ohne dass sie aber die Todesursache gewesen sein müssen. Daher lässt sich nicht mit Sicherheit sagen, dass *Salmonella enterica* tatsächlich die Ursache der *Cocoliztli*-Epidemie ist. Die Bakterien bleiben aber ein heißer Kandidat für diese Seuche, deren Erreger offenkundig für die Bevölkerung neu war und sie deshalb so schwer getroffen hat.

Sehr wahrscheinlich seien mehrere Kräfte an der Epidemie beteiligt gewesen, meinen andere Forscher, die auf die Unterbrechung der Nahrungsversorgung, Hungersnöte, Veränderungen in der Populationsdichte und Umsiedlungen verweisen. Nicht alle müssen notwendigerweise allein durch den europäischen Kolonialismus bedingt gewesen sein. Unabhängig vom viralen oder bakteriellen Auslöser könnte der Megatod der Azteken mit einer Megadürre einhergegangen sein, wie der mexikanische Epidemiologe Rodolfo Acuna-Soto vermutet.[83] So zeigt die Analyse von Baumringen, aus denen sich auf Veränderungen von Niederschlägen schließen lässt, dass Mexiko um die Mitte des 16. Jahrhunderts von mehreren extremen Dürreperioden betroffen war – den schwersten je bekannt gewordenen in dieser Region. Diese ökologischen Faktoren verschärften die Folgen der Aztekenseuche, wenn sie diese nicht gar bedingten. Das Forscherteam um Acuna-Soto hält es analog ähnlicher Epidemien für wahrscheinlich, dass das Zusammenwirken eines unbekannten hämorrhagischen Virus, das vermutlich von Nagetieren auf die Azteken kam, im Verbund mit klimatischen Veränderungen ein Massensterben unter der durch die spanischen Besatzer ohnehin geschwächten Bevölkerung verursacht habe. Mehrfache Trockenzeiten dürften Wasser und Nahrung für Nagetiere verknappt haben, die dann in den Siedlungen und Vorräten der Menschen noch die besten Überlebenschancen fanden. Sofern sie tatsächlich das tierische Reservoir eines Erregers waren, könnten sie diesen direkt auf den Menschen übertragen haben oder indirekt an einen anderen, unmittelbar mit dem Menschen zusammenlebenden Wirt, von dem er dann übersprang. Möglicherweise haben zwischenzeitlich verbesserte klimatische Bedingungen auch dazu geführt, dass die Populationen der Nager wieder zunahmen, die daraufhin auf den Feldern und in den Häusern der Menschen vermehrt mit ihnen in Kontakt kamen, wodurch die *Cocolitzli*-Epidemie ausgelöst wurde.

Neun von zehn Ausbrüchen von *Cocolitzli* zwischen 1559 und 1642 begannen in Jahren mit ausgeprägten Dürren; doch der schlimmste Ausbruch von 1545 bis 1548 ebenso wie der von

1576 fiel nicht nur mit längeren Trockenperioden zusammen, sondern mit dem ausgeprägten Wechsel von Dürren und anschließenden Regenperioden mit hohen Niederschlägen. Auf diese plötzlich verbesserten ökologischen Bedingungen reagierten die sich schnell vermehrenden Nagetiere unmittelbar mit einem Populationszuwachs, was das Risiko eines zoonotischen Übersprungs vergrößerte. Daher vermuten einige Forscher ein tierisches Reservoir, das empfindlich auf periodische Regen- und Trockenzeiten reagiert, als verantwortlich für die Aztekenseuche. Der virale oder bakterielle Erreger bleibt indes weiterhin im Dunkeln. Das Ganze ist auch deshalb von mehr als nur akademischem und historischem Interesse, weil der mysteriöse Erreger nach wie vor im Hochland von Mexiko oder anderswo schlummern könnte – um beim Zusammentreffen günstiger ökologischer Umweltbedingungen wieder aufzutauchen.

Auch weiter südlich in den Anden erreichten ein Jahrzehnt nach Cortés die Pocken das dicht besiedelte und hochzivilisierte Inka-Reich, und sie machten die spanischen Eroberungen dort ebenfalls erst möglich. Auch hier trafen die europäischen Konquistadoren und später in ihrem Gefolge die Missionare auf bevölkerungsreiche Regionen, deren Bewohner bald nach dem ersten Kontakt reihenweise starben. Vom Ausmaß dieser Seuchenzüge, denen wenigstens jeder zweite Ureinwohner, oft aber zwei von drei zum Opfer fielen, zeigten sich die spanischen Autoren immer wieder erstaunt. Gleiches ereignete sich in der östlichen Hälfte Südamerikas, wo Europäer neben Pocken auch andere Infektionskrankheiten in die von Indigenen eng besiedelten Regionen beidseits des Amazonas einschleppten und für einen dramatischen Zusammenbruch der Bevölkerung in weniger als einem Jahrhundert sorgten. Während der Kontakt mit den Einwohnern Nordamerikas anfangs für wenige Generationen zu sporadisch blieb und nicht ausreichte, um auch dort flächendeckend Seuchen auszulösen, sorgten die ersten Siedler im 17. Jahrhundert auch hier nun für den krankheitsbedingten Rückgang der indigenen Bevölkerung, einmal mehr befördert durch unglaubliche Gewalt und rücksichtslose Unterdrückung der Ur-Amerikaner.

Nachweislich dünnte eine aus Mittelamerika herüberschwappende Pocken-Epidemie zwischen 1775 und 1782 das indianische Nordamerika und dessen Westen bereits während der Zeit der Amerikanischen Revolution aus. Dies vor allem bereitete den Boden für die spätere Kolonisierung. Was allzu häufig als abenteuerliche Eroberung des »Wilden Westens« verklärt wurde, deuten Historiker als demografische Katastrophe sondergleichen. Die Dezimierung der indigenen Völker der Neuen Welt, bei der diverse *diseases* immer wieder eine entscheidende Rolle spielten, war der letzte Populationseinbruch apokalyptischen Ausmaßes vor dem 20. Jahrhundert. Und gerade die Pocken-Epidemien stellten demografische und sozioökonomische Erschütterungen dar, von der sich das indianische Amerika nie mehr erholen sollte. Auch dadurch konnten Amerikaner nach der Erklärung der Unabhängigkeit ihre Siedlungen leichter und immer weiter ausweiten. So wurde der Seuchentod der Indianer zu einem wichtigen Instrument des *Empire building*, das die *First People* am Ende zu einer bedrängten Minderheit auf dem eigenen Kontinent werden ließ.

Infolge von Pocken-, Scharlach- und Typhus-Epidemien, die europäische Entdecker vor allem ab der zweiten Hälfte des 18. Jahrhunderts auf den weit verstreuten Inseln im pazifischen Raum einschleppten, schrumpfte auch die Bevölkerungszahl auf den pazifischen Archipelen und Atollen auf jämmerliche Reste zusammen. Heute können wir aus den Berichten europäischer Reisender wenigstens andeutungsweise herauslesen, wie das krankheitsbedingte Massensterben schließlich Fischerei, Landbewirtschaftung und Handwerk, ja sämtliche indigene Lebensfunktionen paralysierte.[84]

SEUCHEN ALS TEIL DER UMWELTGESCHICHTE

Plagen haben in der Vergangenheit Geopolitik gemacht, wobei Mikroorganismen wie Bakterien und leblose Molekülansammlungen wie Viren zu den schärfsten Waffen wurden. Was wir hier gesehen haben, ist indes nur ein kleiner Ausschnitt jenes großen Menschen-Experiments, das durch die – wenngleich unbeabsichtigte, so doch eine katastrophale Wirkung erzielende – Einschleppung von Seuchen aus der Alten Welt in andere Erdregionen seinen Lauf nahm. Aber es reicht aus, um zu erkennen, dass Infektionskrankheiten immer schon ein Teil der Geschichte unserer Umwelt waren. Vor allem dank jüngster molekulargenetischer Untersuchungen erhalten wir heute neueste Einblicke in die Zusammenhänge und Beziehungen menschlicher Gesellschaften zur Sphäre der Viren und Bakterien. Diese haben nicht nur unsere Evolution mitbestimmt, sondern die Entwicklung der Ereignisse überall auf der Welt mitgestaltet. Inzwischen beginnen Historiker, die großen geschichtlichen Erzählungen, etwa den Untergang des Römischen Reichs oder die Kolonisierung Amerikas, in diesem Kontext der jeweiligen Umwelt neu und besser zu verstehen.

Es ist keine Frage, dass wir auch auf diese Geschichte immer mit unserer gegenwärtigen Befindlichkeit blicken und die Vergangenheit deshalb immer auch gemeinsam mit der Gegenwart verhandeln – weshalb in diesem Sinne Geschichte auch Gegenwart ist, da das Frühere das Heutige formt. So liefert der Blick zurück Gewissheiten und Erkenntnisse; allen voran die, dass Seuchen nie für sich allein wirken, sondern Pandemien immer in einer bestimmten Umwelt entstehen, von der sie erst ermöglicht werden. Gleichzeitig verstärken sie Tendenzen und Geschehnisse, die oft auch ohne sie passiert wären, nur anders und vielleicht weniger wirkungsmächtig. Hinter der Geschichte, egal, zu welcher Zeit, steht jedenfalls stets die Biologie; in diesem Fall die von viralen und bakteriellen Erregern, die für die naturkundlichen Gegebenheiten von Seuchen samt Auswirkungen auf den Menschen sorgen. Um die Geschichte vollständig zu verstehen, müssen wir diese biologische Perspektive mit einschließen, wenn wir im nächsten Kapitel mit Blick auf die Seuchen des 20. Jahrhunderts und unsere unmittelbare Gegenwart deren Bedrohungspotenzial näher in Augenschein nehmen.

DIE WIEDERKEHR DER SEUCHEN

Sie kam aus der fernen Fremde, war unheimlich, weil nicht greifbar und nicht erklärbar. Sie wurde zum traumatischen Erlebnis ganzer Generationen. Und doch schuf diese große Seuchenerfahrung – anders als zuvor etwa die Pest bei Giovanni Boccaccio oder Albert Camus – keine großartigen literarischen Werke.[1] Dabei gab es, als die neue Krankheit auftauchte, lange kein anderes Thema, führte sie doch bei jedem zweiten Erkrankten innerhalb weniger Stunden zum Tod, wenn sie unbehandelt blieb.

Neue Seuchen sind immer wieder in der Geschichte des Menschen aufgetreten, nicht nur in ferner Vergangenheit. Nur ist das kollektive Gedächtnis der Menschen zu kurz, um sich daran lange zu erinnern. Dass sich die Geschichte insofern eben doch wiederholt, sollte keine Überraschung sein. Schon früher dachte man hierzulande meist, Seuchen träfen nur die anderen, anderswo. In den »zivilisierten« Ländern der Aufklärung und des Fortschritts aber hielt man sich für sicher; man meinte, pandemische Plagen gehörten der Vergangenheit an, und glaubte, so etwas könne nur »niederen« Völkern passieren, nicht dem Kulturvolk in Europa. So wie im Fall der Cholera – einer seinerzeit neuen Infektionskrankheit, die dann nicht mehr verschwand. Sie war für die Menschen damals die neue, schlimme Pest – hochinfektiös, schnell wie ein Lauffeuer und unbehandelt innerhalb kürzester Zeit letal. Cholera verursacht eine schwere akute wässrige Diarrhöe (sprich: Brechdurchfall), führt zur Dehydrierung und zu Organversagen. Berühmte Zeitgenossen gehören zu ihren Opfern, darunter der Philosoph Hegel, die Militärreformer Clausewitz und Gneisenau und der Naturforscher Cuvier.

»Cholera morbus« nannte der greise Goethe sie; *Cholera asiatica* hieß sie bei den Medizinern. Tatsächlich stammte die gefährliche Durchfallerkrankung aus der Mitte Asiens, genauer: aus dem Ganges-Tal in Hinterindien. Dort war sie lange endemisch und ist über mehrere Jahrhunderte als lokal begrenzte Epidemie immer wieder einmal aufgetreten. Anderswo aber blieb sie unbekannt, bis sie sich plötzlich auszubreiten begann: nach Vorderasien und schließlich über Russland, bis sie auch Europa erreichte. Dort gab sie ihre dramatische Premiere im Frühjahr 1831 in Preußen, bevor sie nacheinander in den umliegenden Ländern einfiel, den ganzen Kontinent zum Schauplatz einer Massenepidemie machte und lange für pandemische Ausnahmezustände sorgte. Jahrzehnt um Jahrzehnt kehrte sie wieder, wurde als neue Pest zur Leitkrankheit des vorvergangenen Jahrhunderts. Vom Anfang bis zum Ende des 19. Jahrhunderts breitete sich die Cholera in fünf großen Pandemiewellen über Europa und der ganzen Welt aus. Sie versetzte Menschen in Angst und Schrecken, machte keinen Unterschied zwischen Arm und Reich, oben oder unten. Sie reiste entlang der großen Handels- und Verkehrsrouten, kam vor allem zu den Städtern und trat oft im Gefolge von Kriegen und Revolutionen auf.[2]

Die Cholera lässt sich ohne Übertreibung als die größte Seuche der Globalisierung im 19. Jahrhundert auffassen. Ihr Erreger ist ein Umweltpathogen, dem erst der Mensch neuen Lebensraum bot. Daher sei sie hier betrachtet, obgleich sie keine Zoonose ist, also ohne tierische Wirte auskommt. Tatsächlich sind Tiere resistent gegen die Cholera; selbst im Tierversuch absichtlich infizierte Arten erkranken nicht.[3]

So unklar die Anfänge und Ausbreitung dieser Infektionskrankheit sind – einige Zusammenhänge zeichnen sich dennoch ab. Zum einen erwachte die Cholera gleichsam wie aus einem Dornröschenschlaf und wurde von einer lokalen Krankheit beinahe über Nacht zu einer Pandemie. Zum anderen spielte der Mensch mit seinen neu geschaffenen Lebensumständen der Seuche in die Hände – bis heute. Doch vor allem wurden Menschen im 19. Jahrhundert immer mobiler, kamen weiter und schneller herum als jemals zuvor. Und mit der Industriellen Revolution entstanden insbesondere in Europa neue, größere Städte, in die eine schnell wachsende arbeitssuchende Bevölkerung aus den Dörfern übersiedelte. In den urbanen Zentren lebten die Menschen eng beieinander, unter meist miserablen Bedingungen mit schlechten hygienischen Zuständen.

VOM GANGES UM DEN GLOBUS

Im Altertum, etwa 600 vor Christus, wurde eine Epidemie, die auffällig an die Cholera erinnert, im Tal des Flusses Ganges in Indien beobachtet. Möglich, dass der Erreger der Krankheit, der im Wasser lebt, ursprünglich nur dort, in den Flussläufen der Region, vorkam, wo er lange Zeit zwar immer wieder für lokal begrenzte Ausbrüche unter der heimischen Bevölkerung sorgte, doch viele Jahrhunderte lang nichts von seinem pandemischen Potenzial erahnen ließ. Bis der Erreger, der einst vielleicht nur die Schale von Krustentieren besiedelte, den Menschen als passablen Wirt erkannte. Offenbar hatte der Ausbruch bereits seit etwa 1760 eine Serie von Vorspielen in Indien; mit dem Beginn des 19. Jahrhunderts begann dann eine neue Ära in der Geschichte dieser Seuche.[4]

Was den schlummernden Keim weckte, ihn vielleicht mutieren ließ, ist nicht sicher erwiesen. Doch im August 1817, nach ungewöhnlich heftigen Regenfällen, brach plötzlich in der Stadt Jessore im Ganges-Delta, etwa 80 Kilometer von Kalkutta (dem heutigen Kolkata) entfernt, eine größere Cholera-Seuche aus. Sie erfasste in den folgenden drei Jahren ganz Indien. Dabei muss man wissen, dass im weltweit größten Flusstal, in dem heute mehr als 100 Millionen Menschen siedeln, lange schon alle Voraussetzungen für die Evolution eines Darmbakteriums gegeben waren, die es sich nur wünschen könnte. Im Zentrum der hinduistischen Religion gelegen, baden die Menschen seit Jahrhunderten in den Fluten des Ganges und trinken sein Wasser. Möglicherweise hat erst die Kombination aus schneller Verstädterung, Kolonialismus und Kapitalismus den Nährboden für die Cholera bereitet. Kalkutta, von 1773 an erst Sitz der britischen Ostindien-Kompanie und dann von 1858 bis 1911 Hauptstadt Britisch-Indiens, wurde zur kolonialen Drehscheibe des britischen Empire, das nach dem Sieg über Napoleon 1815 zur Weltmacht aufstieg und dessen zunehmend globalisierter Handel auch der Pandemie den Boden bereitete.

Doch allein schon das historische Datum, an dem die Cholera erstmals in Teilen Asiens bis nach Ostafrika zur kontinentalen Plage wurde, legt einen bestechenden Zusammenhang nahe (ohne ihn deshalb schon zu beweisen). Im April 1815 brach auf der indonesischen Insel Sumbawa der Vulkan Tambora aus, was weltweit kurzfristige Veränderungen des Wettergeschehens nach sich zog. Vermutlich stehen die außergewöhnlich heftigen Regenfälle im Ganges-Delta im August 1817 damit in Zusammenhang. Vor allem aber ging das Jahr 1816 als »Jahr ohne Sommer« in die Geschichte ein – mit anhaltenden Niederschlägen, Kälteeinbrüchen, Stürmen und Überschwemmungen rund um den Globus, auf die Missernten, Hungersnöte und soziale Unruhen folgten, die sich bis 1818 hinzogen. All dies könnte in Indien dem Erreger – angesichts der sich verschlechternden Lebensbedingungen der Menschen – günstige Voraussetzungen geboten haben, um sich weiträumig auszubreiten.

Andere Historiker indes sehen statt der klimatischen Veränderungen eher soziale Verwerfungen auf dem indischen Subkontinent als Auslöser, die im Zusammenhang mit dem zunehmenden Einfluss der britischen Ostindien-Kompanie stehen. Diese gingen mit kriegerischen Auseinandersetzungen und Hungersnöten einher und führten zu größeren Migrationsbewegungen innerhalb des Kontinents, die dann die Epidemie ihre Kreise ziehen ließ.[5]

Auch die Frage, wie sich der im Wasser überlebende Erreger von Indien aus über andere Regionen der Erde verbreitete, ist nicht vollständig geklärt. Vermutet wird, dass die Krankheit über die üblichen Handelsrouten der Karawanenwege durch Afghanistan und Persien und die Wege der Pilger bis in den Nahen Osten und schließlich nach Europa gelangte. So langsam der Erreger anfangs vorankam, so stetig zog er westwärts, war ab 1820 auf der arabischen Halbinsel, 1822 dann in Damaskus. Diese erste, bis 1824 laufende Welle breitete sich über den arabischen Sklavenhandel bis in den Nordosten Afrikas aus. Ab 1826 folgte eine zweite Welle der Pandemie, offenbar von Pilgern in den heiligen muslimischen Stätten Mekka und Medina ausgehend, die nach Ägypten und dann auch Europa gelangte und die 1832 sogar die USA erreichte, wo in New York täglich Dutzende Einwohner starben. Nachdem die Cholera 1830 in Odessa auf der Krim aufgetreten war, gelangte sie mit russischen Truppen noch im gleichen Jahr nach Moskau und von dort mit diesen während der Niederschlagung eines Aufstands in Polen weiter nach Westen, erreichte Warschau und im Sommer 1831 die baltischen (damals ostpreußischen) Küstengebiete, wo sie in Königsberg und Danzig grassierte, bevor sie weiter bis nach Berlin und Hamburg vordrang und Ende 1831/Anfang 1832 nach Frankreich und, offenbar auf dem Seeweg, schließlich auch nach England übersprang.

Bei einer dritten Welle der Cholera, die von 1852 bis 1860 aus Asien nach Nordafrika und Europa gelangte und Zehntausende Opfer forderte, zeichnete sich einmal mehr ab, dass Kriege Seuchen beförderten und oftmals, wie während des Krimkriegs ab 1853, mehr Soldaten durch die Krankheit starben als durch Kampfhandlungen. Auch als 1866 während des Preußisch-Österreichischen Kriegs die Seuche erneut ausbrach, kostete sie Tausenden Soldaten das Leben, was einen weiteren Truppenvormarsch verhinderte.

Zu einer wirklich globalen Epidemie und häufigen Todesursache indes wurde diese Infektionskrankheit, als immer mehr Menschen immer mobiler wurden – durch die Etablierung der europäischen Imperien auf anderen Kontinenten, durch den Welthandel und die Beschleunigung der Seefahrt durch Dampfschiffe. Maßgeblich zur Ausbreitung beigetragen hat bei einer weiteren pandemischen Welle der Cholera etwa die Eröffnung des Suezkanals 1869. Doch nicht nur das Reisen mit dem Schiff wurde schneller. Bis Mitte der 1850er-Jahre dauerte eine Fahrt mit der Kutsche beispielsweise von Berlin nach Hamburg etwa so lange wie die Inkubationszeit der Cholera: meist zwei Tage. Diese konnte sich daher nur langsam ausbreiten; wer unterwegs erkrankte, starb noch auf der Reise. Dieselbe Distanz ließ sich nunmehr mit der Eisenbahn in Stunden überbrücken; auch bereits Infizierte konnten so ihr Ziel noch erreichen, solange sie wohlauf waren – und so den Keim schneller und weiter verbreiten.

Die staatlicherseits unternommenen Maßnahmen waren oft wenig geeignet, einer Ausbreitung der Seuche Einhalt zu gebieten. Wenn eine Regierung die Erkrankungsfälle anfangs nicht gar zu leugnen versuchte, so wurden militärische Kordons eingerichtet wie etwa in Preußen. Diese sollten die verseuchten Gebiete abschotten, sie zu passieren war nur nach mehrwöchiger Quarantäne möglich. Doch Grenzsperrungen und auch die Abschottung im Inneren der Länder waren wirkungslos; den Menschen blieb als Abwehrmaßnahmen nur, für Desinfektion und Hygiene zu sorgen. Da man aber weder den Erreger noch die Übertragungswege geschweige denn Therapien kannte, herrschten große Verunsicherung und Angst.

Über die Jahrhunderte standen sich zwei gleichermaßen irrige Erklärungsversuche gegenüber. Wie bei anderen Seu-

chen wurde auch bei der Cholera die Übertragung durch duns-
tige Miasmen – durch die Luft zirkulierende krank machende
Stoffe – vermutet, von denen manche glaubten, sie entwichen
den Böden, während andere die Gewässer im Verdacht hatten (in
beiden Fällen aber beeinflusst von Mond und Sternen ...). Wieder andere hielten diese alte, aus der Antike stammende Theorie
schon lange für abstrus und glaubten eher an eine Ansteckung
mittels eines mysteriösen *Kontagionstoffs*, wie es seit der Renaissance hieß, der bei direktem Körperkontakt oder der Berührung
von Gegenständen übertragen wurde. Dementsprechend empfahlen die Miasmen-Befürworter Hygiene, hielten aber nichts
von Quarantäne, auf die wiederum die von der Ansteckungstheo-
rie Überzeugten setzten. Im Rahmen der ersten Internationalen
Gesundheitskonferenz in Paris 1851 kam eine Arbeitsgruppe zu
dem Schluss, dass es im Fall der Cholera »menschlich unmöglich sei, überhaupt etwas Nützliches und Wirksames gegen eine
solche Geißel zu unternehmen, die wie ein Gewitter vom Himmel fällt«.[6] Dieser Glaube, dass sich gegen eine solche Seuche
medizinisch nichts tun lasse, herrschte lange vor.

Zwar war der bakterielle Erreger der Cholera bis in die Mitte
der 1850er-Jahre unbekannt, doch die These, dass es im ver-
unreinigten Trinkwasser einen unsichtbaren Krankheitsverur-
sacher geben könnte, vertrat der britische Arzt John Snow bereits seit 1848. Als dann 1855 die Epidemie abermals in London
grassierte, konnte er im besonders betroffenen Stadtteil Soho,
einem typischen Elendsviertel am Stadtrand, den Nachweis
führen, dass die Übertragung im engen Zusammenhang mit
dem unzureichenden Zugang zu sauberem Trinkwasser und zu
sanitären Einrichtungen stand. Tatsächlich wird der Erreger vom
Keimträger ausgeschieden und kann sich im Wasser vermehren
und weiterverbreiten. Snow erkannte, dass das Auftreten der
Krankheit davon abhing, von welcher Wassergesellschaft die
Ärmsten der Armen versorgt wurden. Wo man das Wasser direkt

der Themse entnahm, erkrankten acht- bis neunmal so viele an Cholera als dort, wo das Wasser aus ländlichen Regionen flussaufwärts stammte. Snow gelang seinerzeit die Beweisführung mittels der Verteilung der Trinkwasserpumpen in dem Londoner Stadtviertel; seine akribische räumliche Dokumentation der Verstorbenen auf Infektionskarten gilt als Geburtsstunde der modernen Epidemiologie.[7]

VON HAMBURG NACH HAITI UND IN DEN JEMEN

In vielen Städten Europas konnte damals die Wasserversorgung nicht mit dem rasanten Wachstum der Bevölkerung Schritt halten; auch kam es – wie etwa bei einem Cholera-Ausbruch in Wien, als infolge von Überschwemmungen viele Senkgruben überflutet wurden – zur Verseuchung des Grundwassers mit Keimen. Manche Städte wie etwa London oder Berlin reagierten mit dem Bau moderner Abwassersysteme; andere wie Hamburg versäumten dies, was sich rächen sollte. Und uns zu dem – heute durchaus nicht unumstrittenen – Berliner Mediziner und Mikrobiologen Robert Koch führt.[8]

Der Erreger der Cholera ist gleich mehrfach beschrieben worden. Zuerst bereits 1854 von dem italienischem Arzt Filippo Pacini und im gleichen Jahr von dem Katalanen Joaquim Balcells i Pascual (zwei Jahre später dann nochmals von zwei Portugiesen). Pacini sah als erster Mensch unter dem Mikroskop kleine, kommaförmig gebogene Objekte, die er dem Darmgewebe von an Cholera Verstorbenen entnommen hatte – das Bakterium *Vibrio cholerae*, das das Darmmilieu angreift, Toxine produziert und zu extremem Durchfall und starkem Erbrechen führt. Weil Pacinis Beobachtung fast unbemerkt blieb, erntete der Mediziner und Mikrobiologe Robert Koch 30 Jahre später den Lorbeer dafür, den Erreger der Cholera entdeckt zu haben. Koch war Anfang 1884 ins indische Kalkutta gereist, in die Heimat des Erregers, und es gelang ihm dort endlich (nach vorherigen Fehlschlägen in Ägypten) während eines regionalen Ausbruchs, diesen aus dem Darm verstorbener Patienten zu isolieren und zu kultivieren.

Obgleich die Ursache der Cholera spätestens mit John Snow kein Mysterium mehr war, ließ der Sieg der Vernunft längere Zeit auf sich warten. Bei einem Ausbruch der Seuche 1866 wurde auch das rasant wachsende Preußen hart getroffen, wo sich die Bevölkerung gerade der großen Städte verdoppelt oder sogar verzehnfacht hatte; in Berlin etwa war sie innerhalb weniger Jahrzehnte von 200 000 auf zwei Millionen Einwohner gewachsen – mit allen begleitenden Problemen und schlimmen hygienischen Verhältnissen, die dann die Ausbreitung der Cholera beförderten. Unter der Leitung des Mediziners Rudolf Virchow (zugleich Hygieniker und Sozialpolitiker) wurde damals in Berlin eine Kommission mit der Planung und dem Bau einer Kanalisation für die Stadt beauftragt. Nachdem die Cholera zuvor Tausende Tote gefordert hatte, erhielt Berlin 1870 nun eine zentrale Wasserversorgung und Abwasserentsorgung, mit der der Unrat der Metropole in umliegende Rieselfelder abgeleitet wurde. Insofern hatten die wiederholten Ausbrüche der Seuche etwas Gutes: Wir verdanken ihnen Abwassersysteme und Städtereinigung.[9]

In der Freien und Hansestadt Hamburg dagegen blieben die Verantwortlichen noch länger als anderswo untätig. Zwar veränderte eine schwere Epidemie letztlich auch hier die Politik der Kaufmannsstadt; die als *Pfeffersäcke* bekannten Verantwortlichen sorgten aber erst für verbesserte hygienische Verhältnisse der Armen und für eine Kanalisation, als es massenhaft Tote auch in ihrer Stadt gab. Hamburg hatte sich schon um 1800 nicht mit Ruhm bekleckert, als die kaufmännische Gesinnung des Rates der Stadt eine flächendeckende Impfung gegen Pocken als zu kostspielig erscheinen ließ, zumal vor allem Arme in ihren beengten Wohnverhältnissen von Seuchen betroffen waren.

Bis es dann 1892 ausgerechnet in Hamburg – zum siebten und letzten Mal im 19. Jahrhundert auf dem europäischen Kontinent – zu einem schweren Cholera-Ausbruch kam, bei dem sich das *Vibrio*-Bakterium während eines drückend heißen Sommers in der Elbe wie einst in seiner Heimat am Ganges vermehrte.[10] Vor allem unter den Bewohnern im Gängeviertel, einer Hafenarbeitersiedlung direkt an der Elbe, breiteten sich die Infektionen Mitte August schnell aus, ließen Angst und schließlich Panik aufkommen. Viele Menschen verließen daraufhin fluchtartig die Stadt und sorgten so dafür, dass sich der tödliche Erreger schnell weiterverbreitete. Auf dem Höhepunkt der Epidemie am Ende des Monats wurden täglich Tausende neue Erkrankungen gemeldet und 400 bis 500 Todesfälle. Bald kamen die Totengräber nicht mehr nach, und die Leichen stapelten sich. Doch die Behörden verschlossen wochenlang die Augen und empfahlen – in den Hundstagen, als es in der Stadt regelmäßig über 30 Grad heiß wurde –, Rotwein oder Quellwasser statt nicht abgekochtes Wasser zu trinken, beides für viele unerschwinglich. So holten die meisten Hamburger weiterhin ihr Wasser aus der Elbe, die zugleich als Kloake diente und in die Abwässer und Fäkalien ungefiltert eingeleitet wurden. Der Senat der Stadt hatte, einmal mehr aus Kostengründen, den Bau von Filteranlagen nur äußerst zurückhaltend betrieben und stattdessen den Grandezza-Bau eines neuen Rathauses veranlasst. Nun zögerten die Stadtväter, ihre Fehler einzugestehen. So spiegelt die Cholera-Epidemie von 1892 »in geradezu klassischer Weise die Ignoranz zuständiger Behörden in epidemiologisch brisanten Situationen«.[11] Man meint, dass wir nichts aus der Geschichte gelernt haben, wenn wir uns daran erinnern, dass beim Ausbruch der Coronakrise in Wuhan die

örtlichen chinesischen Behörden in der kritischen Anfangsphase der Epidemie nicht anders reagierten als damals jener
von der plötzlichen Seuche überforderte Senat in Hamburg.
Die große Cholera-Epidemie der Stadt ist zum Lehrstück dafür
geworden, was passiert, wenn Politik wissenschaftliche Befunde
ignoriert.

Erst Ende August 1892 wurde schließlich eine Cholera-
kommission eingesetzt, unter der Leitung von Robert Koch, den
man als Krisenmanager aus der preußischen Hauptstadt entsandte. Als Koch in Hamburg die Slumviertel besichtigte, war er
schockiert. Während die Behörden ungerührt die hygienischen
Verhältnisse in den Armenquartieren für sehr gut erklärten, erwiesen sie sich für den Seuchenmediziner Koch als ideale Brutstätten der Cholera. »Ich vergesse, dass ich in Europa bin«, wird
er später zitiert. »Ich habe noch nie solche ungesunden Wohnungen, Pesthöhlen und Brutstätten für jeden Ansteckungskeim
angetroffen wie hier.« Koch bemerkte das Fehlen von Wasserleitungen und auch, dass das Trinkwasser »vergiftet und verpestet«
sei. Daraufhin ließ er Wagen mit abgekochtem Wasser durch die
betroffenen Quartiere fahren, drang auf einen Lockdown, der
das öffentliche Leben lahmlegte, und stellte den Hafen unter
Quarantäne. Die Hamburger Kaufleute protestierten; doch der
wirtschaftliche Schaden durch die Epidemie war längst da und
immens. Erst nach drei Monaten mit 17 000 Erkrankten und
8600 Todesopfern (bei knapp 600 000 Einwohnern) ebbte die
Epidemie endlich ab. Aber Hamburg konnte nun den Blick vor
dem Elend in seinen Armenvierteln nicht länger verschließen.
In der benachbarten Stadt Altona, flussabwärts von Hamburg
an der Elbe gelegen, hatte man längst ein wirkungsvolles System
der Filterung eingerichtet, um das verunreinigte Flusswasser von
den Mikroben zu befreien. Und so blieb Altona unbeschadet,
anders als das von der Epidemie schwer getroffene Hamburg.
Dort holte man nun endlich das lange Versäumte nach: Neue

Brunnen wurden gegraben, die Wasserversorgung reformiert und die sanitäre Infrastruktur saniert.

So wurde am Ende des 19. Jahrhunderts die Seuche in den Industrieländern durch verbesserte Hygienemaßnahmen und den Ausbau der Wasserversorgung unter Kontrolle gebracht. Seither flackert das Umweltpathogen *Vibrio cholerae* – das wie Salmonellen und Legionellen epidemische Züge annehmen kann – immer wieder in verschiedenen Teilen der Welt auf. Die Cholera ist eine sogenannte Infrastruktur-Krankheit; sie erscheint (oft gemeinsam mit Typhus) noch heute, wenn es irgendwo etwa ein Erdbeben oder Krieg und Chaos gibt, die Wasserversorgung zusammenbricht und die sanitären Verhältnisse kippen. So wie 2010 auf Haiti infolge eines Erdbebens, als viele Menschen obdachlos wurden und sich fast 800 000 Haitianer mit dem Keim infizierten, von denen knapp 9000 starben. Bis heute ist diese Infektionskrankheit nicht besiegt, wie der Jemen zeigt, wo es 2016 und 2017 zum bisher größten bekannten Cholera-Ausbruch in der Geschichte der Menschheit kam, mit mehr als 1,7 Millionen Verdachts- sowie 34 000 Todesfällen. Seit Jahren herrscht dort Bürgerkrieg, der die Versorgung der Menschen mit sauberem Wasser fast völlig zusammenbrechen hat lassen. Weltweit gibt es laut Angaben der WHO weiterhin 1,3 bis 4 Millionen Cholera-Fälle pro Jahr, fallen zwischen 20 000 bis 140 000 Menschen jährlich der Krankheit zum Opfer. Betroffen sind vor allem jene ärmeren Länder, in denen es noch immer an einer gut ausgebauten Wasserversorgung mangelt.[12]

Dabei weiß die Welt inzwischen, wie man Cholera und anderen Seuchen vorbeugen kann. Aus der einst neuen Seuche, die als regionales Phänomen begann und deren Erreger dank der vom Menschen veränderten Lebensbedingungen florierte, ist weltweit ein ständiger Begleiter geworden, der gelegentlich an sein pandemisches Potenzial erinnert. Just als diese Darm-Infektionskrankheit vor über einem Jahrhundert aus Europa verschwand, tauchte dort eine neue Seuche auf – und zwar keineswegs eine einfache Grippe, wie man noch bis vor Kurzem annahm. Vielmehr könnte es weltweit die erste durch ein Coronavirus ausgelöste Pandemie der Neuzeit gewesen sein. Sars-CoV-2 hätte demnach einen nahen Verwandten, der bei Rindern grassiert; und Covid-19 hätte eine Art Generalprobe gehabt, die lange weitgehend unbemerkt geblieben ist.

DAS RÄTSEL DER »RUSSISCHEN GRIPPE«: VORSPIEL EINER WELTWEITEN CORONA-EPIDEMIE?

1889 bis 1895 wütete eine Seuche, die, aus Asien kommend, erst Zug um Zug durch Europa wanderte und dann in vier Wellen um die Welt; immerhin mit einer Million Toten, die lange für Opfer einer Influenza-Infektion gehalten wurden. Während diese seinerzeit als Russische Grippe bezeichnete Pandemie in ihrem Ablauf unstrittig ist, wusste die Medizin lange nicht, dass der Verursacher möglicherweise kein Schnupfen- oder Influenza-Virus war. Vielmehr könnte es sich nach neuesten Studien um HCoV-OC43 gehandelt haben – ein humanes (beim Menschen auftretendes) Coronavirus.

Allgemein haben Coronaviren einen erheblichen Anteil an Atemwegsinfektionen beim Menschen; der heute weitverbreitete, hoch saisonale Erreger OC43 ist für fast jede dritte gewöhnliche Erkältung verantwortlich. Frühere Infektionen haben dazu geführt, dass die große Mehrzahl der Menschen inzwischen gegen das Virus immunisiert ist. Wie sich nun herausstellte, ähnelt dieser Erreger zu 96 Prozent dem bei Rinderverwandten entdeckten *Bovinen Coronavirus*, BCoV abgekürzt, das etwa bei Jungrindern Durchfallerkrankungen verursacht. Offenbar ist ein gemeinsamer Vorfahre aus einem tierischen Reservoir auf den

Menschen übergesprungen und hat eine der schlimmsten Pandemien des 19. Jahrhunderts ausgelöst. Die Russische Grippe wäre demnach – bisher übersehen und beinahe anderthalb Jahrhunderte vor Covid-19 – nicht nur die erste große weltumspannende Epidemie, die von einem Coronavirus ausgelöst wurde, sie wäre neben der Cholera auch die erste globale Seuche, die durch unsere moderne Lebensweise ausgelöst wurde, insbesondere durch die mit der immer weiter vernetzten Eisenbahn einhergehenden Transportmöglichkeiten.

Die neuartige vermeintliche Grippe nahm ihren Ausgang im Mai 1889 im zentralasiatischen Emirat Buchara, im heutigen Usbekistan, damals an der Seidenstraße gelegen und Teil des Russischen Reichs; von dort aus erreichte sie mittels der im Jahr zuvor fertiggestellten Transkaspischen Eisenbahn im Oktober das Kaspische Meer. Offenbar ebenfalls per Eisenbahn gelangte der Erreger nach Moskau und Sankt Petersburg, wo in der damaligen russischen Hauptstadt, in der etwa eine Million Menschen lebten, immerhin 180 000 Einwohner (aus allen Schichten) erkrankten. In den Hospitälern drängten sich die Infizierten, Fabriken mussten schließen. Als Nächstes traf es im November Stockholm, wo innerhalb weniger Wochen mehr als die Hälfte der Bewohner erkrankte, was die Stadt lahmlegte; ebenso wie im Dezember die preußische Hauptstadt Berlin. Obgleich heftig umstritten, schloss man daraufhin in ganz Deutschland wie auch in Wien sogar die Schulen – auch wenn sich damals schon abzeichnete, dass die Jüngeren deutlich seltener und weniger schwer an dieser »Grippe« erkrankten. Am Ende des Jahres hatte es das unbekannte Virus bis nach Italien, Frankreich, Spanien und Anfang 1890 sogar nach Großbritannien geschafft, wo in den Großstädten bis zu 15 Prozent der Bevölkerung erkrankten und mehrere Hundert Infizierte täglich starben. Im Februar 1890 war die Seuche auf den amerikanischen und afrikanischen Kontinent übergesprungen; auch in Indien, China und Australien flackerte sie auf. Dann verschwand sie wieder, so schnell, wie sie gekommen war. Im Sommer der Nordhalbkugel war sie vorbei, während das Virus auf der Südhalbkugel noch weiterlief, um im Herbst im Norden in einem zweiten Anlauf zurückzukehren, dem für einige Jahre noch weitere, allmählich schwächer werdende Infektionswellen folgten.[13]

Als Virologen um Marc Van Ranst an der Katholischen Universität Leuwen in Belgien 2005 die RNA-Sequenzdaten der beiden Coronaviren BCoV und HCoV-OC43 verglichen, konnten sie daraus – mittels des Verfahrens einer molekularen Uhr – auch errechnen, dass die Aufspaltung der beiden Erreger-Linien etwa just um 1890 erfolgt sein musste, in auffälliger Koinzidenz zum Auftreten besagter fataler Russischer Grippe. Die dänische Epidemiologin Lone Simonsen konnte die These, dass die Krankheit durch das Coronavirus ausgelöst werde, unlängst bestätigen. Zudem zeigen die klinischen Beobachtungen der vermeintlichen Grippe von 1889 auffällige Ähnlichkeiten mit den neuerdings von Corona-Erkrankungen bekannten Symptomen und Phänomenen, wie der Mikrobiologe Harald Brüssow (ebenfalls an der Universität Leuwen tätig) ausführlich nachwies. Dazu zählen bei beiden Infektionen der Geschmacksverlust und die Langzeitfolgen sowie dass Ältere weitaus mehr als Kinder und Männer mehr als Frauen betroffen waren; alles Merkmale, die eher untypisch für eine Influenza sind, die wir aber inzwischen von Corona kennen. Tatsächlich liefert uns die Pandemie von 1889, so Brüssow, den besten historischen Vergleich, den wir haben, um die Dynamik und künftige Entwicklung einer massenhaften Corona-Erkrankung einzuschätzen. Und zwar nicht durch Vorhersagen *(prediction)*, sondern durch den Rückblick auf eine vergangene Pandemie (oder *retrodiction*, wie Brüssow das im Fall von OC43 nennt).[14]

Unter den vier lange bekannten Coronaviren, zu denen jüngst Sars-CoV-2 hinzukam, ist das häufigste und am weitesten verbreitete jenes Virus mit dem Codenamen OC43. Dieser steht für *Organic Culture*, weist also darauf hin, dass es (ab Ende der 1960er-Jahre) gelungen ist, dieses Virus in einer Gewebekultur zu züchten, um es überhaupt untersuchen zu können.[15] Gemein ist all diesen Coronaviren, dass eine Herkunft von Vorfahren anzunehmen ist, die ursprünglich natürlicherweise entweder in einem Fledermaus- oder in einem Nagetier-Reservoir lebten. Für OC43 weisen die jüngsten molekulargenetischen Sequenzdaten überdies darauf hin, dass es nächstverwandt mit Viren ist, die man aus Nutztieren, allen voran Rindern und Schweinen, als Zwischenwirt isoliert hat. Zu diesen Viren zählen auch jene, deren Ahnen jüngst aus Kamelen auf den Menschen übergesprungen sind und 2012 auf der Arabischen Halbinsel die Corona-Infektion Mers *(Middle East Respiratory Syndrome)* ausgelöst haben.

Abgesehen von den virenökologischen Parallelen ist das Coronavirus OC43 für sich bereits eine spannende Geschichte. Allein schon das gehäufte Auftreten seiner nächsten Verwandten bei Rinderverwandten legt einen zoonotischen Ursprung der ausgelösten Infektionen nahe – auch wenn noch unklar ist, ob es von Rind, Schwein oder einem anderen Nutztier stammt. Zwar wissen die Experten nicht, warum ausgerechnet diese Coronaviren eine derart große Spannbreite von tierischen Wirten aufweisen, doch zeigt gerade das die genetische Flexibilität und Anpassungsfähigkeit dieser inzwischen auch beim Menschen heimisch gewordenen Erreger.

Obgleich also Einzelheiten seiner Herkunft noch weitgehend Spekulation sind, haben die Virologen um Marc Van Ranst auf eine weitere auffällige Koinzidenz als Erklärung zum Ursprung von OC43 hingewiesen: In der zweiten Hälfte des 19. Jahrhunderts grassierte weltweit eine mysteriöse Rinderseuche, eine hochinfektiöse Atemwegserkrankung, bei der die Tiere massenhaft starben. Auch um dem vorzubeugen, wurden die erkrankten

Rinder zwischen 1870 und 1890 in großem Umfang geschlachtet, wobei Menschen in engen Kontakt mit den Tieren kamen, mehr jedenfalls als früher. Dabei könnte ein mutierter Erreger von den infizierten Nutztieren auf seinen neuen Wirt übergesprungen sein. Zwar ist der bovine Erreger dieser Rinderseuche selbst unbekannt, doch könnte er jenem Coronavirus ähnlich gewesen sein, aus dem sich einst OC43 beim Menschen entwickelte. Tatsächlich stimmen einzelne Abschnitte seines Genoms mit Genen bei jenen Coronaviren überein, die man sowohl bei Schweinen wie auch bei Rindern fand. Möglicherweise war einst ein Schwein oder ein Rind mit beiden Viren infiziert, sodass es in diesem Wirt zu einem genetischen Austausch zwischen den beiden Erregern gekommen sein könnte – was dann zu einem neuen Coronavirus anderer Art geführt hat.[16] Auf eine solche Rekombination führen Virologen die Entstehung vieler neuer Zoonosen zurück, wie auch im Fall von Sars-CoV-2.

Nicht zu Unrecht weisen andere Virologen darauf hin, dass vieles an diesen skizzierten Zusammenhängen spekulativ ist. Ob die Russische Grippe tatsächlich vom Coronavirus OC43 und nicht von Influenzaviren verursacht wurde, wird sich – wie wir das bereits bei den Masern oder der Pest gesehen haben – erst definitiv sagen lassen, wenn es gelingt, Viren-RNA direkt in Gewebeproben der damals an der Grippe Erkrankten nachzuweisen. Noch aber ließ sich kein entsprechendes historisches Gewebematerial in Leichen damals verstorbener Infizierter auffinden. Was auch insofern extrem unwahrscheinlich ist, da RNA – anders als etwa die DNA von Bakterien oder einigen Viren – nicht sehr stabil ist. Allerdings sei es inzwischen leichter, Erbsubstanz zu isolieren, so sagen Fachleute, als überhaupt erst einmal altes Gewebe nachweislich Betroffener in medizinischen Sammlungen oder exhumierten Leichen rund um den Globus zu lokalisieren.[17]

Die Geschichte der Russischen Grippe birgt darüber hinaus

noch eine hoffungsvoll stimmende Botschaft. Denn offenbar ist ein einst gefährliches Virus, das in nicht allzu ferner Vergangenheit ein regelrechter Killer war, allmählich milder geworden und verursacht heute kaum mehr als harmlose Erkältungen. Der Erreger, der die Welt beinahe ein Jahrzehnt in Atem hielt, hat sich demnach in seiner Wirkung enorm abgeschwächt. Ähnlich wie die Russische Grippe, die in mehreren Winterwellen mit vielen milden und einigen schweren Verläufen einherging, könnte auch Covid-19 noch über einige Jahre in Wellen wiederkommen, die aber immer undramatischer verlaufen würden. Es bleibt indes abzuwarten, ob wir hier tatsächlich auf eine ähnliche Situation wie bei OC43 zusteuern und ob dieses Virus als Modell für die aktuelle Corona-Pandemie taugt. Wer allerdings heute am jüngsten Coronavirus und seinen Folgen leidet, für den mag es wenig tröstlich sein, dass Covid-19 in einem Jahrhundert nur mehr eine grippeähnliche Erkrankung sein könnte, die weitgehend unter dem Radar selbst derjenigen bleibt, die daran leiden.

Diese Botschaft, wenn sie sich denn bewahrheitet, ist verbunden mit der Erkenntnis, dass auch Sars-CoV-2 wohl nicht mehr verschwinden, sondern endemisch werden wird und wir damit so zu leben lernen müssen wie mit den saisonalen Grippewellen der Vergangenheit. Dann wird es vor allem im Winter vermehrt zu Corona-Wellen kommen, bei denen stets diejenigen infiziert werden, die nicht geimpft sind oder deren Immunität geschwächt ist. Die gute Nachricht wie bei allen diesen Infektionen: Sobald sie überstanden ist, wehrt unsere Immunantwort folgende Infektionen ab, sodass wir diese kaum noch bemerken. Das Virus wird sich mit der Zeit verändern, die Immunantwort wird nachziehen und ebenso die Anpassung der jeweiligen Impfstoffe. Der Rest ist Routine-Medizin, die Pandemie hätte ihr Ende erreicht. Allerdings warnen manche Stimmen davor, eine Corona-Infektion mit der Influenza zu verwechseln. Diese

Krankheit sei trotz der vielen Impfungen gefährlicher und ansteckender als jede Grippe. Und auch wenn im globalen Norden die Impfung die Mehrzahl der Menschen erreicht hat, ist dies im globalen Süden bei Weitem nicht der Fall. Dort hatten die ärmsten Länder im Schnitt bis Ende 2021 allenfalls zwei Prozent ihrer Bevölkerung geimpft.[18] Dennoch: Der Schrecken des Jahres 2020 ist der Seuche dann ebenso genommen wie einst der Russischen Grippe, an die sich selbst Medizinhistoriker kaum noch erinnern.

Ganz anders liegt der Fall einer globalen Epidemie – diesmal tatsächlich einer echten Influenza-Pandemie –, die als die »Mutter aller Seuchen« tituliert nicht nur in die Geschichte der Medizin, sondern in die Weltgeschichte eingegangen ist.[19] Die Rede ist von der Spanischen Grippe. Sie interessiert uns hier zum einen, weil wir anschauen wollen, wo derartige Pandemien wirklich herkommen, wie sie entstehen und sich entwickeln, und zum anderen, wie lange uns ihre Erreger erhalten bleiben, wenn die Seuche scheinbar abebbt, um dann doch, oft in anderer Gestalt, wieder zurückzukehren. Die Geschichte der Spanischen Grippe ist dabei keineswegs nur von historischem Interesse; im Gegenteil birgt sie den Schlüssel zum Verständnis der Pandemien jüngsten Datums.[20]

DIE SPANISCHE GRIPPE – ODER: VON WILDEN VÖGELN IN HASKELL COUNTY, KANSAS

Im letzten Jahr des Ersten Weltkriegs fegte eine mysteriöse Pandemie um den Globus, die in mehreren Wellen und binnen weniger Monate weit mehr Menschen tötete, als den kriegerischen Kampfhandlungen der vorangegangen vier Jahre zum Opfer gefallen waren. Doch weil die Welt am Ende eines verheerenden Krieges stand und die Menschen auch danach viele andere Sorgen hatten, schenkte man ihr erstaunlich wenig Beachtung. Die Seuche war zwar viel schlimmer als die derzeitige Corona-Pandemie, doch kaum jemand hat das seinerzeit mitbekommen. Selbst das Wort *Pandemie* wurde anfangs nicht dafür benutzt, sondern nur in der Retrospektive. Viele Mediziner glaubten an eine der üblichen Influenza-Wellen und taten die Erkrankungen als eher nebensächlich ab. Heute dagegen sind sich einige Historiker sicher, dass die Seuche den Ausgang des Ersten Weltkriegs erheblich beeinflusst hat (auch wenn er für die Deutschen ohnehin nicht mehr zu gewinnen gewesen wäre).[21]

Insgesamt brachte die Spanische Grippe – je nach Schätzung der Historiker – 50 Millionen oder sogar bis zu 100 Millionen Menschen den Tod. Sie war damit einer der größten krankheitsbedingten Aderlässe in der Geschichte der Menschheit; obgleich dies damals »nur« etwa fünf Prozent der Weltbevölkerung entsprach. Denn setzt man die Seuchentoten ins Verhältnis zur existierenden Weltbevölkerung, dann war die Spanische Grippe (bei nicht einmal zwei Milliarden Menschen) weitaus weniger tödlich als der *Schwarze Tod* (jene zweite Pestwelle in der Alten Welt) oder die nachkolumbianischen Epidemien in der Neuen Welt am Ende des Mittelalters. Gleichwohl wurde durch die Spanische Grippe eine von drei lebenden Personen infiziert.[22]

Man hielt die Spanische Grippe überdies lange nur für eine Folge des Krieges, angesichts der dicht gedrängt lebenden Soldaten und den Truppenbewegungen, bei denen innerhalb kürzester Zeit Tausende von Menschen über Kontinente hinweg verfrachtet wurden und die zudem oft auf eine geschwächte Bevölkerung trafen. Letztlich, so wird konstatiert, sei diese tödliche Grippe am Beginn des 20. Jahrhunderts das ultimative Ergebnis einer von Dampfschiffen und Eisenbahnen dominierten Zeit gewesen. Und so hätte sie sich sicherlich auch ohne den großen Krieg ereignet, da die Übertragung von Infektionserregern nochmals deutlich schneller ablief als jemals zuvor (wie wir dies bei der vermeintlichen Russischen Grippe zwei Jahrzehnte zuvor bereits gesehen haben).[23]

Bisher allerdings fokussierten sich die meisten medizinhistorischen Darstellungen darauf, den globalen Ansteckungsverlauf dieser außerordentlichen Influenza zu rekonstruieren. Dabei wurde der Ursprung der Seuche, wahlweise und entgegen ihrem Namen, in Frankreich, den USA und sogar in China vermutet, meist ohne der Herkunftsfrage allzu viel Aufmerksamkeit zu widmen oder überhaupt die allgemeinen Zusammenhänge zu beachten.[24] Heute indes, ein Jahrhundert nach der Seuche, wird dank der Kombination von akribischer Spurensuche der Medizinhistoriker und jüngst möglich gewordenen molekulargenetischen Studien der Biologen klar: Die Spanische Grippe war – wie Corona heute – eine Zoonose par excellence, bei der es im ersten Fall nachweislich zu einem verhängnisvollen Zusammenwirken zweier tierischer Wirte kam. Erst dies ließ einen neuen Erregertyp entstehen, was fatale Folgen hatte, als es ihm durch nur einige wenige Mutationen gelang, sich an seinen neuen Wirt zu adaptieren.

Damit zeichnet sich ein neues Narrativ ab, gerade hinsichtlich der allerersten Anfänge; es setzt zeitlich deutlich vor den bisher geschilderten Ereignissen ein und weist ins Jahr 1917 (oder gar noch auf die Zeit davor). Ähnlich wie wir dies etwa bei der jüngsten Corona-Pandemie und der Pest als sich wiederholendes Muster gesehen haben, liegt der Anfang der Spanischen Grippe im Dunkel zufälliger genetischer Veränderungen und evolutiver Entwicklungen eines Ahnen, den eingeweihte Fachleute mitunter als *ghost of evolutionary past* bezeichnen: den Geist einer biologischen Vorgeschichte, die als seltenes, einmaliges Ereignis im Verborgenen abläuft und auf die sich nur dank ihrer nachfolgenden Wirkung schließen lässt, ablesbar erst jüngst aus den im Erbgut gespeicherten phylogenetischen Signalen.[25]

Die ersten nachweisbaren Evidenzen jener sich zur Pandemie auswachsenden Grippe stammen aus der kleinen Gemeinde Haskell County in Kansas, zwischen Denver und Oklahoma City und somit ziemlich genau in der Mitte der Vereinigten Staaten gelegen; aus einer weitgehend baumlosen Gegend also, geprägt durch die Central Plains, der einst von riesigen Bisonherden und indigenen Stämmen besiedelten Prärie (die später unsere klischeehaften Vorstellungen des einstmals »Wilden Westens« bediente). Haskell County liegt auch mitten in der Flugschneise zahlloser Zugvögel, die zweimal im Jahr auf ihrer Wanderung zwischen den Winterquartieren im Süden und den Brutplätzen im Norden die Region überqueren, darunter Wasservögel wie Wildenten und Wildgänse. An diese Vögel dachte freilich niemand, als im Januar und Februar 1918 eine heftige Grippe ihre Spur durch die kleine Gemeinde zog, aus der ein Landarzt namens Dr. Loring Miner dem Gesundheitsdienst der USA von einer ungewöhnlichen Häufung schwerer Influenzafälle berichtete. Sein Bericht ist verloren gegangen, nur eine Notiz dazu ist erhalten. Aber auch die örtliche Zeitung führte, gleich einem Gemeindeverzeichnis, die Namen all der Grippe-Infizierten und dann vor allem der an Lungenentzündung Erkrankten auf.[26]

Dieser lokale Ausbruch war die unscheinbare Initialzündung einer Epidemie, die sich zu einer der verheerendsten Seuchen der jüngeren Geschichte auswachsen sollte. Es waren jedoch die vorangegangenen natürlichen Ereignisse einer Zoonose, die am Anfang standen. Keiner der Zeitgenossen konnte damals diese Zusammenhänge erkennen. Man irrte auch lange, was den Auslöser und Erreger dieser pandemischen Influenza anging, glaubte man doch damals, es handele sich um ein Bakterium. Tatsächlich aber ist *Bazillus influenzae* (heute zu *Haemophilus* gestellt) nicht der Täter, sondern als infektiöser Trittbrettfahrer für die Lungenentzündungen als Sekundärinfektion verantwortlich (gleichwohl mit einer tödlichen Effektivität). Erst 15 Jahre später entdeckten Mediziner das Influenza-Virus als eigentlichen Verursacher der Grippeinfektion.[27]

Bis jedoch die Rolle von Wasservögeln bei der Spanischen Grippe sichtbar wurde, verging nochmals ein halbes Jahrhundert. Erst in den 1970er-Jahren konnte ein US-amerikanischer Veterinär namens Richard Slemons das Influenza-Virus aus einer kalifornischen Wildente isolieren.[28] Fortan wurden solche Grippeviren in großer Vielfalt und Fülle bei Wasservögeln entdeckt. Vor allem bei Enten fühlen sie sich offensichtlich wohl, wobei sie allerdings deren Verdauungstrakt besiedeln und nicht, wie beim Menschen, die Lunge. Das Virus gelangt über die Ausscheidungen der Vögel ins Wasser oder auf den Erdboden, wo es bei der Nahrungsaufnahme wieder von Vögeln aufgenommen werden kann. Wenn es sich zwischenzeitlich in seinen Wirten auf unterschiedliche Weise genetisch verändert, zirkulieren in einem Tier durchaus verschiedene Varianten (was uns noch interessieren wird).

Dass die Spanische Grippe eine Infektion von Wildvögeln war, hat sich inzwischen durch Sequenzvergleiche von aus Menschen und Vögeln isolierten Influenza-Viren mehrfach bestätigt. Dabei zeigte sich indes auch, dass an den einstigen Vogelviren auch verschiedene andere Tiere, vor allem Säuger, erkranken können, und zwar sowohl unsere massenhaft gehaltenen Nutztiere (allen voran Schweine, aber auch Pferde und Rinder) als auch wir selbst. Anders ausgedrückt: Millionen von Wildvögeln, insbesondere Wasservögel, die zweimal jährlich quer durch Nordamerika ziehen, stellen das natürliche Reservoir für Grippeviren dar, ohne meist selbst sichtbar an diesen zu erkranken. Damit ähneln vor allem Enten- und Gänsevögel mit ihren Influenza-Viren in auffälliger Weise jenen Fledermäusen, die sich jüngst als Reservoir von Coronaviren erwiesen.

Tatsächlich ist so sicher belegt, dass der Auslöser der Spanischen Grippe ursprünglich ein Vogelgrippevirus war, das auf den Menschen übergegangen ist. Dieser zoonotische Übersprung geschah sehr wahrscheinlich nicht direkt, sondern mittels Schweinen. Diese wurden im landwirtschaftlich geprägten Haskell County allerorts gehalten und dürften einen abermaligen Wirtswechsel des Virus vermittelt haben. Dabei verhalfen genetische Anpassungen dem Virus zu einer erleichterten Ansteckung von Mensch zu Mensch, die dann die Pandemie ab 1918 ausgelöst hat.

Historisch belegt ist dabei, dass aus Haskell County Ende Februar 1918 mindestens drei mit Grippe infizierte Personen nach Camp Funston reisten, die dort in den ersten Märztagen eintrafen. Damit nahm die Seuche unbemerkt ihren Lauf.

CAMP FUNSTON, KANSAS: WIE EIN ARMEE-CAMP ZUM SEUCHENHERD WURDE

Camp Funston, das zur Militärbasis Fort Riley im Nordosten von Kansas gehörte, war während des Ersten Weltkriegs ein Ausbildungslager der US-Armee. Meist befanden sich dort mehr als 50 000 Rekruten, bevor sie zum Einsatz an die Front in Europa geschickt wurden. Am Morgen des 4. März 1918 meldete sich der als Koch eingesetzte Geflügelzüchter Albert Gitchell mit grippeartigen Symptomen – unter anderem mit rasenden Kopf- und Gliederschmerzen, hohem Fieber und Schüttelfrost – auf der Krankenstation. Im Laufe des Tages kamen weitere 100 Soldaten mit gleichen Symptomen hinzu; drei Wochen später waren 1100 Rekruten krank. Die meisten erholten sich nach drei bis fünf Tagen, 237 aber entwickelten eine heftige Lungenentzündung, liefen blau an, ihnen kam das Blut aus der Nase; 38 starben. Als das Lazarett überquoll, musste ein benachbarter Hangar als Ausweichquartier umfunktioniert werden für die, die das *knock-medown fever* niedergestreckt hatte.

Gitchell, der erste offiziell dokumentierte Fall, ging später als »Patient Null« der Spanischen Grippe in die Geschichte ein; der Mann aus Kansas (oder jemand aus seinem Umfeld, bei dem er sich angesteckt haben könnte) war einer der ersten Infizierten der durch das Influenza-Virus verursachten Pandemie. Die Ärzte im Camp wurden zwar auf die dort (wie man glaubte) grassierende Lungenentzündung aufmerksam, schenkten ihr aber kaum weitere Beachtung. Durch Truppenverlegung in andere Ausbildungslager und in die Hafenstädte an der Ostküste wurde von Camp Funston aus der Krankheitserreger dann über die Vereinigten Staaten verteilt.[29]

Trotz der massenhaften Erkrankungen wurden Tausende amerikanische Soldaten im März und April 1918 über den Atlantik verschifft und mit ihnen auch das Influenza-Virus. Zwar waren die USA schon im Vorjahr in den Krieg gegen das Deutsche Reich eingetreten, doch erst ab Frühjahr 1918 wurden mehr Soldaten nach Frankreich verschifft, wo die Schlachten tobten. Insgesamt waren es fast 1,5 Millionen meist junge Rekruten. Historiker wie Manfred Vasold sagen, nie zuvor habe es einen regeren Verkehr zwischen Alter und Neuer Welt gegeben.[30] Auf diese Weise gelangte das Influenza-Virus aus Wildvögeln vom Mittleren Westen der USA nach Europa, in die Städte und Schützengräben an der Westfront.

Die französischen Hafenstädte, allen voran Brest, wo die amerikanischen Truppen anlandeten, meldeten Anfang April die ersten Fälle. Während die Gegner im Stellungskrieg festsaßen, überwand der Erreger die feindlichen Linien. Kurz darauf wurde dem obersten Hygieniker der deutschen Armee, Generalarzt Richard Pfeiffer, eine *Blitzkatarrh*-Epidemie von der Westfront gemeldet. Rasend schnell breitete sich das Virus zunächst unter

den Soldaten und später auch unter den Zivilisten aus und gelangte von der Westfront in andere Regionen Europas. Doch
noch verliefen die ersten Fälle der neuen Grippeerkrankung mit
dem typischerweise ungewöhnlich heftigen Verlauf meist mild;
nur wenige starben.

Obwohl ganze Einheiten durch die Grippe lahmgelegt wurden, gab es keine Presseberichte, die die Öffentlichkeit gewarnt
hätten. Mitte Mai erreichte das Virus Italien und Spanien, wo
man Ende Mai erstmals aus Madrid über die – seitdem so
benannte – Spanische Grippe berichtete. Dort waren König
Alfons XIII. und Regierungsmitglieder vom Fieber geschüttelt
schwer erkrankt; und weil es im am Krieg nicht teilnehmenden
Spanien keine Zensur gab, stammen die ersten Nachrichten
von der Seuche von dort.

Dann ebbte die Grippewelle ab. Im Juli sprach kaum jemand
mehr davon, die Welt war noch immer im Krieg, die Krankheit
schien vergessen. Doch Pandemien sind wie Kugeln im Flipper-
automat: Sie springen von einer Seite der Welt zur nächsten,
um nach kurzer Zeit zurückzukommen und den nächsten Ausbruch auszulösen. August 1918 war die Influenza wieder da, die
ersten Fälle tauchten in der Schweiz auf; im September breiteten sich die Schockwellen der Seuche bereits in den USA aus,
liefen von Boston nach Philadelphia und weiter durchs Land
und dann um die Welt. Vielerorts erreichte die Sterblichkeit im
Oktober einen Höhepunkt und ließ das öffentliche Leben ver-
siegen, Schulen blieben wochenlang geschlossen. Zu der Zeit
notierte der Schriftsteller Stefan Zweig in Zürich in sein Tagebuch: »Eine Weltseuche, gegen die die Pest in Florenz oder ähnliche Chronikgeschichten ein Kinderspiel sind. Sie frisst täglich
20 000 bis 40 000 Menschen weg.«[31]

Es war die zweite von drei Wellen, die im Herbst und Winter
1918 besonders schwer verlief; und die – bis heute in der Corona-
zeit – eine wichtige Lektion mit im Gepäck hatte, was beim Aus-

bruch einer Pandemie zu tun ist: Nicht abwarten! In den Städten und Gemeinden in den USA ging man unterschiedlich mit der Spanischen Grippe um: Wo man Schulen und Kirchen schnell schloss und öffentliche Veranstaltungen untersagte, erlebte man weniger schwere Ausbrüche. Das beste und mithin viel zitierte Beispiel ist Philadelphia. Hier wurde am 17. September 1918 der erste Influenzafall dokumentiert; elf Tage später fand eine lange geplante große Parade statt, Tausende Menschen jubelten, dicht an dicht stehend, den Truppen zu. Nach einer Woche waren rund 45 000 Einwohner der Stadt an der Grippe erkrankt; sechs Wochen später waren 12 000 Menschen gestorben. Als der Gipfel der Erkrankungen erreicht war, gab es dort täglich mehr als 250 Tote pro 100 000 Einwohner. Zeichnet man die Zahl der Infektionsfälle auf einer Zeitachse auf, erinnert die Kurve an die Form des Matterhorns – und liefert Anschauungsunterricht für das Prinzip einer exponentiell verlaufenden Ansteckungskette mit desaströsen Folgen.

Anders dagegen St. Louis, im Süden der USA, wohin die Influenza-Grippe drei Wochen später kam, wo aber die städtische Gesundheitsbehörde binnen wenigen Tagen drastische Quarantänemaßnahmen verhängte: Schulen, Schwimmbäder und andere öffentliche Einrichtungen wurden geschlossen, Veranstaltungen abgesagt, Menschenansammlungen vermieden; es galt ein striktes Versammlungsverbot. So stieg die Zahl der Erkrankungen nur langsam an, die Todesfallrate war nur halb so hoch wie die in Philadelphia mit täglich nie mehr als 50 Toten pro 100 000 Einwohner. Die Epidemiekurve von St. Louis erinnert an eine breit auslaufende Sanddüne statt an ein Bergmassiv.[32]

Wo immer ein Erreger, der sich über die Atemwege verbreitet, auf größere Menschenansammlungen auf engem Raum stößt, egal, ob auf Truppentransporten, in Schützengräben oder während einer Parade, verwandelt er diese in Epizentren einer Epidemie und versetzt das Infektionskarussell in schnellere Drehung. Der Krieg machte es der Spanischen Grippe so gesehen leicht, denn 1918 rückte die Welt gerade seinetwegen nochmals enger zusammen. So trafen in Nordfrankreich in den britischen Lagern Soldaten aus dem ganzen Empire zusammen. Menschen aus dem indischen Punjab, aus Sierra Leone und Nigeria trafen auf Briten und Franzosen, chinesische Tagelöhner und vietnamesische Arbeiter. Viele von ihnen trugen das Virus nach Hause und verbreiteten es so über den Globus. Mit den mehreren Hunderttausend heimkehrenden Soldaten erreichte das Influenza-Virus im Herbst 1918 Kanada, Indien und Australien, und es gelangte über Südostasien nach China und Japan.

Zwei Jahre lang lief die Spanische Grippe um die Welt. Der zweiten Welle in den Herbstmonaten 1918 folgte im Januar 2019 eine dritte, wenngleich schwächere, und Anfang 1920 sogar noch eine vierte (nicht allseits als solche anerkannt). Am Ende hat der Erreger von Finnland bis Neuseeland, von Alaska bis Feuerland wohl rund eine Milliarde Menschen infiziert; nicht wenige der Opfer starben innerhalb weniger Tage. Auf der indonesischen Insel Java hieß es deshalb noch für Generationen apodiktisch: »Morgens krank, abends tot; abends krank, morgens tot.«[33] Nur die abgelegensten Inseln – im Atlantik St. Helena und eine Handvoll Inseln weiter südlich, im Pazifik Amerikanisch-Samoa – entgingen der Pandemie.

DER KRIEG UND DAS VIRUS

Bis heute debattieren Historiker über Auslöser und Auswirkung dieser Influenza im Kontext des Ersten Weltkriegs. Für die einen ist sicher: Sosehr der Krieg die Ausbreitung befördert hat, die Pandemie hätte es auch ohne ihn gegeben, sobald das Virus einmal in der Welt war. Andere machen dagegen in erster Linie die in den Militärlagern herrschenden unhygienischen

Bedingungen verantwortlich, wo Zehntausende Rekruten, »vom ungewohnten Drill erschöpfte Menschen auf engem Raum«, dem Erreger ideale Bedingungen boten.[34] Der Pandemiehistoriker Mark Honigsbaum hält den Influenza-Erreger eher für das Symptom eines Weltkrieges, nicht zuletzt, weil die Krankheit so viele junge Soldaten traf, die unter schlechten Bedingungen in zugigen Militärlagern gedrillt wurden.

Die moderne Infektionsbiologie hat allerdings gerade dafür eine andere Erklärung, zu der wir gleich noch kommen. Wichtig im Zusammenhang mit dem eigentlichen Auslöser von Seuchen sind zuvor konkrete Fakten dazu, welche Auswirkungen diese erste große Influenza-Pandemie tatsächlich hatte. Anders als bei der Pest im Mittelalter gab es bei der Spanischen Grippe keine leeren Dörfer und Städte oder entvölkerte Landstriche, dafür war die Weltbevölkerung inzwischen zu groß. Erst die Statistik machte später das wahre Ausmaß sichtbar.

Sobald wir uns die Zahlen ansehen, wird es kompliziert. Denn wie bei der Übersterblichkeit infolge von Covid-19 gehen die Berechnungen auch bei der Spanischen Grippe weit auseinander. Bei der sogenannten Maas-Argonnen-Offensive, der als entscheidend angesehenen Schlacht des Ersten Weltkriegs, die Ende September 1918 mit der zweiten Welle der Spanischen Grippe zusammenfiel, wurde die größte Frontlinie der amerikanischen Militärgeschichte mit 1,2 Millionen US-Soldaten eingesetzt. Mit mehr als 26 000 Gefallenen gilt sie als *America's deadliest battle*. Da während der Grippe-Pandemie in Europa und in den US-Camps allein um die 45 000 US-amerikanische Soldaten starben, stellten Historiker allerdings die zynisch wirkende Frage, welche Schlacht denn nun die tödlichste für die Amerikaner gewesen sei – die gegen die Deutschen oder jene gegen das Influenza-Virus. Tatsächlich hatte die Grippe sowohl für die einzelnen Soldaten wie für die militärischen Operationen gravierende Auswirkungen – davon sind die Mikrobiologen und

Medizinhistoriker Peter Wever und Leo van Bergen überzeugt. Es traf alle beteiligten Armeen, ließ mehr als eine Million amerikanische, mehr als 300 000 britische sowie rund 700 000 deutsche Soldaten erkranken und forderte unter diesen zusammen bis zu 100 000 Opfer. Ob es aber den Verlauf und Ausgang des Krieges entscheidend beeinflusste, vermögen auch diese Studien nicht abschließend zu sagen.[35]

Schauen wir nochmals auf die Zahlen, die hier allerdings je nach Schätzung erheblich voneinander abweichen: Am Ende gab es weltweit infolge der Spanischen Grippe wenigstens zwischen 25 und 40 Millionen Tote; die meisten Historiker gehen indes von vermutlich eher um die 50 Millionen Toten aus, einige sogar von 70 bis zu 100 Millionen Opfern. Wie gesagt, entsprach dies zwischen etwa drei und fünf Prozent der damaligen Weltbevölkerung. Allein in den USA starben an den aufeinanderfolgenden Grippewellen je nach Berechnung zwischen 550 000 und 675 000 Menschen; immerhin seinerzeit etwa 0,5 Prozent der Bevölkerung des Landes. Was heute, da viermal mehr Menschen leben als damals, umgerechnet 1,7 Millionen Toten entspräche. In Frankreich waren es um die 400 000, in England etwa 228 000 Influenza-Tote. In Deutschland erkrankten um die 20 Millionen Menschen, beinahe 190 000 starben, was einer Letalitätsrate von 1,3 bis 1,5 Prozent entspricht.[36] Weil der Fokus vieler Influenza-Darstellungen von 1918 auf dem kriegführenden Europa und auf Nordamerika liegt, entgeht unserem Blick allerdings oft, dass seinerzeit neben Afrika vor allem Asien besonders von der Seuche betroffen war, mit immerhin der Hälfte aller Toten weltweit. Bis Winter 1918 starben allein in Bombay eine Million Menschen; insgesamt gab es in Indien schätzungsweise zwischen 14 und 20 Millionen Grippetote – etwa fünf Prozent der damaligen Gesamtbevölkerung des Landes.

Das ernüchternde Fazit dieser Faktensammlung: Wenn wir von 50 Millionen Grippetoten weltweit ausgehen, entspricht dies fünfmal so vielen Menschen, wie Soldaten in den Gefechten des Ersten Weltkriegs starben. Unter der Annahme, dass es eher 100 Millionen Grippetote waren, wären dies mehr als alle Umgekommenen während des Ersten und Zweiten Weltkriegs, mit 17 und 60 Millionen Toten, zusammen. Das spiegelt im Großen für diese Grippe wider, was sich im Kleinen bereits 1870 in Preußen abgezeichnet hat, als die Pocken letztmals in Deutschland ausbrachen. Damals erlagen in einem Jahr viermal mehr Menschen der Epidemie als dem damaligen Krieg gegen Frankreich. Und wie immer man im Fall der Spanischen Grippe auch rechnet: Sie war die zahlenmäßig größte Katastrophe des 20. Jahrhunderts. Deshalb irrt etwa der Mikrobiologe David Clark, wenn er sagt, *erst neuerdings* hätten verbesserte Hygiene und gesteigerte Feuerkraft der Waffen es den Menschen ermöglicht, mehr Leute umzubringen, als es Mikroben tun.[37] Wir können stattdessen festhalten: Seuchenartige Krankheiten stellten die meiste Zeit in der Geschichte der Menschheit die tödlichste Bedrohung dar, haben das Leben verkürzt, unermessliches Leid gebracht und die Entwicklung zurückgeworfen. Sie haben dies bis ins vergangene Jahrhundert getan und mehr Menschen an Infektionen sterben lassen als an den Folgen waffenstarrender Kriege. Und sie bergen dieses Risiko auch weiterhin. Viren vermögen die Welt zu verändern, auf ihre Weise.

»... AND IN-FLU-ENZA«: DIE WELT IM FIEBER DES VIRUS

»I had a little bird / Its name was Enza / I opened the window / And in-flu-enza« – so ging in den 1920er-Jahren ein trotz harter Zeiten fröhlicher englischer Kinderreim. Ernsthafter werden für den Begriff unterschiedliche Ableitungen aus dem Italienischen bemüht: Entweder der latinisierte Ausdruck für *influenza coeli* – der Einfluss des Himmels; oder *influenza di freddo* – als Bezeichnung für den Einfluss der Kälte, die angeblich Mitte des 18. Jahrhunderts von Opfern der Krankheit geprägt wurde.[38]

Virologen ordnen den Erreger der Influenza heute innerhalb der RNA-Viren der Familie der Orthomyxoviridae zu und haben vier Varianten benannt: Typ A, B, C und D; wobei Typ A der zoonotische, von Wasservögeln stammende und mithin auch gefährlichste für uns ist. Die einzelsträngige RNA, aus der das Virus maßgeblich aufgebaut ist, enthält auch die genetische Information für zwei Eiweiße auf seiner Oberfläche, die für seine Vermehrung wichtig sind. Diese Proteine werden als *Hämagglutinin* (HA) und *Neuraminidase* (NA) bezeichnet. Das erste bindet direkt an die Rezeptoren der befallenen Zellen, das zweite kann diese Bindung wieder aufheben, um sogleich eine neue Bindung zu veranlassen, was die Infektion des Gewebes und Organs befördert. Durch Kopierfehler der Bauanleitung für HA und NA entstehen Mutationen, die dazu führen, dass bei Grippe verursachenden Viren etwa zwei Prozent der Aminosäure genannten Bausteine der Oberflächenproteine pro Jahr ersetzt werden. Durch das so bedingte veränderte Aussehen kann sich das Virus der Immunantwort des Wirts entziehen, was die saisonalen Ausbrüche verursacht. Der Clou der Influenza-Viren aber liegt darin, dass sie nicht nur die genetische Bauanleitung ihrer HA- und NA-Proteine variieren, sondern diese auch auf verschiedene Art und Weise miteinander kombinieren. Bisher sind, bei Vögeln und Säugern zusammengenommen, 18 verschiedene Subtypen von HA und elf Subtypen von NA bekannt. Woraus sich rein rechnerisch bereits 198 verschiedene Kombinationsmöglichkeiten ergeben, von denen allerdings bisher nur 131 tatsächlich nachgewiesen wurden.[39]

Angesichts dieser infektiösen Möglichkeiten erscheint beinahe beruhigend, dass insgesamt nur drei Virenformen den Menschen infizieren: neben H1, H2 und H3 sind dies N1 und

N2. Allein auf deren Konto aber gehen bereits vier größere Influenza-Epidemien, darunter allen voran die verheerende Spanische Grippe, seinerzeit ausgelöst durch ein H1N1-Virus. Heute
dagegen zirkuliert am häufigsten die H3N2-Variante, gemeinsam mit der H5N1-Variante des A-Typs.

Ihre Viralität bezieht die Influenza aus den unterschiedlichen
Kombinationen, deren Evolution die Virologen inzwischen gut
durch das gesamte vergangene Jahrhundert bis in unsere Tage
verfolgen können. In dieses Bild fügt sich auch eine Erklärung
ein, warum die erste Welle der Spanischen Grippe im Frühjahr
1918 zwar hochansteckend, aber nicht sehr tödlich war, während
sich dies bei der zweiten Welle im Herbst anders darstellte. Zugleich löst sich damit auch das Rätsel auf, warum seinerzeit in
ungewöhnlicher Weise gerade junge Erwachsene im Alter von
20 bis 40 Jahren besonders stark betroffen waren, was die Spanische Grippe von anderen Grippe-Epidemien ebenso unterscheidet wie von der Corona-Pandemie. Wer damals jünger oder älter
war, hatte als Kind bereits saisonale Grippewellen durchlebt,
deren Erreger dem der Spanischen Grippe ähnelten, und dessen
Immunsystem war gleichsam vorgewarnt und vorbereitet. Die
20- bis 40-Jährigen dagegen kannten nur andere Influenza-Viren
und waren somit ein leichtes Opfer für just diese Grippe. Üblicherweise zeigt die Kurve der altersbedingten Sterblichkeit bei
Grippewellen einen u-förmigen Verlauf, was übersetzt heißt:
Die ganz Jungen (unter drei Jahren) und die ganz Alten (über
75 Jahren) einer Bevölkerung sterben, weil ihre Immunabwehr
noch nicht oder nicht mehr wirkungsvoll gegen die Infektion
ankämpfen kann. Dagegen zeigt die entsprechende Kurve der
Pandemie von 1918 bis 1920 einen w-förmigen Verlauf: dank
einer dritten, eingeschobenen Spitze der 20- bis 40-Jährigen,
die immerhin etwa die Hälfte aller Grippetoten stellten, egal,
ob in den Städten oder auf dem Land.

Wie wir heute wissen, lief die Spanische Grippe gerade bei

der damals jungen Generation zu tödlicher Perfektion auf, weil niemand in dieser Alterskohorte zuvor gleichsam mit den »richtigen« Viren in Berührung gekommen war. So starben die um 1890 Geborenen besonders oft, weil sie ihren ersten entscheidenden Kontakt mit einem Influenza-Virus der Gruppe H3N8 hatten. Als ihr Immunsystem dann Jahrzehnte später mit dem H1N1-Virus der Spanischen Grippe konfrontiert wurde, spielte es verrückt. Das Immunsystem wird gewissermaßen vom ersten Influenza-Virus, mit dem es in Berührung kommt, geprägt – was auch darüber entscheidet, wie es später auf andere Influenza-Viren reagiert.[40]

Bleibt noch die Frage, warum gerade die zweite Welle der Spanischen Grippe überhaupt so tödlich verlief. Sicher sind sich die Fachleute da bis heute nicht, aber es gibt einen Verdacht, und der hängt damit zusammen, wie die beim Menschen pathogenen Viren ihr entscheidendes H1-Molekül variieren und damit die Sequenz der Aminosäuren ändern, die dieses Oberflächenprotein aufbauen. Inzwischen haben Molekulargenetiker festgestellt, dass eine spontane genetische Veränderung an einigen wenigen Aminosäuren ausreicht, um das Virus für den Menschen gefährlich zu machen. Auch bei der später grassierenden Vogelgrippe des hochpathogenen H5N1-Typs waren solche Punktmutationen der Auslöser, also der Austausch einer einzigen Aminosäure. Eine Pandemie ist gelegentlich nur sehr wenige Mutationsschritte entfernt. Oft aber werden dafür auch die Karten neu gemischt.

Tatsächlich sind es nämlich zwei unterschiedliche Vorgänge, die einen Virus-Wildtyp in etwas Neues und somit in einen potenziell gefährlichen Erreger verwandeln können. Diese beiden Vorgänge sind zentrale Elemente, wenn es um die Frage geht, wie Zoonosen und Pandemien eigentlich entstehen. Zum einen geschieht dies durch sogenannte Gen-Drift, wenn etwa jene erwähnten Punktmutationen für die Variation und langsame Akkumulation von Fehlern in den Informationen für ein Oberflächeneiweiß sorgen und somit das Virus von der ursprünglichen Wildform genetisch wegdriftet. Zum anderen kann sich ein Influenza-Virus beim Gen-Shift aber auch auf radikale Weise neu erschaffen, indem es die H- und N-Gene zweier Elternviren mischt. Wenn etwa in einem Wirt zwei verschiedene Grippeviren mit unterschiedlichen H- und N-Genen zusammentreffen und diese austauschen, wird ein neues Virus produziert. Bei dieser Art von »viralem Sex« werden die H- und N-Komponenten neu kombiniert, das Virus »shiftet«; jeder H-Typ kann sich dann mit jedem N-Typ verbinden – und löst als radikal neuer Erreger leicht eine Pandemie aus, da die Immunabwehr der Wirte eine Weile braucht, um sich auf den neuen Angreifer einzustellen.[41] Gefährlich wird es, wenn die Eltern-Viren zudem von verschiedenen Wirtsarten stammen, wenn also etwa die genetischen Programme der Viren von einem Vogel und einem Menschen in einem Wirt, etwa einem Hausschwein, gemischt werden. In der Vergangenheit brachen immer dann Epidemien aus, wenn ein neues H-Gen ins Influenza-Virus des Menschen eingeschleust wurde: etwa als 1918 die H1-Variante entstand, 1957 dann H2 und 1968 schließlich H3.

Erst gut ein Jahrhundert nach den ersten dokumentierten Vorkommnissen dieser Art ist es Genetikern gelungen aufzuklären, wie eine solche Zoonose auf molekularer Ebene abgelaufen sein könnte. Post mortem mitgeholfen haben mehrere an der Spanischen Grippe vor über hundert Jahren verstorbene amerikanische und deutsche Soldaten sowie eine dickleibige Frau aus dem Permafrost in Alaska. Befunden an ihren sterblichen Überresten ist es zu verdanken, dass wir ein in einem Säugetier mutiertes Vogelvirus, das zum Menschen gelangte, als Verursacher einer der verheerendsten Influenza-Pandemien unserer jüngeren Geschichte dingfest machen können.

WILDGÄNSE UND DIE JAGD NACH DEM VIRUS H1N1: REKONSTRUKTION EINER SEUCHE

Das überraschende Zusammenspiel von nordamerikanischen Wildvögeln mit Säugetieren bei einer Influenza des Menschen wurde anfangs durchaus kontrovers diskutiert, insbesondere was dabei die Rolle von Hausschweinen angeht. Doch ermöglicht wurde diese Debatte überhaupt erst durch den Pathologen Jeffery Taubenberger, dem es gemeinsam mit der Biologin Ann Reid gelang, der Spur des tödlichen Grippevirus bis zu dessen zoonotischem Ursprung zu folgen. Nach jahrelangen Versuchen hatten sie Fragmente des viralen Erbguts im Lungengewebe eines Soldaten namens Roscoe Vaughan entdeckt, erfolgreich isoliert und als nächstverwandt dem Influenza-Virus identifiziert. Vaughan war im September 1918 mit nur 21 Jahren in einem Militärcamp in South Carolina an den Folgen der Spanischen Grippe gestorben. Bei der Autopsie war ihm ein Teil der Lunge entnommen worden und diese Probe, in Formaldehyd eingelegt, in die medizinische Sammlung des Armed Forces Institute of Pathology (AFIP) in Bethesda, Maryland, überführt worden.

Obgleich man seit Ende der 1980er-Jahre erste molekulargenetische Verfahren zur Sequenzanalyse des Erbguts aus Tieren und Pflanzen entwickelt hat, galt es lange als unmöglich, genetische Information auch aus in Formalin konserviertem Material zu gewinnen. Dabei ist die Sequenzierung der Erbsubstanz nur das eine, technische Problem. Die eigentliche Herausforderung besteht darin, überhaupt geeignetes historisches Probenmaterial ausfindig zu machen und dann die hoffentlich darin erhaltenen genetischen Bruchstücke wieder zusammenzufügen, um daraus die vollständige Erbinformation eines Virus zu rekonstruieren. Das Team um Taubenberger ist regelrecht ausgeschwärmt, um solch historisches Material in den verstreuten Sammlungen der verschiedensten Archive und Museen rund um den Globus aufzuspüren; und es ist nicht nur in humanmedizinischen Kollektionen fündig geworden.

Nachdem die Forschenden ihre erste Entdeckung viraler RNA des Grippeerregers Ende der 1990er-Jahre publiziert hatten, die in Fachkreisen durchaus Aufsehen erregte, wurden sie auf weiteres geeignetes Probenmaterial aufmerksam. Sie fanden in einem Massengrab in Alaska die Überreste einer im Herbst 1918 im Dorf Brevig Mission an der Grippe Verstorbenen, die im Permafrostboden beerdigt worden war. Die Fettschichten des Rumpfs dieser zu Lebzeiten offensichtlich übergewichtigen jungen Frau hatten ihre Lunge nach dem Tod weitgehend vor den gravierendsten Verwesungsfolgen bewahrt.[42] Aus ihrem Lungengewebe konnte das Team um Taubenberger – ein Jahrzehnt nach ihrer ersten partiellen Sequenzierung der Influenza-Gene – nicht nur abermals entsprechende RNA extrahieren, sondern weitere Virenfragmente sequenzieren, sodass sich erstmals das vollständige Genom des historischen Grippe-Erregers rekonstruieren ließ – durchaus eine kleine Sensation. Denn diese vollständige Bauanleitung öffnete einen Blick in die jüngere Vergangenheit, als einst die erste schwere Welle der Pandemie stattfand. Ein zweites Genom des Influenza-Virus konnten die Forscher dann 2013 aus in Formalin konservierten Autopsie-Proben zusammensetzen, die sich abermals in den Sammlungen des AFIP fanden. Damit war es nun auch möglich, den todbringenden Verursacher der Spanischen Grippe im Detail mit anderen jüngeren Influenza-Viren zu vergleichen und so zu untersuchen, was einst dessen gesteigerte Pathogenität verursacht haben könnte.[43]

Bereits bei den ersten Sequenzvergleichen war Taubenberger und Reid aufgefallen, dass größere Abschnitte der Erbsubstanz des im Menschen zu findenden Grippevirus auffällige Ähnlichkeit mit Genen zeigten, die man sonst nur von Vogelgrippeviren

kannte. Das legte den Verdacht nahe, dass es sich bei dem Auslöser der Grippe-Pandemie von 1918 um einen an Vögel adaptierten Virenstamm gehandelt haben könnte, der – und das wäre
durchaus beunruhigend – mit nur einer Handvoll genetischer
Veränderungen den Sprung zum Menschen geschafft hatte. Das
bestätigte sich, als die Virologen abermals fündig wurden, unter
anderem in den einschlägigen reichhaltigen Sammlungen des
Naturhistorischen Museums der Smithsonian Institution in
Washington, D. C. Ausgerechnet einer der späteren Direktoren
hatte im Spätsommer 1916 am Bear River im Bundesstaat Utah
einige Wasservögel geschossen, darunter Schwarzkopfruder- und
Zimtenten; hinzu kam eine im September 1917 auf der Pribilof-
Insel St. Paul in Alaska erlegte Ringelgans. Aus diesen Vogel-
bälgen konnte Taubenbergers Team Virenmaterial isolieren, das
gemeinsam mit anderen Vogelgrippe-Viren am Ausgangspunkt
der Influenza-Evolution von H1N1 beim Menschen steht.

Der Verursacher der Spanischen Grippe, so zeigen sämtliche
Berechnungen der Molekulargenetiker, stammt also ursprünglich von Erregern ab, die in Nordamerika bereits deutlich vor
dem Seuchenausbruch weitverbreitet in Enten- und Gänsevö-
geln waren, und ist dann von diesen Vögeln auf den Menschen
übertragen worden. Bis dahin war der Vogelgrippe-Erreger ein
beim Menschen völlig unbekannter Eindringling; obgleich er
natürlicherweise im Verdauungstrakt von Wasservögeln lebt,
gelang es ihm, menschliche Lungenzellen zu erkennen, mit
seinen Oberflächenproteinen an diese anzudocken und so das
neue Wirtsgewebe zu infiltrieren. Offenbar aber, auch das vermuten Taubenberger und sein Team aufgrund ihrer molekulargenetischen Stammbäume, geschah dieser Übersprung in
einem (bislang unerkannt gebliebenen) Säugetier. Fest steht
für sie, dass das 1918er-Virus nicht zu den Vogelviren selbst gehört, sondern aufgrund seiner Sequenzübereinstimmungen eindeutig zu den bei Menschen und Hausschweinen gefundenen

Erregern. Fest steht aber auch, dass dieser Erreger ursprünglich aus einem Vogelreservoir stammt und wohl schon *längere* Zeit vorher – gemeint sind einige Jahre bis Jahrzehnte – auf Säugetiere übergesprungen ist. »Bis 1918 hatte er dann offenbar genug Anpassungen an die neue Wirtsgruppe erworben, um für Menschen hochinfektiös zu sein und eine Pandemie auszulösen«, so Jefferey Taubenberger.[44]

Diese Herkunft aus einer Vogelquelle zieht eine weitere, durchaus beunruhigende Schlussfolgerung nach sich. Taubenberger argumentiert, dass nämlich – anders als bei Grippeviren üblich – nicht so sehr ein Umsortieren und Neuarrangieren viraler Geninformation passierte, als sich ein Vogelgrippevirus mit einem menschlichen Virus vermischte und durch die Rekombination ein hybrider neuer Erreger entstand (wie bei späteren Vogelgrippe-Epidemien etwa 1957 und 1968), sondern dass viel wahrscheinlicher sich ein Vogelvirus allmählich durch schrittweise Mutation und deutlich vor dem Ausbruch an einen Säugetierwirt und schließlich an den Menschen angepasst hat. Der Unterschied zwischen einem typischen Vogelgrippe- und dem gefährlichen 1918-Virus besteht überraschenderweise nur darin, dass etwa 25 bis 30 genetische Bausteine und damit die Bauanleitung für nur zehn Aminosäuren ausgetauscht wurden. Nicht nur durch spontanen und radikalen Umbau kann also ein neues, gefährliches Virus entstehen; vielmehr kann auch durch Anpassung in nur wenigen kleinen Schritten eine der schlimmsten Grippe-Pandemien aller Zeiten ausgelöst werden. Wenn sich genug dieser Veränderungen ansammelten, weil die Übertragungskette nicht unterbrochen werde, könne der Erreger sehr schnell hochansteckend werden, so Taubenberger.

Welchen Weg das 1918-Virus bei seiner Entstehung genau genommen hat, ob direkt vom Vogel auf den Menschen oder vielleicht über ein Hausschwein, blieb bei Taubenbergers Studien unklar und daher auch umstritten. Zwar bestätigten später weitere Analysen, dass am Beginn ein Vogelgrippevirus unbekannter Herkunft stand, doch welchen Wirt das neue Virus dann infizierte, wo und wie es sich entwickelte, bevor die mutierte Variante zur Pandemie führte, blieb offen. Da Grippe nicht nur Vögel und Menschen, sondern auch andere Säugetiere infizieren kann, etwa Hunde, Pferde, Fledermäuse und sogar Meeressäuger wie Wale und Robben, kommen prinzipiell viele Arten infrage. Doch von den wenigsten haben sich die Spuren ihrer Viren erhalten oder wurden bislang identifiziert. Die Suche nach dem Zwischenwirt am Ausgangspunkt einer Pandemie kommt der sprichwörtlichen Suche nach der Stecknadel im Heuhaufen gleich.

Aufgrund auffälliger Ähnlichkeiten der menschlichen Influenza-Viren mit denen des Hausschweins halten viele diese Tiere für den Zwischenwirt, von dem das Virus dann auf den Menschen übergesprungen sei. Die Influenza könnte dabei, so die Vorstellung, eine Art Kombi-Produkt und Ergebnis eines natürlichen Verschmelzungsprozesses aus Vogel- und Säugervirus gewesen sein. Dadurch wäre die genetische Information eines einstigen Vogelparasiten in die eines global agierenden Primaten, des *Homo sapiens*, eingeschleust worden. Hinter dieser Überlegung steht, dass die Zellrezeptoren im Lungengewebe eines Menschen andere sind als im Darmgewebe eines Vogels. Für die entsprechenden Anpassungen an den neuen Rezeptor braucht es einen Zwischenwirt; dieser könnte durchaus vielleicht ein Hausschwein gewesen sein, denn an dessen Lungenzellen können sowohl Vogelgrippeviren als auch menschliche Grippeviren andocken. Schweine können als eine Art Schmelztiegel fungieren; die tierische Infektionskette der Influenza-Viren wäre in diesem Fall von Wildvögeln als Reservoir und Quelle über Hausschweine als Brückenwirte bis hin zum Menschen gelaufen. Vielleicht sind einst vor 1918 irgendwo im weitläufigen Mittleren Westen mit seiner intensiv betriebenen Landwirtschaft einmal Hausschweine mit den vireninfizierten Ausscheidungen von Enten oder Gänsen in Kontakt gekommen. Mit der Schnauze und Nase im Dreck hätten die Tiere diese Viren leicht im Verdauungstrakt sowie in den Atemwegen aufnehmen können. Dort vermehrt, rekombiniert oder adaptiert, könnte das so neu entstandene Virus dann vom Schwein an den Bauern weitergegeben worden sein. Der erkrankte daraufhin an der neuen, ansteckenden Grippe, infizierte andere – und die Epidemie nahm ihren Lauf, bei der bald die ersten Infizierten in Haskell County der schweren Grippe oder in deren Folge einer Lungenentzündung zum Opfer fielen.

Allerdings legen jüngste Studien unter Federführung des amerikanischen Evolutionsbiologen Michael Worobey (wir haben ihn im Zusammenhang mit der Corona-Pandemie bereits kennengelernt) noch einen anderen Befund nahe. Nachdem Worobeys Team 2014 sämtliche verfügbaren Gensequenzen von Grippeviren aus verschiedenen Wirten miteinander verglichen und einen Stammbaum der Spanischen Grippe errechnet hatte, konnte es nicht nur bestätigen, dass die pandemischen Grippeviren direkt von Vögeln stammen: von einem Virus mit einer H1-Version, die damals in Nordamerika vorkam.[45] Es fand auch heraus, dass dieser unmittelbare Ahne des Virus von 1918 offenbar bereits seit 10 bis 15 Jahren unter den Menschen zirkulierte – das Virus hatte also vergleichsweise viel Zeit gehabt, gleich eine Serie von Mutationen anzuhäufen, die es für den Menschen erst »scharfmachten«. Worobeys neuesten akkuraten phylogenetischen Berechnungen nach war es ein beim Menschen zirkulierendes H1-Virus, das schon vor etwa 1907 entstand, als es von Vogelviren die N1- und einige weitere Komponenten erwarb. Diesen Berechnungen nach ist das entstandene pandemische Grippevirus erst nachträglich auf das Hausschwein übergesprungen. Zugleich hat sich dieses Gründer-Virus nach 1922 beim Menschen durch Influenza-Varianten weiterentwickelt, durch die in der Folge mehrere saisonale H1N1-Epidemien ausgelöst wurden.

Diese Befunde Worobeys stehen in zweifacher Hinsicht im Gegensatz zu der von Taubenberger favorisierten Hausschwein-Hypothese. Hier wäre also ein bereits beim Menschen vorhandenes Virus durch Einbau von Vogelgrippe-Genen mutiert, und zwar doch dank *reassortment* oder Gen-Shift. Das Hausschwein wäre gleichsam Opfer dieser Zoonose und nicht, wie zuvor angenommen, als Brückenwirt für die Weitergabe jenes Virus verantwortlich, das dann das Desaster der Spanischen Grippe auslöste. Denn Worobeys genetischer Stammbaum legt ja nahe, dass der Verursacher dieser Grippe bereits wenigstens ein Jahrzehnt vor dem eigentlichen Ausbruch entstand, durch Anpassungen oder ohne in einem Zwischenwirt. In gleicher Weise sind dann in den Jahren 1957 und 1968 sowie spätere Vogelgrippe-Epidemien ausgelöst worden, und zwar jeweils durch das noch so seltene und unwahrscheinliche Ereignis, bei dem ein viraler Parasit seinen Wirbeltierwirt wechselt. Dabei ist in einem ersten Schritt durch Recycling von Genabschnitten eine neue Virusvariante aus einem Vogelgrippevirus-Genpool entstanden, die in einem zweiten Schritt in einem Säugetier oder beim Menschen mutierte, sich also durch die kontinuierliche Ansammlung genetischer Abweichungen an den neuen Wirt angepasst hat.

DAS WELLENMUSTER TÖDLICHER VIREN: WAS UNS ALTES ARCHIVMATERIAL NOCH ERZÄHLT

In jenes tragische Supergrippe-Pandemieereignis von 1918, das man seinerzeit noch nicht verstehen konnte, erhalten wir heute dank der zuletzt immer detaillierter gewordenen Rekonstruktion der zugrunde liegenden genetischen Information aus erhaltenen Proben wenigstens einen schlaglichtartigen Einblick – und damit auch in den komplexen Ablauf der Evolution einer der fatalsten Zoonosen der Geschichte, bei der die natürlichen Kräfte genetischer Mutationen und nachfolgender Adaptation zusammenwirkten.

Vielfach wurde vermutet, dass das Virus im Winter 1917/18 als noch vergleichsweise milde Grippe auftauchte, dann aber im Verlauf des Sommers mutierte, zurückkam und sich im Herbst in voller Stärke auswirkte. Tatsächlich hatte sich die Influenzawelle zwischen April und August etwas abgeschwächt, dann aber hatten die Infektionsfälle mit Komplikationen durch Lungenentzündung konstant zugenommen. Im Frühling dürften noch deutlich mehr Menschen an einem Virus mit an Vögel adaptiertem HA-Gen erkrankt sein, im Herbst dagegen steckten sie sich mit einem Virus an, das besser an den Menschen angepasst war. Und je schwerer die Grippeerkrankung verlief, desto wahrscheinlicher war es, dass zusätzlich opportunistische Bakterien die Lungen befielen, nachdem sich das Virus ab Sommer nochmals leichter von Mensch zu Mensch verbreitete.[46]

Demnach hätte sich das Influenza-Virus H1N1 (das die Spanische Grippe auslöste) von einem recht harmlosen Grippeerreger in den Jahren und Monaten vor März 1918 zu einem tödlichen pandemischen Virus entwickelt. Die Überlegung dabei ist, dass sich die Soldaten in den Camps und Schützengräben so nah waren und so schnell starben, dass sich das Influenza-Virus daran anpassen musste. Für Viren ist es aus evolutionärer Sicht ein Vorteil, wenn sie ihren Wirt – die Lebewesen, die sie befallen – nicht töten. So können Mensch oder Tier das Virus weitergeben, und es kann sich vermehren und weiterentwickeln. Weil die Soldaten aber 1918 so schnell aus anderen Gründen starben – etwa an Schusswunden, Typhus, heftigen Durchfällen oder an Entzündungen (etwa der Füße, die in den nassen Stiefeln aufquollen) –, setzte sich eine Virusvariante durch, die es schaffte, sich möglichst schnell zu vermehren. Je radikaler sie sich indes vermehrte, desto tödlicher wurde sie. Und in einer solch aggressiven Variante breitete sich die Spanische Grippe tatsächlich gegen Ende des Krieges aus, wie wir neuerdings wissen.[47]

Seinerzeit waren die ersten Infizierten frisch von den Farmen rekrutierte amerikanische Soldaten, die im Frühjahr 1918 mit den nach Europa verlegten Truppen eine erste Infektionswelle auslösten. Doch die Forscher hatten bislang nur Virus-Sequenzen untersuchen können, die von Verstorbenen der späteren zweiten Welle aus Nordamerika stammten. Jüngst nun lieferten weitere historische Museumsproben, diesmal aus Europa, den entscheidenden Einblick in die sich im Verlauf der Zeit ablösenden Virusvarianten der Spanischen Grippe. Ende Juni 1918 waren in Berlin zwei junge deutsche Soldaten – der eine 18, der andere 17 Jahre alt – an einer der Spanischen Grippe zugeordneten Infektion gestorben. Wieder hatten Mediziner Gewebe ihrer Lungen entnommen, das, eingelegt in Formalin, in der einst von Rudolf Virchow angelegten Sammlung des Medizinhistorischen Museums in Berlin das nachfolgende Jahrhundert überdauerte. Einem Team von Virologen um Sébastien Calvignac-Spencer vom Robert Koch-Institut in Berlin ist es unlängst gelungen, daraus Teile des Genoms jener Variante des Grippevirus zu entschlüsseln, mit der sich die beiden Soldaten in der Frühphase der Pandemie infizierten.[48]

Damit hat sich die Berliner Gewebesammlung bereits ein zweites Mal innerhalb kürzester Zeit bei der Rekonstruktion der Virenevolution als wahre Schatzgrube erwiesen. Wie wir im Kapitel zu den Masern gesehen haben, konnten erst unlängst mithilfe einer historischen Gewebeprobe die genetischen Veränderungen nachverfolgt werden, die das Virus durchlaufen hat. So ließ sich zeigen, wie das Masernvirus bereits vor rund 2500 Jahren sehr wahrscheinlich vom Rind auf den Menschen übergesprungen ist und infolgedessen eine tödliche Pandemie auslöste. Diesmal haben die Epidemiologen um Calvignac-Spencer insgesamt 13 Gewebeproben näher untersucht, die zwischen 1900 und 1931 in die medizinhistorische Sammlung in Berlin gelangten. Sechs davon waren im entscheidenden Jahr 1918 gewonnen worden, aus denen sich zwei Teilgenome und ein vollständiges Viren-Genom von H1N1 rekonstruieren ließen, die im Abgleich mit den amerikanischen Proben die genetischen Unterschiede zwischen den Erregern der verschiedenen Wellen zutage förderten. Neben den beiden Berliner Proben sequenzierten die Forscher auch das Virus einer jungen, kaum 17-jährigen Frau, die im Verlauf des Jahres 1918 in München an der Grippe verstorben war und deren Gewebeproben später in die pathologische Sammlung des Naturhistorischen Museums nach Wien gelangten. Diese historischen Erbinformationen sind die ersten, die von Proben außerhalb Nordamerikas stammen, im Fall der beiden Berliner Soldaten zudem nachweislich aus der Frühphase der Pandemie. Sie bestätigen, dass das Influenza-Virus tatsächlich zwischen der ersten, vergleichsweise milderen Welle Anfang 1918 und der nachfolgenden zweiten, sehr viel tödlicheren Welle im Herbst an Schlüsselstellen des Viren-Genoms mutiert war. Und zwar nicht, wie zuvor bei seiner Entstehung während des zoonotischen Übersprungs, durch einen grundlegenden Umbau verschiedener Virenanteile, sondern durch die schrittweise Anpassung gerade an jenen Stellen, mit denen das Virus an die menschlichen Zellen andockt. Dadurch wurden die neuen Varianten offenbar sehr viel effizienter – und damit auch aggressiver. Das heißt, durch die genetischen Veränderungen vermehrte es sich im neuen Wirt deutlich schneller. Diese neuen Varianten sorgten dafür, dass die zweite Welle im Herbst viel tödlicher verlief.

Es genügt, wenn einige wenige genetische Bausteine mutieren, die beim einst nur Entenvögel infizierenden Virus für bestimmte Proteine verantwortlich sind, damit sich das Influenza-Virus Zugang zu menschlichen Lungenzellen verschaffen kann. Den Viren der beiden Berliner Soldaten aus der frühen Phase, die darin noch der Bauanleitung des ursprünglichen Vogelvirus glichen, fehlten solche Veränderungen. Dagegen fanden sich bei den Virus-Genomen aus Nordamerika der zweiten Welle stets Mutationen jener Gene, die die Immunabwehr der Wirtszelle zu unterlaufen vermögen und dafür verantwortlich sind, dass sich das Virus erfolgreich in menschliche Zellen einschleusen kann. Damit sind die Forschenden um Calvignac-Spencer den entscheidenden genetischen Veränderungen auf die Spur gekommen, die H1N1 zu einer der tödlichsten Infektionen des 20. Jahrhunderts werden ließen. Die jüngste Studie hält dabei auch eine zentrale Lektion bereit, was die dynamische Viren-Evolution gerade am Beginn einer Pandemie betrifft. Denn offenbar sorgt gerade die sich selbst optimierende Abfolge von genetischen Mutationen in der Anfangsphase dafür, dass Wellen von sich immer besser an den neuen Wirt anpassenden Varianten entstehen. Wie entscheidend diese Varianten für das Pandemiegeschehen sind, zeigen die Influenza-A-Grippe sowie 100 Jahre später die Corona-Pandemie in verblüffend übereinstimmender Weise.[49]

Dem ganz praktischen Anschauungsunterricht, den uns die gegenwärtige Pandemie ungewollt verschafft, fügen solche Studien anhand von Museumsmaterial die wichtige historische Perspektive hinzu. Dank ihr verstehen wir zunehmend besser, wie Viren im Verlauf ihrer Evolution mutieren und dabei auch tödlicher werden können. Anschauungsunterricht liefert uns aber auch die jüngste Geschichte, in der sich frühere Seuchen mit wiederkehrenden Ausbrüchen einmal mehr bemerkbar machen.

DIE RÜCKKEHR DER INFLUENZA-VIREN: DIE FORTGESETZTE GEFAHR VON VOGELGRIPPEN

Influenza ist kein exotischer Krankheitserreger. Aber vermutlich »unser tödlichster Feind«, der das »pandemische Zeitalter« des 20. Jahrhunderts maßgeblich geprägt habe, wie Jefferey Taubenberger es einmal formulierte. Zugleich beklagt der Grippeforscher, dass nicht einmal einfachste Fragen zur Virenökologie insbesondere der bei Vögeln so häufigen Influenza-Viren beantwortet werden könnten. So wisse man etwa nicht, ob jeweils bestimmte Virenstämme an bestimmte Vogelarten angepasst seien oder ob es einen viralen Austausch von Vogel zu Vogel gebe. Auch sei unklar, welche Rolle gerade die Zugvögel spielten. Wir dürfen nicht vergessen, dass in jedem Sommer in den Brutgebieten am nördlichen Polarkreis Vögel aus Asien mit denen aus Nordamerika zusammenkommen und leicht Viren austauschen könnten. Und wie oft werden Nutztiere, vom Geflügel bis zu Pferden und Schweinen, infiziert? Vor allem aber: Welche Tierarten sind überhaupt das natürliche Reservoir der Influenza-Viren, von denen – ähnlich wie bei der Spanischen Grippe – immer wieder Grippe-Ausbrüche ausgehen?[50]

Mit Sorge vermerken Experten immer häufiger die Rückkehr solcher Seuchen. Denn in den vergangenen zwei Jahrzehnten sind eben nicht nur drei neue Pandemien durch mutierte Coronaviren aufgetreten. Zweifellos sind Influenza-Viren die Viren mit dem größten pandemischen Potenzial, die bei Tieren wie beim Menschen weitverbreitet vorkommen. Zwar haben sie im Vergleich zu Coronaviren ein kleineres Genom, dafür aber eine höhere Mutationsrate. Und oft sind es nur wenige Modifikationen des Virus-Genoms, die neue Grippewellen verursachen; nicht selten reicht sogar eine Punktmutation (bei der sich ein einziger Buchstabe der Erbsubstanz verändert), um bei hoher

Letalität Tausende von Todesopfern zu fordern.[51] Lange jedoch wurden Influenza-Viren für wenig gefährlich gehalten, ungefährlicher zumindest als etwa Pocken oder Polio. Doch welch große Gefahr für uns Menschen von ihnen ausgeht, haben sie im Laufe der Geschichte mehrfach bewiesen und damit gezeigt, dass vor allem sie das Zeug haben, Millionen Infizierte zu töten. Zwar sind erste Grippe-Epidemien seit etwa 1500 bekannt, von denen oft erhebliche Teile der Bevölkerung betroffen waren; wahrscheinlich aber hat es sie schon viel früher gegeben. Möglich, dass sie im Lauf der Jahrhunderte schwächer wurden oder aber, dass die Menschen widerstandsfähiger gegenüber diesen Erregern wurden.

Was wir indes meist übersehen: Über die vergangenen drei Jahrhunderte ist es regelmäßig alle paar Jahrzehnte zu Influenza-Epidemien gekommen. Die Intervalle betrugen im Schnitt um die 30 Jahre, meist kaum mehr als 20, mal gar 40 Jahre. Sehr schwere Grippeausbrüche gab es alle 50 bis 100 Jahre.[52] Allein im vergangenen Jahrhundert gab es vier Influenza-Pandemien: Neben der Spanischen Grippe (dessen Erreger 1977 und 2009 nochmals zurückkehrte) war dies 1957 die sogenannte Asiatische Grippe, 1968 die Hongkong-Grippe sowie dann 2003 die Vogelgrippe (inzwischen empfiehlt die WHO, Abstand von solchen diskriminierenden Herkunftsbezeichnungen zu nehmen). Die gute Nachricht dabei ist, dass deren Erreger sich – glücklicherweise – nicht eben leicht von Mensch zu Mensch übertragen; die schlechte ist, dass sich Menschen leicht direkt bei Geflügel anstecken können. Es braucht dazu, wie gesehen, nicht notwendigerweise immer einen Zwischenwirt, um durch die *reassortment* genannte Vermischung die Gene verschiedener Viren aus Vögeln mit denen von Säugetieren zu kombinieren. Allein, dass diese Möglichkeit besteht, macht das unkalkulierbare Risiko der Influenza-Erreger aus.

Durch diesen »Viren-Sex« ist es während der vergangenen

100 Jahre nachweislich zum Um- und Zusammenbau neuer Erreger gekommen. Vermutlich zwischen 1907 und 1917 entstand zuerst der H1N1-Typ aus einem ursprünglich wohl nordamerikanischen Vogelvirus. Dieser Typ herrschte vor, bis er 1957 durch H2N2 als neuer Virenstamm ersetzt wurde (und die Asiatische Grippe auslöste). Fortan breitete sich ein mutiertes Vogelgrippevirus um den Globus aus, das wahrscheinlich von einem eurasischen Wildvogel stammte und, regional unterschiedlich heftig, insgesamt zwischen einer und zwei Millionen Menschen tötete.[53] Schließlich kam es 1968 zum dritten Mal zu einem größeren viralen Umbau, als H3N2 in Hongkong auftauchte, abermals offensichtlich dank *reassortment* eines Virus, das von Wildvögeln stammte und durch Einbau neuer Gene in ein gewöhnliches menschliches Schnupfen-Virus zu einem hässlichen hybriden Pandemie-Erreger wurde. Dieser Grippeviren-Typ, der bisher eine Million Tote weltweit forderte, herrscht bis heute vor.[54]

Lange nahm man an, dass es nur selten und nur durch engen Kontakt mit Geflügel zu einer Infektion des Menschen kommen könne. Bis dann 1997 bei der Vogelgrippe in Südostasien doch ein Dutzend Menschen vom Geflügel angesteckt wurde. Schauplatz war damals die südchinesische Provinz Guangdong, wo man den Ursprung des vierten neuartigen Virus, diesmal vom H5N1-Typ, in einer Gans identifizierte und Geflügelbetriebe der Region betroffen waren. In den Jahren 2003 und 2014 sorgte dieser Erreger für weitere Ausbrüche, die sich daraufhin von Asien ausgehend um den Globus ausweiteten – mit Hunderten Millionen erkrankter Tiere in den Geflügelhaltungen und im Freiland sowie mehreren Hundert erkrankten Menschen. Zuletzt im Sommer 2022 hat die Vogelgrippe auch die deutsche Nordseeküste erreicht und unter Meeresvögeln zu einem Massensterben geführt. Dies zeigt: Sobald sich ein solches Virus einmal in einem neuen Wirt, einem Vogel oder gar im

Menschen, etabliert hat, nimmt die Evolution an Fahrt auf und eine mögliche Epidemie ihren schicksalhaften Lauf – mit einer alarmierenden Sterblichkeitsrate von im Schnitt mehr als der Hälfte aller Erkrankten.[55]

Seitdem sind Influenza-Viren mit pandemischem Risiko in immer neuen Varianten und Kombinationen der H- und N-Komponenten überall auf der Welt aufgetaucht, von China und Korea bis Russland und Nordamerika, mit nachweislich Hunderten infizierten Menschen und vielen Toten – nicht zu vergessen das massenhaft gekeulte Geflügel und Millionen erkrankter Wildvögel. Der Fokus der Virologen richtete sich dabei einmal mehr auf Ostasien, insbesondere auf China, wo es mehr Enten und Gänse als Menschen gibt und wo Schweine massenhaft in Farmen gezüchtet werden, in deren Nähe auch Geflügel und Wildvögel leben. China ist nicht nur der Ursprung der jüngsten Coronaviren-Pandemie, sondern auch der Ursprung der letzten Ausbrüche von Vogelgrippen. Daher ist es keine Überraschung, dass Experten auch kommende Ausbrüche just dort befürchten; insbesondere da, wo in den Millionenstädten gerade der Küstenregionen Menschen mit den potenziellen Überträgern sowohl bei Nutztieren wie Wasservögeln in Kontakt kommen. Es ist leicht vorstellbar, dass ein mutiertes Influenza-Virus von wild lebenden Enten oder Gänsen auf die Tiere einer Geflügel- oder Hühnerfarm überspringt, von wo aus es anschließend durch engen Kontakt an viele Menschen weitergegeben wird.

Zuletzt machte auf diese Weise die auch als *Geflügelpest* bezeichnete Variante H5N8 im Verlauf des Jahres 2020 auf sich aufmerksam, von der vor allem Zuchtgeflügel und Wildvögel betroffen waren. Im Coronajahr aber gingen die Meldungen dazu meist unter, obgleich bei Ausbrüchen in mehreren Ländern Europas, im Nahen Osten (insbesondere Israel) und in Ostasien von Korea bis Japan zahllose Vögel erkrankten und das Virus weiterhin ein Risiko für einen erneuten zoonotischen Übersprung bedeutet. Mehr als 77 Millionen Vögel wurden gekeult, allein in Südkorea und Japan waren es 20 Millionen Vögel.

Und dann, im Dezember 2020, wurden tatsächlich die ersten Infektionen von Menschen durch das H5N8-Virus gemeldet. Ähnlich wie andere Vogelgrippevarianten, die natürlicherweise an den Darmtrakt von Vögeln adaptiert sind, hatte auch diese »gelernt«, nun die Zellen im Atemwegstrakt von Menschen zu entern. Betroffen waren anfangs sieben Arbeiter in einem Geflügelmastbetrieb in der Großstadt Wolgograd im Süden Russlands. Die ersten Meldungen dazu standen, wie so oft, nur in den Randspalten der Zeitungen. Als Geflügelpest machte die Seuche anschließend auch hierzulande nur kurz von sich reden, als das Virus vor Ostern 2021 in Hühnerfarmen etwa in Brandenburg auftauchte. Ein Jahr später wütete die Seuche bereits in ganz Europa, blieb aber auf Geflügel und Wildvögel beschränkt und geriet daher wieder aus dem Sinn. Obgleich die bisher stärkste Geflügelpest-Epidemie, blieb sie bisher weitgehend unbeachtet von der Öffentlichkeit; anderes verdrängte sie aus dem Fokus, als es nicht zum anfangs befürchteten Engpass bei der Versorgung mit Hühnerfleisch und Eiern aus Freilandhaltung kam.[56]

Dass bei diesen Influenza-Ausbrüchen der vergangenen Jahre niemand den Alarmknopf drückte, liegt vor allem daran, dass es bisher – von der gerade erwähnten Begebenheit abgesehen – zu keiner nachweisbaren Übertragung von Mensch zu Mensch kam. Anders dagegen 2009, als die sogenannte Schweinepest ausbrach, die einmal mehr die Wandlungsfähigkeit der Influenza-Viren demonstrierte – und dadurch, wenigstens kurzfristig, durchaus für Panik sorgte.

WARUM BEIM EVOLUTIVEN DREIER DIE NÄCHSTE PANDEMIE UM DIE ECKE LAUERT

Im April 2009 regierte in Mexiko-City die Angst. Es begann wie eine gewöhnliche Grippe, doch kam es häufig zu einem schweren Verlauf. Besonders beunruhigend war, dass vor allem junge und ansonsten gesunde Erwachsene betroffen waren – und nicht wenige daran starben. Daraufhin schlossen Schulen und Universitäten, Theater und Museen; Fußballspiele fanden ohne Publikum statt, Großveranstaltungen wurden abgesagt. Die Menschen mieden Restaurants und Bars, trugen auf der Straße, in Bahnen und Bussen einen Mundschutz. Anders als die übliche Grippe verlief diese Infektion derart heftig, dass es gleich zu Beginn beunruhigend viele Tote gab. Offiziellen Angaben zufolge waren es bis Ende April mehr als 80 Personen, die in der Millionenstadt an den Folgen einer Infektion mit dem neuartigen Grippevirus starben. Experten vermuteten allerdings aufgrund einer hohen Dunkelziffer dieser Epidemie nicht zugeordneter Fälle, dass sich bereits zu dem Zeitpunkt weit mehr als 10 000 Menschen mit dem Erreger infiziert hatten. Und sie warnten vor dem weltweiten Ausbreitungspotenzial des neuen Influenza-Erregers, da es zur Ansteckung, anders als bei der Vogelgrippe einige Jahre zuvor in Asien, keinen Kontakt mehr zu einem tierischen Wirt brauchte – diesmal sprang das Influenza-Virus geradezu leichtfüßig per Tröpfcheninfektion von Mensch zu Mensch. So griff die Seuche binnen Tagen auf die benachbarten USA über; Kalifornien rief den Notstand aus. Kurz darauf reiste das Virus mit einem nach Spanien fliegenden jungen Mann nach Europa. Aufgrund zahlreicher aufflackernder Infektionsherde an vielen Orten fast gleichzeitig war dann eine Eindämmung nicht mehr möglich, und die als Schweinegrippe in die jüngere Infektionsgeschichte eingegangene Pandemie breitete sich innerhalb kürzester Zeit weltweit aus.[57]

Was war geschehen? Am 17. März 2009 war in Mexiko die Infektion mit einem neuartigen Virus bemerkt worden, nachdem ein halbes Dorf von einer Atemwegserkrankung unbekannter Herkunft befallen worden war. Dann gab es eine ungewöhnliche Häufung schwerer Influenza auch anderswo. So registrierten die mexikanischen Behörden offiziell am 2. April etwa in La Gloria, einem kleinen Dorf im Küstenstaat Veracruz, weitere Fälle, darunter den eines vierjährigen Jungen. In der Nähe, so meldeten später die Zeitungen, befanden sich große Schweinezuchtbetriebe der US-Firma Smithfield Foods. Am 9. April wurde im 250 Kilometer entfernten Oaxaca eine 39-jährige Frau mit einer schweren virusbedingten Lungenentzündung ins Krankenhaus eingeliefert. Als sie am 12. April starb – das erste Todesopfer dieser Epidemie, wie man später erkannte –, gab es bereits mehrere Verdachtsfälle in einem halben Dutzend mexikanischer Bundesstaaten.

Mitte April fanden Virologen in den Proben einer erkrankten Zehnjährigen einen Erreger, den sie als Schweine-Influenza-Virus klassifizierten, ohne dass dieser je zuvor im Schwein oder im Menschen entdeckt worden war. Offenbar war ein ursprünglich auf Tiere spezialisiertes Grippevirus zu einem humanpathologischen Erreger mutiert, der nun von Mensch zu Mensch sprang. Am 21. April berichteten die ersten internationalen Nachrichtenagenturen über die neue Gefahr, kurz darauf war die Schweinegrippe über Tage hierzulande in den Medien – vor allem, nachdem es am 29. April auch in Deutschland die ersten Erkrankungen gegeben hat. Doch die eigentlichen Ursachen und Vorgänge beim Zustandekommen der Seuche gerieten – wie später bei der Corona-Pandemie – gänzlich in den Hintergrund; berichtet wurde vor allem über die praktischen Fragen des Umgangs mit der Seuche, insbesondere über eine mögliche Impfung.

Virenökologen waren bald der Ansicht, dass es in Mexiko

abermals zu einer Art Doppelinfektion gekommen war, bei der sich ein Influenza-Virus möglicherweise aus einem Schweinestall mit einem menschlichen Grippevirus zusammengetan hatte und diese beiden ihre Erbgutinformation rekombiniert hatten. Zudem stellte sich heraus, dass der neue Erreger auch genetisches Material von Vogelgrippeviren enthielt. Durch diesen Mix, gleichsam einem evolutiven Dreier, war ein neuer Erreger entstanden: eine Promenadenmischung mit dem Zeug zur Pandemie. Zusammengemixt im Schwein als offenkundig perfektem Reagenzgefäß, in dem Viren unterschiedlichster Herkunft fröhliche Feste feiern, konnte der Mensch nun weitaus wirkungsvoller infiziert werden als zuvor durch die üblichen Grippeviren aus nur einem dieser drei Wirte. Da das menschliche Immunsystem gegen die neue Mixtur keine Immunität aufwies, bestand die Gefahr, dass möglicherweise jeder Dritte oder sogar jeder Zweite in der Bevölkerung infiziert werden würde.

Als die WHO die Schweinegrippe Anfang Juni 2009 als Pandemie einstufte, gab es weltweit fast 30 000 bestätigte Fälle in 74 Ländern, darunter mehr als 100 auch in Deutschland – und 144 Todesfälle rund um den Globus. Dann aber verliefen die Erkrankungen eher mild und gutartig. Obgleich ebenfalls vom H1N1-Subtyp wie einst der Erreger der Spanischen Grippe, befiel die mexikanische Schweinegrippe – anders als die brandgefährliche, wenngleich weniger ansteckende Vogelgrippe H5N1 von 2003 und 2014 – lediglich die oberen Atemwege und wies nach genetischer Analyse auch andere Gene in vergleichsweise harmloser Form auf. Dadurch steckte beim Ausbruch in Mexiko-City ein Erkrankter seinerseits rechnerisch nur 1,4 andere Menschen an (bei der Spanischen Grippe 1918 waren es gleich drei Personen gewesen, was damals zur rasanten Ausbreitung führte).

Bei vielen Gemeinsamkeiten der verschiedenen Influenza-

Viren gibt es indes auch entscheidende Unterschiede. Die Vogelgrippe H5N1 ist im Grunde eine reine Tierseuche, die nur gelegentlich und bei intensivem Kontakt zu Geflügel auf den Menschen übergeht. Wenn dies passiert, tötet sie die Infizierten mit einer Wahrscheinlichkeit von bis zu 80 Prozent. Wobei aber die Gefahr, dass Menschen andere Menschen damit anstecken, nicht sehr groß ist. Bei der Schweinepest, die dagegen eine humane Grippe-Variante ist, verhält es sich umgekehrt: Sie verbreitet sich zwar in rasantem Tempo von Mensch zu Mensch, tötet aber eher selten.

Anfang Oktober 2009 hatte die WHO bei mehr als 375 000 bestätigten Infektionen (die wahre Zahl der Erkrankten dürfte weit darüber liegen) 4500 Todesfälle registriert; allein in Deutschland wurden rund 30 000 Infektionen gemeldet. Da sich das Virus offenbar nicht weiter wandelte und die meisten Fälle der Schweinegrippe mild verliefen, bestätigten sich die schlimmsten Befürchtungen, dass sich so etwas wie die Spanische Grippe wiederholen könne, nicht. Es kam auch nicht zu nachfolgenden Wellen. Dadurch erlahmte das Interesse an dieser Influenza schnell wieder – wie überhaupt in der Folge die Gefahr von Seuchen unterschätzt wurde.

Das änderte sich über ein Jahrzehnt hinweg bis zu Covid-19 nicht, obwohl die Welt vor der Rückkehr gefährlicher Seuchen gleich zweifach gewarnt wurde: durch die Lungenkrankheit Sars, die in China Ende 2002 erstmals ausbrach, sowie ein Jahrzehnt später durch die Atemwegsinfektion Mers, die vor allem auf der Arabischen Halbinsel auftrat, aber ein längeres Vorspiel hatte. Gemeinsam ist ihnen, dass beide außerhalb Asiens und außerhalb von Virologenkreisen überwiegend ignoriert wurden; sonst hätte sich Corona vielleicht nicht zur Krise auswachsen können.

SARS, DR. LIU UND DER LARVENROLLER

Natürlich begann Sars anderswo. Aber die heute rekonstruierbare und vielfach erzählte Geschichte dieser Seuche setzt im *Metropole Hotel* im Viertel Kowloon in Hongkong Ende Februar 2003 ein. Dort hatte ein gewisser Dr. Liu Jianlun, ein 64 Jahre alter Medizinprofessor aus Guangzhou, der Hauptstadt der chinesischen Provinz Guangdong, eingecheckt, um an der Hochzeit eines Verwandten teilzunehmen. Bereits seit Tagen mit grippeartigen Symptomen erkrankt (Fieber, Kopf- und Muskelschmerzen), verschlechterte sich sein Zustand, woraufhin er sich in ein Krankenhaus begab, in dem er zwei Wochen später verstarb. Dr. Liu selbst, so stellte sich heraus, hatte zuvor in Guangdong Patienten behandelt, die an einer eigenartigen, unbekannten Atemwegserkrankung litten, bei denen er sich offenbar infiziert hatte. Er selbst steckte dann nicht nur einen Arzt und fünf Krankenschwestern im Krankenhaus in Hongkong an, auch im Hotel infizierten sich wenigstens sieben andere Gäste auf seinem Stockwerk mit dem damals noch unerkannten Sars-Virus, das sie anschließend unwissentlich nicht nur in Hongkong und im Süden Chinas verbreiteten (auf anderen Wegen hatte es bis dahin bereits Peking erreicht), sondern das sie auch nach Hanoi, Singapur und Toronto trugen – und damit in die ganze Welt. Am 12. März 2003 löste die WHO globalen Alarm aus. Sars wurde zur ersten neuen Infektionskrankheit des 21. Jahrhunderts, die – ansteckend und nicht behandelbar – das Potenzial für eine weltweite Epidemie besaß.[58]

Der eigentliche »Patient Null« aber, so stellte man später fest, dürfte ein 45-jähriger Mann aus dem benachbarten Foshan in Guangdong gewesen sein, der bereits Mitte November 2002 erkrankte, nachdem er neben Hühnern auch Hauskatzen und Schlangen als Speisen zubereitet hatte – allesamt in der Region im Süden Chinas viel gepriesene Delikatessen; insbesondere die Hauskatzen augenscheinlich in einem Ausmaß, dass diese aus anderen Provinzen nach Guangdong importiert werden, um die Nachfrage zu befriedigen (dort werden angeblich jeden Tag Zehntausende konsumiert).[59]

Allerdings blieb der eigenwillige Katzenliebhaber nicht der einzige frühe Sars-Patient; vielmehr scheint die damals noch mysteriöse Lungenerkrankung zwischen November 2002 und Januar 2003 mehrfach unabhängig voneinander im riesigen Deltagebiet des Perlflusses aufgeflackert zu sein – einer Region, die gerade dabei war, zu einem der aktuell größten Ballungsräume der Erde zu werden, mit Guangzhou im Zentrum. Ausgelöst wurden die Ausbrüche jeweils nicht durch menschliche Ansteckungen, sondern durch den direkten Kontakt mit einem Tier, bei dem das Virus übertragen wurde. Bis Mitte 2003, als die erste Welle der Sars-Epidemie vor allem dank konsequenter Hygienemaßnahmen langsam abebbte, waren mehr als 8000 Menschen daran erkrankt, von denen knapp 800 starben; immerhin eine Sterblichkeit von etwa zehn Prozent (sie erreichte bei älteren Menschen beinahe 50 Prozent). Zumindest besonders betroffene Länder – neben China mit Hongkong vor allem Taiwan und Singapur, aber auch Kanada – haben aus dem Ausbruch dieser Corona-Seuche seinerzeit wertvolle Lektionen gelernt, die sie dann bei Covid-19 sofort reagieren ließen; etwa mit konsequenten Quarantänemaßnahmen, um die Ausbreitung des Virus frühzeitig zu unterbinden. Andere bezahlten einen hohen Preis für ihre Ignoranz in Sachen Seuchen-Prävention.

Als man später der Frage nach dem eigentlichen Ursprung dieser Epidemie nachging, verlagerte sich der Fokus vom Südosten Chinas rund um Guangzhou und Hongkong in den Südwesten, in die Provinz Yunnan. Es hatte sich herausgestellt, dass in der Umgebung etwa der Stadt Kunming, wo höhlenbewohnende Fledermäuse zu finden sind, die nachweislich als Reservoir für Coronaviren dienen, Tierzuchtfarmen angesiedelt waren, in denen beispielsweise Larvenroller für den Verzehr gezüchtet wurden. Heute weiß man, dass von dort auch Tiere nach Guangdong, etwa in die Stadt Shenzhen nahe Hongkong, verkauft wurden. Was wir nicht sicher wissen, ist, ob mit diesen Schleichkatzen oder anderen Zwischenwirten – wie den ebenfalls in Farmen gezüchteten Marderhunden – Sars-Viren in die benachbarte Provinz transportiert wurden. Oder ob in Guangdong vorkommende Fledermäuse die Erreger auf die dort lebenden Zwischenwirte übertragen haben, von denen sie dann auf den Menschen übersprangen.

Was dagegen sicher ist: Beim zweiten Ausbruch Ende 2003 stammte der Erreger Sars-CoV-1 von einem Wildtiermarkt in Guangzhou, auf dem Larvenroller für den örtlichen Verzehr in umliegenden Restaurants verkauft wurden. Da Infektionen mit den Coronaviren bei verschiedenen Tieren und Tierhändlern auf den *wet markets* der Provinz Guangdong nachgewiesen wurden, lassen sich zwei Schlussfolgerungen ziehen: zum einen, dass Larvenroller als Zwischenwirte fungierten und die Erreger offenbar mehrfach unabhängig voneinander weitergegeben wurden, zum anderen, dass allerdings weder die Schleichkatzen noch andere Wild- oder Farmtiere auf diesen Märkten die eigentliche Quelle der Zoonose waren; vielmehr zirkulierten die verantwortlichen Viren weitverbreitet im Süden Chinas bei anderen Tieren. Bald deutete alles auf *Rhinolophus*-Fledermäuse hin, aus denen dann schließlich die dem beim Menschen gefundenen Virus nächstverwandten Coronaviren isoliert wurden.[60]

Nachdem man bei den Ausbrüchen von Sars 2003 und 2004 also anfangs unter den heimischen Säugetieren insbesondere Larvenroller in Verdacht hatte, rückten letztlich die Hufeisennasen-Fledermäuse als eigentliches Reservoir in den Vordergrund. Allerdings wurde bald klar, dass diese ihre Viren nicht direkt auf den Menschen, sondern über Schleichkatzen als Zwischenwirte übertragen. Just diese Kombination weitverbreiteter und mobiler Fledermäuse als Quelle für Coronaviren und die sich auf potenzielle Zwischenwirte kaprizierenden kulinarischen Gewohnheiten vor allem im Süden Chinas stellt nach Ansicht der Virenökologen seit Langem eine tickende Zeitbombe dar. Als dann die ersten genetischen Studien eines weiteren anfangs mysteriösen Virus, diesmal aus dem Mittleren Osten, bekannt wurden, sahen einige Experten – etwa Peter Daszak von der EcoHealth Alliance in New York – sofort die Ähnlichkeit mit den ansonsten von Fledermäusen bekannten Coronaviren. Und während sich später auch hier tatsächlich Fledermäuse als das eigentliche Reservoir herausstellten, blieben die für den zoonotischen Transfer so wichtigen Zwischenwirte des Mers-Virus anfangs unbekannt.[61]

MERS – ODER: DAS DROMEDAR-DILEMMA

Begonnen hat Mers *(Middle Eastern Respiratory Syndrome)* im März 2012 in Jordanien, als ein 25-Jähriger an einer fiebrigen Lungenentzündung erkrankte. Bevor er Ende April starb, infizierte er mehrere Ärzte und Pfleger, eine Krankenschwester verstarb ebenfalls. In den beiden folgenden Jahren kam es zu weiteren kleineren Ausbrüchen vor allem in Saudi-Arabien, aber auch in anderen arabischen Ländern. Dabei erkrankten 424 Menschen, von denen 131 starben, die meisten im Frühjahr 2014, als es unter mehr als 200 Infektionen 38 Todesfälle gab. Inzwischen ist die Zahl der durch Laborbefund bestätigten Fälle aus 27 Ländern auf mehr als 2570 Infizierte gestiegen, mit über 880 Todesfällen. Die Sterblichkeitsrate von 35 bis 50 Prozent war bei Mers also deutlich höher als bei Sars (nur knapp neun Prozent).[62]

Im August 2013 gelang es einem Team um die niederländische Virologin Marion Koopmans aus Rotterdam, Dromedare – die im arabischen Raum und im nördlichen Afrika verbreitet sind – als potenzielle Überträger zu identifizieren. Bei 50 im Oman untersuchten Tieren konnte das Team Antikörper nachweisen, was darauf hindeutete, dass diese einhöckrigen Kamele – anders als Ziegen, Rinder oder Schafe – zuvor mit dem Mers-Erreger infiziert wurden. Interessanterweise fand im Jahr darauf ein Forscherteam um Christian Drosten (damals noch am Virologischen Institut der Universität Bonn) durch Untersuchung von Antikörpern in eingefrorenen Blutkonserven von Kamelen unter anderem aus dem Sudan und Somalia heraus, dass das Mers-Virus keineswegs erst um 2012 entstanden ist. Vielmehr zirkulierte es wenigstens seit Beginn der 1980er-Jahre in Kamelen im arabischen Raum, wo der Ahne des Erregers entweder direkt von Fledermäusen oder über einen anderen Zwischenwirt übergesprungen ist. Für Letzteres spricht, dass aus Fledermäusen gewonnene Mers-Coronaviren nur zu rund 85 Prozent mit den in Kamelen und Menschen isolierten Erregern übereinstimmen. Inzwischen wissen wir auch, dass andere Kamelverwandte (wie die in der Neuen Welt lebenden Alpakas und Lamas) sowie Schweine, Ziegen und Schafe durchaus für Mers-CoV empfänglich sind. Vielleicht, so spekulieren die Fachleute, findet sich unter diesen der Überträger, von dem das Mers-Virus immer wieder einmal von Neuem auf den Menschen überspringt.[63]

Doch Dromedare als virale Drehscheibe zu sehen, brachte durchaus ein Dilemma mit sich. Denn ähnlich wie unsere Nutztiere ein wichtiger Wirtschaftsfaktor sind, spielen Kamele im arabischen Raum eine zentrale Rolle. Vor allem in Saudi-Arabien sind sie bekanntermaßen ein bedeutender Bestandteil der Beduinenkultur. Sie liefern mit der Kamelmilch nicht nur ein beliebtes Getränk, sondern auch Fleisch und Leder; zudem gibt es Kamelrennen und Schönheitsparaden. Welch hohen Stellenwert dort Dromedare haben, mag man daraus ersehen, dass manche Zuchthengste für 25 Millionen Dollar gehandelt werden. Dass Dromedare eine tödliche Krankheit verbreiten, mochte daher seinerzeit mancher in Saudi-Arabien nicht recht glauben. Diese so verehrten wie viel genutzten Tiere als viralen Infektionsherd zu entlarven, war beinahe so schimpflich und ein Tabubruch, wie jemandem zu sagen, seine Mutter sei eine Hure, so ein ungenannt gebliebener Forscher.[64] Auch unsere eigene Massentierhaltung von Rindern, Schweinen und Hühnern, die – wie wir nun wissen – sämtlich ebenfalls Zoonosen verursachen, zeigt, in welchem Dilemma wir allerorts auf der Erde bei Nutztieren stecken.

Allerdings konnten nach weiteren Antikörper-Nachweisen auch Mers-Viren direkt aus der Nase von Kamelen isoliert und die Gensequenz des Erregers entschlüsselt werden. Damit war gesichert, dass in diesem Fall in der Tat Kamele die entscheidende Rolle bei der Virenverbreitung spielen – jedenfalls in Arabien. Wie und wo es aber zum ersten zoonotischen Sprung auf das Kamel und von diesem auf den Menschen gekommen war, blieb unklar. Rohe Kamelmilch, in der sich das Mers-Virus tagelang halten kann, wurde ebenso als Übertragungsweg vermutet wie das Fleisch der Tiere. Am wahrscheinlichsten aber ist, dass es zu einer Infektion durch Tröpfchenübertragung vom Tier auf den Menschen kam. Die insgesamt überschaubaren Fälle, die seit dem ersten Ausbruch außerhalb der Arabischen Halbinsel bekannt wurden (neben Südkorea auch in einigen europäischen Ländern), gehen dagegen sämtlich auf einen Import zurück, also auf Infizierte, die sich zuvor in der arabischen Region aufgehalten haben, wo sie in Kontakt mit den Tieren etwa auf einem Kamelmarkt kamen. Es gibt aber auch sogenannte Sekundärfälle, bei denen Menschen engen Kontakt zu bereits mit Mers Infizierten hatten und bei denen es dann, anders als bei Corona, nur ausnahmsweise zur Ansteckung von Mensch zu Mensch kam.

Obgleich daher seinerzeit eine rasche und flächendeckende Verbreitung des Mers-Virus ausblieb, sollte man das Potenzial dieses Erregers für eine echte Pandemie nicht unterschätzen. Zwar vermehrt sich das Mers-CoV langsamer als Sars-Coronaviren, und da, wie gesagt, auch die Übertragung durch meist asymptomatische Personen nur sehr selten erfolgt, haben die Kamelviren kaum Gelegenheit, sich besser an den Menschen anzupassen. Dennoch stuft die WHO neuerdings Mers als eine *priority disease* ein: als eine Krankheit, deren Erforschung und Entwicklung von Medikamenten sie höchste Priorität einräumt. Der Weg zur Pandemie wäre, wie stets, eine anhaltende, unkontrollierte Übertragung von Mensch zu Mensch. Dass Coronaviren das können, haben sie unter Beweis gestellt. Und dann sind da noch die zahllosen anderen Nutztiere des Menschen, die als potenzielle Zwischenwirte und Überträger identifiziert wurden – sämtliche mit pandemischem Potenzial.

Wohin Virenökologen also blicken, die massenhafte Haltung von Tieren – ob von Schweinen und Rindern, Schafen und Geflügel hierzulande oder im arabischen Raum zudem von Dromedaren – bereitet ihnen zunehmend Sorge. So werden etwa zur Zeit des Hadsch, des traditionellen Pilgerzugs zu den Heiligtümern in Mekka, Medina und Dschiddah, regelmäßig Zehntausende Dromedare geschlachtet. Egal, wo auf der Welt, die Tierhaltung bietet ideale Bedingungen für Viren, um zu mutieren und sich dann auch massenhaft im Menschen zu etablieren. »Darum dürfen wir nicht nur auf Asien und die Schleichkatzen zeigen oder auf die Kamele im Orient. Was wir hier mit den Schweinen machen, ist auch nicht gut. Die würden in der Natur nie in solchen Herdengrößen auftreten«, meinte dazu der Virologe Christian Drosten.[65]

Die Nutztiermassenhaltung ist indes nur die eine Gefahr,

die wir nun mehrfach kennengelernt haben. Die andere Gefahr ist unser fortgesetztes Vordringen in einst abgelegene Lebensräume. Zwei historische Beispiele dazu sollen uns hier noch abschließend beschäftigen, beide aus Afrika – dem Kontinent mit lange weitgehend unberührten Wald- und Savannenregionen, aber auch mit einer Bevölkerung, die, ähnlich wie in der Vergangenheit in Asien, ihr exponentielles Wachstum erst noch vor sich hat – mit allen zoonotischen Implikationen.

AIDS: ALTES ERBE VOM SCHIMPANSEN

Eine der hartnäckigsten Pandemien, »die wohl größte medizinische Katastrophe der Neuzeit«, und eine in wissenschaftlicher wie gesellschaftlicher Hinsicht brisante Infektionskrankheit ist Aids *(Acquired immune deficiency syndrome)*.[66] Diese Immunschwächekrankheit wird von einem viralen Erreger ausgelöst, von dem wir erst neuerdings wissen, dass erst der Mensch ihm in den vergangenen Jahrzehnten zur weltweiten Verbreitung verholfen hat – mit der fatalen Folge, dass bisher schätzungsweise 40 Millionen Menschen rund um den Globus daran gestorben sind, was diese Seuche in die Größenordnung der Spanischen Grippe bringt. Weiterhin stecken sich etwa zwei Millionen Menschen jährlich neu damit an, von denen etwa 700 000 im Jahr daran sterben.

Die Krankheit, die vor rund 40 Jahren in den entwickelten Ländern des Nordens erstmals Aufmerksamkeit erregte, ist bis heute nicht heilbar. Wenigstens 36 Millionen Menschen weltweit dürften gegenwärtig daran erkrankt sein, mit einer hohen Dunkelziffer insbesondere in afrikanischen Ländern und in Indien. Der Aids-Erreger unterdrückt das Immunsystem derart massiv, dass andere pathogene Mikroben – etwa der Tuberkulose-Auslöser *Mycobacterium tuberculosis* oder Pilze wie *Pneumocystis* – die

Patienten infizieren können. Wobei Mischinfektionen immer häufiger werden.

In Aids spiegeln sich die im vergangenen halben Jahrhundert veränderten Verhaltens- und Lebensweisen des Menschen wider, von gewachsener Reisefreudigkeit bis hin zu freizügigerer Sexualität. Noch treffender ist diese Krankheit, wie es der Berliner Tropenmediziner Hermann Feldmeier einmal ausdrückte, »der Preis, den Afrika für politische Unabhängigkeit, wirtschaftliche Entwicklung und sexuelle Freizügigkeit zahlt«.[67] Was die Ursachen angeht, ist bislang überwiegend dieser letztgenannte Aspekt in den Vordergrund gerückt, weniger die eigentlich in Afrika liegenden Verhältnisse, die ursächlich zur Entstehung geführt haben. Unbestritten ist der häufigste Übertragungsweg der Viren: ungeschützter Sexualkontakt. Die Infektion erfolgt über Körperflüssigkeiten wie Sperma und Scheidensekret, aber auch über Blut, weshalb Aids durch die Nutzung von Spritzen gerade unter Drogensüchtigen zirkuliert. Allerdings bricht die Krankheit oft erst nach mehreren Jahren aus, führt dann unbehandelt innerhalb von 10 bis 15 Jahren zum Tod, wobei Infizierte so lange auch ansteckend sind.

Inzwischen haben sich Medikamente als sehr effektiv bei der Behandlung erwiesen, sodass vielfach Todesfälle vermieden werden können, während ein Impfstoff gegen HIV trotz aller Bemühungen bislang nicht entwickelt werden konnte. Allerdings ist Aids nur in den reicheren Weltgegenden kein Todesurteil mehr, für die meisten Infizierten im globalen Süden hingegen schon. So gesehen ist noch lange kein Ende dieser (wie Tuberkulose vermeintlich übrig gebliebenen) Pandemie in Sicht, auch wenn Gesundheits- und Aufklärungskampagnen den Anstieg der Infektionen weltweit gebremst haben und in der westlichen Welt die Seuche unter Kontrolle ist und dank der verfügbaren Medikamente die Lebenserwartung mit HIV einige gute Jahre beträgt.

Wir irren, wenn wir Aids in unserer westlichen Wahrnehmung vor allem als ein Problem in Afrika und somit als weit weg betrachten. Sicher indes ist, dass die Immunschwächekrankheit dort vor langer Zeit ihren Ausgang genommen hat. Über ihren Ursprung wissen wir erstaunlich viel. Allzu fromme Geister ohne Kenntnis von Naturwissenschaften mochten in der Seuche immer schon eine göttliche Strafe für sexuelle Zügellosigkeit gesehen haben. Andere, kaum besser Informierte, glaubten leicht an eine der diversen Verschwörungstheorien, die auffällig an die im ersten Teil des Buches behandelte Debatte um den Ursprung von Coronaviren erinnern. So wurde etwa ohne Evidenz behauptet, Aids sei einem US-amerikanischen Biowaffenlabor entsprungen; ein Gerücht, das angeblich der sowjetische KGB in die Welt gesetzt hat.[68] Oder es wurden Polio-Schutzimpfungen in Afrika für die Entstehung von Aids verantwortlich gemacht. Dagegen weiß die Forschung eine eigene, viel überzeugendere Geschichte vom natürlichen Ursprung dieser Pandemie zu erzählen.

Überraschenderweise hat es bei Aids beinahe zwei Jahrzehnte gedauert, um diese erstmals Anfang der 1980er-Jahre bemerkte Infektionskrankheit als klassische Zoonose zu erkennen, die ihren Ursprung in afrikanischen Tieren hat; und zwar ursprünglich vermutlich bei Meerkatzenverwandten oder Hundsaffen aus der Primatenfamilie der Cercophitecidae. Von diesen gelangte das Virus vor allem in eine bestimmte Unterart des Schimpansen *Pan troglodytes troglodytes*. Heute können wir dank molekulargenetischer Befunde den Ort des Übersprungs sehr genau in einer abgelegenen Region im Südosten Kameruns lokalisieren, wo das mutierte, Aids auslösende Virus (HIV, für *Human Immunodeficiency Virus*) vor bereits einem Jahrhundert entstanden ist. Und wir können inzwischen minutiös den Ausbreitungsweg rekonstruieren, den das Virus erst in Zentralafrika nahm und dann von dort über die Karibikinsel Haiti in die Vereinigten Staaten und darüber hinaus in die Welt; ebenso wie die dazu beitragenden Umstände.

Weil aber Aids als Epidemie Anfang der 1980er-Jahre in augenfälliger Weise zuerst in den USA auftauchte (wo man unter anderem auch das verursachende Virus entdeckte), hielt man die Krankheit anfangs für eine neue Seuche und zudem für eine, die erst neuerdings unabsichtlich aus der Alten in die Neue Welt verschleppt worden sei.[69] Tatsächlich ist das HI-Virus unbemerkt mit infizierten Menschen nach Amerika gelangt, wo es mehr als ein Jahrzehnt unbemerkt zirkulierte, bevor sich die Seuche dann innerhalb kurzer Zeit rasant ausbreitete und zur weltweiten Bedrohung wurde.

Beginnen wir mit einer Rückschau: 1981 erkrankten plötzlich zuerst in Los Angeles, dann auch in New York und anderswo auffällig viele junge Männer am Zusammenbruch ihres Immunsystems; die Patienten hatten geschwollene Lymphknoten und starben qualvoll an seltenen Krebstumoren oder Lungenentzündungen. Der Arzt Michael Gottlieb beschrieb Anfang Juni 1981 in einem Bulletin der US-Gesundheitsbehörde die Häufung einer seltenen Form von Lungenentzündung bei fünf zuvor gesunden homosexuellen Männern in Los Angeles, die durch einen Pilz *(Pneumocystis)* ausgelöst wurde. Bald folgten ähnliche Berichte aus anderen US-amerikanischen Städten, die zunehmend weitere Erkrankungen bei Patienten mit geschwächtem Immunsystem diagnostizierten.

1982 wurde die Krankheit öffentlich, als die ersten Infizierten den Verlauf ihrer Krankheit schilderten; auch in Deutschland wurden die ersten Fälle bekannt. Man vermutete eine sexuell übertragene Immunschwächeerkrankung als wahrscheinliche Ursache, die anfangs in den Medien in denunzierender Weise als »Schwulenkrankheit« GRID (für *Gay Related Immune Deficiency*) bezeichnet wurde – bis man sich im Juli 1982 bei einer Konferenz auf den beschreibenden Namen *Acquired Immunodeficiency Syndrome* und die Abkürzung Aids einigte.

Im Jahr darauf isolierte der französische Virologe Luc Montagnier zusammen mit seiner Mitarbeiterin Françoise Barré-Sinoussie am Institut Pasteur in Paris ein zuvor unbekanntes Retrovirus aus Lymphgewebe eines Patienten, das sie als Ursache jener Immunschwächekrankheit identifizierten. Sie bekamen dafür 2008 den Medizinnobelpreis (ihr amerikanischer Konkurrent im Wettlauf um die Entdeckung des Aids-Erregers Robert Gallo, der 1985 ein US-Patent für den ersten Antikörper-Test erhielt, ging dagegen leer aus).[70]

Nachdem 1984 der als vermeintlicher »Patient Null« ausgemachte Gaëtan Dugas starb, wurde im Oktober 1985 mit dem Hollywoodstar Rock Hudson der erste homosexuelle Prominente Opfer der Immunschwäche. Die ersten Aids-Tests wurden durchgeführt. 1986 etablierte sich der Name *Humanes Immunschwächevirus* (HIV) für den Erreger. Ein Jahr später wurde das erste Therapeutikum zugelassen. 1986 meldete man erste Fälle auch aus Afrika. Im Jahr zuvor war es gelungen, ein nächstverwandtes Virus (das *Simian Immunodeficiency Virus*, kurz SIV) aus Menschenaffen zu isolieren und nachzuweisen, dass bei indischen Rhesusaffen als Versuchstieren Aids-ähnliche Infektionen zum Tode führen. Im Jahr 1988 erklärte die WHO den 1. Dezember zum Welt-Aids-Tag und im Jahr 2000 der US-Präsident Bill Clinton Aids zum »Staatsfeind«, denn die Epidemie habe das Potenzial, Regierungen zu stürzen, Chaos in der Weltwirtschaft zu verursachen und ethnische Konflikte auszulösen.

WIE DAS VIRUS ENTSTAND UND DURCH DIE ARTEN REISTE

Heute sind im Zusammenhang mit Aids zwei Dinge fast schon vergessen: erstens, welch geradezu panische Reaktion das Aufkommen der neuen HIV-Infektion anfangs auslöste und wie sehr Aids seinerzeit die Schlagzeilen und Stammtisch-Diskussionen beherrschte. Zweitens, dass in den 1980er-Jahren nahezu eine ganze Generation vor allem schwuler junger Männer ausgelöscht wurde.[71] Kaum bekannt ist aber auch, welches Rätselraten es lange – nämlich für wenigstens zwei Jahrzehnte – über die eigentliche Ursache dieser bis heute andauernden Pandemie gab.

Erst um die Jahrtausendwende wurde die damals viel diskutierte Theorie des britischen Journalisten Edward Hooper widerlegt, der in seinem kurz zuvor erschienenen Buch *The River. A Journey to the Source of HIV and AIDS* behauptet hatte, ausgerechnet die Anstrengungen zur Ausrottung der Kinderlähmung hätten Aids in die Welt gesetzt. Durch entsprechende Recherchen unterfüttert, hatte Hooper spekuliert, das HI-Virus sei in den 1950er-Jahren in Zentralafrika (dem damaligen Belgisch-Kongo) mit einem Impfstoff gegen Polio von Schimpansen, die mit der Affen-Immunschwäche SIV angesteckt waren, auf den Menschen übertragen worden. Der Polio-Impfstoff war in Verdacht geraten, weil er tatsächlich teilweise in Zellen von Affennieren kultiviert wurde und in den entsprechenden afrikanischen Gebieten Ende der 1950er-Jahre verabreicht wurde. Allerdings war just dieser Impfstoff nicht aus Schimpansen, sondern aus dem Gewebe indischer und südamerikanischer Affen gewonnen worden, bei denen SIV nicht vorkommt.[72]

Zudem stellte sich 1999 heraus, dass das HI-Virus den Übersprung auf den Menschen bereits auf ganz natürliche Weise lange vor besagter Impfaktion geschafft hatte. Aus den seitdem verfügbaren molekulargenetischen Daten lässt sich sogar ablesen, dass der tödliche Aids-Erreger offenbar mehrfach und unabhängig voneinander von verschiedenen Affen über Schimpansen auf den Menschen gelangt war. Tatsächlich, so wissen wir heute, ist das menschliche HI-Virus fast identisch mit dem Affenvirus SIV, das zuerst bei Halsbandmangaben und Weißnackenmeerkatzen nachgewiesen wurde und als evolutionärer Vorfahre des Aidsvirus beim Menschen anzusehen ist. Bis heute sind diese SI-Viren bei etwa 40 verschiedenen Primatenarten gefunden worden, die sämtlich und ausschließlich in Afrika südlich der Sahara leben. Anders als HIV verursacht SIV bei den infizierten Affen in der Regel keine Immunschwäche (sie sterben daher auch nicht an dem Virus). Offenbar, so vermuten Evolutionsbiologen, hat sich im Verlauf der Entwicklung jenes viel beschworene Gleichgewicht zwischen Affenaidsviren und ihren Wirten herausgebildet, bei dem der Erreger vom Überleben des Tieres mehr profitiert als von dessen Tod und er deshalb mit der Zeit immer milder wird.

Allein aus diesem sich erst in evolutiver Dimension einpendelnden Verhältnis von Parasit und Wirt ließe sich schon vermuten, dass die Geschichte der Immunschwäche-Viren bereits vor langer Zeit begann und diese Erreger wahrscheinlich auch bei den gemeinsamen Vorfahren der großen afrikanischen Menschenaffen wie Gorilla und Schimpanse und des Menschen vorkamen. Konkret nachgewiesen werden konnte dies unlängst durch einen phylogenetischen Vergleich der Erbinformation verschiedener SI-Viren aus mehreren afrikanischen Hundsaffenarten. Besonders erhellend waren dabei Virenproben von der im Golf von Guinea vor Afrika liegenden Insel Bioko im Vergleich mit Proben aus Affen vom Festland. Die Insel war bis vor etwa 10 000 Jahren noch eine Halbinsel; doch seitdem ist Bioko samt den dort lebenden Affen (und mit ihren Viren) vom afrikanischen Festland getrennt. Dieser Umstand, die Biogeografie und die mit ihr verbundene zeitliche Dimension, liefert Molekulargenetikern einen wichtigen Eichpunkt ihrer phylogenetischen Verzweigungsdiagramme zur Datierung der Viren-Stammbäume. Aus den Unterschieden der Gensequenzen von Insel- und Festlandsviren lässt sich so errechnen, dass bestimmte SIV-Varianten bereits seit mindestens 32 000 bis 75 000 Jahren existieren – und damit die Vorläufer des menschlichen Aids-Virus sehr viel älter sind als lange gedacht.[73]

Die Molekulargenetiker um Michael Worobey und den Affenforscher Preston Marx haben auf Bioko unter anderem auch Proben von sogenanntem *bushmeat* auf Viren hin untersucht, also von Affenfleisch, das in Afrika traditionell auf lokalen Märkten zum menschlichen Verzehr angeboten wird und in dem sie auch fündig wurden. Das wirft die Frage auf, warum Aids dann erst im 20. Jahrhundert ausbrach, obwohl Menschen bereits seit sehr langer Zeit, sicherlich seit vielen Jahrtausenden, mit den entsprechenden Affenviren in Kontakt gekommen sind. Wenn sie den SIV etwa über das *bushmeat* schon lange ausgesetzt waren, was hat sich dann erst neuerdings geändert, um aus einem relativ gutartigen Affenerreger etwas entstehen zu lassen, was beim Menschen Aids auslöst? Was immer es war, eine beunruhigende Nachricht hält die Vorstellung vom evolutionsbiologischen Gleichgewicht zwischen Parasit und Wirt bereits jetzt bereit: Wenn es bei den häufigen, weitverbreiteten Affenviren Jahrtausende dauerte, bis sie sich in ihren Wirten abmilderten und die Affen zu Überträgern wurden, ohne selbst ernsthaft zu erkranken, dann besteht bei Aids wenig Hoffnung, dass sich in allzu naher Zukunft eine verringerte Virulenz des neuen und vergleichsweise jungen HI-Virus auf natürliche Weise entwickeln wird.

Wie immer sie irgendwann endet, begonnen hat die Geschichte der Aids-Viren also damit, dass Menschenaffen-Vorfahren, die offenbar gelegentlich Affenfleisch zum Fressen gern hatten, andere Affenarten jagten und verspeisten; dabei haben Schimpansen und Gorillas offenkundig auch Affenviren aufgenommen. Irgendwann dann machte der Mensch Jagd auf Schimpansen und Gorillas – und handelte sich mit dem Verzehr von ungenügend gegartem Affenfleisch oder per Affenblut beim Schlachten das Virus ein. Wobei – keine unwichtige

Feinheit – der Ursprung von Aids nicht notwendigerweise mit dem Beginn der Infektion mit den entsprechenden Viren zusammenfiel. Denn während das HI-Virus beim Menschen die unheilbare Immunschwäche auslöst, sind zwar viele Affenarten mit den nächstverwandten SI-Viren infiziert, diese sind aber bei ihnen meist harmlos. Wie und wann im Laufe der Entwicklung das Virus die Fähigkeit erworben hat, die Immunreaktion im Körper seines Wirts zu kontrollieren, ist unklar. Doch zeigen genetische Analysen, dass das SIV bei Schimpansen eine Kombination aus zwei Virusstämmen ist, die in Blaumaulmeerkatzen *(Cercopithecus cephus)* und Monameerkatzen *(Cercopithecus mona)* vorkommen. Als Schimpansen diese gejagt und gefressen haben, dürften sie sich mit den beiden Virusstämmen infiziert haben, aus denen sich dann in ihrem Körper durch Rekombination *(reassortment)* der Erbinformation ein neues Virus gebildet hat, das später vielleicht auf ähnlichem Weg zum Urahnen von HIV wurde. Einmal mehr also sehen wir zwei tierische Viren, die sich in den Zellen eines Wirtes zusammentun und ihre Genbausteine zu einem neuen Erreger kombinieren, dem es dann gelingt, die Artengrenze zu überwinden.

Heute kommt dieser Erreger beim Menschen in zwei verschiedenen Stämmen vor: Während HIV-1 inzwischen mit mehreren Subtypen weltweit verbreitet ist und für etwa 98 Prozent aller Infektionen mit Aids verantwortlich ist, kommt HIV-2 nur in Westafrika vor. Und während Viren bei Schimpansen die Vorläufer der verschiedenen Formen von HIV-1 sind, stammt das seltenere HIV-2 von einer bestimmten Mangabenart *(Cercocebus atys)* ab.[74] Virologen um Beatrice Hahn (eine Forscherin an der Universität von Alabama in Birmingham) fanden heraus, dass HIV-1 von der Schimpansen-Unterart *Pan troglodytes troglodytes* stammt, die im westlichen Zentralafrika vorkommt. Nur diese hatte – wahrscheinlich durch Verzehr von *bushmeat* eines erlegten Tieres – den Affen-Erreger SIV einst übertragen, der dann zum menschlichen HI-Virus mutierte. Kurioserweise muss aber, so viel erzählt uns die genetische Vielfalt der Erreger, dieser Sprung vom Schimpansen auf den Menschen gleich mehrfach erfolgt sein. So sicher also HIV auf ein natürliches Reservoir bei zentralafrikanischen Schimpansen zurückgeht, so sicher sind die einzelnen Subtypen Ausweis dafür, dass es wiederholt und unabhängig voneinander zum zoonotischen Wirtswechsel kam. Dagegen sind andere Unterarten des Schimpansen – etwa der westafrikanische *Pan troglodytes verus*, der häufig in den Laboren weltweit für Tierversuche verwendet und daher auch auf Viren getestet wurde – kein Überträger von SIV.

Zudem ließ sich der Ursprung des heute meistverbreiteten Aids-Virus sehr genau einkreisen und bei Schimpansen in einer abgelegenen Region im äußersten Südosten Kameruns loka-lisieren, in einem Gebiet an der Grenze zur Demokratischen Republik Kongo. In dieser Region kommen Flachlandgorillas vor, deren Viren ebenfalls eine große genetische Ähnlichkeit mit weiteren HIV-Varianten aufweisen. Und weil die Bewohner der Region dort neben dem Fleisch von Schimpansen auch das von Gorillas verzehren, vermuten Experte, dass es einst parallel zum Übersprung der Affenviren vom Schimpansen auch zum *spillover* vom Gorilla auf den Menschen kam und so die verschie-denen HI-Viren entstanden.[75]

KRIEG UND LUST: UNFALL DER EVOLUTION ODER MENSCHENGEMACHT?

Mit einer Serie von Studien zu Beginn des 21. Jahrhunderts ist der zoonotische Ursprung von Aids weitgehend aufgedeckt worden. Doch warf dies zugleich weitere Fragen auf, deren Be-antwortung bisher schwerfällt. Warum etwa erkranken Menschen an den Immunschwäche-Viren, während Schimpansen und Gorillas diese zwar übertragen, offenbar aber nicht unter ihnen leiden, obgleich bis zu 98 Prozent ihres Erbguts mit dem des Menschen übereinstimmen? Und was ließ Aids erst im 20. Jahrhundert zur Seuche werden, wenn doch Menschenaffen in Afrika seit Jahrhunderten oder Jahrtausenden erlegt und gegessen werden, also Affenviren alle Zeit der Welt hatten überzuspringen (und dies offenkundig auch taten)? Was ist neuerdings anders?

Zwar lässt sich heute die Erbinformation von SIV und HIV miteinander vergleichen, ebenso die der einzelnen Subtypen des vor allem Aids auslösenden HIV-1. Doch ist es noch nicht gelungen, den jeweiligen Anpassungswert einzelner genetischer Veränderungen vollständig zu verstehen. Interessanterweise kam es ja gleich mehrfach zur Mutation von SI-Viren zu den verschiedenen HIV-Varianten, was jeweils eine eigene erfolgreiche Anpassung an ihren neuen Wirt nahelegt. Doch unter welchem Selektionsdruck dies erfolgte und warum es parallel mehrfach geschah, bleibt rätselhaft. So viel immerhin verraten die genetischen Signaturen der verschiedenen Aids-Erreger im Abgleich mit den Affenviren: dass es jeweils zu einem radikalen Austausch einzelner Eiweißbausteine gekommen ist. Was diese aber im Einzelnen bewirken und wie sie die Immunschwäche verursachen, ist noch weitgehend unklar.[76]

Wir wollen hier noch dem Weg folgen, den das Aids-Virus aus dem Südosten Kameruns nahm, und vor allem jene Umstände und Faktoren beleuchten, die nach Stand der Forschung dabei die wesentliche Rolle gespielt haben dürften. Einmal mehr sind das, so viel sei vorausgeschickt, die Umbrüche vor und nach dem Zweiten Weltkrieg, insbesondere in Afrika. Da bekannt ist, mit welcher Geschwindigkeit sich HIV verändert hat, kann aus dem Vergleich mehrerer Varianten errechnet werden, wann diese ihren letzten gemeinsamen Ahnen hatten.

Diese Berechnungen legen nahe, dass das Aids-Virus erstmals im frühen 20. Jahrhundert seinen Weg zum Menschen fand und anschließend wohl in den 1920er- oder 1930er-Jahren von besagter Region in Südkamerun aus in den Kongo gelangte. Wobei die eigentliche genetische Vervielfältigung des HI-Virus rund 700 Kilometer weiter südlich in Kinshasa erfolgte (damals Léopoldville genannt). Bis dahin war der Erreger auf eine kleine, isolierte Bevölkerungsgruppe begrenzt; dann aber erweiterte er seinen Verbreitungsradius, brachte plötzlich durch vielfache Reproduktion neue genetische Variationen hervor, diversifizierte sich und verursachte eine Epidemie, die zur Pandemie wurde. Wir stellen uns dazu vor, dass vielleicht in den frühen 1920er-Jahren der Bewohner eines Dorfes im Südkamerun, sicherlich ein junger Mann auf der Suche nach Arbeit im prosperierenden Kongo, das Flussboot nach Léopoldville nahm. Er hatte zuvor noch das Fleisch eines Schimpansen gegessen und trug nun in seinem Körper den Ableger eines Affenvirus nach Süden, der zum Stammvater der meisten Aids-Viren wurde. Sehr wahrscheinlich ist, dass der Mann, bevor er jung an einer Krankheit verstarb, die im Hintergrundrauschen tödlicher Tropenkrankheiten nicht weiter auffiel, regelmäßig Sex hatte. Dabei übertrug er die Urform von HIV, die durch Mutation aus dem Affenvirus entstanden war, auf andere Menschen, die ebenfalls bei häufigem Sex die neuen Viren weiterreichten.

Es war die Stunde null von HIV, das auf diese Weise den Dschungel verließ und aus einer entlegenen Region Afrikas seinen Weg in eine bereits globalisierte Welt fand. Denn selbst ein scheinbar abgelegenes Dorf war seinerzeit nicht ohne Verkehrsverbindung. Flüsse dienten immer schon zum Austausch, und die aus jener Region im Süden Kameruns flossen sämtlich nach Süden dem mächtigen Kongo-Strom zu, an dem auch Léopoldville lag. Die Stadt war das wirtschaftliche Zentrum Zentralafrikas und über eine Eisenbahn mit der Hafenstadt

Pointe-Noire im französischen Kongo verbunden sowie mit Mbuji-Mayi und Elisabethville (dem heutigen Lubumbashi) im äußersten Süden des Landes. Anfang der 1920er-Jahre nutzten bereits rund 300 000 Passagiere diese Kongo-Eisenbahn. Neben dem zunehmenden Verkehr spielte dem Virus noch eine zweite Entwicklung jener Jahre in die Hände: Die Städte Léopoldville und Brazzaville wuchsen, nachdem die Kolonialbehörden damit begonnen hatten, hier vor allem Männer als Arbeitskräfte anzusiedeln. Tausende junger Männer hielten sich dadurch vorübergehend in Léopoldville auf, bevor sie mit der Eisenbahn zu den Diamanten- und Eisenerzminen in Mbuji-Mayi und Elisabethville weiterreisten. Der dadurch in den Städten verursachte Männerüberschuss hatte mit der damit einhergehenden rapide zunehmenden Prostitution eine erwartbare Folge in den 1920er-Jahren: eine explosive Zunahme von Geschlechtskrankheiten. Das rief die Gesundheitsbehörden der Kolonialmächte auf den Plan, die sich auch Zentralafrika aufgeteilt hatten. Sie unternahmen erhebliche Anstrengungen, um Tropenkrankheiten wie Schlafkrankheit oder Malaria, aber auch Geschlechtskrankheiten wie Syphilis einzudämmen. Großen Teilen der Bevölkerung in Kamerun und im benachbarten Kongo wurden seinerzeit erstmals Medikamente intravenös, also per Injektionsspritze, verabreicht. Und weil die genauen Übertragungswege von infektiösen Erregern noch unbekannt waren, Spritzen und Kanülen aber knapp, wurden diese mehrfach verwendet, ohne sie ausreichend zu sterilisieren. Berichten zufolge wurden beispielsweise rund 5000 Menschen in der Zentralafrikanischen Republik gegen die Schlafkrankheit mit nur sechs verfügbaren Spritzen behandelt. Heute wissen wir, welch riskantes Vorgehen das war, denn zusammen mit den Medikamenten wurden auch durch Blut übertragene Viren verabreicht. So kam es nachweislich etwa zur Ausbreitung infektiöser Gelbsucht, die durch das Hepatitis-B-Virus verursacht wird, und so könnte sich auch eine anfangs noch kleine Gruppe von Menschen mit HIV infiziert haben – gerade genug Menschen, um die aufflackernde Epidemie nicht von selbst wieder verglimmen zu lassen wie vielleicht mehrfach zuvor.[77]

In jedem Fall gelangte auf diese oder ähnliche Weise ein gutes Dutzend der wiederholt von Schimpansen und Gorillas an den Menschen weitergegebenen Immunschwäche-Viren erstmals auf Reisen und in die Welt. Aus den kongolesischen Bevölkerungszentren Mbuji-Mayi und Lubumbashi breitete sich der Erreger zuerst über Wanderarbeiter in das gesamte östliche und südliche Afrika aus. Mit dem Ende der Kolonialzeit in Afrika nahmen in den ausgehenden 1950er- und Anfang der 1960er-Jahre dann schlagartig die Virusvarianten an Menge zu. Es kam zudem gerade in Zentralafrika zu erheblichen wirtschaftlichen und sozialen Umwälzungen. Die zunehmende Verstädterung, das Zusammenbrechen traditioneller Lebensformen, Bevölkerungsbewegungen, Unruhen und nicht zuletzt sexuelle Promiskuität erhöhten das Risiko geschlechtlich übertragener Infektionskrankheiten; es ist just dieser Cocktail, der wahrscheinlich erst die Pandemie entstehen ließ. Denn dazu bedurfte es neben den biologischen Eigenschaften des Virus und den ökologischen Rahmenbedingungen noch bestimmter politischer und ökonomischer Umstände, die der Unabhängigkeit des Kongo im Jahr 1960 bald folgten. In der von Belgien zuvor besonders rücksichtslos ausgebeuteten einstigen Kolonie brach in kürzester Zeit das politische System zusammen, und nach der Unabhängigkeitserklärung der Katanga-Provinz begann ein brutaler Bürgerkrieg. Die Wirtschaft des Landes stürzte über Jahre und Jahrzehnte ab, verbunden mit hoher Arbeitslosigkeit und einer Prostitution ungekannten Ausmaßes.

So lautet, kurz gesagt, die These, dass sich das Aids-Virus verbreitete, als in Afrika die Städte wuchsen, die Kolonien unabhängig wurden, aber wirtschaftlich ins Chaos fielen und

Bürgerkriege die Prostitution beförderten. Dadurch gelangte ein ursprünglich nur örtlich in Menschenaffen zirkulierendes Retrovirus aus entlegenen Dörfern in immer mehr Menschen, die es auf Reisen und dank der sexuellen Revolution ungeschützt in die ganze Welt verschleppten. Als ein wesentlicher Trittstein dabei sollte sich ausgerechnet die Republik Haiti erweisen. Nachdem die Vereinten Nationen ein Hilfsprogramm aufsetzten, um der wirtschaftlichen und politischen Katastrophe im Kongo Herr zu werden, engagierte sich besonders der kleine Karibikstaat, indem er mehrere Tausend Haitianer als Entwicklungshelfer zum Einsatz in den Kongo entsandte. Diese besetzten Stellen, die nach dem Abzug der Belgier frei geworden waren, kehrten aber 1964 infolge der innenpolitischen Wirren und wegen des Bürgerkriegs auf ihre Insel zurück; mit ihnen kam auch das noch unerkannte menschliche Immunschwäche-Virus aus Afrika dorthin.

Tatsächlich konnte Michael Worobey in einer weiteren Studie gemeinsam mit Thomas Gilbert vor einigen Jahren die ältesten Aids-Viren außerhalb Afrikas in Proben von Haitianern nachweisen. Deren importierte Infektionen stellen einen der markantesten Wendepunkte in der Geschichte der Aids-Seuche dar, der dadurch erst der Sprung aus Afrika hinaus in die Welt gelang. Es waren dafür also offensichtlich nicht etwa intrinsische oder evolutionsbiologisch in den Viren selbst angelegte Faktoren verantwortlich; vielmehr haben extrinsische, also ökologische Umweltbedingungen der Parasit-Wirt-Beziehung, für die plötzlich sprunghafte Ausbreitung von Aids gesorgt. Aus den genetisch diversen Viren-Linien ließ sich ziemlich präzise berechnen, dass die Erreger ungefähr um die Mitte der 1960er-Jahre aus dem Kongo nach Haiti gelangten, wo das Virus sich zuerst unter den Inselbewohnern verbreitete, bevor es dann um 1970 weitere Kreise zu ziehen begann. Wie viele Rückkehrer mit dem Aids-Virus infiziert waren, ist unbekannt; aber die Zahl reichte offenbar aus, um eine Pandemie in Gang zu setzen, nachdem der Erreger über sexuelle Kontakte und über Blutbanken zuerst die Westküste der USA und bald auch Europa erreichte. Ganz offensichtlich zirkulierten die Aids-Viren dabei unerkannt über mehr als ein ganzes Jahrzehnt, bevor die Infektionen sich 1981 in den USA und anschließend auch in anderen Erdregionen bemerkbar machten – und es dem einstmals afrikanischen Affenvirus-Abkömmling längst gelungen war, sich weltweit auszubreiten.[78]

Die globale HIV-Epidemie, das zeigt die skizzierte Indizienkette, ist folglich – als ursprünglich nicht seltene Zoonose von Affenviren – keineswegs eine Naturkatastrophe. Vielmehr ermöglichten erst die mit der Kolonialzeit sich verändernden Lebensumstände und die ab Mitte des vergangenen Jahrhunderts dramatischen Umwälzungen in Zentralafrika die globale Verbreitung des Virus beim Menschen. Ohne diese äußeren Entwicklungen wäre HIV auf einen sehr kleinen Personenkreis in Südkamerun und vielleicht im Kongo beschränkt geblieben, so wie zuvor wohl die vielfachen Übersprünge von SIV. Die eigentlich wohlmeinenden Ansätze der Kolonialmedizin in Kombination mit nachfolgenden sozialen und wirtschaftlichen Faktoren, mit Armut, Ausbeutung und Arbeitsmigration, mit Kriegen, Chaos und Krankheiten und nicht zuletzt der damit zusammenhängenden Ausweitung der Prostitution, haben die Pandemie überhaupt erst möglich gemacht.

Aus der Sicht eines tierischen Virus ist unsere Menschenwelt heute also beträchtlich kleiner geworden. Und dank der vielerorts veränderten Lebensumstände wird die Menschheit im 21. Jahrhundert weitere Zoonosen dieser und anderer Art bekommen.[79] Nicht nur auf Asien und Nordamerika mit seinen Influenza- und Corona-Viren, sondern gerade auf Afrika mit seinen immunschwächenden Viren sollte dabei ein Fokus liegen.

EIN KINDERSPIEL: WIE EBOLA BEGANN

Was genau im Dorf Meliandou im Südosten Guineas im Dezember 2013 geschah, werden wir nie erfahren. Vielleicht war es nur ein fatales Kinderspiel, das ein unglückliches Opfer fand. Sicher ist, dass dort, in Westafrika, eine furchtbare Seuche ihren Ausgang nahm, bei der Menschen erst grippeähnliche Symptome entwickeln mit hohem Fieber, bevor sie aus Mund, Nase, Darm und anderen Körperöffnungen bluten und schließlich an multiplem Organversagen sterben. Es war die bislang größte Epidemie eines Ebola genannten hämorrhagischen Fiebers, das ebenfalls am Immunsystem ansetzt und gegen das es lange keine Impfung gab und keine Therapie.

Es begann, als ein nicht einmal zwei Jahre alter Junge namens Emile Ouamouno mit hohem Fieber, Erbrechen und blutigem Durchfall erkrankte und schon nach zwei Tagen starb. Kurz darauf folgte seine dreijährige Schwester, nach einer Woche starb auch die Mutter mit ihrem totgeborenen Kind. Bei dessen Geburt steckte sich die Hebamme an, bei der sich wiederum eine Krankenschwester infizierte, die das Virus ins nächste Hospital trug und dort weitere Ansteckungsketten auslöste – die nicht nur in die Hauptstadt Conakry, sondern schließlich über die Grenzen Guineas auch nach Sierra Leone und Liberia liefen. Am Ende infizierten sich mehrere Zehntausend Menschen, von denen beinahe jeder zweite eines qualvollen Todes starb.

Ebola ist eine der gefährlichsten Infektionen überhaupt und hochansteckend. Es wird zwar nicht, wie etwa Sars-CoV-2, leicht über die Luft von Mensch zu Mensch übertragen, doch steckt man sich durch Berührung eines Kranken und vor allem den Kontakt mit dessen Körperflüssigkeiten an: Blut, Speichel und Schweiß, aber auch Sperma und Muttermilch, vor allem aber, wenn man mit Erbrochenem und den Exkrementen eines Infizierten in Berührung kommt und die darin enthaltenen Erreger an die Schleimhäute und so in die Zellen des nächsten Wirts gelangen. Dort benutzt das Ebola-Virus die Immunzellen als trojanisches Pferd, wodurch es den gesamten Körper angreifen kann, vor allem Leber und Nieren. Bald sind sämtliche Gewebe betroffen, die Blutgerinnung gerät außer Kontrolle; schließlich versagen die Organe, den Sterbenden ist nicht mehr zu helfen. Kurz vor dem Tod explodiert die Zahl der Viren, somit verwandelt sich der Körper des Todgeweihten gleichsam in eine Infektionsbombe; sie trifft, wer nicht bis zur Negierung der Nächstenliebe vorsichtig ist. Viren seien allgemein Spielverderber der Zwischenmenschlichkeit, meinte jemand einmal sehr treffend.[80] Bei Ebola wird jede Geste der Fürsorge bis hin zur Totenehre unmittelbar zum selbstmörderischen Infektionsrisiko.

Dieses hämorrhagische Fieber ist – mit einer Sterblichkeitsrate, die je nach Region zwischen 30 und 90 Prozent der Erkrankten liegt – eine der tödlichsten *emerging diseases* unter den Zoonosen. Eine, bei der bis heute beunruhigenderweise nicht ganz sicher ist, wie genau das Virus seinen Weg zum Menschen findet – welche Tiere also das eigentliche Reservoir sind, über welche Zwischenwirte sie läuft und wie sie sich ausbreitet. Sind es Wildtiere, die gejagt und verzehrt werden? Und wenn ja, welche? Oder gibt es andere Infektionsquellen, bevor sich das Virus anschließend von Mensch zu Mensch überträgt?

Später erinnerten sich die Dorfbewohner in Meliandou, dass der kleine Junge, der das erste Opfer des Ebola-Fiebers wurde, mit den anderen Kindern an einem ausgehöhlten Baum gespielt hatte, der am Rand eines Trampelpfades stand, über den die Frauen des Dorfes zur Wasserstelle und dem Waschplatz am Fluss gingen. Ihre Kinder, die sie dabei im Schlepptau hatten, wurden von dem hohlen Baum geradezu magisch angezogen, denn darin hatte sich eine Kolonie von *lolibelo*, wie sie es nannten, angesiedelt – Fledertiere, die sie gern mit Stöcken aus deren Tagesschlafplatz in dem hohlen Baum herausangelten, um sie dann über einem kleinen Feuer zu braten und zu essen. In der inzwischen von Plantagen und Buschland geprägten einstigen westafrikanischen Waldsavanne, wo es kaum mehr größere Wildtiere als Proteinquelle gibt, sind die graubraunen Fledermäuse das, was für die Kinder einem Burger am nächsten kommt. Und *lolibelo* waren sehr wahrscheinlich in diesem Fall der Infektionsherd.[81]

Eindeutig nachweisen lässt sich das nicht mehr. Der hohle Baum wurde von den Dorfbewohnern kurz nach Ausbruch der Seuche ausgebrannt; ein ganzer Schwarm von Fledertieren sei geflohen, als das Feuer im Baum um sich griff, heißt es. Ein Team von Forschern unter Leitung des deutschen Virenökologen Fabian Leendertz hat Anfang 2014 am stehen gebliebenen Baumstumpf Proben von Asche und dem umliegenden Erdboden genommen. Später entdeckten die Forscher darin Spuren der Erbsubstanz von Fledertieren, genau genommen DNA der Angola-Bulldoggfledermaus *Mops condylurus*. Diese Fledermäuse sind, abgesehen von dichten Regenwäldern im Kongobecken, in Baumsavannen und im Buschland weiter Teile Afrikas verbreitet, wo sie sich von hartschaligen Käfern, aber auch von weicheren Insekten ernähren, etwa Schmetterlingen und Libellen.[82] Wir haben es gesehen: Viele Fledermäuse tragen Viren in sich und werden damit zum Ursprung zoonotischer Ausbrüche. Und dies, ohne dass die Tiere selbst daran erkranken, denn offenbar ist es bei ihnen im Laufe der Evolution zu jenem bereits erwähnten Gleichgewichtszustand zwischen Virusinfektion und Reaktion des Immunsystems gekommen.

Allerdings konnten die Forscher seinerzeit in Meliandou weder in *condylurus*-Fledermäusen noch in anderen potenziellen Überträgern, vor allem Flughunden, direkt Ebola-Viren nachweisen. Niemand weiß daher sicher, ob diese Tiere tatsächlich das natürliche Reservoir sind; ob sich der Junge also wirklich über infizierte Fledermäuse aus jenem Baum angesteckt hat und damit eine Epidemie auslöste. Sie hätten nur Indizien zur Übertragung von Ebola gefunden, betonte auch Leendertz bei jeder Gelegenheit; letzte Beweise fehlten. Da vermutlich nur wenige Tiere einer Kolonie, vor allem wohl Jungtiere, mit den Viren infiziert seien, sei just zur richtigen Zeit das richtige Tier zu fangen wie Lotterie zu spielen.[83]

Immer wieder sind im Zusammenhang mit Ebola-Ausbrüchen auch die meist früchteverzehrenden Flughunde in Verdacht geraten, etwa der Gambia-Epauletten-Flughund *Epomophorus gambianus*, der sich in der westafrikanischen Savanne von Guave, Papaya und Mango ernährt und ein wichtiger Bestäuber und Samenverbreiter ist, aber auch als Reservoir des Ebola-Virus infrage kommt. Das trifft auch für den Palmenflughund *Eidolon helvum* zu, der als Feinschmecker gilt, weil er meist nur den Saft aus den Früchten saugt, die er in afrikanischen Wäldern findet. Auch er fungiert als Samenverbreiter, könnte indes das Ebola-Virus in sich tragen, mit dem sich meist Affen infizieren, wenn diese von den Flughunden angefressene und auf diese Weise kontaminierte Früchte verzehren. Der feine Unterschied ist: Bis auf eine Ausnahme, in der tatsächlich Viren aus einem Flughund isoliert werden konnten, wurden bislang nur Antikörper gegen Ebola (und Fragmente von Viren-RNA) in den Tieren nachgewiesen.[84]

Anfangs erschienen neue Killerviren, ohne dass es eine klare Verbindung zu den jeweiligen Wirten unter den Säugetieren gegeben hätte. So tauchte etwa das Marburg-Virus 1967 in der hessischen Universitätsstadt (und parallel dazu in Frankfurt und Belgrad) auf, wo zuerst einige Mitarbeiter der Behring-Werke an einem unbekannten Erreger erkrankten, als sie einen Polio-Impfstoff an Grünen Meerkatzen aus Uganda testeten. Zu Beginn klagten sie über Kopf- und Muskelschmerzen, bekamen dann Fieber, am Ende verblutete von den 25 infizierten Perso-

nen mehr als ein halbes Dutzend, während die Ärzte nur hilflos zusehen konnten. Schließlich identifizierte und benannte
man einen fadenförmigen Erreger als den ersten aus der Familie der Filoviren. Dieses Virus hat in der Folge immer wieder
sporadische Ausbrüche von Angola bis Uganda verursacht, mit
mehreren Hundert Opfern und einer Sterblichkeit von nahezu
90 Prozent. Als sich 2008 dann eine Touristin in einer Höhle in
Uganda offenkundig bei Nilflughunden (*Rousettus aegyptiacus*)
infizierte, wurden diese eindeutig als Überträger des Marburg-
Virus identifiziert. Die 15 bis 20 Zentimeter langen Tiere leben
üblicherweise nicht, wie andere Flughunde, in Bäumen, sondern
in Höhlen oder Gebäuden, wo sie zu einer für Menschen oft
tödlichen Infektionsquelle werden können.[85]

Zwei Jahre nach dem Marburg-Virus und abermals in einem
Krankenhaus wurde dann erstmals auch das Lassa-Virus entdeckt, benannt nach der Stadt Lassa in Nigeria, wo eine US-amerikanische Missionsschwester von einem tropischen Fieber unbekannter Herkunft befallen wurde. Sie starb, nicht ohne zuvor
zwei weitere Nonnen angesteckt zu haben, von denen eine ebenfalls Opfer der Infektion wurde. Die immer wieder aufflackernden, nur gelegentlich in den Medien erwähnten Ausbrüche des
Lassa-Fiebers – wie etwa Mitte 1996 mit knapp 200 Erkrankungen in Sierra Leone – täuschen über den Umstand hinweg, dass
diese Virusinfektion in mehreren westafrikanischen Staaten
von Guinea bis Nigeria eine regelrechte Volksseuche ist – mit
schätzungsweise 300 000 bis 500 000 Infektionen und rund
5000 Todesfällen jährlich. Allerdings verlaufen zwei Drittel aller
Erkrankungen asymptomatisch oder werden als fieberhafte Erkrankungen mit anderer Ursache, vor allem als Malaria, wahrgenommen.

Als natürliches Reservoir des mit Ebola verwandten Lassa-
Erregers wurde Anfang der 1970er-Jahre nicht ein Fledertier,
sondern stattdessen ein auch in Westafrika als Kulturfolger

weitverbreitetes Nagetier identifiziert – die rattengroße Vielzitzenmaus *Mastomys natalensis*. Über die Verunreinigung von Lebensmitteln mit dem Urin des Nagers, der selbst offensichtlich nicht erkrankt, können die Lassa-Viren leicht auf den Menschen übertragen werden. Tatsächlich hat sich dieses Nagetier gerade im vom Bürgerkrieg gebeutelten Sierra Leone als ein ständiger Begleiter der entwurzelten, zwischen den Fronten umherirrenden Bevölkerung herausgestellt. In serologischen Studien zeigte sich zudem, dass zwischen 10 und 35 Prozent aller Einwohner in Guinea und Liberia Antikörper gegen Lassa-Viren im Blut aufweisen. Auch hatten rund 15 Prozent aller Einwohner Guineas, die regelmäßig Jagd auf Vielzitzenmäuse machten und sie aßen, Lassa-Infektionen durchgemacht, während es nur sieben Prozent bei jenen waren, die dem Nager nicht nachstellten.[86]

Nach dem Marburg- und dem Lassa-Virus wurde 1976 im damaligen Zaire, der heutigen Demokratischen Republik Kongo, das nah verwandte Ebola-Virus entdeckt und nach dem Fluss benannt, wo der erste bekannte Ausbruch stattfand. Die genetische Ausstattung dieses Virus unterscheidet sich nur wenig vom Marburg- und Lassa-Virus, doch springt es offensichtlich von zentralafrikanischen Fledertieren zuerst auf Affen oder andere Wildtiere über, bei denen sich dann der Mensch ansteckt – und zwar über einen bereits erwähnten, so traditionellen wie bedenklichen Ansteckungsweg: das *bushmeat*.

AFFEN, ANTILOPEN UND ANSTECKUNGSKETTEN

Auch das Ebola-Virus kommt nicht aus dem Nichts. Es überträgt sich vom Tier auf den Menschen, wobei, wie gesagt, wahrscheinlich Fledermäuse und Flughunde das eigentliche Reservoir auch für dieses Virus sein dürften, während Menschenaffen und Waldantilopen als Zwischenwirte fungieren.[87]

Dies ist allerdings wohl nicht in jedem Fall so. Denn der als Index- oder Hinweispatient bezeichnete kleine Junge aus Meliandou am Ausgangspunkt der Infektionswelle 2014 dürfte sich ohne Umwege direkt beim Fledermaus-Reservoir angesteckt haben. Da es in der Umgebung seines Dorfes nur Felder und Buschland, aber keinen geschlossenen Regenwald gibt, kennen die Kinder und meisten anderen Bewohner der Region größere Wildtiere höchstens noch aus der Erzählung der Alten. Eine Infektion über typische Regenwaldbewohner wie in Zentralafrika den Menschenaffen und Waldantilopen scheint damit ebenso ausgeschlossen, wie (in diesem Fall) eine Infektion über den Verkauf und Verzehr von *bushmeat*, das von Wildtieren stammt – von Nagetieren bis hin zu Menschenaffen.

Das Buschfleisch ist eine geschätzte Eiweißquelle. Die bislang aus dem zentralafrikanischen Kongo und aus Gabun bekannt gewordenen, episodisch aufflackernden Ebola-Epidemien gehen sicher darauf zurück. Hier sind es vor allem Schimpansen, aber auch Gorillas, die als Zwischenwirte das Virus aufnehmen und weitergeben. Zudem werden kleinere Waldantilopen vermutet und in einschlägigen Studien immer wieder genannt. Unsere nächsten Verwandten allerdings könnten gleichsam epidemische Sackgassen für das Ebola-Virus sein; denn der Parasit bringt sie, ebenso wie den Menschen, leicht und gleich massenhaft um, bevor die Seuche dadurch von selbst wieder ausläuft. Die beiden Menschenaffen werden dabei derzeit in einer regelrechten Zangenbewegung durch Bejagung und Ebola dezimiert, wie Studien von Fleischmärkten im westlichen Zentralafrika belegen. Der Ökologe Peter Walsh von der Princeton University machte vor einigen Jahren darauf aufmerksam, dass die Zahl der Menschenaffen in Gabun und im Kongo, wo 80 Prozent aller Gorillas und die meisten Schimpansen leben, in nur zwei

Jahrzehnten um mehr als die Hälfte dezimiert wurde. Bis dahin dachte man, in dem zu 60 bis 80 Prozent noch weitgehend unberührten Urwald der beiden Länder seien die Bestände der Menschenaffen einigermaßen stabil. Doch während des langen Bürgerkriegs diente der örtlichen Bevölkerung wie den marodierenden Banden das Fleisch der haarigen Verwandten als bequemes, billiges Nahrungsmittel. Auch die Holzfäller, die immer tiefer in den zentralafrikanischen Urwald vordringen, ernähren sich von Affen und anderen Waldtieren. Ihnen folgen Wilderer, die das begehrte Buschfleisch in den Städten verkaufen.

Doch selbst in entlegenen Regionen Gabuns, wo bisher kaum Holzfäller oder Wilderer ihr Unwesen trieben, stellten die Forscher um Peter Walsh eine dramatische Abnahme der Bestände von Menschenaffen fest: in zwei Jahrzehnten um mehr als 95 Prozent. Da sie das Virus bei zahlreichen toten Gorillas nachweisen konnten, sehen sie als Hauptursache dafür Ebola an, an dem die Menschenaffen ebenso leiden wie der Mensch. Neuerdings nimmt das zu, weil als Folge des schrumpfenden Lebensraumes die Affen immer dichter zusammenleben und sich daher das Virus auch bei ihnen rasant ausbreiten kann. Über das infizierte Fleisch der Tiere gelangt Ebola dann auf die Märkte und an die Menschen.[88]

Da sich dies für die Epidemie im südlichen Guinea weitgehend ausschließen lässt, können wir zwei verschiedene Übertragungswege für die beiden afrikanischen Regionen festhalten. Weil man aufgrund der ersten Ebola-Ausbrüche Zentralafrika für das eigentliche Herkunftsgebiet hielt, wurden die ersten Berichte 2014 über ein mysteriöses Fieber in Guinea anfangs ignoriert, wodurch die Welt beinahe in eine pandemische Katastrophe gestolpert wäre.[89] Obgleich die WHO zwischen 1976 und dem Ausbruch 2014 mehr als zwei Dutzend Ebola-Ausbrüche mit insgesamt etwa 1700 Toten registrierte, zählte die Infektionskrankheit jahrzehntelang zu den sogenannten *neglected tropical diseases*, den vernachlässigten tropischen Infektionskrankheiten.[90] Meist starben nicht mehr als 300 Menschen auf einmal; und so schnell die Epidemie jedes Mal aufflackerte, so schnell verschwand sie auch wieder.

Zwar ist zu vermuten, dass es Ebola schon früher gab und dieses »Dschungelfieber« nicht wirklich neu ist. Nur blieb es in der Vergangenheit fast immer auf abgelegene Dörfer im zentralafrikanischen Regenwald beschränkt, wo es lokal ganze Familien, aber nicht einmal Dörfer ausgelöscht haben dürfte, denn es kam selten viel weiter. Brachte ein Jäger das Ebola-Virus in einem verendeten oder erlegten Tier mit nach Hause und infizierte beim Schlachten oder Verzehr erst sich selbst und dann andere im Dorf oder allenfalls in einer abgelegenen Krankenstation, so starben nur vergleichsweise wenige an der Seuche, bevor diese bald von allein abebbte. Weil das tödliche Fieber die Infizierten schnell dahinraffte, es aber früher meist ein weiter Weg bis zur nächsten Ansiedlung war und mithin seine Zeit brauchte, um dorthin zu gelangen, blieben andere Menschen meist verschont.

Das hat sich in den letzten Jahrzehnten in Zentral- wie in Westafrika drastisch verändert. Die Zahl der Erreger, die dort in den Tieren der einst abgelegenen Wälder und Savannen kursieren, ist groß. Heute gelangen früher oder später immer mehr Menschen der überall wachsenden afrikanischen Bevölkerung mit ihnen in Kontakt, und die Viren ziehen immer weitere Kreise. Seit Langem blicken Virenökologen mit Sorge auf die fortschreitende Zerstörung der natürlichen Lebensräume und Vegetation gerade am Übergang zwischen Savanne zu tropischem Regenwald. Dadurch verlassen Tiere – von Nagetieren über Fledermäuse und Flughunde bis hin zu größeren Säugern – ihren Lebensraum und erhöhen damit das Risiko, dass ein bislang unbekannter Erreger auf den Menschen überspringt. Jedenfalls traf das Ebola-Virus bei der verheerenden Epidemie 2014 in Guinea offenbar auf günstigere Gegebenheiten als bei den Ausbrüchen zuvor – weshalb sich Ebola erstmals von einer abgelegenen Provinz des Landes aus in den Nachbarstaaten Sierra Leone und Liberia verbreitete.[91]

Nachdem im Dezember 2013 die Familienmitglieder des Jungen Emile mit identischen Symptomen erkrankt und nach wenigen Tagen verstorben waren, erreichte ein erster Ebola-Patient im Januar 2014 in der nächstgelegenen größeren Stadt Guéckédou das Distrikt-Krankenhaus – ein chronisch unterfinanziertes Hospital mit ausgedünnter Personaldecke und desolater medizinischer Infrastruktur. Innerhalb weniger Tage kam es zu einem explosionsartigen Ausbruch von Ebola-Fieber beim medizinischen Personal und bei den Patienten. Um dem grauenvollen Ort zu entkommen, flüchteten die gehfähigen Kranken in ihre Heimatdörfer – und verursachten dort die nächsten Infektionswellen.

Was man nicht vergessen darf, ist die Mentalität der lokalen afrikanischen Bevölkerung. Dass die gerade erst eingelieferten Patienten im Krankenhaus verstarben, verstärkte die Vorbehalte gegenüber dem öffentlichen Gesundheitswesen. So wurden neu Erkrankte stattdessen zu traditionellen Heilern gebracht, wodurch die Zahl der infizierten Medizinmänner rasch anstieg. Die Beerdigung einer besonders bekannten Heilerin in einem Dorf in Sierra Leone im Mai 2014 verschaffte der Epidemie einen weiteren Schub. Mehr als 360 Erkrankungen konnten später direkt und indirekt auf die Teilnahme an der traditionellen Totenfeier zurückgeführt werden. Bei dieser Epidemie zeigte sich erstmals, welche Bedeutung der Verbreitung von Verschwörungstheorien und Fake News über die sozialen Medien zukommt: Sie können entscheidend dafür sein, ob es gelingt, eine Epidemie einzudämmen oder aber fatalere Folgen haben als das Virus selbst. Nachdem die WHO viel zu spät reagierte und endlich, nach fast drei Monaten, zur Bekämpfung der Seuche Maßnahmen im Epizentrum des Fiebers ergriff, verbreitete sich via Mobiltelefon unter den Einwohnern die Nachricht, die in den Schutzanzügen ohnehin bedrohlich wirkenden Seuchentrupps versprühten nicht Desinfektionsmittel, sondern Gift. Panik machte sich breit, die Menschen verließen ihre Dörfer. Damit verpuffte die wichtigste und wirksamste Eindämmungsmaßnahme gegen das Ebola-Virus: betroffene Gemeinden mit einem *Cordon sanitaire* von der Außenwelt abzuschotten.

Endgültig außer Kontrolle geriet die Epidemie, als die ersten Patienten im April die Hauptstädte Conakry, Monrovia und Freetown erreichten, in denen viele Menschen dicht an dicht in Armenvierteln leben – hier wütete das Virus heftig. Im Juli dann flog ein infizierter Mann von Liberia nach Lagos, womit das tödliche Virus den Sprung in die rund 2000 Kilometer entfernte Millionen-Metropole in Nigeria machte – und damit in eines der bevölkerungsreichsten Länder der Welt. Zum Glück wurde der Kranke noch am Flughafen abgefangen. Doch damals, so werden Virologen zitiert, habe die ganze epidemiologische Welt den Atem angehalten. Denn wenn in einem Land wie Nigeria mit knapp 200 Millionen Einwohnern und einer erheblichen Reiseintensität in alle Regionen der Erde ein Ausbruch etwa von Ebola nicht eingedämmt wird, haben wir die nächste Pandemie. Schon bei zwei oder drei Fällen, die über Ländergrenzen hinweg verschleppt und nicht rechtzeitig bemerkt worden wären, hätte man die Seuche niemals mehr in den Griff bekommen. So aber nahm Ebola zwar am Anfang den denkbar unglücklichsten Verlauf, konnte dann jedoch gerade noch rechtzeitig gestoppt werden – wenngleich erst nach einigen Tausend Toten.

Als im März 2016 – mehr als zwei Jahre nach dem Fall null des kleinen Jungen im Dorf Meliandou – die Ebola-Epidemie von der WHO offiziell für beendet erklärt wurde, war die Bilanz verheerend: Mehr als 28 000 Menschen hatten sich infiziert, von denen knapp 12 000 einen qualvollen Tod gestorben waren, rund 2500 allein in Guinea.[92] Es war der bislang schwerste überlieferte Ebola-Ausbruch – zurückzuführen auf einen kleinen Jungen, der unglücklicherweise in Kontakt mit einem virentragenden Wildtier, wahrscheinlich einem Flugsäuger, kam. Das sich in der Folge entwickelnde Geschehen in Westafrika ist ein eindrückliches Beispiel dafür, wie knapp die Welt nach Aids einer weiteren von Afrika ausgehenden Pandemie entgangen ist. Diesmal noch.

»REAWAKENING«:
DIE GEFAHR IST NICHT GEBANNT

Was uns Sorge bereiten sollte: Wie andere hämorrhagische Fieber, beispielsweise die durch das Marburg-Virus oder durch Lassa-Viren verursachten Infektionen, kommt Ebola immer wieder; es taucht episodisch und, wie man absehen kann, mit großen zeitlichen und räumlichen Abständen auf. In den vergangenen vier Jahrzehnten ist es etwa zwei Dutzend Mal in Zentral- und Westafrika aufgetreten. Jedes Mal war es ein neues natürliches Übersprungsereignis vom Wildtier auf den Menschen – so dachte man. Wobei die Ereignisse häufiger werden, denn die äußeren Umstände, die das Virus vorfindet, begünstigen seine Ausbreitung.[93]

So wütete Mitte 2018 im Nordosten in der Demokratischen Republik Kongo zwei Jahre lang, weitgehend unbemerkt von der westlichen Welt, eine Ebola-Epidemie – immerhin mit 3300 Ansteckungen, von denen knapp 2300 tödlich verliefen. Es war der zweitschlimmste Ausbruch dieses Fiebers und traf ausgerechnet eine Region, die wegen ihrer Bodenschätze (unter anderem Diamanten, Gold und Coltan) zu den reichsten und zugleich wegen Ausbeutung, Korruption und Kriege zu den ärmsten Flecken der Erde zählt. Seit mehr als 20 Jahren (inzwischen ebenso unterhalb des Radars der westlichen Öffentlichkeit) herrscht im Ostkongo ein

Bürgerkrieg zwischen rund hundert Rebellengruppen, dem schätzungsweise schon fünf Millionen Menschen zum Opfer fielen.

Gerade als die WHO im März 2020 freudig verkündete, dass die letzten Patienten entlassen seien und sie die Ebola-Epidemie in einem der gefährlichsten und gefährdetsten Gebiete der Erde eingedämmt habe, flackerte das Fieber rund 1200 Kilometer entfernt in Mbandaka in der nordwestlichen Provinz Equateur erneut auf. Eine 27-jährige Indexpatientin, bei der sich Krankenpfleger und weitere Personen ansteckten, starb Mitte Mai in einer Klinik. Bei der Untersuchung des Erregers zeigte sich aufgrund von genetischen Unterschieden zu den Viren, die zuvor im Ostkongo zirkulierten, dass der neue Ausbruch tatsächlich auf ein unabhängiges Übersprungsereignis zurückging. Ebola war also sehr wahrscheinlich einmal mehr aus einem unbekannten Reservoir – entweder direkt von einem Flugsäuger oder von einem Menschenaffen – auf den Menschen übergesprungen.[94]

Die Hoffnung vieler ist nun, dass man dieser Gefahr wiederholter *spillover* mit endlich erzielten Erfolgen bei den Impfungen begegnen kann. Erste Impfstoffe waren bereits 2003 in Kanada entwickelt worden: gentechnisch abgeschwächte Vektor-Lebendimpfstoffe, die dann bei den Ebola-Ausbrüchen 2014 in Westafrika und 2018 im Kongo klinisch getestet wurden. Das Fachmagazin *Science* kürte Ende 2019 (also kurz vor Ausbruch der Corona-Pandemie) die Entwicklung dieser Impfstoffe als einen der wichtigsten wissenschaftlichen Durchbrüche des Jahres. Zwei Antikörper (die aus einem Infizierten sowie aus Mäusen gewonnen wurden) verdoppeln die Überlebensraten immerhin von 33 auf 65 Prozent, und sofern unmittelbar nach einer Virusinfektion verabreicht, überleben Patienten dadurch sogar zu 90 Prozent. Dass im Jahr 2020, während der Coronakrise weitgehend unbemerkt, im Ostkongo der bisher zweitgrößte Ebola-Ausbruch aller Zeiten zu Ende ging, ist auch jenem Impfstoff zu verdanken, der unter anderem in Deutschland entwickelt wurde.[95]

Wenn wir allerdings, was gern geschieht, Epidemien wie bei Ebola mit einem rasch um sich greifenden Waldbrand vergleichen, dann stellen Orte wie im südöstlichen Guinea Schwelbrände dar: Diese sind bekannt dafür, dass das Feuer von dort immer wieder von Neuem ausbricht. Ebola hat bisher durch notorisch neue Infektionsherde auf sich aufmerksam gemacht, zuletzt flammte das Fieber Anfang 2021 ausgerechnet im ursprünglichen Ausbruchsort Guéckédou abermals auf. Wir wissen nicht, ob sich jemand wieder bei einer Fledermaus oder einem Flughund mit dem Virus angesteckt hat. Mitte Februar wurde mehr als ein halbes Dutzend bestätigter Ebola-Fälle gemeldet, darunter drei tödliche; im März waren bereits 18 Menschen infiziert und neun davon gestorben – die ersten Ebola-Toten in Westafrika seit dem letzten schweren Ausbruch.[96]

Dann aber machten Virologen eine besonders beunruhigende Beobachtung. Der genomische Sequenzvergleich der jüngsten Ebola-Viren mit denen des früheren Ausbruchs, der in Westafrika 2016 endete, zeigte, dass das erneute Auftreten auf eine Person zurückgeht, die sich bereits fünf Jahre zuvor infiziert, das Fieber aber überstanden hatte. Nachweislich kann demnach das Virus latent in den Überlebenden einer Infektion überdauern, und zwar für eine einigermaßen lange Zeit. Dieses *reawakening* des Erregers überrascht Experten. Sie haben bislang bei Ebola nicht damit gerechnet, dass RNA-Viren offenbar in einem Wirt einfach nur schlummern können, ohne sich zu replizieren. Ähnliches lässt sich indes für das Aids-Virus vermuten, das auch sehr lange unerkannt in seinen menschlichen Wirten zirkulierte, ohne dass die Krankheit bei diesen ausbrach oder es gar für ein Jahrzehnt zu einer Epidemie kam. Und auch der im ersten Teil des Buches rekapitulierte Verlauf des Corona-Ausbruchs lässt auf eine längere kryptische Phase mit einer Latenz im infizierten Wirt schließen.

Solch eine Schlummerphase ist nun bei Ebola eine so neue

wie erschreckende Erkenntnis. Denn bisher war man überzeugt gewesen, dass das vermeintliche Dschungelfieber Afrika nicht verlassen und mithin keine Pandemie auslösen würde. Sicher, Marburg und Lassa waren außerhalb von Afrika stets Importe mit Reisenden gewesen, die das Virus aus Afrika mitgebracht hatten. So dramatisch Infektionen mit den aggressiven Filoviren bisher stets verlaufen waren und sosehr sie die Angst schürten, so blieben die Ausbrüche doch relativ selten. Vor allem begrenzten sie sich meist selbst, da das Virus derart schnell tötete, dass es kaum ausreichend neue Wirte fand. Zudem wird es nicht über die Luft übertragen; es kann daher nur so weit reisen, wie die Zellen der Infizierten beim Kontakt kommen. So wenigstens glaubte man lange – und bezweifelte, dass sich Ebola-Viren je über den ganzen Globus ausbreiten könnten.

Doch auch die Affenpocken hielt man, wir erinnern uns, bis vor Kurzem für ein lokales afrikanisches Phänomen, das stets Infektionen vor Ort brauchte, direkt von den als Reservoir dienenden Wildtieren. Bis diese Pockenviren plötzlich Anfang 2022 begannen, sich auch außerhalb Afrikas ganz ohne Kontakt zu tierischen Überträgern direkt von Mensch zu Mensch zu verbreiten. Und nun zeichnet sich bei Ebola ebenfalls ab, dass Übertragungen auch als viraler Schwelbrand ablaufen könnten. Das bedeutet, dass der Zyklus von Schlummern und Losschlagen durchbrochen werden muss, wenn es nicht immer wieder zur erneuten Infektion kommen soll. Mit dem Befund, dass Menschen ebenso wie Wildtiere als Reservoir oder wenigstens Zwischenwirt fungieren – und damit als Quelle eines neuen Ausbruchs –, bringt auch diese Infektionskrankheit eine zusätzliche Tücke mit sich und damit uns in eine grundsätzlich neue Situation. Eine Ebola-Infektion muss also nicht zwangsläufig jeweils von einem tierischen Wirt ausgehen, sondern kann von Mensch zu Mensch weitergereicht werden, noch dazu mit erheblicher zeitlicher Verzögerung von einigen Jahren.

Mit dieser viralen Latenz geraten nicht nur die Überlebenden einer Epidemie in Verruf, neue Ausbrüche auszulösen. Vielmehr tickt damit in der menschlichen Bevölkerung der betroffenen Gebiete und weit darüber hinaus auch eine biologische Bombe – und dies auf einem Kontinent, wo das Gesundheitssystem der meisten Staaten durch generelle Vernachlässigung und durch konkrete Konflikte derart geschwächt ist, dass es weder die medizinische Grundversorgung leisten kann, geschweige denn auf den Ausbruch einer weiteren Epidemie vorbereitet ist. Es mag sein, dass einzelne Länder wie Guinea heute besser aufgestellt sind als vor einem Jahrzehnt. Problematisch aber ist, dass die Gesundheitsinfrastruktur allgemein just dort am meisten krankt, wo das Risiko des Übersprungs zoonotischer Erreger am höchsten ist. Ganz anders als in Asien, wo dieses Risiko ebenfalls hoch ist, gibt es weiße Flecken mit unzureichender medizinischer Versorgung und Diagnostik nicht nur in West- und Zentralafrika, sondern auch anderswo auf dem Kontinent. Überall dort fallen außergewöhnliche Erkrankungen wie etwa Ebola, Marburg, Lassa oder andere hämorrhagische Fieber nicht weiter auf. Solange sich daran nichts ändert, nimmt auch das Risiko einer sich daraus entwickelnden Pandemie nicht ab.

Allerdings haben wir genug verstanden, um zu sehen, dass keineswegs die fehlende Hygiene im afrikanischen Hinterland und die mangelnde Ausrüstung der Krankenhäuser in weiten Teilen des Kontinents die hauptsächliche Ursache der zoonotischen Epidemien sind. Ebola ist nur die virologische Spitze eines ökologischen Eisbergs. Tropische Fieberviren kursieren in vielen Arten von Wildtieren in Afrika, der *spillover* auf den Menschen als dicht gedrängt vorkommender Wirt bleibt eine beständig bedrohliche Möglichkeit – und damit auch die Gefahr einer weiteren Epidemie, die sich global verbreiten kann.

Viele hofften weiterhin, dass die Epidemie bald aussterben
und sie und ihre Familien verschont bleiben würden.
Daher fühlten sie sich noch nicht verpflichtet, ihre
Gewohnheiten zu ändern. Die Pest war ein unerwünschter
Besucher, der sich eines Tages verabschieden musste,
unerwartet wie er gekommen war.

ALBERT CAMUS: DIE PEST (1947)

TEIL 3:

WARUM WIR ES SELBST IN DER HAND HABEN

Hier beleuchten wir, wie Pandemien zur prägnanten Signatur der modernen Welt geworden sind – genauer gesagt: wie die im Zeitalter des Anthropozäns zunehmende Vernichtung natürlicher Lebensräume samt biologischer Vielfalt sowie unsere Land- und Viehwirtschaft mit dem nachweislich jüngst vermehrten Auftreten globaler Seuchen zusammenhängen. Und was Evolutionsbiologie damit zu tun hat. Denn daraus ergibt sich, was wir dagegen tun können – und müssen.

DIE ZERSTÖRUNG DER NATUR UND WILD GEWORDENE VIREN: WIE DER MENSCH SICH SELBST KRANKHEITEN SCHAFFT

Als Zeitungen voreilig vom Ableben des amerikanischen Schriftstellers und Humoristen Mark Twain berichteten (er ist vor allem als Autor der Romane um Tom Sawyer und Huckleberry Finn bekannt), soll dieser ebenso lakonisch wie kokett kommentiert haben: »Die Nachricht von meinem Tod ist stark übertrieben.«[1] Ein Jahrhundert nach seinem tatsächlichen Ableben müssen wir die verbreitete Hybris des *Homo sapiens* ebenso wie den lange ungetrübten Fortschrittsglauben, sich bald jeglicher Infektionskrankheit entledigen zu können, als ebenso übertrieben ansehen. Schlimmer noch: Diese Vorstellung führt uns in die Irre.

Dem Irrtum vom Ende der Seuche sind viele erlegen. So naiv sich der Optimismus ausnimmt, so berechtigt mag er lange Zeit erschienen sein – und er wirkt bis heute nach. Mit der Entdeckung des Penicillins 1928 – gleichsam der Mutter aller Antibiotika und einem der scheinbar potentesten Medikamente – meinte man, eine Wunderdroge gegen alle möglichen Bakterien gefunden zu haben, von den Erregern der Pest, Cholera und Tuberkulose bis hin zu Scharlach und Syphilis. Zudem brachte man dank der Entwicklung von Impfstoffen im vergangenen Jahrhundert viele Krankheiten unter Kontrolle, etwa Tetanus und Typhus, Diphterie und Windpocken, Masern, Mumps und Röteln. Man war dabei, die Pocken auszurotten (wie schon die Rinderpest), und hoffte, dies mit Polio zu wiederholen. Ein Rückgang der Auswirkungen von Infektionskrankheiten verleitete zu Beginn der zweiten Hälfte des 20. Jahrhunderts – trotz der Grippe-Pandemien von 1957 und 1968 sowie der bereits absehbaren Zunahme von Antibiotika-Resistenzen – zu der großen Hoffnung, dass innerhalb messbarer Zeit, also den nächsten hundert Jahren, alle wesentlichen Infektionskrankheiten verschwunden sein würden, wie seinerzeit ein Gesundheitsexperte meinte. Ein anderer maßgeblicher Mediziner erklärte: »The time has come to close the book on infectious diseases.«[2]

Man hätte sich kaum mehr selbst täuschen können. Denn zu glauben, das Buch der Infektionskrankheiten bald zuklappen zu können, war allein deshalb schon eine eklatante Fehleinschätzung, weil dabei ohnehin nur die westliche Welt der entwickelten Länder in den Blick genommen wurde; in der übrigen Welt des sogenannten globalen Südens sah und sieht es völlig anders aus. Auch wurde verkannt, dass es sich bei Pocken und Polio insofern um Ausnahmen handelt, weil ihre Erreger anders als die der meisten anderen Infektionskrankheiten nur unter Menschen zirkulieren. Weil sie nicht zwischen Tier und Mensch überspringen, standen die Chancen gut, sie mit weltweiten Impfkampagnen auszulöschen. Die irrige Sichtweise, dies könnte auch bei anderen Zoonosen gelingen, hatte sich spätestens in den 1980er-Jahren mit HIV erledigt. Bereits in den 1990er-Jahren wurden neu auftretende Infektionskrankheiten von ausgewiesenen Sachverständigen und danach von den Regierungen vieler Länder als eine der großen Herausforderungen für die Gesundheit und Sicherheit der Weltgemeinschaft erkannt. Bestseller-Sachbücher kamen auf den Markt, darunter von Laurie Garrett, Richard Preston und Jared Diamond; zwei Jahrzehnte davor schon von Nathan Wolfe und David Quammen. Es wurde, immer ein sicheres Zeichen für die Weiterentwicklung eines Fachgebiets, in jener Zeit sogar ein eigenes Medizin-Journal gegründet: *Emerging Infectious Diseases*.[3]

Dann aber kamen 2003 Sars, 2012 Mers und 2014 Ebola; nicht zu vergessen Hendra 1994 und Nipah 1999, 2009 die Schweinegrippe H1N1 und die Vogelgrippe H5N1 samt ihrer jüngeren Schwester H5N8, die 1997, 2003, 2005 und spätestens seit 2020 in immer weiteren Ausbrüchen um die Welt liefen und nun mehrfach auch auf Menschen übersprangen. Genau wie jüngst im Sommer 2022 die Affenpocken, die sich nach fünf Jahrzehnten in Afrika erstmals auch außerhalb und ohne tierisches Reservoir verbreiteten. Und das ist nur die in diesem Buch ausschnittsweise behandelte Spitze eines zoonotischen Eisbergs. Jede dieser *emerging infectious diseases* – oder kurz EID – mag neu sein, isoliert aber sind sie nicht. Zu ihnen gehören auch die hier ausgeklammerten, von Insekten (vor allem Stechmücken) oder Spinnenverwandten (beispielsweise Zecken) übertragenen Seuchen wie etwa Zika und Chikungunya – ganz zu schweigen von Gelbfieber, Malaria und Dengue, dem West-Nil- oder Krim-Kongo-Fieber, von Infektionen wie Leishmaniose, Lyme-Borreliose und Leptospirose. Welch ein Aufgebot an Seuchen im Angesicht unserer ungeheuren anthropozentrischen Anmaßung, die uns dazu bringt, die tatsächliche Lage und die Zusammenhänge zu verkennen.

Corona war nur eine Frage der Zeit – und zugleich ihre Folge. Dass diese oder eine andere Zoonose sich ereignen würde, ist vielfach vorhergesagt worden. Die jüngste Corona-Pandemie, die Ende 2019 ihren Ausgang nahm und uns noch immer beschäftigt, nimmt sich wie die zwangsläufig wirkende Fortsetzung einer Serie von Seuchen aus. Sie steht nicht nur in direkter Linie früherer Ausbrüche alter und neuer Zoonosen, sondern wirkt geradezu als Konsequenz des Irrtums über und der Ignoranz gegenüber Infektionskrankheiten. Und sie offenbart die Illusion von der Kontrolle viraler Krisen just als solche. So gesehen lassen sich die extremen Emotionen (und auch ideologischen Auswüchse) in diesem Zusammenhang letztlich als Ausdruck einer plötzlich erkannten Hilflosigkeit deuten, die sich gerade bemerkbar machte, als weder Medikament noch Impfung zur Verfügung standen.

Doch Viren wie Bakterien und der nicht selten mit ihnen verknüpfte Tod gehören zum Leben. Und zu den Gewissheiten dieses Lebens gehört auch, dass es ein Einhegen dieser Erreger nicht geben kann, wie uns die Evolutionsbiologie zeigt. Vor allem aber gehört dazu die Erkenntnis, dass die bekannt gewordenen Ausbrüche lediglich für viele andere zoonotische Zufälle ohne Zahl stehen, für jene abgebrochenen evolutionären Experimente allgegenwärtiger Erreger, von denen wir nur ahnen können, wie knapp und glücklich wir ihnen bisher entgangen sind. Denn wir wissen nichts von den meisten der sich immer wieder ereignenden Übersprünge von einem Tier auf den Menschen, die sich irgendwo auf der Erde ereignen – in einem abgelegenen Dorf an den Rändern des afrikanischen Regenwalds oder in den Bergen Asiens – und die gänzlich unbemerkt bleiben oder vielleicht nur zum lokalen Aufflackern eines Ausbruchs führen; die erlöschen, bevor sich ihre Erreger ausbreiten können.

SCHWARZER ELEFANT STATT SCHWARZER SCHWAN

Dass es zu Covid-19 kam, war alles andere als überraschend, es war geradezu erwartbar gewesen. Statt eines vermeintlichen *Schwarzen Schwans* – eines seltenen und unvorhersehbaren Ereignisses – sind durch Zoonosen ausgelöste Pandemien eher so etwas wie *Schwarze Elefanten*: ein gedanklicher Hybrid zwischen dem *Schwarzen Schwan* eines unwahrscheinlichen, unerwarteten Ereignisses mit erheblichen Auswirkungen und dem sprichwörtlichen *Elefanten im Raum* für ein zwar bekanntes Problem, das jedoch trotzdem von jedem ignoriert wird.[4] Zoonotische Pandemien sind *Schwarze Elefanten* in dem Sinne, dass das Problem zwar hinreichend bekannt ist, aber sich niemand damit befassen möchte und daher jeder vorgibt, es existiere gar nicht. Wenn das

Problem dann auftritt, gibt man vor, überrascht zu sein, spricht wahlweise von Jahrhundert- oder Naturkatastrophe, eben als sei es ein *Schwarzer Schwan* – so selten und unvorhersehbar, dass man sich unmöglich darauf vorbereiten konnte. Weil man genau dies zuvor versäumt hatte.

Die wahre Geschichte der jüngsten Epidemien und Pandemien ist daher nicht zuletzt auch eine des fortgesetzten Verkennens und unseres bisherigen Versagens im Angesicht der Krise. Denn was uns, statt die Pandemie als vermeintlich unvorhersehbare Naturkatastrophe zu betrachten, längst hätte klar werden müssen: Bei unserem Umgang mit Seuchen krankt es an vielem, insbesondere an einer fundierten Ursachenforschung. Dabei verhält es sich mit Pandemien wie mit Krankheiten selbst: Sie lassen sich nur heilen, wenn man zuvor die richtige Diagnose stellt. Dazu gehört als erste Einsicht, dass durch Mikroben ausgelöste Plagen zu unserer Geschichte wie zum Leben überhaupt dazugehören, auch heute noch. Und als zweite Einsicht: dass Epidemien mit globaler Auswirkung zunehmen, gerade weil sie als Zoonosen engste Verbindungen zu einer Ökologie haben, die den Menschen nicht nur als beständigen Teil der Natur ausweisen, sondern mittlerweile als einen Global Player, der seine Verortung in einer von ihm geschaffenen neuen Umwelt nicht verleugnen kann. Sprich: Wir schaffen uns unsere Seuchen, seit wir selbst zum Evolutionsfaktor geworden sind. Was uns daher viel mehr Sorge bereiten sollte als die vermeintliche Unvorhersehbarkeit der Krise, sind die eigentlichen Auslöser und Gründe für die stetige Zunahme von Epidemien überall auf der Welt.

Seuchen sind, wir haben es im vorigen Teil des Buches gesehen, weder die Strafe Gottes noch *force majeure* – also keine höhere Gewalt, kein unabwendbares zufälliges Ereignis. Vielmehr sind sie etwas, was sich vernünftigerweise erwarten lässt und bei entsprechender Sorgfalt vermieden werden kann. Denn Pandemien sind keine Naturkatastrophen, sie sind Naturereignisse. Sie sind indes keine Meteoriteneinschläge: Sie fallen nicht vom Himmel, sondern haben irdische Ursachen, die in der Zoologie begründet liegen. Sie sind eher das, was für den Geologen Erdbeben sind; und als unmittelbar von dieser Welt haben sie eine eigene Naturgeschichte. Die sie verursachenden Erreger jeder Epoche, allen voran die *emerging viruses*, entstanden nicht grundlos aus dem Nichts. Viele von ihnen sind auch keineswegs neu, und die von ihnen ausgelösten Seuchen kehren auch nicht wirklich wieder zurück – vielmehr waren ihre Erreger nie weg, sondern zirkulieren lange in den jeweiligen Tieren, etwa in Nagern (wie Mäusen und Rennmäusen, Murmeltieren und Ratten), in Wildvögeln und Fledertieren, in Affen und Antilopen – oft ohne dass diese Tiere selbst daran erkranken; oder in Rindern, Schweinen, Geflügel und anderen domestizierten Arten.

Tiere also als Täter, einige wie Fledermäuse oder Nager als geradezu professionelle »Virenschleudern« – und der Mensch als Opfer? Nein. Denn nicht die Mikroben finden uns, sondern wir Menschen suchen sie geradezu auf. Wenn Viren dazu führen, dass Epidemien ausbrechen, zeigt dies nur, wie sehr wir Menschen in den Lebensraum von Tieren eingedrungen sind und mit ihnen in Kontakt kommen oder gar zusammenleben, von welcher Natur wir umgeben sind und wie wir mit ihr umgehen. Pandemien zählen – keineswegs erst seit heute, sondern bereits seit 10 000 Jahren – zu den Folgen unseres Fortschritts, sie sind Wegmarken unseres globalen Wirkens. Denn nicht die Mikroben allein verändern sich; wir haben uns verändert. Auf ihre Weise erzählen Viren und Bakterien von den großen Entwicklungslinien unserer eigenen evolutiven Erfolgsgeschichte – davon, wie wir zum mittlerweile entscheidenden Evolutionsfaktor auf der Erde wurden, aber auch davon, wie wir dadurch weitere Zoonosen befördern werden. So wird diese Krise zur Normalität. Neue Erreger tauchen auf, bekannte treten anderswo auf als bisher, sie wechseln ihren Wirt und werden virulent.

Wenn wir uns davor schützen wollen, müssen wir endlich verstehen, was bei Pandemien wirklich passiert. Wir müssen die zoologische Grundierung und ökologische Bedingtheit von Epidemien ebenso erkennen wie den erheblichen Beitrag, den wir selbst durch unsere Lebens-, Verhaltens- und Wirtschafts- weise dazu geleistet haben, dass neue Infektionskrankheiten hervorgelockt wurden. Das war bei Masern, Pocken und Pest so; das ist so bei Aids, Ebola und Corona. Deren Naturgeschichte ist zugleich der Schlüssel dazu, wie wir fortan mit den Erregern und den von ihnen ausgelösten Seuchen umgehen. Die aktu- elle Pandemie mag irgendwann zu Ende gehen, aber Seuchen werden nicht verschwinden. Dabei wird es trotz des neuen Wis- sens über die Auslöser von Infektionskrankheiten unmöglich sein vorherzusagen, wo wann welcher Erreger auftaucht. Und da sich Epidemien trotz aller Anstrengungen nicht werden ver- hindern lassen, sollten wir wenigstens lernen, sie zu überleben und besser mit ihnen zu leben. Darum soll es hier gehen: die eigentlichen Ursachen von Pandemien zu erkennen und zu be- nennen. Und das folgende Kapitel beschreibt, wie sich daraus eine Therapie entwickeln lässt.

EIN NEUES EPIDEMISCHES NARRATIV

Jede Gesellschaft und jede Zeit schaffen sich auch insofern ihre eigenen Krankheiten, als sie dazu eine jeweils passende Erzäh- lung entwickeln. Blicken wir auf ein Beispiel zurück: Nachdem am Ende des 19. Jahrhunderts die medizinische Bakteriologie in Berlin zur unumstrittenen Leitwissenschaft geworden war (den Optimismus einer seuchenlosen Zukunft eingeschlossen) und Robert Koch die wilhelminische Infektiologie im deutschen Kai- serreich martialisch als Seuchenfeldzug, den Kampf gegen die Mikroben als Vernichtungskrieg gegen einen unsichtbaren Feind inszenierte, hatten andere Bühnenbilder es schwer.[5] Noch lange hat sich in der Rhetorik diese frühere Betrachtungsweise erhalten; bis heute ist die Rede von einem erfolgreichen Angriff der Mikroben, vom Kampf gegen den Erreger, von Verteidigungsfronten des Wirtes. Noch führen wir Krieg gegen das Virus.

Andererseits werden diese Sprachbilder in unseren Tagen abgelöst durch ökologisch geprägte Vorstellungen des symbiotischen Miteinanders von Wirtsorganismus und seinen Bewohnern, von Ko-Evolution, vom Kräftespiel zwischen Wirt und Pathogen, von Gleichgewichtsannahmen und gar einem friedvollen, harmonischen Zusammenleben. Interessanterweise wurde aus dem einstigen »Bakterienjäger« der in unserer Zeit medial in Szene gesetzte »Virenjäger« und »Seuchenfahnder«, der in (tatsächlich eben nicht mehr) entlegenen Wäldern auf der Suche nach dem Ursprung (vermeintlich) seltener Fieber ist, wie etwa die prominenten Virenökologen Nathan Wolfe oder Fabian Leendertz. Deren mediale Inszenierung personifiziert das neue Narrativ unserer Zeit.[6]

Allerdings müssen wir diese Metaphorik hier gleich enttarnen, weil wir im Folgenden eben nicht allein die Herkunft von »Dschungelviren« behaupten wollen, von Erregern aus dem Regenwald, die erst neuerdings und unvermittelt auftauchen. Vielmehr haben wir gesehen, dass Influenza-Epidemien wie Vogel- und Schweinegrippe oder die Corona-Pandemien direkt vor unseren Augen entstehen, durch Massentierhaltung und oft verbunden mit dem Wildtierhandel. Die Kampflinie – wenn wir bei diesem Bild bleiben wollen – verläuft mithin gerade am Rande des Urwaldes und mitten durch unsere Viehställe und Millionenstädte. Tatsächlich sind die neuen Schlachtfelder des Mikrobenkrieges unserer Tage die Massenkultur der Schweine-, Geflügel- und Pelztierzuchtbetriebe, aber auch unsere Millionen-Menschen-Megacitys. All dies zusammen ermöglicht erst die modernen globalen Seuchen.

Die Handlung gleicht dabei zusammengenommen durchaus dem Plot von Richard Prestons *Hot Zone* von 1994 und Steven Soderberghs Kino-Thriller *Contagion* aus dem Jahr 2011.[7] Die Rodung tropischer Wälder für Weide- und Ackerland treibt Fledertiere an den Rand ihres Lebensraumes, wo vor allem große Schweinefarmen entstehen. Wenn sie sich in Bäumen nahe der Schweinekoben niederlassen und über diesen urinieren, infizieren sie die massenhaft und beengt gehaltenen Nutztiere des Menschen mit Viren. Wenn dann die erkrankten Schweine geschlachtet werden müssen, stecken sich dabei Menschen an, die auf den Schlachthöfen unter oft fragwürdigen hygienischen Verhältnissen arbeiten. Diese geben das Virus an viele andere weiter, die reihenweise daran sterben, nachdem jeder von ihnen die Seuche über unsere eng verknüpften Verkehrsnetze weiter in die Welt hinausgetragen hat.

Damit sind die wesentlichen epidemiologischen Puzzleteile zusammen, um moderne Pandemien als Folge menschlichen Handelns zu illustrieren, insbesondere als Konsequenz einer fatalen Kombination aus planetarer Naturzerstörung und maßloser Massentierhaltung. Das neue epidemische Narrativ dreht sich im Kern um unseren ausbeuterischen Umgang mit den natürlichen Ressourcen, um die Plünderung von Lebensräumen und Lebewesen dieses Planeten. Als einer der Haupttreiber für neu auftretende zoonotische Infektionskrankheiten ist die Umwandlung von unberührten Naturlandschaften in Agrarflächen auszumachen. Weil die Wildnis zerstört wird und schrumpft, weil vor allem die an Arten reichen Regenwälder gerodet werden, weil riesige Flächen entwaldet und die entstandenen Agrarflächen immer intensiver landwirtschaftlich genutzt werden, weil wir gleichzeitig Nutztiere zu Millionen halten. Aber auch durch Jagd und Wilderei, durch weltweiten Handel und Schmuggel, über Wildtiermärkte und den Verkauf von *bushmeat* kommen die Erreger neuer Infektionskrankheiten zu uns – mitten hinein in die Millionenstädte, von wo aus sie mit den globalen Verkehrs- und Handelsströmen in alle Welt getragen werden. Just jene Faktoren, denen wir die Zunahme des allgemeinen Wohlstandes und die Verbesserung der Gesundheitslage verdanken, also vor allem globaler Austausch durch Handel und Verkehr, aber auch Arbeitsmigration und Verstädterung, haben uns zunehmend verwundbar für Pandemien gemacht.

Damit sind die wesentlichen Ursachen scheinbar klar. Doch müssen wir beim genaueren Hinsehen erkennen, dass sie meist unspezifisch und vage benannt werden. Da heißt es etwa: Das Auftauchen von HIV und Ebola-Viren, von Marburg, Lassa und Affenpocken in Afrika, von Hanta in Nordamerika und von Hendra in Australien, von Nipah sowie der Mers- und Sars-Coronaviren in Asien oder von Dutzenden anderen exotischen Erregern sei eine Folge der zunehmenden Eingriffe des Menschen in die Natur, insbesondere der Vernichtung tropischer Lebensräume. »Wir fällen Bäume, töten Tiere oder karren sie eingepfercht auf den Markt. Wir zerrütten Ökosysteme und schütteln Viren aus ihren natürlichen Wirten. Wenn das passiert, brauchen die Viren einen neuen Wirt. Oft sind es dann wir«, so beschrieb es etwa der Beststellerautor und Wissenschaftsjournalist David Quammen im Januar 2020.[8] Doch brauchen Viren den Menschen wirklich als neuen Wirt?

Meist sind all die genannten Faktoren kaum einmal quantitativ erfasst oder ihr Zusammenwirken mit Zoonosen kaum genauer untersucht: Das Vordringen des Menschen in abgelegene Wildnis, der Verlust der Artenvielfalt durch Landnutzungsänderungen – wie die Naturzerstörung durch Abholzung, die Schaffung von Agrarflächen und Ansiedlungen für Verkehrswege und Infrastruktur euphemistisch genannt wird –, der Klimawandel sowie sozioökonomische Treiber wie internationaler Handel und Verkehr, die Effekte der Globalisierung, aber auch bewaffnete

Konflikte und Armut. Und doch können wir sicher sagen, dass all dies tatsächlich zu einem Vermischen der weiterwachsenden Menschheit mit wild lebenden sowie vom Menschen genutzten Tieren geführt hat – und damit zu einem allgegenwärtigen Austausch ihrer Mikroben, was neue Pathogene entstehen lässt und sie vermehrt zum Vorschein bringt.[9]

DIE RACHE DES PANGOLIN? THESEN ZUM AUFTAUCHEN VON PANDEMIEN

Bei Ausbruch der aktuellen Corona-Pandemie hatten anfangs viele Menschen das (wenngleich meist nur vage) Gefühl, dass es durchaus unsere Missachtung der Natur, der rücksichtslose Raubbau an den Ressourcen und unsere Respektlosigkeit gegenüber anderen Lebewesen sind, die uns in diese Situation gebracht haben; dass wir selbst im Grunde diese Pandemie verursacht haben. Aus dieser Ahnung heraus kommt wohl auch die nicht minder vage Vorstellung von einer Revanche des Planeten Erde – oder ebenjene von der hier titelgebenden »Rache des Pangolin«.[10]

Konkret benannt wurden dann meist Waldrodungen, die Jagd auf Wildtiere und deren Verkauf auf afrikanischen und asiatischen Märkten, aber ebenso die intensive Agrarwirtschaft, insbesondere die Bauernhöfe rund um die Welt, wo wir Milliarden von Tieren zusammenpferchen. Allgemeiner gefasst: Überbevölkerung, Urbanisierung und Globalisierung, die fortschreitende Zerstörung und Zerstückelung natürlicher Lebensräume der Tiere und das Artensterben – verklausuliert als weltweite Verdichtung und damit Neugestaltung der globalen Biosphäre.[11] Tatsächlich verändern wir den gesamten Planeten. Damit liefert der Faktor Mensch die äußeren Bedingungen, die es Viren zunehmend ermöglichen, über die Artgrenzen hinweg von bestimmten Wirtstieren auf uns überzuspringen. Es gab sie schon früher, aber damit macht der Mensch jetzt die pandemischen Zoonosen zur prägnanten Signatur der Moderne; mit fatalen Auswirkungen auf unser Leben wie auch für das Überleben der Menschheit. So weit das neue Narrativ.

Doch wissen wir wirklich sicher, dass Pandemien häufiger werden, wenn wir Regenwälder abholzen und Lebensräume verändern, die Massentierhaltung weiter ausbauen, Wilderei nicht bekämpfen, *bushmeat* und *wet markets* nicht rigoros verbieten? Wie so oft, wenn es um unser Verhältnis zur Natur geht, werden auch im Angesicht der pandemischen Krise schnell vage Vermutungen als gesetzt hingenommen, obgleich sie sich wissenschaftlich möglicherweise ganz anders darstellen. Leicht sind wir versucht, Feststellungen und Folgerungen aus gegebenen Fakten derart aufzufassen, dass sie sich in unsere lieb gewonnenen Vorstellungen fügen. Wer von der Ökologie und vom Gedanken der Nachhaltigkeit überzeugt ist, wird in der Krise fordern, dass wir endlich unsere ruinöse Wirtschaftsweise aufgeben und umstellen müssen. Wer längst die Grenzen des Wachstums für real hält, wird *degrowth* empfehlen. Wer schon vorher Krise durch Konsum sah, wird sich erst recht bestätigt fühlen. Wer vorher China kritisch gesehen hat (Gründe dafür liefert das Regime genug), wird sich erst recht bestätigt fühlen. Und so weiter. Die Krise der Pandemie liefert nur die Bestätigung all dessen, was man ohnehin schon wusste – oder wenigstens für richtig angesehen hat. Nichts heiligt die eigenen Ideen mehr als ein welterschütterndes Ereignis und legitimiert die daraus abgeleiteten, auf Läuterung zielenden Lehren.

Doch eine solche Forderung zu Umdenken und Verhaltensänderung braucht eine saubere Untersuchung der tatsächlichen Ursachen. Im Fall der Zoonosen ist das zum einen die Frage, ob es einen belegbaren Zusammenhang zwischen dem Grad der Zerstörung von Ökosystemen und dem Ausbrechen der Infektionskrankheiten gibt. Wir müssen zeigen können, dass es Epidemien und Pandemien nicht nur weiterhin gibt, wie immer schon in der Menschheitsgeschichte; sondern dass die Häufigkeit, mit der sie in den vergangenen Jahrzehnten aufgetreten sind, tatsächlich zugenommen hat. Daraus ließe sich dann die Vorhersage ableiten, dass Zoonosen zukünftig weiter zunehmen werden. Zum anderen geht es um die Frage, ob sich die Naturzerstörung (die an sich schlimm genug ist) auch gegen ihren Zerstörer – uns Menschen – richtet, wenn immer mehr Lebensraum der Wildtiere zerstört wird und ihnen die Dörfer im Regenwald immer näher rücken, wenn sie vom Menschen immer mehr bejagt und gegessen werden.

Wenn wir fragen, ob und warum wir tatsächlich in einem Zeitalter der Zoonosen leben, gibt es darauf indes nicht die eine einfache Antwort; vielmehr zeichnet sich bei der Untersuchung der Ursachen die beunruhigende Erkenntnis ab, dass die einzelnen Komponenten in komplexer Weise miteinander verbunden sind. Das macht die Krise über die einzelnen Faktoren hinaus kompliziert und eine Lösung nicht eben leichter. Wir leben in einer Welt, die nie zuvor in der Geschichte von so vielen Menschen so dicht bewohnt war. Dadurch besiedelt der Mensch inzwischen auch abgelegenste Winkel und bringt Plantagenanbau und Tierhaltung dorthin, wo hochinfektiöse Wildtiere leben. Verknüpft mit der Zunahme der schieren Zahl an Menschen ist heute zudem der Umstand, dass es keinen Ort der Erde mehr gibt, der nicht in weniger als zwei, längstens drei Tagen von jedem anderen Ort zu erreichen wäre; jedenfalls in kürzerer Zeit, als ein mit einem neuen, unbekannten Erreger Infizierter erkrankt. Immer mehr interkontinentaler Flugverkehr und immer mehr internationale Tiertransporte bedeuten auch, dass die Welt ein immer größerer Lebensraum für Mikroorganismen wird. Weil wir so viele und so mobil geworden sind, sind auch die Erreger so versatil wie niemals zuvor: beweglich, gewandt und ruhelos, dabei vielseitig und wandlungsfähig.

Ein zweiter Punkt ist, dass die Vernichtung von Lebensräumen Menschen und Wildtiere ungewollt näher zusammenrücken lässt, auf einer Erde, deren feste Oberfläche ihre natürliche Bedeckung mit Wald über die vergangenen Jahrtausende und dann, immer schneller, während der letzten Jahrhunderte bereits zur Hälfte verloren hat und inzwischen zu drei Viertel durch den Menschen geprägt ist – insbesondere durch intensive Landbewirtschaftung, die anderen Arten immer weniger Raum zum Leben lässt. Wir alle tragen durch unser Konsumverhalten zu dieser Vernichtung von Lebensräumen bei; etwa bei der Rodung von Regenwäldern für den Anbau von Palmöl in Südostasien oder für den Sojaanbau in Südamerika. Wir machen uns damit nicht nur des größten Artensterbens schuldig, das unser Planet seit dem Aussterben der Dinosaurier erlebt hat, sondern riskieren zusätzlich die Ausbreitung gefährlicher Seuchen durch den Kontakt zu Wildtieren an den vorrückenden Fronten der Besiedlung und in den letzten Restlebensräumen, in die wir vordringen.

Drittens: Wir halten so derart viele Nutztiere auf engstem Raum, vor allem zu unserer Ernährung, aber zum Beispiel auch für die Pelzzucht. Neben den Wildtieren führte damit seit Beginn der Sesshaftigkeit ein zweiter wichtiger Infektionsweg epidemischer Zoonosen von verschiedenen Nutz- und Haustieren zum Menschen, bei dem sich durch Mutationen verursachte Erreger dann auch von Mensch zu Mensch verbreiteten. Wir verdanken diesem Vorgang nicht wenige unserer Kinderkrankheiten – und heute neue Epidemien.

Viertens ist mit dem Vordringen des Menschen in abgelegene Lebensräume auch verbunden, dass Wildtiere nicht mehr nur auf die lokalen Märkte kommen. In Afrika spielt dies etwa bei HIV und Ebola eine Rolle, in Asien bei den Coronaviren, die zu den beiden Sars-Seuchen geführt haben. Zunehmend spielt auch der internationale Wildtierhandel eine Rolle, bei dem wir uns zu selten eine Vorstellung von dem enormen Ausmaß machen, den dieser angenommen hat, und der über Länder, Regionen und Kontinente hinweg für die Verbreitung von Erregern sorgt.

Wir leben, so die zentrale These, seit Langem durch all dies über unsere biologischen Verhältnisse. Obgleich in erdgeschichtlicher Perspektive gleichsam nur eine Eintagsfliege der Evolution, beeinflusst *Homo sapiens* neben der Geosphäre zunehmend auch die Biosphäre der Erde. Spätestens im Zuge der sogenannten *Great Acceleration* im neuen Zeitalter des Anthropozäns (seit der zweiten Hälfte des 20. Jahrhunderts) zum entscheidenden Evolutionsfaktor geworden, verursacht der Mensch erhebliche Veränderungen der Biodiversität, die zum Artenwandel führen. Dabei kommt es inzwischen durch *biological annihilation* und *defaunation* zu einem globalen Rückgang der biologischen Vielfalt, bei dem nicht nur das Vorkommen und die Verbreitung unzähliger Arten schrumpfen (die regional sogar schon vollständig verschwunden sind), sondern auch die biologische Funktionalität ganzer Ökosysteme beeinträchtigt wird.[12] Während viele wild lebende Arten im Bestand zurückgehen, nehmen – neben den Nutztieren des Menschen: vom Rind und Schwein bis hin zum Dromedar – auch einige Arten in der Nähe der weiterhin exponentiell wachsenden Bevölkerung des Menschen im Bestand zu, insbesondere Nagetiere (von Mäusen und Rennmäusen bis hin zu Ratten).

In der historischen Perspektive auf Zoonosen wird klar, dass zwar keiner der relevanten Erreger menschengemacht ist (im Sinne etwa einer Laborthese wie bei Sars-CoV-2), dass der Mensch aber sehr wohl bei den daraus resultierenden Epidemien und Pandemien seinen Teil dazu beiträgt, die modernen Plagen mithin durchaus seinem Wirken geschuldet sind. So können wir als zentralen Befund der hier im Buch untersuchten Beispiele zum Ursprung und Übersprung von Viren und Bakterien festhalten: Wo immer in der Vergangenheit und Gegenwart der Kontakt des Menschen mit Wildtieren zunimmt, kommt es vermehrt zum *spillover* und infolgedessen zum Ausbruch von Seuchen. Je mehr der natürlichen Ökosysteme wir im Laufe der Zeit verändert haben oder gar zerstören, desto größer ist die Gefahr, dass immer mehr Menschen mit neuen Krankheitserregern in Kontakt kommen, die bisher mit Tieren koexistierten. Und wir stellen erstaunt ein ökologisches Paradoxon fest: Wo die Biodiversität sinkt, nimmt die biologische Verursachung von Infektionskrankheiten zu. Wo wir Wildnis und Lebensmöglichkeiten von Tieren beschneiden und zugleich neue Überlebenschancen für einige wenige andere schaffen, steigt die Gefahr zoonotischer Übersprünge von Erregern, die zu Seuchen führen können. Zugespitzt formuliert: Wo Artenvielfalt abnimmt, nehmen Zoonosen zu. Erst dadurch vermögen ursprünglich nur in abgelegenen Lokalitäten der Erde auftretende zoonotische Pathogene immer mehr Menschen zu erreichen, dabei ihre Ursprungsregion zu verlassen, Grenzen zu überwinden und so in Windeseile die Welt zu erobern, wie uns dies zuletzt in unserer Zeit etwa HIV oder Sars-CoV-2 vorgeführt haben.[13]

Die dadurch ausgelösten Pandemien aber werden wir letztlich nicht mit ebenjenen Prinzipien bekämpfen oder gar verhindern können, die diese erst hervorgebracht oder wenigstens mit verursacht haben. Doch bevor wir zur Therapie kommen, müssen wir zunächst einen wesentlichen Aspekt der Diagnose näher beleuchten, der von zentraler Bedeutung für die deshalb so titulierten *newly emerging infectious diseases*, die neuen EIDs, ist: dass nämlich die jüngst zunehmende Zahl an Zoonosen ein deutliches Zeichen für die erheblichen Umweltveränderungen des Anthropozäns, des menschlichen Zeitalters, sind. Es ist alles andere als Zufall, dass mit der jüngst ausgerufenen Epoche einer Menschenzeit, deren Beginn recht willkürlich auf das Jahr 1950 gelegt wird, auch EIDs vermehrt auftreten.[14]

NEWLY EMERGING –
NEHMEN EIDS WIRKLICH ZU?

Zoonosen gehören zu den Risiken und Nebenwirkungen unseres Lebensstils – immer schon. Als steinzeitliche Jäger und Sammler kannten wir Tollwut, Tuberkulose und Gelbfieber. Mit der Neolithischen Revolution vor rund 10 000 Jahren, die Sesshaftigkeit, Ackerbau und Domestikation mit sich brachte, kamen Pest und Pocken, Masern, Mumps und andere Infektionen dazu, die uns als Kinderkrankheiten erhalten geblieben sind. Neuerdings nun kämpfen wir mit HIV und Ebola, Influenza, Sars, Mers und jüngst Corona oder Affenpocken.

Als Muster zeichnet sich dabei ab, dass alle modernen Seuchen Zoonosen sind, die von Wildtieren auf den Menschen kamen, während alle anderen früheren, etwa Pocken und Masern, von Nutztieren auf uns übersprangen, mit denen wir seit einigen Tausend Jahren zusammenleben – begünstigt nicht nur dadurch, dass unsere Zahl zunahm, sondern auch die unserer Nutztiere. Angesichts der Attacke neuer Infektionskrankheiten spricht der britische Medizinhistoriker Mark Honigsbaum von einem Jahrhundert der Pandemien. Werfen wir einen kurzen Blick auf die Fakten, um zu beurteilen, ob es neuerdings tatsächlich mehr Plagen und Pathogene gibt.

Zuerst einmal: Die Welt der Erreger ist enorm groß und vielfältig – und wir kennen allenfalls einen Bruchteil der Mikroben. So umfasst die Virosphäre, grob geschätzt, 1,6 Millionen Viren. Allein bei den uns am nächsten stehenden und am besten untersuchten Säugetieren, so rechnen Fachleute, dürfte es um die 320 000 Viren geben, die der Menschheit potenziell gefährlich werden können. Davon sind vielleicht gerade einmal zehn Prozent dokumentiert. Andere Quellen rechnen vor, dass im Schnitt während des letzten Jahrhunderts zwei neue Virenarten pro Jahr berichtet wurden, die sich in Menschen fanden, Tendenz steigend. Andere Experten gehen eher von 40 000 Viren aus, die es hier noch zu entdecken gilt und von denen sich etwa ein Viertel als zoonotisch erweisen könnte. Allein während eines *Predict* genannten Forschungsprojektes von 2009 bis 2019, bei dem erstmals in diesem Maßstab gezielt und systematisch mehr als 160 000 Proben in 30 Ländern analysiert wurden, fanden sich knapp 950 neue zoonotische Viren. Dass man bisher nur die Spitze des Eisbergs entdeckt hat, belegt auch die gezielte Suche während der vergangenen anderthalb Jahrzehnte, bei der allein um die 500 Coronaviren in chinesischen Fledermäusen entdeckt wurden.[15] In den letzten zwei Jahrzehnten sind mit Mers, Sars-1 und Sars-2 drei humane Coronaviren aufgetreten – mit erheblichen Folgen. Und vergessen wir nicht, dass vermutlich eine durch Coronaviren ausgelöste Pandemie bereits vor mehr als einem Jahrhundert schon einmal eine Seuche ausgelöst hat.

So unbekannt die vermeintlich schlummernde Virosphäre ist – tatsächlich ist es mehr als nur ein Eindruck, dass *emerging infectious diseases* immer schneller hintereinander auftauchen. Mehrere Studien zeigen übereinstimmend, dass solche Krankheitsausbrüche über die letzten 40 Jahre signifikant zugenommen haben. Bei rund 40 zoonotischen Viren, die Experten ausgemacht haben und denen sie Pandemie-Potenzial unterstellen, werden die Abstände kleiner, in denen Epidemien auftreten oder sich gar zu Pandemien auswachsen. Auf diese Weise haben seit Mitte des vergangenen Jahrhunderts Ausbrüche von Zoonosen deutlich zugenommen. Zwischen 1940 und 2004 gab es 335 Ausbrüche von neu aufgetretenen Infektionskrankheiten, mit der größten Zunahme in den 1980er-Jahren (als es vor allem auch zur Ausbreitung von Aids kam).[16]

Allerdings haben nur vergleichsweise wenige Viren große Epidemien ausgelöst. In den vergangenen 100 Jahren sind im Schnitt zwei Virusinfektionen pro Jahr auf den Menschen übergesprungen – Sars, Mers, Vogelgrippe und Covid-19 eingerechnet. Doch allein in den vergangenen vier Jahrzehnten, zwischen 1980 und 2017, kam es zu mehr als zwei Dutzend solcher Ausbrüche weltweit. Und die Gefahr steigt. Denn wir befinden uns ohne Zweifel in einer pandemischen Ära, in der jederzeit mit regionalen, nationalen und globalen Epidemien zu rechnen ist, warnen vor allem Tropenmediziner.[17] Zwar sind die meisten Ausbrüche lokal begrenzt, und typischerweise sind weniger als hundert Menschen betroffen; aber die Experten haben keinen Zweifel, dass die Epidemien zunehmen und größer werden. Wobei nicht nur die Zahl der EIDs selbst zulegt, sondern auch die Fallzahlen bei den einzelnen Ausbrüchen steigen. Ebola ist so ein Beispiel, wo es im vergangenen Jahrzehnt zu deutlich mehr Infizierten und Toten kam als bei den Ausbrüchen zuvor. Gut belegt ist dies auch für Affenpocken, die nicht nur um mehr als das Zehnfache an Infizierten zugelegt haben. Zudem stieg auch das Alter der daran Erkrankten von im Durchschnitt vier Jahren in den 1970er-Jahren auf inzwischen 21 Jahre.[18]

Einig sind sich alle: Die Krise »is not simply accumulating, it is accelerating«.[19] Allein die Virenwelt macht den Planeten zu einem evolutionären Minenfeld, mit enorm potenten Erregern und neuerdings Milliarden von Menschen, die sich darin wie Schlafwandler bewegen. Ganz abgesehen von ihren Nutztieren, in denen die Pathogene ebenso geeignete neue Wirte finden. Jedenfalls wird einmal mehr klar, dass Corona kein Einzelfall und Covid-19 nicht die Krise ist; die wahre epidemiologische Krise sind die EIDs insgesamt.

NEUE UMWELTEN BIETEN EVOLUTIVE CHANCEN

Zoonosen machen knapp zwei Drittel aller neu auftretenden Infektionskrankheiten aus, wie wir gesehen haben, wobei 70 Prozent von Wildtieren stammen. Beinahe alle in den vergangenen drei Jahrzehnten neu aufgetretenen Infektionskrankheiten haben ihren Ursprung in Tieren. In Kontakt mit zoonotischen Viren kommen am häufigsten Menschen, die einerseits direkt mit Wildtieren oder ihren Produkten zu tun haben, insbesondere mit Affen oder Fledertieren, also Flughunden und Fledermäusen; sowie andererseits jene, die Nutztieren wie Schweinen oder Hühnern nahekommen. Unter den tierischen Überträgern ließen sich am häufigsten Säugetiere und hier insbesondere Fledertiere und Nagetiere ausmachen; unter den Letzteren vor allem solche, die uns als sogenannte Kulturfolger seit jeher begleiten, wie die allgegenwärtigen Mäuse und Ratten.

Epidemiologen haben zudem jüngst ein interessantes Muster entdeckt. So waren unter den Pathogenen, die die großen Ausbrüche verursacht haben, in der Vergangenheit stets Viren statt Bakterien, und zwar am häufigsten solche, die durch Zwischenwirte übertragen wurden, wie etwa bei Mers und Sars, und eher selten direkt aus der Umwelt stammen. Dagegen verursachen Bakterien eher Ausbrüche, die durch mit ihnen kontaminierte Nahrung und Wasser entstanden – allen voran Tuberkulose und später Cholera.[20] Wie wir zudem gesehen haben, wurde von den Virusarten, die bei insgesamt knapp 590 daraufhin untersuchten Säugetieren vorkommen, etwa die Hälfte auch im Menschen nachgewiesen. Bemerkenswert ist dabei, dass beispielsweise Coronaviren, die in hoher Dichte in Fledermäusen vorkommen, offenkundig sogenannte Generalisten sind. Sie finden nicht nur bei einer oder einigen wenigen spezifischen Tierarten einen Wirt, sondern siedeln sich in einer Mehrzahl von ihnen an. Auch Sars-Cov-2 war nicht besonders gut an seinen neuen menschlichen Wirt angepasst und findet sich daher heute ebenso bei einer Reihe anderer Tierarten, darunter dem zu Unrecht verdächtigten Pangolin.

Wir können absehen, dass es sich um einen – wenngleich

auch bei vielen Experten verfestigten – Mythos koevolutiver Vorstellungen handelt, wonach jedes Virus jeweils seinen spezifischen Wirt hat und nur bei diesem vorkommt. Die Corona auslösenden Viren jedenfalls führen das Gegenteil vor, sie waren wenig spezialisierte, sondern generalisierte Pathogene (die damit auch Fachleute überrascht haben) – was ihren plötzlichen und umwerfenden Erfolg umso eindrucksvoller, aber auch rätselhafter macht. Umso mehr verweist es auf das ungeahnte Spektrum evolutiver Möglichkeiten der Erreger. Und dazu passt eine Beobachtung aus unseren historischen Beispielen: Bestimmte Viren zeichnen sich nicht nur durch ihre Fähigkeit zum Mutieren aus, sondern dadurch, dass sie – wie vor allem die Influenza-Viren belegen – intensiv von der Rekombination Gebrauch machen, also vom Austausch ganzer Gene oder einzelner Genomabschnitte. Das erhöht die genetische Vielfalt und schafft neue evolutive Möglichkeiten. Beides wird uns im Kontext eines evolutionsbiologischen Ausblicks auf Viren noch einmal beschäftigen.

Was sich indes bereits abzeichnet: Anders als die ausschließlich im menschlichen Reservoir vorkommenden Polio- und Pocken-Viren werden Zoonosen nie ganz verschwinden, zumal wenn sie, wie etwa bei Ebola und Covid, ein uns noch nicht genau bekanntes Reservoir in Wildtieren haben und zudem offenbar zwischen den Wirtsarten zu wandern vermögen. Sie sind ein ökologisch rasch bewegliches, evolutiv flexibles Ziel, und es ist deswegen unwahrscheinlich, dass sie je wieder aus der menschlichen Bevölkerung verschwinden, da sie jederzeit aus unbekannten Quellen wieder in diese zurückkehren können.

Doch nicht allein deshalb werden EIDs weiter zunehmen. Jüngste Modellierungen und Simulationen, die etwa die klimatischen Entwicklungen der Erde abbilden, kommen zu dem Ergebnis, dass der vorhergesagte globale Temperaturanstieg und die zunehmende Landnutzungsänderung neue Kontaktstellen vor allem zwischen dem Menschen und Säugetieren schaffen, die als potenzielles Viren-Reservoir fungieren – was die Gefahr des Übersprungs weiterer Viren vergrößert. Einmal mehr wurden dabei Fledermäuse als Hauptakteure im Zoonosen-Theater erkannt. Nicht nur, weil sie Viren beherbergen, sondern auch, weil sie als einzige fliegende Säuger besonders schnell auf klimatische Veränderungen reagieren und ihre Verbreitungsgebiete verschieben können. Da sie sehr mobil sind, ziehen sie neuerdings klimabedingt um. Wie dies etwa Flughunde entlang der Ostküste Australiens bereits getan haben, wo im Verlauf des vergangenen Jahrzehnts der als Überträger von Hendra verdächtigte Schwarze Flughund *Pteropus alecto* weiter nach Süden gewandert ist, wahrscheinlich als Antwort auch auf klimatische Veränderungen des Kontinents. Dieser gut untersuchte und belegte Einzelfall zeigt im regionalen Ausschnitt, was global im Großen zur Regel werden könnte.[21]

Insbesondere die von verschiedenen tierischen Wirten beherbergten Influenza-Viren lösen dank ihrer vielen verschiedenen Subtypen mit wechselhaften genetischen Konstitutionen wohl seit Jahrhunderten immer wieder weltweite Epidemien aus. Das Risiko, dass dabei weitere Vogel- und Schweinegrippen entstehen, die dann auf den Menschen übergreifen, ist heute so hoch wie seit Jahrzehnten nicht. Bereits jetzt sind die jüngsten H5N1- und H5N8-Ausbrüche in Südostasien und weltweit in ihrem Ausmaß historisch einmalig, auch was die Folgen für den Menschen betrifft. Zwar ist, nach den ersten vereinzelten Fällen eines Übersprungs, den Viren eine effiziente Übertragung weiter von Mensch zu Mensch bislang nicht gelungen; doch das kann sich jederzeit ändern.[22]

EIDs werden uns also in Zukunft noch mehr beschäftigen. So drohen weitere aus Tieren überspringende Viren, unsere Welt zu verändern, weil wir Menschen diese bereits massiv verändert haben. Damit schaffen wir eine neue Arena für weitere zoonotische Viren, neue Begegnungsmöglichkeiten mit der Chance zur Evolution, die wir ungewollt beschleunigen. Aus der Historie lässt sich ableiten, dass es einen Faktor im Besonderen gibt, der wiederholt als sichtbares Zeichen eng und ursächlich mit der Zunahme von Epidemien verknüpft ist. Denn immer wieder nahmen Zoonosen just dann zu, wenn auch die Zahl der Menschen zulegte. Früher etwa während der Neolithischen Revolution, dann bei der mittelalterlichen Städtebildung und schließlich während der Industrialisierung und Urbanisierung im 19. und 20. Jahrhundert. Jedes Mal haben die damit einhergehenden rasanten Veränderungen ohnehin für große Herausforderungen gesorgt. Pandemien kamen noch hinzu, wenn wir uns neuen Erregern, denen wir wenigstens anfangs weitgehend wehrlos gegenüberstanden, als geradezu idealer Wirt präsentierten. Grund genug, einen kurzen Blick auf die aktuellen Entwicklungen der Weltbevölkerung zu werfen.

WIR SIND VIELE UND WERDEN VORERST NOCH MEHR!

Zweifellos der größte *Schwarze Elefant* im Raum sind wir selbst. Denn ursächlich ist die schiere Zahl der Menschen nicht nur der wichtigste singuläre Faktor für anthropozäne Veränderungen allgemein, eine stetig wachsende Menschheit bietet auch pandemischen Erregern immer mehr potenzielle Wirte an. Für die jüngste demografische Entwicklung ist nicht eine Ursache allein verantwortlich, sondern eine Vielzahl miteinander verbundener Faktoren, sodass die Bevölkerungsfrage hinsichtlich ihrer Entwicklung und Zusammenhänge nachzuzeichnen eine Wissenschaft für sich ist.[23]

Ein kurioser Umstand, der zunächst kontraintuitiv wirkt, ist dabei, dass nicht etwa die Zunahme der Geburtenrate (diese geht erst neuerdings zurück), sondern der Rückgang der Sterblichkeit den Boom der menschlichen Bevölkerung auslöste. Während der längsten Zeit der Menschheitsgeschichte dürfte die übliche Mortalitätsrate bei etwa 30 Todesfällen auf 1000 Menschen, die erkranken, gelegen haben. In der zweiten Hälfte des 19. Jahrhunderts war sie beispielsweise in England und Frankreich bei 23 beziehungsweise bei 28 auf 1000 Menschen. Weltweit ging die Sterblichkeit von 800 Toten (davon die Hälfte durch Infektionskrankheiten) um 1900 auf 50 per 100 000 Menschen um die Mitte des 20. Jahrhunderts zurück, wovon in den Industrieländern nur noch sechs Prozent durch Infektionen umkamen.

Zuvor war lange Zeit Tuberkulose der Hauptkiller, gefolgt von Ruhr, einer durch Bakterien ausgelösten ansteckenden Durchfallerkrankung, und Typhus, einer ebenfalls durch Bakterien verursachten Infektionskrankheit. Hinzu kamen Scharlach, Diphterie, Keuchhusten und Masern, während andere Krankheiten langsam unter Kontrolle gebracht wurden, so etwa Pest, Pocken oder Cholera. Heute liegt die Sterblichkeit, zumindest in den entwickelten Ländern, nur noch bei acht bis zehn Toten auf 1000 Menschen. Eine ähnliche Entwicklung sehen wir in den vergangenen drei Jahrzehnten auch in den Ländern mit niedrigem und mittlerem Einkommen in Asien und dem südlichen Afrika, wo die Kindersterblichkeit sich halbiert hat, ebenso die Müttersterblichkeit. Die dadurch ausgelöste Bevölkerungsexplosion und der Übergang von Gesellschaften mit hoher Sterblichkeit und hoher Geburtenrate zu einer mit niedriger Mortalität und niedriger Geburtenrate ist unter Fachleuten als *Demografische Transition* bekannt. Neben vielen anderen Faktoren ist dafür der Ausbau der Gesundheitsinfrastruktur verantwortlich. Allerdings wird häufig auch diskutiert, dass die Sterblichkeit bereits zurückging und die Lebenserwartung stieg, bevor Faktoren und Interventionen zum Zuge kamen, denen wir eine verbesserte Gesundheitsfürsorge verdanken.[24]

Schauen wir kurz auf die aktuellen Zahlen: Während am Beginn des vergangenen Jahrhunderts, um 1900, etwa 1,6 Milliarden Menschen auf der Erde lebten, waren es bei der Wende zum 21. Jahrhundert bereits mehr als sieben Milliarden. Im November 2022 hat die Weltbevölkerung die Marke von acht Milliarden geknackt. Jüngst wächst die Zahl der Menschen wieder langsamer (die Wachstumsrate der Weltbevölkerung ist erstmals seit 1950 auf unter ein Prozent pro Jahr gesunken), und die Geburtenrate pro Frau sank von 1990 weltweit 3,2 Kinder auf nur noch 2,3 Kinder pro Frau 2021. Erst bei einem Wert von etwa 2,1 würde die Zahl der Menschen auf dem Planeten stagnieren. Wobei sich die Geburtenraten in den einzelnen Ländern und Regionen stark voneinander unterscheiden. Sie liegt mit 4,7 Kindern pro Frau in Afrika südlich der Sahara, der ärmsten Region der Erde, am höchsten, während Länder mit hohem Einkommen eine durchschnittliche Geburtenrate von 1,8 haben. Während beispielsweise die Geburtenrate in Deutschland nur noch bei 1,5 Kinder pro Frau liegt, wächst die Bevölkerung in einigen Ländern Asiens und Afrikas noch immer stark an, mit den weiterhin höchsten Nachwuchsraten etwa in Mali und Niger, wo Frauen im Mittel bis zu sieben Kinder haben. Dadurch wird die Weltbevölkerung in den kommenden Jahrzehnten laut weitgehend übereinstimmenden aktuellen Prognosen, unter anderem basierend auf den regelmäßig ermittelten Daten der Vereinten Nationen, kontinuierlich weiterwachsen: bis 2030 auf 8,5 Milliarden, bis 2050 dann auf 9,7 Milliarden Erdlinge. Um 2080 könnte es dann in der Spitze und je nach Vorhersagemodell mehr als zehn Milliarden Menschen auf der Erde geben.[25]

Wir wollen hier nicht der – wenngleich entscheidenden – Frage nachgehen, wie in weniger als drei Jahrzehnten knapp zwei Milliarden Menschen mehr als heute ernährt und versorgt werden sollen. Was wir realisieren müssen, ist, dass die Erde im doppelten Sinne überbevölkert ist. In den armen Teilen der Welt leben zu viele Menschen im Elend, in den reichen Teilen verbrauchen wir zu viele Rohstoffe. Beide Formen sind nicht nachhaltig, die Situation ist nicht zukunftsfähig, denn in zu vielen Ländern verbrauchen die Menschen deutlich mehr der Ressourcen, als die Umwelt im gleichen Zeitraum nachliefern kann; und sie hinterlassen mehr Abfall, als die natürlichen Kreisläufe schadlos aufnehmen können. Zwar ist bekannt, dass Wege aus der Bevölkerungsfalle über verbesserte Gesundheitsversorgung einschließlich der Verfügbarkeit von Verhütungsmitteln, bessere Bildung und mehr Wohlstand führen. Auch in Deutschland, wo die Geburtenziffer im 19. Jahrhundert bei vier bis fünf lag, sank sie bis etwa 1930 (also lange vor der Pille) auf unter zwei dank der allgemeinen Alphabetisierung vor allem der Frauen. Doch wirft dies das nächste Problem auf, denn mit mehr Wohlstand in den bisher armen Ländern (als das erklärte Ziel von Entwicklung) steigt auch dort der Ressourcenverbrauch, insbesondere der Hunger nach tierischen Lebensmitteln wie Fleisch und Milch, wie wir dies gegenwärtig in asiatischen Ländern beobachten können. Zum Anstieg der Weltbevölkerung kommt daher in Sachen Ernährung nochmals ein erheblicher zusätzlicher Bedarf an sogenannten Agrarkalorien hinzu – was den Druck auf die Lebensräume erhöht und noch mehr Umweltschäden nach sich zieht. Dadurch stehen nach Asien gerade auch in Afrika, wo ein Großteil des Bevölkerungswachstums erst noch bevorsteht, die Naturräume auf dem Spiel.[26]

Doch bleiben wir bei den Ursachen und Auswirkungen der gegenwärtigen Situation. Angesichts des exponentiellen Bevölkerungswachstums während des vergangenen sogenannten pandemischen Jahrhunderts bedeuteten selbst große Epidemien immer weniger demografische Desaster – anders als im Mittelalter in der Alten Welt oder am Beginn der Neuzeit durch die postkolumbische Kolonisation der Neuen Welt. Zuletzt dürfte die

Spanische Grippe, mit 50 oder 100 Millionen Toten bei knapp unter zwei Milliarden Menschen, zu einem zumindest leichten Einbruch des Bevölkerungswachstums geführt haben, während heute auf der Erde mehr als viermal so viele Menschen leben. Zwar hat etwa HIV bisher vielen Millionen Menschen den Tod gebracht, doch selbst insgesamt 40 Millionen Aids-Tote weltweit und die voraussichtlich 20 Millionen Corona-Toten sind demografisch kaum spürbar, wenn gleichzeitig Jahr für Jahr mit 80 Millionen Neugeborenen etwa die Gesamtbevölkerung Deutschlands neu hinzukommt.

Allerdings ist die große Zahl der Menschen alles andere als eine Garantie, dass dies immer so bleibt – ganz im Gegenteil. In einem WHO-Bericht wurde unlängst ein durchaus realistisches Schreckensszenario entwickelt, bei dem von einem fiktiven Atemwegserreger ausgegangen wurde, der zwischen 50 und 80 Millionen Menschen weltweit töten und zudem für einen wirtschaftlichen Abschwung um etwa fünf Prozent sorgen könnte – inzwischen keine unvertraute Vorstellung. Denn wenn es um Pandemien geht, verharren die verantwortlichen Politiker seit Langem in einem Kreislauf aus Panik und Verleugnung, wie der WHO-Bericht warnt. Diese fiktive weltweit tödliche Pandemie liefe erst aus, wenn etwa 80 Prozent der Weltbevölkerung infiziert oder geimpft sind, was in den Modellen erst nach anderthalb Jahren der Fall wäre.[27]

Das paradoxe Fazit lautet also: Unser Planet wird immer voller, die Bevölkerungszahlen gerade in den Ländern der Tropenzone, in Asien und Afrika, werden erst noch weiter ansteigen. Demografisch aber haben selbst verheerende Pandemien kaum sichtbare Auswirkungen. Im Zusammenhang mit zukünftigen Pandemien geht es indes auch um zwei andere Aspekte: zum einen darum, dass eine wachsende Menschheit globalen Infektionskrankheiten einen potenziell immer besser geeigneten Wirt bietet. Je mehr Menschen einen Virus in sich tragen, desto mehr Mutationen werden in Gang gesetzt, und desto mehr verstärkt sich das Risiko evolutiver Veränderungen, die sich nicht mehr einfangen lassen. Die großen Pandemien, von der Spanischen Grippe bis zu Corona, haben es ein Jahrhundert lang vorgemacht, während wir immer mehr Menschen wurden. Zum anderen bedeuten mehr Menschen auch mehr Nachfrage nach Ressourcen und Konsum. Und damit sind wir beim eigentlichen Treiber vergangener und zukünftiger Zoonosen.

BIOLOGICAL ANNIHILATION: DIE RASANTE ZERSTÖRUNG VON LEBENSRÄUMEN UND LEBENSFORMEN

Bereits in den vergangenen Jahrzehnten haben die Vernichtung natürlicher Lebensräume und der Klimawandel neue Infektionskrankheiten häufiger und bedrohlicher werden lassen. Die wachsende Menschheit zerstört vor allem die natürliche Vegetationsbedeckung der Erde, zuletzt im großen Maßstab die tropischen Waldgebiete in Südamerika, in Zentral- und Westafrika und in Südostasien. Von deren Rändern kommen nun die als neu bezeichneten Seuchen zu uns. Sie sind die Folge einer tief greifenden ökologischen Krise, in der wir uns neuerdings befinden. Deren tiefere Ursachen sind eine Kombination aus der Zunahme der Weltbevölkerung und der immer rascheren Zerstörung der Lebensräume von Tieren, insbesondere ebenjener Abholzung tropischer Regenwälder, sowie der Urbanisierung und Globalisierung mit entsprechenden Handels- und Verkehrswegen, Waren- und Menschenströmen. Was aber genau passiert dabei?

Immerhin auf drei Viertel der Landfläche der Erde hat der Mensch die Natur und Landschaft zu seinem Nutzen verändert: durch seine Städte und Verkehrswege, aber auch durch Aktivitäten wie Bergbau oder die Anlage von Staudämmen, vor allem aber für die Ernährung und Versorgung einer wachsenden Menschheit. Landwirtschaftliche Nutzflächen nehmen inzwischen die Hälfte der globalen Landflächen in Anspruch. Regionen wie Südostasien und das südliche Afrika sowie Teile Südamerikas, in denen es seit vielen Jahren, über die letzten Jahrzehnte in besonderem Umfang, großflächig zu (euphemistisch als Landnutzungsänderungen bezeichneten) Zerstörungen der Natur gekommen ist, bieten besonders fatale Voraussetzungen für Epidemien und Pandemien. Denn Zoonosen entstehen dort, wo zunehmend mehr Menschen natürliche Lebensräume immer stärker verändern; wo die Landnutzung durch Waldrodung zunimmt, etwa infolge von Brandrodung, Plantagen und intensiver Landwirtschaft, wachsenden Siedlungen sowie Straßen- und Bergbau.

Analysen von 500 Infektionskrankheiten der vergangenen Jahrhunderte zeigen, dass diese tendenziell an Orten auftreten, an denen eine wachsende und durch die Ansiedlung neuer Zuwanderer immer größer werdende Bevölkerung eng zusammenlebt und die natürliche Landschaft massiv verändert wird. Dadurch steigt die Gefahr, dass Viren häufiger von ihren ursprünglichen tierischen Wirten auf den Menschen überspringen. In unserer Zeit sind insbesondere die großen Schwellenländer mehrerer Kontinente – von Brasilien über Nigeria bis Indien und China – die Brennpunkte mit dem höchsten Gefährdungspotenzial, was den Ausbruch von Pandemien angeht.[28] Dabei machen es jene asiatischen Länder vor, die in den vergangenen Jahrzehnten bereits eine enorme Populationswelle erlebt haben, wo große Städte zu sogenannten Megacitys wurden und wo das Wachstum in erheblichem Maß zum Ausbau der Infrastruktur geführt hat. Doch dürfen wir nicht unterschätzen, dass gerade in Afrika seit geraumer Zeit die Umwelt schneller verändert wird, als wir dies wahrnehmen. Nur ein konkretes Beispiel: Im zentralafrikanischen Kongo, entlang des breiten Flusses – und just dort, wo seit der Entdeckung des Virus Anfang der 1970er-Jahre mehrfach Ebola ausbrach und der Hotspot der Seuche zu vermuten ist –, gab es vor Jahrzehnten noch keine Straße. Vor wenigen Jahren wurde dann die erste *dirt road* durch den Regenwald gezogen, die inzwischen eine Asphaltdecke bekommen hat. Wenn das Virus heute aus dem Wald rechts oder links dieser Straße auftaucht, ist es morgen in Kongos Hauptstadt Brazzaville; von dort nimmt es leicht das Flugzeug nach Boston, Berlin, Mumbai oder Brisbane.[29]

Verbunden mit der Lebensraumzerstörung und der Landnutzung durch eine stetig wachsende Weltbevölkerung ist ein inzwischen dramatischer Rückgang der Biodiversität insgesamt, also der Artenvielfalt und der Vielfalt ganzer Ökosysteme. In den vergangenen Jahrzehnten sind in beschleunigter Weise weltweit gerade in den artenreichen tropischen Regionen immer mehr Tier- und Pflanzenarten in Bedrängnis geraten. Viele ihrer Bestände schrumpften oder verschwanden regional vollständig. Immer mehr Biodiversitätsexperten und Naturschutzfachleute warnen daher vor einem sogenannten *sechsten Massensterben*. Fünf solch verheerender Aussterbeereignisse hat es nachweislich in der Erdgeschichte bereits gegeben, bei denen jeweils bis zu drei Viertel und mehr aller damals lebenden Arten an Land und in den Meeren ausgestorben sind und bei denen es jeweils viele Millionen Jahre brauchte, bis sich die Biodiversität von diesen biologischen Katastrophen wieder erholt hat. Für diese Massenaussterbeereignisse gab es jeweils unterschiedliche Gründe, etwa massive Vulkanausbrüche und ihre auch atmosphärischen Folgen oder der Einschlag eines extraterrestrischen Körpers, der vor 66 Millionen Jahren zum Aussterben der Dinosaurier und mit ihnen vieler anderer Faunen- und Florenelemente des Erdmittelalters führte. Beim jetzt befürchteten jüngsten Aussterben ist der Verursacher klar: Diesmal ist der Mensch der Meteorit. Er könnte in gewisser Weise für das Ende der Evolution sorgen, also für den Verlust just jener Tiere und Pflanzen verantwortlich sein, mit denen wir Menschen – als vergleichsweise junger Neuzugang im Arteninventar – die Erde und deren Naturgeschichte teilen. Immerhin warnt der Weltbiodiversitätsrat IPBES vor dem Aussterben von bis zu einer Million Tier- und Pflanzenarten in den kommenden Jahren und Jahrzehnten.[30]

Diese Auslöschung eines großen Teils der Artenvielfalt und insbesondere eine Entleerung der Tierwelt – die *biological annihilation* und *defaunation,* wie Wissenschaftler es nennen – ist schlimm genug. Hinzu kommt der damit einhergehende Artenwandel, also die Zu- bzw. Abnahme bestimmter Arten. Denn nicht alle Lebewesen sind von den Auswirkungen der menschlichen Aktivitäten und seiner Anzahl gleichermaßen betroffen.

ÖKO-GEWINNER UND -VERLIERER

Wie immer im Leben gibt es auch beim derzeitigen anthropogenen Artenwandel Gewinner und Verlierer. Während die Bestände der einen Arten schrumpfen und schließlich ganz verschwinden, nehmen die Populationen anderer Arten zu. Jüngste Studien zeigen, dass die Verlierer des Artenwandels ökologisch spezialisierte Tiere sind: solche, die bestimmte Nahrung oder Lebensräume brauchen, die deshalb ohnehin selten sind, zugleich aber auch meist größer und langlebiger. Dagegen sind die Gewinner meist Generalisten, die häufiger und kleiner sowie kurzlebiger sind. Ratten statt Rhinos – so lautet, kurz gesagt, die vereinfachte Formel dieses durch den Menschen verursachten ökologischen Wandels im Anthropozän.

In unserem Fall führt das zum Überleben und zur Ausbreitung einiger anpassungsfähiger Generalisten, die als Virensammler fungieren und gerade die gefährlichen, besonders anpassungsfähigen Virenarten verbreiten. Ein Team um die

Zoologin Kate Jones vom University College in London hat in einer viel zitierten Studie für das Fachjournal *Nature* näher untersucht, wie sich die Umwandlung von Natur- in Nutzflächen auf das Risiko von Krankheiten aus dem Tierreich auswirkt. Die Forscher fanden heraus, dass es jene ökologischen Gewinner in den veränderten landwirtschaftlichen und städtischen Lebensräumen sind, die zugleich deutlich häufiger und zahlreicher mit Krankheitserregern wie Viren und Parasiten infiziert waren als Arten in noch weitgehend ungestörten Ökosystemen. Dazu wurden Daten aus mehr als 600 Studien zum Vorkommen von weltweit knapp 3900 Wirbeltierarten ausgewertet und mit Befunden zur Virenbelastung dieser Arten verglichen, für die insgesamt 5700 Pathogene nachgewiesen sind. Bei den Wirtsarten weltweit die Nase vorn als zoonotische Reservoire haben demnach Nagetiere wie Mäuse und Ratten, Fledermäuse und einige Affen.

Dabei tragen jene Arten, die dank des Menschen im Bestand eher zugelegt haben, deutlich häufiger und mehr Erreger von Zoonosen in sich als bedrohte Arten mit abnehmenden Populationen. Zugleich kommen Arten mit rascher Fortpflanzungsweise mit Infektionen besser zurecht, die sie eher an andere Wirte übertragen. Als die beiden Virenökologen Peter Daszak und Kevin Olival eine von ihnen dazu aufgebaute Datenbank mit über 750 Säugerarten und ihren 586 Viren nutzten, um herauszufinden, welche Erreger in welchem Säuger vorkommen und wie sie ihren Wirt beeinflussen, fanden sie heraus, dass etwa Fledertiere einen deutlich höheren Anteil an Zoonosen haben als sämtliche andere Säugetiere zusammen. Statistisch kommen auf jede Fledertier-Art etwa 17 Zoonosen, gegenüber zehn für Nagetiere wie Mäuse und Ratten sowie Affen.[31] In einer weiteren Studie haben Forscher das Auftreten von Coronaviren bei 35 Fledermausarten in Südostasien näher analysiert, insbesondere das geografische Vorkommen einzelner Wirtsarten. Hierfür wurden etwa Klima, dessen Veränderung und geeignete

Lebensräume einschließlich vorhandener Höhlen erfasst – und dabei regelrechte Hotspots für potenzielle Epidemien gefunden. Die größte Konzentration von Fledermausarten fanden die Forscher mit 13 Arten in Myanmar, gefolgt von jeweils zwölf Arten in China, Laos, Vietnam und Thailand. Den Analysen zufolge überschneiden sich die meisten Verbreitungsgebiete mit einem statistisch ermittelten Zentrum, das sich von den noch bewaldeten Regionen Myanmars weiter ostwärts bis nach Laos verschieben wird, wo die Tiere bei klimatischen Veränderungen Zuflucht finden, denn ihre Lebensräume werden teilweise drastisch verkleinert sein. Das Schrumpfen führt nicht nur zum Verschwinden vieler Populationen und damit zum Verlust von Artenvielfalt, zugleich wird auf die, die überleben, der Druck stärker werden – und damit auch die Gefahr steigen, dass sie mit dem Menschen und seinen Nutztieren häufiger in Kontakt kommen. Denn die Übriggebliebenen können nur in der Nähe der menschlichen Populationszentren überleben, da sich diese weiter ausbreiten.

Das Fazit der Forscher: Mit den menschlichen Eingriffen in den Lebensraum der Wildtiere verstärkt sich zukünftig das Risiko der *spillover*. Daher erwarten die Experten, dass Hunderte neue Virenaustauschereignisse passieren werden, und dies insbesondere in China und den Ländern Indochinas.[32]

Durch die Umwandlung von Natur- in Kulturlandschaften sorgen wir also nicht nur für das Verschwinden von immer mehr Tier- und Pflanzenarten, wir fördern dadurch auch ausgerechnet jene Arten, die dann massenhaft Viren und andere Erreger an uns weitergeben könnten. Indem der Mensch immer mehr Natur zu seinem Nutzen umwandelt, erntet er unabsichtlich auch immer mehr gefährliche Infektionskrankheiten, wie zuletzt Ebola und Sars. Krankheiten wie Covid-19 könnten sich künftig auch gerade deshalb vermehrt verbreiten, weil an vielen Orten der Welt natürliche Lebensräume wie tropische Wälder in landwirtschaftliche Nutzflächen umgewandelt werden. Dazu hat jüngst eine Gruppe von Wissenschaftlern um die amerikanische Medizinerin Laura Bloomfield eine einschlägige Landschaftsstudie veröffentlicht. Rund um einen Nationalpark in Uganda vermaßen sie das aus ehemaligem Wald entstandene Ackerland samt der darin verstreuten Rest-Waldflecken via Auswertung von Satellitenbildern. Sie befragten zudem vor Ort 360 der dort lebenden Kleinbauern zu ihrem Alltagsverhalten. Dabei interessierte die Forscherinnen, wo die Bewohner in der Umgebung beispielsweise Feuer- oder Bauholz sammelten, Wasser holten, jagten, Wäsche wuschen oder auf dem Feld arbeiteten. Außerdem dokumentierten sie die Interaktionen mit nicht menschlichen Primaten, also mit den Affen und Menschenaffen in der Umgebung des Nationalparks, denen die Einheimischen nachstellten und die sie schlachteten, wobei sie gelegentlich auch gebissen oder gekratzt wurden – was potenziell zum Übertragen pandemischer Erreger führen könnte. Das Besondere der Studie: Sie zeigt, dass gerade die vielen neu entstehenden Grenzlinien zwischen Wald und Acker zu erheblich mehr Interaktionen zwischen Affen und Menschen führen, wenn die Bewohner im Wald Bauholz schneiden oder jagen oder andere Nahrung suchen. Denn anders als die Forscher erwartet hatten, gab es die meisten dieser Begegnungen mit Primaten nicht so sehr in der Nähe der größeren noch erhaltenen Wälder. Vielmehr kam es zu den meisten Begegnungen in der Umgebung von kleineren, schrumpfenden Waldflecken.[33]

Kurz gesagt: Je zerrissener die Waldbedeckung und je fragmentierter der ursprüngliche Lebensraum, desto eher begegnen die Menschen den letzten in den Restwäldern verbliebenen Wildtieren. Oder anders ausgedrückt: Lange Grenzlinien zum Wald führen zu vermehrten Grenzüberschreitungen. Weil der einst geschlossene Urwald durch die vordringende Landwirtschaft immer mehr schrumpft und an den Rändern ausfranst, drängen sich die Urwaldbewohner in den letzten verbliebenen Waldrelikten in immer größerer Dichte zusammen. Wenn die Affen und Menschenaffen dann Viren in sich tragen, können diese nicht nur wie bei uns Menschen leichter weitergegeben werden, sondern auch auf den Menschen selbst überspringen.

Natur schützen heißt daher auch Gesundheit schützen. Das Risiko zukünftiger *spillover* ließe sich gerade dadurch erheblich reduzieren, dass wir die Waldrodung und damit die weitere Vernichtung und Fragmentierung tropischer Regenwälder, insbesondere die Umwandlung in Landwirtschaftsflächen, verhindern. So weit die Theorie. Denn dass sich der Schutz des ursprünglichen Waldes kaum mit der überall wachsenden Bevölkerung verträgt, wird in Afrika, aber auch in Asien, Südamerika und vielerorts sonst täglich vorgeführt.

»ES IST ANGERICHTET« – WENN MENSCHEN SCHWEIN HABEN

Wir schaffen uns unsere Krankheiten selbst, indem wir mit der Umwandlung natürlicher Ökosysteme in menschengemachte Lebensräume vielen Arten immer mehr ihrer Lebensmöglichkeiten nehmen, während wir bestimmten anderen Arten ideale Bedingungen zuhauf bieten. Wir sehen aber, dass die Zoonosen auslösenden, mitunter tödlichen Viren keineswegs, wie oft unterstellt, vor allem »Dschungelviren« sind, die nun plötzlich und unvermittelt aus der unberührten Wildnis abgelegener Urwälder zu uns kommen. Vielmehr lauert die Gefahr in den zu Nutzflächen des Menschen umgewandelten Habitaten – in neuen Agrarflächen, entlang der jüngsten Siedlungsränder und dort, wo Wildtiere mit ihrer natürlichen Virenfracht neuerdings vermehrt in Berührung mit Menschen kommen. Es ist der Mensch, der Pandemien fördert, indem er die Lebensbedingungen bestimmter Tierarten einschneidend verändert und das Zusammentreffen mit ihnen provoziert und forciert.

Wobei Tiere, die uns krank machen, in der Mehrzahl eben entweder jene sind, die am besten in vom Menschen dominierten Lebensräumen gedeihen, oder solche, die wir im Verlauf der vergangenen Jahrtausende domestiziert haben, in erster Linie, weil sie uns in gesicherter Weise immer mehr des begehrten proteinreichen Fleisches liefern. Dabei hat der global wachsende Fleischkonsum gleich in zweifacher Weise gravierende Auswirkungen: Zum einen dadurch, dass für das Futter der Tiere bisher unberührter Regenwald, der Hort biologischer Artenvielfalt in der Tropenzone der Erde, oder andere Naturflächen zu Acker oder Weide werden, was nicht nur fürs Klima, sondern auch die Biodiversität schlecht ist. Zum anderen sorgt unsere moderne Art der Ernährung für eigene Übertragungswege und eine neue Dynamik potenzieller Pandemieerreger. Die im industriellen Maßstab betriebene Landwirtschaft, konkret die Tierzucht, kreiert evolutionäre Brutstätten für Pathogene. Wo große Säugetiere auf engstem Raum zusammenkommen – so wie rund um den Globus in den immer größer werdenden Ställen vor allem für Schweine und Rinder –, schafft der Mensch den Mikroben gleichsam laborähnliche Experimentierfelder für genetische Mutations- und Rekombinationsversuche.[34] Wir haben es anhand der historischen Beispiele gesehen: Rinderpest ist der nächste Verwandte unserer Masern, beide stammen gemeinsam von einem ursprünglich bei Rindern vorkommenden Mikroben-Ahnen ab. Das Coronavirus OC43, heute einer der Grippe-Auslöser, hat ebenfalls mit dem bovinen Coronavirus (bCoV) seinen nächsten Verwandten beim Rind. Und allen voran die zoonotischen Wurzeln der Spanischen Grippe zeigen, dass Schweine ebenso wie Geflügel ihre Influenza-Viren auch auf den Menschen übertragen.

Kein Zweifel: Wir verdanken der Neolithischen Revolution

viel. So hat unsere Sesshaftwerdung und beginnende Nutztierhaltung vor 8000 Jahren (oder früher) unter anderem unsere
Ernährung revolutioniert. Doch Letzteres brachte dann in der
Antike jene ersten Masern-Pandemien mit sich, an denen in der
Alten Welt und dann am Beginn der Moderne in der Neuen Welt
zahllose Menschen starben und die uns in Form der Kinderkrankheit (als entfernte Erinnerung an die Anfänge der Zivilisa-
tionsgeschichte) erhalten geblieben sind. Ganz ähnlich können
wir das Erbe der allgegenwärtigen Influenza-Erkrankungen auffassen, und dank unseres mittlerweile globalen Fleischhungers
haben wir uns neuerdings weitere Pandemien durch Corona-
und Grippe-Erreger eingehandelt. Das heißt, neben alten Infektionskrankheiten – wie Tuberkulose, Lepra oder Hepatitis B – sind
unsere verbreiteten Kinderkrankheiten – etwa Masern, Röteln
und Pocken – ursprünglich von domestizierten Tieren oder Kulturfolgern wie Mäusen übergesprungene Seuchen. Sie haben
die Geschichte und Geschicke einer immer dichter siedelnden
Menschheit bestimmt, allen voran die Pest, die ebenfalls von eng
mit dem Menschen assoziierten Nagetieren aus zoonotischer
Quelle stammt.

Zur Einordnung helfen hier wieder einige Zahlen: Bei den
EIDs nahm man lange Zeit an, dass unter den Zoonosen über
70 Prozent der Krankheitsausbrüche auf Wildtiere zurückzuführen seien, die restlichen knapp 30 Prozent auf Nutz- und Haustiere. Ein Team um die amerikanische Epidemiologin Christine
Johnson konnte dies unlängst präzisieren und ermittelte, dass
immerhin die Hälfte aller Zoonosen von insgesamt nur zwölf
Arten domestizierter Tiere wie etwa Schwein, Rind, Pferd und
Schaf stammt. Diese Nutztiere tragen achtmal mehr zoonotische
und auch für den Menschen gefährliche Viren in sich als wild
lebende Arten. Immerhin sind unter den zehn Säugern mit der
größten Virenlast acht domestizierte Arten. Von den Wildtieren
kommen nur die Hausmaus und Hausratte dazu, zwei Arten

also, deren Verbreitung sich dank des Menschen heute über die ganze Welt erstreckt und die Überträger von 16 beziehungsweise 14 zoonotischen Virenarten sind.[35]

Die großmaßstäbliche Tierhaltung industriellen Zuschnitts hat längst neue evolutionäre Umwelten für Pathogene geschaffen, die dabei entstehen und sich daran anpassen – mit allen bekannten Konsequenzen. Was wir zum Beispiel bedenken müssen: Hühner sind heute die zahlenmäßig häufigste Vogelform der Erde: Es gibt, laut jüngster Zahlen, mehr als 33 Milliarden (!) von ihnen. Eigentlich müsste es mithin statt der Menschenzeit »Galluzän« heißen – oder »Bovisuizän«, denn hinzu kommen rund eine Milliarde Rinder und mehr als 730 Millionen Schweine, jeweils in höchst unnatürlichen Ansammlungen.[36] Diese sind ein Schmelztiegel und Schmortopf für Seuchen auslösende Keime, denn mit der Haltung derart vieler Tiere auf engstem Raum bieten wir Krankheitserregern besten Nährboden und damit ein großes Spielfeld, in dem Evolution wie im Zeitraffer stattfindet. Damit aber ist es nur eine Frage der Zeit, bis der Erreger im tierischen Wirt immer mehr Mutationen und genetische Rekombinationen akkumuliert, die dann vielleicht irgendwann eine Übertragung auf den Menschen möglich machen. Den Beginn eines solchen Szenarios sehen wir beim Erreger der Vogelgrippe H5N1 in den Jahren 1997 und 2002, die in den Geflügelhaltungen in Asien entstand, oder bei der Schweinegrippe H1N1 2009, die der Schweinehaltung in Mexiko entsprang. Beide Epidemien liefen mit vergleichsweise wenigen Toten sehr glimpflich ab, weil ihnen noch die entscheidende Komponente einer effizienten Infektionsübertragung von Mensch zu Mensch fehlte. So gesehen haben Menschen bisher noch Schwein gehabt.

Problematisch erscheint nicht die Tierhaltung an sich (auch darüber ließe sich grundsätzlich debattieren), sondern hier geht es um das Wie und Wieviel. Wissenschaftlich ist bisher zwar bei der Nutztierhaltung noch nicht untersucht, ob sich das Risiko für Krankheitsübertragungen auf den Menschen mit der Zahl der Tiere pro Flächeneinheit erhöht (abgesehen davon, dass es keine Festlegung gibt, ab wann von einer »Massen«-Tierhaltung zu sprechen ist). Doch besteht auch kein vernünftiger Zweifel daran, dass sich ein einmal in einen Stall eingeschleppter Erreger bei hohem Viehbesatz besser und schneller vermehren kann, zumal wenn keine tierhygienischen Haltungsbedingungen vorliegen und die Tiere ohnehin gestresst und geschwächt sind. In jedem Fall: Je mehr Vermehrungsrunden es gibt und je mehr Wirte dafür zur Verfügung stehen, desto mehr genetische Veränderungen und genetischen Austausch von Genen sehen wir, und desto eher werden die jeweiligen Eigenschaften einzelner Viren im Wirtstier neu zusammengestellt; bis Erreger mit völlig neuen Eigenschaften entstehen, gegen die der Tierbestand – und nach einem möglichen Übersprung auch die menschliche Bevölkerung – keine Immunität besitzt.

Ein eindrückliches, viel zu wenig beachtetes Beispiel lieferte 1998 und 1999 das Nipah-Virus in Malaysia, das in mehreren Hundert Fällen zu Gehirnentzündung führte; offiziell erkrankten 229 Menschen, von denen knapp die Hälfte starb. Neben Flughunden als Erregerreservoir wurden Hausschweine als Überträger ausgemacht, und als besondere Risikogruppe erwiesen sich Angestellte auf Schweinefarmen und in Schlachthöfen. Um die sich abzeichnende Epidemie einzudämmen, war eine massive Reduktion des Schweinebestandes unumgänglich, und so wurden rund eine Million Tiere gekeult, was seinerzeit der Hälfte des malaiischen Schweinebestandes entsprach. Ähnlich verheerend für den Schweinebestand war (wie im Prolog dargestellt) der Ausbruch der Schweinepest im Vorfeld der Corona-Pandemie in China; nur mit dem Unterschied, dass das Schweinevirus nicht auf den Menschen übersprang. Doch genau dieses Risiko besteht vor allem in der zunehmend industrialisierten Nutztierhaltung gerade im Süden Chinas – dort, wo auch die Artenvielfalt der Coronaviren tragenden Fledermäusen am größten ist.[37]

So wird das zoonotische Risiko gleich durch mehrere Umstände potenziert: In den meist noch kleinen bäuerlichen Betrieben Asiens ist es allgemein üblich, Schweine und Geflügel auf engstem Raum zusammen zu halten. Schweine indes gelten, wie wir gesehen haben, als klassische Mischgefäße, da sie sich sowohl mit Influenza-Viren von Vögeln als auch mit denjenigen des Menschen anstecken können. Daher ist gerade Südchina, wo die Menschen mit Schweinen und Geflügel traditionell eng zusammenleben, ein regelrechter Brutplatz immer neuer Grippeviren. Leicht vorstellbar ist – und die verschiedenen Vogelgrippe-Ausbrüche führen dies eindrücklich vor –, dass etwa Wildenten oder andere Vogelarten mit ihrem Kot Influenza-Viren ausscheiden, mit denen sich dann Hausgeflügel infizieren kann, das wiederum die Erreger auf den Höfen an ebenfalls dort gehaltene Schweine weitergibt. Hinzu kommt die Landflucht in die Millionenstädte und der Wandel des Konsumentenverhaltens einer zunehmend fleischhungrigen Bevölkerung, die in China zu einem Strukturwandel in der landwirtschaftlichen Produktion zu immer größeren Betrieben führte. Mit Folgen über das Land hinaus: Immerhin ist China mit 440 Millionen Schweinen der weltgrößte Produzent von Schweinefleisch. Und der geriet in große Bedrängnis, als im August 2018 die Afrikanische Schweinegrippe im Nordosten, in der Stadt Shenyang, ausbrach und anschließend nicht nur durch 30 chinesische Provinzen lief, sondern auch auf benachbarte Länder Südostasiens übersprang. Schließlich waren schätzungsweise zehn bis 40 Prozent der Bestände infiziert, was zur Notschlachtung von mehreren Millionen Tieren und Millionenverlusten in der Schweineindustrie führte.[38]

Dass aber – trotzdem oder gerade deswegen – auch die Freilandhaltung etwa in Europa gefährlich sein kann, zeigt die Ausbreitung der Schweinepest, die seitdem aus Asien herüberschwappte. Und nicht wirklich vorstellen wollen wir uns, wenn diese Art der industriellen Schweinemast und Geflügelhaltung, die Massentierhaltung europäischen Zuschnitts, wie sie weltweit vielerorts betrieben wird, demnächst auch in Afrika Einzug hält und dann Großbetriebe, wie wir sie aus Deutschland, Dänemark oder den USA kennen, in direkter Nähe von Wildtierreservaten entstehen – unmittelbar benachbart zu den natürlichen, potenziell brandgefährlichen afrikanischen Virenreservoiren. Dann reden wir vielleicht nicht mehr von Grippe-Erkrankungen, sondern von sehr viel tödlicheren hämorrhagischen Fiebern.

Auf diese und andere Weise schaffen wir uns durch unsere Lebens- und Ernährungsgewohnheiten neue gefährliche Seuchen. Wir spielen durch die Massentierhaltung mit der Evolution russisches Roulette. Doch gegen die Natur kann der Mensch nicht gewinnen.

WILDTIERE UND IHRE MÄRKTE: PINGPONG MIT DEN PATHOGENEN

Es war eine auch für Experten irritierende Nachricht, über die Mitte August 2021 das Fachmagazin *Nature* berichtete. Als bei routinemäßigen Kontrollen im Frühjahr mehr als 380 Blutproben von nordamerikanischen Weißwedelhirschen *(Odocoileus virginianus)* aus mehreren US-Bundesstaaten untersucht worden waren, ließen sich in 40 Prozent von ihnen Antikörper gegen Sars-CoV-2 nachweisen, die als Reaktion auf eine entsprechende Infektion hindeuteten. Auch in früheren, bereits Anfang 2020 archivierten Proben fanden sich solche Antikörper. Insgesamt, so wird vermutet, dürfte seinerzeit im Nordosten der USA bereits ein Drittel dieser Tiere – immerhin die in Amerika häufigste und am weitesten verbreitete Hirschart – Antikörper gegen das Virus gebildet haben. Wie die Wildtiere mit den Krankheitserregern in Kontakt gekommen sind, ob direkt durch den Menschen, über andere Tiere oder über Abwässer, ist ebenso ungeklärt wie die Frage, ob sich Hirsche untereinander oder auch andere Arten anstecken. Aber die hohe Zahl infizierter Wildtiere beunruhigte die Fachleute in jedem Fall. Seitdem ist das Coronavirus in einer ganzen Reihe verschiedener Tierarten nachgewiesen worden, von Katzen und Hunden bis hin zu Mardern und Nagetieren – offenkundig das Zeichen für einen Generalisten, der neben seinem eigentlichen Reservoir auch noch in anderen Wirten zurechtkommt.[39]

Die ersten Meldungen über mit Corona infizierte Hirsche fielen zusammen mit Warnungen von Virologen (etwa unlängst einem Team um David Robertson von der Universität Glasgow), die angesichts der pandemischen Ausbreitung von Covid-19 konkret vor der Möglichkeit sogenannter *reverser Zoonosen* warnten.[40] Inzwischen ist klar: Ursprünglich von Tieren stammende Viren können nicht nur auf den Menschen überspringen, der längst für Sars-CoV-2 zum dominierenden Wirt weltweit geworden ist, sondern sie können umgekehrt von diesem auch wieder an andere Tierarten weitergegeben werden. Damit aber steigt das Risiko weiterer Virusmutationen in solchen tierischen Reservoirs, gegen die dann unsere bisherigen Impfstoffe wirkungslos werden, weil sie den jeweils neuen Varianten gleichsam hinterherlaufen. Das war bereits die Sorge, als nach ersten Fällen in den USA auch in mehreren europäischen Ländern massenhafte Infektionen mit Sars-CoV-2 bei Nerzen in Pelzfarmen auftraten. Daraufhin wurden etwa in Dänemark viele Millionen Pelztiere gekeult und deren Zucht vorläufig verboten, ebenso in den Niederlanden. Als bekannt wurde, dass es sich dabei um 15 (!) Millionen Nerze allein in Dänemark handelt, mag mancher sich verwundert die Augen gerieben haben, in welcher Masse auch in Europa Pelztierzucht betrieben wird – weitgehend verborgen vor den Augen der Öffentlichkeit. Zusammen mit Polen und China produzieren die Niederlande und vor allem Dänemark etwa 50 Millionen Nerze pro Jahr, um die weltweite Nachfrage nach Pelzen zu befriedigen. Hinzu kommen etwa 50 Millionen Marderhunde, die allein in Zuchtfarmen in China jährlich dafür getötet werden.[41]

Das Problem reverser Zoonosen ist im Verlauf der Corona-Pandemie oft unterschätzt worden. Viele Indizien deuten aber darauf hin, dass neben wild lebenden Tieren auch die allein in China zu Hunderttausenden, weltweit möglicherweise gar zu Millionen in Farmen gehaltenen Pelztiere – vor allem Schleichkatzen und Marderhunde – der Ursprung der Sars-Coronaviren sein könnten. Damit hätten wir eine Pandemie, bei der die Evolution gewissermaßen Pingpong mit den Pathogenen spielt, die abwechselnd in einem natürlichen Reservoir und einem menschengemachten Pool aus Pelz- und anderen Nutztieren hin- und herspringen; ganz abgesehen von dem Zig-Millionen-Pool des menschlichen Reservoirs, aus dem sich die Viren in immer neuen Varianten rekrutieren können.

Etwas Ähnliches wird heute auch bei den nun erstmals außerhalb Afrika ausgebrochenen Affenpockenviren befürchtet. Natürlicherweise sind diese in einem Nagetier-Reservoir etabliert: in einigen Teilen Afrikas, vor allem in Zentralafrika und Westafrika, etwa in der Gambia-Riesenhamsterratte *(Cricetomys gambianus)*. Doch können auch verschiedene Affenarten als Zwischenwirte fungieren – und andere Tiere sogar als Fehlwirte, wie das bereits beschriebene Beispiel eines früheren Ausbruchs von Affenpocken in den USA zeigt, die sich dort über Präriehunde im Heimtierhandel ausgebreitet haben. Es wäre höchst schwierig – um nicht zu sagen: geradezu unmöglich –, ein bei Wildtieren einmal etabliertes Virus wieder loszuwerden, es gar auszulöschen (sofern man dies versuchen würde). Die Befürchtung ist zudem, dass ein vom Menschen weltweit verschlepptes Virus sich anderswo auf der Erde zurück in Tiere bewegen und dadurch weitere Reservoire etablieren könnte. Diese würden zu unberechenbaren Quellen zukünftiger Ausbrüche auch wieder beim Menschen werden, die sich bei den Tieren anstecken. Damit aber wäre eine Pandemie kaum mehr zu kontrollieren.[42]

Eine viel konkretere Gefahr und nachweislich bereits etablierte Quelle nicht eben weniger Epidemien und sogar Pandemien sind die Wildtiermärkte in Afrika und Asien.[43] So tauchte das Aids-Virus ursprünglich in Zentralafrika auf, nachdem Menschen *bushmeat* von Schimpansen oder Gorillas gegessen haben. Ebenso dürfte es sehr wahrscheinlich später auch bei Ebola gewesen sein. Die erste Sars-Epidemie brach aus, als auf chinesischen Märkten in der Umgebung der Metropole Hongkong Larvenroller zum Verzehr angeboten wurden. Und zur Corona-Pandemie ist es sehr wahrscheinlich gekommen, weil ein bislang uns noch unbekanntes virentragendes Tier – wild lebend oder aus einer Nutztierfarm –, das vermutlich zuvor direkt oder indirekt durch *Rhinolophus*-Fledermäuse aus dem Süden infiziert wurde, auf den Huanan-Markt mitten in die zentralchinesische Millionenstadt Wuhan gebracht wurde, um dort verkauft zu werden.

Diese chinesischen, aber auch allgemein in Asien weitverbreiteten Wildtiermärkte sind folglich aus zwei Gründen Ursprung tödlicher Pandemien und daher eine große Seuchengefahr. Zum einen werden Wildtiere dorthin gebracht, mitunter aus fernab gelegenen Regionen buchstäblich zu Markte getragen; entweder um spezielle kulinarische Gelüste zu befriedigen oder um Engpässe der Versorgung (etwa mit Fleisch aus heimischen Zuchtbetrieben) zu kompensieren. Zum anderen geht von den Märkten eine latente Gefahr aus, weil die Tiere dort unter unwürdigen Bedingungen, oft eng zusammengepfercht und vielfach zu Tode gestresst, in Kontakt mit Zucht- und Nutztieren aus Pelztierfarmen kommen. Gerade im bevölkerungsreichsten Land der Erde, aber auch in anderen asiatischen

Ländern gilt das Fleisch von Wildtieren als Delikatesse – und zugleich als Statussymbol für eine wachsende und wohlhabendere Mittelschicht. Diese will ihren neu gewonnenen Reichtum ausgerechnet dadurch demonstrieren, dass sie sich exotische und entsprechend kostspielige Wildtiere leisten kann. Zudem spielt der – oft als traditionell beschriebene, aber sich mitunter auch anders speisende – Glaube an eine mysteriöse Heilwirkung tierischer Körperteile eine Rolle dabei, dass (neben zahllosen anderen Arten) etwa Pangoline aus dubiosen Quellen auf die Märkte gelangen.[44]

Die wachsenden asiatischen Städte sorgten im Nebeneffekt auch dafür, dass in ihrem direkten Umfeld längst sämtliche größere Tiere gejagt und getötet wurden und daher dort viele Arten bereits verschwunden sind. Da aber gerade die immer wohlhabenderen Stadtbewohner oft weiterhin das traditionelle Wild essen wollen, ziehen die Marktanbieter immer weitere Kreise, um diesen Bedarf aus Quellen in anderen Regionen zu decken. So werfen die Megacitys entlang der chinesischen Küste und der großen Flüsse seit einiger Zeit ein immer weiter in bisher abgelegene Gebiete sich erstreckendes Netz aus, quer durch die noch tierreicheren Regionen im Süden und Südwesten Chinas und über die Grenzen der indochinesischen Nachbarn im Süden hinweg. Mitunter, so wissen Experten, werden bis zu 100 verschiedene Arten angeboten – ein wilder Mix aus allen möglichen Regionen der näheren und weiteren Umgebung. Auf dem Markt werden die Käfige der lebend gefangenen Tiere rücksichtslos übereinandergestapelt, sodass deren Insassen untereinander leicht Speichel, Kot und Urin austauschen. Überdies werden die Tiere oft vor Ort geschlachtet, was Organe und Blut freilegt – spätestens das ist ein perfektes Superspreader-Event für zoonotische Viren.[45] Für diese brandgefährlichen Wildtiermärkte gibt es nur eine Lösung: Wenn wir weitere Ausbrüche der von Wild- und Nutztieren stammenden Pathogene wirkungsvoll verhindern wollen, müssen sie geschlossen und dauerhaft verboten werden.

Das gilt nicht nur für die Märkte Asiens, insbesondere in den Großstädten, wo die Menschen nicht darauf angewiesen sind, Wildtierfleisch zu essen. Auch in Afrika wird auf lokalen Märkten zur dringend benötigten Versorgung mit Proteinen vor allem das Fleisch von Wildtieren angeboten – das sogenannte *bushmeat*. Besonders begehrt sind, neben dem Fleisch von Affen und Antilopen, auch Fledertiere und kleinere Nagetiere, an denen Afrika nicht eben arm ist. Da größere Tiere – allen voran Schimpansen und Gorillas – nicht nur gefährlich zu erlegen sind, sondern inzwischen auch selten geworden sind, gelangen zunehmend die noch übrig gebliebenen kleineren Tiere auf die Märkte, allen voran die Flughunde (an denen deutlich mehr dran ist als etwa an Fledermäusen), ebenso wie Mäuse- und Ratten-Verwandte, über die wir kaum etwas wissen. Nur so viel: Sie sind in vielen Fällen ideale Reservoire für zoonotische Viren, die bisher verborgen im Regenwald existierten. Bis wir, was diese Pathogene angeht, die Büchse der Pandora öffneten. Das Verbot solcher Wildtiermärkte in Afrika, selbst wenn es käme, wäre indes in der Praxis kaum umsetzbar. Nicht zuletzt, weil der Verzehr dieser Tiere ebenso wie die medizinische Anwendung mit Traditionen verknüpft ist. Stellen wir uns nur vor, den Franzosen beispielsweise würde der Konsum von Rotwein und Käse verboten werden (ganz abgesehen davon, dass beide, soweit man weiß, keine gefährlichen Pandemien auslösen können).

Dennoch, trotz aller kultureller Unterschiede und eigener Gepflogenheiten: Wir müssen an die Verantwortung der Regierungen und der Menschen der betroffenen Länder appellieren. Denn nicht nur das Konsumverhalten der Asiaten und speziell der Chinesen, auch die Praxis in Afrika, sich Proteinquellen zu erschließen, gefährdet letztlich die gesamte Weltbevölkerung –

bis hin zu gesundheitlichen und wirtschaftlichen Folgen von globalem und katastrophalem Ausmaß.

DAS SCHMUTZIGE GESCHÄFT
MIT WILDEN TIEREN

Das Verbot von Wildtiermärkten würde allerdings einen weiteren Geschäftszweig, der schon bisher weitgehend illegal ist, weiter in den Untergrund drängen und noch schwerer kontrollierbar machen. Das zumindest befürchten viele Experten. Denn die Märkte allein sind nicht das ganze Problem – hinzu kommen der weltweite Handel und seine schmutzige Schwester, der Schmuggel mit Tieren. In nur wenigen Jahrzehnten haben sich insbesondere China, aber auch viele andere Länder Südostasiens ebenso wie Afrikas immer enger global vernetzt. Und so werden inzwischen Wild- und Nutztiere sowie die aus ihnen gewonnenen Produkte um den ganzen Globus befördert. Neben dem weltweiten Reiseverkehr sind diese globalen Handelsströme das beste Einfallstor für Pandemien.

Das Ausmaß des weltweiten Handels und Schmuggels mit Wildtieren ist enorm. Insbesondere der Schmuggel ist so weit verbreitet wie kaum eine andere Form illegalen Handels. Tatsächlich ist es nach dem Waffen-, Drogen- und Menschenhandel die viertgrößte illegale Handelsaktivität der Welt; es ist Big Business. Nach Angaben der FAO, der Ernährungs- und Landwirtschaftsorganisation der UNO, wird der Tierschmuggel derzeit auf sieben bis 23 Milliarden US-Dollar geschätzt; umgerechnet also sechs bis 19 Milliarden Euro – pro Jahr. Die jüngsten Berichte haben ermittelt, dass weltweit vom Handel mit Wildtieren direkt und indirekt wenigstens 150 Millionen Familien leben dürften.[46] Auch der Anfang Juli 2022 veröffentlichte Report des Weltbiodiversitätsrats IPBES (Intergovernmental Science-Policy

Platform on Biodiversity and Ecosystem Services) über die Nutzung wild lebender Tier- und Pflanzenarten weist auf die Bedeutung von Wildtieren hin, die weltweit von Milliarden Menschen genutzt werden (wobei im letztgenannten Bericht die vermeintlich nachhaltige Nutzung vor allem von rund 33 000 Pflanzen und Tausenden von Tierarten im Vordergrund stand und damit der Fokus nicht auf Jagd und Handel mit Wildtieren lag).[47]

Um derartige Umsätze zu erzielen, werden jährlich mehrere zehn Millionen Wildtiere aus Tausenden von Arten weltweit gefangen. Meist sind es Vögel, aber häufig genug auch Affen, Raubkatzen und Schlangen. Etwa 90 Prozent der Tiere, schätzen Experten, überleben die Strapazen der Gefangenschaft und des Transports nicht. Die Handelswege sind inzwischen fest in den Händen des organisierten Verbrechens und krimineller Syndikate, für die Wildtiere aller Art ein lukratives Geschäft sind. Auch wenn es hauptsächlich um die Wilderei in Afrika für die Absatzmärkte in Asien geht: Wildtier-Kriminalität ist ein globales, weitgehend unterschätztes und ignoriertes Problem. Inzwischen läuft den bereits ausgedünnten Populationen der meist vom Aussterben bedrohten Arten die Zeit davon.[48]

Zuletzt, so zeigen einschlägige Berichte, haben sich die Hotspots des Schmuggels nach Westafrika verschoben, das als wichtiger Knotenpunkt im illegalen Wildtierhandel boomt. Erleichtert wird dies einerseits durch die geringen Strafverfolgungskapazitäten, andererseits durch die gut vernetzten Verkehrssysteme sowie die andere Seuche westafrikanischer Länder: die (nicht nur dort) endemische Korruption. Experten erfuhren vor Ort, dass selbst nach illegalen Wildtierfunden keine routinemäßige Fahndung und Nachverfolgung durch regionale Behörden erfolgte, die ohnehin nur sehr geringe Kenntnis der finanziellen Transaktionsmethoden der Schmuggler haben. Nach Angaben des UNO-Büros für Drogen und Kriminalität (UNODC) ist Westafrikas Wirtschaftsmacht Nigeria inzwischen der weltweit wichtigste Umschlagplatz für Elfenbein, aber auch etwa für Pangolinschuppen.[49]

So schwierig sich die Ermittlungen in Afrika ausnehmen, noch weniger wissen wir vom anderen Ende der illegalen Handelskette. Nur spärlich werden Daten und Studien über Südostasien bekannt. Immerhin wissen wir aus globalen Untersuchungen, dass der Wildtierhandel weltweit ein Treiber für Artenverluste und für die Bedrohung der Biodiversität ist.[50] Dass vom Schmuggel mit Wildtieren besonders jene Regionen betroffen sind, in denen auch der Artenreichtum besonders groß ist, verwundert natürlich wenig. Neben der Amazonasregion in Brasilien sind dies vor allem das südliche Afrika und Südostasien, Gegenden also, die bekannt sind für ihren Bestand auch noch an größere Arten, etwa unter den Säugetieren, den Vögeln und den Kriechtieren (Reptilien und Amphibien). Bei solchen Studien bleiben, meist aufgrund des Fehlens grundlegender Daten, stets die Heerscharen wirbelloser Arten ausgeblendet, was das Bild der Artenverluste zusätzlich fragmentarisiert.[51]

Um dem illegalen Handel wirkungsvoll das Wasser abzugraben, wäre laut Experten in erster Linie ein umfassendes Verbot des gesamten kommerziellen Handels mit Wildtieren und des Verkaufs von Tierteilen nötig.[52] Wobei diese Forderung nach einem weltweiten Verbot die Wildtierjagd für den lokalen Eigenbedarf bestimmter Bevölkerungsgruppen explizit ausnimmt. Verhindert werden soll nicht diese, sondern der nationale und internationale Verkauf von Wildtieren vor allem als Luxusgut, als welches die Tiere – teilweise lebend und unter qualvollen Bedingungen oder eingefroren – vor allem von Afrika auf asiatische Märkte gebracht werden. Nur so ließe sich auch die Gefahr unterbinden, dass dabei weitere bisher unbekannte Viren mit ihren Reservoiren oder anderen unterwegs infizierten Tieren verschleppt werden und schließlich irgendwo auf den Menschen überspringen – wie es wohl in Wuhan geschah.

Nicht nur die legalen Märkte, vor allem auch die Schwarz-
märkte sind ein erhebliches Problem für den Artenschutz – angefangen beim Elfenbein der Elefanten und dem Horn der Nas-
hörner, das in Asien so begehrt ist, dass die Tiere heute überall
unmittelbar am Rand des Aussterbens stehen, bis hin eben zu
anderen, bisher eher verkannten Arten wie den Schuppentieren, die aus Afrika und Asien vor allem nach China geschmuggelt werden, unabhängig davon, wie geschützt die Tiere formal
bereits seit langer Zeit sind. Dass der Pangolin (wie wir gesehen haben) nachweislich eine Rolle bei der Übertragung von
Wildtierkrankheiten spielt, wird ihn kaum vor dem drohenden
Aussterben retten. Hier hilft tatsächlich nur, sämtliche Märkte
vollständig auszutrocknen; was zugleich heißt, auch die Knoten-
punkte der Handelsrouten konsequent zu überwachen. Denn es
dürfen zukünftig weder Pangoline noch andere Reservoir- oder
Wirtstierarten als potenzielle Viren-Überträger in den Handel,
egal, ob legal oder illegal, und auf die Märkte gelangen – und
damit in Kontakt mit dem Menschen.

TÖDLICHE KOMBINATION: EIN MODERNES PANGÄA FÜR PANDEMISCHE PATHOGENE

Das Zusammentreffen legal oder illegal verschaffter Wildtiere
mit Farm- und Nutztieren sowie mit dem Menschen auf Lebend-
tiermärkten stellt eine unkalkulierbare Gefahr dar. In Kombination mit der hohen Bevölkerungsdichte, der enorm gestiegenen
Mobilität und des Handels über Kontinente hinweg kann so
in Windeseile aus einer lokalen Epidemie eine Pandemie er-
wachsen.

Was den Grad der Urbanisierung angeht: Heute haben einige
städtische Agglomerationen etwa in Asien, so wie die japanische

Großregion Tokio-Yokohama oder das chinesische Chongqing, weit mehr als 20 oder gar 30 Millionen Einwohner. Dort leben mehr Menschen auf engstem Raum, als es über weite Strecken des Holozäns überhaupt Menschen auf der gesamten Erde gab.[53] Was die Globalisierung betrifft, bescheren uns die ungleich dichteren und schnelleren Verkehrsnetze unserer Zeit immer kleinere Zeitfenster, in denen überhaupt noch die Chance zur Reaktion und zum Versuch zur Eindämmung ausbrechender Epidemien besteht. Diese waren schon verheerend genug, als die Handels-, Waren- und Menschenströme über Pferde, Rinderkarren und Kamele oder Segelschiffe liefen. Neue Seuchen kamen auf, als Eisenbahnen und Dampfschiffe die Welt deutlich weiter zusammenschrumpfen ließen, lange bevor wir dann mit Düsenflugzeugen und Containerschiffen den großen internationalen Austausch rund um den Globus vorantrieben. Ähnlich wie in erdgeschichtlicher Vergangenheit, als die Plattentektonik die Kontinente zusammenschob, haben wir Menschen gleichsam einen neuen Superkontinent geschaffen: ein modernes Pangäa, von dem zunehmend mehr Pathogene mit pandemischem Potenzial profitieren.

Wir erleben es mittlerweile in den täglichen Nachrichten. Zuletzt im Sommer 2022 hat der erwähnte Ausbruch der Affenpocken außerhalb Afrikas den Blick auf eine Seuche gelenkt, deren Wurzeln in Afrika liegen und welche die Menschen des Kontinents zwar seit Langem heimsuchte, nur eben jenseits unserer eurozentrischen Wahrnehmung. Was uns dabei entgangen ist: In Afrika haben die Ausbrüche über die vergangenen drei Jahrzehnte kontinuierlich zugenommen, paradoxerweise sehr wahrscheinlich befördert von einem medizinischen Erfolg. Denn die früher verabreichten Impfungen gegen die nahe verwandten, aber weitaus tödlicheren Pocken schützten auch gegen Affenpocken. Seit der Einstellung der bis in die 1970er-Jahre üblichen Pockenschutzimpfungen haben auch dort viele Menschen ihre

Immunisierung gegen Pockenviren eingebüßt. Und noch etwas kommt neuerdings hinzu: Auch wenn viele Details der Zusammenhänge gerade bei den vornehmlich von Nagetieren verbreiteten Affenpocken unklar sind, scheint sich abzuzeichnen, dass die Bevölkerungsentwicklung in Afrika die Ausbrüche begünstigt. Mehr und mehr Menschen gehen dort in den Wald, um für ihren Lebensunterhalt zu sorgen. Sie suchen nach Nahrung und bauen ihre Hütten, was beides die Häufigkeit von Kontakten mit in den Wäldern heimischen Wildtieren steigert. Erste Studien aus dem Kongo, wo die mit zehn Prozent Sterblichkeit gefährlichere Variante der Affenpocken grassiert, legen nahe, dass die Infektionen zunehmen, wenn Dorfbewohner während der Regenzeit in den Wald gehen, um etwa die zur Eiweißversorgung geschätzten Insektenlarven zu sammeln. Im Wald steigt das Risiko, mit dem Erreger-Reservoir in Berührung zu kommen. Möglicherweise sind die ersten Fälle außerhalb Afrikas auf Kontakte mit Reisenden aus dem für afrikanische Verhältnisse vergleichsweise gut durch Flugverbindungen mit anderen Kontinenten vernetzten Nigeria zurückzuführen. Diesen Entwicklungen bei Bevölkerungswachstum und Mobilität hinkt der Ausbau des Gesundheitswesens gerade in Afrika weit hinterher. Einmal mehr zeigen die Affenpocken, wie schon Aids und Ebola, wie das globale Ungleichgewicht der medizinischen Versorgung, bei dem Entwicklungsländer erheblich benachteiligt sind, als Bumerang in Länder des globalen Nordens zurückkommt. Gerade auf dem Kontinent vor unserer Haustür schwelen die Brandnester eines weltweiten pandemischen Flächenbrandes.[54]

Kaum geringer ist die Gefahr in Ostasien und insbesondere China – ohnehin eine riesige Region, wo bereits früher mit den verschiedenen Wellen der Pest verheerende Seuchen ihren Ausgang nahmen. Weitgehend vergessen ist heute, dass etwa die dritte Pest-Pandemie Ende des 19. Jahrhunderts aus Yunnan kam. Sie war dort entstanden, bevor Louis Pasteur den Arzt

Alexandre Yersin nach Canton schickte (wie die Stadt und Region Guangzhou früher auch hieß), der dann in Hongkong den später nach ihm benannten Erreger entdeckte. *Yersinia pestis* stammt aus einem tierischen Reservoir, sehr wahrscheinlich einem natürlicherweise in Ostasien verbreiteten Nagetier, von dem es über Ratten und deren Flöhe auf den Menschen kam. Sowohl die Ratten als auch die Menschen lebten bereits seinerzeit dicht gedrängt in den asiatischen Städten. Dies bot dem Bakterium die kritische Masse an Wirten und ließ die Krankheit ein weiteres Mal ausbrechen.[55]

VON WO DIE NÄCHSTE PANDEMIE KOMMT

Dass diese Region nun abermals in den Blick gerät, ist kein Zufall. Die Coronaviren, die beide Sars-Ausbrüche zuerst im Süden und der Mitte Chinas verursachten, spiegeln einmal mehr das dichteabhängige Infektionsgeschehen wie auch die Landnutzungsänderung. Oder sagen wir es ruhig deutlicher: Die Corona-Pandemie ist eine Folge der zunehmenden Umweltzerstörung im südöstlichen Asien in tödlicher Kombination mit der natürlichen Biodiversität der Region.

Die enorme wirtschaftliche Entwicklung spätestens seit den 1980er-Jahren, getrieben durch den Bevölkerungszuwachs, führt geradezu lehrbuchhaft sämtliche Komponenten in verhängnisvoller Weise zusammen, die es für das Ausbrechen von Pandemien braucht. Wir sehen die enorme Urbanisation, zum einen im Südosten in der Hongkong benachbarten Provinz Guangdong, mit Guangzhou und Shenzhen im Mündungsdelta des Pearl-Flusses, zum anderen entlang des Jangtsekiang, mit den Millionenstädten von Shanghai im Osten bis nach Chongqing, am Ende des Hunderte Kilometer langen Stausees, der sich aufgrund der 2008 fertiggestellten Dreischluchten-Talsperre gebildet hat. Chinas exorbitantes Städtewachstum, die damit verbundenen zahllosen, teilweise gigantischen Infrastruktur-projekte und der enorme Ressourcenverbrauch bedeuten nicht nur fundamentale Eingriffe unmittelbar in die Landschaft und Natur der betroffenen Regionen, sie strahlen auch weit darüber hinaus in benachbarte Provinzen aus, im Süden unter ande-rem nach Guanxi und Yunnan – mit allen Konsequenzen, die wir seit Langem hinsichtlich des Verlustes von Biodiversität in China sehen. Zur allgemeinen Globalisierung kommen noch im Besonderen die ausgeprägten kulinarischen Gewohnheiten der Chinesen, die über Wildmärkte eine weitere Gefahrenquelle nach sich ziehen – eine fatale Verknüpfung und buchstäblich tödliche Mischung mit Auswirkungen und Folgen für uns alle.

Wir haben gesehen, wie zoonotische Übersprünge durch Umweltveränderungen, durch das Vordringen des Menschen in bis dahin unberührte Natur, forciert werden. Das gilt zwar über-all auf der Erde, aber eben in besonderem Maß in solchen Regio-nen, wo eine immer rasantere Entwicklung der Bevölkerung mit einer natürlicherweise hohen Biodiversität und den Zentren der Artenvielfalt zusammenfällt. Ein solcher biologischer Hotspot war und ist das südliche Ostasien. China gehört, gemeinsam mit den angrenzenden Regionen in Vietnam, Laos und Myanmar sowie dem Norden Thailands, zu den artenreichsten und bio-logisch vielfältigsten Gebieten der Erde. Dort kommen viele ver-schiedene Nagetiere (Rodentia) inklusive der Mäuseverwandten vor (allein diese Myomorpha stellen mit über 1600 Arten mehr als ein Viertel aller Säugetierarten!), von denen sich viele bereits als potenzielle Erreger-Reservoire erwiesen haben. Es leben dort auch die meisten Fledermäuse aus der Gruppe der Hufeisenna-sen. Insbesondere diese *Rhinolophus*-Fledermäuse haben im süd-lichen Ostasien nicht nur ihren Ursprung, sondern mit 20 Arten auch ihren Verbreitungsschwerpunkt. Und sie sind – aus noch unverstandenen Gründen – besonders geeignete Wirte für ihre natürlichen Begleiter unter den Coronaviren; von denen vermutet wird, dass wir trotz aller bisherigen Probensammlungen die wahre Vielfalt und das Vorkommen dort längst noch nicht ausreichend kennen.[56]

So wichtig es angesichts der lückenhaften Datenlage wäre, mehr über die natürlichen Reservoire der Fledermäuse, aber auch der anderen Wild- und Nutztiere gerade in China zu wissen, so sehr gleicht diese Suche jener nach der sprichwörtlichen Nadel im weltgrößten Heuhaufen. Gerade deshalb aber darf sich der Blick der Pandemieforschung nicht noch weiter allein auf Laborstudien und Impfstoffentwicklung verengen. Vielmehr muss sich der Fokus vor allem der Virenökologie neben Zentral- und Westafrika unbedingt auf den Süden Chinas und die gesamte Region Südasiens richten, von Myanmar über Thailand bis Laos und Vietnam. Denn sehr wahrscheinlich – das lässt sich nach allem, was wir wissen, vorhersagen – kommt von dort eine der nächsten Pandemien. Dafür braucht es keine Manipulation in einem Labor. Die neuen Seuchen sind sämtlich menschengemacht, nur hängen sie eben eng mit jener Umwelt zusammen, die wir zunehmend überall auf der Erde umgestalten. Wie wir damit in die Evolution eingreifen, diese uns aber zugleich Lösungen aufzeigt, sehen wir im letzten Kapitel.

TANZ MIT DEM TEUFEL –
AUSWEGE AUS EINER
MENSCHENGEMACHTEN KRISE

Pandemien offenbaren gleich mehrere Paradoxien. Deren Analyse, das Erkennen des scheinbaren Widerspruchs, kann bekanntlich zu einem tieferen Verständnis führen, wodurch sich die Paradoxie im besten Fall auflöst. Dadurch allein verschwinden Pandemien natürlich nicht, aber wir erkennen Auswege aus der Krise.

Da wäre einmal das Paradoxon, dass Mikroben wie Bakterien und Viren zwar in der Natur allgegenwärtig sind und zu unserer Naturgeschichte wie auch zur Menschheitsgeschichte gehören, dies aber erstaunlicherweise den Menschen kaum bewusst ist. Sosehr Seuchen also immer wieder den Verlauf der Geschichte beeinflusst haben, so scheinbar überraschend und völlig unerwartet kommen sie den Menschen dennoch stets aufs Neue vor – obgleich sie immer da waren. So gesehen gehören Pandemien zur Geschichte, sie sind aber keineswegs Geschichte. Vielmehr steht hinter ihrer Geschichte die Biologie; und insbesondere die Ökologie und Evolution der Erreger gilt es zu verstehen.

Was uns zum zweiten Paradoxon bringt. Denn Pandemien und speziell Zoonosen sind, entgegen selbst der unter Medizinern üblichen Meinung, nicht nur natürlichen Ursprungs im Sinne einer unabwendbaren Naturkatastrophe. Sie sind vielmehr menschengemacht – jedoch nicht im Sinn einer obskuren Labortheorie wie bei Sars-CoV-2; vielmehr sind Pandemien vom Menschen mitverursacht aufgrund unseres Umgangs mit der Natur, unserer unaufhaltsamen Ausbreitung und rücksichtslosen Raumnahme auf diesem Planeten. Erst die macht die Ausbreitung von Seuchen möglich, die wir damit regelrecht hervorlocken. Wie einst bei der Entstehung von Ackerbau und Viehzucht, der ersten Hochkulturen, des Handels und der Massenmigration infolge von Kriegen und Völkerwanderungen schafft der Mensch heute einmal mehr erst jene Umweltbedingungen, unter denen Krankheitserreger leichtes Spiel haben. Pandemien sind daher menschengemacht – auch in dem Sinn, dass wir es den Erregern immer weiter ermöglichen, Speziesgrenzen zu überspringen und munter in einem Millionenpool von Wirten zu mutieren. So wie wir ihnen einst dank der Domestikation von Rindern und Schweinen, Hühner- und Entenvögeln den Boden bereitet haben, verschaffen wir Viren evolutive Chancen, indem wir sie in unseren massenhaft gehaltenen Nutztierpopulationen zirkulieren lassen und sich lokale Infektionskrankheiten so beim globalisierten Menschen zu Seuchen auswachsen können. Unser Monopol als neuer Evolutionsfaktor auf diesem Planeten – die mittlerweile singuläre Wirkmächtigkeit des Menschen nicht nur auf die Geosphäre, sondern auch die Biosphäre – schafft gleichsam Monokulturen bei Tier und Mensch, die immer anfälliger für solche Erreger machen, sobald diese erst einmal uns oder die Massen unserer Nutztiere und Kulturfolger als neue Wirte entdeckt haben.[1]

Dass Pathogene überspringen, ist an sich unvermeidlich, doch Pandemien sind es nicht. Sie waren der Preis, den die Menschheit seinerzeit für ihre Zivilisationsanfänge zahlte. Inzwischen sind sie, kaum bewusster, der Preis, den wir für den Fortschritt der Moderne und unsere ruinöse Lebens- und Wirtschaftsweise bezahlen. Bei allem evolutiven Erfolg des *Homo sapiens*: tatsächlich ist es ein immer enger werdender Tanz mit dem Teufel. Mögen wir heute auch eher die Zusammenhänge verstehen, wie sich Mensch und Mikrobe wechselseitig beeinflussen, und mögen wir auch schnelle Lösungen finden – dies ändert nichts daran, dass wir nur eine Zukunft haben, wenn wir die richtigen Schlüsse aus unseren Erkenntnissen ziehen.

Derzeit aber weckt die schnelle Lösung, wie sie der Einsatz von Tests, lokalen Eindämmungsmaßnahmen und vor allem die Entwicklung neuer Impfstoffe impliziert, abermals falsche Hoffnungen auf ein Ende der Seuchen. Wie schon einmal, vor mehr als einem halben Jahrhundert mit dem systematischen Einsatz von Antibiotika und Vakzinen, wiegt uns dies in falscher Sicherheit. Keine Frage: Die neuen Impfstoffe haben das Risiko schwerer Verläufe durch die Infektion mit Coronaviren deutlich reduziert und vielfach Leben erhalten. Doch über dieses Kurieren der Symptome vergessen wir die eigentlichen Ursachen. Mit dem Ende von Covid-19 ist die Seuche der Pandemien keineswegs zu Ende. Nicht nur diese Viren sind weiterhin dort draußen unterwegs. Und sie werden zurückkommen, sobald wir mit unserem bisherigen Verhalten fortfahren, mit dem wir auch vielen anderen Erregern den Boden bereiten.[2]

Mit dem Abflachen der anfangs sich steil auftürmenden Infektionswellenberge zu allmählich auslaufenden Wogen sind Pandemien und ihre Ursachen dabei, wieder aus dem Blickwinkel der meisten Menschen zu verschwinden. So groß anfangs die Angst vor den gesundheitlichen Folgen und die Sorgen um die ökonomischen Auswirkungen von Covid-19 waren, so verständlich ist die Sehnsucht nach einer Rückkehr zur Normalität. Die an sich segensreiche technische Lösung gewährt aber nur kurzfristigen Aufschub. Wir müssen an langfristige Auswege denken, und dazu gehört die Klärung der Frage, woher Pandemien eigentlich stammen und wie sie immer wieder zu uns kommen. Neben Impfstoffen und Strategien zur Infektionskontrolle müssen wir dringend auch die Mechanismen der Ausbreitung und Übertragung von Zoonosen erforschen und die Evolution und Ökologie von Viren besser verstehen lernen.

Denn die Botschaft dürfte inzwischen deutlich geworden sein: Corona war nicht die letzte Pandemie. Nach der Epidemie ist vor der Epidemie, warnen nicht wenige Fachleute – und auch, dass der nächste Erreger schon bereitstehe. Wenn dieser aggressiver ist und letaler, bedeutet er eine noch größere Herausforderung als Corona.[3] Die jüngste Pandemie bietet aber die Chance, die entscheidenden Faktoren genauer in den Blick zu nehmen, die solche Zoonosen auslösen, um in Zukunft besser darauf vorbereitet zu sein. Denn sie werden kommen; häufiger und vielleicht heftiger als bisher, noch gefährlicher als die gegenwärtige. Zoonosen lassen sich nicht aus der Welt schaffen, künftig noch weniger als zuvor. Wir können ihnen daher nur wacheren Auges entgegensehen, müssen ihren Anfängen wehren und lernen, mit ihnen umzugehen. Was das konkret heißt, sehen wir nun.

LEHREN AUS DER GESCHICHTE UND DER KRISE

In Thomas Manns *Zauberberg* findet sich das Verdikt, wonach der Grad des Vergangenseins und des Vergessens davon abhinge, wie groß das Ereignis sei, das zwischen das Heute und das Gestern trete. Während Mann auf den Ersten Weltkrieg als historisches Ereignis anspielte, zeichnet sich für die Corona-Pandemie bereits ab, dass dem anfänglichen Schockzustand gern und schnell ein »Weiter so« statt eines tatsächlichen Wandels folgt, wie er vielfach beschworen und erhofft wurde. »Alles wird anders«, wollte da mancher glauben.[4] Längst vorbei ist das große Innehalten beim ersten Lockdown mit der rosigen Erwartung, dass diese Krise als Chance begriffen werde. Ihr Schock war offenbar doch nicht so groß. Während die Gleichgültigkeit ihr gegenüber zunimmt, sind vor allem Ursache und Wirkung solcher Zoonosen keineswegs so allgemein verstanden, wie es angezeigt wäre.

Eine Erkenntnis, die wir aus der im zweiten Teil des Buches skizzierten Geschichte der Zoonosen mitnehmen, ist sicherlich, dass die Corona-Pandemie – so bedrohlich und tödlich sie vielfach war und so einschneidend wir ihre Folgen erleben – nicht im Entferntesten so verheerend verlief wie frühere große Seuchenzüge. Und was haben diese bewirkt? Allen voran die antiken Plagen von Pocken bis zur Pest, der mittelalterliche *Schwarze Tod* oder die Spanische Grippe – sie haben noch jeweils erhebliche Teile der jeweiligen Bevölkerung ausradiert, ebenso wie die destruktiven Seuchen in der Neuen Welt, die anschließend dysfunktionale Gesellschaften der europäischen Kolonisierung preisgaben. Bei all diesen Seuchen gab es oft genug zu wenige Überlebende, um die Toten zu begraben, sodass die jeweilige Epidemie tatsächlich neben Krieg, Hunger und Tod als der vierte Reiter der Apokalypse wahrgenommen wurde. Keine Frage, dass nicht nur jüngst die Affenpocken, wie zuvor schon Sars und Mers und Hendra, Nipah und Ebola, hinsichtlich der Todesfälle in einer ganz anderen Liga spielen. Und zu der muss man – ungeachtet der möglicherweise nicht sechs, sondern eher 20 Millionen Toten und aller Verwerfungen – selbst Covid-19 oder auch Aids mit seinen 40 Millionen Opfern rechnen.[5] Leiden sind Lehren, wusste der griechische Philosoph Plato. Mehr als 2000 Jahre später urteilte sein Berufsgenosse Hans Jonas: »Wir wissen erst, *was* auf dem Spiele steht, wenn wir wissen, *dass* es auf dem Spiele steht.«[6] War diese jüngste Pandemie also doch nicht groß und überwältigend genug, um daraus zu lernen und einen Wandel zu bewirken?

Lange galt der Leitspruch von der *historia magistra vitae* – der Geschichte als Lehrmeisterin des Lebens. Doch können wir wenn schon nicht aus der unmittelbaren Gegenwart, dann wenigstens aus der Geschichte lernen? Sicher, jede Pandemie ist anders, hat nicht nur einen anderen Erreger, andere Ursachen und Umstände; jede wird auch anders behandelt und wahrgenommen. Dennoch haben die Pandemien vieles gemeinsam, sie lassen sich im historischen Kontext einordnen und die Strategien zu ihrer Bekämpfung und deren Wirksamkeit erkennbar machen. Klar: Die Kenntnis der Vergangenheit erlaubt noch keine sichere Vorhersage für die Zukunft – eine gewisse Wahrscheinlichkeit haben die darauf gegründeten Prognosen aber dennoch. Eine Lektion der Geschichte ist sicherlich, dass sie sich eben doch zuweilen wiederholt, jedenfalls was den Umgang mit Pandemien angeht. Und wenn wir dazu auf die Seuchen insbesondere des vergangenen Jahrhunderts schauen, sehen wir ein bestimmendes Muster, bei dem sich Panik und Gleichgültigkeit abwechseln. Sobald der Notfall vorbei ist, kehren wir zur Normalität und zu den gleichen Verhaltensmustern zurück. Wir wollen und können uns nicht vorstellen, dass unser Alltag dauerhaft anders aussehen könnte – weil so eine Änderung mühsam wäre.

John F. Kennedy soll einmal darauf hingewiesen haben, dass sich im Chinesischen das Wort *Krise* aus zwei Schriftzeichen zusammensetze: Das eine bedeute *Gefahr*, das andere *Gelegenheit*.[7] Wir sollten uns in der Krise der Gefahr bewusst sein; doch sie bietet auch eine willkommene Gelegenheit, nämlich für einen Neustart. Krise sei ein produktiver Zustand; man müsse ihr nur den Beigeschmack der Katastrophe nehmen, wie Max Frisch schon treffend formulierte. Katastrophen sind mit Schäden und Verlusten verbunden, während die Krise als Höhepunkt eines Ereignisses eben die Chance auf eine gute Wendung birgt.[8] Und Winston Churchill soll angeblich gesagt haben: Während der Optimist in jeder Kalamität eine Gelegenheit sehe, sei für den Pessimisten jede Gelegenheit eine Kalamität.[9]

Um indes wirklich etwas zu verändern, braucht es grundlegende Einsicht in das, was schiefläuft. Corona hat Systemschwächen offengelegt: in den Gesundheits- und Bildungssystemen zuerst, aber auch bei der Versorgung und der Verwaltung, schließlich in der Arbeitswelt. Und nicht nur unsere vernachlässigte Vorsorge im medizinischen Bereich, auch unsere nicht nachhaltige Lebensweise wurde zutage gefördert. Um die Zusammenhänge zu verstehen, müssen wir aber noch eine Schicht tiefer schauen. Denn vor allem unser Umgang mit der Natur, die Veränderung unserer Umwelt und unser Wirken müssen in den Blick genommen und kritischer hinterfragt werden. Denn wir gefährden unsere Gesundheit zunehmend durch unseren zerstörerischen Lebensstil und unsere ausbeuterische Wirtschaftsweise. Gerade was diese Erkenntnis angeht, gehört zur Wahrheit und zum Wissen in erster Linie der Verzicht auf Leugnung. Wir müssen aufhören, zu verkennen und zu ignorieren, wie groß das Problem inzwischen geworden ist, wo die wirklichen Ursachen liegen und wie die eigentliche Aufgabe lautet. Mit einem Wort: Wir müssen begreifen, an welchem Punkt der Geschichte wir uns befinden.

Zweifellos hat Corona dazu geführt, dass grundlegendes epidemiologisches Wissen in der Bevölkerung nun so verbreitet ist wie selten zuvor; wir wissen mehr über Infektionen und Impfungen als vermutlich je eine Generation vor uns. Doch zur ernsthaften Aufarbeitung der Krise gehört auch die schonungslose Untersuchung der Frage, woher die Infektionen kommen, wie sie zu Epidemien werden und sich gar zu Pandemien auswachsen, warum sie uns so empfindlich treffen können und was wir fortan dagegen tun können. Hier setzt die These an, dass wir bislang einem grundlegenden Missverständnis unterlegen sind, gleichsam dem pandemischen Fehlschluss der Virologie – der weitverbreiteten Ansicht nämlich, dass wir nur mehr über die Erreger wissen und das Virus besser untersuchen müssen, um es in den Griff zu bekommen. Damit allein aber werden wir scheitern. Denn wir waren bisher ungeheuer kurzsichtig, was einen allgegenwärtigen Prozess auf diesem Planeten angeht: den der Evolution. Gemeint sind hier nicht die vordergründigen evolutiven Abläufe bei Viren allein durch genetische Veränderungen – wichtiger noch als der Fokus auf die Mutationen des Erregers ist ein robusteres Verständnis der Evolutionsbiologie von Pathogenen und der Ökologie von Zoonosen. Nicht nur um historische Infektionskrankheiten zu verstehen und einzuordnen, müssen wir im Folgenden diese Aspekte betrachten. Letztlich kann nur eine um diesen Blickwinkel der Evolution und Ökologie erweiterte Perspektive erklären, warum es zur Coronakrise kam und warum wir immer mehr solcher *emerging infectious diseases* erleben werden.

Die zentrale Botschaft dabei ist: Es geht bei Pandemien nicht vordergründig um Viren und Varianten, um deren Gensequenzen und Spike-Proteine, ums Infizieren, Isolieren und Impfen. Vielmehr geht es bei Zoonosen um unsere Umwelt, um die Lebensräume anderer Lebewesen, um unsere Interventionen der Natur und um das Netz ökologischer Interaktionen. Diese sind es, die es zoonotischen Erregern erst ermöglichen, zwischen Arten und Arealen hin- und herzuspringen, um dann, verborgen in Wild- und Nutztieren, vom Menschen auf Märkte in Millionenstädte getragen zu werden, von wo aus sie die halbe Menschheit infizieren und diese potenziell sogar auslöschen können.

VIRALES WECHSELSPIEL

Die Virologie stehe »mit offenem Mund staunend davor, wie schnell immer neue Varianten des Virus entstehen. Wir verstehen bisher kaum die Mechanismen hinter der verstärkten Übertragung.« Das gestand mit Christian Drosten unlängst immerhin einer der bekanntesten deutschen Virologen. Dieses Bekenntnis ist in mehrfacher Hinsicht bemerkenswert. Zum einen natürlich, weil alles virologische Wissen der Welt die Experten heute dennoch überrascht vor einem viralen Verursacher stehen lässt, zum anderen, weil damit der Blick der Virologen offensichtlich auf die genetische Wandlungsfähigkeit der Erreger vor allem durch Mutationen gerichtet bleibt.[10]

Dass sich Mikroben wie Viren und Bakterien durch Mutationen verändern, ist natürlich nichts Neues. Ebenso wenig die Tatsache, dass, je mehr Viren sich vermehren und ausbreiten, umso mehr Mutationen entstehen und dass ein umso variableres Virus umso mehr Chancen hat, nicht nur bis an die Grenzen des Vorstellbaren, sondern sogar des überhaupt evolutiv Möglichen vorzudringen und gleichsam das ganze Spektrum der Karten im Blatt auszuspielen. Je mehr Viren im natürlichen Reservoir sowie, dank unserer auf acht Milliarden Menschen angewachsenen Weltbevölkerung, auch in ihrem neuen Wirt zirkulieren, desto wahrscheinlicher ist es, dass irgendwann selbst äußerst unwahrscheinliche Mutationen und Rekombinationen auftreten. Manch besonders gefährliche, weil effiziente Variante des Virus mag uns als äußerst unwahrscheinliche genetische Kombination erscheinen; etwa, dass ein »normales« Fledermaus-Coronavirus ausgerechnet eine wirkungsvolle Furin-Spaltstelle entwickelt, wie sie bei Viren in Schuppentieren vorkommt. Indes ist dies nicht nur theoretisch möglich, sondern eben auch tatsächlich existent (wie im ersten Teil gesehen).[11]

Entscheidend ist nun, nicht den virologischen Blick allein auf das Innenleben des Virus selbst zu senken, sondern den ökologischen Blick zu erheben und schweifen zu lassen in der Umwelt und zu den Umständen, unter denen es existiert. Ausschlaggebend sind nicht die mittels Mutationen im Wirt verwirklichten Möglichkeiten, auch nicht die wohl noch wirkungsvolleren Rekombinationen verschiedener Genomabschnitte – nein, entscheidend ist, dass wir Menschen selbst die Pathogene bei ihrer Evolution immer stärker befördern; dass wir selbst gleichsam zur *neuen Umwelt* – oder einer *new nature* – für Viren geworden sind, diese wenigstens schaffen. Denn wir Menschen sind, wie gezeigt, ein ganz eigener Evolutionsfaktor auf der Erde. Wir bauen inzwischen den ausschlaggebenden Selektionsdruck auf, der neue und angepasste Erreger generiert. Wir sind es, die ihnen helfen, neue ökologische Nischen zu erobern, sich in neue Gebiete auszubreiten und zu etwas Neuem zu mutieren, bei dem die Ansteckung von Mensch zu Mensch schneller als der Alarm wandert. Wir machen unsere mitunter tödlichen Pandemien also neuerdings selbst.

Daher schlummert die eigentliche Gefahr nicht in der inneren Evolutionsfähigkeit der Erreger, in genetischer Mutation und gefährlicher Rekombination der RNA-Viren. Vielmehr geht sie von den neuen Lebensumständen aus, die die evolutiven Chancen der Pathogene potenzieren. Dank der Auswirkungen des Anthropozäns einschließlich der Effekte der Globalisierung werden Erreger zur großen Gefahr. Die vergleichsweise milden Verläufe von Vogelgrippe oder Schweinegrippe, neuerdings der Affenpocken, selbst die ersten Sars- und Mers-Ausbrüche haben unterstrichen, dass wir bisher immer noch Glück hatten. Covid-19 ist nun ein echter Warnschuss, der darauf verweist, dass es auch anders kommen kann – und anders kommen wird.[12]

Und doch: Wenn Experten auf diesem Gebiet an Evolution und Pathogene denken, meinen viele weiterhin in erster Linie wahlweise Mutation und Rekombination. Tatsächlich benötigt ein von Tieren überspringendes Virus in einigen Fällen nur wenige solcher genetischen Veränderungen. Bei der Spanischen Grippe unterschied sich das Molekül nur in einer einzigen Aminosäure; auch bei der Vogelgrippe reicht dem H5N1-Virus eine Punktmutation, die zum Austausch einer einzigen Aminosäure in einem Protein führt, um das Virus für den Menschen gefährlich zu machen. Bei den üblichen Influenza-Viren sind es oft nur vier, fünf Mutationen, die neue Grippewellen verursachen. Auch beim Sars-Virus 2003 waren es nur zwei Mutationen. Insgesamt ist das derzeitige Coronavirus dennoch etwa zehnmal weniger mutationsfreudig und verändert sich bisher viel langsamer als etwa Grippeviren.[13] Zum Glück, denn wie gesagt: Wir Menschen mit unserer auf acht Milliarden angewachsenen, eng vernetzten Weltbevölkerung bieten einem virulenten Erreger ein riesiges Reservoir, in dem er umso wahrscheinlicher mutiert, je häufiger das Virus die Zellen in unseren oberen Atemwegen entert, um sich zu replizieren.

Zur Evolution gehört natürlich weit mehr als nur punktuelle, schrittweise genetische Veränderung und Variation. Evolution ist das perfide und permanente Zusammenspiel von Mutation und Selektion, durch das jene Organismen überleben, sich vermehren und ihre Erbanlagen weitergeben, die zufälligerweise unter den jeweils gegebenen Umweltbedingungen am besten zurechtkommen, während die schlechter angepassten verschwinden. Gerade dank dieses ewig ablaufenden Spiels von zufälliger Mutation und natürlicher Selektion sind Viren früh zum Modell für Evolution schlechthin geworden. Ein Jahrzehnt bevor die Molekülstruktur der Erbsubstanz aufgeklärt wurde, entdeckten Max Delbrück und Salvador Edward Luria 1943 in einem später nobelpreisgekrönten Experiment mit Bakterien und Phagen (also bakterien»fressenden« Viren), dass es spontan zu Mutationen kommt; diese mithin zufällig und unabhängig von den – und eben nicht als Reaktion auf die – jeweiligen Umweltbedingungen entstehen. Schneller noch als Bakterien wandeln auch Viren ständig ihre Erbinformation. Dabei spielt nicht nur die Mutation innerhalb einer Virenlinie die entscheidende Rolle, vielmehr sind Viren deshalb so variabel und evolutiv flexibel, weil sie durch Rekombination untereinander Erbgut austauschen. Sie lernen gleichsam Neues, wenn sich in einem Wirt mehrere Varianten aus verschiedenen Wildtierarten mischen. Dank genetischer Veränderungen und vor allem solcher genomischer Umbauten können Erreger, die zunächst nur eine Tierart als Wirt befallen, auch die Fähigkeit entwickeln, den Wirt zu wechseln und in menschliche Zellen einzudringen – was aus einer Tierkrankheit eine EID beim Menschen werden lässt, die oft genug zur Pandemie wird.

Zur Virenevolution gehört also insbesondere die Rekombination, wobei die Möglichkeit zur Vermischung unterschiedlicher Erblinien von den sich bietenden Umweltbedingungen abhängt. Zoonosen sind daher immer ein Wechselspiel der Eigenschaften des Virus mit seiner jeweiligen Umwelt, in der es sich zu vermehren versucht. Nach der üblichen Vorstellung entsteht nur dann ein neuer Erreger, wenn es zu genetischen Veränderungen des Pathogens kommt, die es ihm erlauben, sich an eine neue Umwelt, in diesem Fall einen neuen Wirt, anzupassen. Die dafür jeweils nötigen genetischen Veränderungen sind nicht vorhersagbar – insofern waren Virologen bisher auch immer überrascht von neuen Varianten und Formen, die man konkret nicht kommen sehen kann.

Diese Ausgangslage zufälliger genetischer Veränderungen, die Anpassungen an neue Wirte ermöglichen, hat bisher auch die Vorstellung einer sogenannten Koevolution von Pathogen oder Parasit und Wirt dominiert. Epidemiologen etwa fragen danach, welche Bedingungen ein Virus jeweils vorfindet, um weitere Wirte in einer Population zu infizieren. Zwar könnte man meinen, es sei für die Evolution des Virus unerheblich, ob ein Infizierter nach der Weitergabe des Virus mehr oder weniger krank wird oder gar stirbt, solange es zuvor nur weitere Wirte erreicht. Doch es macht einen Unterschied, wenn zu viele Wirte sterben, bevor sie ihre Viren an neue Wirte weitergeben können, denn das lässt den Erreger in eine evolutive Sackgasse laufen. Daher entstand die Idee, dass die Evolution selbst die tödlichsten Viren letztlich zur Kooperation mit ihren Wirten zwingt. Aus Sicht des Erregers sollte ihm der Wirt tunlichst als Überträger erhalten bleiben, wenn er selbst evolutiv weiterkommen will. Erweist sich ein infektiöses Virus aber im Verlauf seiner Evolution als fatal, sprich: immer nur letal, so verliert es langfristig alle seine Wirte – und damit auch den evolutiven Wettlauf. Zwar benimmt sich mancher Vertreter aus der

Miniaturwelt der Mikroben anfangs als wahrer Massenmörder, doch dank des evolutionären Wechselspiels zwischen Wirt und Parasit bleiben es die wenigsten für immer. Selbst anfangs letale Viren büßen irgendwann ihre Virulenz ein, oder sie sterben aus, so das Credo der Evolutionsbiologen. Angemerkt sei, dass das Virus dabei natürlich streng genommen nicht wirklich ein Ziel verfolgt; weder *will* es besonders harmlos noch besonders schädlich sein. Seine Existenz ist letztlich allein vom Zufall bestimmt, und der manifestiert sich in Form seltener, aber immer wieder vorkommender Genmutationen.[14]

In jedem Fall basiert unser Verhältnis zu den Krankheitserregern, nach bislang gängiger Meinung auch von Experten, auf einer Koevolution, bei der Viren durch Anpassung und Auslese ihre Letalität verloren haben, uns dafür aber fortan dauerhaft als Wirte nutzen. Doch just dieses Narrativ von Koevolution und Kooperation, so lange es auch vorherrschen mag und sich wunderbar zeitgemäß anschmiegt, ist überholt, zudem irreführend und hilft in unserem Fall nicht weiter.

WENN PERFEKTION ZUR EVOLUTIONÄREN SACKGASSE WIRD

Der Vorstellung nach oszillieren Parasiten oder Pathogene im Rahmen ihrer Wirtsbeziehung zwischen *exploitation* und *exploration*, wie die Fachwissenschaftler es nennen. Soll heißen: Die Strategie etwa von Viren pendelt zwischen rücksichtsloser Ausbeutung und entdeckerischer Erkundung hin und her. Das erlaubt ihnen, sowohl neue Wirtsarten zu infizieren, als auch, diese möglichst umfänglich und effizient zur eigenen Vermehrung zu nutzen. So haben im Zuge des Wirtswechsels von Sars-CoV-2 bestimmte Mutationen im Stachelprotein zu viraler Innovation geführt, die das Virus infektiöser machten. Dem

Übersprung im Zug von *exploration* folgte schnell die pandemische *exploitation*.

Solch eine Parasit-Wirt-Beziehung wird oft als eine Art Wettlauf oder gar Wettkampf gesehen; ja, im Grunde sogar als ein *arms race*, in dem das Beziehungspaar verstrickt ist und bei dem beide Partner ihren Überlebensvorteil suchen, was den jeweils anderen zu einer entsprechenden Antwort veranlasst. Je besser sich der Erreger einpasse, desto gezielter versuche der Wirt, ihn abzuwehren. Diese klassische Vorstellung führt aber in ein Dilemma, das zwar offenkundig ist, dennoch lange nicht bedacht wurde. Denn um im evolutiven Wettrüsten mitzuhalten, passt sich der Erreger, von seinem Wirt getrieben, immer mehr an diesen an, wird also immer spezialisierter. So werden einzelne Viruslinien meist vom Ende her betrachtet und für optimal an ihre jeweiligen Wirtsarten angepasst gehalten. Je spezifischer sie aber sind, desto weniger gut können sie andere Arten infizieren oder gar auf den Menschen überspringen. Denn je perfekter ein Pathogen auf den einen Wirt passt, desto mehr schränkt dies seine evolutiven Möglichkeiten bei anderen ein. Wie aber gelingt es dann den bei einem Wirt spezialisierten Pathogenen, überhaupt per zoonotischen Übersprung auf einen anderen Wirt zu wechseln?

Für Evolutionsbiologen kommt neben diesem Rätsel noch ein weiteres Paradoxon hinzu. Es betrifft den Umstand, dass sich die entsprechenden Mutationen offenkundig immer erst beim *spillover* ereignen. Wieso aber mutieren scheinbar perfekt angepasste, hoch spezialisierte Pathogene immer just dann, wenn sie ihren Wirt wechseln? Wenn genetische Mutationen zufällig und unvorhersehbar sind, warum gelingt es dann dank einiger weniger genetischer Veränderungen plötzlich und genau zur richtigen Zeit, das Wirtsspektrum zu erweitern? Oder anders gefragt: Mutiert das Virus erst und springt dadurch über? Welche Mutationen aber sind es dann, die einem bisher bereits spezialisierten Erreger einen neuen Wirt erschließen? Wie kann er sich überhaupt an einen neuen Wirt anpassen, in dem er noch gar nicht lebt? Kurioserweise sind neue Erreger bereits durch nur wenige punktuelle genetische Umbauten derart effektiv, dass sie gerade in der Anfangsphase den Wirt überraschen und dessen Immunantwort überrollen können.

Irgendetwas kann mit den typischen alten Vorstellungen vom viralen *spillover* nicht stimmen. Und so weitverbreitet unter Virologen und selbst unter anderen Experten diese Denkweise einer vermeintlich perfekten Anpassung ist, so sehr führt sie allgemein und auch uns hier in die Irre. Denn zu Ende gedacht bedeutet Perfektion in der Evolution Stillstand. Eine evolutive Entwicklung hin zu etwas Neuem ist nur möglich, wenn Erreger gerade eben nicht perfekt an etwas Altes, an einen bereits besiedelten Wirt angepasst sind. Wären dagegen tatsächlich Pathogene perfekt angepasst (wie man etwa bei sich verbreitenden Viren ob ihres offenkundigen evolutiven Erfolgs gemeinhin unterstellt), gäbe es nur noch solche Spezialisten – die aber evolutiv in einer Sackgasse festsäßen, aus der sie kaum mehr herauskämen. Die Evolution zu Neuem läuft über Generalisten, in unserem Fall über solche Erreger, die gerade nicht perfekt angepasst sind und denen deshalb die Etablierung in einem neuen, nicht optimal passenden Wirt leichter gelingt. Die bisherige Annahme vieler Forscher war aber neben der Idee einer perfekten Anpassung davon geprägt, dass jedes Pathogen einen bestimmten Wirt habe, an den es adaptiert sei. Dies ließe wenig Raum für Generalisten, die es wiederum braucht, um das Wirtsspektrum zu erweitern. Denn die eigentliche Evolution besteht in der Vielfalt, nicht in der Perfektion.

Die irreführende Idee einer möglichst perfekten Anpassung, die man allenthalben wenigstens zwischen den Zeilen unvorsichtig gewählter Worte selbst vieler Experten hört, hat eine lange Geschichte in der Theorie der Evolution, wurde aber als sogenannter Panadaptationismus zu Recht kritisiert. Wir überspringen hier die wissenschaftlichen Details dazu und halten nur fest, dass die Vorstellung perfekter Anpassung im Kern einen evolutiven Stillstand bedeuten würde. Evolution ist aber gerade das Gegenteil von Stasis und Stillstand; sie ist das permanente dynamische Spiel zufälliger genetischer Veränderung und natürlicher Auslese. Diese Selektion ist ein perfekter Mechanismus und der Motor der Evolution, aber nicht der Mechanismus zur Perfektion. Vielmehr pendeln Organismen zwischen optimaler Anpassung und mithin Ausbeutung ihrer Ressourcen einerseits und der Flexibilität und Offenheit für Veränderungen und Variation andererseits, eben zwischen *exploiting* und *exploring*.

Wie aber können Pathogene, die auf das eine spezialisiert sind, dennoch ausreichend generalisiert bleiben, um das andere auch noch zu bewerkstelligen? Wodurch wird, bei aller benötigten Anpassung an das Bestehende, die Evolution am Laufen gehalten?

Tatsächlich hat die Evolution auf dieses Dilemma, ein möglichst angepasster Ausbeuter zu sein, eine Antwort: nämlich aufgrund früherer, wenngleich etwas anders gearteter Erfordernisse bereits auch auf zukünftige Bedingungen eingestellt zu sein. Biologen erklären dies mit dem Konzept der sogenannten Präadaptation: Nicht die perfekte Anpassung sei der Weg und das Ziel, sondern hinreichend auf künftige Chancen reagieren zu können, also gleichsam jederzeit die Route neu justieren und die Reise modifizieren zu können. Das Kennzeichen einer typischen Präadaptation ist, auf etwas vorbereitet zu sein, was noch gar nicht da ist – weshalb man sie in der Regel nicht erkennt, bevor sie zum Zuge kommt.

Wichtig zum Verständnis ist, dass Organismen ohnehin immer nur an eine alte, vergangene Umwelt angepasst sind, die Evolution der Umwelt so gesehen immer hinterherhinkt. Schließlich sind die heutigen Anpassungen in einem Umweltkontext entstanden, den es nicht mehr gibt. Bei der Präadaptation wird altes evolutives Erbe neu genutzt. Es sind dennoch keineswegs aus der Zeit gefallene Eigenschaften, die dabei neue Funktionen übernehmen können. Im Gegenteil. So sind beispielsweise Vogelfedern als Präadaptation aufzufassen. Sie sind einst nicht etwa entstanden, um damit zu fliegen, vielmehr dienten die ersten Federn zur Wärmeisolation der Haut bipeder Dinosaurierverwandter – die sich erst sehr viel später damit auch in die Lüfte zu erheben vermochten. Ganz ähnlich können Eigenschaften eines Virus, die zufällig in einem anderen Wirtskontext entstanden sind, später den Übersprung auf einen neuen Wirt vermitteln. Das Paradoxon der Parasiten ist ja, dass wir sie uns hinreichend ökologisch spezialisiert und an ihren jeweiligen Wirt angepasst vorzustellen haben. Je enger sie bereits an diesen adaptiert sind, desto weniger flexibel sind sie, wenn es darum geht, sich bei einem anderen Wirt auszubreiten. Unter solchen Zwängen kann ein Wirtswechsel überhaupt nur bei Parasiten gelingen, die dank ihrer Präadaptationen in der Lage sind, auch in einem anderen Wirt gedeihen zu können.

Worauf all diese Überlegungen hinauslaufen: Es sind weniger die vielfach bemühten, zufälligen und neuen Mutationen, die erst dann entstehen, wenn es darum geht, sich nach einem Wirtswechsel zu behaupten, auf die sich unser Augenmerk richten muss. Vielmehr gibt es eine evolutive Vorgeschichte, gleichsam ein historisches Merkmalsgepäck, das jeder Mitspieler der Evolution mit sich bringt. Daher haben wir es bei Zoonosen und einem *spillover* eher mit solchen Veränderungen zu tun, die bereits im Pathogen vorhanden und angelegt sind; die also nicht neu entstehen, sondern gleichsam als schlummernde Reserve präsent sind und nur darauf warten, zum Einsatz zu kommen. Nicht die ausgeprägten Spezialisten und perfekt Angepassten beherrschen hier also das Feld, sondern die Generalisten, die Neuem dank ihrer Präadaptationen deutlich zugewandter sind.

Das aber macht das Evolutionsspiel pandemischer Pathogene umso gefährlicher. Denn Generalisten sind allgegenwärtig; im Unterschied zu den wahren Spezialisten gibt es sie beinahe überall. Die Ahnen von Sars-CoV-2 etwa müssen wir vor diesem Hintergrund für eher unspezifische Generalisten halten – und tatsächlich sind Coronaviren ja in den Fledermäusen im Süden Chinas und den Ländern Indochinas offenbar allgegenwärtig. Zudem befällt das Virus neben dem Menschen zahlreiche andere Tierarten, darunter Schuppentiere, Schleichkatzen und Marder oder eben Weißwedelhirsche als vermeintliche »Fehlwirte«. Und das vermutlich gerade deshalb, weil ihm allzu spezifische Anpassungen fehlen, bis sich diese durch anfangs unerkannt ablaufende Mutationen in einem Wirtsreservoir und dann in vielen Menschen – zuerst in den chinesischen Millionenstädten, danach auch in anderen – entwickelten. Klassische Koevolution fand, wenn überhaupt, anderswo statt.

NOCH EIN IRRTUM: VOM VERMEINTLICHEN GLEICHGEWICHT IN DER NATUR

Die Vorstellung einer koevolutiven Beziehung von Pathogen und Wirt war lange zusätzlich unterlegt von einem weiteren weitverbreiteten, aber aus vielen Gründen nicht unproblematischen Konzept: dem eines sich vermeintlich einpendelnden Gleichgewichts zwischen Wirt und Parasit, in unserem Fall zwischen zoonotischem Virus und Mensch. Doch wir müssen konstatieren, dass es ein solches wie auch immer geartetes Gleichgewicht weder in der Natur allgemein noch bei der parasitären Interaktion infektiöser Erreger gibt. Jedenfalls steht ein Beleg dafür aus, dass es jene ominöse Balance tatsächlich geben könnte. Eher dürfte es sich bei solchen Gleichgewichtsvorstellungen im Kern um Figuren und Metaphern sehr alten Ursprungs des abendländischen Denkens handeln. Dagegen ist der Naturkunde keine natürliche Kraft und kein Mechanismus bekannt, der dazu taugt, solch ein oft beschworenes, gleichwohl nur unterstelltes natürliches Gleichgewicht herzustellen. Damit zielen aber auch Annahmen und Vorstellungen ins Leere, ein vermeintlich gestörtes Gleichgewicht zwischen Pathogen und Wirt könnte dafür verantwortlich sein, dass deren Beziehung gleichsam aus dem Ruder laufe, neue EIDs auf der Bildfläche erschienen und es dadurch zu Ausbrüchen von Seuchen komme.

Dennoch wurde in der Vergangenheit das durchaus dynamische Geschehen zwischen Wirt und Virus, das natürliche Oszillieren zwischen einem unscheinbar vorkommenden Erreger und einem plötzlich auftretenden Ausbruch, wiederholt als Ausdruck eines aus eingeschwungenem Gleichgewichtszustand gestoßenen Systems interpretiert. Zwar mag die eigentliche Beobachtung der Interaktion an sich richtig sein, aber die Erklärung mithilfe einer vorübergehend gestörten Balance lässt sehr zu wünschen übrig. EIDs treten heute nicht deshalb vermehrt auf, weil ein fiktives, nicht nachweisbares Gleichgewicht der Natur aus den Fugen geraten ist, wie in der einen oder anderen Form unterstellt wurde. (Mag sein, dass sich auch hinter der Vorstellung einer vermeintlichen »Rache des Pangolins« just diese Idee verbirgt, eine außer Balance geratene Natur versuche, wieder ins Gleichgewicht zu kommen.) Keine Frage: Der Mensch bringt, indem er Natur zerstört, die Lebensräume durcheinander. Doch ein natürliches Gleichgewicht, zu dem wir zurückkehren sollten, gibt es nicht; es wäre auch, wie im Fall der perfekten Anpassung, der Tod der Evolution. Denn die lebt von der dynamischen Weiterentwicklung, nicht vom Zurückschwingen in statische Gleichgewichtszustände.[15]

Die moderne Evolutionsbiologie sieht die Beziehung von Viren und ihren Wirten daher vielmehr als Ausdruck evolutionärer Plastizität und der Dynamik evolutiver Beziehungen. Demnach nimmt ein Pathogen auf der Suche nach einem Wirt gleichsam an einer Lotterie auf Zeit teil. Es ist dabei, wenn man so will, mit sich und dem eigenen Überleben beschäftigt, nicht damit, einen neuen potenziellen Wirt umzubringen, was dieser verhindern muss, indem er auch etwa evolutiv aufrüstet. Passt ein Wirt auf die Präadaptationen, über die ein Erreger bereits verfügt, dann können weitere zufällige Mutationen zu einer sich verbessernden Anpassung führen. Was die Beziehung intensiviert, den Erreger aber schließlich spezialisiert. Gleichzeitig adaptiert sich der Wirt an den neuen Erreger mit den gebotenen Werkzeugen seines Immunsystems – aber dabei verfolgt keiner der Partner dieser Paarbeziehung das Ziel, irgendeinen Gleichgewichtszustand zu erreichen. So wie die Evolution durch natürliche Selektion an sich ziellos ist, so existiert auch keine anzustrebende Balance zwischen Pathogen und seinem unfreiwilligen Partner.[16]

Es hilft, sich beizeiten von irrigen Vorstellungen frei zu machen. Eine letzte Konsequenz der alten Ideen zur Wirt-Parasit-Beziehung, die auch das Denken der Evolutionsbiologen lange dominiert hat – gleichsam als Verlängerung des Konzepts eines evolutiven Wettrüstens von immer besserer Anpassung des Pathogens und der Antwort des Wirts –, ist die damit einhergehende Vorstellung eines Kampfs gegen die Krankheit und eines Kriegs gegen die Parasiten. In diesem Kontext reiht sich die vermessene Annahme ein, es könne und müsse Ziel der Medizin sein, Infektionskrankheiten zu eliminieren und wie die Pocken etwa auch Polio auszurotten (was allenfalls bei diesen, aber eben nicht bei echten Zoonosen gelingen kann). Doch damit haben wir die Spielregeln der Natur nicht vollends durchschaut. Denn jeder Einsatz des Wirtes spielt auch dem Gegenspieler in die Hand, und der Mensch droht einen solchen Wettlauf mit der Natur eher zu verlieren als zu gewinnen. Wie das Beispiel der Antibiotikaresistenz unterstreicht: Im Fall der über Jahrmillionen sich immer wieder an neue Umweltbedingungen und Gegenspieler anpassenden Bakterien sieht die WHO neuerdings eine *post-antibiotische Ära* heraufziehen – eine nahe Zukunft, in der gegenwärtig noch beherrschbare bakterielle Infektionen nicht mehr effektiv mit Antibiotika bekämpft werden können, weil Bakterien zu sogenannten multiresistenten Erregern mutieren. Heute schon zählen Antibiotikaresistenzen zu den häufigsten Todesursachen. So starben 2019 weltweit knapp 1,3 Millionen Menschen an einer Infektion mit antibiotikaresistenten Erregern, die zudem bei beinahe viermal so vielen Todesfällen wenigsten mitverantwortlich waren. Die Prognose ist, dass es zehn Millionen Tote jährlich werden könnten, weshalb Experten von einer schleichenden, zumindest einer übersehenen Pandemie sprechen (zumal derzeit weitaus mehr Förder- und Spendengelder in die Bekämpfung etwa von Aids flössen, obgleich mehr Menschen an bakteriellen Infektionen sterben).[17]

Statt den Fokus auf einen Krieg gegen die Krankheit zu richten, ist es beim Umgang mit Zoonosen wichtig, sowohl den Parasiten als auch den Wirt nicht losgelöst, sondern im Zusammenhang mit der jeweiligen Umwelt zu begreifen und ihre jeweilige Rolle im Zusammenspiel zu verstehen. Virologen schauen beim *spillover*-Geschehen vor allem auf die Eigenschaften des Wirts und des Virus, auf Variation durch genetische Mutation und Rekombination der Erbanlagen. Dagegen sind Evolutionsbiologen mehr mit den ökologischen Prozessen beschäftigt, die zu Wirt-Pathogen-Beziehungen führen. Sie schauen daher auf das Zusammenspiel zwischen dem Organismus und seinem Umfeld, auf die Auslese durch die Umwelt – was in diesem Fall nur vordergründig direkt gleichbedeutend mit einem Wirt ist. Sie nutzen dabei molekulargenetische Sequenzen, um die Details der Geschichte etwa eines Wirtswechsels zu rekonstruieren. Wenn wir Pandemien verstehen wollen, müssen beide Seiten,

Virologie und Evolutionsökologie, mehr miteinander reden und ihre jeweiligen Theoriegebäude ergänzen.[18]

IN NEUER PERSPEKTIVE: WARUM EIDS EIN EVOLUTIONS- BIOLOGISCHES PHÄNOMEN SIND

Pandemien sind Zoonosen, bei denen wir ausnahmsweise einmal den erfolgreichen Übersprung und Wirtswechsel von Mikroben verfolgen können. Nur diese erfolgreichen *spillover* haben überhaupt Spuren hinterlassen, die sich aus der Natur- und Menschheitsgeschichte herauslesen lassen. Alle anderen Übersprünge sind spurlos abgelaufen – und dann gleichsam im Sande der Evolution verlaufen. Genau genommen sind Wirtswechsel keine seltenen Ereignisse, sondern sehr viel alltäglicher als angenommen und nachweisbar. Übersprünge – das gehört zur Natur der Sache – treten häufig auf, doch nur die wenigsten haben das Zeug zur Epidemie oder gar Pandemie. Mit einem Wort: Übersprünge dürften in der Vergangenheit der evolutive Normalfall gewesen sein; die meisten Ereignisse dieser Art blieben allerdings evolutive Sackgassen.

Was sich daran seit Neuestem verändert hat, sind nicht so sehr die Pathogene, sondern es ist der Mensch. Nicht die Natur der Viren hat sich gewandelt, vielmehr verwandeln wir Menschen die Natur. Wir machen den Wirtswechsel von Bakterien und Viren zu immer häufiger erfolgreichen evolutiven Experimenten, die nicht länger mehr vergeblich im Nichts enden. Sie flackern nicht mehr nur in einem abgelegenen Urwalddorf als lokales Ereignis auf, dem vielleicht einige erliegen, von dem aber die Welt nie erfährt, weil die Ansteckungsketten kurz und tödlich sind und der Erreger sich mit dem Ende seiner Wirte allmählich totläuft, gleichsam das Feuer des Fiebers keine weitere

Nahrung mehr findet und verglüht. Jetzt dagegen wird durch den menschlichen Faktor das Feuer einer natürlichen Seuche zum Flächenbrand einer Pandemie. Erst der Mensch schafft die Bedingungen, um aus evolutiven Experimenten ein globales Ereignis werden zu lassen. Im Fall etwa von Aids zeigen die molekularen Spuren, dass die Immunschwäche-Viren SIV die Artenschranke von Affen und Menschenaffen zum Menschen in der Vergangenheit mehrfach überwunden haben. Aus der nachweisbaren Vielfalt von HIV-1 etwa ergibt sich, dass das Virus wenigstens viermal vom Schimpansen übersprang und dass HIV-2 sogar wenigstens achtmal in Westafrika von anderen altweltlichen Affenarten auf den Menschen übertragen wurde.[19] Aids ist heute vor allem in Afrika südlich der Sahara eine humanitäre Krise; doch es ist ähnlich wie Ebola auch ein Modellfall für den episodischen Charakter von Viren-Übersprüngen, von denen die meisten über Äonen ohne offensichtliche Folgen in der Welt blieben. Solche Viren sind nicht erst von unserer Welt; aber unsere Welt fördert sie vermehrt zutage.

Ähnlich dürfte es bei den Übersprüngen der Influenza-Viren von Vögeln auf Säugetiere gewesen sein, die sich immer wieder folgenlos ereigneten. Bis es einem Virus irgendwann irgendwo durch beständige zufällige Mutationen gelang, im nun massenhaft vorhandenen Zwischenwirt Fuß zu fassen und von dort auf den Menschen zu wechseln. So wie auch die Hendra- und Nipah-Viren natürlicherweise lange schon in Flughunden hausen, von wo sie ebenfalls immer wieder einmal überspringen, jüngst aber mit fatalen Folgen für den Menschen. Ähnlich verhält es sich nun auch bei Coronaviren, die in Asien natürlicherweise in Fledermäusen zirkulieren, jüngst aber zum Vorschein kamen, als sie in Schleichkatzen, einem anderen Wildtier oder einem Nutztier mutierten und plötzlich in die nächst- oder entfernter gelegenen Millionenstädte des Menschen gelangten.

Durch Mikroben verursachte Krankheiten sind eine unvermeidbare Folge der Evolution und eine Konsequenz des Lebens in einer Welt, in der nur der Wandel beständig ist. Sie sind geradezu eine unausweichliche Konsequenz dieses evolutiven Wandels, ohne den es keine Weiterentwicklung des Lebens gäbe, keine Vielfalt der Lebensformen, keine Vielgestaltigkeit der durch diese gebildeten Lebensgemeinschaften und Ökosysteme. So gesehen sind Epidemien einmalige Konfigurationen der Umwelt und der evolutiven Umgebung. Das gilt auch für unsere Gegenwart – nur dass wir in unserer globalisierten Welt nun massenhaft Lebensformen miteinander in Kontakt bringen, die zuvor nie etwas miteinander zu tun hatten – etwa unsere Nutztiere, die nun selbst an den entlegensten Orten auf Wildtiere und deren virale Bewohner treffen. Es ist diese im vorangegangenen Kapitel beschriebene *new nature*, die EIDs und damit insbesondere Zoonosen zunehmen lässt und die zur globalen Krise durch Pandemien führt.

Wir sollten daher Pathogene weder als Kriegsgegner noch als koevolutive Partner sehen; eher sind sie so etwas wie unwillkommene Mitbewohner. Wie wir Wirte selbst sind auch sie Teil jener Umwelt, die wir massiv verändern – und damit jene Lebensbedingungen, unter denen diese Mikroben gedeihen oder verderben. Überleben heißt auch für sie hier, sich einzupassen in wechselnde Umwelten mit sich verändernden Bedingungen. Dazu dienen ihnen Mutationen, die nicht plötzlich dann erst passieren, wenn es zum zoonotischen Übersprung kommt, sondern spontan, ständig und im Hintergrund ablaufen. Wenn sich dann aber die Umwelt ändert, löst dies einen evolutiven Prozess aus, bei dem jene Arten und Lebensformen ihre Chancen verbessern, die zufällig vorangepasst sind und die sich bietenden Chancen nutzen, weil sie nicht erst auf passende genetische Veränderungen warten müssen. Dank der Präadaptationen legen sie los, sobald Umweltveränderungen die Gelegenheit bieten. Dass Pathogene scheinbar plötzlich so gefährlich werden, liegt mithin weniger an ihrer genetischen Konstitution und den ihnen immanenten Evolutionseigenschaften als vielmehr an der äußeren Umwelt und der ökologischen Konstellation.

Mit der menschengemachten *new nature* leben wir in einer sich permanent und fundamental verändernden Welt. Wenn dabei die EIDs zunehmen, weil wir den Pathogenen neue Grundlagen für ihre Evolution verschaffen, ist jeder dieser Fälle die Konsequenz ebenjenes veränderten Zusammenspiels und der neu generierten Möglichkeiten, die durch die Umwelt katalysiert werden. Wenn wir diese Umwelt ändern, kitzeln wir auch Zoonosen hervor, die natürlicherweise engste Verbindungen zur Ökologie haben. Deren Geschichte zeigt uns, dass das, was heute passiert, schon früher in derart ähnlicher Form geschehen ist, sodass wir daraus ein grundlegendes Muster ableiten können, und das uns zudem eine evolutionsbiologische Erklärung verfügbar macht. Dieses Muster baut sich aus dem Zusammenspiel von Evolution und Ökologie auf; denn neue Epidemien entstehen am Schnittpunkt langfristiger evolutiver Prozesse und einer – in geologischen Zeiträumen bemessenen – kurzfristigen ökologischen Umweltveränderung durch uns Menschen. In auf der Erde wohl einmaliger Weise haben wir ökologische Veränderungen beschleunigt: durch unsere enorm gewachsene Zahl ebenso wie durch unseren damit verbundenen Ressourcenhunger. Die daraus resultierende ökologische Dominanz auf diesem Planeten ist einerseits als etwas durchaus Un-Natürliches anzusehen, andererseits sind wir dadurch, als ein beständiger Teil der Natur, selbst zu einer Naturkraft geworden.[20] So sind wir beides zugleich: ein Faktor der Evolution wie auch Teil der *new nature*. Als buchstäblicher Global Player kann der Mensch seine Verortung in einer von ihm geschaffenen neuen Umwelt nicht verleugnen. Doch während wir als solcher auch Anteil am Evolutionsprozess nehmen, haben wir die zahlreichen anderen Spieler oft kaum im Blick – und schon gar nicht unter Kontrolle. Dennoch ändern wir permanent die Spielregeln. So wäre

HIV niemals in der Lage gewesen, Afrika zu verlassen, hätte der Mensch nicht an jenen Stellschrauben gedreht, die bis dahin die Koexistenz zwischen Viren und Wirten bestimmt haben. Erst aufgrund menschlicher Intervention wurde der virale Verkehr über Kontinente hinweg möglich, ebenso wie durch Veränderungen im Sozialverhalten der Menschen.

KATALYSATOR IN EINER MENSCHENGEMACHTEN *NEW NATURE*

Aus einer evolutionsbiologischen Perspektive betrachtet, sehen wir nicht nur die Natur, sondern auch die Welt der Mikroben in neuem Licht. Eine wachsende Menschheit unternimmt zunehmend evolutive Experimente mit relevanten Pathogenen. Das war so bei den Masern, als wir vor mehr als zweieinhalb Jahrtausenden erstmals Rinder in Massen und in der Nähe unserer Ansiedlungen hielten, in denen zugleich mehr Menschen als je zuvor zusammenkamen. Das war zuletzt bei HIV und Ebola so, als wir uns nächstverwandte Wildtiere aßen. Und das ist aktuell so bei Corona, wenn wir in Gebiete von Fledermäusen vordringen, deren Viren auf Tiere in unserer unmittelbaren Nähe überspringen.

Dadurch exponieren wir uns immer mehr als neue Wirte für Pathogene, die wir regelrecht hervorlocken; dadurch schaffen wir neue Möglichkeiten, die zum Katalysator werden. Was immer wir tun, hat evolutive Folgen. Wenn wir uns verändern, wenn wir dabei die Umwelt verändern, wenn wir sie anders und neu nutzen, hat dies Auswirkungen auf unsere dynamisch angelegte Beziehung zur Welt der Mikroben, zu der eben auch die Pathogene zählen, die in Tieren leben und Zoonosen verursachen. Und deren evolutionäres Potenzial wir freisetzen, weil wir ihnen den Boden bereiten und ihre Evolution erst richtig anfachen.

Denn EIDs erscheinen nicht auf magische und mysteriöse Weise von irgendwo aus dem Urwald. Sie sind das erwartbare Resultat unserer globalen Veränderungen der Umwelt. Die Erreger sind mithin nicht böse Feinde, die durch plötzliche Mutationen um die Ecke biegen und uns das Leben schwermachen; stattdessen machen wir ihnen das Leben zunehmend leichter. Denn sie waren immer schon da und nutzen, was in ihnen angelegt ist. Wir geben ihnen mehr Bewegungsspielraum; wir erwecken sie gleichsam zu neuem Leben.

So beobachten wir, dass nur einige wenige der EIDs wirklich zurückkommen – dass sie altes evolutives Erbe sind, Relikte gar aus unserer afrikanischen Vorzeit oder wenigstens aus unserer längeren Vergangenheit, wie etwa die Tuberkulose. Dagegen haben wir eine ganze Reihe neuer Pathogene, die immer dann entstanden, wenn wir die Umwelt besonders massiv verändert haben: indem wir unsere alten Verhaltensweisen in eine neue Zeit mitnahmen, indem wir weiterhin, wie zur Zeit der Jäger und Sammler, sämtliche Ressourcen unserer Umgebung rücksichtslos ausgebeutet und die Natur geplündert haben. Wir haben neue Tierarten auf unseren Speiseplan gesetzt, indem wir sie gejagt oder aber in Massen als Nutztiere domestiziert haben. Dadurch beschwören wir nun zum zweiten Mal einschneidende Veränderungen unserer Umwelt und des Tierbestandes der Erde herauf. Das erste Mal haben wir dies mit den gravierenden Veränderungen durch die Erfindung der Landwirtschaft getan, durch Ackerbau, Domestikation und Viehzucht während der Neolithischen Revolution am Beginn des Holozäns vor rund 10 000 Jahren. Und am Anfang des Anthropozäns tun wir dies mit städtischer Verdichtung und Massentierhaltung in nie gekanntem Maßstab. Bereits mit dem Beginn der Sesshaftigkeit haben wir neue, verheerende Seuchen geerntet, etwa Masern und Pocken, die wir heute noch als Kinderkrankheiten mit uns tragen. Später, als wir abermals mehr wurden und uns erstmals über Kontinente vernetzten, ernteten wir mit Pest und Cholera Plagen als weiterer Beleg für solch einschneidende Umweltveränderungen. Nun leben wir wieder in einer neuen Welt; einer, die abermals kleiner und schneller geworden ist sowie vernetzter. Kaum, dass wir zum entscheidenden Einflussfaktor geworden sind, ernten wir EIDs und neue Seuchen wie HIV, Ebola und Affenpocken, Sars, Mers und Covid-19.

Unsere eigentlichen Feinde sind deren Erreger dennoch nicht. Womit wir umgehen müssen, ist einmal mehr der menschliche Faktor. Alle Pandemien sind ein evolutionäres Produkt der ökologischen Bedingungen, der Umweltverhältnisse. Doch ist es neuerdings eine Ökologie, für die wir verantwortlich sind. Zoonosen waren immer schon die natürliche Folge davon, wie Natur und Evolution funktionieren und auf Veränderungen reagieren. Heute aber sind Zoonosen die Kosten, die wir für unsere Dominanz einrechnen müssen.

In der Evolution geht es darum, sich anzupassen, um zu überleben. Das betrifft auch uns selbst. Deshalb müssen wir diesen Umständen Rechnung tragen und für die Kosten aufkommen. Wir müssen aus dem evolutionsbiologischen Lehrstück unsere Lektion lernen. Das heißt zum einen zu verstehen, dass die natürliche Selektion kaum einmal eine Seuche wirklich wieder verschwinden lassen wird. Und das heißt zum anderen, sich von dem Gedanken zu lösen, Pandemien immer erst nachträglich zu bekämpfen, nachdem sie bereits ausgebrochen sind. Wenn wir hier weiterhin in jedem Einzelfall von Neuem auf technologische Lösungen (das heißt in erster Linie Impfstoffe und Medikamente) setzen, werden weitere Erreger auf der Bildfläche erscheinen, die für sie die angestammte Bühne der Evolution ist, und zwar schneller, als wir zusehen können.

Dass wir uns auf mehr dieser EIDs einstellen müssen, dürfen wir inzwischen als gesichert ansehen. Wie aber können wir der Geister wieder Herr werden, die wir riefen? Können wir überhaupt hoffen, den Geist je wieder in die Flasche zurückzubekommen?

WAS KÖNNEN WIR WIRKLICH TUN?

Es ist ein bewährter medizinischer Grundsatz, dass gute Medizin immer auch die Verpflichtung zur Prävention beinhaltet. Ein wirksames Mittel zu haben, um die Symptome zu kurieren, ist das eine. Noch besser ist es, die eigentlichen Ursachen einer Erkrankung zu kennen und dementsprechend die Gesundheit wiederherzustellen; also rechtzeitig Maßnahmen zu ergreifen, um es gar nicht erst zur Erkrankung kommen zu lassen. So wie wir auf Herzinfarkte tunlichst nicht nur reagieren (wobei frühzeitiges Erkennen und schnelles Handeln entscheidend sind), sondern versuchen sollten, sie im Vorfeld zu vermeiden, etwa durch Bewegung und gesunde Ernährung, durch einen gesunden Lebensstil. Letztlich rettet solch ein vorbeugendes Verhalten das Leben und kommt uns insgesamt billiger.

Doch nicht nur in Sachen Herzinfarkt verdrängen wir gern die Gefahren, die in der Zukunft liegen. Wenn wir etwas durch Vorsicht gebannt haben, kommt es uns rückblickend nicht mehr so wichtig vor. Für Vorsorge gibt es keinen Applaus, meinte einmal ein schlauer Kopf; vielfach wollen wir vielleicht gar nicht wissen, was uns das Leben kosten könnte. Deshalb lernen wir so selten aus einer abgewendeten Krise – es ist ja noch mal gut gegangen. Kognitionspsychologen kennen das als Präventionsparadoxon, wonach die vorbeugende Maßnahme zwar ein Risiko schwinden lässt, mit ihm aber auch die Motivation, sich selbst und andere zu schützen. Während wir zu gern glauben wollen, dass schon alles gut werden wird, verstehen wir nur schwer, dass etwas nicht passiert ist, weil wir vorbeugend gehandelt haben.

Das führt zu einer systematischen Fehleinschätzung von Risiken, wie wir das im Vorfeld der Pandemie und dann auch in der Krise selbst erlebt haben.

Auf anderen Gebieten der Daseinsfürsorge mögen wir sehr wohl gelernt haben, dass diese aus Vorsorge bestehen sollte und nicht aus der Reaktion allein. So schließen wir verschiedene Versicherungen ab, um Unwägbarkeiten des Alltags im Vorfeld abzufangen. Wir nehmen die Regenjacke mit, wenn uns die Wettervorhersage dies nahelegt. Wir benutzen Kondome, um ungewollte Schwangerschaften zu vermeiden. Doch welche proaktiven Maßnahmen ergreifen wir, um mit Pandemien und der sich abzeichnenden Krise durch EIDs umzugehen? Wenn wir hier nicht immer nur allein an den Symptomen herumkurieren wollen, heißt das konkret, nicht bloß auf den jeweiligen Erreger zu reagieren und uns auf die nachgelagerte Pandemiebewältigung zu fokussieren. Es bedeutet vielmehr, die gesamte Situation der Zoonosen in den Blick zu nehmen. Dazu ist es gleichermaßen unerlässlich, nach den eigentlichen Ursachen zu suchen und auch geeignete Maßnahmen zu ergreifen, um Epidemien zu verhindern. Nach dem hippokratischen Wahlspruch *primum nihil nocere* muss es dabei das Ziel sein, dass es vor allem nicht schaden sollte. Aber können wir konkret überhaupt etwas gegen EIDs tun? Und welche Maßnahmen sind gegen Zoonosen die richtigen?

Da wir gesehen haben, dass vor allem unsere Eingriffe in die Natur für die vermeintliche »Rückkehr« der Seuchen sorgen, wäre die erste Forderung, dass wir davon dringend die Finger lassen müssen. Wäre es nicht das beste Mittel gegen Pandemien, die noch verbliebenen Reste der Natur unseres Planeten rigoros zu schützen und sie einfach ungestört zu lassen? Das erscheint – allein angesichts der Bevölkerungsprognose – weder realistisch, noch dürfte es allein sicherstellen, dass wir damit die nächste Pandemie verhindern. Vermutlich bleibt allein aufgrund des Fehlens wirtschaftlicher Entwicklung in einer Region ein epidemisches Geschehen auch nicht plötzlich aus. Dazu braucht es immer mehrere Faktoren. Bemühen wir zum Beleg historische Beispiele: Auch wenn es die sozioökonomischen Veränderungen im kolonialen und postkolonialen Zentralafrika nicht gegeben hätte, wäre nicht verhindert worden, dass dort Aids- und Ebolaviren auftauchen und sich ausbreiten. Erst heute wissen wir, dass sich Schimpansen mit verwandten Viren anstecken und erkranken. Wäre frühzeitiger bekannt gewesen, wie hoch das Risiko ist, wenn man diese Tiere jagt und isst, »hätte uns die Aids-Pandemie erspart bleiben können«, jedenfalls theoretisch, so sind Experten überzeugt.[21] Auch Pest und Cholera sind jeweils ursprünglich in den seinerzeit am wenigsten entwickelten Regionen Ostasiens entstanden.[22] Gerade Zoonosen sind komplexer, als dass ihr Auftreten mit einem singulären Faktor zu erklären wäre. Ebenso verhält es sich mit den Maßnahmen, mit denen ihnen beizukommen wäre.

Vorausgeschickt sei, dass Pandemien sich auch zukünftig weder sicher vorhersagen noch sich vollständig verhindern lassen werden. Nach dem Vorsorgeprinzip gilt es aber, sie tunlichst nicht aus den Augen zu verlieren. Dabei werden neuerdings verschiedene Ansätze verfolgt. Ein erster naheliegender Ansatz ist, zuerst einmal sämtliche potenziellen Erreger, insbesondere zoonotische Viren mit ausgeprägtem pandemischem Potenzial, zu dokumentieren, um die Gefahr von Pandemien frühzeitig zu erkennen, nach dem Motto: Finden wir sie, bevor sie uns finden! Allerdings heißt das, solche Viren rechtzeitig im unübersehbaren Heuhaufen der irdischen Virosphäre auszumachen. Im zuvor umrissenen Umfang wäre dies die beinahe unmöglich zu bewältigende Herausforderung unserer Zeit. In diesem Sinn hat etwa der als »Virenjäger« apostrophierte amerikanische Virenökologe Nathan Wolfe bereits vor einem Jahrzehnt nicht nur vor verheerenden Pandemien gewarnt, sondern zugleich einen Paradigmenwechsel gefordert: Weil es in einer zunehmend vernetzten Welt mit globalen Waren- und Menschenströmen nicht mehr ausreiche, auf Ausbrüche nur zu reagieren, indem man eiligst Impfstoffe und Medikamente entwickele, schlug er vor, neue Krankheitserreger bereits zu identifizieren und abzufangen, lange bevor sie Pandemien auslösen. »Wir werden eine Welle von neuen Epidemien erleben, die katastrophale Folgen haben werden, wenn wir nicht lernen, sie besser vorherzusagen und zu kontrollieren«, so Wolfes Botschaft. »Je früher man eine neue Pandemie wahrnimmt und reagiert, umso mehr Menschenleben kann man retten.«[23]

Allerdings sei diese Virenfahndung vor Ort nur mit erheblich höherem Aufwand und Engagement zu leisten, als bis dahin darauf verwendet wurde. Wobei, wie gesagt, längst nicht sicher ist, welche Erreger tatsächlich weitere Ausbrüche verursachen werden. In jedem Fall zeichnete sich deutlich ab, dass bei dieser Suche die vorderste Front im Kampf gegen Pandemien nicht in erster Linie in den Laboren der Länder des globalen Nordens verläuft, wo sich indes die meisten Forscher den bereits bekannten Viren widmen. Vielmehr verläuft diese Frontlinie in den Ländern der tropischen und subtropischen Klimazone, wo jene noch weitgehend unbekannte Vielfalt an Viren in zahllosen Wildtieren schlummert. Und die größte Schwachstelle sei das Fehlen »eines wirklich guten Frühwarnsystems für Pandemien. Daher können wir im Ernstfall nicht schnell genug reagieren«, meinte Wolfe.[24]

KOORDINIERTE VIRENJAGD

Viele Experten haben seitdem für ein solches Frühwarnsystem plädiert, konkret: für eine breit angelegte Überwachung potenziell pandemischer Erreger; basierend darauf, was Virenökologen bereits wissen, wo es besonders heikel ist, und vor allem, wo es an entsprechender Labor-Infrastruktur zur Prüfung von Verdachtsfällen ebenso wie an der Ausbildung von fachkundigem Personal fehlt. Unterstützt vor allem durch amerikanische Forschungsgelder, wurden über Jahre hinweg Programme aufgelegt, um diese Lücken zu schließen. Das größte im Rahmen einer koordinierten Virenjagd war bis vor Kurzem ein Projekt namens *Predict* (für *Projecting Responses of Ecological Diversity in Changing Terrestrial Systems*). Seit *Predict* vor über einem Jahrzehnt von einer amerikanischen Bundesbehörde gestartet wurde, die für ausländische Entwicklungshilfe zuständig ist (USAID), ist es mit 200 Millionen US-Dollar unterstützt worden. Das erklärte Ziel: Zoonosen in sogenannten *hot interfaces* zu erforschen – also in Gebieten mit hoher Biodiversität bei sich verdichtender menschlicher Besiedlung, wie etwa im Amazonas- und Kongobecken oder in Süd- und Südostasien; mithin in einer Umgebung mit erhöhter Tier-Mensch-Interaktion, in der sich bevorzugt Krankheiten verbreiten.

Fördermittel flossen dabei unter anderen an die EcoHealth Alliance, ein in New York ansässiges Unternehmen, das damit Veterinäre und Wildbiologen etwa in China ausgebildet hat, auch am Wuhan Institute of Virology, das im Zusammenhang mit dem Ursprung von Covid-19 ins Gerede kam und das vor allem in Südchina Fledermäuse aus Höhlen gefangen und Proben gesammelt wurden, um sie auf Viren zu untersuchen. Insgesamt sind im Rahmen des *Predict*-Programms mehr als 160 000 biologische Proben in 30 Ländern aus unterschiedlichsten Tieren sowie Menschen gesammelt hat – darunter, neben 2000 anderen Säugern, aus mehr als 10 000 Fledermäusen, die als potenzielle Reservoire insbesondere auf virale Pathogene hin untersucht wurden. Allein dadurch konnten mehr als 1000 neue Viren, darunter 160 neue Coronaviren, als mögliche Quellen für menschliche Infektionskrankheiten entdeckt werden. Obgleich also ein so wichtiges wie erfolgreiches Forschungsprogramm, stellte die Regierung des damaligen Präsidenten Donald Trump *Predict* ein, brisanterweise ausgerechnet im März 2020, just, als sich das von Fledermäusen übertragene Sars-CoV-2 in der Welt ausbreitete. Nach deutlicher Kritik daran hat USAID das Programm kurzfristig verlängert, vor allem um Proben der Pandemie in Asien und Afrika zu sammeln und zu untersuchen. Schließlich fand *Predict* eine Fortsetzung in der Form, dass USAID ein *Stop Spillover*-Programm im Umfang von 100 Millionen Dollar ausgeschrieben hat.[25]

In anderen Ländern und bei anderen Förderorganisationen fehlen vergleichbare Programme bis heute. Bei Herzinfarkt hoffen und warten wir weiter auf den Notarzt, statt vorzubeugen. Und wegen Corona geben wir lieber nachträglich Milliarden für Masken, Beatmungsgeräte und mRNA-Impfstoffe aus. Dabei haben Forscher keinen Zweifel daran gelassen, dass es wichtiger sei denn je, die Virenjagd international vernetzt fortzuführen. Ob sich Zoonosen dadurch zukünftig tatsächlich besser überwachen lassen, um Epidemien bereits im Vorfeld zu vermeiden, ist unter den Experten allerdings umstritten. Einige sagen sogar: »Man muss jetzt nicht noch mehr Geld in ökologische Grundlagenforschung stecken, um nach exotischen Virenreservoiren zu suchen«, wie explizit unlängst der Charité-Virologe Christian Drosten.[26] Die biologische Diversität zu erforschen sei zwar wichtige Grundlagenforschung und erfordere auch mehr Geld; aber das sei für sich allein noch keine Pandemie-Prävention. Man könne deswegen »jetzt nicht Alarm schreien und versprechen: Gebt uns mehr Geld, und wir verhindern die nächste Pandemie«. Denn selbst wenn ein Erreger entdeckt sei, »kann man nicht davon ausgehen, dass man jedes Mal merkt: Da ist ein neues Virus in irgendeinem afrikanischen Dorf aufgetaucht«, das sich dann als gefährlich erweise. Weiterhin bemerkten wir eine Pandemie erst am massenhaften Auftreten von Krankheitsfällen.

Auch andere Experten meinen zunehmend, dass es beim Überwachen nicht allein um die Beschreibung und Dokumentation sämtlicher potenzieller Erreger gehen dürfe. Denn dies dauere zu lange und sei zu wenig aussichtsreich. In einem ambitionierten globalen Virengenom-Projekt etwa zu versuchen, nun alle Viren zu identifizieren und zu sequenzieren, sei schlicht nicht sinnvoll oder überhaupt machbar angesichts der insgesamt in Tierpopulationen zirkulierenden Erreger, vor allem jene der zahlreichen, kaum untersuchten Nagetiere und Fledertiere. Nach jüngsten Ermittlungen gehen Virologen immerhin von nicht weniger als 1,6 Millionen Erregern aus. Es bräuchte jahrzehntelange Arbeit in vielen Laboren, um auch nur einen Bruchteil davon zu kultivieren, molekulargenetisch zu charakterisieren und genauer zu studieren. Doch nicht nur ist die Virosphäre schlicht zu vielfältig und artenreich; die Erreger sind zudem nicht einfach nur statisch, sondern als evolutive Einheiten überdies variabel und veränderlich – sie mutieren ständig, wie auch alle anderen Lebensformen, sodass die Natur mit einem sich permanent verändernden Angebot aufwartet.

Entscheidend ist aber: Selbst durch noch so viele DNA-Sequenzen lässt sich nicht erkennen, wo und wann es zur nächsten Pandemie kommt. Denn allein aufgrund der genetischen Komposition feststellen zu wollen, welcher Erreger ein pandemisches Risiko mit sich bringt, ist schlicht unmöglich. Weder also werden Virologen auf diesem Weg jemals ausreichend Daten besitzen, noch verstehen sie allein dadurch, was ein Virus zum Übersprung treibt. Andererseits, so ein wichtiges Argument der Experten, dürfe die unvollständige Kenntnis uns nicht länger vom Handeln abhalten. Zwar sei bisher durch noch so viel Forschung und Versuche einer Überwachung das Risiko neuer Zoonosen keineswegs geringer geworden; dennoch müssten wir vom Reagieren zum Agieren kommen. Obgleich sich das Wetter durch noch so viele Messdaten nicht wirklich verlässlich vorhersagen lasse, halte uns dies nicht ab, bei entsprechender Warnung einen Regenschirm mitzunehmen.

PANDEMIE-RADAR: WIE WIR VIREN ÜBERWACHEN

Die Erfahrung zeigt tatsächlich, dass kaum einmal die relevanten Erreger rechtzeitig im Vorfeld entdeckt wurden und daher unvorhergesehene Ausbrüche noch nie verhindert werden konnten. So viel habe man aus der Geschichte inzwischen immerhin gelernt, meinte der Infektionsmediziner Simon Wain-Hobson: Es sei »vollkommen unmöglich«, das nächste pandemische Virus oder den entsprechenden Erregerstamm vorherzusagen. Schließlich könne man »nicht einmal vorhersagen, wie die Grippe sich in diesem Winter entwickelt und welches der vier saisonalen Grippeviren zurückkehren wird«. So sind die Experten zwar überzeugt, dass auch die nächste Influenza-Pandemie kommt, aber eben unsicher, wann und wo es passieren und wie schwer sie verlaufen wird.[27]

Fakt ist, dass auch niemand Covid-19 vorhergesagt hat, obgleich wir mit Sars mehr als ein Jahrzehnt zuvor hinreichend gewarnt waren – und obwohl die entsprechenden Virenverwandten bereits seit Jahren sequenziert waren. Und niemand hat zuvor an die Affenpocken gedacht, bis sie plötzlich auch außerhalb Afrikas auftauchten. Genauso wenig wurden die Influenza-Wellen, von H1N1 über H5N1 bis zu H8N1, oder Ebola vorausgesehen. Obgleich vor Covid-19 wohl die meistuntersuchte zoonotische Infektionskrankheit, erweist sich gerade Ebola als widerspenstig, was Vorhersagen angeht. So ließen sich die 34 Übersprünge der letzten Jahre selbst im besten Vorhersagemodell nicht absehen. Sie traten auf, ohne dass Experten ahnten, wo es als Nächstes passieren würde. Sämtliche dieser Ausbrüche waren wie besagte

Schwarze Elefanten: Alle wussten, dass sie da sind, aber niemand redete davon oder sah sie gar konkret kommen. Daher sollten Wissenschaftler aufhören, vollmundige Versprechungen zu machen, warnten zuletzt namhafte Experten, etwa der australische Virologe Edward Holmes.[28]

Wie gesagt: Auch bei einem Herzinfarkt sollte man nicht abwarten, bis er passiert, sondern auf die Vorzeichen achten, mit denen er sich meist ankündigt. Deshalb lohne es sich, so Holmes und Kollegen, durchaus in mehr Anstrengungen zur Vorhersage zu investieren. Zur Prävention schlagen sie konkret eine Art Pandemie-Radar vor. Statt einer systematisch-umfassenden, dabei aber ungerichteten Erfassung sämtlicher Erreger müsse ein gezieltes zoonotisches Monitoring verstärkt werden. Gemeint sind damit selektive Probennahme und Überwachung von potenziell infektiösen Tierarten insbesondere in vom Menschen dominierten Lebensräumen. Statt also zu versuchen, sämtliche Wildtiere überall zu überwachen, soll das Monitoring dort konzentriert werden, wo die größten Risiken bestehen: am Rande menschlicher Siedlungen und dort, wo Menschen mit Tieren intensiv in Kontakt sind, etwa auf Wildtiermärkten und in Pelztierfarmen.

Nicht der Virenjäger im Urwald à la Wolfe ist länger gefragt, sondern der Pandemiebekämpfer in der Pelztierfarm und im Schweinezuchtbetrieb am Rande der sich ausweitenden Zivilisation wie auf den Wildtiermärkten der Millionenstädte. Nicht nur Virologen sollten also in Wild- und Nutztieren nach neuen Erregern suchen, sondern auch Veterinäre die Hotspots der Zoonosen überwachen. Es geht darum, frühzeitig Informationen und Nachrichten in möglichst vielen Brennpunkten der Biodiversität in allen Teilen der Welt zu sammeln und auszuwerten; darum, sich verstärkt auf die Orte möglicher Übersprünge von tierischen Erregern auf den Menschen zu konzentrieren.

Dazu zählt vordringlich, neben den Risikofaktoren vor allem die Risikogebiete präzise zu identifizieren, also Gegenden mit

hoher Biodiversität, mit vielen potenziellen Reservoir- und Wirtsarten und damit auch einem hohen Anteil an Viren und Bakterien. Dies wurde in einigen der jüngst publizierten Studien bereits begonnen, so etwa durch Forschende der erwähnten in New
York ansässigen EcoHealth Alliance um Peter Daszak.[29] Beispielhaft haben sie anhand von Verbreitungsdaten für 26 Fledermausarten, die als Coronaviren-Reservoir infrage kommen, sowie anhand der menschlichen Besiedlungsdichte jene Regionen im
südlichen Ostasien ermittelt, wo das Kontaktrisiko besonders
hoch ist. Gemeinsam mit den fraglichen Fledermäusen leben
dort immerhin rund 500 Millionen Menschen. Und kaum überraschend sind es die Bewohner im südlichen China, in Teilen
Myanmars und auf der indonesischen Insel Java, die besonders
gefährdet sind. Stichprobenhaft wurden Menschen dort auch gezielt auf Antikörper gegen zoonotische Viren hin untersucht. So
konnte das Team um Daszak errechnen, dass Zehntausende von
Menschen – im Durchschnitt waren es rund 66 000 – den jeweils
relevanten Coronaviren nicht nur ausgesetzt, sondern tatsächlich
mit diesen bereits auch infiziert sein dürften. Zwar seien diese
Erreger insofern vergleichsweise harmlos, als dass sie nicht zu
Infektionen führten, aber je mehr Viren, desto größer die Wahrscheinlichkeit eines *spillover*. Denn wenn derart viele Viren geradezu auf die Menschen der Region »herabregneten«, so Peter
Daszak, sei die nächste Pandemie programmiert.

Solche die Wirklichkeit modellierenden Untersuchungen
weisen den Weg, an welchem Ort und nach welchen Wirtstierarten künftig vordringlich gefahndet werden muss. Ganz oben
auf der Liste stehen dabei neben jenen Arten, die von Lebens-
raumveränderungen durch den Menschen profitieren, solche
Arten, mit denen Menschen in Afrika und Asien neuerdings
immer häufiger in Kontakt kommen, etwa durch den Verzehr
von Wildtieren oder den Wildtierhandel. Neben den Pelztierfarmen sind dies nachweislich die Hotspots für Zoonosen mit dem

höchsten Risiko eines Übersprungs, wie dies die Coronaviren demonstriert haben und für den es gleich mehrere Möglichkeiten gibt: Neben einem direkten zoonotischen *spillover*, dem Übersprung eines in Fledermäusen entstandenen Virus auf den Menschen, könnte es auch auf indirektem Weg, also über den Umweg eines tierischen Zwischenwirts, zum Menschen gelangt sein, entweder über das Hantieren mit oder den Verzehr von infiziertem Wildtierfleisch.

Wir wollen nicht verschweigen, dass einige Experten angesichts der gewaltigen Aufgabe, die diese Überwachung darstellt, recht skeptisch sind. Regelmäßig müssten Tausende von Proben etwa von Farmen und aus dem Freiland allein in Südchina untersucht werden, ganz zu schweigen von Ländern wie Myanmar oder Laos. Es würde Jahre dauern, bis sich auf diese Weise etwas findet – wenn man überhaupt jemals etwas findet. Dass man ständig alle möglichen Hotspots an den jeweiligen Kontaktzonen testet, halten viele daher für nicht machbar; zudem wäre die Umsetzung sehr teuer. Und bisher ist nirgends gezeigt worden, dass so etwas je zum Erfolg geführt hätte.

Daher ist zu überlegen, ob nicht eine andere Form der proaktiven *realtime*-Überwachung machbar und zudem auch billiger zu haben ist: nämlich die Früherkennung nicht bei Tieren, sondern beim Menschen. Überwacht würde damit in den kritischen Regionen die menschliche Bevölkerung statt der tierischen Populationen. So könnte man in den Gebieten, die am wahrscheinlichsten von Zoonosen betroffen sein werden, ein immunologisches Screening jener Menschen machen, die vor Ort mit Tieren hantieren. Zu dieser Früherkennung gehört auch ein Meldesystem für jene Betroffenen, die an verdächtigen Symptomen leiden, um die frühe Diagnose symptomatischer, übertragbarer Erkrankungen zu ermöglichen. So ließe sich frühzeitig erkennen, dass eine Übertragung hochpathogener Erreger stattgefunden hat, deren Ursache man dann nachgehen könnte, während man die weitere Ausbreitung unterbindet. Potenzielle Patienten mit einer neuen Zoonose würden schneller erkannt und isoliert, und man wäre dem Erreger bereits auf der Spur und könnte ihn stoppen, bevor er um die Erde wandert.[30]

Die Idee ist also, beim Menschen selbst zu beginnen; und zwar gezielt bei jenen, die zuerst in Kontakt mit Wildtieren und mit Nutztieren kommen. Hier bietet sich zudem die Chance, epidemische Forschung, Entwicklungspolitik und globale Gesundheitssysteme endlich zusammenzudenken. Bei einer entsprechend klugen Zusammenarbeit von Entwicklungshilfe und Wissenschaft könnte hier auch Deutschland seine Rolle finden; gerade in Afrika, wo derzeit die Einflussnahme vor allem Chinas stark zunimmt. Denn nach Aussage vieler Mediziner ist das eigentliche Problem, dass gerade in den afrikanischen Ländern in den Laboren die grundlegende Ausbildung und Ausrüstung für die alltägliche medizinische Diagnostik fehle. Wie wir gesehen haben, helfen allein mehr Geld für molekulargenetische Arbeit und das reine Sequenzieren von Viren nach Ansicht mancher Virologen erst einmal wenig. Andererseits ist Afrika, auch das haben wir gesehen, ein ökologisches Hochrisikogebiet. Daher ist es wichtig, gerade dort in die medizinische Infrastruktur zu investieren. Damit ein Ausbruch in einem abgelegenen Dorf nicht einfach nur als böser Spuk aufgefasst wird.

Solange es solche Überwachungs- und Frühwarnsysteme aber nicht gibt, sind wir alle quasi im Blindflug unterwegs. Wie wir aus unserem eigenen Leben wissen, kommt es uns aber meist teurer zu stehen, einen Schaden hinterher zu begrenzen, statt ihn im Vorfeld zu bannen. Wenn wir beispielsweise allzu übermäßig trinken und rauchen, verkürzt das uns mitunter das Leben. Um es zu erhalten, könnten wir leicht auch gesünder leben. Dazu aber braucht es nicht nur die Früherkennung einer Krankheit, sondern bereits im Vorfeld das richtige Verhalten. Jene bisher besprochene Lösung – die Bekämpfung *nach* einem

Ausbruch und das, was wir in Sachen Prävention von Pandemien versuchen – ist nach Ansicht einiger allerdings kaum mehr als »das Herumrücken der Liegestühle auf den Decks der Titanic«; das jedenfalls meinten Evolutionsbiologen um Daniel Brooks.[31] Zwar versuchten wir, bei unseren Reaktionen schneller zu werden, und das sei auch für sich genommen schon gut. Allerdings sei dies keineswegs das einzig Mögliche, und wir sollten uns nicht allein auf diese Form der Prävention durch Virenjäger und Pandemiebewacher beschränken.

KEIN KRIEG GEGEN DIE NATUR

Für viele Virologen wie auch Evolutionsbiologen war bereits der Ausbruch von Epidemien wie Ebola und Sars ein Weckruf; umso mehr war es dann Covid-19. Zwar können wir nicht präzise vorhersagen, wann und wo es zur nächsten Pandemie kommt, aber wir können erkennen, dass es geradezu zwangsläufig weitere und neue EIDs geben wird. Und diese könnten noch gefährlichere Pandemien verursachen als die gegenwärtige. Es gebe keinen vernünftigen Grund, warum zukünftige Epidemien nicht mehrere Hundert Millionen Menschen töten und den Planeten in eine jahrzehntelange Depression stürzen könnten, wie sie die Geschichte nie gekannt hat, warnten kürzlich Experten wie Jared Diamond und Nathan Wolfe.[32]

Die Coronakrise hat nicht nur die Versäumnisse der Infektionsmedizin offengelegt, sie verweist in erster Linie auch auf die ungenügende Folgenabschätzung menschlichen Handelns. Die Welt, die wir uns erschaffen haben, mit ihrer *new nature*, ist und wird künftig eine Welt der Infektionskrankheiten sein. Damit und darin werden wir leben müssen. Egal, wie viele neue Erreger wir entdecken, beschreiben, sequenzieren und dokumentieren, egal, wie wir die neuen, immer schneller aufeinanderfolgenden

Ausbrüche bekämpfen – wir werden den Ereignissen stets hinterherlaufen und sie nicht in den Griff bekommen, wenn wir glauben, Zoonosen »besiegen« zu können. Denn das hieße, die Mechanismen der Evolution – Mutation und Selektion, das reiche Angebot an Variation und eine befördernde Auslese durch eine sich wandelnde Umwelt – auszuhebeln. Diesen Anspruch können wir, trotz aller Hybris des *Homo sapiens*, nicht haben.

Ein »Weiter so« wie bisher ist für den Menschen also keine Option; es führt unweigerlich zu weiteren Epidemien, die leicht auch zu Pandemien werden, wenn es schlecht läuft. Diese Gefahr haben wir lange unterschätzt und die Dimension epidemischer Zoonosen systematisch verkannt. Sie entstehen dort, wo Menschen die natürlichen Lebensräume verändern, wo unsere Landnutzung durch Waldrodungen und Landwirtschaft, Siedlungen und Straßen, Bergbau und Raubbau an den Ressourcen zunimmt. Letztlich geraten die von Tieren stammenden Erreger außer Kontrolle, weil wir selbst außer Kontrolle geraten sind.

Zwar lassen sich Infektionskrankheiten tierischen Ursprungs nicht verhindern, doch wir können wenigstens ihr Risiko verringern, sofern wir die richtige Diagnose stellen. Und die ist nicht allein im Epidemiologischen und Pharmakologischen zu finden; zoonotische Pandemien sind kein Problem allein der Medizin. Diagnose und Therapie liegen im Ökologischen und bei uns Menschen selbst. Darum geht es im Kern: nicht allein um unsere Gesunderhaltung, sondern um die Gesunderhaltung unserer Lebenssysteme; um eine gesunde Umwelt, für die eine funktionstüchtige Natur die wichtigste Komponente ist, die durch Arten gestellt wird. Und hier gilt: Solange wir nicht jene Bedingungen ändern, die verstärkt potenzielle Pathogene hervorbringen, werden wir nicht wirklich je vor die Welle kommen, wird unsere Zukunft durch Zoonosen verändert werden.

Das Problem der Pandemien sind nicht die Pathogene oder die Tiere bis hin zum Pangolin, die sie mit sich tragen. Das wahre

Problem ist der Mensch. Denn wir haben auf diesem Planeten jüngst immer mehr Platz beansprucht, wir haben Wälder gerodet und dabei inzwischen der Erde die Hälfte ihrer natürlichen Vegetation geraubt. Wir sind in immer neue Regionen vorgedrungen und in immer mehr Lebensräume eingedrungen, die wir nunmehr für unseren Bedarf nutzen, und zwar im Übermaß. Wir sind dadurch in Kontakt mit Tieren gekommen, die eine unübersehbare Fülle natürlicher Erreger in sich tragen, auf die unser Immunsystem nicht eingestellt ist und auf die es erst allmählich Antworten findet. Dadurch führen wir Krieg an zwei Fronten: einen Krieg gegen die Natur und einen Krieg gegen die Krankheitserreger. Keinen der beiden werden wir je gewinnen können. Wir müssen verstehen, dass wir zwar gelegentlich einen einzelnen Kampf gegen dieses Virus oder jenes Bakterium für uns entscheiden mögen, aber dennoch werden wir den Krieg verlieren. Denn immer wieder holt uns die Evolution ein – bei der Antibiotika-Resistenz von Bakterien ebenso wie bei den reversen Zoonosen von Viren. Statt eines fortgesetzten Krieges gegen die Natur müssen wir vielmehr gegen die Zerstörung unserer Umwelt kämpfen. Nur dadurch lassen sich letztlich auch die wahren Ursachen der Epidemien und Pandemien bekämpfen.

Deshalb müssen wir gleich aus mehreren Gründen ein Interesse daran haben, wirkungsvolle Maßnahmen zu entwickeln, um das weitere und gar vollständige Schrumpfen von Lebensräumen anderer Arten zu verhindern. Wir werden realistisch betrachtet das immer stärkere Vordringen des Menschen in die letzten Reste der Natur nicht verhindern können, doch wir können verhindern, dass diese Lebensräume rücksichtslos ausgeplündert werden, ihren Artenbestand verlieren und vollständig verschwinden. Zu diesen Maßnahmen zählt vordringlich, die Abholzung der Wälder insbesondere in den Tropen zu stoppen. Wir können nicht den engeren Kontakt zu Wildtieren verhindern, doch wir können diese Schnittstelle besser überwachen, um bei aufflackernden Ausbrüchen von EIDs schnell und wirkungsvoll darauf zu reagieren. Wir haben bisher zu wenig verstanden, dass die wahre Prävention von Pandemien heißt, aktiv die Natur, die wir noch haben, zu schützen. Statt also weiterhin Pathogene wie das Coronavirus isoliert als ein Problem der Gesundheitssysteme zu betrachten, müssen wir erkennen, dass es ein weiteres Symptom der globalen Biodiversitätskrise ist.[33]

Auch deshalb lenkt die im ersten Teil des Buches diskutierte These vom Ursprung eines Coronavirus im Labor, egal, ob fahrlässig oder absichtlich, in so eklatanter Weise von der Wirklichkeit und den eigentlichen Ursachen von Zoonosen ab. Sie verliert nicht nur den historischen Kontext der Menschheitsplagen aus den Augen (den wir im zweiten Teil umrissen haben), sie verkennt vor allem, dass es viel mehr Gelegenheiten gibt, bei denen sich Menschen mit einem von Tieren übertragenen Virus infizieren können als in einem Labor mit hohen Sicherheitsstandards. Es sind die Fledermäuse in den Höhlen Indochinas, mit denen immer mehr Menschen in Kontakt kommen; es sind die riesigen Nutztierfarmen vor allem in China und die Wildtiermärkte überall in Asien, mit denen wir Menschen den Erregern ideale Settings für Zoonosen bieten. Es ist eine Frage der Wahrscheinlichkeiten; aber eben nicht allein deshalb wahrscheinlich, weil der Huanan-Markt in Wuhan zufällig auch in der Nähe eines virologischen Labors liegt. Die als Spanische Grippe bezeichnete Pandemie stammt ursprünglich von Vogelviren aus der Mitte Nordamerikas; das in den USA zuerst erkannte HI-Virus kommt aus Afrika; und das Marburg-Virus stammt keineswegs aus der hessischen Kleinstadt. Und Covid-19 kommt letztlich eben doch nicht aus Wuhan, sondern ultimativ aus den subtropisch-tropischen Wäldern im Herzen Indochinas, wo sich eine exponentiell wachsende Bevölkerung in den vergangenen Jahrzehnten immer weiter ausgebreitet hat, die zugleich immer stärker global vernetzt ist. Was uns eine Art Sneakpreview auf das gibt, was demnächst in Afrika auf uns zukommen wird. Eine weiterhin trotz Geburtenrückgang rasant steigende Bevölkerung, die immer weiter in die letzten unberührten Regionen vordringt; mit zersiedelten und ausfransenden Millionenstädten, an deren Rändern die Menschen vermehrt mit unbekannten zoonotischen Erregern in Berührung kommen.

Wir dürfen uns daher nicht den Blick verstellen lassen: Die wahren Gründe für die Gefährdung unserer Gesundheit liegen nicht in der Wissenschaft und einer Virologie samt *gain of function*-Experimenten (so gefährlich diese an sich auch sind!). Die ungleich größere Gefahr hat systemischen Charakter: Sie besteht in der geradezu systematischen Zerstörung der Natur, der Vernichtung der Artenvielfalt, die die Ökosysteme unterhöhlt. Wir verlieren mit der Biodiversität nicht nur immer mehr Arten, wir bringen uns damit auch um die unersetzlichen, schlicht unbezahlbaren *ecosystem services* – die zahllosen Dienstleistungen der Natur, die wir als selbstverständlich ansehen: Wasser- und Nahrungsquellen, fruchtbare Böden, Bestäubungssysteme; ganz zu schweigen (weil dies auf einem anderen Blatt steht) von den wertvollen Speichern klimarelevanter Treibhausgase. Und wir bringen uns um die natürliche Erhaltung unserer Gesundheit.

Durch die Umwandlung von Natur- in Kulturlandschaft gerieten, in den vergangenen Jahrzehnten in beschleunigter Weise, immer mehr Tier- und Pflanzenarten in Bedrängnis – und damit die Biodiversität insgesamt. Hinzu kommt, dass wir zugleich ausgerechnet die Verbreitung jener Arten fördern, die massenhaft Viren und andere Erreger an uns weitergeben können. So haben wir unabsichtlich für immer mehr gefährliche Infektionskrankheiten gesorgt, haben die jüngsten Influenza- und Corona-Ausbrüche selbst verursacht. Keine Frage: Die Ursachen für die Zunahme von Zoonosen sind vielfältig und wirken oft zusammen. Doch dadurch wiegt der Verlust von Biodiversität gleich doppelt schwer: Wir verlieren viele der Tierarten, deren Bestände wir rücksichtslos dezimieren, obgleich wir ihrer Dienste bedürfen, und umgekehrt erhöhen wir die Gefahr von Zoonosen, weil wir jenen Arten und Pathogenen eine Spielwiese bieten, die uns Pandemien bescheren.

Wenn aber die Ursachen dieses konvergierenden Prozesses vom Aussterben der Arten und der Zunahme von Zoonosen die gleichen sind – nämlich die Fragmentierung natürlicher Lebensräume, die zunehmende Weltbevölkerung, das Wachstum der Städte, Jagd, Wilderei und kulinarische Vorlieben sowie vermehrte globale Reise- und Handelsaktivitäten –, dann sind auch die Maßnahmen klar, mit denen sich Seuchen zukünftig verhindern lassen: Wir müssen so viel Wildnis, so viel Natur und so viel von den noch intakten natürlichen Lebensräumen erhalten wie nur möglich; zudem müssen wir degradierte Habitate wieder restaurieren. Und wir müssen tunlichst so viele Arten wie möglich schützen, um eine *biological annihilation* – die Entleerung der Tier- und Pflanzenwelt – zu verhindern. Davon profitiert nicht nur die Vielfalt der Arten und der Ökosysteme, davon profitieren gleichermaßen die Menschen vor Ort und unsere Gesundheit global.

WIE ARTENVIELFALT VOR PANDEMIEN SCHÜTZT

Der Ausbruch der Corona-Pandemie sollte also für uns alle ein Weckruf sein – insofern als wir die natürlichen Grundlagen unseres Planeten nicht weiterhin rücksichtslos plündern dürfen. Es schadet unserer aller Gesundheit – und es ist schlicht das falsche Geschäftsmodell. Wir gefährden damit weltweit die ökologischen Dienstleistungen der Natur, ohne dass diese Leistungen beachtet und vor allem in Wert gesetzt werden. Niemand bezahlt gegenwärtig dafür – aber eins ist klar: Uns allen wird die

Rechnung dafür präsentiert, wenn wir noch mehr Natur verlieren. Bisher gewährt sie den Menschen den denkbar größten Kredit, doch er wird von uns schon lange nicht mehr bedient. Nun könnte die Natur nicht mehr länger mitspielen. Lange schon schwinden die nur scheinbar unendlichen natürlichen Ressourcen und Kapazitäten. Doch der überhandnehmende Raubbau an der Natur wird uns einholen – wir wissen nur nicht, bis wann die Ökosysteme die immer mehr zunehmenden biologischen Verluste kompensieren können. Irgendwann werden wir aufwachen und plötzlich mit Schrecken bemerken, dass die Natur uns tatsächlich mit den Kosten konfrontiert.

Uns dieser neuen planetaren Herausforderung zu stellen wird nur dann gelingen, wenn wir lernen, mit der Natur nachhaltiger umzugehen. Die vielleicht größte Aufgabe ist dabei, dass wir einen neuen Umgang mit der Natur gerade in den immer dichter besiedelten Regionen Asiens und Afrikas entwickeln müssen; da also, wo der Druck auf die Lebensräume schon gegenwärtig besonders groß ist – und von wo deshalb neuerdings die meisten Zoonosen kommen. Als nachhaltig gilt eine Entwicklung, »die die Bedürfnisse der Gegenwart befriedigt, ohne zu riskieren, dass zukünftige Generationen ihre eigenen Bedürfnisse nicht befriedigen können«, so definieren es übereinstimmend verschiedene Papiere, etwa der Vereinten Nationen.[34] Das mag theoretisch klingen; aber es lässt sich konkret in die ökonomischen Begriffe einer Kosten-Nutzen-Rechnung übersetzen.

Zoonosen verursachen nach gegenwärtiger Schätzung um die 2,5 Milliarden Krankheitsfälle und 2,7 Millionen Todesfälle weltweit pro Jahr. Sie sind mithin eine substanzielle Gefahr und Belastung des menschlichen Lebens, von den geschätzten 200 Milliarden US-Dollar indirekter wirtschaftlicher Verluste ganz abgesehen.[35] Billiger als weltweit die gesundheitlichen und wirtschaftlichen Folgen weiterer Virenausbrüche zu riskieren wird es sein, unsere Lebens- und Wirtschaftsweise nachhaltig zu ändern. Wenn die zunehmende Umweltzerstörung auch Pandemien begünstigt, dann ist der Schutz der Natur nicht nur die beste Vorsorge gegen Seuchen, es rechnet sich auch, in die Natur zu investieren. Denn wie Studien zeigen, lassen sich Hunderte Millionen Dollar sparen, die eine solche Epidemie kostet, von den globalen Verwerfungen mit Milliarden-Verlusten weltweit ganz zu schweigen.

Dass das, was langfristig der Natur hilft, ganz unmittelbar auch dem Menschen nutzt, hat ein Team von Ökologen und Virologen um Andrew Dobson von der Princeton University und Stuart Pimm von der Duke University in Durham herausgefunden. Sie rechnen vor, dass die jährlichen Kosten zur Bekämpfung von Pandemien wie Covid-19 mit 22 bis 31 Milliarden US-Dollar um zwei Größenordnungen niedriger lägen als die direkten Ausgaben für Gesundheit und zur Stützung der Wirtschaft. Eingerechnet wurden dabei etwa Kosten für die Überwachung des Wildtierhandels, für Programme zur Erkennung, Kontrolle und Reduzierung von Zoonosen, für Maßnahmen zur Eindämmung des Risikos von auch für den Menschen gefährlichen Nutztierseuchen sowie die Reduktion von Regenwaldrodungen um die Hälfte und die Kosten zur Beendigung des Wildtierhandels in China – der allein dort, einschließlich der Zucht exotischer Pelztiere, ein Business für rund 15 Millionen Menschen mit einem Umfang von 20 Milliarden US-Dollar jährlich darstellt. Andererseits sind die USA der weltweit größte Importeur exotischer Wildtiere, nicht zuletzt für den Heimtiersektor. Ob China seinen Wildtierhandel gänzlich einstellen und verbieten wird, ist bestenfalls fraglich. Doch der Markt für Wildtiere ist nur eine Facette im ökologischen Wechselspiel von Jagd und Wilderei, Nutztierzucht und Wandel von Lebensräumen. Das Fazit der Studie jedenfalls lautet: Pandemie-Prävention und der Erhalt von Biodiversität helfen gegen zukünftige Seuchen wirkungsvoller als nachträgliche Hilfspakete.[36]

Eine ähnliche Rechnung vom Nutzen des Naturschutzes haben auch Bio-Ökonomen um Anthony Waldron von der Cambridge University zusammen mit Kollegen vom Potsdam-Institut für Klimafolgenforschung aufgemacht. Das übereinstimmende Ergebnis solcher Kosten-Nutzen-Analysen: Es lohnt sich, in die Natur zu investieren. So lassen sich beispielsweise durch Schutzgebiete mit naturfreundlichem Tourismus oder durch aus der Natur gewonnene Wirkstoffe 500 Milliarden US-Dollar erwirtschaften. Allein 350 Milliarden US-Dollar ließen sich einsparen, indem wir jene Arten und Teile der Natur schützen, die besagte Ökosystem-Dienstleistungen erbringen.[37] Nehmen wir etwa den Regenwald, der sowohl der Biodiversität wie auch dem Klima nutzt. Oder Mangrovenwälder, die Küsten vor Stürmen schützen, die, wie Seegraswiesen oder Kelpwälder, die Kinderstube für viele Meereslebewesen sind, auf denen ganze Nahrungspyramiden gründen. Auch im Agrarland hilft Artenvielfalt dem Anbau unserer Nahrungsmittel. Und selbst Stadtbäume helfen, die Luftschadstoffe zu filtern und das Mikroklima zu verbessern. Dass man lieber in den Schutz eines benachbarten Gebietes investiert, aus dem man Trinkwasser bezieht, anstatt für deutlich mehr Geld eine Aufbereitungsanlage zu bauen, zeigte erst unlängst New York City. Solche Beispiele gibt es zuhauf.

Damit Natur Geld bringt, muss zuvor in ihren Schutz investiert werden. Statt weltweit derzeit 24 Milliarden US-Dollar müsste dies etwa in der Größenordnung von 140 Milliarden geschehen, errechneten die Forscher um Waldron. Das seien gerade einmal 1,6 Prozent des weltweiten Bruttosozialprodukts und nur ein Drittel dessen, was für umweltschädliche Subventionen ausgegeben werde, mit denen auch heute noch Raubbau an Wäldern und Meeren gefördert wird. Vor allem aber ist es deutlich weniger als die Kosten, die eine Pandemie wie Corona nachweislich verursacht. Hier ist die Rede von bereits elf

Billionen US-Dollar Kosten plus zehn Billionen an entgangenen Gewinnen.[38]

Diese und andere Studien legen nahe, dass die wirkungsvollsten und kosteneffektivsten Maßnahmen auch zum Pandemieschutz darin bestehen, möglichst viel Natur und intakte natürliche Lebensräume zu erhalten sowie bereits degradierte Habitate zu restaurieren. Wie das aussehen könnte, hat ein Team um den Ökologen Eric Dinerstein vor einiger Zeit vorgestellt: ein *Global Safety Net* als weltumspannendes Schutzgebietsnetzwerk, in dem 50 Prozent jener Flächen identifiziert sind, die gleich in dreifacher Hinsicht zum Schutz vor weiteren Biodiversitätsverlusten, Klimaerwärmung und Pandemien beitragen. Derzeit sind nur knapp 15 Prozent der Landfläche der Erde formal unter Schutz gestellt; durch die gezielte Ausweisung von weiteren 15 und schließlich sogar 35 Prozent ließe sich ausreichend Natur an Land und in den Ozeanen erhalten, so die Naturschützer um Dinerstein, um dort möglichst vielen anderen Lebewesen unseres Planeten mehr Raum zu lassen und so die Biodiversität nachhaltig zu sichern.[39]

Dies aber werden wir nur erreichen, wenn wir umgehend vor allem das Abholzen der letzten zusammenhängenden Waldgebiete verhindern – und damit den endgültigen Verlust von Lebensräumen, insbesondere in den tropischen Regionen Südostasiens, Afrikas und Südamerikas – dort, wo nicht nur die größte Artenvielfalt zu finden ist, sondern auch viele der Zoonosen entstehen. Übersprünge vom Tier auf den Menschen lassen sich deutlich reduzieren, wenn wir die weitere Vernichtung und Fragmentierung tropischer Regenwälder verhindern, den zunehmenden Wildtierhandel beschränken und die massenhafte Haltung unserer Nutztiere begrenzen.

Natur zu schützen und Artenvielfalt zu erhalten, wo immer es nur geht, kommt uns also vergleichsweise billig. Vor allem aber: Wir sollten nicht nur das Coronavirus, sondern die zunehmenden EIDs als unmissverständliches Signal dafür sehen, dass die Zerstörung unserer Umwelt letztlich auch uns Menschen umbringen kann.

PANDEMIE-RESILIENZ – ODER: DIE VERWUNDBARKEIT UNSERER GLOBALISIERTEN GESELLSCHAFT

Um die Welt wandernde Viren zeigen uns, dass wir seit Langem über unsere biologischen Verhältnisse leben. Während wir die Verdichtung der Weltbevölkerung und die weltweite Neugestaltung der Biosphäre betreiben, zeigen uns Zoonosen unsere Grenzen auf. Die Gesundheitskrise infolge von Covid-19 hat der Welt die andauernde Gefahr, die von Infektionskrankheiten ausgeht, in Erinnerung gerufen und dabei auch den Blick auf die Verwundbarkeit unserer modernen globalisierten Gesellschaft verändert.

In medizinischer Hinsicht sind wir beim Auftreten eines neuen, auf uns als Wirte überspringenden Erregers (insbesondere eines mutierten Virus) in der Breite der Bevölkerung erst einmal sehr verletzlich. Wie gerade die per Tröpfcheninfektion leicht von Mensch zu Mensch übertragbaren Pathogene gezeigt haben, ist dann in der Anfangsphase die Sterblichkeit hoch, solange es noch keine adäquate Immunreaktion gibt. Das menschliche Immunsystem als biologische Antwort auf eine solche Invasion braucht seine Zeit, die der Mensch stets mit erheblichen Populationsverlusten bezahlt hat. Die heute verfügbaren molekulargenetischen Daten belegen, dass die Menschheit mehrfach in der Geschichte der Seuchen durch einen regelrechten Flaschenhals gegangen ist – Engpässe mit hohen Fallzahlen und vielen Toten, bevor immer mehr Menschen natürlich immunisiert wurden. Dieses freie Spiel der evolutiven

Mechanismen von Mutation und Selektion auf beiden Seiten der Wirt-Pathogen-Beziehung haben wir Menschen dank unserer kulturellen Entwicklungsmöglichkeiten erweitert. Wir haben Erfahrungen im Umgang mit Seuchen erworben, etwa über Infektionsketten und Isolation, Quarantäne und Hygiene; und wir haben dank unserer technologisch-wissenschaftlichen Entwicklungen etwa die Vakzination mit Lebendimpfstoffen oder die Abwehr von Bakterien mithilfe von aus Pilzen gewonnenen Antibiotika entdeckt.

Doch unsere Kulturfähigkeit und damit die Möglichkeit, dieses Wechselspiel zwischen Pathogen und Wirt entscheidend zu beeinflussen, kann und muss noch weiterreichen als nur die technische Innovation. Wir müssen unsere ureigenen evolutionären Möglichkeiten, unser natürlicherweise erworbenes evolutionsbiologisches Erfolgsrezept, unsere außerordentliche Kulturfähigkeit nutzen, um zu überleben. Wir sind Teil der Natur, gerade dank unserer Kultur; denn die Natur des *Homo sapiens* ist seine Kultur, seine Fähigkeit, Neues zu versuchen und die Erfahrungen weiterzugeben. Unsere evolutionsbiologischen Möglichkeiten adaptieren uns langfristig; doch sie helfen uns nun kurzfristig nicht wirklich weiter. Hier ist unsere kulturelle Evolution gefragt. Als Naturwesen in neuerdings enorm hoher Bevölkerungsdichte sind wir leicht verwundbar; umso wichtiger ist es, dass wir unsere kulturellen Bewältigungsstrategien einsetzen. Zweifellos gehört mit zu den besten Eigenschaften des Menschen unsere Fähigkeit, aus den vergangenen Krisen für die kommenden zu lernen. Ohne Frage besteht die persönliche Herausforderung jedes Einzelnen darin, das komplexe Geschehen von Zoonosen und Pandemie zu durchdringen; in jedem Fall ist es sinnvoll, dieses Wissen allgemein zugänglich zu machen. Die wahre Herausforderung aber besteht in unseren gesellschaftlichen Aushandlungsprozessen, innerhalb jeder nationalen Gesellschaft, aber auch innerhalb der internationalen Gemeinschaft. Und hier führen uns zoonotische Viren mit erheblichem Zerstörungspotenzial derzeit an unsere Grenzen. Die Ereignisse in den ersten beiden Jahren nach Ausbruch von Covid-19 haben uns dies eindrücklich vor Augen geführt. Eine Reaktion darauf war unter anderem das Verdrängen, Verleugnen und Vergessen und der unbedingte Wille, schnell zur sicher geglaubten Normalität zurückzukehren.

Diese vielfach bewährte Strategie des allgemeinen Verdrängens unbequemer Wahrheiten ist für das Überleben jedes Einzelnen an sich wichtig. Ohne diese Bewältigungsstrategie, die vielen möglichen Gefahren in unserem alltäglichen Leben ein Stück weit zu ignorieren, ginge niemand auch nur vor die Tür oder würde gar einen Schritt auf die Straße setzen. Das war schon immer so und war auch gut so. Zu viel Angst vor anderen Raubtieren etwa hätte verhindert, dass der Jäger sich überhaupt aufmacht, selbst Ausschau nach Beute zu halten. Wer sich in Gefahr begibt, kann dies auch nur unter teilweiser Verleugnung der Risiken tun. Heute ist die Zahl der Gefahren, die uns gemeinschaftlich drohen und die wir dennoch verdrängen, erheblich gestiegen. Vor allem ignorieren wir unseren Umgang mit der Umwelt, die Zerstörung der Natur durch den großflächigen Verlust von Lebensräumen, den millionenfachen Schwund von anderen Lebewesen und ganzen Arten, das Sterben von vielfach bedrängten Wildtieren sowie der massenhaft gehaltenen Nutztiere. Wir tun so, als ob uns all das nichts anginge.

Dadurch stehen wir heute gemeinschaftlich vor größeren Herausforderungen denn je, mit alltäglichen Gefahren umzugehen. Unsere hoch entwickelte Zivilisation ist umso verletzlicher, je abhängiger wir von den einzelnen Komponenten des Zusammenlebens geworden sind. Die wirtschaftlichen Verwerfungen durch die Coronakrise und den Ukraine-Krieg führen dies gerade vor. Das Sinnbild dafür waren angesichts der Coronawellen die Intensivstationen und die gesundheitliche Versorgung insgesamt.

Sie zeigen, zu was wir in der Lage sind, offenbaren aber auch unsere Achillesferse, was die Grenzen der Belastbarkeit angeht. Kritische Infrastruktur ist empfindlich, das erlebten wir nicht nur in der Pandemie, sondern in jeder anderen Krise. Eine Lösung liegt in der viel beschworenen Resilienz eines Systems – sei es etwa des Gesundheitssystems, sei es allgemein jedes unter Druck geratenen gesellschaftlichen Systems. Resilienz lässt sich vielleicht am besten beschreiben als die Widerstandsfähigkeit und Krisenreaktionsfähigkeit von Systemen. Diese stärken wir etwa durch redundante Teile und Komponenten in den betreffenden Systemen. Doch zu lange haben wir geglaubt, es müsse sich alles nur ökonomisch rechnen. Die Ressourcen bis an die Grenzen der Belastbarkeit zu plündern, schwächt aber das System; ebenso verlieren immer mehr Arten als ökologische Kettenglieder einen funktionierenden Lebensraum. Es geht also darum, die Strukturen und Glieder zu stärken, die ein System aufbauen und tragen; etwa, um Ausfälle zu kompensieren. Je größer die Kapazitäten sind, je vielfältiger etwa das Spektrum biologischer Arten ist, desto resilienter sind Ökosysteme. Je mehr Nieten die Teile einer Tragfläche zusammenhalten, desto besser kann sie Druck widerstehen. Zur robusten Daseinsfürsorge, auch im Bereich der Umwelt und Natur, braucht es Resilienz, aufbauend auf Redundanzen und ausreichenden Kapazitäten, um die Schockwellen von Krisen zu absorbieren.

Entsprechend breit sollte auch die Wissensbasis für politische Diskussionen sein, meinen viele Experten. Dazu müssen wir in erster Linie aber begreifen, was uns und unsere Gesellschaften gefährdet – auch, um zu erkennen, dass die wahre Katastrophe von der Überforderung der Kapazitäten einer Gesellschaft kommt. Der Blick auf die Geschichte der Hochkulturen lehrt, dass diese irgendwann an ihr Ende kamen, als es nicht mehr gelungen ist, eine Serie von Katastrophen zu bewältigen, weil die Redundanzen des Systems aufgebraucht waren, die Kapazitäten, um weitere Krisen abzuwehren, erschöpft waren und vor allem die Aushandlungsprozesse im Umgang mit der Misere abgenutzt waren. Ein Beispiel unter vielen ist die jahrhundertelange Hochkultur der Khmer in Angkor im heutigen Kambodscha. Die Ernährung dieser kulturell hoch entwickelten Gemeinschaft basierte auf einer ausgefeilten Bewässerungskultur, die bis zu drei Ernten im Jahr ermöglichte. Bis sich nach einer Serie abwechselnder Dürren und Überschwemmungen nicht nur die kurzfristigen klimatischen Bedingungen für diese Reisanbaukultur änderten und deren Infrastruktur (Wasserspeicher, Bewässerungskanäle) in Gefahr geriet; auch gelang es den Eliten der Gesellschaft offenbar nicht länger, die Gemeinschaft hinter sich zu versammeln, etwa um die Instandsetzungs- und Reparaturarbeiten an der Infrastruktur zu organisieren. Zur inneren Krise kamen dann äußere Kriege, und alles mündete schließlich im Kollaps. Heute wuchert Urwald über den einstigen Heiligtümern. Das Angkor heute ist unsere Erde.[40]

PLANETARY HEALTH VERSUS BUSINESS AS USUAL

Die politischen Aushandlungsprozesse im Umgang mit Krisensituationen gehören zweifellos auch heute zu den Risiken unserer Zeit. Wir haben eine komplexe Welt und in nicht eben wenigen Ländern offene Gesellschaften. Wir wollen diese Offenheit, sie ist die Grundlage des modernen Zusammenlebens (so wenigstens die Hoffnung), mit einem möglichst hohen Maß an Wohlstand, Freiheit und Lebensfreude für möglichst viele Menschen. Weshalb wir auch die Risiken dieser offenen Gesellschaft in Kauf nehmen müssen. Neben dem Zuviel an Globalisierung gehört dazu ein Zuwenig an Weltgemeinschaft.

Was aber eben gerade nicht heißen darf, dass wir bei Krisen

die Hände in den Schoß legen können und nichts tun, die Gefahren verkennen und ignorieren, die Krise verleugnen. Im Gegenteil: Wir müssen uns den Gefahren stellen. Dazu gehört, die historische Dimension der momentanen Krise einzuschätzen und dadurch auf einer breiten Wissensbasis für die politische Diskussion über Ursachen von Zoonosen zu sorgen. Gegen die neuen Seuchen brauchen wir eben nicht nur epidemiologische Maßnahmen und Medikamente, wir brauchen auch einen gesellschaftlichen Konsens für einen grundlegenden Kurswechsel.

Ein zentraler Aspekt im Umgang mit globalen Epidemien muss zukünftig sein, die Gesundheit des Menschen nicht länger als unabhängig von der Gesundheit der Natur, von Umwelt und ihren Tier- und Pflanzenarten zu sehen. Tatsächlich hat sich bei vielen Experten in der Coronakrise die Erkenntnis durchgesetzt, dass unsere eigene Gesundheit und die unseres Planeten eng miteinander verwoben sind. Der Schutz unserer natürlichen Lebensgrundlagen befördert auch unsere eigene Gesundheit. Diese Idee eines *One Health* – neuerdings auch *Planetary Health* – genannten Gesundheitskonzepts ist bereits vor über einem Jahrhundert und unter anderem bei dem Berliner Mediziner und Sozialreformer Rudolf Virchow angelegt. Der Ansatz erlebt heute eine Renaissance, wenn neuerdings Mensch, Tier und Umwelt zusammengedacht werden mit dem Ziel, die in diesem Buch skizzierten Zusammenhänge zu verstehen, um die Gesundheit von Mensch und Natur gleichermaßen zu schützen.[41]

Im *One Health*-Ansatz finden sich auch die bereits diskutierten Maßnahmen, die Gesundheit von Wildtieren ebenso wie von Nutztieren an den Schnittstellen zwischen Mensch und Tier zu überwachen, etwa gezielt die betroffenen Menschen zu kontrollieren, um frühzeitig einen Ausbruch einzudämmen, bevor er sich zur Epidemie auswächst. Dazu zählen entsprechende Forschungsvereinbarungen, um die Diagnostik und Infrastruktur vor Ort in den relevanten Regionen zu verbessen. Dazu zählt auch, Lieferketten und Lebensmittel besser zu kontrollieren und für eine Tierhaltung und Verarbeitungsweise zu sorgen, die Zoonosen unwahrscheinlicher werden lassen. Wir müssen vor allem in Asien und in Afrika Lösungen vor Ort mit den Menschen dort finden, gerade im Umgang mit der traditionellen Jagd auf *bushmeat* oder den kulinarischen Gewohnheiten. Dazu zählt – wegen der Existenznöte der lokalen Bevölkerung – die Entwicklung einer möglichst nachhaltigen Landnutzung, verbunden mit dem Erhalt der Biodiversität. In den Industriestaaten des globalen Nordens sind Infektionskrankheiten für weniger als ein Prozent der Todesursachen verantwortlich, im globalen Süden aber sind es mitunter über 40 Prozent.

Zur Resilienz gehört auch, die Gesundheitssysteme dort zu stärken, die Hygiene und die Lebensbedingungen dort zu verbessern, wo wir derzeit Zoonosen zu viel Angriffsfläche bieten: an den Übergängen der Zivilisation in die letzten zerrissenen Restlebensräume und nicht zuletzt in den Megastädten mit den Wildtiermärkten, die einer Verbreitung von Infektionskrankheiten weiter Vorschub leistet. Wir sind gut beraten, gerade in Afrika die Gesundheitsinfrastruktur zu stärken, aus Eigennutz wie aus Mitmenschlichkeit. Die Frage unserer Gesundheit ist eine der internationalen Gemeinschaft geworden – im Wissen, dass uns diese Form eines nachhaltigen Gesundheitsschutzes letztlich günstiger kommt als das, was weitere Krisen uns kosten würden.

Die Corona-Pandemie hat nicht nur die Schwächen der Gesundheitssysteme offengelegt; einige würden sicher so weit gehen zu sagen, sie hat auch die Schwächen einzelner Regierungen und ganzer gesellschaftlicher Systeme offenbart. Doch nicht ein in den Atemwegen sich einnistendes Virus ist unser Problem; die eigentliche Ursache für unsere Krankheit sitzt tief in unseren Gesellschafts- und Wirtschaftsstrukturen. Wir erkennen jetzt deutlicher denn je, dass die sozioökonomischen Auswirkungen einer Seuche eng mit den ökologischen Zuständen verknüpft sind; dass Seuchen nicht nur zu unserer Geschichte, sondern auch zu unserer globalisierten Gegenwart gehören. In diesem Sinn spiegeln die neuen Seuchen alte Probleme, und wir dürfen uns nicht länger darüber hinwegtäuschen, dass es Faktoren wie unsere globalisierte Wirtschaft sind, vor allem der bedenkenlose und rücksichtslose Raubbau an der Natur und unsere verschwenderische Art und Weise des Wirtschaftens im Wahn des Wachstums, die uns krank machen. Bereits vor einem halben Jahrhundert ist die Notwendigkeit eines Kurswechsels klar formuliert worden, als der Club of Rome 1972, durchaus mit Wucht und unter wütenden Einwänden, seinen Bericht über *Die Grenzen des Wachstums* veröffentlichte. Heute sind weit mehr Menschen als seinerzeit davon überzeugt, dass sich unser Lebensstil, der auf der Idee eines ständig steigenden Wachstums basiert und die zunehmende Ausbeutung unseres Planeten zur Folge hat, fundamental wandeln müsse – und es auch wird, so oder so. Dies wird tief greifende Auswirkungen auf unser Leben und Verhalten haben.[42]

So zahlreich auch die Stimmen waren, die anfangs die Krise als Chance für eine oft beschworene sozioökonomische Modernisierung und Transformation planetaren Ausmaßes auffassten – ebenso zahlreich waren auch die Skeptiker, die bezweifelten, dass selbst eine solche Krise zu einem grundlegenden Wandel führte, die mithin nicht an eine Katharsis durch die Krise glaubten; und stattdessen vermuteten, die Menschen würden lediglich aus dem Arsenal ihrer Bordmittel reagieren und dann wieder zum Business as usual übergehen. Manche meinten unter Verweis auf die Geschichte, dass selbst verheerende Seuchen wie die Pest im Mittelalter kaum einmal einen Wandel bewirkt hätten. Keine Epidemie habe jemals eine neue Epoche eingeläutet, so etwa der Historiker Volker Reinhardt: »Solche Theorien sind nichts als intellektuelle Prunkrhetorik, die mit ihren ebenso kühnen wie unbeweisbaren Vorhersagen der Gegenwart den schaurig-schönen Kitzel der Zeitenwende verschaffen soll.« Wir sollten daher auch im Angesicht der jüngsten Seuche »Gelassenheit lernen«, rät Reinhardt: »Nicht nur das Weltende, sondern auch der von so vielen Seiten beschworene ›Systemumbruch‹ wird aller Wahrscheinlichkeit auf sich warten lassen.« Und dass nach der Überwindung der Pandemie der Wille zum Vergessen und zur Rückkehr in die vertrauten Bahnen überwältigend sein würde, sei zwar keine besonders stimulierende, aber einigermaßen beruhigende Perspektive.[43]

Andere seiner Zunft, etwa der amerikanische Seuchenhistoriker Kyle Harper, interpretieren dagegen auch die historischen Belege anders und meinen, Seuchen wirkten nicht nur als Beschleuniger von Entwicklungen, die ohnehin schon in Gang seien, sondern stünden am Anfang fundamentaler Veränderungen.[44] Demnach zögen Krisen erst Änderungen des Alltagsverhaltens nach sich, die dann auch die Ökonomie und die politische Ordnung betreffen. So könnte die Erfahrung der jüngsten Corona-Pandemie zwar keine völlig neuen Ideen oder Verhaltensweisen hervorbringen, doch es würden sich mit den erheblichen Erschütterungen bereits lange vorher angelegte Überzeugungen, Grundhaltungen und Entwicklungen verstärken.

Dass Natur und Umwelt dauerhaft von der Krise seit dem Jahr 2020 profitieren würden, im Sinne einer echten »Anthropause« etwa, hielten die Realisten bereits beim Ausbruch der Pandemie für eher unwahrscheinlich.[45] Tatsächlich waren unter der unmittelbaren Bedrohung durch das Coronavirus andere Krisen wie Klimawandel und Artensterben erst einmal kurzfristig weit in den Hintergrund gerückt. Doch bald waren Politik und Wissenschaft wieder mit anderem als den eigentlichen Ursachen der Pandemie beschäftigt, nicht zuletzt auch mit sich selbst. Natur und Umwelt – das kann wieder warten, glauben allzu viele. Und tatsächlich erleben wir, wie in wirtschaftlichen

Krisenzeiten Transformation und Innovation erst einmal ausgesetzt werden. Dabei sind wir aber nicht nur der eigenen Gegenwart, sondern immer auch kommenden Generationen verpflichtet, die wir vor absehbaren Schäden schützen sollten, wenn es in unserer Macht steht.

Zur unbequemen, aber bedingungslosen Wahrheit gehört deshalb, dass wir dringend die Lebensweise der acht Milliarden Menschen, die wir inzwischen sind, transformieren müssen. Dazu zählt zwingend, weniger in die Natur einzugreifen; und wenn wir es tun, dann kenntnisreicher und schonungsvoller. Vor allem trüge es zur wahren Prävention auch von Pandemien bei, aus diesen Umweltveränderungen nicht um jeden Preis weiterer Profit zu ziehen. Um Zoonosen wirklich einzudämmen, müssen wir unsere Art des naturzerstörerischen Wirtschaftens und Konsumierens von Grund auf verändern und möglichst viel der noch verbliebenen Natur tunlichst in Ruhe lassen. Um nicht nur länger die Symptome zu lindern, sondern an den wahren, hier benannten Ursachen anzusetzen, wäre es eine kluge Strategie, die Risiken gar nicht erst zu Krisen werden zu lassen – idealerweise also, wenn sich Zoonosen schon nicht verhindern lassen, daraus keine Pandemien entstehen zu lassen. Da sich Seuchen durch den zerstörerischen Umgang mit der Natur und durch die globale Vernetzung ausbreiten, bedeutet wahre Vorsorge, Lebensräume zu erhalten und darin die ökosystemaren Funktionalitäten zu bewahren, anstatt Krisenbewältigung zu betreiben – das heißt, ihre biologischen Glieder, die Vielfalt und Fülle der Tiere und Pflanzen zu schützen. Dazu müssen wir umweltfreundlich wirtschaften, im globalen Maßstab, und ökologisch handeln, weil allein dies ökonomisch ist.

CODA UND AUSBLICK – NATUR NEU DENKEN

Früher glaubte man, »die Götter« seien verantwortlich, heute ist es vermeintlich »die Natur«, die sich rächt. Galt lange die biblische Plage als Strafe für das sündhafte Treiben der Menschen, wird die Nemesis (das altgriechische Wort für Rache) der Pandemie als Rechnung interpretiert, die uns die Natur präsentiere. So lebt die jahrtausendealte metaphysische Deutung des großen Dramas fort bis in unsere aufgeklärte Zeit. Vielfach wurden Pandemien, ähnlich wie der Klimawandel, als Folge davon verstanden, dass wir eine mystische »Mutter Erde« oder Gaia angeblich aus dem Gleichgewicht bringen.

Was sich hier wie eine gleichsam grüne Fortsetzung religiöser Strafvorstellung geriert, verweist einmal mehr darauf, dass sich die bedienten Erklärungsmuster bis heute kaum verändert haben; weiterhin geht es da um Buße und Wiedergutmachung, weniger um die Vorstellung von einer Natur als Großmacht. Daran aber wird sie uns ewig erinnern, ganz gleich, ob der Boden bebt, das Land geflutet wird, Berge Feuer speien oder Viren in Wellen aus dem Wald kommen und in den Wildtieren auftauchen, die wir auf unsere Märkte bringen. Ob diese urgewaltige Natur indes wirklich für uns zur Katastrophe wird, liegt mehr denn je an uns.

Die Krise, so sagen manche in Anlehnung an Sigmund Freud, sei schon die vierte Kränkung der Menschheit. Zu den bisherigen Kränkungen – zu Kopernikus' Einsicht in die Konstellation unseres Sonnensystems, in dessen Mittelpunkt die Sonne und eben nicht die Erde steht, zu Darwins Entthronisierung des Menschen als vermeintliche Krone der Schöpfung und zu Freuds Psychoanalyse des triebgesteuerten statt rationalen Menschen –, zu diesen drei Kränkungen kommt nun hinzu, dass der großartige, strahlende Mensch nicht einmal der kleinen unscheinbaren Viren Herr zu werden vermag.

Als die ersten europäischen Siedler am Ende des 19. Jahrhunderts am anderen Ende der Erde, im Osten Australiens, auf das eigenartige Schnabeltier stießen und davon erste Belegstücke in die Heimat schickten, hielt man dieses Platypus dort für konstruiert: ein allzu verrücktes Vieh mit einem Entenschnabel, dem Schwanz eines Bibers, dem Fell und den Milchdrüsen eines Säugetiers, aber eierlegend wie ein Reptil oder Vogel – zu absurd, als dass es natürlichen Ursprungs sein könnte. Aber es existierte und mit ihm eine ganze Linie von Schnabeltieren und Schnabeligeln, die seit Urzeiten den südlichen Urkontinent Gondwana besiedelten. Ganz ähnlich wie einst mit dem bizarren Platypus ergeht es heute vielen mit Viren, die angeblich aus dem Pangolin stammen: Deren bloße Existenz sei zu unwahrscheinlich, ihr Bau mit Rezeptorbindungsdomäne und Furin-Spaltstelle zu fabriziert, um natürlichen Ursprungs zu sein, insgesamt Zoonosen vermeintlich zu abstrus und abstrakt, die ganze Geschichte, vom Fledermausreservoir und mysteriösen Zwischenwirten wie exotischen Schleichkatzen und Schuppentieren auf Wildtiermärkten, viel zu kompliziert und konstruiert. Doch wir brauchen nicht Biologen in Laboren zu bemühen – die Natur ist gleichsam der beste Bioterrorist. Wenn man sie reizt und der Evolution ausreichend Gelegenheit zur Mutation und zur Selektion gibt, ist sie zu mehr in der Lage, als gemeinhin vorstellbar. Wir Menschen als Wirt, in denen etwa Viren neue ökologische Nischen finden, haben dabei nicht nur die Rechnung ohne den Erreger gemacht; wir haben die Gleichung geändert oder wenigstens die Vorzeichen. Epidemien verdecken auch die Rolle, die wir Menschen bei der Evolution der Viren und anderer Verursacher spielen, ob in der Wildnis oder auf dem Wildtiermarkt.

Zoonosen verknüpfen uns Menschen mit der Umwelt und einer nicht menschlichen Natur, mit den Lebewesen und Lebensräumen dieses Planeten, deren Einfluss wir an keinem Ort entgehen können. Pandemien sind deshalb nicht nur mit Krise und Katastrophe verbunden – ihren Ursachen zu folgen ist immer verknüpft mit der Frage, was als Nächstes kommt und was sich dagegen tun lässt. Die Transformation unseres Wirtschaftens wurde vielfach vorgeschlagen, doch wir müssen nicht nur anders leben und handeln, sondern vor allem müssen wir Natur neu definieren und unseren Umgang mit ihr neu denken. Wir müssen unser Naturverständnis ändern; lernen, Natur nicht in erster Linie als etwas zu sehen, was uns nur nutzt und wir unendlich nutzen können.

Dazu gehört, dass wir aufhören zu glauben, die Medizin sei allmächtig, und uns vor Augen führen, dass der Mensch nicht nur Teil der Natur ist, sondern auch den Spielregeln der Evolution unterliegt, die wir nicht beliebig ändern können. Dazu gehört aber auch, dass wir Gefahren rechtzeitig erkennen und benennen, die umso größer werden, je länger wir warten. Das macht es nötig, die alten Vorstellungen und Sichtweisen zu ändern und an die neuen Gewissheiten anzupassen. Wir müssen bekennen, dass es eine menschengemachte Umwelt ist, die nicht nur auf andere Arten, sondern auch auf uns erhebliche Auswirkungen hat, und dass dieses neue Naturverständnis letztlich die beste und nachhaltigste Impfung gleichermaßen gegen die Erreger epidemischer Seuchen wie gegen die todbringenden Sünden der Menschheit ist.

Es ist genau der richtige Moment für das Umdenken und für das transformative Umsteuern unserer Lebens- und Wirtschaftsweisen und für einen dies begleitenden ökologischen Umbau. Die Moderne begann mit dem Ende der zweiten großen Pestwellen vor fünfhundert Jahren; das gerade zurückliegende sogenannte pandemische Jahrhundert begann mit der Spanischen Grippe 1918, in einer Umbruchzeit hin zur beschleunigten Expansion und Exploitation einer exponenziell wachsenden

Menschheit. Nun stehen wir, am Beginn einer propagierten Postmoderne, am hoffnungsvollen Beginn eines neuen Naturverständnisses. Jetzt, im ausgerufenen Anthropozän, dem Zeitalter des Menschen, werden die Karten neu gemischt.

Damit haben wir – das ist schließlich die gute Nachricht – es selbst in der Hand, ob wir den zukünftigen Seuchen erliegen und uns von ihnen beherrschen lassen. Die uns zeigen, dass wir bisher noch Glück im Unglück hatten, dass es aber nicht immer gerade noch mal gut gehen muss und wir glimpflich davonkommen. Die Geschichte der Zoonosen erzählt auch davon, dass dies nicht zwangsläufig immer so weitergeht. Das jüngste Coronavirus ist gefährlich genug gewesen, aber eben nicht auch noch ansteckender, wie etwa bei einer Influenza; oder gar heimtückischer und tödlicher, wie bei Ebola. Wie gesagt: Noch haben wir Glück gehabt. Und wir haben die Chance, aufzuwachen und unsere Lektionen zu lernen, wie wir künftig mit Zoonosen umgehen können.

Unsere Natur- und Kulturgeschichte zeigt uns, dass wir als eine ganz eigene Art gleichsam über uns selbst hinausgewachsen sind, uns dabei die Erde untertan gemacht haben – dass wir aber auch ebenso an die Vergangenheit adaptiert und in der Zukunft verletzlich sind. Dass wir letztlich eben doch abhängig von anderen Arten sind, von den meist unsichtbaren Begleitern wie auch den Bedingungen einer Umwelt, die wir nicht beliebig manipulieren können. Wir leben in einer viralen Welt, wir taten dies immer schon und werden es zukünftig noch mehr tun; mit einer immer durchlässigeren Tier-Mensch-Schnittstelle, mit immer mehr Kontakten zwischen einer Restnatur, unserem Milliarden-Menschen-Pool und unseren vielen Hundert Millionen Nutztieren.

Diese Umweltbedingungen der *new nature* machen Pandemien mehr denn je zu einer Realität unserer Welt. Wir sind ein Teil jener Ökosysteme, die wir beeinflussen – und die uns umgekehrt beeinflussen. Der Mensch verändert die Natur; aber auch die Natur verändert den Menschen. Dies war in der Vergangenheit so, es wird auch in Zukunft so sein. Selbst jetzt, am Ende einer vermeintlichen Jahrhundert-Pandemie, mag das allgemein noch nicht so gesehen werden. Doch wenn wir zukünftig nicht nur Seuchen überstehen wollen, sondern überhaupt überleben wollen, dann müssen wir uns dieser biologischen Erkenntnis stellen und entsprechend unser Verhalten, unsere Lebens- und Wirtschaftsweise ändern. Wir müssen lernen, auf einem enger werdenden Planeten ökologisch zu handeln und zu wirtschaften; wir müssen verantwortungsvoll mit der Natur umgehen. Wenn es uns dabei nicht gelingt, möglichst schnell eine gemeinsame kulturelle Lösung für unsere globalen Probleme zu finden, wird es – das lässt sich aus der Evolutionsbiologie ableiten – irgendwann eine biologische Lösung durch die Natur geben.

Nicht absehbar ist, welche Rolle die von Tieren auf den Menschen überspringenden Infektionskrankheiten dabei spielen werden. Sicher ist aber: Zoonotische Erreger werden uns keine Ruhe lassen. Sie leben überall um uns – wir können es ihnen nur schwerer machen, zu uns und in uns zu gelangen. Sie sind ebenso wie wir Teil der Natur; doch dürfen wir sie weder länger ignorieren noch für irgendetwas verantwortlich machen. Es ist nicht die Schuld der Rennmäuse und Ratten, der Murmeltiere und Mäuse, der Rinder oder Kamele, der Fledermäuse und Larvenroller – schon gar nicht ist es die Schuld und auch nicht die Rache der Pangoline.

Vielmehr sind wir alle selbst schuld. Und daher auch alle mitverantwortlich.

DANKSAGUNG

Es hat sich wie von selbst ergeben, die Pandemie als ein ureigenes Thema der Biologie zu erkennen; zu verstehen, dass Corona und andere Plagen nicht allein ein medizinisches Problem sind, sondern vielmehr Ausdruck einer allgemeinen Krise unseres Umgangs mit der Natur im Anthropozän – und damit gewissermaßen die Fortsetzung jener Themen, die ich zuvor in dem Buch *Das Ende der Evolution* über die Entwicklung des Menschen und das Artensterben behandelt habe. Es erschien Anfang Dezember 2019, knapp drei Monate später ging die Welt in den ersten Corona-Lockdown, drängte sich die Pandemie in unser aller Leben.

So entstand die Idee zur *Rache des Pangolin*, an einem sonnigen Frühlingstag Anfang April 2020, wie mir eine gleichlautende Notiz in meinen Unterlagen zeigt, die ich – aus den üblichen Terminen und Tagesroutinen gerissen – seit Mitte März begonnen hatte, systematischer als zuvor zusammenzutragen. Das Buch ist also insofern auch ein Produkt der Pandemie, als es mir unvermittelt über Wochen und dann Monate die Muße zur Recherche der zoologischen Wurzeln dieser und anderer Epidemien verschaffte.

Die Anfänge der Beschäftigung mit dem Thema der vermeintlich neuen Seuchen gehen indes auf erste journalistische Arbeiten bereits am Beginn der 1990er-Jahre zurück, als ich neben meiner Doktorarbeit an der Universität Hamburg für das Bildungsprogramm des Norddeutschen Rundfunks Sendungen zu verschiedenen Wissenschaftsthemen aus dem Bereich der Biologie machte. Ein damals zuständiger Hörfunkredakteur ließ sich für Richard Prestons Forschungsthriller *Hot Zone* begeistern, und so entstand Anfang 1996 ein halbstündiges Radio-Feature zu *Viren aus dem Regenwald*. Als ich mitten im

Corona-Lockdown den Mitschnitt noch einmal anhörte, wurde mir abermals klar, wie ignorant wir viel zu lange der Gefahr zoonotischer Übersprünge gegenüber waren – und noch immer sind, wobei gleichzeitig viel zu wenig über die zoologischen und vor allem die ökologischen Zusammenhänge bekannt ist.

Als Zoologe bin ich dabei, was Virenökologie angeht, nur eine Art Zaungast des eigentlichen Geschehens um die Reservoir- und Wirtsarten. Zwar war ich, jedenfalls bis Corona, auf vielen Reisen immer wieder vor allem in den biodiversitätsreichen Regionen Südostasiens und Australiens unterwegs (dagegen kaum einmal in den eigentlichen Regenwaldgebieten Afrikas), wo wir unsere eigene Forschung indes an anderen Tierarten betreiben. Mit den Örtlichkeiten, die zentral für Corona sind, dem Süden Chinas, bin ich nur bei flüchtigen Besuchen an der Peripherie in Berührung gekommen, etwa in Hongkong und den benachbarten (seinerzeit so genannten) New Territories an der Küste der Provinz Guangdong oder später im Goldenen Dreieck, dem Grenzgebiet im äußersten Norden Thailands, wo an der Mündung des Flusses Ruak in den Mekong mein Blick in die Bergwälder nach Laos und Myanmar ging. Nicht allzu weit nördlich davon, im südöstlichen Zipfel der chinesischen Provinz Yunnan, liegt die Mojiang-Höhle, wo es just um die Zeit unserer Stippvisite vor einem Jahrzehnt zum Übersprung der nächsten Verwandten von Sars-CoV-2 aus *Rhinolophus*-Fledermäusen auf den Menschen gekommen sein dürfte.

Umso wichtiger für die Recherchen zu diesem Buch erwies sich daher, was meine Kollegen sowohl unter den Forschern wie Fachjournalisten insbesondere in den beiden vergangenen Jahren an Details über den Ursprung und die Ausbreitung gerade der Coronaviren herausgefunden haben. Ohne deren akribische Arbeiten, die sich hier im Buch – in den Fußnoten sowie in den Literaturnachweisen – spiegeln, wäre meine zusammenfassende Überblicksdarstellung zur Zoologie von Infektionskrankheiten nicht möglich gewesen. Ihnen allen gebührt daher mein ausdrücklicher und besonderer Dank, auch wenn sie hier nicht namentlich aufgeführt werden. Explizit erwähnt seien an dieser Stelle aber die fundierten Recherchen von Kollegen unter den Wissenschaftsjournalisten wie Sascha Karberg, Richard Friebe und Roland Knauer beim Berliner *Tagesspiegel*, Pia Heinemann von der *Welt*, Joachim Müller-Jung von der *Frankfurter Allgemeinen Zeitung* sowie Fritz Habekuß und Andreas Sentker von der *Zeit*. Sie haben durch ihre zahlreichen Beiträge gerade in der konfusen Anfangszeit der Coronakrise geholfen, die molekularen Mechanismen der Infektion ebenso wie die Ansteckungswege der Sars-Viren besser zu verstehen; was mir auch ermöglichte, die nach und nach verfügbar werdenden Kenntnisse nicht nur über die jüngste Seuche zusammenzutragen. Etwaige Fehler und Missinterpretationen gehen auf mein Konto.

Nicht zuletzt bin ich den vielen Virologen, Ökologen und Zoologen zu Dank verpflichtet, die sich schon seit Jahren und Jahrzehnten der Erforschung von Zoonosen widmen – oft unter erheblichen Erschwernissen, die vor allem die Arbeit vor Ort in den Entstehungsgebieten der *spillover* mit sich bringt. Ebenso geholfen haben mir Kollegen unter den Wissenschaftshistorikern, die gerade in den letzten Jahren grundlegend neue Einblicke in die geschichtlichen Zusammenhänge von Zoonosen brachten, von Rinderpest und Masern bis zu Pest und Pocken. Hier möchte ich vor allem den Organisatoren der Tagung »Animals and epidemics in historical perspective« um Christian Jaser, Klagenfurt, für die Vortragseinladung Ende März 2022 in Berlin danken, die mir im Vorfeld und virtuell »vor Ort« zu weiteren Einblicken verhalf; und in diesem Zusammenhang insbesondere Monica Green, Phoenix, Arizona, deren aktuelle Forschung die Tian-Shan-Bergregion in Ostasien als Ursprungsgebiet des Pesterregers ins Zentrum gerückt hat.

Ganz herzlich bedanken möchte ich mich auch bei meiner

Agentin Rebekka Göpfert von Mohrbooks. Ihre Begeisterung für das Thema hat der Idee zu diesem Buch von Beginn an Flügel verliehen, und sie hat mir ermöglicht, das Buch zu schreiben, das mir vorschwebte. Die für das Sachbuchprogramm bei Ullstein Verantwortlichen, zuerst die Leitende Lektorin Bettina Eltner und dann der Programmleiter Christoph Steskal, haben die Entstehung des Manuskripts überaus geduldig begleitet. Letzterer hat zudem, noch vor der Lektorin Katharina Hellriegel-Stauder, der dafür ebenfalls Dank gebührt, eine erste Fassung durch konstruktiv-kritische Anmerkungen und viele wertvolle Hinweise auf Kurs gehalten. Max Härtel hat bei der Zusammenstellung des Literaturverzeichnisses geholfen und dabei, einen Entwurf für die beiden Weltkarten im vorderen und hinteren Vorsatz des Buches zu entwickeln.

Die Arbeiten, auf die dieses Buch gründet, wären nicht möglich gewesen ohne die tägliche Unterstützung und Ermutigung meiner Frau Nora und unserer Familie. Dank also daher vor allem ihr – und unseren beiden Jungs, für ihre geduldige Nachsicht mit dem Verfasser, den sie während der vergangenen zwei Jahre in Haus und Garten meist mit einem Stift bewaffnet in wissenschaftliche Studien zu Zoonosen vertieft oder vor der Tastatur antrafen. Das eine oder andere gemeinsame Fußballspiel wurde so Opfer der Recherche oder des Schreibens am *Pangolin* – der für sie weniger ein exotisches Schuppentier ist als vielmehr zu einer Art virtuellem Haustier wurde, mit dem sie einige Zeit zusammenlebten.

Gewidmet ist dieses Buch meiner Mutter, die in Sorge um uns Kinder keine der üblichen und empfohlenen Impfungen gegen Kinderkrankheiten versäumt hat, einschließlich der mit attenuiertem Impfstoff präparierten Zuckerstückchen gegen Polio (nach dem Slogan »Schluckimpfung ist süß – Kinderlähmung ist bitter«) und der buchstäblich eindrucksvolleren Impfung gegen Pocken.

GLOSSAR DER WICHTIGSTEN FACHBEGRIFFE UND ABKÜRZUNGEN

ACE2: Der als *Angiotension-konvertierendes Enzym 2* bezeichnete Rezeptor auf der Oberfläche einer Wirtszelle; er fungiert als das »Schloss« zum »Schlüssel« der RBD des Virus.

Affenpocken: Medizinisch MPXV (für *Moneypox Virus*); ein den Pocken *(Variola)* verwandtes Orthopoxvirus, zuerst 1958 bei Affen in einem Labor in Dänemark beschrieben. Sie stammen aber aus einem später auf Nagetiere, speziell die Gambia-Riesenhamsterratte *(Cricetomys gambianus)*, eingegrenzten Reservoir in Zentral- und Westafrika; breiten sich nach Ausbrüchen in den 1990er-Jahren (v. a. in der Demokratischen Republik Kongo) seit 2022 erstmals auch durch direkten menschlichen Kontakt außerhalb Afrikas aus.

Aids: *Acquired Immunodeficiency Syndrome*; eine sexuell und durch Blut übertragbare Erkrankung, die Anfang der 1980er-Jahre zuerst in den USA erkannt wurde, aber auf einen zoonotischen Ursprung in Afrika zurückgeht.

BCoV: Bovines Coronavirus, verursacht bei Jungrindern Durchfallerkrankung; ähnelt zu 96 Prozent dem Coronavirus OC43.

Cholera: Durch das Bakterium *Vibrio cholerae* verursachte, oft tödliche Durchfallerkrankung, die ursprünglich aus dem Ganges-Tal in Hinterindien stammt, in Ostasien endemisch ist, sich aber entlang menschlicher Verkehrswege im 19. Jahrhundert weltweit verbreitet hat.

Coronaviren: Erstmals 1968 als eine neue Klasse von Viren beschrieben.

Covid-19: *Corona Virus Infectious Disease*; eine Erkrankung der Atemwege, die zuerst Ende 2019 entdeckt wurde und sich ab Anfang 2020 angesichts des dem Sars-CoV-2-Erreger gegenüber naiven Immunsystems des Menschen sehr schnell verbreitete, häufig mit schweren Krankheitsverläufen, aber bei deutlich niedrigeren Todesfallraten als bei Sars.

DNA/DNS: Das doppelsträngige Erbmaterial Desoxyribonukleinsäure.

Ebola: Durch fünf verschiedene Filovirenarten verursachte Ausbrüche hämorrhagischen Fiebers, die zuletzt 2014 bis 2016 bei mehr als 28 000 infizierten Menschen zu über 11 000 Todesfällen führten – doch könnte die Todesrate bei bis zu 90 Prozent liegen. Bisher meist lokale Ausbrüche, u. a. in der Demokratischen Republik Kongo. Als Reservoir werden Flughunde und Fledermäuse vermutet, als Zwischenwirte Affen und/oder Antilopen.

Epidemie: Eine Krankheit, die in einer bestimmten Region und in einem begrenzten Zeitraum ungewöhnlich häufig vorkommt.

Furin-Spaltstelle: Vermittelt die enzymatische Spaltung des viralen Spike-Proteins durch das wirtseigene Enzym Furin (für *FES Upstream Region Protein*). Diese findet sich auch bei weiteren beta-Coronaviren (wie Mers, HKU1 und OC43, die indes nicht zur Untergattung Sarbecovirus gehören). Unter 55 Sars-Coronaviren ähnlichen Erregern findet sich diese Furin-Spaltstelle nur bei Sars-CoV-2 (nicht aber bei Sars) und trägt entscheidend zu seiner Infektiosität und seinem pandemischen Potenzial bei.

Gain of function (GOF): Experimente mit gentechnisch hergestellten Viren mit neuartigen Eigenschaften.

Grippe: Influenza; RNA-Virus (aus der Gruppe der Orthomyxoviridae) mit den drei Typen A, B und C, von denen v. a. A mit hoher Todesrate verbunden ist, während C selten Epidemien beim Menschen auslöst. Zuletzt infizierten sich 2018 rund 300 000 Menschen allein in Deutschland; 25 000 starben.

Gürtelrose: *Herpes zoster*; verursacht durch ein Virus, das wir in der Kindheit als Erreger der Windpocken kennen.

Hanta: Bunyavirus, mit verschiedenen Stämmen, darunter einen Sin-Nombre genannten; von Mäusen (v. a. Hirschmaus *Peromyscus*) übertragen.

Hendra: Paramyxovirus, in Australien von Flughunden auf Pferde und Menschen übertragen; löst schwere Atemwegserkrankung (Pneumonie) und Gehirnentzündung (Enzephalitis) aus.

HIV: *Human Immunodeficiency Virus*; ein Retrovirus aus der Gruppe der Lentiviren, die unter anderem dadurch charakterisiert sind, dass sie erst mit langer Latenzphase ausbrechen.

Hufeisennasen-Fledermäuse: Arten der Gattung *Rhinolophus*; sie dienen vor allem Coronaviren als natürliches Reservoir.

Larvenroller: *Paguma larvata* (engl. »palm civet«), ein Vertreter der Paradoxurinae in der Familie der Schleichkatzen (Viverridae); nicht zu verwechseln mit den Zibetkatzen aus der Unterfamilie der Viverrinae.

Marburg: 1967 entdecktes, mit Ebola verwandtes Filovirus, das hämorrhagisches Fieber auslöst; durch Fledertiere auf Nager, Affen und Menschen übertragen.

Marderhund: *Nyctereutes procyonoides*, mit Füchsen verwandter Vertreter hundeartiger Raubtiere Ostasiens; inzwischen in Europa, u. a. in Deutschland, zum Neozoon zu zählen.

Masern: 1911 entdecktes Paramyxovirus, mit dem Mumps-Virus verwandt und von einem Rindervirus-Vorfahren abstammend.

Mers: *Middle East Respiratory Syndrome;* zuerst 2012 auf der Arabischen Halbinsel und dann insbesondere in Saudi-Arabien aufgetreten; Sterberate bei rund 2500 infizierten Menschen und 858 Toten über 37 Prozent. Ursprung in Fledermäusen mit Dromedaren als Überträger.

Nipah: Paramyxovirus, von Flughunden vor allem auf Schweine und Menschen übertragen.

OC43: Coronavirus, das in Verdacht steht, die »Russische Grippe« ausgelöst zu haben; ähnelt zu 96 Prozent dem Bovinen Coronavirus (BCoV), das bei Jungrindern Durchfallerkrankung verursacht.

Pandemie: Epidemie, die sich über die Grenzen eines Landes oder auch eines Kontinents ausbreitet; damit hängt die Kontrolle der Krankheit von der Kooperation der Gesundheitssysteme mehrerer Länder ab.

Pangolin: Auch Schuppentiere genannt; das Malaiische Schuppentier *(Manis javanica)* ist eine von acht Arten aus der Familie Mantidae, von denen vier in Asien, vier in Afrika vorkommen.

Pest: Durch das Bakterium *Yersinia pestis* verursacht; von einer Reihe von Nagetieren, darunter Murmeltierverwandte und Ratten, übertragen. Als Zwischenwirt fungieren Flöhe.

Pocken: *Variola virus*; 1907 entdeckt; mit den 1938 entdeckten Kuhpocken verwandt.

Polio: Die Poliomyelitis oder spinale Kinderlähmung genannte, durch die 1909 entdeckten Enteroviren ausgelöste Infektionskrankheit; kommt nur beim Menschen und einigen Affen vor.

RBD: Als *Rezeptorbindungsdomäne* bezeichneter Teil des Spike-Proteins auf der Oberfläche des Virus, das als »Schlüssel« ins »Schloss« des ACE2 genannten Rezeptors der Wirtszelle passt.

RNA: Einzelsträngige Ribonukleinsäure (RNS), nach dem englischen »*ribonucleic acid*«, aus der viele der hier thematisierten Viren bestehen, darunter Corona- und Influenzaviren (im Unterschied zu doppelsträngigen DNA-Viren, wie etwa das Hepatitis-B-Virus, Herpesviren und Humane Papillomviren).

Sads: *Swine acute diarrhoea syndrome*; eine 2016–2017 in Südchina aufgetretene Viren-Erkrankung bei Schweinen, insbesondere Ferkeln, bei der eine Kolonie von *Rhinolophus*-Fledermäusen in der Nähe von Schweinezuchtbetrieben als Quelle ausgemacht wurde.

Sars: *Severe acute respiratory syndrome*; zwischen 2002 und 2004 aufgetretene atypische Lungenentzündung, die eine Epidemie auslöste; entstand in Südchina bei Fledermäusen und sprang von Larvenrollen *(Paguma larvata)* auf einem Tiermarkt nahe Hongkong auf den Menschen über. Todesfallrate etwa zehn Prozent.

Sars-CoV-2: Das Anfang 2020 neu beschriebene Coronavirus, das die zweite Sars-Pandemie verursachte; mit etwa 30 000 Nukleotiden eines der größten humanpathogenen RNA-Viren.

Sonnendachs: *Melogale moschata*, wurde beim ersten Sars-Ausbruch 2003 ebenfalls als mit Coronaviren infiziert erkannt.

Tollwut: Seit dem Altertum bekannte, durch das Rabiesvirus *(Rabies lyssavirus)* ausgelöste Infektionskrankheit, die bei gleichwarmen Tieren eine tödliche Gehirnentzündung verursacht; wird meist durch den Biss eines erkrankten Tieres, allen voran von Rotfüchsen, aber auch Hunden und Katzen sowie Fledermäusen oder Marderverwandten übertragen.

Tuberkulose: Weltweit durch Bakterien des *Mycobacterium tuberculosis*-Komplexes verursachte Infektionskrankheit, bei der es auch zur Übertragung auf Tiere (vor allem Rinder) kommt.

Windpocken: *Varizella zoster;* Tröpfcheninfektion mit einem Herpesvirus, das manchmal als Gürtelrose wiederkehrt; ansteckend »so schnell wie der Wind«, daher der Name.

Wuhan Institut für Virologie (WIV): Erhielt 2015 ein Hochsicherheitslabor der höchsten Sicherheitsstufe 4.

Zibetkatzen, auch Ginsterkatzen: (engl. »civet cats«). Die insgesamt sechs Arten der Unterfamilie Viverrinae werden zu den Schleichkatzen (Viverridae) gezählt; im Deutschen oft mit dem Larvenroller *(Paguma larvata)* verwechselt, einem Vertreter der Unterfamilie Paradoxurinae innerhalb der Schleichkatzen.

Zoonose: Eine vom Tier auf den Menschen übertragene Infektionskrankheit.

KLEINE CHRONOLOGIE
DER WICHTIGSTEN SEUCHEN

Die Auswahl ist zusammengestellt nach den im Buch behandelten und in den entsprechenden Abschnitten im Einzelnen genannten Quellen.

ANTIKE

430–426 v. Chr. breitet sich die »**Attische Seuche**« während des Peloponnesischen Krieges im von Sparta belagerten Athen aus; ein Viertel der Einwohner stirbt. Ursache der ersten historisch belegten Epidemie, die das Ende des klassischen griechischen Zeitalters einläutete, ist vermutlich ein übergesprungener **Masern**-Erreger *(Morbillivirus)*. Reservoir: Rinder.

166 n. Chr. bringen römische Soldaten die »**Antoninische Pest**« nach Kriegszügen gegen die Parther nach Rom – die erste echte Pandemie, die sich auf mehreren Kontinenten auswirkt. Ursache waren wahrscheinlich erstmals im Nordosten Afrikas übergesprungene Pocken-Viren (*Variola*). Reservoir: vermutlich afrikanische Vertreter der Rennmäuse (Gerbillinae), insbesondere die Kemps-Nacktsohlen-Rennmaus *Gerbilliscus kempi*; Zwischenwirt: domestizierte Kamele.

248 n. Chr. trifft Rom mit der »**Cyprianischen Pest**« eine zweite, wohl ebenfalls aus Äthiopien und Ägypten stammende Seuche eines unbekannten Erregers, die den Niedergang des Römischen Imperiums befördert (das 410 mit der Plünderung Roms durch die Goten endet).

541–544 n. Chr. beginnt mit der »**Justinianischen Pest**« am Rand des östlichen Mittelmeeres eine Serie der ersten **Beulen**-**pest**-Pandemien, ausgelöst ursprünglich in Ostasien durch das Bakterium *Yersinia pestis*; die Pandemien breiten sich in den folgenden zwei Jahrhunderten über Europa bis nach England aus, lassen die Bevölkerungen vor allem im Mittelmeerraum schrumpfen und schließlich auch das Oströmische Reich untergehen. Reservoir: Ratten; Zwischenwirt: Flöhe.

SPÄTMITTELALTER

1347–1353 erreicht mit Handelsschiffen aus dem Osten die **Beulenpest** von der östlichen Schwarzmeerküste aus erneut Europa; sie hat ihren Ursprung aber möglicherweise sogar bereits ein Jahrhundert früher, weiter östlich im Tian-Shan-Gebirge zwischen Kirgistan und China. Die Ausbrüche geben zu Verschwörungstheorien Anlass, die u. a. Pogrome an Juden auslösen. Der gravierende Bevölkerungseinbruch bringt gesellschaftliche Umwälzungen und Innovationen. Der Erreger hält sich in Europa bis um 1665, wo er für weitere lokalisierte Ausbrüche sorgt.

NEUZEIT

1545–1550 sterben im gerade von den Spaniern eroberten Aztekenreich Mittelamerikas um die 25 Millionen Menschen an einer »Cocoliztli« genannten Seuche. Lange wurde sie für Pocken oder Masern gehalten, es dürfte jedoch ein mit dem **Typhus**-Erreger verwandtes Bakterium *Salmonella enterica* hierfür verantwortlich sein.

In den 1660er-Jahren bricht die **Beulenpest** in Europa aus; die dann Ende des 19. Jahrhunderts in einer dritten Welle aus Ostasien bis nach Nordamerika vordringt.

1817–1820 bricht erstmals die sich von Indien über Asien ausbreitende **Cholera** aus, die dann ab 1850 bis nach Europa gelangt; sie tritt in Hamburg 1892 aufgrund der Vernachlässigung staatlicher Hygienemaßnahmen zum letzten Mal auf dem europäischen Kontinent auf.

1889–1892 bricht die sogenannte **»Russische Grippe«** aus, mit weltweit einer Million Toten; lange für eine Influenza-Infektion gehalten, wird neuerdings das als OC43 bezeichnete Coronavirus für den Verursacher gehalten, das dem bei Rindern häufigen Bovinen Coronavirus (BCoV) nächstverwandt ist. Reservoir: Rinder.

1918–1920 verursacht die **»Spanische Grippe«** (Influenza-Viren H1N1) weltweit 35 bis zu 100 Millionen Tote (das entspricht umgerechnet auf die heutige Weltbevölkerung 140 bis über 400 Millionen Tote). Reservoir: Wasservögel; Zwischenwirt: evtl. Hausschweine.

1957 bricht durch mutierte Influenzaviren die **H2N2-Grippepandemie** aus.

1959 erlaubt eine nachträglich analysierte Blutprobe mit **HIV** aus dem damaligen Léopoldville (heute Kinshasa) mittels der molekularen Uhr die Datierung der Entstehung dieser Viren auf die Zeit um 1920 durch einen Übersprung von SIV aus Affen.

1962 taucht in Bolivien das **Machupo**-Virus auf und führt zu einer Epidemie. Reservoir: Nagetier – Neuweltliche Vespermäuse *(Calomys callosus)*.

1968 kommt es durch mutierte Influenzaviren zur **H3N2-Grippepandemie**. Reservoir: Hausschweine.

1969 versetzt das **Lassa**-Virus (benannt nach einem Ort im Nordosten Nigerias) erst Westafrika, dann den Rest der Welt in Angst und Schrecken; bis zu 300 000 Menschen pro Jahr erkranken. Reservoir: Mäuse, Hauptwirt: Natal-Vielzitzenmaus *(Mastomys natalensis)*.

1976 bricht **Ebola** (benannt nach einem Fluss) beinahe zeitgleich im damaligen Zaire (heute Demokratische Republik Kongo) und im Sudan aus; hämorrhagisches Fieber mit einer Sterblichkeit von 50 bis zu 90 Prozent. Reservoir: Flughunde, u. a. vermutlich der Hammerkopf *Hypsignathus monstrosus*, und Fledermäuse; Zwischenwirt: Waldantilopen, Affen und Menschenaffen; kann von Mensch zu Mensch übertragen werden.

1980 taucht das zuerst 1967 in der hessischen Kleinstadt beschriebene seltene **Marburg**-Virus in Kenia auf, wo es hämorrhagische Fieberfälle auslöst; ebenso ab 1998 im Kongo, Angola und Uganda. Reservoir: Fledertiere; Zwischenwirt: Nagetiere und vermutlich Affen; Übertragung von Mensch zu Mensch.

1981 werden in den USA die ersten Fälle von **Aids** bekannt, die durch das 1983 erkannte HI-Virus ausgelöst werden. Bereits zu Beginn des Jahrhunderts (1920er-Jahre) in Zentralafrika entstanden und über Haiti nach Nordamerika und in die Welt verbreitet, ist das HI-Virus für bisher knapp 40 Millionen Tote verantwortlich. Reservoir: Affen; Zwischenwirt: Menschenaffen (Schimpanse und Gorilla).

1993 taucht im Süden der USA (in Utah, Colorado, Arizona, New Mexico) der als **Hanta**- bzw. Sin-Nombre-Virus beschriebene Erreger auf, an dem rund 200 000 Menschen im Jahr erkranken. Reservoir: Nagetiere, Mäuseartige, v. a. Hirschmaus *(Peromyscus maniculatus)*.

1994 kommt es im Vorort **Hendra** bei Brisbane, Australien, zum Ausbruch eines durch Flughunde übertragenen Virus, das Pferde und Menschen infiziert und über die folgenden zwei Jahrzehnte mehr als 50 weitere lokale Ausbrüche an der Ostküste des Kontinents nach sich zieht. Reservoir: Flughunde, insbesondere wohl der in Südostasien (Sulawesi) und Australien verbreitete Schwarze Flughund *Pteropus alecto*; Zwischenwirt: Pferde.

1995 kommt es in der Demokratischen Republik Kongo abermals zu einem **Ebola**-Ausbruch; am schlimmsten betroffen die Stadt Kikwit. Reservoir: vermutlich Flughunde. Zwischenwirt: u. a. Schimpansen, Gorilla, Waldantilopen.

1996–1997 kommt es beim Ausbruch der seit 1970 aus Zentralafrika bekannten **Affenpocken** in der Demokratischen Republik Kongo zum Übertrag von Mensch zu Mensch.

1997 tritt in Hongkong die **Vogelgrippe H5N1** auf; nochmals im Jahr 2002, bevor das Virus sich von Asien nach Europa und Afrika ausbreitet. Reservoir: Wasservögel; Zwischenwirt: Hausgeflügel.

1998 kommt es im kleinen Dorf Kampung Teluk Nipah in Malaysia, später unter anderem auch in Bangladesch, zum ersten einer Serie von etwa einem Dutzend Ausbrüchen des **Nipah**-Fiebers, ausgelöst durch Viren, die beim Menschen häufig (in 40 bis 70 Prozent der Fälle) tödliche Gehirnhautentzündung verursachen. Reservoir: Flughunde; Zwischenwirt: Schweine (sowie Hunde und Katzen).

2002–2003 kommt es in der südchinesischen Provinz Guangdong zum ersten Ausbruch von **Sars**, das sich in vielen Ländern Südostasiens, Europa, Südafrika und Kanada ausbreitet; weltweit werden 8700 Infektionen und 774 Todesfälle nachgewiesen. Ende 2003/Anfang 2004 kommt es in Guangdong erneut zu Sars-Infektionen. Reservoir: Fledermäuse; Zwischenwirt: Larvenroller *Paguma larvata*, eine in Asien heimische Schleichkatze.

2003 brechen die bis dahin nur in Zentral- und Westafrika zirkulierenden **Affenpocken** im Mittleren Westen der USA aus, was sich auf im Haustierhandel infizierte Präriehunde zurückführen lässt. Natürliches Reservoir: Nagetiere, Mäuseartige (u. a. Gambia-Riesenhamsterratte *Cricetomys gambianus*). Zwischenwirte: verschiedene Affenarten und als Fehlwirt Präriehunde.

2009 bricht die nach dem Zwischenwirt »**Schweinegrippe**« (**H1N1**) genannte neue Influenza aus, die sich, von Mexiko ausgehend, verbreitet und an der zwischen 120 000 und 400 000 Menschen sterben. Reservoir: Schweine.

2012 löst ein weiteres Coronavirus **Mers** in Saudi-Arabien aus, mit insgesamt rund 2500 Infektionen und 858 assoziierten Todesfällen bei mehreren Ausbrüchen bis 2019. Reservoir: Fledermäuse; Zwischenwirt: Dromedare.

2013–2014 breitet sich beim bisher größten **Ebola**-Ausbruch mit mehr als 28 000 Infizierten und 11 000 Toten das Virus erst im Südosten Guineas aus, bevor es nach Sierra Leone und Liberia überspringt; nur knapp kann eine von Westafrika ausgehende Pandemie verhindert werden. Reservoir: vermutlich Fledertiere, möglicherweise u. a. die Angola-Bulldoggfledermaus *Mops condylurus*; Zwischenwirt: unbekannt.

2017/2019 kommt es erneut zu Ausbrüchen von **Ebola** in der Demokratischen Republik Kongo in Zentralafrika.

2019–2022 läuft **Covid-19**, seit Mitte November 2019 auf dem Huanan-Markt in Wuhan in Zentralchina ausgebrochen, in mehreren Wellen und verschiedenen Varianten um die Welt. Die Pandemie kostet, trotz rasanter Entwicklung von Impfstoffen, schätzungsweise 20 Millionen Menschen das Leben (Stand April 2022). Reservoir: Fledermäuse aus der Gattung der Hufeisennasen *(Rhinolophus)*; Zwischenwirt: unbekannt; Pangoline (Schuppentiere) sind eher Fehlwirte.

2022 wird der erste Fall einer Infektion beim Menschen mit dem **Vogelgrippe-Virus H5N1** im Gefolge von Ausbrüchen der Geflügelpest in Europa gemeldet. Zeitgleich wird der Fall von **Flurona**, der Doppelinfektion mit Influenza- und Corona-Viren, bei einer Frau in Israel bekannt.

2022 kommt es im Frühsommer zum Ausbruch der **Affenpocken** zuerst in mehreren Ländern Europas, dann weltweit; Infektion durch Mensch-zu-Mensch-Kontakt bekannter Virenstämme aus Westafrika, die erstmals längere Infektionsketten ohne Kontakt zum Reservoir bilden. Ende Juli erklärt die WHO die höchste Epidemie-Notfallstufe; bis Anfang August sind in knapp 80 Ländern weltweit mehr als 27 000 Menschen infiziert, am meisten in den USA mit 7000 und in Spanien mit 4500 nachweislich Erkrankten, allerdings bei nur wenigen bestätigten Todesfällen.

CHRONIK EINER ANGEKÜNDIGTEN EPIDEMIE: DIE ETWAS ANDERE CHRONOLOGIE DER CORONA-PANDEMIE 2019–2021

Die aufgeführten Ereignisse sind selektiv; sie folgen (bewusst suggestiv) dem Erzählfaden im vorliegenden Buch, sind aber ohne Anspruch auf Vollständigkeit.

Als Quellen dienten unter anderem: Le Page (2020), Christakis (2020), Chan & Ridley (2021: u. a. 317 ff.), Pekar et al. (2021), Worobey (2021), Li (2021) sowie Worobey et al. (2022) und Pekar et al. (2022). Außerdem *Die Zeit*, Nr. 4, S. 15 ff., Dossier vom 21. Januar 2021, und Nr. 46, S. 33–35 vom 11. November 2021, sowie *Der Tagesspiegel* vom 12. April, 6. September und 29. Dezember 2020 sowie vom 27. Januar 2021.

Die Webseite der Johns Hopkins University of Medicine zeigt eine Zeitschiene der Ereignisse und Fallzahlen etwa in der Provinz Hubei, in der Wuhan liegt, sowie weiterer Regionen, allerdings erst ab Januar 2020; vgl. unter https://coronavirus.jhu.edu/data/hubei-timeline; vgl. zum Pandemie-Verlauf auch u. a. https://www.covid19dashboard.org/#global_section, sowie sequenzbasiert auch unter https://nextstrain.org/ncov/2020-03-27.

2003 Im Süden Chinas kommt es zum ersten Ausbruch der von Corona-Viren ausgelösten Atemwegsinfektion Sars, an der im weiteren Verlauf 800 Menschen sterben. Am Bernhard-Nocht-Institut in Hamburg entwickelt ein junger Doktorand, Christian Drosten, den weltweit ersten Test auf das Virus.

2012 Im April erkranken sechs Arbeiter einer Kupfermine in Mojiang, in der Provinz Yunnan, an einer mysteriösen Lungenentzündung; drei von ihnen sterben daran kurz darauf.

2013 Bei Fledermäusen (*Rhinolophus affinis*) aus der Mine entdecken Virologen um Shi Zhengli vom Wuhan Institute of Virology (WIV) Coronaviren ähnlich denen, die 2003 die erste Sars-Epidemie ausgelöst haben; eines der neu entdeckten Viren bekommt später die Bezeichnung RaTG13.

2015 Das Team um Shi Zhengli vom WIV entdeckt in der Mojiang-Mine mindestens acht weitere eng verwandte Coronaviren; zugleich veröffentlicht Shi gemeinsam mit Kollegen mehrere Arbeiten, die genetische Manipulationen und Rekombination von Fledermausviren mit Veränderungen an spezifischen Rezeptorbindungsstellen beschreiben.

2016 Shi Zhengli publiziert ein Fragment des Fledermausvirus RaTG13 unter der Bezeichnung BtCoV/4991; die Übereinstimmung beider Viren wird erst nachträglich bestätigt.

2018 Das Genom von RaTG13 wird vollständig sequenziert.

2019 Eine Datenbank des WIV, in der die Sequenzen Tausender relevanter Viren hinterlegt ist, wird am 12. September vom WIV offline genommen.

Mitte September Gemäß einiger phylogenetischer Analysen frühestmöglicher Zeitpunkt des Corona-Übersprungs auf den Menschen. In anderen Modellrechnungen wird Mitte Oktober bis November als frühester Zeitpunkt der Erstinfektionen ermittelt.

8. Dezember Ein später offiziell als »Patient Null« ermittelter, 41-jähriger Buchhalter namens Chen entwickelt erste Symptome, deren Ursache für eine mysteriöse Lungenkrankheit gehalten werden; nachträglich stellt sich heraus, dass er erst eine Woche später (am 16. Dezember) an Covid-19 erkrankt ist und zudem wenigstens indirekt Kontakt zu örtlichen Wildtiermärkten hatte.

11. Dezember Eine Fischverkäuferin des Huanan-Marktes entwickelt nachweislich erste Symptome; sie dürfte die eigentliche »Patientin Null« gewesen sein, obgleich sie von Erkrankungen weiterer Marktbesucher berichtet.

Mitte Dezember Die Fälle von an Husten und Fieber erkrankten Patienten in Krankenhäusern der chinesischen Millionenstadt Wuhan, viele mit Kontakten zum Wildtiermarkt in Huanan oder dessen Nähe, nehmen zu.

15. Dezember Die Frau eines später im Hubei Provincial Hospital in Wuhan von der Ärztin Jixian Zhang behandelten Ehepaares zeigt Symptome einer Lungenentzündung.

18. Dezember Die Notärztin Ai Fen am Wuhan Central Hospital diagnostiziert bei einem am 13. oder 15. Dezember erkrankten

65-jährigen Lieferanten des Huanan-Marktes eine rätselhafte Lungenentzündung; er reagiert nicht auf Antibiotika oder Grippemittel. Eine Probe wird genommen und in einem Labor untersucht.

26. Dezember Mehrere Fälle von Lungenerkrankungen innerhalb derselben Familie (später »cluster 1« genannt) fallen der Ärztin Jixian Zhang im Hubei Provincial Hospital in Wuhan auf; sie werden bei der Krankenhausleitung und der lokalen Gesundheitsbehörde gemeldet.

27. Dezember Ein Laborbericht deutet am Zentralkrankenhaus von Wuhan erstmals auf Sars-Coronaviren als Ursache hin.

29. Dezember Nach drei weiteren Pneumonia-Fällen im Hubei Provincial Hospital sowie auch in anderen Krankenhäusern Wuhans Meldung an die regionale chinesische Seuchenbehörde CDC.

31. Dezember Die Nationale Gesundheitskommission Chinas entsendet ein Expertenteam nach Wuhan; China meldet eine Häufung von Lungenentzündungen an die WHO.

2020

1. Januar Lokale Behörden schließen den Huanan-Wildtiermarkt in Wuhan.

5. Januar Chinesische Forscher entziffern die Erbgutsequenz des später Sars-CoV-2 genannten Virus und laden sie (noch ohne Freigabe) bei einer international zugänglichen Datenbank hoch; zwei Tage später reichen sie bei *Nature* einen ersten Bericht über das sequenzierte Virus ein. Am selben Tag wird in der Zeitschrift

Disease Outbreak News über den Ausbruch einer neuen Viruserkrankung berichtet.

10. Januar Die Virussequenz wird auf einer Virologenwebsite online gestellt; der erste an Corona Erkrankte stirbt in Wuhan.

19. Januar In der dicht besiedelten Provinz Guangdong wird der erste Corona-Fall bestätigt, dessen Infektion sich später auf die ersten Januartage in Wuhan zurückrechnen lässt; Mitte Februar verursacht er einen lokalen Ausbruch im Süden.

20. Januar Die chinesische Regierung bestätigt die Übertragung von Mensch zu Mensch; die chinesische Forscherin Shi Zhengli reicht einen ersten Bericht über den Ursprung des Virus bei Fledermäusen ein.

22. Januar Chinesische Behörden erklären den illegalen Wildtierhandel auf dem Huanan-Markt in Wuhan als Ort des *spillover*.

23. Januar Die Millionenstadt Wuhan wird von der Außenwelt abgeriegelt, der Bau von Covid-Krankenhäusern beschlossen; in ganz China werden die Ferien verlängert. Zu diesem Zeitpunkt könnten zu den etwa 400 erkannten Fällen in Wuhan weitere 10 000 unerkannte Covid-Fälle hinzugekommen sein. Zhengli stellt die beiden Arbeiten als Preprints online.

25. Januar 1,4 Milliarden Chinesen feiern mit dem Neujahrsfest das wichtigste Familienfest des Jahres; dazu reisen meist tags zuvor Millionen kreuz und quer im ganzen Land und darüber hinaus; 15 weitere Städte in der Provinz Hubei gehen in den Lockdown und werden mit einem Cordon sanitaire abgeschottet.

31. Januar China berichtet, dass keine der bei Tieren des Wuhan-Marktes genommenen Proben positiv auf Coronaviren getestet wurde.

8. April Der Lockdown in Wuhan und Hubei wird aufgehoben; ab Anfang Mai gibt es dort keine symptomatischen Fälle der ersten Welle mehr.

IN DER WELT

2019

14. Dezember Ein Mann in Frankreich erkrankt an Lungenentzündung, die erst später als möglicherweise erster Corona-Fall erkannt wird.

18. Dezember Frühe Corona-Infektionen könnten auch in Italien aufgetreten sein.

2020

8. Januar Die *New York Times* berichtet von einer Lungenkrankheit in China.

10. Januar Weniger als eine Woche nachdem das Virus isoliert worden ist, wird seine Genomsequenz veröffentlicht.

13. Januar Der erste bestätigte Corona-Fall außerhalb Chinas wird aus Thailand berichtet; am Tag zuvor hatte die WHO aufgrund chinesischer Berichte erklärt, es gebe keine Hinweise auf eine Übertragung von Mensch zu Mensch. An diesem Tag macht die WHO auf ihrer Website den an der Berliner Charité entwickelten »Corman-Drosten-Test« als weltweit erstes Protokoll für das neue Coronavirus öffentlich.

18. und 23. Januar   In den USA wird Präsident Trump mehrfach von seinem Stab vor einer Pandemie gewarnt, was er bis in den März hinein ignoriert.

20. Januar   Der erste bestätigte Fall (WA1, lineage A) tritt in den USA im Bundesstaat Washington auf, durch einen aus Wuhan am 15. Januar zurückkehrenden Reisenden; später auch Fälle in Kalifornien. Anschließend größere Ausbrüche in Washington gehen nachweislich auf erneute Einschleppungen aus China Ende Januar/Anfang Februar zurück; Ausbrüche in New York werden durch Übertragungen aus Europa und anderen Teilen Amerikas ausgelöst. In der Folge sorgen u. a. mehrere ausbruchfördernde Ereignisse (»superspreading events«) für die Verbreitung des Virus – etwa eine Biotech-Konferenz im Februar in Boston, bei der fast die Hälfte der Teilnehmer infiziert wird, die wiederum für rund 20 000 Folgeinfektionen verantwortlich sind – sowie Kreuzfahrten (*Great Princess* Ende Februar und März) und Großereignisse.

21. Januar   Ein Infizierter gelangt per Direktflug von Wuhan nach Taiwan.

24. Januar   Mit den ersten drei Fällen in Frankreich erreicht das Virus Europa.

30. Januar   Die WHO erklärt den Corona-Ausbruch zur »Gesundheitsnotlage von internationaler Tragweite«; erster bestätigter Fall in Indien; später im Jahr wird das Land die weltweit zweithöchsten Fallzahlen melden.

1. Februar Eine Telefonkonferenz mit internationalen Teilnehmern diskutiert den natürlichen und den Labor-Ursprung des Virus.

12. Februar Sars-CoV-2 und Covid-19 werden offizielle Bezeichnungen für Virus und Krankheit.

6. und 17. Februar In den USA sterben die ersten Patienten an der Lungenkrankheit; bis Mitte Februar gibt es nachweisbar 15 klinische Fälle.

20. Februar In der dicht besiedelten Lombardei gibt es die ersten Corona-Infizierten, deren Zahl bis Anfang Juni insgesamt in Italien auf über 234 000 Fälle ansteigt.

25. Februar Italien meldet den siebten Corona-Todesfall; am selben Tag wird in Brasilien der erste Fall in Südamerika bestätigt, einen Monat später gibt es Infektionen in jedem Land des Kontinents.

27. Februar British Airways und Lufthansa streichen Flüge nach China; Präsident Trump verkündet in den USA: »Eines Tages, wie ein Wunder, wird das Virus verschwinden.«

Anfang März Im österreichischen Skiort Ischgl kursierende Viren sorgen für ein europäisches »superspreading event«; hier und in anderen Tiroler Wintersportorten stecken sich mehr als 6000 Menschen aus 45 Ländern mit dem Coronavirus an, 32 der Infizierten sterben.

8. März In Italien werden die zuvor für den Norden verhängten Maßnahmen zur Eindämmung der Epidemie auf das ganze Land ausgeweitet, Restaurants und Geschäfte werden geschlossen.

11. März Die WHO erklärt Covid-19 zur Pandemie, also zu einer »Länder und Kontinente übergreifenden Ausbreitung einer Krankheit beim Menschen«, nachdem es in 114 Ländern mehr als 118 000 nachgewiesene Fälle gibt. Die USA kündigen ein Verbot aller Flüge aus Europa an.

12. März Bilder von Militärlastwagen in Bergamo, die Tote abtransportieren, gehen um die Welt; in Frankreich werden Schulen geschlossen.

13. März Nach Tschechien und Dänemark schließt auch Polen die Grenzen für Ausländer; tags darauf ruft Österreich Ausgangsbeschränkungen aus und schließt Restaurants. Auch Spanien und Frankreich (am 16. März) rufen den Notstand aus und verhängen Ausgangssperren im ganzen Land.

27. März Allein in New York City, das sich als »Epizentrum der Krise« und das neue Wuhan sieht, sind mehr als 23 000 Menschen infiziert, 365 Todesfälle werden bestätigt, binnen Tagen verdreifacht sich die Zahl, Beatmungsgeräte fehlen.

2. April Weltweit gibt es mehr als eine Million Infizierte.

22. April Biontech in Mainz beginnt mit ersten klinischen Studien eines möglichen Impfstoffes.

Anfang Mai Weltweit gibt es mehr als 3,2 Millionen Infizierte, davon allein in den USA über 1,2 Millionen und 250 000 Corona-Tote.

Ende Juni Weltweit gibt es mehr als zehn Millionen bestätigte Fälle – eine Million allein in Südamerika – sowie eine unbekannte Zahl von Fällen in Afrika, ausgelöst durch infizierte Reisende aus Europa und den USA.

Juli Weltweit sind 500 000 Corona-Tote bestätigt.

August Acht Monate nach Ausbruch gibt es weltweit mehr als 20 Millionen Infizierte und etwa eine halbe Million Tote durch Covid-19; der erste Fall einer erneuten Infektion in Asien wird bekannt. In den USA wird die Sturgis Motorcycle Rally in South Dakota, an der über 460 000 Biker ohne Infektionsschutzmaßnahmen teilnehmen, zu einem der weltweit größten »superspreading events«. Das dadurch landesweit verteilte Virus sorgt mit mehr als 260 000 Neuinfektionen für knapp ein Fünftel aller in dem Zeitraum gemeldeten Fälle.

Mitte Oktober Weltweit sind 40 Millionen Menschen an Covid-19 erkrankt, mehr als eine Million sind daran gestorben; eine zweite Corona-Welle schwappt um die Welt.

5. November In Dänemark und den Niederlanden haben sich Menschen mit einer in Nerzfarmen aufgetauchten Virenvariante infiziert, nachdem das Virus zuvor vom Mensch auf die Pelztiere übergesprungen ist; Zehntausende Nerze werden gekeult.

9. November Biontech und Pfizer melden eine hohe Wirksamkeit eines Corona-Impfstoffes in klinischen Studien; am 16. folgt Moderna.

8. Dezember In England wird die erste Patientin mit dem Biontech-Vakzin geimpft.

15. Dezember Im Großraum London sowie im Süden und Südosten des Landes dominiert die dort seit 20. September kursierende, ansteckendere britische Variante B 1.1.7. Eine ähnliche, aber nicht verwandte Variante (B 1.3.5.) zirkuliert in Südafrika.

21. Dezember In der EU wird, später als in den USA und Großbritannien, der Biontech-Impfstoff zugelassen; allein in den USA gibt es bis Ende 2020 mehr als 20 Millionen bestätigte Infektionen und 350 000 Corona-Tote.

IN DEUTSCHLAND

2020

20. Januar Eine chinesische Mitarbeiterin des bayerischen Automobil-Zulieferers Webasto, »Patientin Null«, fliegt aus der Filiale in Shanghai für eine Besprechung nach München; zuvor hatte sie Kontakt zu ihren Eltern, die aus Wuhan zu Besuch kamen. Am 25. geht sie, zurück in China, mit Fieber zum Arzt; tags darauf wird bei ihr die Corona-Infektion diagnostiziert.

22. Januar In Interviews z. B. in *Die Welt* erklären deutsche Virologen wie Christian Drosten, dass man das Virus zwar »sehr ernst nehmen« müsse, man »jetzt als Bürger aber keine Sorge haben muss um die eigene Gesundheit«; Jonas Schmidt-Chanasit glaubt, »dass China sehr gut und vorbildlich reagiert« und »sehr schnell kommuniziert« habe; Hendrik Streeck erklärt, »das Coronavirus ist bei Weitem nicht gefährlicher als die Grippe«.

27. Januar Erster Corona-Fall (»BavPat1«) in Deutschland; ein 33-jähriger Mitarbeiter des Autozulieferers Webasto wird positiv auf das Coronavirus getestet; er hat sich, wie dann auch andere, in der Besprechung bei der aus Shanghai angereisten Mitarbeiterin infiziert, neben der er saß.

24. Februar In Heinsberg in Nordrhein-Westfalen feiern 300 Menschen Karneval; später wird klar, dass die Veranstaltung der Hauptherd der Infektionen in Deutschland war.

25. Februar Nachweislich der erste Besucher der Karnevalssitzung in Heinsberg ist an dem Virus erkrankt; Schulen und Kindergärten des Landkreises schließen. Tags darauf bildet die Bundesregierung einen Krisenstab; in den folgenden Tagen werden erste Großveranstaltungen abgesagt.

29. Februar Im Lagebericht des Robert Koch-Instituts heißt es: »Die Gefahr für die Gesundheit der Bevölkerung wird in Deutschland aktuell als gering bis mäßig eingeschätzt«, der Übertragung durch asymptomatisch Infizierte wird eine »untergeordnete Rolle« beigemessen. Zugleich setzt die WHO ihre Warnstufe von »hoch« auf »sehr hoch«.

6. März Bei insgesamt 500 Fällen im Land gibt es im Kreis Heinsberg 200 Corona-Infizierte; später stellt sich heraus, dass Virusgenome in Düsseldorf nicht von diesem Hotspot stammen, sondern von mehreren Kontinenten, wo sie bereits zirkulierten.

8. März Das Robert Koch-Institut berichtet von vermehrt positiv getesteten Covid-19-Fällen »mit einer Reiseanamnese nach Südtirol«; Skiurlauber bringen das Virus mit und multiplizieren die Infektionsherde im ganzen Land. Es mehren sich die Hinweise, dass neben Tröpfchen- und Schmierinfektionen auch eine Virus-Übertragung durch winzige Aerosole möglich ist.

10. März Die Bundesländer folgen der Empfehlung des Krisenstabs der Regierung und verbieten Großveranstaltungen mit mehr als 1000 Teilnehmern; in Deutschland gibt es nun knapp 1300 Infizierte und die ersten beiden Corona-Toten.

12. März   Erster bestätigter Todesfall durch Covid-19 in Deutschland.

14. März   Shutdown in Deutschland: Schulen, Kinos, Kneipen, Bars und Clubs müssen schließen.

16. März   Mit dem Beschluss des Lockdowns (ab 22. 3.) wird das öffentliche Leben heruntergefahren; Schulen, Kitas und die meisten Geschäfte schließen; die Landesgrenzen werden dichtgemacht, Lieferketten reißen. Kontaktbeschränkungen vorerst bis 20. April, die dann bis Anfang Mai verlängert werden.

17. März   Rückholprogramm für Deutsche im Ausland startet; tags darauf Fernsehansprache der Bundeskanzlerin Angela Merkel: »Es ist ernst. Nehmen Sie es auch ernst.« Die Zahl der Infizierten steigt in der darauffolgenden Woche auf über 20 000, bei mehr als 80 Toten.

20. April   Sachsen führt als erstes Bundesland eine Maskenpflicht beim Einkaufen und im Nahverkehr ein; diese wird in der Woche darauf auf fast alle Bundesländer erweitert. Mehr als 5000 Tote.

25. April   Erste Anti-Corona-Demonstrationen in Berlin.

4. Mai   Erste Lockerungsmaßnahmen.

16. Juni   Start der Corona-Warn-App, die über Kontakte mit Infizierten informiert.

Juli   Die Bürger freuen sich bei niedrigen Inzidenzen über die schrittweise Rückkehr der alten Normalität.

Oktober Die Corona-Zahlen steigen wieder steil an; es gibt inzwischen mehr als eine halbe Million Infizierte und 10 000 Corona-Tote.

2. November Lockdown light für Gastronomie, Kultur und Freizeit: Restaurants, Kneipen, Theater, Opern, Museen werden geschlossen.

16. Dezember Harter Lockdown, bei mehr als 1,3 Millionen bestätigten Corona-Fällen und fast 22 000 Toten; auch Schulen, Kitas und Geschäfte schließen.

27. Dezember Impfstart auch in Deutschland für Alte und Menschen mit Vorerkrankungen; mehr als 30 000 Corona-Tote, Anfang Januar werden es 40 000 Tote sein.

2021

19. Januar Lockdown wird bis Mitte Februar verlängert; medizinische Masken werden Pflicht; in Deutschland gibt es 50 000 Corona-Tote bei über 2 Millionen Infizierten und knapp 1,8 Millionen Schutzimpfungen.

März Erste Selbsttests verfügbar.

April Hausärzte starten Corona-Impfungen; am Ende des Monats herrschen Ausgangssperren.

Juni Keine Impfpriorisierung mehr; die Delta-Variante breitet sich auch in Deutschland aus.

November In der dritten Welle übersteigt die 7-Tage-Inzidenz den Wert von 200.

ANMERKUNGEN

Prolog: Ansteckung und Übersprung

1   Vgl. Mallapaty (2019) und Xifan Yang in *Zeit Online* vom 3. Juni 2019; siehe
     auch Erwin Northoff, »Krise in China: Schweinepest dezimiert Bestände.« In:
     Welternährung. Das Fachjournal der Welthungerhilfe, 10/2019 (zuletzt aktuali-
     siert 14. April 2021; https://www.welthungerhilfe.de/welternaehrung/rubriken/
     krisen-humanitaere-hilfe/china-krise-durch-afrikanische-schweinepest)
2   Auf den Zusammenhang zwischen Schweinepest (ASFV) und Entstehung
     der Pandemie hat ein Team um die Evolutionsvirologen Spyros Lytras und
     David Robertson von der Universität Glasgow im August 2021 in einer
     Übersichtsarbeit im Fachmagazin *Science* zum tierischen Ursprung von
     Sars-CoV-2 aufmerksam gemacht (Lytras et al. 2021). Ihre These fand kaum
     Aufmerksamkeit; siehe allerdings: Matthias Glaubrecht, »Drei neue
     Virentypen und eine neue These: Die Schweinepest als mögliche Mit-Ursa-
     che der Corona-Pandemie.« In: *Der Tagesspiegel*, vom 9. Oktober 2021 (online
     unter https://plus.tagesspiegel.de). Davor, dass Chinas gesteigerter Protein-
     bedarf über den Wildtierhandel das Risiko konkret einer Corona-Pandemie
     stark erhöhe, haben Mikrobiologen um Vincent Cheng et al. (2007) bereits
     früh gewarnt.

Einleitung: Göttliche Strafe oder eigene Schuld?

1   Amanda Gorman in ihrem anlässlich der Inauguration des amerikanischen
     Präsidenten Joe Biden am 20. Januar 2021 auf dem Capitol vorgetragenen
     Gedicht »The Hill We Climb«.
2   So etwa der Medizinhistoriker Mark Honigsbaum (2020); vgl. auch das
     Interview auf *Zeit Online*, 6. Februar 2021.
3   Vgl. dazu den Politikwissenschaftler Herfried Münkler in der *Zeit*, Nr. 5, S. 8,
     vom 28. Januar 2021. Allerdings beschäftigte ihn da vor allem die politische
     Systemfrage und wie ein liberal-demokratischer Rechtsstaat im Unterschied
     zu China etwa dasteht, nicht die Frage nach den Ursachen von Pandemien.
4   Zur korrigierten Zahl der Corona-Toten und dem wahren Ausmaß der
     Übersterblichkeit siehe Adam (2022a, b), Straub et al. (2022) und van Noorden
     (2022). Eine Studie von Wang et al. (2022), die am 10. März 2022 in *The Lancet*
     veröffentlicht wurde, geht mit über 18 Millionen Corona-Toten von etwa
     dreimal mehr Verstorbenen als in früheren offiziellen Angaben aus.
5   Bernstein et al. (2022) plädieren daher dafür, nicht erst nachträglich zu
     kurieren, sondern entsprechend Vorsorge zu betreiben; mit anderen Worten,
     nicht allein in Impfstoffe und Medikamente zu investieren, sondern die
     Ursachen von Pandemien zu bekämpfen, um ihren Ausbruch zu verhindern.
6   Zitiert aus einem Interview in der *Zeit*, Nr. 17, S. 42, vom 16. April 2020, mit
     dem Politologen Herfried Münkler und dem Soziologen Armin Nassehi.
7   Vgl. Zitat von Max Frisch, hier nach Michael Miersch in *Die Welt* vom
     11. Oktober 2008.

8 So etwa der Soziologe Armin Nassehi im Interview in der *Zeit*, Nr. 17, S. 42, vom 16. April 2020.

9 Dass die Corona-Pandemie ein überraschendes, singuläres Ereignis sei, auf das niemand vorbereitet sein konnte, dass es »die Weltgemeinschaft unvorbereitet getroffen« habe und »immer noch äußerst unvorhersehbar« sei, hatten beispielsweise Epidemiologen vom Zentrum für Infektionsforschung der University of Minnesota in einer Stellungnahme zu Covid-19 im April 2020 behauptet; zitiert nach *Die Zeit*, Nr. 24, S. 9, vom 4. Juni 2020. Dem stehen nicht nur allgemein zugängliche Sachbücher wie etwa von Nathan D. Wolfe (2011) und David Quammen (2012) entgegen, sondern auch explizit anderslautende Studien. Von diesen seien exemplarisch nur Cheng et al. (2007) erwähnt, die bereits konkret vor Sars-ähnlichen Viren gewarnt haben. Vergleiche dazu auch die Pressemitteilung der Environmental Justice Foundation vom 14. Mai 2020, in dem die EJF auf einen früheren Risikobericht aus dem Jahr 2003 hinweist, unmittelbar nach der ersten Sars-Epidemie, und der auf von Fledermäusen übertragene Coronaviren sowie auf China als wahrscheinlichsten Ursprungsort für ein weiteres, neuartiges Virus verweist.

10 Die Bundestagsabgeordneten haben dieser »Risikoanalyse Bevölkerungsschutz – Pandemie durch Virus Modi-Sars« keinerlei Maßnahmen folgen lassen; vgl. *Die Zeit*, Nr. 21, S. 3, vom 14. Mai 2020.

11 Der Wissenschaftsjournalist Richard Preston (1995) begriff das Auftreten solcher Viruskrankheiten explizit als »Rache der Natur« für das Vernichtungswerk des Menschen, in dessen Folge in den letzten Jahrzehnten immer mehr Menschen mit Tieren in Berührung gekommen seien. Der Autor des vorliegenden Buches hat dieses Szenario seinerzeit für ein halbstündiges Feature im Bildungsprogramm des Norddeutschen Rundfunks in Hamburg (»Logo-Extra«, NDR 4) aufgegriffen, das unter dem Titel »Ebola – Tödliche Viren aus dem Regenwald« am 9. Januar 1996 gesendet wurde.

12 Diese Aussagen zur Natur- bzw. Jahrhundertkatastrophe – unter anderen, aber besonders prominent etwa von Christian Drosten und Angela Merkel vorgetragen – waren omnipräsent im Fernsehen, den sozialen Medien und der Presse in den ersten Wochen und Monaten der Pandemie Anfang 2020. Das Zitat von Nathan D. Wolfe stammt aus einem Interview in der *Welt*, vom 11. Februar 2010 (im Zusammenhang mit der 2009 in Asien ausgebrochenen Schweinegrippe).

13 Das behauptete Max Frisch in seinem 1979 erschienenen Buch *Der Mensch erscheint im Holozän*.

14 So hat unlängst zum Beispiel der amerikanische Historiker Niall Ferguson (2021) in seinem Buch *Doom. The Politics of Catastrophe* vom Flugzeugabsturz über Krankheiten bis zu Wirtschaftskrisen und Kriegen oder den Untergang ganzer Imperien jegliche Krise als Katastrophe beschrieben; und damit unter diesem Begriff alles Mögliche subsumiert, dabei aber keineswegs schlüssig definiert, was eigentlich gemeint sei.

15 Joachim Müller-Jung in der *Frankfurter Allgemeinen Zeitung*, vom 21. Januar 2022 (online unter www.faz.net/aktuell/wissen/).

16 Neue Seuchen wurden unlängst in diesem Kontext diskutiert, etwa in dem Buch *The Stockholm Paradigm. Climate Change and Emerging Disease* von Daniel R. Brooks und Kollegen (2019: 24), aus dem auch das Zitat stammt; vgl. dazu etwa Laciny (2021) und Sharov (2021).

1 Die Rekonstruktion dieser Vorgeschichte setzt sich als Puzzle aus vielen
Teilen zusammen, insbesondere aus Informationen aus den im weiteren
Verlauf genannten Quellen der sich selbst als *Drastic* bezeichnenden
Twitter-Recherchegruppe sowie den hier zitierten Original-Fachpublikationen
beteiligter Forscher. Ich habe im Verlauf der Jahre 2020 bis 2022 immer
wieder über den Sachstand dazu in Artikeln und in Interviews berichtet
(https://hamburg.leibniz-lib.de/aktuelles/coronavirus-zoonosen/corona-
medienberichte.html). In mustergültiger Weise haben Chan & Ridley (2021)
in ihrem Buch *Viral. The Search for the Origin of Covid-19* diese hier nur
umrissenen Zusammenhänge ausführlich und mit vielen Details dargestellt,
ebenfalls basierend auf den Recherchen der »Drastic«-Gruppe. Siehe dazu
aber auch andere Berichte in der Primärliteratur wie etwa Cyranoski (2020) in
Nature und die in Fußnote 5 genannten Arbeiten. Einen generellen Überblick
liefern auch Li et al. (2021).

2 Vgl. Richard Stone (2014). Ein erster Viren-Nachweis wurde seinerzeit als
»Mojiang paramyxovirus« oder kurz MojV bezeichnet und deutet eher auf
Nagetiere als Reservoir hin denn auf Coronaviren und Fledermäuse.

3 Jeet Ray lebt in einer Stadt namens Bhubaneswar im indischen Bundesstaat
Odisha, wie Chan & Ridley (2021: 26 f.) aufdecken, und hat Indien, abgesehen
von einem Trip nach Nepal, nie verlassen. Anfangs wurde vermutet, beim
»Seeker« könnte es sich um einen Geheimagenten oder den Kopf einer
Gruppe versierter Datenanalysten handeln, doch hat Ray nach eigener
Aussage offenbar seit College-Tagen lediglich Spaß an der Nutzung von
Internet-Suchmaschinen. Die medizinischen Details des Mojiang-Falls
wurden in dieser Zeit u. a. auch unabhängig von Rahalkar & Banhulikar (2020)
zusammengetragen.

4 Vgl. Ge et al. (2016); siehe z. B. Cohen (2020). Später stellte sich heraus, dass
wenigstens weitere acht Sars-ähnliche Coronaviren seinerzeit in der Mojiang-
Mine durch ihr Team entdeckt worden sind, über die aber trotz der Relevanz
im Kontext der Pandemie auch später keine weiteren Angaben gemacht
wurden; siehe Chan & Ridley (2021: 20 f.).

5 Vgl. Segreto & Deigin (2021), die ihre Arbeit im September 2020 eingereicht
haben und die Mitte November 2020 online erschien, bevor sie im März 2021
in der Druckausgabe vorlag. Zuvor sollen sieben andere Journale die
Publikation abgelehnt haben. Diese blieb dann auch nicht ohne erheblichen
Widerspruch und führte zu einem fachlichen Diskurs, der sich im Journal
BioEssay in mehreren Aufsätzen niederschlug, von denen hier Tyshkovskiy &
Panchin (2021a, b) und Deigin & Segreto (2021) genannt seien. Mehr zu
Segreto und anderen freiwilligen Rechercheuren, die diese Zusammenhänge
aufdeckten, bei Chan & Ridley (2021: 23–32). Einen ersten Überblick lieferte
im Juli 2020 Jon Cohen (2020) für das Magazin *Science*.

6 Es wäre eine lohnende wissenschaftshistorische Untersuchung, wie sich die
alternativen Theorien über einen zoonotischen versus labortechnischen
Ursprung entwickelten, gegeneinander ausgespielt wurden und welche Rolle
dabei die beteiligten Wissenschaftler und Medien spielten.

7 Der Name »Drastic« der Twitter-Gruppe, der sowohl Segreto als auch der
»Seeker« Jeet Ray angehören, steht für »Decentralized Radical Autonomous
Search Team Investigating Covid-19« und hat wesentliche Details über den

Ursprung ans Tageslicht gebracht, lange bevor andere Medien dies aufgriffen.

8 Vgl. die Arbeit von Wissenschaftlern der Wuhan University unter Chen et al. (2020), die Bezug nimmt auf die publizierte partielle Sequenz von BtCoV/4491 aus Ge et al. (2016), die auch in die international verfügbare Datenbank GenBank eingestellt wurde.

9 Im Originalartikel, der am 3. Februar unter Zhou et al. (2020a) erschien, war von einem »new coronavirus of probable bat origin« die Rede.

10 Shi Zhenglis Berichtigung zu ihrem Originalartikel von Februar erschien erst neun Monate später, Mitte November, unter Zhou et al. (2020b). Darin bestätigen die chinesischen Wissenschaftler indes nur jene zuvor von ihnen nicht adressierten Punkte, die bis dahin von der »Drastic«-Gruppe aufgedeckt worden sind und die Anlass für Verschwörungstheorien gaben. Interessant sind auch die Einblicke, die Latinne et al. (2020) in den Kenntnisstand des Teams um Shi Zhengli ergeben: Das Manuskript dieser Übersichtsarbeit von Latinne zu Fledermaus-Coronaviren wurde im Oktober 2019, also kurz vor Ausbruch der Pandemie, eingereicht und dann in den folgenden Monaten ergänzt, bevor es nach der Entdeckung von Sars-CoV-2 erschien.

11 Vgl. das per E-Mail geführte Interview in *Science* von Juli 2020 in Cohen (2020).

12 Vgl. »China clamps down in hidden hunt for coronavirus origins« von Dake Kang, Maria Cheng und Sam McNeil, *AP online*, am 30. Dezember 2020.

13 Vgl. Chan & Ridley (2021: 13 f.).

14 Vgl. Chan & Ridley (2021: 166 ff.); siehe hier auch zur Frage nach der unter dem US-amerikanischen »PREDICT-Project« von USAid geförderten und dann durch China abgeschalteten Datenbank.

15 Vgl. Zitat in Cohen (2020).

16 Die stammesgeschichtliche Stellung von RmYN02 ergibt sich z. B. aus den in Latinne et al. (2020) gezeigten Daten; siehe zu den anderen südostasiatischen Fledermausviren z. B. Mallapaty (2020) von Dezember 2020. Auf sie und die zugrunde liegende, inzwischen umfangreiche Literatur wird im nächsten Kapitel näher eingegangen.

17 Die Schätzung stammt von der über Jahre in Berlin und Zürich wirkenden Virus- und Krebsforscherin Karin Mölling (2015 und 2020: 40, 133). In ihrem Buch über *Viren. Supermacht des Lebens,* dem einige der wesentlichen Fakten im Folgenden entnommen sind, wirft sie einen ganz eigenen, durchaus positiven Blick auf die Mikrobenwelt. In den Weltmeeren wurde nach jüngsten Befunden aufgrund eines Surveys und mittels neuer bioinformatischer Methoden durch ein Team um den Mikrobiologen Matthew Sullivan eine bis dahin unbekannte Vielfalt gerade auch an RNA-Viren entdeckt; vgl. Zayed et al. (2022).

18 Insbesondere an der Wende des 19. zum 20. Jahrhundert gerierte sich die junge Bakteriologie »als Fortsetzung des preußischen Militarismus mit dem Mikroskop«, so Andreas Weber in seiner Rezension von Silvia Bergers kulturhistorischer Deutung von *Bakterien in Krieg und Frieden* in der *Zeit,* Nr. 48, S. 53, vom 19. November 2009.

19 Diese Charakterisierung stammt von Peter und Jean Medawar, hier zitiert nach Harper (2021: 26).

20 Vgl. Karin Mölling im Interview mit der *Welt* vom 10. März 2020 im Vergleich zu Neil Shubin in der *Zeit,* Nr. 10, S. 33, vom 4. März 2021.

21 Vgl. das Interview mit Neil Shubin in der *Zeit* Nr. 10, S. 33, vom 4. März 2021.

22 Von dieser Beziehung zwischen Virus und Wirt, bei der diese sogar echte Partner sind und Viren entscheidende Triebkräfte der Evolution, hat auch der britische Wissenschaftsautor Frank Ryan (2010) in seinem Buch *Virolution* berichtet. Er versucht darin einen Brückenschlag zwischen Virologie, Evolutionsbiologie, Symbioseforschung, Humanbiologie und Medizin. Ganz ähnlich, als Werkzeuge der Evolution wie der Forschung, schilderte unlängst auch Ernst-Ludwig Winnacker (2021) seine Sicht dieser Geschichte der Auseinandersetzung zwischen Viren und ihren Wirten.

23 Mehr dazu erfährt der geneigte Leser etwa im Buch von Karin Mölling (2015, 2020); ebenso in David Cyranoskis (2020b) *Porträt eines Killers*. Die Idee von Viren als »living process« statt eines Partikels brachte der Anthropologe Dr. Eben Kirksey bei einer internationalen Konferenz über »Animals and Epidemics in Historical Perspective« in Berlin Ende März 2022 auf.

24 Mehr zu Martinus Beijerinck und seine Entdeckung z. B. bei Wolfe (2012: 29 ff.). Ein Nanometer entspricht einem milliardstel Meter, ausgedrückt als 1/1000000000 Meter, oder als das Größenverhältnis eines Apfels zur Erde.

25 Vgl. z. B. Karin Mölling (2020), *Kampf den Keimen*, und im Interview mit der *Welt* vom 10. März 2020. Siehe auch Daniel Bojar (2020).

26 Diese Institution pflegt eine entsprechende Datenbank (ICTVdb), in der Coronaviren unter dem Viren-Code 03.019.0.1 innerhalb der Ordnung Nidovirales firmieren. Danach hat beispielsweise das Humane Coronavirus (HCoV) OC43 den ICTVdb-Code 19.0.1.0.006 oder das HCoV-229E den ICTVdb-Code 19.0.1.0.005; vgl. einleitend Leen Vijgen et al. (2005: 1595). Auch hier helfen die exakte Bezeichnung und Taxonomie den Fachleuten, angesichts der Vielfalt der Viren den Überblick zu behalten.

27 Über die durch Schweine übertragene Infektion mit delta-Coronaviren (nicht zu verwechseln mit der Delta-Variante des Covid-Virus) auf Kinder berichtete jüngst ein Mediziner-Team um John Lednicky (2021). Diese Viren waren 2012 zuerst bei Ferkeln in Hongkong entdeckt worden. Nachdem sämtliche Schweine auf Haiti im Zuge eines Ausbruchs der Afrikanischen Schweinepest 1980 gekeult worden waren, ist dieses Virus bei den seitdem wieder gehaltenen Schweinen dort nicht mehr entdeckt worden. Ebenfalls ein Coronavirus löste auch die SADS genannte Tierseuche bei Schweinen aus; vgl. dazu Zhou et al. (2018). Zu den jüngsten Neuentdeckungen, darunter auch das Coronavirus auf Borneo, siehe King (2021).

28 Siehe zur Charakterisierung des Virus u. a. Karin Mölling (2020), David Cyranoski (2020b) und Chan & Ridley (2021: 33 ff.). Viele Beiträge von Journalisten-Kollegen gerade in der konfusen Anfangszeit der Pandemie haben geholfen, die verfügbare Kenntnis über die molekularen Mechanismen speziell auch der Coronaviren nach und nach besser zu verstehen.

29 Tödlich ist bei den Virenattacken nicht nur dieser Angriff selbst, sondern zudem eine starke Überreaktion des Immunsystems, ein sogenannter Zytokinsturm und damit letztlich eine Art Entgleisung des Stoffwechsels, der einer Blutvergiftung (Sepsis) gleich zum Organversagen führt; vgl. u. a. Cyranoski (2020b: 48).

30 So der Evolutionsgenetiker Diethard Tautz vom Max-Planck-Institut für Evolutionsbiologie in Plön in der *Frankfurter Allgemeinen Zeitung* online, am 4. Mai 2020. Er beschreibt damit eine Idee des Chemie-Nobelpreisträgers Manfred Eigen, der dieses Phänomen als Quasispezies beschrieben hat.

31 Details zum Mechanismus, mit dem Coronaviren es schaffen, Wirtszellen zu

kapern, die Proteinfabrik der Zelle für sich einzunehmen, um virale Proteine zu synthetisieren, gleichzeitig aber die Produktion von körpereigenen Eiweißstoffen zu blockieren und so die Immunabwehr auszuhebeln, haben Forschende um Dr. Marina Chekulaeva vom Max-Delbrück-Centrum für Molekulare Medizin in Berlin beschrieben; vgl. Bujanic et al. (2022).

32 Bei Sars-CoV-2 erfolgt die enzymatische Spaltung des viralen Spike-Proteins durch das wirtseigene Enzym Furin, das im menschlichen Körper vorkommt und vor allem in den Atemwegen reichlich vorhanden ist. Interessanterweise nutzen auch andere gefährliche Viren, darunter die Auslöser von Grippe, HIV oder Ebola, Furin, um in Zellen einzudringen. Eine experimentelle Studie für die verbesserte Wirkung der Furin-Spaltstelle bei Sars-CoV-2 liefert z. B. Johnson et al. (2021).

33 Zitiert nach Cyranoski (2020b: 48).

34 Über die Biologie als autonome, von der Physik und Chemie grundsätzlich verschiedene Naturwissenschaft siehe Ernst Mayr (2005) in den *Konzepten der Biologie*. Streng genommen sind die Dinge auch in der Physik, anders als Wissenschaftler dieser Disziplin lange annahmen, keineswegs so scharf zu trennen – wie etwa Werner Heisenbergs Unschärferelation zeigt, nach der sich nicht gleichzeitig der Ort und die Geschwindigkeit eines Teilchens präzise feststellen lassen und damit das Prinzip von Ursache und Wirkung, oder Kausalität, außer Kraft gesetzt ist.

35 Nassim Nicholas Taleb (2018: 19 f.) in *Der Schwarze Schwan*. Das Buch hat international mehrere Auflagen erlebt und enthält durchaus einige originelle Einsichten. Etwa die, dass schlaue Versicherungsfirmen besser damit fahren, für jeden Mathematiker drei Anwälte für Vertragsrecht zu beschäftigen, da man sich durch diese rechtlich vor Unsicherheiten schützen könne, während jener vergeblich versuche, die Eintrittswahrscheinlichkeit von unwahrscheinlichen Ereignissen zu berechnen. Wir verwenden Talebs durchaus kreative Ideen hier, obgleich er irritierenderweise mehr als nur leichte Verachtung für die akademische Welt an den Tag legt, wie das jüngste Vorwort zur deutschen Gesamtausgabe seines Werkes erkennen lässt.

36 Taleb (2018: 19). Inzwischen haben Leser ihn mit Fotos schwarzer Schwäne vom Gegenteil dieses anfänglichen Urteils zu überzeugen versucht.

37 Vgl. Taleb (2018: 21 ff.).

38 Taleb (2018: 396 ff.) widmet sich in einem kurzen und etwas unbefriedigenden Abschnitt seines Buches dieser Unterscheidung zwischen grauen und schwarzen Schwänen, die Feinheit unterschlägt er dann aber, obgleich sie es wert gewesen wäre, weiterverfolgt zu werden. Der Hinweis auf Pandemien als »Schwarze Elefanten« findet sich bei Brooks et al. (2019: 20), die ihr einsichtsreiches Buch *The Stockholm Paradigm. Climate Change and Emerging Disease* geradezu hellseherisch im Jahr vor Beginn der Corona-Pandemie veröffentlichten.

39 Vgl. Taleb (2018: 126 ff.).

40 Die auf fatale Weise irrige Überzeugung gerade besonders scharf denkender Menschen, sie seien gefeit vor narrativen Verzerrungen, hat Daniel Kahneman (2011, 2012) in seinem Buch *Schnelles Denken, langsames Denken* ebenso erhellend wie unterhaltsam dargelegt; vgl. auch sein 2021 erschienener Nachfolgeband *Noise* zu den Verzerrungen menschlicher Urteilskraft.

41 Taleb (2018: 128) führt hier explizit aus, dass auch Wissenschaft diesem Verlangen nach Ordnung folge, obgleich der Zweck der Wissenschaft sei, »die

Wahrheit herauszufinden, nicht, uns ein Gefühl der Organisation zu geben oder dazu zu führen, dass wir uns besser fühlen. Wir neigen dazu, Wissen als Therapie zu benutzen.«

42 Die Ausführungen Talebs (2018: 118 ff., insbesondere 136 f.) in einem eigenen Kapitel zu narrativen Verzerrungen erinnern, ohne dass er darauf Bezug nähme, an das Storytelling, das etwa die Anthropologin Misia Landau (1991) bei wissenschaftlichen Thesen zum Ursprung des Menschen analysiert hat. Sie hat dabei entdeckt, wie sehr – bei aller vordergründigen Wissenschaftlichkeit – die Erzählung dazu in literaturwissenschaftlicher Hinsicht der Struktur epischer Heldensagen gleicht; vgl. dazu meine ausführliche Darstellung in Glaubrecht (2019: 100 ff.).

43 Erneut kommt hier Talebs (2018: 136 f.) Skepsis Wissenschaftlern gegenüber zutage, die anfällig für Erzählungen seien und »mehr Gewicht auf Titel und ›scharfe Pointen‹, die Aufmerksamkeit erregen sollen, legen als auf substanziellere Dinge«.

44 Vgl. zu den Grenzen unseres Wissens, zur epistemischen Arroganz: Taleb (2018: 220 ff.).

45 Vgl. Carel van Schaik und Kai Michel (2020: 443) in *Die Wahrheit über Eva. Die Erfindung der Ungleichheit von Männern und Frauen.*

46 Chan & Ridley (2021) haben ihr Buch *Viral. The Search for the Origin of Covid-19* im Spätsommer 2021 fertiggestellt. Daher fehlen dort noch wichtige Studien, etwa zu den weiteren Virenfunden anderswo in Südostasien, und vor allem die letzten Analysen von Michael Worobey und Kollegen (2022), die ich hier bis August 2022 berücksichtigen konnte; vgl. zuletzt auch Cohen (2022e).

47 Vgl. etwa Cohen (2020). Einen frühen Bericht zu den Spekulationen um das Labor im WIV gab u. a. auch *Spektrum der Wissenschaft* im Mai 2020 (online bereits am 17. März) und *Die Zeit*, Nr. 20, S. 6, vom 7. Mai 2020; ganz ähnlich dann auch in anderen Medien, wie z. B. von Wolfram Weimer am 14. April 2020 in ntv.de (online).

48 Die Teams um Daszak und Zhengli haben eine beeindruckende Serie von Artikeln über Fledermaus-Viren und Viren-Ökologie veröffentlicht, von denen mit Daszak et al. (2000), Jones et al. (2008), Ge et al. (2013), Olival et al. (2017) hier nur einige wenige der Übersichtsarbeiten genannt seien. Zur Organisation EcoHealth Alliance, ihrer Finanzierung, Forschung und damit der Rolle bei der Pandemie und der von Peter Daszak vgl. Chan & Ridley (2021: 116 ff., 166 ff., 248 f.).

49 Darauf wiesen bereits gleich am Anfang der Pandemie die Infektionsbiologen Yong-Zhen Zhang und Edward Holmes (2020: 223) von der Universität Sydney hin. Über die ersten Gerüchte eines Labor-Ursprungs und die Reaktion von Shi Zhengli vgl. u. a. Cohen (2020) und Chan & Ridley (2021: 64–67).

50 Vgl. Zhou et al. (2020a, b).

51 Vgl. dazu im Detail Chan & Ridley (2021: 129–132).

52 Siehe Chan & Ridley (2021: 166–171), die auch weitere Diskrepanzen in den Aussagen von Daszak und Shi Zhengli offenlegen und damit implizieren, dass beide durchaus etwas zu verbergen haben könnten. Wobei man allenfalls Ersterem zugutehalten könnte, dass er nicht wirklich wusste, was in dem mit seiner Hilfe mitfinanzierten Labor in China vor sich ging (was mindestens fahrlässig wäre).

53 Diese *Gain of Function*-Experimente sind im Zusammenhang mit der Corona-Pandemie vielfach thematisiert worden; vgl. z. B. Mölling (2020: 24 ff.,

275 ff.). Chan & Ridley (2021: 172–201) widmen ihnen ein eigenes Kapitel und implizieren, dass bei entsprechenden Versuchen zur Pandemie-Prävention in Wuhan dann erst ein die Pandemie auslösendes, vermutlich zuvor manipuliertes Virus freigesetzt worden sein könnte.

54 Ausführlich haben dies Segreto & Deigin (2020) in ihrer Arbeit dargestellt; vgl. dazu auch Chan & Ridley (2021).

55 Siehe dazu ausführlich Chan & Ridley (2021: 133 ff.).

56 Vgl Karin Mölling (2020: 25).

57 Vgl. Hu et al. (2017); siehe Chan & Ridley (2021:188 ff.).

58 Während ein Interessenkonflikt in der ersten Arbeit noch von allen Autoren in einer nur fünf Wörter umfassenden Standarderklärung verneint worden war, brauchte jetzt allein Daszak 400 Wörter und die anderen Autoren noch einmal zusammen 800 Wörter, um ihre Interessen und mögliche Konflikte offenzulegen; vgl. dazu die ausführliche Darstellung zum Ringen um die Entstehung des letztlich von Peter Daszak auch gezeichneten »letters« im *Lancet* z. B. bei Chan & Ridley (2021: 155 ff.).

59 Zum einflussreichen Artikel vgl. Andersen et al. (2020).

60 Die Offenlegung der aufschlussreichen E-Mail-Korrespondenz hat im Februar 2022 Anlass zu einer neuen Runde in der hierzulande zwischen Christian Drosten und dem Hamburger Physiker Roland Wiesendanger auch emotional geführten Debatte um den Labor-Ursprung geführt; vgl. z. B. Interviews in der *Neuen Zürcher Zeitung*, vom 3. Februar 2022, und im Magazin *Cicero* (vgl. Daniel Gräber vom 5. Februar 2022); siehe dazu auch Julia Merlot in *Der Spiegel* online vom 12. Februar 2022, mit einem Statement und Versuch der Einordnung vom Autor dieses Buchs.

61 Dies hat z. B. David Relman (2020) von der Stanford-Universität im November 2020 in einem viel beachteten Artikel in den *Proceedings of the National Academy of Sciences* gefordert.

62 Zitiert nach Chan & Ridley (2021: 153).

63 Vgl. Roland Wiesendangers (2021) *Studie zum Ursprung der Coronavirus-Pandemie* (Universität Hamburg) und die online im Newsroom der UHH verfügbare Pressemitteilung zur »breit angelegten Diskussion als Ziel« vom 18. Februar 2021. Die UHH nannte dies eine »Literaturarbeit« und ein »Diskussionspapier«. Später in Interviews nach seinen Kompetenzen in dieser Sache befragt, erklärte Wiesendanger, er sei als Physiker auf Elementarteilchen im Nanobereich spezialisiert und die ebenfalls winzig kleinen Viren fielen damit gewissermaßen ebenfalls in seinen Zuständigkeitsbereich. Die Aussage offenbart eine befremdliche Hybris des Forschers, der wohl als Physiker immer noch meint, die belebte Welt der Biologie auf die unbelebte Materie einzelner Komponenten reduzieren zu können.

64 So lässt Roland Wiesendanger etwa die im Journal *BioEssay* bereits zu diesem Zeitpunkt weit fortgeschrittene Debatte um die Thesen der Mikrobiologin Rossana Segreto und ihres in Kanada tätigen Kollegen Yuri Deigin gänzlich unberücksichtigt (siehe dazu hier die Fußnote 5); ebenso die Argumente eines Teams um den Virologen Arinjay Banerjee et al. (2020) von der McMaster University im kanadischen Hamilton in *Trends in Ecology & Evolution*. Dagegen vermag Wiesendanger selbst keinerlei neue Evidenz von wissenschaftlicher Relevanz vorzulegen, die über einen von ihm bloß behaupteten und wie auch immer gearteten Laborunfall hinausgeht.

65 Zur Arbeit und dem Abschlussreport des WHO-Teams ist eine ganze

Artikelserie vor allem in *Nature* erschienen; vgl. z. B. Mallapaty (2020a, 2021b), Mallapaty et al. (2021) und Maxman (2021); siehe auch Lewis (2021) und Koopman (2021). Es sollte erwähnt werden, dass parallel auch ein zweites Team, durch das Journal *Lancet* initiiert und von Peter Daszak geleitet, eine eigene Untersuchung unternahm; vgl. dazu Maryn McKenna in *Wired* online am 2. Dezember 2020. Siehe auch Chan & Ridley (2021: 244 ff.).

Zoonosen als Ursache von Seuchen

1 Eine detaillierte zeitliche Abfolge der Ereignisse der Corona-Pandemie ist hier im Anhang aus verschiedenen dort genannten Quellen zusammengestellt. Spätere phylogenetische Analysen der Stammbäume des Coronavirus und andere Indizien lassen auf einen früheren Beginn der Seuche schließen; dies gilt indes als umstritten; vgl. Cohen (2022e).

2 Vgl. Wang et al. (2005). Die ersten Berichte über eine zoonotische Quelle wurden im Mai und Juli 2003 bekannt; vgl. Bonn (2003) und Guan et al. (2003). Ein zweiter, durch Larvenroller vermittelter Ausbruch zeichnete sich zum Jahreswechsel 2003/2004 ab; vgl. Normile (2004).

3 Vgl. Guan et al. (2003).

4 Die erste Verwendung des Begriffs *Zoonose* wird meist auf Ernst Wagners 1876 erschienenes *Handbuch der allgemeinen Pathologie* zurückgeführt.

5 Die Erreger von Zoonosen können neben den erwähnten Bakterien und Viren auch als Prionen bezeichnete Protein-Fragmente sein sowie neben Pilzen auch Protozoen genannte Einzeller und verschiedene Vielzeller, die aus unterschiedlichen Tiergruppen stammen. Einen Überblick geben z. B. Daszak et al. (2000) und Jones et al. (2008); siehe auch Harper (2021: 25 ff.). Man beachte allerdings in Abwägung der Bedeutung und Auswirkung von kollektiv wirksamen Infektions- versus Individualkrankheiten die Ausführungen von Laurie Garrett (2001) in ihrem Buch *Das Ende der Gesundheit* und auch den Hinweis, dass laut WHO wenigstens vor den Pandemien des 21. Jahrhunderts weltweit schätzungsweise nur ein Viertel der Tode auf das Konto von Infektionskrankheiten gehen.

6 Siehe dazu z. B. Harper (2021: 23 ff.). Grange et al. (2021) nennen schätzungsweise 1,67 Millionen unbeschriebene Viren, die allein in Säugetieren und Vögeln bisher unerkannt vorkommen und von denen rund die Hälfte potenziell auf den Menschen überspringen könnte.

7 Allein mit dem Aids verursachenden HI-Virus leben heute knapp 40 Millionen Menschen, an der (indes bakteriell verursachten) Tuberkulose erkranken jährlich etwa 10 Millionen Menschen, von denen 1,4 Millionen sterben. Zum Vergleich: Rund 170 Millionen Menschen sind weltweit mit dem Hepatitis-C-Virus infiziert, das, durch Blut übertragen, in den meisten Fällen zu einer chronischen Lebererkrankung führt und zu den häufigsten Viruserkrankungen gehört, allerdings nicht als Zoonose gilt. Erwähnt seien auch Herpes-Viren, mit denen sich die meisten Menschen im Laufe ihres Lebens, meist schon in der Kindheit, infizieren, und deren Infektion wir als Pfeiffersches Drüsenfieber bemerken; oder das extrem weitverbreitete Epstein-Barr-Virus, das erst im Januar 2022 als eine der Hauptursachen der Autoimmunerkrankung Multiple Sklerose erkannt wurde.

8 Vgl. zur Tollwut z. B. die Webseite des Robert Koch-Instituts unter https://

www.rki.de. An die Adresse derer, die hoffen, ein Virus könnte sich allmählich abschwächen, lässt sich auf das Tollwut-Virus verweisen, das sich offenbar seit Jahrtausenden nicht verändert hat und in dieser Zeit nicht harmloser geworden ist.

9 Milzbrand und Tollwut werden als epidemische Zoonosen den endemischen Zoonosen gegenübergestellt, die, wie etwa die weitverbreitete Brucellose, ständig den Viehbestand einer Region plagen.

10 Vgl. zur Wirtsspezifität z. B. die Webseite des RKI (Stand 9/2019), das bei Mumps den Menschen als einziges Erregerreservoir führt, ebenso wie im Fall der Masern, deren Erreger aber jüngst durch Düx et al. (2020) als dem Rinderpest-Erreger nächstverwandt erkannt wurde. Siehe auch Ho & Duchene (2020). Zur Identifizierung von einem Mumps-Erreger-ähnlichen Virus in Fledermäusen siehe Drexler et al. (2012).

11 Mit solchen Arbo-Viren (vom Englischen *arthropod-borne*) und den durch sie ausgelösten Krankheiten beschäftigen sich ganze Forschungsinstitutionen, darunter in Hamburg das Bernhard-Nocht-Institut für Tropenmedizin (BNIT). Überträger sind Gliedertiere (Arthropoden) wie Mücken und Sandfliegen, aber auch Zecken, also Insekten und Spinnentiere. Im weiteren Sinne müssen wir dazu Tropenkrankheiten wie Malaria oder die Schlafkrankheit rechnen, die allerdings von Einzellern oder protozoischen Eukaryoten, in diesem Fall von *Plasmodium* oder *Trypanosoma*, verursacht werden.

12 Bis zum Jahr 2008 waren insgesamt 224 der 335 EID von Wildtieren übertragene Zoonosen; vgl. Jones et al. (2008) und Olival et al. (2017); siehe auch das Update in Allen et al. (2017), bei dem eine aktualisierte Datenbasis zugrunde lag.

13 Vgl. Jones et al. (2020).

14 Vgl. Johnson et al. (2020).

15 Vgl. für Sars z. B. Ge et al. (2013), für Sars-2-Coronaviren z. B. Zhou et al. (2020a.b) sowie den Review in Wang & Anderson (2019), Streicker & Gilbert (2020) und Irving et al. (2021); speziell für das von Fledermäusen übertragene Nipah-Virus z. B. Epstein et al. (2006, 2020).

16 In einer Studie von Kevin Olival und Kollegen (2017) von der EcoHealth Alliance in New York erwiesen sich anhand einer Auswertung der Daten von 2085 Virusarten in Säugetieren modellhaft immerhin 584 als mögliche Übersprungkandidaten, von denen 157 auf Fledertiere zurückgehen; vgl. auch Plowright et al. (2015), Wang & Anderson (2019), Streicker & Gilbert (2020) und Irving et al. (2021).

17 Auf der Grundlage aktueller Datenbanken ist in der Literatur von derzeit 1423 Fledermausarten die Rede; deren Status als eigenständige Spezies als Subspezies ist indes nicht immer erwiesen. Die phylogenetische Systematik akzeptiert nur sogenannte monophyletische Gruppen, d. h. solche, die sämtlich auf einen ihnen allen gemeinsamen Vorfahren zurückgehen. Da mit den Rhinolophoidea nur einige der Fledermäuse den Flughunden nächstverwandt sind, werden die bislang als Microchiroptera zusammengefassten Taxa zu einer paraphyletischen Gruppe. Mithin stehen innerhalb der Fledertiere die Flughunde und Hufeisennasenartigen als Flughundverwandte (Pteropodiformes oder Yinpterochiroptera) den übrigen Fledermäusen (*Vespertilioniformes* oder Yangochiroptera) gegenüber. Ihre Entstehung ist zwar erst seit dem Eozän vor rund 52 Millionen Jahren belegt, doch sowohl evolutionstheoretische als auch biogeografische Befunde belegen einen früheren Ursprung; vgl.

zu Alter und Verwandtschaft der Chiroptera z. B. Jones et al. (2002) und Telling et al. (2005), zur Ökologie insbesondere südostasiatischer *Rhinolophus*-Arten Latinne et al. (2020) und Muylaert et al. (2022), zur Systematik neuerdings Chornelia et al. (2022); vgl. auch Mallapaty (2022a).

18 Vgl. z. B. Wangs Porträt von Kai Kupferschmidt (2020). Das Paramyxovirus verursachte zwischen September 1998 und Anfang 1999 bei mehr als 200 Menschen, die häufigen Kontakt zu Schweinen hatten, Enzephalitis-Erkrankungen, die in 39 Prozent aller Fälle tödlich verliefen. In Australien wurden inzwischen bei allen vier dort vorkommenden *Pteropus*-Arten entsprechende Viren nachgewiesen; wobei der Schwarze Flughund *P. alecto*, der auch in Südostasien verbreitet ist, als das Hauptreservoir gilt; vgl. Wang & Anderson (2019: 80) und siehe auch Plowright et al. (2015).

19 Vgl. Memish et al. (2013).

20 Allerdings sind daran durchaus Zweifel anzumelden, denn die jüngsten Befunde an Rhinolophoridae Asiens basieren auf partiellem Sequenzvergleich v. a. mitochondrialer DNA, was häufig zur Überschätzung der phylogenetischen Differenzierung von Arten führt (Chornelia et al. 2022). Während die einen die »kryptische« Existenz propagieren, warnen andere vor der Zersplitterung in Einheiten, deren Artstatus letztlich unbelegt bleibt; vgl. Mallapaty (2022).

21 Vgl. für die Verursacher des ersten Sars-Ausbruchs Lau et al. (2005); siehe auch Ge et al. (2013) und im Überblick Boni et al. (2020) und Irving et al. (2021); zu Sads siehe Zhou et al. (2018).

22 Vgl. Zhou et al. (2020a, b) und Latinne et al. (2020); siehe auch Boni et al. (2020).

23 Vgl. dazu Einzelheiten in Irving et al. (2021), deren Darstellung hier gefolgt wird.

24 Obgleich das Wissen um die altersbedingt leicht erhöhte Körpertemperatur noch zum Repertoire von Kinderärzten gehört, haben auf den Zusammenhang einer körpertemperaturabhängigen Proteinbildung, etwa des Stat-Proteins, das für die Produktion von Interferon gebraucht wird, erst unlängst der Biochemiker Florian Heyd und den Veterinär-Virologe Jakob Trimpert von der Berliner Freien Universität hingewiesen; vgl. Beilage der FU zum *Tagesspiegel* vom 26. Februar 2022.

25 Vgl. dazu den Mediziner Hermann Feldmaier von der Berliner Charité im *Tagesspiegel* vom 15. Mai 2020. Untersucht hat dies Cara Brook von der Universität im kalifornischen Berkeley in einer noch nicht publizierten Studie. Siehe auch Irving et al. (2021).

26 Vgl. Streicker & Gilbert (2020) und vor allem Holmes (2022) unter Verweis auf ihre Arbeit in Wille et al. (2021).

27 Vgl. Latinne et al. (2020); das Manuskript der Ende August 2020 online erschienenen Arbeit wurde ausweislich der Angaben darin am 6. Oktober 2019 eingereicht. Da in dieser Arbeit sowohl das erst Anfang 2020 sequenzierte Sars-CoV-2 als auch die ebenfalls erst dann bekannt gewordenen Viren-Sequenzen aus chinesischen Pangolinen analysiert werden, müssen diese nachträglich dem Manuskript hinzugefügt worden sein, das dadurch nochmals eine ganz andere Aussagekraft bekommen hat. Inzwischen stützen weitere Studien die Verbreitung von Coronaviren in Fledermäusen, wie z. B. Zhou et al. (2021) zu weiteren Funden aus Yunnan; siehe auch Sanchez et al. (2022) und Starr et al. (2022).

28 Die beiden wichtigsten Originalstudien dazu finden sich für Kambodscha bei

Delaune et al. (2021) und für Laos bei Temmam et al. (2022). Besprochen und kommentiert sind die jüngsten Funde außerhalb Chinas bei Mallapaty (2020b, 2021c, 2022a) und Cohen (2021, 2022a), analysiert auch in den im August und September 2021 erschienenen Arbeiten von Lytras et al. (2021), Zhou et al. (2021) und Holmes et al. (2021); siehe dazu auch Chornelia et al. (2022), Muylaert et al. (2022) und Sanchez et al. (2022).

29 Vgl. Einzelheiten in Murakami et al. (2020) und Wacharapluesadee et al. (2021); siehe auch Cohen (2022a).

30 Zitiert nach Mallapaty (2021: 603).

31 Auf diese Faktoren hat eine Serie von Studien hingewiesen, u. a. Jones et al. (2008), Plowright et al. (2014) und Allen et al. (2017); auch Latinne et al. (2020), Gibb et al. (2020) und Lytras et al. (2021) führten dies an.

32 Zhang & Holmes (2020: 223) hatten dies bereits im April 2020 vermutet. Sie zeigen in ihrer Arbeit Fotos der Tiere und Haltungsbedingungen während eines früheren Besuches ebendieses Marktes in Wuhan im Oktober 2014. Später haben andere immer wieder auf diese direkte Verbindung hingewiesen; vgl. dazu z. B. Holmes et al. (2021), Chan & Ridley (2021) sowie Li et al. (2021) sowie Worobey (2021) und Worobey et al. (2022).

33 Unter anderem führte der bereits erwähnte Hamburger Physik-Professor Wiesendanger dies im Zusammenhang mit seiner sogenannten »Studie« als Argument an, das gegen einen natürlichen Ursprung des Coronavirus und damit angeblich für einen Laborunfall sprechen sollte.

34 Zu den Tier- und Umweltproben des Wuhan-Marktes siehe die sehr spät publizierten Befunde etwa in Liu et al. (2022); vgl. auch die Diskussion dazu in Chan & Ridley (2021: 95 ff.) und v. a. Worobey et al. (2022).

35 Zu den Befunden auf dem Wuhan-Markt vgl. Xiao et al. (2021); siehe auch die Darstellung bei Cohen (2021), Kormann (2021) und Chan & Ridley (2021: 259 ff.).

36 Die Daten beziehen sich nach Angaben von Yuan-Chib Lung und Sophie Lin in ihrer Studie *China's fur trade and its position in the global fur industry* von Juli 2019 auf das Jahr 2016; vgl. Daten und Grafik dazu in Cohen (2021).

37 Zhou & Holmes (2020: 225) hatten dies bereits von Anfang an vermutet; vgl. auch Andersen et al. (2020).

38 Neben drei Vorderzähnen und einem Eckzahn, die beiden Familien eigen sind, haben Echte Katzen (Felidae) neben einem Molaren im Unterkiefer zwei und im Oberkiefer drei Prämolare. Dagegen sind es bei den Schleichkatzen (Viverridae) meist jeweils drei bis vier Molare und drei bis vier Prämolare. Siehe zur Phylogenie der Viverridae z. B. Gaubert & Cordeiro-Estrela (2006).

39 Der auf einem Übersetzungsfehler beruhenden falschen zoologischen Zuordnung des Larvenrollers als vermeintlicher Zibetkatze begegnen wir vielerorts, insbesondere in den schnellen Medien wie etwa *Spiegel Online* vom 26. April 2020; aber auch bei Joachim Müller-Jung in der *Frankfurter Allgemeinen Zeitung* vom 9. Juni 2021. Beispielhaft seien hier aber auch genannt: Mölling (2020: 14) und Cyranoski (2020: 42). Sogar in der medizinischen Literatur ist oft unscharf bis falsch von »civet cats« die Rede, z. B. bei Lytras et al. (2021).

40 So Joachim Müller-Jung seinerzeit in der *Frankfurter Allgemeinen Zeitung* vom 7. Januar 2004, als die Larvenroller erstmals im Zusammenhang mit dem ersten Sars-Ausbruch in Verdacht gerieten. Siehe auch Bonn (2003) und Normile (2004); ähnlich Chan & Ridley (2021: 74 ff.).

41 Bemerkenswert ist nicht nur eine 99-prozentige Übereinstimmung der

Sars-Sequenz zwischen Mensch und Tier, sondern dass es beim menschlichen Virus offenbar in Anpassung an den Wirt zu einem charakteristischen Verlust eines 29 Nukleotide umfassenden Sequenzabschnitts gekommen ist, der sich bei den untersuchten Tieren indes nicht findet; vgl. Details in Wang et al. (2005: 1864). Daher schließen die Autoren auch aus, dass der zweite Ausbruch lediglich eine Rückübertragung von zuvor beim ersten Ausbruch bereits infizierten Personen auf die Tiere war, sondern tatsächlich ein erneuter zoonotischer *spillover*.

42 Zwar hat der Berliner Virologe Christian Drosten Ende April 2020 in einem Interview mit dem *Guardian* auch Marderhunde vorübergehend medienwirksam ins Spiel gebracht, aber die Diskussion um sie verebbte ebenso schnell wieder, weil sich dafür keine belegbaren Evidenzen außer den hier angeführten finden.

43 Vgl. *Spiegel Online* vom 26. April 2020 zum *Guardian*-Interview Christian Drostens tags zuvor; siehe auch Pressemitteilung des Deutschen Tierschutzbundes vom 27. April 2020. Über die Zustände des Wildtierhandels als Wirtschaftszweig und in diesem Zusammenhang die sogenannte »traditionelle chinesische Medizin« siehe auch ausführlich Chan & Ridley (2021: 80 ff.). Explizit erwähnt den Marderhund als möglichen zoonotischen Ursprung in Wuhan auch Worobey (2021).

44 Siehe Shi Zhengli et al. (2020) sowie Meldungen u. a. im *Tagesspiegel* vom 7. April 2020 und 4. August 2020 sowie in der *Welt* vom 27. April 2020. Demnach spielen Haustiere wie Katzen oder gar Hunde keine Rolle bei der Verbreitung der vor allem von Mensch zu Mensch übertragenen Epidemie. Die indes als reverse Zoonosen bezeichneten *spillbacks* sind ein eigenes Thema, wie sich später im Zusammenhang mit den Nachweisen von Coronaviren bei Nerzen in Zuchtanlagen sowie bei nordamerikanischen Weißwedelhirschen zeigte. Vgl. u. a. Goraichuk et al. (2021) und Mallapaty (2021); siehe auch Nerpel et al. (2022).

45 Die aus drei rezenten Gattungen gebildete Familie der Schuppentiere (Manidae) wird aufgrund neuerer molekulargenetischer Analysen innerhalb der Säugetiere (Mammalia) als eine den Carnivora nahe stehende eigene Ordnung der Pholidota aufgefasst. Zuvor hatte man sie, wegen des nun als konvergent erkannten Fehlens von Zähnen und einer langen Zunge, für nahe Verwandte der Ameisenbären und Gürteltiere gehalten, mit denen sie als Edentata zusammengefasst wurden. Vgl. zur Phylogenie z. B. Beck et al. (2006).

46 Vgl. zum illegalen Handel, den Aktivitäten der Wildtier-Syndikate in Afrika und Asien sowie dem Versuch, diesen auf die Spur zu kommen: Glaubrecht (2019: 503–510); siehe auch aktuelle Berichte zum Pangolin-Schmuggel über Deutschland (Heinrich et al. 2019) und in Vietnam (Nga et al. 2022) sowie zu den damit eng verzahnten Kartellen des Elfenbeinschmuggels u. a. bei Wasser et al. (2022) und Xia et al. (2021). In einer unlängst vorgelegten Studie wurde aufgezeigt, dass sich der illegale Handel nach Westafrika verlagert hat und hier vor allem nach Nigeria; vgl. den Bericht des Büros der Vereinten Nationen für Drogen- und Kriminalität (UNODC) online unter www.undoc.org/nigeria. Zu Ausmaß und Auswirkungen des Wildtierhandels siehe z. B. auch Liew et al. (2021), Symes et al. (2018) und Maxwell et al. (2016).

47 Vgl. vor allem Lam et al. (2020). Zu den Pangolin-Sequenzen erschienen gleich vier Artikel in kurzer Folge, diese gingen bereits um den 20. Februar 2020 online; Einzelheiten dazu und zu den noch lebend beschlagnahmten

Pangolinen von Guangdong und Guangxi siehe Chan & Ridley (2021: 89 ff.). Letztere Autoren weisen in diesem Zusammenhang auch auf andere als nur wissenschaftliche Motive bei der Entstehung dieser chinesischen Arbeiten zum Fund von Coronaviren bei Pangolinen hin. Vgl. zur molekularen Phylogenie v. a. Boni et al. (2020).

48   Vgl. dazu Wacharapluesadee et al. (2021). Die Autoren weisen zudem auf serologische Ähnlichkeit zu im Jahre 2003, also 17 Jahre vor der Sars-Pandemie, in Guangdong in China beschlagnahmten Pangolinen hin, die zwar nicht durch einen Virentest, aber aufgrund von Antikörpern als Coronavirenträger erkannt worden waren. Auch bei bereits 2018 im Norden Vietnams vom Zoll beschlagnahmten Pangolinen wurden einige Tiere (von insgesamt 696 waren es sieben) positiv auf Coronaviren getestet (Nga et al. 2022).

49   Vgl. Lee et al. (2020). Siehe zur Rolle als zufälliger Zwischenwirt auch Irving et al. (2021: 364), die als Reaktion auf eine Infektion mit Coronaviren von »pulmonary oedem and inflammation« berichten.

50   Datenbank des vom US-amerikanischen National Institutes of Health (NIH) betriebenen National Center for Biotechnology Information (NCBI); vgl. David Cyranoski über Yongzhen Zhang in *Nature Briefing*, online vom 15. Dezember 2020.

51   Vgl. Forster et al. (2020a, b); siehe dazu die kritischen Kommentare unter https://www.pnas.org/doi/10.1073/pnas.2004999117. Berichtet haben darüber u. a. die *Süddeutsche Zeitung* am 8. Mai 2020 und der Autor des vorliegenden Buches in der *Welt* am 29. September 2020; vgl. auch Hermann Feldmeier im *Tagesspiegel* vom 17. Juli 2020.

52   Vgl. Andersen et al. (2020).

53   Vgl. Andersen et al. (2020) und van Dorp et al. (2020); ein ähnliches Zeitfenster ergab sich später auch bei Pekar et al. (2021); siehe Holmes et al. (2021) und auch z. B. Chan & Ridley (2021: 256 ff.). Dazu auch z. B. *Der Tagesspiegel* vom 26. April 2021.

54   Vgl. zur monatelangen unerkannten Ausbreitung des Virus z. B. den Bericht in der *Süddeutschen Zeitung* vom 8. Mai 2020 sowie die Meldung der Nachrichtenagentur AFP vom 19. Juni 2020, u. a. veröffentlicht in der *Ärztezeitung* online vom selben Datum. Siehe auch den Bericht im *Tagesspiegel* vom 17. Juli 2020 und vom 6. September 2020 sowie den *New Scientist* vom 26. September 2020, S. 10.

55   Vgl. u. a. die kartenbasierte Risikoanalyse in Allen et al. (2017) und jüngste Studie in Sanchez et al. (2022).

56   Das Szenario einer längeren Phase kryptischer Transmission ist bereits früh beschrieben worden, z. B. bei Andersen et al. (2020); es wurde u. a. von den Virologen Yongzhen Zhang aus Shanghai und Edward Holmes aus Sydney aufgegriffen (Zhang & Holmes 2020). Siehe dazu auch die Studien von Pekar et al. (2021), Holmes et al. (2021) und Li et al. (2021), die sich damit gegen eine Labor-Hypothese wenden, die prinzipiell nicht ausgeschlossen, aber auch so gut wie nicht falsifizierbar ist.

57   Vgl. Andersen et al. (2020: 451). Die Autoren verglichen dieses Szenario mit den Fällen von Mers, die nachweislich auf wiederholte Sprünge von Kamelen auf den Menschen zurückgingen.

58   Vgl. Starr et al. (2022). Einzelheiten zur Rezeptorbindungsdomäne und der Interaktion mit ACE2 bei Sars-CoV-2 siehe auch Shang et al. (2020).

59   Vgl. Boni et al. (2020).

60 Darauf haben u. a. Kristian Andersen und seine Kollegen Andrew Rambaut, Robert Garry und Edward Holmes (2020) in ihrem viel zitierten Artikel, der bald nach Beginn der Krise im April 2020 in *Nature Medicine* erschien, hingewiesen.

61 So das Bild, das der Berliner Virologe Christian Drosten in einem Interview in der *Zeit* vom 11. November 2021 zeichnete. Zu Andersen siehe Kormann im *New Yorker* vom 12. Oktober 2021.

62 Vgl. Berichte dazu u. a. bei Koopmans et al. (2021); siehe auch Cohen (2021, 2022e), Kormann (2021) und Kupferschmidt (2021), Mallapaty (2021b) und Mallapaty et al. (2021) sowie Maxmen (2021, 2022). Lewis (2021) hat sich zudem mit der allerdings allgemein für wenig wahrscheinlich gehaltenen Möglichkeit beschäftigt, dass das Virus über gefrorenes Fleisch übertragen wurde. Berichte, die auf früheren Angaben basieren, wie etwa in Christakis (2020: 4 ff.) und Chan & Ridley (2021: 84 ff.), weichen aufgrund unsicherer Faktenlage von den jüngst rekonstruierten Daten und Ereignissen noch etwas ab.

63 Das Thema fällt in die Zuständigkeit berufener Historiker und Publizisten. Im Kontext der Ereignisse während der ersten Wochen der Coronakrise warf bereits die *Zeit* (Nr. 4, S. 15 ff.) in ihrem Dossier vom 21. Januar 2021 ein beispielhaftes Schlaglicht auf die Versäumnisse, Unfähigkeit und Dysfunktionalität der Politik in China, den USA und in Deutschland. Vgl. zum Versagen auch der WHO z. B. *Der Tagesspiegel* vom 11. April 2020.

64 Vgl. hierzu insbesondere Worobey et al. (2020, 2022), Holmes et al. (2021) und Pekar et al. (2022).

65 Die Web-Applikation Nextstrain wurde als ein sogenanntes *open source toolkit* von Neher und Bedford bereits vor einigen Jahren entwickelt und während der Corona-Pandemie neben den aktuellen Online-Daten der Johns-Hopkins-Universität zu einem viel genutzten Instrument; vgl. unter https://nextstrain.org/ncov.

66 Betont werden muss aus Sicht der Phylogenetiker, dass ihre Analysen stets nur als Hypothesen zu verstehen sind, denen bestimmte computergestützte Verfahren und Programme zugrunde liegen, in die ihrerseits eine Reihe grundlegender Annahmen implementiert sind.

67 Darauf haben explizit z. B. Martin et al. (2021) hingewiesen; vgl. zur Mutationsrate auch Worobey et al. (2020). Siehe auch Ji et al. (2020), Boni et al. (2020) sowie die in Fußnote 61 genannten Studien.

68 Später trug man für erste Untersuchungen die Patientendaten von weniger als einhundert Personen zusammen, die in der Zeit zwischen Oktober und Dezember mit Symptomen von Covid-19 in Krankenhäusern aktenkundig wurden. Bei 67 von ihnen wurde das Blut auf Antikörper untersucht, die auf eine frühere Infektion mit Sars-CoV-2 hindeuteten; aber es wurden keine Viren selbst mehr nachgewiesen. Was nahelegt, dass es kein großes Cluster an Infizierten vor Dezember gab. Später wurden diese Studien aus mehreren Gründen als unzureichend kritisiert. Selbst der Leiter der WHO-Forschungskommission, der Däne Peter Ben Embarek, war später von den ersten chinesischen Untersuchungen nicht überzeugt und regte eine Nachuntersuchung etwa vorhandener Blutproben von Menschen aus der gesamten Provinz Hubei mit weniger strikten Kriterien bezüglich der Symptome an; vgl. Mallapaty (2021b).

69 Vgl. Worobey et al. (2020) und die kartenbasierten Analysen in Holmes et al. (2021) sowie Worobey (2021) und Worobey et al. (2022); siehe auch Pekar et al. (2022). Die Analysen waren, als sie erstmals als Pre-Print bekannt wurden,

Grundlage einer ausführlichen Berichterstattung in der *New York Times,* die darüber am 27. Februar 2022 berichtete und das rekonstruierte Geschehen auf ihrer Webseite aufwendig illustrierte. Siehe auch Maxmen (2022) und Review zum Ursprung des Coronavirus z. B. bei Li et al. (2021).

70 Immerhin hatten 10 der 19 nachweisbaren Corona-Fälle eine solche Verbindung; das sind mit 53 Prozent etwa die Hälfte aller Ersterkrankten, die in den genannten Krankenhäusern Wuhans aktenkundig wurden. Hinzu kommen 66 Prozent der 41 weiteren Fälle im Jinyintan Hospital der Stadt.

71 Angeblich sollen die seinerzeit gehandelten Tiere alle aus lizenzierten Zuchtbetrieben stammen, weshalb es eben nicht illegaler Wildtierhandel sei, wie offizielle Stellen in Widerspruch zur früheren Darstellung der Behörden verlauten ließen; vgl. Maxmen (2021).

72 Vgl. die Foto-Dokumentation in Zhang & Holmes (2020: 224, Abb. 1) vom April 2020.

73 Vgl. Maxmen (2022) und den Bericht von Carl Zimmer und Benjamin Mueller in der *New York Times* online vom 27. Februar 2022.

74 Hinweise auf deutlich weiter verbreitete Coronaviren hatten sich bereits in den ersten Monaten der Pandemie 2020 abgezeichnet, wie z. B. die Studien von Boni et al. (2020) und Holmes et al. (2020) zeigen. In ihrem Buch *Virus* behaupten Chan & Ridley (2021: 286, 292) in Verteidigung der Laborthese irrigerweise dennoch, keine der übrigen bekannt gewordenen Coronaviren anderer Regionen seien näher verwandt mit dem Sars-CoV-2 als das RaTG13-Virus der Mojiang-Höhle. Durch die Studie zu den Laos-Viren (Temmam et al. 2022) sowie zur Bindungsfähigkeit an den ACE2-Rezeptor (Starr et al. 2022) ist dies inzwischen widerlegt und somit auch eine auf dieses Argument zielende Laborthese korrumpiert.

Wie Viren und Bakterien Geschichte machen

1 Thukydides war attischer Bürger und Politiker, lebte von 454 bis nach 399; vgl. zur Einordnung der von ihm geschilderten Ereignisse den Althistoriker Wolfgang Will (2019) in dessen *Athen oder Sparta. Die Geschichte des Peloponnesischen Krieges.* Thukydides' Schilderung der Seuche bricht mit dem Jahr 411 v. Chr. ab, die Jahre bis 404 werden von Xenophon, ebenfalls einem Militär und Historiker, in dessen *Helleniká* nachgetragen; siehe auch Berthold Seewald in *Die Welt* vom 15. Januar 2020.

2 Mit seinem aus dem ersten Jahrhundert v. Chr. stammenden Lehrgedicht lieferte Lukrez eine der frühen Quellen der Philosophie; vgl. Lukrez (2014). Siehe auch, wie hier zitiert, Tilman Spreckelsen in der *Frankfurter Allgemeinen Sonntagszeitung* vom 21. September 2014.

3 Lange wurde Thukydides' in minutiösen Details festgehaltene Darstellung wie ein Protokoll aus frischer Erinnerung gelesen; doch ist sein Krankheitsbulletin, in das Fallbeispiele aus medizinischen Veröffentlichungen der Zeit einflossen, dichterisch gestaltet; vgl. Will (2019).

4 Vgl. zur Geschichte des Peloponnesischen Krieges Wolfgang Will (2019) und zu den Auswirkungen der Pandemie z. B. Mark Honigsbaum (2019) in *The Pandemic Century. One Hundred Years of Panic, Hysteria, and Hubris.*

5 Schätzungsweise wird von wenigstens einem Viertel bis zu zwei Dritteln der

Einwohner Athens als Opfer der Seuche ausgegangen; der Althistoriker Wolfgang Will (2019) nennt um die 100 000 Tote.

6 Zur früheren Interpretation als Zeugnis der Pest siehe z. B. Meier (2005). Vgl. zu den jüngeren Befunden die Diskussion z. B. in Papagrigorakis et al. (2006) und Shapiro et al. (2006).

7 Zitiert nach Renata Egli-Gerber in der *Neuen Zürcher Zeitung* vom 4. Februar 2021.

8 Dass die sogenannte Antoninische Pest eine erste Pocken-Epidemie war, ist nicht zweifelsfrei belegt. Der amerikanische Mikrobiologe David P. Clark (2010: 87 f.) hielt Pocken bis vor Kurzem noch ohne weitere Erklärung für unwahrscheinlich, anders als etwa der Historiker Kyle Harper (2017) in seinem Buch *The Fate of Rome. Climate, Disease, and the End of an Empire;* vgl. auch sein Interview in der *Zeit,* Nr. 13, S. 34, vom 19. März 2020. Da bisher keine verwertbare Erbsubstanz gefunden wurde, ist nicht direkt erwiesen, welcher Erreger diese offenbar seinerzeit neue Seuche verursacht hat. Die im Folgenden vertretene Hypothese macht aber eine erste Pocken-Pandemie wahrscheinlich. Vgl. zum frühen Ursprung des pockenverursachenden *Variola*-Virus z. B. Babkin & Babkina (2015) und Mühlemann et al. (2020); siehe dazu auch Harper (2021: 195 f.) und z. B. auch Hacker (2021: 17).

9 Vgl. Harper (2021: 193, 429). Der Bedeutungswandel zur Pandemie im heutigen medizinischen Sinn erfolgte zu einem Zeitpunkt, als die Transformationen im 19. Jahrhundert durch Bevölkerungsdichte, Mobilität und enge interkontinentale Verbindungen eine neue globale Seuchen-Ökologie schufen.

10 Vgl. Babkin und Babkina (2015: 1102). In der Arbeit werden ausführlich die verschiedenen Datierungsmethoden mittels *molekularer Uhr* diskutiert sowie die Überlappung des zwischen Sahara im Norden und Regenwald im Süden umgrenzten Vorkommens der Kemps Nacktsohlen-Rennmaus *Gerbilliscus kempi.* Diese afrikanischen Vertreter der Gerbillinae sind übrigens nicht zu verwechseln und nur entfernter verwandt mit den im Heimtierhandel beliebten und verbreiteten Mongolischen Wüstenrennmäusen *Meriones unguiculatus.*

11 Vgl. Babkin & Babkina (2015) und Mühlemann et al. (2020). Obgleich die Autoren der letztgenannten Studie insgesamt 11 von 13 positiv auf Pocken-Viren getesteten Proben in Überresten aus Wikingergräbern im Norden Europas fanden, nennen sie explizit einen aus den Genomsequenzen zurückgerechneten Ursprung des Erregers vor etwa 1700 Jahren.

12 David Clark (2010: 88) diskutiert auch, ob bei der Seuche etwa vom eurasischen Reitervolk der Hunnen von Ostasien ausgehend zuerst germanische Stämme infiziert wurden, die wiederum die Römer in Italien ansteckten, an deren Grenzen es zu Kämpfen kam. Doch dürfte es eher umgekehrt gewesen sein, da durch Seuchen geschwächte Germanen kaum Angriffe gegen das Römische Reich ausführen konnten.

13 Vgl. McNeill (1976), hier zitiert nach Harper (2021: 193); siehe dort auch S. 196 für das Zitat des »single most lethal mortality event in human history up to that time«.

14 Der amerikanische Historiker Kyle Harper (2017) vertritt die Ansicht, das Infektionsgeschehen im Römischen Reich ab 166 n. Chr. sei Teil einer größeren Krise gewesen, die nicht zuletzt vom Klima beeinflusst worden sei. Der Untergang des Römischen Reiches, das über beinahe 700 Jahre hinweg die Mittelmeerwelt und Europa bis in den Norden Britanniens beherrscht hatte, gehört zu den großen Ereignissen der Weltgeschichte. Die Gründe für

den Untergang dürften sicher multifaktoriell gewesen sein, wie zuletzt auch die unterschiedlichen Antworten auf diese Frage zeigen, die die gleichnamige Landesausstellung in Trier von Juni bis November 2022 gab; vor allem lesen sich diese »als ferner Spiegel der eigenen Gegenwart«, wie Berthold Seewald in der *Welt* vom 26. Juni 2022 treffend bemerkte.

15 Harper (2015) hat der Cyprianischen Pest eine eigene Studie gewidmet; vgl. auch Clark (2010: 88).

16 Die Befunde der unter Leitung von Francesco Tiradritti durchgeführten Grabung in Theben wurden 2014 veröffentlicht; vgl. Angelika Franz in *Spiegel Online* vom 22. Juni 2014.

17 Vgl. dazu u. a. Kyle Harper (2021: 199 ff.) und Nicholas Christakis (2020) sowie David Clark (2010: 90 f.). Siehe auch ausführlich den Althistoriker Mischa Meier (z. B. 2016, 2020).

18 Erstmals ließ sich der Beulenpesterreger für ein Reihengräberfeld in der Nähe von München aus dem 6. Jahrhundert nachweisen, wonach nicht nur der Mittelmeerraum, sondern auch Regionen nördlich der Alpen von dieser ersten Pest-Epidemie betroffen waren; vgl. Keller et al. (2019) und siehe Krause & Trappe (2019: 176 ff.) sowie Harper (2021: 200 ff.). Zu den Details der Geschichte der Pest aus molekulargenetischer Sicht siehe Harbeck et al. (2013), Rasmussen et al. (2015) und Spyrou et al. (2018, 2019); aus historischer Sicht zu den späteren Ausbrüchen ausführlich z. B. Reinhardt (2021).

19 Zu den historischen Zusammenhängen vgl. ausführlich vor allem Harper (2017) in *The Fate of Rome*; zur Geschichte des Römischen Reichs in luzider Kurzfassung z. B. Bringmann (1995), zu der des Islams und der Araber u. a. in Spanien z. B. Wördemann (1985) und Clot (2002).

20 Vgl. Clark (2010: 166); siehe auch Harper (2017, 2021: 210 ff.).

21 Kyle Harper (2017) vertrat anfangs die These, dass der (seinerzeit nicht menschengemachte) Faktor Klimawandel zusätzlich zu den Seuchen, angefangen bei der Antoninischen Pest in den späten 160er-Jahren, zum Untergang des Römischen Reichs geführt habe; später legte er den Schwerpunkt eher auf die Seuchen; vgl. Harper (2021: 214–218). Siehe dazu auch sein Interview in der *Zeit*, Nr. 13, S. 34, vom 19. März 2020 und der Bericht von Clemens Klünemann in der *Neuen Zürcher Zeitung* vom 14. Juli 2020.

22 Seuchen haben zudem die Reformation, Renaissance und Revolution befördert und westliche Demokratien sowie die Wissenschaft hervorgebracht; vgl. dazu ausführlich z. B. David P. Clark (2010) in *Germs, Genes, and Civilization. How Epidemics shaped who we are today*. Siehe zur Rolle der Religion bei der Krisenbewältigung z. B. *Das Tagebuch der Menschheit. Was die Bibel über unsere Evolution verrät* des Anthropologen Carel van Schaik und des Historikers Kai Michel (2016).

23 Zur demografischen Abschätzung von Auswirkungen der Pest vgl. z. B. Harper (2021: 230–233). In dem Buch *Das Ende der Evolution. Der Mensch und die Vernichtung der Arten* habe ich vor dem Hintergrund der Bevölkerungsentwicklung des Menschen auch die quantitativen Auswirkungen früherer Seuchen diskutiert; siehe Glaubrecht (2019: 222–242) und die darin berücksichtigte und zitierte Literatur.

24 Einen guten Überblick zur Seuchengeschichte liefern z. B. Stefan Winkle (1997) und Manfred Vasold (2008), während etwa Tom Koch (2011), Laura Spinney (2017), Mischa Meier (2019), Sebastian Jutzi (2019) und Volker Reinhardt (2021) einzelne Epochen und Aspekte exemplarisch herausgreifen.

Vgl. auch im angloamerikanischen Sprachraum die weniger enzyklopädischen, dafür oft lesbareren Versuche etwa bei Clark (2010) und Harper (2017, 2021).

25 Auch der US-amerikanische Epidemiologe und Soziologe Nicholas Christakis (2020) von der Yale University hat seine Abhandlung zur Corona-Pandemie unter den Titel *Apollo's Arrow* gestellt.

26 Diese Art des »kontinuierlich nachregulierenden Krisen-Managements« galt in Analogie zur Pest und vielen anderen Krankheiten auch für Tierseuchen wie die Rinderpest, die im 18. Jahrhundert ökonomische Schäden verursachten; vgl. zum Kontext hegemonialer Erklärungsmuster von Viehseuchen, die ebenso als Gottesstrafe gesehen wurden, z. B. Dominik Hünniger (2011: 42 ff., 77 ff., 214).

27 Vgl. dazu die brillante Darstellung in dem auch auf Deutsch erschienenen Buch *Arm und Reich. Die Schicksale menschlicher Gesellschaften* von Jared Diamond (1997: 242 ff.). Ähnlich argumentiert Clark (2010: 17). Siehe dazu und zu den Auswirkungen auf Religion und die Geschlechterrolle des Menschen bei van Schaik & Michel (2016 und 2020: 328 ff.).

28 Vgl. den Review von Peter Simmonds (2001).

29 Vgl. dazu ausführlich z. B. Krause & Trappe (2021: 309).

30 In ihrer Studie konnten Kocher et al. (2021) Hepatitis B-Viren aus den Überresten von 137 Menschen isolieren, die vor 10500 bis vor 400 Jahren in Eurasien und Amerika lebten; sie haben daraus rekonstruiert, wie sich der Erreger im Laufe der Jahrtausende verändert und ausgebreitet hat.

31 Vgl. den wohl besten Überblick zur Geschichte der Tbc bei Helen Bynum (2012) in ihrem Buch *Spitting Blood. The History of Tuberculosis*, das allerdings vor den jüngsten hier behandelten Studien die neuesten Entwicklungen nicht berücksichtigt; ähnlich auch in Loddenkemper et al. (2018). Siehe aktueller z. B. Harper (2021: 173 ff.) und Monica Green (2021). Historische Zahlen nennen z. B. Comas et al. (2013) sowie Hershkovitz et al. (2008) und Wirth et al. (2008). Die Zahl aktueller Fälle ist nach dpa-Meldungen vom März 2022 erstmals seit mehr als einem Jahrzehnt im Vergleich zum Vorjahr wieder angestiegen, mit mehr als einer Million Kindern und Jugendlichen unter 15 Jahren, von denen etwa ein Viertel starb.

32 Nachdem es im Zeitalter der Antibiotika den Bakterien bald an den Kragen ging, sind es heute nun in ganz ähnlicher Weise die »Virenjäger«, die ins Zentrum der medialen Aufmerksamkeit getreten sind: »Promibiologen«, wie etwa der unternehmungslustige Nathan D. Wolfe von der Harvard-Universität, den selbst Kollegen als »Rockstar« bezeichnen. Jede Gesellschaft und Zeit haben nicht nur ihre Krankheiten, sondern konstruieren auch ihre dazu passenden neuen Helden. So hat es der Biologe und Philosoph Andreas Weber in einer Rezension in der *Zeit*, Nr. 48, S. 53, vom 19. November 2009 des Buches *Bakterien in Krieg und Frieden. Eine Geschichte der medizinischen Bakteriologie in Deutschland 1890–1933* der Kulturhistorikerin Silvia Berger (2009) ausgedrückt, die Robert Kochs wilhelminisches Erbe beleuchtet.

33 Überhaupt finden bei Thomas Mann die Betrachtungen gleich mehrerer Infektionskrankheiten ihren literarischen Niederschlag; so etwa der Ende des 19. Jahrhunderts gefürchtete, mit kontaminiertem Wasser übertragene Typhus, an dem Mann in seinem ersten Roman *Die Buddenbrooks* einen kleinen Jungen sterben lässt. Für seine Novelle *Der Tod in Venedig* bildet eine Cholera-Infektion den Hintergrund, und die Geschlechtskrankheit Syphilis spielt in *Doktor Faustus* eine Rolle.

34   Und das sogar mehr als einmal, da wenigstens zwei verschiedene Evolutionslinien domestizierter Rinder mit entsprechenden Mycobakterien infiziert wurden; vgl. z. B. Comas et al. (2013) und Loddenkemper et al. (2018).

35   So der Historiker Kyle Harper (2021: 175).

36   Vgl. Kappelmann et al. (2008). Die Erkrankung deutet auf die als *Leptomeningitis tuberculosa* bezeichnete Form der Tuberkulose hin. Die Schädelstücke waren 2004 bei der Abtragung von Travertin-Gestein in einem Steinbruch im Westen der Türkei gefunden worden und sind die ersten Hinweise auf den *Homo erectus* im Land. Siehe auch die gegenteilige Argumentation bei Roberts et al. (2009).

37   *Mycobacterium lepromatosis* wurde erst unlängst von Xiang-Yang Han in Mittelamerika entdeckt; siehe auch Han & Silva (2014) zum Ursprung der Lepra und Chisholm et al. (2016) zu einer interessanten Ursprungstheorie der Tuberkulose. Der Ursprung von *M. lepromatosis* und der Schwesterart *M. leprae* geht auf einen Zeitraum von 10 bis 20 Millionen Jahre zurück, bevor sich beide später an afrikanische Hominiden und die Vorfahren des Menschen eng adaptierten.

38   Vgl. Roland Knauer im *Tagesspiegel* vom 19. Dezember 2020. Demnach haben sich nach Studien des Virenökologen Fabian Leendertz Schimpansen in zwei entfernt voneinander liegenden Gebieten der Elfenbeinküste mit Lepra infiziert, möglicherweise an einer bisher unbekannten Quelle in der Natur oder beim Menschen. Im Januar 2021 meldete die dpa unter Verweis auf die Deutsche Lepra- und Tuberkulosehilfe (DAHW) in Würzburg weitere Fälle auch aus Guinea-Bissau.

39   Details dazu vgl. in Verena Schuenemann et al. (2013) und Judith Neukamm et al. (2020); siehe zusammenfassend auch Green (2021).

40   Vgl. dazu im Fall von Lepra und Tuberkulose bei Clark (2010: 30 ff.), der indes – entgegen seiner eigenen Argumentation – aufgrund der damaligen Kenntnislage noch annahm, beide Krankheiten seien jüngeren Ursprungs.

41   Vgl. Wolfe et al. (2007), Blaser & Kirschner (2007) und Comas et al. (2013); siehe dazu auch Diamond (1999).

42   Die Charakterisierung als Seuche jüngeren Datums findet sich u. a. bei Clark (2010: 30) und, weitgehend ungeachtet der jüngsten, von ihnen aber angeführten Literatur, auch bei Green (2021) und Harper (2021: 175 ff.), die den frühen afrikanischen Ursprung und eine entsprechend ältere phylogenetische Datierung bereits im Pleistozän unterschlagen. Anders argumentieren dagegen Loddenkemper et al. (2018) unter Bezug vor allem auf Comas et al. (2013).

43   Vgl. die Studie von Comas et al. (2013); siehe auch für eine Hypothese des frühen Ursprungs der Tbc im Zusammenhang mit der Erfindung des Feuers bei Chisholm et al. (2016).

44   Vgl. Hershkovitz et al. (2008) und Wirth et al. (2008).

45   Vgl. Kerner et al. (2021); siehe dazu auch Gibbon (2021).

46   Infiziert wurden, wahrscheinlich über nah verwandte Robben-Arten, Fischer der Chiribaya-Kultur, die zwischen 900 und 1350 im Süden des heutigen Peru florierte; vgl. dazu Bos et al. (2014). Zum dadurch ausgelösten seuchenbedingten *Great Dying* siehe Green (2021).

47   So etwa Stefan H. E. Kaufmann, Emeritus-Direktor am Max-Planck-Institut für Infektionsbiologie in Berlin, im *Tagesspiegel* vom 24. März 2021.

48   Allerdings kommentierte der an den jüngsten Studien beteiligte Berliner

Medizinhistoriker Thomas Schnalke, die Symptome der Masern seien recht
unspezifisch und in der Geschichtsschreibung daher nicht eindeutig
auszumachen; vgl. *Süddeutsche Zeitung* vom 20. Juni 2020 und *Tagesspiegel* vom
19. Juni 2020.

49 Vgl. Düx et al. (2020); siehe zur Mutationsrate bei Masern u. a. auch Zhang
et al. (2013) und zur Datierung allgemein z. B. Ho & Duchene (2020).

50 Zur epidemiologischen Berechnung der Populationsgrößen des Menschen vgl.
Düx et al. (2020); siehe auch Clark (2010: 25 f.).

51 Vgl. die Diskussion z. B. in Anderson & May (1991); siehe auch May (2000)
und Furuse et al. (2010).

52 Im Fall der Röteln konnten eng verwandte Erreger innerhalb der Familie der
Matonaviridae auch bei Gelbhalsmäusen *(Apodemus flavicollis)* in Deutschland
sowie bei Zyklopen-Rundblattfledermäusen *(Hipposiderus cyclops)* in Uganda
in Afrika nachgewiesen werden; siehe dazu Bennett et al. (2020) und auch
Gibbon (2020) sowie *Tagesspiegel* vom 12. Oktober 2020. Ein einheitliches
Krankheitsbild der Röteln beschrieb erstmals der deutsche Arzt George de
Maton 1814, weshalb diese auch *German measles* (im Unterschied zu Masern
als *Englisch measles*) genannt werden.

53 Zur traditionellen Geschichte der Pest vgl. zuletzt ausführlich etwa Volker
Reinhardt (2021), beschränkt indes auf die große Pest von 1347 bis 1353; siehe
z. B. auch Hacker (2021: 10 ff.) und das Kapitel 8 in Krause & Trappe (2019:
176 ff.). Kyle Harper (2021: 201 ff.) und insbesondere Monica Green (2020)
und Hannah Barker (2021) sowie Fancy & Green (2021) diskutieren dagegen
die jüngsten Facetten der hier dargestellten Geschichte.

54 Vgl. Achtman et al. (1999) und vor allem Julian Parkhill et al. (2001); zum
horizontalen Gentransfer auch Petra Jacoby im *Spektrum der Wissenschaft*,
Februar 2002, S. 16–21.

55 Die bisher ältesten Pesterreger haben die Forscher aus mehr als 500
steinzeitlichen Proben vor allem von Zähnen aus verschiedenen Regionen
Europas und Asiens herausgefiltert. Vgl. zuletzt Valtuena et al. (2022), Kilinc
et al. (2021) und Yu et al. (2020); siehe auch Slavin & Sebbane (2022) und
Krause & Trappe (2019: 173 ff.).

56 Vgl. Krause & Trappe (2019: 186).

57 Vgl. zur Genanalyse der domestizierten Pferde und ihrer Vorfahren zuletzt
z. B. Librado et al. (2021). Demnach stammen sämtliche Rassen der heutigen
Hauspferde *(Equus caballus)* von Vorfahren aus der westeurasischen Steppe
im Süden des heutigen Russlands. Dort wurden sie im Gebiet der Unterläufe
von Wolga und Don domestiziert und verbreiteten sich anschließend rasch
über ihre Ursprungsregion hinaus, wobei sie sehr wahrscheinlich, als
nachgefragte Reitpferde gezüchtet, sämtliche anderen lokalen Populationen
ersetzten.

58 Die von Umwelthistorikern wie etwa Michael McCormick (2003) geäußerte
Hypothese konnten dann Molekular- und Archäogenetiker bestätigen. Vgl. zur
Naturgeschichte der Ratten z. B. Emily Puckett et al. (2016, 2020) und jüngst
Yu et al. (2022); siehe dazu auch Harper (2021: 208, Fußnote 19) und Krause &
Trappe (2019).

59 Vgl. Spyrou et al. (2018) und Keller et al. (2019) sowie Yu et al. (2020) und
Kilinc et al. (2021); siehe z. B. auch Krause & Trappe (2019: 183 ff.) und Harper
(2021: 212 ff.). Allerdings werden einige der sich auf jüngste molekulargenetische Befunde stützenden Interpretationen in der Forschergemeinschaft

mitunter als gewagt wahrgenommen, wie überhaupt Rekonstruktionen zur Pest debattiert werden; vgl. z. B. Lawler (2016) und Green (2021, 2022).

60 Zitiert nach Giovanni Boccaccio (2008).

61 Siehe diesen Hinweis bei Hacker (2021: 12).

62 Vgl. etwa Volker Reinhardt (2021: 20–26). Durch die neueste Literatur zu historischen Quellen aus dem Osten Eurasiens sowie die seit einigen Jahren sich verdichtenden molekulargenetischen Daten zur Entstehung der Pest hat sich indes eine in weiten Teilen neue, in jedem Fall nach Osten erweiterte Perspektive auf die Entstehung der Pest ergeben.

63 Vgl. Reinhardt (2021: 20 ff.) und z. B. auch Krause (2019: 195 f.); siehe auch Harper (2021: 224 ff.). Zur im Folgenden erwähnten neuen These vgl. Hannah Barker (2021).

64 Vgl. Namouchi et al. (2018) und Bramanti et al. (2021) sowie Spyrou et al. (2019). Darin werden nicht nur Fragen zu den Ausbreitungswegen aus dem Osten diskutiert, sondern auch die Hypothese, nach der die mittelalterliche Pest nach einer ersten Einschleppung aus Zentralasien aus einem oder mehreren westeuropäischen Reservoirs erneut ausbrach. So könnten entweder Kamele und die Seidenstraße oder auch Handelswege der Hanse, etwa von russischen Städten aus über die Ostsee bis nach Lübeck und Hamburg, in der zweiten Hälfte des 14. Jahrhunderts eine Rolle gespielt haben. Siehe auch die Diskussion in Barbieri et al. (2019) und Bramanti et al. (2019b). Spätere Pestzüge der frühen Neuzeit sowie ein dritter Pestausbruch am Ende des 19. Jahrhunderts lassen sich ebenfalls molekulargenetisch einordnen; vgl. dazu z. B. Guellil et al. (2020) und Earn et al. (2020) sowie Bramanti et al. (2019a).

65 Vgl. Harper (2021: 219 ff.); siehe auch Reinhardt (2021: 22 f.).

66 Vgl. die Darstellungen von Historikerinnen wie Green (2020) und Fancy & Green (2021) sowie die molekulargenetischen Studien in Spyrou et al. (2018, 2019b); siehe dazu auch Perry (2021), aber auch Slavin (2019) für eine andere Position. Siehe zu den jüngsten Studien auch Gibbons (2022) und Callaway (2022).

67 Eine Zusammenstellung der verfügbaren Befunde zu zentralasiatischen Murmeltieren findet sich bei Green (2020) im Anhang ihres historischen Aufsatzes. Vgl. zu den jüngsten Ausbrüchen der Pest z. B. das Dossier von Bastian Berbner in der Zeit, Nr. 15, S. 15 f., vom 8. April 2021. In den USA etwa gelangte das Bakterium neben Buschratten vor allem auch durch Erdhörnchen zum Menschen. Anderswo sind es Hausratten oder andere Nager, die immer wieder einmal zu Überträgern werden.

68 Die Schreibweise im Deutschen wird aus dem Kirgisischen bzw. Russischen entweder mit Yssykköl oder Issyk Kul wiedergegeben.

69 Erzählt hat dies so Jörg Albrecht in der Frankfurter Allgemeinen Sonntagszeitung, Nr. 45, vom 11. November 2001.

70 Vgl. zum Ursprung und den Pockenfunden bei Mumien z. B. in Babkin & Babkina (2015) und Mühlemann et al. (2020).

71 Vgl. Hacker (2021: 32). Medizinhistoriker geben an, dass bis zu 20 oder gar 40 Prozent der Erkrankten starben; vgl. nachfolgende Fußnote.

72 Vgl. Vasold (2008); die Angaben stammen aus einem Artikel des Historikers in der Zeit, Nr. 15, vom 2. April 2020.

73 Vgl. z. B. Hacker (2021: 33).

74 Vgl. Kozlov (2022a, b) und Cohen (2022b, c) sowie z. B. Online-News in Spektrum der Wissenschaft vom 17. Mai 2022; siehe auch zur aktuellen

Berichterstattung z. B. den *Tagesspiegel* vom 20., 22. und 24. Mai sowie vom 28. Juni und 6. August 2022.

75   Lange nahm man an, die Syphilis sei von Christoph Kolumbus' Männern aus der Neuen in die Alte Welt gebracht worden. Mit gentechnischen Methoden ließ sich unlängst aber nachweisen, dass der Erreger *Treponema pallidum* schon lange vorher in Europa grassierte; vgl. Majander et al. (2020), siehe auch Hartley (2020).

76   Zu den vorkolumbianischen Kulturen und den Auswirkungen des *Columbian Exchange* genannten Austausches zwischen der Alten und Neuen Welt siehe die beiden ausführlichen Darstellungen von Charles Mann (2005, 2011); vgl. auch Glaubrecht (2017 und 2019: 231–242) sowie die darin genannte Literatur. Dazu auch Harper (2021: 243 ff., 252 f., 269–277), der wie auch etwa Koch et al. (2019) die verschiedenen Abschätzungen der Bevölkerungszahlen und des *Great Dying* genannten Zusammenbruchs der menschlichen Population in der Neuen Welt diskutiert.

77   Vgl. Harper (2021: 243 ff.).

78   Der Kommentar stammt aus dem 1553 veröffentlichten Bericht des durch Peru reisenden Spaniers Pedro Cieza de León (der unter dem Titel *Auf den Königstraßen der Inkas* 1971 auch auf Deutsch erschien); hier zitiert nach Charles Mann (2016: 206).

79   Vgl. Kyle Harper (2021: 255–261.)

80   Vgl. Mattioli (2017) und Koch et al. (2019).

81   Vgl. zur Geschichte der Azteken etwa Hanns Prem (1996); zur Verursachung durch Pocken dabei z. B. Linsmeier (2003) und Harper (2021: 261–270); siehe auch Glaubrecht (2017) und dieser im *Tagesspiegel* vom 1. Juli 2021 unter »Entdecker oder Unterdrücker? Warum wir Magellan und Cortés neu betrachten sollten«.

82   Vgl. zu den *Salmonella*-Funden Åshild Vågene et al. (2018). Eine frühere Studie hatte denselben Salmonellenstamm in der DNA einer Frau in Norwegen nachgewiesen, die etwa 1200 starb. Demnach war dieses Bakterium, das die Azteken im 16. Jahrhundert getötet haben könnte, bereits drei Jahrhunderte früher in Europa vertreten.

83   Vgl. zum multikausalen Kontext Rodolfo Acuna-Soto et al. (2002).

84   Siehe dazu beispielsweise die Weltreiseberichte von Georg Forster auf der zweiten Cook'schen Expedition von 1772 bis 1775 oder von Adelbert von Chamisso auf der russischen *Rurik*-Expedition von 1815 bis 1819; vgl. zu Letzterem im Original etwa Sproll et al. (2023) und ausführlich Glaubrecht (2023).

Die Wiederkehr der Seuchen

1   An einem großen historischen Roman zum (allerdings fiktiven) Ausbruch der Seuche auf einer Mittelmeerinsel um 1900 hat sich der türkische Literaturnobelpreisträger Orhan Pamuk versucht; ob sein 2022 erschienenes Werk *Die Nächte der Pest* ebenfalls einmal zu den Klassikern zählen wird, muss sich zeigen. Siehe die Rezension in der *Zeit*, Nr. 7, S. 51, vom 10. Februar 2022.

2   Zur Geschichte der Cholera vgl. z. B. Stefan Winkle (1997), Manfred Vasold (2008) und Kyle Harper (2021: 429 ff.); siehe auch den Berliner Kulturwissenschaftler Olaf Briese (2003) in seinem vierteiligen Werk zur *Angst in den Zeiten*

der *Cholera*. Zur Rolle der Literatur bei der gesellschaftlichen Verarbeitung von Seuchenerfahrung hat die Literaturwissenschaftlerin Davina Höll (2021) eine mit dem Deutschen Studienpreis der Körber-Stiftung ausgezeichnete Dissertation *Das Gespenst der Pandemie. Politik und Poetik der Cholera in der Literatur des 19. Jahrhunderts* vorgelegt.

3   Vgl. Perrot & Schwartz (2015: 137). Zur Bedeutung der Cholera als »quintessential emerging disease of the nineteenth century« siehe Harper (2021: 429 ff.).

4   Vgl. Harper (2021: 433 f.). Für einen Ursprung in der Region des Ganges spricht auch, dass *Vibrio cholerae* in den Quellregionen bedeutender Zuflüsse in Nepal weitverbreitet ist, die Bevölkerung dort aber teilweise immun ist, weshalb Infektionen hier meist harmlos verlaufen.

5   Während beispielsweise der Umwelthistoriker Gillen D'Arcy Wood (2014) den Vulkanausbruch des Tambora 1815 verantwortlich macht (immerhin der heftigste Ausbruch der Neuzeit), favorisieren der Epidemiologe Philip Alcabes (2009) und der Historiker Kyle Harper (2021: 434–437) den Kolonialismus in Asien als Ursache für die Ausbreitung der Cholera.

6   Zitiert nach Tilman Spreckelsen in der *Frankfurter Allgemeinen Sonntagszeitung* vom 21. September 2014.

7   Vgl. Ronald Gerste (2019); siehe auch *Die Zeit*, Nr. 47, S. 19, vom 12. November 2020.

8   Vgl. u. a. die Doppelbiografie zu Robert Koch im Duell mit Louis Pasteur von Annick Perrot und Maxime Schwartz (2014). Mit dem Vermächtnis des 1905 mit dem Nobelpreis Geehrten (für die Entdeckung des Tuberkuloseerregers), der lange als eine Lichtgestalt der deutschen Medizingeschichte galt, setzt sich das Buch *Robert Kochs Affe* des ehemaligen Intensivmediziners Michael Lichtwarck-Aschoff (2021) kritisch auseinander; siehe auch Paul Starzmann im Berliner *Tagesspiegel* vom 26. Mai 2020. Koch hatte anlässlich einer Expedition ins »Schutzgebiet« Deutsch-Ostafrika (auch das nach ihm benannte Berliner Institut beschreibt diese als »dunkelstes Kapitel« in Kochs Biografie) von 1905 bis 1906 zur Erforschung der Schlafkrankheit letztlich nutzlose, aber höchst schmerzhafte medizinische Versuche mit hochgiftigen Mitteln an Menschen durchgeführt und zudem zur »Stilllegung der Seuchenherde« die Internierung Kranker in »Concentration camps« gefordert.

9   Damals starb an der Cholera in ganz Deutschland insgesamt rund eine halbe Million Menschen, was die Politik zum Handeln zwang und den Beginn einer staatlichen Gesundheitspolitik samt Hygieneämtern und der entsprechenden Ausbildung von Ärzten bedeutete; vgl. Hacker (2021: 116 f.).

10 Vgl. zum Ausbruch der Cholera in der Hansestadt vor allem das Buch *Tod in Hamburg* des britischen Historikers Richard J. Evans und Perrot & Schwartz (2015: 141 f.). Siehe auch Berthold Seewald in *Die Welt* vom 22. August 2017 und Fred Langer im Magazin *Geo* von Mai 2020, S. 50–57.

11 Vgl. z. B. Winkle (1997) in seiner *Kulturgeschichte der Seuchen*.

12 Vgl. Hacker (2021: 57).

13 Vgl. zur Ausbreitung Valleron et al. (2010) und Berche (2022).

14 Vgl. zu den wissenschaftlichen Grundlagen von HCoV-OC43 z. B. Corman et al. (2018) und Brüssow (2021). Die Originalarbeiten zu Ursprung und Verwandtschaft des Virus finden sich in Vijgen et al. (2005, 2006); siehe auch Chan & Ridley (2020: 43 ff.) sowie Cyranoski (2020b). Zur Diskussion vgl. Petersen et al. (2020) und Berche (2022). Sowohl Honigsbaum (2020: 57) als

auch Harper (2021: 439) behandeln die Russische Grippe dagegen weiterhin am Rande als eine der Influenza-Ausbrüche.

15 Vgl. Corman et al. (2018: 175 ff.).

16 Vgl. Vijgen et al. (2005: 1602).

17 Vgl. Ulrike Gebhardt in der *Frankfurter Allgemeinen Zeitung* vom 2. September 2020, Gina Kolata in der *New York Times* vom 15. Februar 2022 und Frederik Jötten im *Tagesspiegel* vom 25. März 2022.

18 Wenn Corona einmal endemisch wird, heißt dies nicht, dass die Krankheit harmlos ist, sondern nur, dass das Virus räumlich zwar begrenzt, aber zeitlich unbegrenzt auftritt; vgl. *Die Zeit*, Nr. 38, S. 37 f., vom 16. September 2021.

19 Die Bezeichnung, inzwischen vielfach verwendet, stammt ursprünglich von Jefferey Taubenberger und David Morens (2006); siehe später auch Morens & Taubenberger (2018).

20 So äußerte sich der amerikanische Pathologe Jefferey Taubenberger zum Zeitpunkt der in Asien grassierenden Vogelgrippe im Interview in der *Welt* vom 10. November 2005.

21 Vgl. zur Einschätzung vor allem aus US-amerikanischer Perspektive z. B. Mark Honigsbaum (2008, 2020); zum Einfluss auf den Kriegsausgang aus deutscher Sicht z. B. Manfred Vasold (2009) und auch sein Artikel dazu in der *Zeit*, Nr. 36, S. 17, vom 30. August 2018.

22 Vgl. Kyle Harper (2021: 439). Weniger relevant im Hinblick auf die Auswirkungen auf die Weltbevölkerung ist die derzeitige Corona-Pandemie, selbst wenn wir angesichts von beinahe acht Milliarden Menschen auf der Erde von hohen Fallzahlen in einer Größenordnung von 20 Millionen Toten ausgehen (vgl. Kap. 1).

23 Ausführliche Darstellungen, die sich meist minutiös mit dem Verlauf und den Folgen, weniger mit dem eigentlichen Auslöser und den ultimativen Ursachen beschäftigen, finden sich z. B. in Crosby (1976), Kolata (2001), Barry (2004), Honigsbaum (2008, 2020), Vasold (2009) und Spinney (2017). Siehe auch die Artikel von Gladwell (1997) und Barry (2017).

24 Oft bleibt die Herkunft vage oder wird noch immer falsch dargestellt. Ein prägnantes Beispiel ist die ohnehin stark auf Amerika zentrierte Beschreibung des Mediziners Nicholas Christakis (2020: 70), der zum einen angibt, das Virus sei in Kansas vom Schwein auf den Menschen übergesprungen, zum anderen sei dies erst in Camp Funston Anfang März 1918 geschehen; sämtliche historische Belege eines früheren Beginns werden ebenso ignoriert wie die jüngsten molekulargenetischen Befunde. Siehe ausführlich auch Wever & van Bergen (2014).

25 Vgl. zur Datierung zurückliegender Ereignisse der evolutiven Vorgeschichte z. B. Ho & Duchêne (2020); konkret zur Influenza v. a. Worobey et al. (2014).

26 Vgl. die Darstellung des Historikers John M. Barry (2004, 2017), der durch die Auswertung historischer Berichte Haskell County als Ursprung identifizierte.

27 Vgl. zur Debatte um die Verursachung von Influenza durch Viren und/oder Bakterien allgemein ausführlich v. a. Honigsbaum (2020: 7 ff., 26 f., 36 f.); siehe auch John Brundage und Dennis Shanks (2008), die weiterhin für eine Mitwirkung der Bakterien argumentieren, und Wever und van Bergen (2014).

28 Vgl. Richard Slemons et al. (1974).

29 Vgl. zum Verlauf der Pandemie ausführlich z. B. Barry (2004, 2017); siehe auch z. B. Honigsbaum (2020: 24 ff.) und Spinney (2020: 222 ff.); zusammenfassend u. a. Hermann Feldmeier im *Tagesspiegel* vom 19. April 2020.

30 Vgl. Vasold (2009); siehe auch sein Artikel in der *Zeit*, Nr. 36, S. 17, vom 30. August 2018. Zu konkreten Zahlen vgl. auch Wever & van Bergen (2014).

31 Zitiert nach Marc Tribelhorn in der *Neuen Zürcher Zeitung* vom 16. März 2018.

32 Vgl. Hatchett et al. (2007).

33 Zitiert nach Marc Tribelhorn in der *Neuen Zürcher Zeitung* vom 16. März 2018.

34 Zitiert nach Sven Felix Kellerhof in der *Welt*, vom 1. Februar 2020. Zur Debatte vgl. z. B. Honigsbaum (2020) und Wever & van Bergen (2014), von denen die nachfolgend genannten Zahlen stammen.

35 Vgl. Wever & van Bergen (2014); siehe auch z. B. Vasold (2009).

36 Aufgrund der großen Dunkelziffer nicht eindeutig der Spanischen Grippe zugeordneter Todesfälle und anderer Unsicherheiten weichen die Schätzungen der Todesfälle teilweise erheblich voneinander ab; vgl. u. a. Clark (2010: 243), Honigsbaum (2020: 26, 51, 384), Christakis (2020: 67 ff.), Harper (2021: 439 f.) und Hacker (2021: 27–30). Insgesamt dürfte im historischen Vergleich die Übersterblichkeit während der Spanischen Grippe sechs- bis siebenmal höher gewesen sein als die des Coronajahres 2020, wenn auch nicht in absoluten Todeszahlen (bei damals geringerer Bevölkerung), sondern berechnet auf Fälle pro 100 000 Menschen; siehe Vasold (2009).

37 Vgl. David Clark (2010: 243 f.).

38 Vgl. zum Kinderreim Honigsbaum (2008); siehe auch Michael Sargent in *Nature* (Bd. 456, S. 574) vom 4. Dezember 2008. Zur Herleitung aus dem Italienischen vgl. Mark Honigsbaum (2020: 25) und Gina Kolata (2001).

39 Vgl. dazu z. B. Spinney (2020: 220) und Hacker (2021: 28 f.); siehe auch Harper (2021: 63) und Christakis (2020: 64), wobei je nach Autor auch die Angaben zur Zahl der Subtypen variieren. Zum letzten wissenschaftlichen Stand siehe z. B. Shi & Gao (2021) und die dort referierte Literatur.

40 Vgl. Worobey et al. (2014) und Gagnon et al. (2015).

41 Vgl. dazu etwa Taubenberger et al. (2012) und Shi & Gao (2021) oder Spinney (2020: 218 f.). Siehe auch z. B. Hacker (2021: 31 f.), bei dem Gen-Drift und Gen-Shift irrtümlich andersherum bezeichnet werden.

42 Vgl. Taubenberger et al. (1997) und Reid et al. (1999).

43 Vgl. dazu die Übersichtsarbeiten u. a. von Reid & Taubenberger (2003), Taubenberger (2006), Taubenberger & Morens (2006) sowie Taubenberger et al. (2005b). Diskussion der Originalpublikation von Taubenberger et al. (2005a, 2006) bei Gibbs & Gibbs (2006) und Antonovics (2006). Siehe auch weitere Studien dazu z. B. von Fanning et al. (2002) und Taubenberger et al. (2012).

44 Zitiert aus Taubenberger et al. (2005b); vgl. auch Taubenberger et al. (2005a, 2006). Für die Vogelviren-Quelle siehe v. a. Taubenberger et al. (2012). Siehe auch die neuere Interpretation bei Worobey et al. (2014a).

45 Vgl. Worobey et al. (2014a, b), die herausfanden, dass sieben von acht Genen des Virus starke Ähnlichkeit zu Viren nordamerikanischer Vögel aufwiesen.

46 Opportunistische Bakterien können bei geschwächtem Immunsystem Lungenentzündungen auslösen, die dann häufig zum Tod führen; vgl. z. B. die Darstellung bei Laura Spinney (2020: 228 f.).

47 Vgl. zur Evolutionsbiologie von Infektionskrankheiten z. B. Paul Ewald (1994).

48 Vgl. Patrono et al. (2022). Die bereits 2021 über den Preprint-Server bioRxiv bekannt gewordene Studie erschien nach der üblichen Begutachtung am 10. Mai 2022 in Druck; vgl. auch Nelson & Ghedin (2022).

49 Wie wichtig das aus historischen Proben ableitbare Verständnis für aktuelle

Pandemien wird, haben Nelson & Ghedin (2022) zu Recht betont und auch, wie entscheidend dabei korrekte phylogenetische Rekonstruktionen zum zeitlichen Ablauf der zugrunde liegenden Veränderungen sind, die jeweils unterschiedliche Mutationsgeschwindigkeiten einzelner Wirtsarten berücksichtigen; vgl. dazu Worobey et al. (2014b).

50 Vgl. den Review von Taubenberger et al. (2012) sowie dieser im Interview mit der *Welt* vom 10. November 2005. Der Medizinjournalist Mark Honigsbaum (2020) hat diesen Begriff des »pandemischen Zeitalters« dann titelgebend für sein Buch aufgegriffen.

51 Darauf hat nicht nur Nathan D. Wolfe (2012; siehe auch Wolfe et al. 2007) wiederholt hingewiesen; vgl. auch z. B. Hacker (2021: 27 f.).

52 Vgl. Clark (2010: 243) und Christakis (2020: 323; Abb. 17).

53 Die Angaben etwa bei Christakis (2020: 64) und Hacker (2021: 29) unterscheiden sich um knapp eine Million Tote.

54 Vgl. dazu Honigsbaum (2020: 56 f.) und Hacker (2021: 27–30). Clark (2010: 243) schrieb in diesem Kontext von »nasty possibilities«.

55 Hacker (2021: 31) nennt eine Letalität von 30 bis 85 Prozent; bei Chan & Ridley (2021: 172) findet sich 60 Prozent; andere Quellen gehen inzwischen von mehr als 800 erkrankten Menschen mit mehr als 400 Toten im Zeitraum 2003 bis 2021 aus. Siehe zum aktuellen Geschehen bei H5N1 Shi & Gao (2021), Wille & Barr (2022) und Miller (2022). Im Juni 2022 (und damit ungewöhnlicherweise erstmals im Sommer) kam es entlang der Nordseeküste, von Nordfrankreich bis ins schleswig-holsteinische Wattenmeer, insbesondere auf Helgoland, zu einem Ausbruch der Vogelgrippe bei Wildvögeln. Vor allem bei der Brandseeschwalbe und dem erst neuerdings dort wieder brütenden Basstölpel wurden ganze Brutkolonien ausgelöscht. Vgl. die *Zeit*, Nr. 34, S. 31, vom 18. August 2022 und der *Tagesspiegel* vom 4. Januar und 24. August 2022.

56 Vgl. zu H5N8 etwa Shi & Gao (2021); siehe z. B. *dpa*-Meldungen im Berliner *Tagesspiegel* vom 22. Februar 2021 und in der *Welt* vom 23. Februar 2021, später dann im *Tagesspiegel* vom 28. März 2021 sowie nochmals vom 9. Januar 2022.

57 Vgl. die seinerzeit aktuelle Berichterstattung, zusammengefasst im Berliner *Tagesspiegel* vom 25. bis 28. April, 3. Mai, 13. Juni und 5. November 2009 sowie in der *Zeit*, Nr. 19, S. 39, vom 30. April 2009.

58 Vgl. die Zusammenfassungen der Ereignisse und Literatur u. a. bei Kurth (2005) und Hacker (2021: 23 f.) sowie ausführlich v. a. Chan & Ridley (2021: 72 78, 188 f., 271 f.); siehe auch Cheng et al. (2007).

59 Vgl. Chan & Ridley (2021: 70).

60 Als Reservoir dingfest gemacht werden konnten vor allem Vertreter der chinesischen Hufeisennasen-Fledermaus *Rhinolophus sinicus*.

61 Siehe z. B. Yang et al. (2014) und Anthony et al. (2017) zu den bei Mers relevanten Fledermäusen, u. a. aus Uganda, aus den beiden Familien der Vespertilionidae und Nycteridae.

62 Vgl. dazu der Überblick zum Kenntnisstand Anfang 2014 von Kai Kupferschmidt im *Tagesspiegel*, vom 3. Mai 2014, S. 31. Allein in diesem Jahr gab es dann mehr als 750 verzeichnete Fälle, bevor Mers wieder abflaute. Siehe zu den aktuellen Zahlen z. B. auch Goraichuk et al. (2021), Bernstein et al. (2022) sowie Hacker (2021: 24 f.) und Chan & Ridley (2021: 79).

63 Vgl. Müller et al. (2014) und Corman et al. (2014); siehe auch Goraichuk et al. (2021).

64 Vgl. Kupferschmidt ebenda.

65 So Christian Drosten im Interview in der *Zeit*, Nr. 46, S. 35, vom 11. November 2021.

66 Zitiert ist hier die Einschätzung des Virologen und früheren Präsidenten des Robert Koch-Instituts in Berlin, Reinhard Kurth (2005: 190); siehe dazu auch z. B. Hacker (2021: 53). Eine zusammenfassende Darstellung findet sich z. B. in Honigsbaum (2020: 193 ff.).

67 Zitiert nach Stefan Klein und Ulrich Bahnsen in der *Zeit*, Nr. 38, S. 45, vom 14. September 2000. Die hier skizzierten Ursachen für die Entstehung von HIV, insbesondere die rapiden Veränderungen der Lebensumstände und Umweltveränderungen, geben dem recht.

68 Vgl. *Die Zeit*, Nr. 38, S. 45, vom 14. September 2000 und Hartmut Wewetzer im *Tagesspiegel* vom 3. Februar 1999.

69 Vgl. dazu etwa Weiss (1999), der in seiner Rezension von Edward Hoopers (1999) Theorie, Aids sei »a new human disease«, auch meinte, die Krankheit sei »clearly a new human condition«; oder bei Moore (1999), der den reißerischen Titel einer BBC-Pressemitteilung zitierte: »Scientists started Aids epidemic.« Siehe dazu u. a. Klein und Bahnsen in der *Zeit*, Nr. 38, S. 45, vom 14. September 2000. Vgl. dagegen zu Aids als Zoonose z. B. Hahn et al. (2000), Worobey et al. (2004) und Sharp & Hahn (2010) sowie die darin zitierte Literatur.

70 Der US-amerikanische Virologe Robert Gallo vom Nationalen Krebsforschungszentrum in Bethesda hatte HIV ebenfalls beschrieben, aber 1984 als Erster ein Patent auf einen Aids-Test angemeldet, basierend auf Material, das die Franzosen ihm zur Verfügung gestellt hatten. Vgl. zum Wettlauf der beiden z. B. John Crewdson (2002); siehe auch Goudsmit (2002). Der Streit um die Entdeckung des Virus führte seinerzeit sogar zu diplomatischen Verwicklungen. Gemeinsam mit den beiden Franzosen bekam auch der deutsche Virologe Harald zur Hausen den Nobelpreis, der früh die Idee verfolgte, dass Viren Krebs auslösen können.

71 Vgl. zum aktuellen Vergleich mit Corona z. B. Dirk Ludigs im *Tagesspiegel* vom 11. Mai 2020 und Richard Friebe ebenda am 5. Juni 2021.

72 Vgl. Edward Hooper (1999); siehe dazu auch Weiss (1999) und Moore (1999). Zur Widerlegung vgl. etwa Worobey et al. (2004).

73 Vgl. Worobey et al. (2010).

74 Vgl. Hahn et al. (2000) und Sharp & Hahn (2010: 2488). Auch die Systematik der inzwischen vielfach vom Aussterben bedrohten Meerkatzenverwandten *(Cercopithecidae)* ist in Bewegung. So wird innerhalb der Rußmangabe *(Cercocebus atys)*, deren Verbreitungsgebiet sich in Westafrika vom Senegal bis Ghana erstreckt, als westlich des Flusses Sassandra lebende Nominatform gegenüber der östlich davon vorkommenden Weißnackenmangabe (*Cercocebus lunulatus*, auch Weißscheitelmangabe genannt) abgegrenzt. Diese wird als eigenständige Art betrachtet, deren Verbreitungsgebiet historisch im Zentrum und Osten der Elfenbeinküste, im Südwesten von Burkina Faso und in Ghana zwischen Sassandra und Volta liegt. Verwirrenderweise wurde die Rußmangabe früher selbst als Unterart der Halsbandmangabe *(Cercocebus torquatus)* angesehen.

75 Vgl. Gao et al. (1999), Korber et al. (2000), Worobey et al. (2004) und Keele et al. (2006); siehe auch Hillis (2000) und den Überblick in Sharp und Hahn (2010) sowie die dort zitierte Literatur. Bei der Berechnung mithilfe einer

molekularen Uhr wurde ein wahrscheinlicher Zeitraum für das erste Auftauchen von HIV meist zwischen 1915 und 1941 ermittelt, daher die Datierung der nachfolgenden Ereignisse zwischen 1920 und 1930.

76 Vgl. Sharp & Hahn (2010).

77 Die früheste dokumentierte Infektion mit HIV-1 ist durch die 1959 entnommene Blutprobe eines Mannes aus Léopoldville im damaligen Belgisch-Kongo nachgewiesen. Durch den Vergleich mit späteren Proben, insbesondere von einer 1976 an Aids verstorbenen Familie eines norwegischen Seemanns, der sich im Kongo aufgehalten hat, ließ sich eine Entstehung in den 1940er- bis frühen 1950er-Jahren ableiten; doch ist anzunehmen, dass das Virus bereits Jahre zuvor auf den Menschen übersprang; vgl. u. a. Zhu et al. (1998) und Korber et al. (2000). Michael Worobey et al. (2008) datierte mittels einer weiteren, seit 1960 erhaltenen Probe den Ursprung von HIV auf den Beginn des 20. Jahrhunderts, rechnerisch im Mittel auf die Zeit zwischen 1884 und 1924, und vermutete, dass die Gründung von Kolonialstädten die Ausbreitung des Virus beförderte. Dagegen machen z. B. Pepin & Labbe (2008) die koloniale Gesundheitspolitik und die Übertragung durch den Gebrauch von Injektionsspritzen für die anfängliche Ausbreitung des HI-Virus in Afrika verantwortlich. Siehe zu dieser Darstellung z. B. auch Honigsbaum (2020: 223 ff.).

78 Vgl. Gilbert et al. (2007). Die phylogenetischen Daten legen für die Ankunft des Virus auf Haiti einen Zeitraum zwischen 1962 und 1970 nahe und für die weitere Ausbreitung zwischen 1966 und 1972. Siehe auch den Review zur Evolution von HIV und dem Ursprung von Aids z. B. in Sharp & Hahn (2010).

79 Diese Vorhersage machte der US-amerikanische Evolutionsbiologe David Hillis (2000) bereits im Juni 2000; mithin vor Sars und Mers, vor den jüngsten Influenza-Inzidenzen und vor Ebola und Corona.

80 Vgl. Fiona Weber-Steinhaus in *Geo* vom Oktober 2020, S. 101.

81 Vgl. dazu v. a. die Berichte von Fabian Leendertz in Interviews, etwa in *Geo* vom Juni 2020, S. 84–93, in der *Zeit*, Nr. 13, S. 36, vom 25. März 2021 sowie in der *Welt* vom 11. Oktober 2021. Siehe auch die Berichterstattung z. B. im *Tagesspiegel* vom 5. April und 31. Dezember 2014 sowie Tilman Spreckelsen in der *Frankfurter Allgemeinen Sonntagszeitung* vom 21. September 2014. Eine ausführliche Zusammenfassung liefert Honigsbaum (2020: 277 ff.).

82 In einigen Berichten zum Ausbruch von Ebola 2013 in Guinea ist wiederholt statt von insektenfressenden Fledermäusen von früchteverzehrenden Flughunden die Rede; so etwa bei Honigsbaum (2020: 315 f.), der *Hypsignatus monstrosus*, *Epomops franqueti* und *Myoncyteris torquata* nennt. Diese kommen zwar auch als Reservoir infrage, konkrete Hinweise gibt es aber in diesem Fall nur für die Angola-Bulldoggfledermaus (vgl. Saez et al. 2015, deren Artbezeichnung indes häufig fälschlich als *Mops »condylorus«* statt *condylurus* wiedergegeben wird (vgl. u. a. auch Hacker 2021: 50).

83 Vgl. dazu z. B. der Bericht im *Tagesspiegel* vom 31. Dezember 2014. Siehe auch Schmidt et al. (2019) und die einschlägige darin zitierte Literatur.

84 Vgl. zu Flughunden als Reservoir für Ebola-Viren u. a. Leroy et al. (2005), Saez et al. (2015) und Leendertz et al. (2016); siehe auch David Quammen (2012) und Quammen in *Geo* vom Dezember 2021, S. 48–62, sowie Kupferschmidt (2017); vgl. auch Honigsbaum (2020: 285 ff.).

85 Vgl. Hacker (2021: 49) und Garry (2021). Auch 1999 war es im Nordosten des Kongo zu einer lokalen Epidemie durch Marburg-Viren gekommen; vgl. z. B. Hermann Feldmeier in der *Welt* vom Mai 1999.

86 Berichtet wurde darüber anlässlich des Falls einer jungen Deutschen, die sich Anfang 2000 während einer Reise in Westafrika infiziert hatte und nach der Rückkehr verstarb; vgl. z. B. *Die Welt* vom 14. Januar 2000 sowie die *Frankfurter Allgemeine Zeitung* vom 15. Januar 2000.

87 Vgl. Schmidt et al. (2019), die unlängst die ökologischen Bedingungen für insgesamt mehr als einhundert Säugetiere näher untersuchten, während Olivero et al. (2019) vor allem dem Zusammenhang zwischen Waldverlusten und Ebola-Ausbrüchen nachgingen. Siehe auch Redding et al. (2019) zu den Faktoren und der Wahrscheinlichkeit zukünftiger Ausbrüche; und Kupferschmidt (2017) für einen Bericht zur Feldforschung im Kongo.

88 Vgl. Peter Walsh et al. (2003); siehe auch Whitfield (2003) und Alexander Kekulé im *Tagesspiegel* vom 9. April 2003. Welche Rolle bei der Übertragung von Ebola neuerdings auch Nutztiere wie etwa Hausschweine oder gar Hunde spielen könnten, ist dagegen noch ungeklärt. Erwähnt sei, dass das Ebola-Virus, das zwischen 2005 und 2012 die Hälfte des Gorilla-Bestands in der Republik Kongo tötete, neben der Wilderei inzwischen zur Haupttodesursache unter diesen Menschenaffen geworden ist; vgl. Kupferschmidt (2017: 903).

89 Vgl. dazu im Detail Honigsbaum (2019: 282 ff.). Unterschlagen werden müssen hier weitere Feinheiten; etwa, dass inzwischen sechs verschiedene Ebola-Virus-Formen bekannt sind: neben dem besonders aggressiven Ebola-Zaire (das 2014 die verheerende Epidemie in Guinea auslöste) etwa das Reston-Ebola-Virus, für das bisher keine Krankheitssymptome beschrieben wurden, oder das 2018 im Norden von Sierra Leone entdeckte Bombali-Ebola-Virus, das in Fledermäusen nachgewiesen werden konnte.

90 Mittlerweile sind laut WHO-Angaben mehr als 30 Ausbrüche bekannt, bis zur Ebola-Epidemie 2014 in Guinea waren es allein um die 24 Fälle.

91 Vgl. zur Ursache und dem weiteren Verlauf der Ausbreitung der Ebola-Epidemie in Westafrika 2014 bis 2016 Honigsbaum (2020: 285–316).

92 Vgl. zum Ablauf des Geschehens ausführlich z. B. Honigsbaum (2020: 286 ff.); zu den Zahlen z. B. auch Hacker (2021: 50).

93 Der amerikanische Sachbuchautor Richard Preston (1995), ein promovierter Naturwissenschaftler und anerkannter Fachjournalist, hat dieses Szenario meisterhaft in seinem spannenden, inzwischen als *Outbreak* von Hollywood verfilmten Tatsachen-Thriller *The Hot Zone. The Terrifying true Story of the Origins of the Ebola Virus* beschrieben, das sich streckenweise eher wie ein Roman liest. Es lieferte die Grundlage für eine Hörfunksendung des Autors des vorliegenden Buches, die Anfang 1996 – zwei Jahrzehnte vor dem Ausbruch in Guinea – im Bildungsfunk des NDR auf die potenzielle Gefahr solcher Zoonosen aufmerksam machte.

94 Vgl. Berichte dazu z. B. im *Tagesspiegel* vom 7. März und 13. Juni 2020.

95 Vgl. etwa im *Tagesspiegel* vom 20. Dezember 2019 und die Berichte dazu in *Science* von Dezember 2019; siehe auch die Reportage von Fiona Weber-Steinhaus in *Geo* von Oktober 2020, S. 94–108. Auf die Impfung gegen Ebola setzte auch Hacker (2021: 51) seine Hoffnung.

96 Vgl. AFP-Meldungen z. B. in der *Welt* und im *Tagesspiegel* vom 15. Februar 2021; siehe auch *Science News* (online) vom 12. März 2021 und Robert Garry (2021).

Die Zerstörung der Natur und wild gewordene Viren: Wie der Mensch sich selbst Krankheiten schafft

1 Der ebenso listige wie lakonische Satz, mit dem Mark Twain (eigentlich Samuel Langhorne Clemens) 1897 die im *New York Journal* verbreiteten Gerüchte um seinen Tod zerstreute, ist unlängst auch zum deutschen Titel des letzten Teils seiner dreibändigen Autobiografie geworden; vgl. Twain (2018). Twain starb an Herzversagen, jedenfalls nicht an einer Infektionskrankheit, obgleich ihn bis zum Ableben die Folgen einer Lungenentzündung plagten.

2 Hier zitiert ist der amerikanische Surgeon General von 1967; vgl. May (2000). Belege für einen ähnlichen früheren Optimismus zitiert auch Christakis (2020: 296). In einem renommierten medizinischen Fachjournal weisen Elias et al. (2021) in ihrem Artikel zur Zunahme neuer Infektionskrankheiten indes zuerst einmal darauf hin, dass es im Verlauf des 20. Jahrhunderts in den Industrienationen tatsächlich zu einem substanziellen Rückgang der Todesfälle durch Infektionskrankheiten gekommen sei und sich dieser Trend auch in den übrigen Ländern abzeichne.

3 Vgl. Christakis (2020: 298).

4 Die Idee eines *Schwarzen Elefanten* hatten die Evolutionsbiologen Daniel Brooks, Eric Hoberg und Walter Boeger (2019: 20), die in ihrem Buch *Stockholm Paradigm. Climate Change and Emerging Disease* unmittelbar vor dem Ausbruch von Covid-19 explizit vor einer Pandemie mit globalen Auswirkungen wie der Spanischen Grippe von 1918 warnten.

5 Dass die Infektiologie als Feldzug weiterhin nachwirke, meint etwa Andreas Weber anlässlich seiner Besprechung in der *Zeit*, Nr. 48, S. 53, vom 19. November 2009, von Silvia Bergers (2009) Buch über Robert Kochs *Bakterien in Krieg und Frieden*.

6 Zur Inszenierung von Nathan D. Wolfe und hierzulande Fabian Leendertz (inzwischen Gründungsdirektor am Helmholtz-Institut für One Health in Greifswald) vgl. z. B. die Interviews und Berichte in der *Welt* vom 11. Februar 2010 und 17. März 2012 oder in *Geo* von Juni 2020, in der *Zeit*, Nr. 13, S. 36, vom 25. März 2021 und im *Tagesspiegel* vom 27. März 2021, die abwechselnd mit »Virenjäger« und »Seuchenfahnder« überschrieben sind. Siehe auch Wolfe (2011, 2012) und Quammen (2012).

7 Während Richard Prestons Buch von »tödlichen Viren aus dem Regenwald« berichtet, nimmt der Filmklassiker Anleihen beim aktuellen Geschehen des *spillover* von Nipah-Viren in Malaysia 1998 bzw. bei Hendra 1994 in Australien. Während es bei Ersteren seitdem zu etwa einem Dutzend Ausbrüchen unter anderem in Bangladesch 2001 und 2003 kam (Epstein et al. 2020), sind von Letzteren insgesamt 52 Ausbrüche allein an der Ostküste Australiens bekannt und analysiert (Plowright et al. 2015).

8 Vgl. David Quammen in der *New York Times*, hier zitiert nach der *Zeit*, Nr. 17, S. 26, vom 16. April 2020.

9 Vgl. zur Benennung der Faktoren, neben zahlreichen Medienberichten, jüngst in den Darstellungen von Brooks et al. (2019), Christakis (2020), Honigsbaum (2020) und Harper (2021); siehe z. B. im Überblick Daszak et al. (2000) und Holmes (2022), konkret u. a. Allen et al. (2017) und Johnson et al. (2020). Umfassende Analysen dazu finden sich in den Studien z. B. von Gibb et al.

(2020), Stephens et al. (2021), Grange et al. (2021) und Bernstein et al. (2022); speziell zum Einfluss von Landnutzung und Klima z. B. zuletzt Carlson et al. (2022); siehe dazu auch Baker & Metcalf (2022).

10 Die Formulierung wurde leicht abgewandelt und z. B. verwendet als »Rache des Schuppentiers« von Joachim Müller-Jung in der *Frankfurter Allgemeinen Zeitung* (online) vom 7. Februar 2020 und von Wufei Yu als »Revenge of the Pangolins« im *Outside Magazine* (online) vom 5. März 2020. Siehe auch Michael Odenwald im *Focus* vom 6. April 2020 mit Bezug auf einen entsprechenden Artikel in der *New York Times*.

11 Vgl. dazu etwa die Perspektive bei Fangerau & Labisch (2021).

12 Ausführlich dargestellt habe ich die Rolle des Evolutionsfaktors Mensch in *Das Ende der Evolution. Der Mensch und die Vernichtung der Arten;* vgl. Glaubrecht (2019). Als Überblick zum dadurch ausgelösten derzeitigen »sechsten Massensterben« vgl. u. a. Kolbert (2014) und Cowie et al. (2022). Siehe auch Palumbi (2001) und Seitz et al. (2020).

13 Dem Zusammenhang von Biodiversität und auftretenden Epidemien sind in globalen Studien u. a. nachgegangen: Daszak et al. (2000), Wolfe et al. (2007), Jones et al. (2008) und Keesing et al. (2010) sowie jüngst Allen et al. (2017), Johnson et al. (2020) und Gibb et al. (2020). Dies wird ergänzt durch die hier in Teil 2 rekonstruierten Einzelfälle historischer Seuchen.

14 Vgl. zum Anthropozän meine zusammenfassende Darstellung in Glaubrecht (2019: 690 ff.); für die jüngste Entwicklung zur geologischen Feststellung siehe z. B. Voosen (2022).

15 Vgl. Honigsbaum (2020: 372 f.).

16 Vgl. allgemein zu den Schätzungen und Zahlen z. B. Woolhouse et al. (2008), Holmes et al. (2018), Wille et al. (2021); siehe auch Brooks et al. (2019: 21) und die Grafik in Christakis (2020: 299). Zu den *Predict*-Zahlen vgl. Watsa et al. (2020), zur Zunahme allgemein v. a. Jones et al. (2008), Smith et al. (2014), Allen et al. (2017), Gottdenker et al. (2014); siehe auch Stephens et al. (2021), Elias et al. (2021) sowie Bernstein et al. (2022) und zur ableitbaren Vorhersage z. B. Visher et al. (2021).

17 So etwa der britische Tropenmediziner Jeremy Farrar im Interview mit dem *Tagesspiegel* vom 2. September 2021, S. 22.

18 Vgl. zu den Affenpocken die Übersichtsarbeit bei Bunge et al. (2022).

19 Vgl. Brooks et al. (2019: 1).

20 Vgl. Stephens et al. (2021) zur Charakterisierung der hundert größten zoonotischen Ausbrüche.

21 Vgl. zu den Klimatrends der EIDs jüngst Carlson et al. (2022); siehe auch Baker & Metcalf (2022). Für das Hendra-Beispiel vgl. im Detail die Studie von Plowright et al. (2015).

22 Vgl. zu den Influenza-Viren Shi & Gao (2021) und Wille & Barr (2022); siehe dazu auch das Szenario im Epilog.

23 Vgl. dazu ausführlich *Das Ende der Evolution* (Glaubrecht 2019: 211–331).

24 Vgl. zu den Zahlen Harper (2021: 468 ff., auch 490–498) und Elias et al. (2021).

25 So betrug das Wachstum zuletzt nur noch 0,84 Prozent; vgl. dazu die auf den UN-Berichten basierenden jüngsten Mitteilungen der Deutschen Stiftung Weltbevölkerung unter https://www.dsw.org/; siehe auch die dpa-Meldungen u. a. im *Tagesspiegel* vom 15. Juli 2022 und zuvor schon in der *Welt* vom 18. Januar 2021.

26 Diese doppelte Überbevölkerung hat zuletzt der Demografieexperte Reiner

Klingholz (2021), bis vor Kurzem Leiter des Berlin-Instituts für Bevölkerung und Entwicklung, in seinem Buch *Zu viel für diese Welt. Wege aus der doppelten Überbevölkerung* dargestellt; siehe auch Klingholz im *Tagesspiegel* vom 23. Juni 2021.

27 Vgl. Honigsbaum (2020: 372 f., 376).

28 Vgl. die Studien z. B. von Jones et al. (2008), Keesing et al. (2010), Smith (2014), Allen et al. (2017) und Gibb et al. (2020).

29 Vgl. den Bericht über einen der jüngsten Ausbrüche von Ebola bei Kupferschmidt (2017).

30 Zu Einzelheiten und weiterführender Literatur vgl. z. B. Glaubrecht (2019); siehe auch z. B. Cowie et al. (2002).

31 Vgl. Jones et al. (2008), Olival et al. (2017), Johnson et al. (2020), Gibb et al. (2020) und Wille et al. (2021); siehe auch Ostfeld & Keesing (2020) und Tollefson (2020).

32 Vgl. Muylaert et al. (2022).

33 Vgl. Bloomfield et al. (2020) und Faust et al. (2018); siehe auch Fritz Habekuß in der *Zeit*, Nr. 22, S. 29 f., vom 20. Mai 2020.

34 Vgl. z. B. Stephens et al. (2021) und Grange et al. (2021); siehe auch Holmes (2022). Ein auf Massentierhaltung basierender Fleischkonsum wird allgemein für ein erhebliches Pandemierisiko gehalten; so etwa auch der Berliner Virologe Christian Drosten in einem Interview in der *Zeit*, Nr. 13, S. 33, vom 24. März 2022.

35 Vgl. Johnson et al. (2020); siehe auch Grange et al. (2021). Johnsons Studie bestätigt zudem, dass Fledermäuse die größte Zahl verschiedener Virusarten beherbergen, die sie an ihren Schlafplätzen untereinander tauschen, was sie zum potenziell gefährlichsten Reservoir für EIDs macht. Ausgerechnet für diese Fledertiere fehlen wichtige biologische Daten und Virenbefunde, so die Autoren.

36 Vgl. z. B. in Harper (2021: 506) zitierte Quellen; siehe aktuell auch unter https://de.statista.com.

37 Zum Ausbruch des Nipah-Fiebers vgl. z. B. Epstein et al. (2020); zum Verlauf der Schweinepest siehe z. B. Mallapaty (2019).

38 Vgl. Mallapaty (2019).

39 Vgl. die Meldung in *Nature* (Bd. 596: 169) vom 12. August 2021 und im Detail dazu Chandler et al. (2021); siehe auch Mallapaty (2021a und 2022b).

40 Vgl. Lytras et al. (2021); siehe auch Goraichuk et al. (2021) und Fischhoff et al. (2021).

41 Dänemark ist mit etwa 1000 Farmen der weltweit größte Exporteur von Nerzfellen; vgl. zur seinerzeitigen Berichterstattung z. B. *Science* (Bd. 379, S. 539) vom 30. Oktober 2020, *Tagesspiegel* vom 7. November 2020 und zuvor bereits *Süddeutsche Zeitung* vom 14. Mai 2020. Siehe auch Zhou & Shi (2021).

42 Vgl. Cohen (2022c, d).

43 Zu den Wildtiermärkten aktuell z. B. Diamond & Wolfe in der *Süddeutschen Zeitung* vom 23. März 2020. Vgl. auch Zhang & Holmes (2020), Holmes et al. (2021) und Holmes (2022).

44 Siehe zusammenfassend z. B. Cohen (2022a).

45 Vgl. Lytras et al. (2021), siehe konkret für den Ursprung von Covid-19 z. B. Worobey (2021) und Worobey et al. (2022).

46 Vgl. u. a. den Interpol-UNEP Report von 2016 (online). Zur Wilderei in Afrika zuletzt z. B. *Die Welt* vom 9. Mai 2020; siehe auch Roman Goergen in *Spektrum Online* vom 11. Juni 2020.

47   Vgl. den Bericht zur Nutzung von Wildtieren unter IPBES (2022); siehe auch Smriti Mallapaty in *Nature (News)* online vom 12. Juli 2022 und unter www. sciencemediacenter.de.

48   Vgl. zur Wilderei als »Krieg gegen Arten« und »Mordsgeschäft« mit Elfenbein und Nashorn sowie den Drehkreuzen dieses Handels z. B. Glaubrecht (2019: 502–510).

49   So berichtete im April 2021 eine Studie des britischen Royal United Services Institute (Rusi), einem Thinktank für Verteidigungs- und Sicherheitspolitik. Vgl. zum UNODC-Report unter www.unodc.org/nigeria/; siehe u. a. *Der Spiegel* online am 30. April 2021.

50   Vgl. die Studie von Jia Huan Liew und David Dudgeon (2021) von der Universität in Hongkong und ein Team um David Edwards von der University of Sheffield in Morton et al. (2021); siehe dazu auch Elizabeth Pennisi in *Science* (online) vom 15. Februar 2021. Vgl. auch die im ersten Teil des Buches für Pangoline zitierten Studien.

51   Vgl. Marshall et al. (2022); siehe zum Verlust der Biodiversität gerade auch bei Invertebraten z. B. Cowie et al. (2022).

52   Beispielhaft sei verwiesen auf das Interview mit dem Wildtierarzt Christian Walzer von der Wildlife Conservation Society (WCS) auf *Zeit Online* vom 1. Februar 2020 oder das Interview mit Arnulf Köhncke, dem Leiter Artenschutz beim World Wildlife Fund, im *www magazin*, 03/2020, S. 22 f.

53   Zum Vergleich: Chongqing hat knapp 32 Millionen Menschen, die auf einer Fläche größer als Österreich leben; siehe zu Metropolen und Megacitys z. B. in Glaubrecht (2019: 315 ff.).

54   Vgl. Cohen (2022c, d).

55   Vgl. zur Rekonstruktion insbesondere der dritten Pest-Welle in Ostasien etwa Bramanti et al. (2019a).

56   Vgl. Chornelia et al. (2022); siehe auch Mallapaty (2022a).

Tanz mit dem Teufel – Auswege aus einer menschengemachten Krise

1   Vgl. zum Mensch als Evolutionsfaktor ursprünglich z. B. Palumbi (2001) und ausführlich dann Glaubrecht (2019); zur evolutionsbiologischen Perspektive siehe auch Brooks et al. (2019), Seitz et al. (2020) und Visher et al. (2021).

2   Dennoch setzen vor allem Mediziner in erster Linie auf die Entwicklung breit wirkender antiviraler Medikamente als »wirksamste Abwehrstrategie«; so befürwortet etwa Jörg Hacker (2021: 26) als Maßnahme Breitband-Therapeutika und Impfstoffe. Als Arzt und Gesundheitsexperte verweist dagegen Nicholas Christakis (2020: 305, 307–311) darauf, dass in der Vergangenheit vor allem nichtpharmazeutische Interventionen zur Unterbrechung der Übertragung des Pathogens geführt haben – nicht also Impfstoff, sondern Herdenimmunität. Beispielsweise sei OC43 – jenes Coronavirus, das 1889 für die sogenannte Russische Grippe verantwortlich war – zu einem der vier üblichen Grippeviren geworden, als entferntes Echo einer längst vergangenen Pandemie und gleichsam domestiziert durch eine Kombination aus Herdenimmunität und genetischem Wandel.

3   Vgl. dazu z. B. den Medizinhistoriker Mark Honigsbaum (2020) sowie auf *Zeit Online* vom 25. März 2020.

4   Vgl. etwa die von Bernd Ulrich (2019) betitelte Streitschrift *Alles wird anders über das neue Zeitalter der Ökologie*.

5   Vgl. zu den aktuellen Infektions- und Todesfallzahlen von Covid-19 die Literatur im Teil 1, u. a. Van Noorden (2022) und Adam (2022a, b).

6   Vgl. Hans Jonas (1979: 8) im *Prinzip Verantwortung*.

7   Im Original lautet das Kennedy zugeschriebene Zitat: »The Chinese use two brush strokes to write the word ›crisis.‹ One brush stroke stands for danger; the other for opportunity. In a crisis, be aware of the danger – but recognize the opportunity.« (»Die Chinesen verwenden zwei Pinselstriche, um das Wort ›Krise‹ zu schreiben. Ein Pinselstrich steht für Gefahr; der andere für die Gelegenheit. Seien Sie sich in einer Krise der Gefahr bewusst – aber erkennen Sie die Gelegenheit.«); zitiert nach https://beruhmte-zitate.de/.

8   Das häufig verwendete Zitat wird, ohne weiteren Quellenhinweis, Max Frisch zugeschrieben; siehe z. B. Michael Miersch in *der Welt* vom 11. Oktober 2008.

9   Im Original:»An optimist sees an opportunity in every calamity; a pessimist sees a calamity in every opportunity. I am an optimist – it does not seem too much use being anything else.« Eine Zuschreibung Winston Churchills ist allerdings laut dem Historiker Richard M. Langworth fraglich; hier zitiert nach https://quoteinvestigator.com/.

10   Christian Drosten, Direktor am Institut für Virologie der Berliner Charité, im Interview in *der Zeit*, Nr. 13, S. 33, vom 24. März 2022.

11   Im Interview mit mir für den *Tagesspiegel* vom 24. Februar 2021 zeigte sich auch Drostens Mitarbeiter Victor Corman verblüfft darüber, dass Sars-CoV-2 auf dem Rücken eines Erbmoleküls aus Fledermausviren (RaTG13) Eigenschaften von Viren kombiniert, die sich in den Pangolinen aus Guangdong und in weiteren Fledermäusen aus Yunnan fanden. Dass die Zellrezeptor-Bindungsdomänen RBD, verbunden mit der Furin-Spaltstelle, für das Andocken des Spike-Proteins eine so entscheidende Rolle spielten, hat die Forscher in Drostens Arbeitsgruppe nach eigenem Bekenntnis überrascht, obgleich sie seit Langem den evolutiven Ursprung menschlicher Coronaviren erforschen. Während sich ähnliche Varianten der Hüllproteine zuvor auch bei aus Fledermäusen in Yunnan gewonnenen Viren (etwa RmYN02) fanden, sind Furin-Varianten vor allem bei Vogelgrippe-Viren bekannt. Mithin scheint die Rekombination eine weitaus größere Rolle zu spielen als allein Mutationen.

12   Auf die Rolle des Zufalls und diese Möglichkeit wurde im Zusammenhang mit der aktuellen Pandemie wiederholt hingewiesen; vgl. dazu etwa Kai Kupferschmidt in der *Frankfurter Allgemeinen Sonntagszeitung*, Nr. 29, S. 57, vom 25. Juli 2021.

13   Vgl. z. B. Hacker (2020: 28, 32); siehe zum Coronavirus u. a. unter https://nextstrain.org/ncov/2020-03-27.

14   Zu den vielfältigen evolutionsbiologischen Überlegungen, die hier nur umrissen, aber nicht im Detail dargelegt werden können, vgl. Brooks et al. (2019: 106–194); siehe z. B. auch Visher et al. (2021), Seitz et al. (2020), Woolhouse et al. (2005), Galvani (2003) und Palumbi (2001). Ältere Vorstellungen finden sich etwa bei Anderson & May (1982, 1991) und Stearns (1999). Zu den Virusvarianten bei Corona vgl. z. B. Callaway (2021).

15   Das Bild eines »natürlichen«, wenngleich fiktiven, aber im Kern statischen Gleichgewichts, etwa zwischen Mensch und Viren in der Natur, wurde vielfach bemüht; siehe u. a. Honigsbaum (2020) und Matthews (2020). Jüngste

Beispiele im Kontext der Pandemie finden sich z. B. im Interview der Virologin Sandra Junglen vom Institut für Virologie der Charité in Berlin auf *Zeit Online* vom 8. Februar 2021 sowie Jakob Simmank in *der Zeit*, Nr. 38, S. 37 f., vom 16. September 2021. Die gegenteilige Argumentation, die hier vertreten wird, haben Brooks et al. (2021: 137 ff., 196 ff.) ausführlich formuliert.

16 Vorstellungen von einem Gleichgewicht finden sich allenthalben, etwa bei Mölling (2020: 34), Harper (2021: 41), Honigsbaum (2021: 389), Gottdenker et al. (2014: 628) und Matthews (2020). Ausführlich dazu z. B. Brooks et al. (2019: 137 ff.).

17 Vgl. Christopher Murray et al. (2022); siehe auch *Tagesspiegel* vom 21. Januar und 11. Juli 2022.

18 So etwa der Vorschlag von Brooks et al. (2019: 65 ff.) in ihrem Buch *The Stockholm Paradigm*. Zur evolutionsbiologischen Perspektive siehe z. B. auch Visher et al. (2021).

19 Vgl. Harper (2021: 500) und im Detail die in Teil 1 zitierte Literatur, u. a. Worobey et al. (2022).

20 Auf die zunehmend entscheidende Rolle des Menschen hat in diesem Zusammenhang zuerst Laurie Garrett (1994) in ihrem Bestseller *The Coming Plague* hingewiesen, etwa auf den Umstand, dass bereits seinerzeit nur noch wenige Regionen der Erde wirklich isoliert und unberührt waren.

21 So jedenfalls meinte der Veterinärmediziner und Ebola-Experte Fabian Leendertz in einem Interview in *der Welt* vom 30. April 2020.

22 Zwar gilt dies insbesondere für den zweiten großen Pestausbruch am Ende des Mittelalters, nicht aber für die dritte Pestwelle Ende des 19. Jahrhunderts. Grundregeln und -muster abzuleiten gestaltet sich mithin schwierig.

23 Vgl. Nathan Wolfe (2011) in seinem Buch *Virus;* siehe auch *Die Welt* vom 11. Februar 2010 und 17. März 2012. Zur Bedeutung taxonomischer Erfassung und systematischer Beschreibung siehe z. B. auch Brooks et al. (2019: 227 ff.).

24 Vgl. Wolfe im Interview in *der Welt* vom 11. Februar 2010.

25 Vgl. zu Predict und zur Wildlife Disease Surveillance Focus Group u. a. in Watsa et al. (2020) und Holmes et al. (2018); siehe auch *Die Welt* vom 14. Juli 2020.

26 Vgl. dieses und nachfolgende Zitate von Christian Drosten im Interview in *der Zeit*, Nr. 13, S. 33, vom 24. März 2022.

27 Vgl. Simon Wain-Hobson in der *Frankfurter Allgemeinen Zeitung* vom 20. Oktober 2021. Siehe zur Influenza Jefferey Taubenberger et al. (2007), der bei aller Unsicherheit den 1997 zuerst aufgetretenen Typ H5N1, der in Hongkong die Vogelgrippe auslöste und sich nach verschiedenen Ausbrüchen seit 2003 weltweit ausbreitet, für einen guten Kandidaten hält.

28 Vgl. Holmes et al. (2018); siehe auch Wille et al. (2021) und Holmes (2022).

29 Vgl. Sanchez et al. (2022) und zuvor Carlson et al. (2022), Grange et al. (2021) und Johnson et al. (2020); siehe auch Mallapaty in *Nature News* (online) vom 9. August 2022.

30 So etwa Vorschläge z. B. des Veterinärs Fabian Leendertz im Interview in *Geo* von Juni 2020 (S. 93) oder des Virologen Christian Drosten im Interview im *Tagesspiegel* vom 16. Januar 2022. Ganz Ähnliches schlugen auch Brooks et al. (2019) in dem von ihnen als DAMA Protocol (für *Document, Assess, Monitor, Act*) bezeichneten Verfahren vor.

31 Vgl. Brook et al. (2019: 225) in ihrem einsichtsreichen und instruktiven Buch *The Stockholm Paradigm*.

32　Vgl. den Beitrag von Jared Diamond und Nathan Wolfe in der *Süddeutschen Zeitung* vom 23. März 2020.

33　Diese Krise der Biodiversität sowie die Möglichkeiten, damit umzugehen, habe ich ausführlich in *Das Ende der Evolution* (2019) dargestellt und diskutiert.

34　Vgl. z. B. die Definition des Nachhaltigkeitsbegriffs, wie er im Gefolge einer UN-Kommission geprägt wurde, deren Vorsitz die ehemalige norwegische Ministerpräsidentin Gro Harlem Brundtland 1983 übernommen hat – mit dem Auftrag, Handlungsempfehlungen einer nachhaltigen Entwicklung zu erarbeiten. Der 1987 veröffentlichte Abschlussbericht *Our Common Future* erwies sich als derart einflussreich, dass er zum globalen Leitbild wurde, u. a. für die UN-Nachhaltigkeitsziele.

35　Vgl. Angaben nach Spence et al. (2022) und der dort zitierten Literatur.

36　Vgl. Dobson et al. (2020), Gibb et al. (2020); siehe auch Bernstein et al. (2022).

37　Vgl. Tollefson (2020) und Dobson et al. (2020); zur Studie von Anthony Waldron, Cambridge University, siehe den Progress Report *Protecting 30 % of the planet for nature: costs, benefits and economic implications* auf seiner Website unter https://www.conservation.cam.ac.uk/directory/dr-anthony-waldron.

38　Vgl. Elias et al. (2021); siehe zu den Kosten auch die Übersicht bei Brooks et al. (2019: 1420).

39　Vgl. Eric Dinerstein et al. (2020); das globale Sicherheitsnetz ist interaktiv erkundbar unter www.globalsafetynet.app.

40　Vgl. Details zu dieser Hochkultur und dem Kollaps von anderen z. B. in dem Buch *Das Ende der Evolution* (Glaubrecht 2019: 811 ff.).

41　Vgl. zum Ansatz von One (oder Planetary) Health z. B. Brooks et al. (2019: 251); siehe auch die Beiträge und Interviews u. a. mit dem Veterinär und Virologen Fabian Leendertz, etwa in der *Frankfurter Allgemeinen Zeitung*, Nr. 87, S. N2, vom 13. April 2022. Vgl. auch *Spektrum der Wissenschaft* von Mai 2020, S. 32–37.

42　Ausschnittsweise sei hier auf einige kompetente Beiträge und Stimmen verwiesen, aus Anlass der aktuellen Coronakrise etwa von Petra Pinzler in *der Zeit*, Nr. 17, S. 3, vom 16. April 2020, im *Tagesspiegel* vom 26. April 2020 oder von Ludger Volmer in der *Berliner Zeitung* vom 30. November 2020. Erwähnt seien auch die Beiträge von Maja Göpel und Petra Pinzler in *der Zeit*, Nr. 21, S. 5, vom 14. Mai 2020 oder Bernd Ulrich in *der Zeit*, Nr. 13, S. 4, vom 24. März 2022.

43　So Volker Reinhardt (2021: 235, 240) in seinem Buch *Die Macht der Seuche*, das dennoch im Untertitel postuliert *Wie die große Pest die Welt veränderte*.

44　Vgl. Kyle Harper (2021).

45　Vgl. zur »Anthropause« Rutz et al. (2020).

LITERATUR

Achtman, M., Zurth, K., Morelli, G., Torrea, G., Guiyoule, A. & Carniel, E. 1999. *Yersinia pestis*, the cause of plague, is a recently emerged clone of *Yersinia pseudotuberculosis*. – *Proceedings of the National Academy of Science*, 96(24): 14043–14048.

Acuna-Soto, R., Stahle, D. W., Cleaveland, M. K. & Therrell, M. D. 2002. Megadrought and megadeath in 16th century Mexico. – *Emerging Infectious Diseases*, 8(4): 360–362

Adam, D. 2022a. The effort to count the pandemic's global death toll. – *Nature*, 601: 312–315.

Adam, D. 2022b. Covid's true death toll: much higher than official figures. – *Nature*, 603: 562.

Adam, D. 2022c. How far will global population rise. – *Nature*, 597: 493–494

Alcabes, P. 2009. *Dread. How fear and fantasy have fueled epidemics from the Black Death to Avian Flu*. PublicAffairs, New York.

Allen, T., Murray, K. A., Zambrana-Torrelio, C., Morse, S. S., Rondinini, C., Di Marco, M., ... & Daszak, P. 2017. Global hotspot and correlates of emerging zoonotic diseases. – *Nature Communications*, 8: 1124.

Alteri, C., Cento, V., Piralla, A., Costabile, V., Tallarita, M., Colagrossi, L., ... & Baldanti, F. 2021. Genomic epidemiology of SARS-CoV-2 reveals multiple lineages and early spread of SARS-CoV-2 infections in Lombardy, Italy. – *Nature Communications*, 12: 434.

Andersen, K. G., Rambaut, A., Lipkin, W. I., Holmes, E. C. & Garry, R. F. 2020. The proximal origin of SARS-CoV-2. – *Nature Medicine*, 26(4): 450–455.

Anderson, R. M., May, R. M. 1982. Coevolution of hosts and parasites. – *Parasitology*, 85: 411–426.

Anderson, R. M., May, R. M. 1991. *Infectious diseases of humans. Dynamics and control*. Oxford University Press, Oxford.

Anthony, S. J., et al. & Mazet, J. A. 2017. Further evidence for bats as the evolutionary source of Middle East Respiratory Syndrome Coronavirus. – *mBio*, 8(2) (https://journals.asm.org/doi/10.1128/mBio.00373-17)

Antonovics, J., Hood, M. E. & Baker, C. H. 2006. Was the 1918 flu avian in origin? – *Nature*, 440: E9.

Babkin, I. V. & Babkin, I. N. 2015. The origin of the *Variola* virus. – *Viruses*, 7: 1100–1112.

Baker, R. E. & Metcalf, C. J. E. 2022. Disease spread: heating and stirring the global viral soup. – *Nature*, 607: 455–456.

Banerjee, A., Doxey, A. C., Mossman, K. & Irving, A. T. 2020. Unravelling the zoonotic origin and transmission of SARS-CoV-2. – *Trends in Ecology & Evolution*, 36(3): 180–184.

Barbieri, R., Drancourt, M. & Raoult, D. 2019. Plague, camels, and lice – *Proceedings of the National Academy of Sciences of the United States of America*, 116(16): 7620–7621.

Barker, H. 2021. Laying the corpses to rest: grain, embargoes, and *Yersinia pestis* in the Black Sea, 1346–48. – *Speculum*, 96: 97–126.

Barry, J. M. 2004. *The Great Influenza. The story of the deadliest pandemic in history*. Viking Press, New York.

Barry, J. M. 2017. How the horrific 1918 flu spread across America. – *Smithsonian Magazine*, Nov. 2017 (online).

Beck, R. M., Bininda-Emonds, O. R., Cardillo, M., Liu, F. G. R. & Purvis, A. 2006. A higher-level MRP supertree of placental mammals. – *BMC Evolutionary Biology*, 6(1): 93.

Benedictow, O. J. 2021. *The complete history of the Black Death*. The Boydell Press, Woodbridge.

Bennett, A. J., Paskey, A. C., Ebinger, A., Pfaff, F., Priemer, G., Höper, D., ... & Goldberg T. L. 2020. Relatives of rubella virus in diverse mammals. – *Nature*, 586: 424–428.

Berche, P. 2022. The enigma of the 1889 Russian flu pandemic: A coronavirus? – *Presse medicale*, 51(3): 104111. (https://www.sciencedirect.com/science/article/pii/S0755498222000045?via%3Dihub)

Berger, S. 2009. *Bakterien in Krieg und Frieden. Eine Geschichte der medizinischen Bakteriologie in Deutschland 1890–1933*. Wallstein Verlag, Göttingen.

Bernstein, A. S. et al. 2022. The costs and benefits of primary prevention of zoonotic pandemics. – *Science Advances*, 8: eabl4183.

Blaser, M. J. & Kirschner, D. 2007. The equilibria that allow bacterial persistence in human hosts. – *Nature*, 449: 843–849.

Bloomfield, L. S. P., McIntosh, T. L. & Lambin, E. F. 2020. Habitat fragmentation, livelihood behaviors, and contact between people and nonhuman primates in Africa. – *Landscape Ecology*, 35: 985–1000.

Bojar, D. 2020. Virobiom. Nützliche Bakterienkiller. – *Spektrum der Wissenschaft*, Juni 2020: 40–46.

Boni, M. F., Lemey, P., Jiang, X., Lam, T. T.-Y. ... Rambaut, A., Robertson, D. L. 2020. Evolutionary origins of the SARS-CoV-2 sarbecovirus lineage responsible for the COVID-19 pandemic. – *Nature Microbiology*, 5(11): 1408–1417.

Bonn, D. 2003. Wild animals could be source of Sars. – *The Lancet Infectious Diseases*, 3: 395.

Bos, K. I., Schuenemann, V. J., Golding, G. B., Burbano, H. A., Waglechner, N., Coombes, B. K., ... & Krause, J. 2011. A draft genome of *Yersinia pestis* from victims of the Black Death. – *Nature*, 478: 506–510.

Bos, K. I., Harkins, K. M., Herbig, A., Coscolla, M., Weber, N., Comas, I., ... & Krause, J. 2014. Pre-Columbian mycobacterial genomes reveal seals as a source of New World human tuberculosis. – *Nature*, 514: 494–497.

Bramanti, B., Dean, K. R., Walløe, L. & Chr. Stenseth, N. 2019a. The third plague pandemic in Europe. – *Proceedings of the Royal Society B*, 286: 20182429.

Bramanti, B., Namouchi, A., Schmid, B. V., Dean, K. R. & Stenseth, N. C. 2019b. Reply to Barbieri et al.: Out of the Land of Darkness: Plague on the fur trade routes. – *Proceedings of the National Academy of Sciences of the United States of America*, 116(16): 7622–7623

Bramanti, B., Wu, Y., Yang, R., Cui, Y. & Stenseth, N. C. 2021. Assessing the origins of the European plagues following the Black Death: a synthesis of genomic, historical, and ecological information. – *Proceedings of the National Academy of Sciences of the United States of America*, 118(36): e2101940118.

Briese, O. 2003. *Angst in den Zeiten der Cholera. Seuchen-Cordon*. Akademie Verlag, Berlin.

Bringmann, K. 1995. *Römische Geschichte. Von den Anfängen bis zur Spätantike*. C. H. Beck, München.

Brook, C. E., Boots, M., Chandran, K., Dobson, A. P., Drosten, C., Graham,

A. L., ... & Van Leeuwen, A. 2020. Accelerated viral dynamics in bat cell lines, with implications for zoonotic emergence. – *Elife*, 9: e48401.

Brooks, D. R., Hoberg, E. P. & Boeger, W. A. 2019. *The Stockholm Paradigm*. The University of Chicago Press, Chicago.

Brüssow, H. 2021. What we can learn from the dynamics of the 1889 »Russian flu« pandemic for the future trajectory of COVID-19. – *Microbial Biotechnology*, 14(6): 2244–2253.

Brundage, J. & Shanks, D. 2008. Deaths from bacterial pneumonia during 1918–19 influenza pandemic. – *Emerging Infectious Diseases*, 14(8): 1193–1199.

Bujanic, L. et al. 2022. The key features of Sars-CoV-2 leader and NSP1 required for viral escape of NSP1-mediated repression. – *RNA* 28(5): 766–779

Bunge, E. M., Hoet, B. et al. ... & Steffen, R. 2022. The changing epidemiology of human monkeypox – a potential threat? A systematic review. – *PLoS Neglected Tropical Diseases*, 16(2): e0010141.

Bynum, H. 2012. *Spitting Blood. The History of Tuberculosis*. Oxford University Press, Oxford.

Callaway, E. 2011. The Black Death decoded. – *Nature*, 478: 444–446.

Callaway, E. 2021. Beyond Omicron: What's next for COVID's viral evolution. – *Nature*, 600: 204–207.

Callaway, E. 2022. Ancient DNA traces origin of Black Death. – *Nature*, 606: 635–636

Carlson, C. J. et al. ... & Bansal, S. 2022. Climate change increases cross-species viral transmission risk. – *Nature*, 607: 555–562.

Chan, A. & Ridley, M. 2021. *Viral. The search for the origin of Covid-19*. 4th Estate, HarperCollins, London.

Chandler, J. C. et al. 2021. Sars-CoV-2 exposure in white-tailed deer *(Odocoileus virginianus)*. – *Proceedings of the National Academy of Sciences*, 118(47): e2114828118.

Cheng, V. C. C., Lau, S. K., Woo, P. C. & Yuen, K. Y. 2007. Severe acute respiratory syndrome coronavirus as an agent of emerging and reemerging infection. – *Clinical Microbiology Reviews*, 20(4): 660–694.

Cheng, V. C. C., To, K. K., Tse, H., Hung, I. F. & Yuen, K. Y. 2012. Two years after pandemic influenza A/2009/H1N1: What have we learned? – *Clinical Microbiology Reviews*, 25(2): 223–263.

Chisholm, R. H., Trauer, J. M., Curnoe, D. & Tanaka, M. M. 2016. Controlled fire use in early humans might have triggered the evolutionary emergence of tuberculosis. – *Proceedings of the National Academy of Science*, 113(32): 9051–9056.

Chornelia, A., Lu, J. & Hughes, A. C. 2022. How to accurately delineate morphologically conserved taxa and diagnose their phenotypic disparities: Species delimitation in cryptic Rhinolophidae (Chiroptera). – *Frontier in Ecology and Evolution*, 10: 854509.

Christakis, N. A. 2020. *Apollo's arrow. The profound and enduring impact of coronavirus on the way we live*. Little, Brown Spark, New York.

Clark, D. P. 2010. *Germs, Genes & Civilization. How epidemics shaped who we are today*. Pearson Education, FT Press, Upper Saddle River, NJ.

Cliff, A., Haggett, P. & Smallman-Raynor, M. 1993. Measles: An historical geography of a major human viral disease from global expansion to local retreat, 1840–1990. – *Blackwell Publishers*, 1989.

Clot, A. 2002. *Al Andalus. Das maurische Spanien.* Artemis & Winkler, Düsseldorf, Zürich.

Cohen, J. 1997. Is an old virus up to new tricks? – *Science,* 277: 312–313.

Cohen, J. 2020. Wuhan coronavirus hunter Shi Zhengli speaks out. – *Science,* 369: 487–488

Cohen, J. 2021. Call of the wild. Why many scientists say it's unlikely that Sars-CoV-2 originated from a »lab leak«. – *Science,* 373 (6559): 1072–1077.

Cohen, J. 2022a. Wild animals prized as delicacies in China contain a bevy of threatening virus. – *Science,* 375: 805.

Cohen, J. 2022b. Looking for trouble. Trapping bats with Supaporn Wacharapluesadee. – *Science,* 376: 234–239.

Cohen, J. 2022c. Global outbreak puts spotlight on neglected virus. – *Science,* 376: 1032–1033.

Cohen, J. 2022d. Concern grows that human monkeypox outbreak will establish virus in animals outside Africa. – *Science,* 376: 1258–1259.

Cohen, J. 2022e. Anywhere but here. – *Science,* 377: 805–809.

Comas, I., Coscolla, M., Luo, T., Borrell, S., Holt, K. E., Kato-Maeda, M., ... & Gagneux, S. 2013. Out-of-Africa migration and Neolithic co-expansion of *Mycobacterium tuberculosis* with modern humans. – *Nature Genetics,* 45(10): 1176–1182.

Corman, V. M., Ithete, N. L., Richards, L. R., Schoeman, M. C., Preiser, W., Drosten, C., Drexler, J. F. 2014. Rooting the phylogenetic tree of Middle East Respiratory Syndrome coronavirus by characterization of a conspecific virus from an African bat. – *Journal of Virology,* 88: 11297–11303.

Corman, V. M., Muth, D., Niemeyer, D. & Drosten, C. 2018. Hosts and sources of endemic human coronaviruses. – *Advances in Virus Research,* 100: 164–179.

Cowie, R., Bouchet, P. & Fontaine, B. 2022. The sixth mass extinction: fact, fiction or speculation? – *Biological Reviews,* 97: 640–663.

Crewdson, J. 2002. *Science fictions. A scientific mystery, a massive cover-up, and the dark legacy of Robert Gallo.* Little, Brown and Co., Boston.

Crosby, A. W. 1976. *America's forgotten pandemic. The influenza of 1918.* Cambridge University Press, Cambridge.

Cucchi, T. et al. ... & Vigne, J.-D. 2020. Tracking the Near Eastern origins and European dispersal of the western house mouse. – *Scientific Reports,* 10: 8276.

Cyranoski, D. 2020a. Nature's 10: ten people who helped shape science in 2020: Zhang Yongzhen. Genome sharer. – *Nature News* (Online 7. Jan 2021), https://www.nature.com/immersive/d41586-020-03435-6/index.html

Cyranoski, D. 2020b. Profile of a killer. The complex biology powering the coronavirus pandemic. – *Nature,* 581: 22–26. (Deutsch: Porträt eines Killers. – *Spektrum der Wissenschaft,* August 2020: 40–49).

D'Arcy Wood, G. 2014. *Tambora. The eruption that changed the world.* Princeton University Press, Princeton. (Deutsch 2015. *Vulkanwinter 1816. Die Welt im Schatten des Tambora.* Theiss Verlag, Darmstadt).

Daszak, P., Cunningham, A. A. & Hyatt, A. D. 2000. Emerging infectious diseases of wildlife threats to biodiversity and human health. – *Science,* 287: 443–449.

Davis, J. T., Chinazzi, M., Perra, N., Mu, K., Piontti, A. P., Ajelli, M., ... & Vespignani, A. 2021. Cryptic transmission of Sars-CoV-2 and the first Covid-19 wave. – *Nature,* 600: 127–132.

Deigin, Y. & Segreto, R. 2021. SARS-CoV-2's claimed natural origin is undermined by issues with genome sequences of its relative strains. – *BioEssays*, 43(7): 2100015.

Delaune, D., Hul, V., Karlsson, E. A., Hassanin, A., Ou, T. P., Baidaliuk, A., ... & Duong, V. 2021. – *Nature Communications*, 12(1): 6563.

Diamond, J. 1992. *The Third Chimpanzee: the evolution and future of the human animal*. Harper-Collins, New York.

Diamond, J. 1997. *Guns, Germs, and Steel: The Tate of Human Societies*. W. W. Norton & Company, New York. (Deutsch 1998: *Arm und Reich. Die Schicksale menschlicher Gesellschaften*. S. Fischer, Frankfurt am Main).

Dinerstein, E., Joshi, A. R., Vynne, C., Lee, A. T. L., Pharand-Deschênes, F., França, M., ... & Olson, D. 2020. A »Global Safety Net« to reverse biodiversity loss and stabilize Earth's climate. – *Science Advances*, 6(36): eabb2824.

Dobson, A. P., Pimm, S. L., Hannah, L., Kaufman, L., Ahumada, J. A., Ando, A. W., ... & Vale, M. M. 2020. Ecology and economics for pandemic prevention. – *Science*, 369: 379–381.

Drexler, J. F., Corman, V. M., Müller, M. A., Maganga, G. D., Vallo, P., Binger, T., ... & Drosten, C. 2012. Bats host major mammalian paramyxoviruses. – *Nature Communications*, 3: 796.

Düx, A., Lequime, S., Patrono, L. V., Vrancken, B., Boral, S., Gogarten, J. F., ... & Calvignac-Spencer, S. 2020. Measles virus and rinderpest virus divergence dated to the sixth century BCE. – *Science*, 368; 1367–1370.

Earn, D. J. D., Ma, J., Poinar, H., Dushoff, J. & Bolker, B. M. Acceleration of plague outbreaks in the second pandemic. 2020. – *Proceedings of the National Academy of Sciences*, 117(44): 27703–27711.

Elias, C., Nkengasong, J. N. & Qadri, F. 2021. Emerging infectious diseases – Learning from the past and looking to the future. – *New England Journal of Medicine*, 384: 1181–1184.

Enserink, M. 2003. U. S. monkeypox outbreak tracked to Wisconsin pet dealer. – *Science*, 300: 1639.

Epstein, J. H., Field, H. E., Luby, S., Pulliam, J. R. C. & Daszak, P. 2006. Nipah virus: Impact, origins, and causes of emergence. – *Current Infectious Disease Reports*, 8: 59–65.

Epstein, J. H., Anthony S. J., Islam, A., Kilpatrick, A. M., Khan, S. A., Balkey, M. D., ... & Daszak, P. 2020. Nipah virus dynamics in bats and implications for spillover to humans. – *Proceedings of the National Academy of Sciences*, 117: 29190–29201.

Evans, R. J. 1990. *Tod in Hamburg. Stadt, Gesellschaft und Politik in den Cholera-Jahren 1830–1910*. Rowohlt, Reinbek bei Hamburg.

Ewald, P. 1994. *Evolution of Infectious Diseases*. Oxford University Press, Oxford.

Fancy, N. & Green, M. 2021. Plague and the fall of Baghdad (1258). – *Medical History*, 65 (2): 157–177.

Fangerau, H. & Labisch, A. 2021. Spotlight: Natur, Kultur und Covid-19 – ein Essay für eine globale Seuchengeschichte. – In: Fehse, B. et al. (eds.). Fünfter Gentechnologiebericht. Sachstand und Persepktiven für Forschung und Anwendung, S. 434–446. Berlin-Brandenburgische Akademie der Wissenschaften, Berlin.

Fanning, T. G., Slemons, R. D., Reid, A. H., Janczewski, T. A., Dean, J. & Taubenberger, J. K. 2002. 1917 avian influenza virus sequences suggest that the 1918 pandemic virus did not acquire its hemagglutinin directly from birds. – *Journal of Virology*, 76(15): 7860–7862.

Faust, C. L., McCallum, H. I., Bloomfield, L. S. P., Gottdenker, N. L., Gillespie, T. R., Torney, C. J., ... & Plowright, R. K. 2018. Pathogen spillover during land conversion. – *Ecology Letters*, 21: 471–483.

Fischhoff, I., Castellanos, A. A., Rodrigues, J. P. G. L. M. & Varsani, A. 2021. Predicting the zoonotic capacity of mammals to transmit SARS-CoV-2. – *Proceedings of the Royal Society B: Biological Sciences*, 288: 20211651.

Forster, P., Forster, L., Renfrew, C. & Forster, M. 2020a. Phylogenetic network analysis of SARS-CoV-2 genomes. – *Proceedings of the National Academy of Sciences*, 117(17): 9241–9243.

Forster, P., Forster, L., Renfrew, C. & Forster, M. 2020b. Reply to Sánchez-Pacheco et al., Chookajorn, and Mavian et al.: explaining phylogenetic network analysis of SARS-CoV-2 genomes. – *Proceedings of the National Academy of Sciences*, 117(23): 12524–12525.

Freschi, L., Vargas Jr., R., Husain, A., Kamal, S. M. M., Skrahina, A., Tahseen S., ... & Farhat, M. R. 2021. Population structure, biogeography and transmissibility of *Mycobacterium tuberculosis*. – *Nature Communications*, 12: 6099.

Furuse, Y., Suzuki, A., & Oshitani, H. 2010. Origin of measles virus: divergence from rinderpest virus between the 11th and 12th centuries. – *Virology Journal*, 7: 52.

Gagnon, A., Acosta, J. E., Madrenas, J. & Miller, M. S. 2015. Is antigenic sin always »original?« Re-examining the evidence regarding circulation of a human H1 influenza virus immediately prior to the 1918 Spanish Flu. – *PLoS Pathogens*, 11(3): e1004615.

Galvani, A. P. 2003. Epidemiology meets evolutionary ecology. – *Trends in Ecology and Evolution*, 18(3): 132–139.

Gao, F., Bailes, E., Robertson, D. et al. ... & Hahn, B. 1999. Origin of HIV-1 in the chimpanzee *Pan troglodytes troglodytes*. – *Nature*, 397: 436–441.

Gao, G., Liu, W., Liu, P., Lei, W., Jia, Z., He, X., ... & Wu, G. 2022. Surveillance of Sars-CoV-2 in the environment and animal samples of the Huanan Seafood Market. – Preprint on Research Square, Febr. 2022. (https://www.researchsquare.com/article/rs-1370392/v1).

Garrett, L. 1994. *The coming plague. Newly emerging diseases in a world out of balance.* Farrar, Straus and Giroux, New York. (Deutsch 1996. *Die kommenden Plagen.* S. Fischer, Frankfurt a. M.).

Garrett, L. 2001. *Das Ende der Gesundheit. Bericht über die medizinische Lage der Welt.* Siedler Verlag, Berlin.

Garry, R. F. 2021. Ebola virus can lie low in human survivors. – *Nature*, 597: 478–479.

Ge, X. Y., Li, J. L., Yang, X. L., Chmura, A. A., Zhu, G., Epstein, J. H., ... & Shi, Z. L. 2013. Isolation and characterization of a bat SARS-like coronavirus that uses the ACE2 receptor. – *Nature*, 503: 535–538.

Ge, X. Y., Wang, N., Zhang, W., Hu, B., Li, B., Zhang, Y. Z., ... & Shi, Z. L. 2016. Coexistence of multiple coronaviruses in several bat colonies in an abandoned mineshaft. – *Virologica Sinica*, 31(1): 31–40.

Gerste, R. 2019. *Wie Krankheiten Geschichte machen. Von der Antike bis heute.* Klett-Cotta, Stuttgart.

Gibb, R., Redding, D. W., Chin, K. Q., Donnelly, C. A., Blackburn, T. M., Newbold, T. & Jones, K. E. 2020. Zoonotic host diversity increases in human-dominated ecosystems. – *Nature*, 584: 398–402.

Gibbons, A. 2020. Newly discovered viruses suggest ›German measles‹ jumped from animals to humans. – *Science*, 370(6513): 157.

Gibbons, A. 2021. How tuberculosis reshaped our immune systems. – *Science News* (online; https://www.science.org/content/article/how-tuberculosis-reshaped-our-immune-systems)

Gibbons, A. 2022. Ancient DNA reveals Black Death source. – *Science*, 376: 1254–1255.

Gibbs, M. J. & Gibbs, A. J. 2006. Was the 1918 pandemic caused by a bird flu? – *Nature*, 440: E8–9.

Gilbert, M. T. P., Rambaut, A., Wlasiuk, G., Spira, T. J., Pitchenik, A. E. & Worobey, M. 2007. The emergence of HIV/AIDS in the Americas and beyond. – *Proceedings of the National Academy of Science*, 104(47): 18566–18570.

Gladwell, M. 1997. *The dead zone*. – *The New Yorker*, Sept. 1997 (published online 2020, as *The deadliest virus ever known*, and in print edition: Gladwell, M., & Comment, D. 2005. *The dead zone*. The New Yorker, New York).

Glaubrecht, M. 2017. Die Geschichte einer verlorenen Welt. – *P. M. History*, Okt 2017: 24–27.

Glaubrecht, M. 2019. *Das Ende der Evolution. Der Mensch und die Vernichtung der Arten*. C. Bertelsmann, München.

Glaubrecht, M. 2023. *Dichter, Naturkundler und Welterforscher. Adelbert von Chamisso und die Suche nach der Nordostpassage*. Galiani, Berlin.

Goraichuk, I. V., Arefiev, V., Stegniy, B. T. & Gerilovych, A. P. 2021. Zoonotic and Reverse Zoonotic Transmissibility of SARS-CoV-2. – *Virus Research*, 302: 1–14.

Goto, H. & Kawaoka, Y. 1998. A novel mechanism for the acquisition of virulence by a human influenza A virus. – *Proceedings of the National Academy of Sciences of the United States of America*, 95 (17): 10224–10228.

Gottdenker, N. L., Streicker, D. G., Faust, C. L. & Carroll, C. R. 2014. Anthropogenic land use change and infectious diseases: A review of the evidence. – *Ecohealth*, 11: 619–632.

Gouldsmit, J. 2002. Lots of peanut shells but no elephant. – *Nature*, 416: 125–126.

Grange, Z. L. Goldstein, T., Johnson, C. K., Anthony, S., Gilardi, K., Daszak, P., Olival, K. J., ... & Mazet, J. A. K. 2021. Ranking the risk of animal-to-human spillover for newly discovered viruses. – *Proceedings of the National Academy of Sciences of the United States of America*, 118(15): 1–8.

Green, M. 2020. The four Black Deaths. – *American Historical Review*, 125: 1601–1631.

Green, M. 2021. The Great Dying. The epidemiological and medical implications of Old and New World encounters in the pre- and post-contact eras. – *Isis Critical Bibliography* (submitted to online preview, June 2021).

Green, M. 2022. Out of the East (or North or South): A response to Philip Slavin. – *Past and Present*, 256(1): 283–323

Guan, Y., Zheng, B. J., He, Y. Q., Liu, X. L., Zhuang, Z. X., Cheung, C. L., ... & Poon, L. L. M. 2003. Isolation and characterization of viruses related to the SARS coronavirus from animals in southern China. – *Science*, 302: 276–278.

Guellil, M., Kersten, O., Namouchi, A., Luciani, S., Marota, I., Arcini, C. A., ... & Bramanti, B. 2020. A genomic and historical synthesis of plague in 18th century Eurasia. – *Proceedings of the National Academy of Sciences*, 117(45): 28328–28335.

Guernier, V., Hochberg, M. E. & Guegan, J. F. O. 2006. Ecology drives the worldwide distribution of human diseases. – PLoS Biology, 2: 740–746.

Hacker, J. 2021. *Pandemien. Corona und die neuen globalen Infektionskrankheiten.* C. H. Beck, München.

Hahn, B. H. et al. ... & Sharp, P. M. 2000. Aids as a zoonosis: scientific and public health implications. – *Science,* 287: 607–614.

Halliday, J. E. B., Allan, K. J., Ekwem, D., Cleaveland, S., Kazwala, R. R. & Crump, J. A. 2015. Endemic zoonoses in the tropics: A public health problem hiding in plain sight. – *The Veterinary record,* 176: 220–255.

Han, X. Y. & Silva, F. J. 2014. On the age of leprdy. – *PLoS Neglected Tropical Diseases,* 8(2): e2544.

Hao, X., Cheng, S., Wu, D., Wu, T., Lin, X. & Wang, C. 2020. Reconstruction of the full transmission dynamics of COVID-19 in Wuhan. – *Nature,* 584: 420–424.

Harbeck, M. et al. ... & Scholz, H. C. 2013. *Yersinia pestis* DNA from skeletal remains from the 6th century AD reveals insights into Justinianic plague. – *PLoS Pathogens,* 9(5): e1003349.

Harper, K. 2015. Pandemics and passages to late antiquity. Rethinking the plague of c. 249–70 described by Cyprian. – *Journal of Roman Archaeology,* 28: 223–260.

Harper, K. 2017. *The Fate of Rome. Climate, disease, and the end of an empire.* Princeton University Press, Princeton. (Deutsch 2020: *Fatum. Das Klima und der Untergang des Römischen Reiches.* C. H. Beck, München).

Harper, K. 2020. *Plague upon the Earth. Diseases and the course of human history.* Princeton University Press, Princeton & Oxford.

Hartley, C. 2020. Medieval DNA suggests Columbus didn't trigger syphilis epidemic in Europe. – *Science News* (online, 13. August 2020)

Hatchett, R. J., Mecher, C. E. & Lipsitch, M. 2007. Public health interventions and epidemic intensity during the 1918 influenza pandemic. – *Proceedings of the National Academy of Sciences,* 104(18): 7582–7587.

He, W.-T., Hou, X., ... Su, S. 2022. Virome characterization of game animals in China reveals a spectrum of emerging pathogens. – *Cell* 185(7): 1117–1129

Heinrich, S., Koehncke, A. & Shepherd, C. R. 2019. The role of Germany in the illegal global pangolin trade. – *Global Ecology and Conservation,* 20: e00736.

Hershkovitz, I., Donoghue et al. 2008. Detection and molecular characterization of 9000-year-old *Mycobacterium tuberculosis* from a Neolithic settlement in the Eastern Mediterranean. – *PLoS One,* 3(10): e3426.

Hillis, D. 2000. Origins of HIV. – *Science,* 288: 1758–1759.

Ho, S. Y. & Duchêne, S. 2020. Dating the emergence of human pathogens. – *Science,* 368: 1310–1311.

Höll, D. 2020. *Das Gespenst der Pandemie: Politik und Poetik der Cholera in der Literatur des 19. Jahrhunderts.* Frommann-Holzboog, Stuttgart.

Holmes, E. C. 2022. Covid-19 – lessons for zoonotic disease. – *Science,* 375: 1114–1115.

Holmes, E. C., Rambaut, A. & Andersen, K. G. 2018. Pandemics: spend on surveillance, not prediction. – *Nature,* 558: 180–182.

Holmes, E. C., Goldstein, S. A., Rasmussen, A. L., Robertson, D. L., Crits-Christoph, A., Wertheim, J. O., ... & Rambaut, A. 2021. The origins of SARS-CoV-2: A critical review. – *Cell,* 184: 4380–4391.

Honigsbaum, M. 2008. *Living with Enza: The forgotten story of Britain and the great flu pandemic of 1918.* Palgrave Macmillan, Basingstoke.

Honigsbaum, M. 2020. *The Pandemic Century. One hundred years of panic, hysteria and hubris.* W. W. Norton & Company, New York.

Hooper, E. 1999. *The River. A journey back to the source of HIV and Aids.* Little Brown/Penguin, Boston / London.

Hu, B. et al. 2017. Discovery of a rich gene pool of bat Sars-related coronaviruses provides new insights into the origin of Sars coronavirus. – *PLoS Pathogene*, 13: e1006698.

Hünniger, D. 2011. Die Viehseuche von 1744–52. Deutungen und Herrschaftspraxis in Krisenzeiten. Studien zur Wirtschafts- und Sozialgeschichte Schleswig-Holsteins, Bd. 48. Wachholtz Verlag, Neumünster.

Hünniger, D. 2020. The »normative forces« of difference: ecology, economy and society during cattle plagues in the eighteenth century. – *Journal for the History of Environment and Society*, 5: 91–100.

IPBES (2022): Summary for policymakers of the thematic assessment of the sustainable use of wild species of the Intergovernmental Science-Policy Platform on Biodiversity and Ecosystem Services. J.-M. Fromentin, M. R., Emery, J., et al. ... & Tittensor, D. (eds.). IPBES Sekretariat, Bonn. (https://zenodo.org/record/6810036)

Irving, A., Ahn, M., Goh, G., Anderson, D. & Wang, L. 2021. Lessons from the host defences of bats, a unique viral reservoir. – *Nature*, 589: 363–370.

Ji, W., Wang, W., Zhao, X., Zai, J. & Li, X. 2020. Cross-species transmission of the newly identified coronavirus 2019-nCoV. – *Journal of Medical Virology*, 92(4): 433–440.

Johnson, B. A., Xie, X., Bailey, A. L., Kalveram, B., Lokugamage, K. G., Muruato, A., ... & Menachery, V. D. 2021. Loss of furin cleavage site attenuates SARS-CoV-2 pathogenesis. – *Nature*, 591: 293–299.

Johnson, C. K., & Hitchens, P. L., Pandit, P. S., Rushmore, J., Evans, T. S., Young, C. C. & Doyle, M. M. 2020. Global shifts in mammalian population trends reveal key predictors of virus spillover risk. – *Proceedings of the Royal Society B*, 287: 20192736.

Jonas, H. 1979. *Das Prinzip Verantwortung. Versuch einer Ethik für die technologische Zivilisation*. Insel Verlag, Frankfurt a. M.

Jones, B. A., Grace, D., Kock, R., Alonso, S., Rushton, J., Said, M. Y., ... & Pfeiffer, D. U. 2013. Zoonosis emergence linked to agricultural intensification and environmental change. – *Proceedings of the National Academy of Science*, 110: 8399–8404.

Jones, K. E., Purvis, A., MacLarnon, A., Bininda-Emonds, O. R. P. & Simmons, N. B. 2002. A phylogenetic supertree of the bats (Mammalia: Chiroptera). – *Biological Reviews*, 77(2): 223–259.

Jones, K. E., Patel, N. G., Levy, M. A., Storeygard, A., Balk, D., Gittleman, J. L. & Daszak, P. 2008. Global trends in emerging infectious diseases. – *Nature*, 451: 990–993.

Jutzi, S. 2019. *Als ein Virus Napoleon besiegte. Wie Natur Geschichte macht*. S. Hirzel Verlag, Stuttgart.

Kahneman, D. 2011. *Thinking, Fast and Slow*. Macmillan, New York. (Deutsch 2012: *Schnelles Denken, langsames Denken*. Siedler Verlag, München).

Kappelmann, J. et al. 2008. First *Homo erectus* from Turkey and implications for migrations into temperate Eurasia. – *American Journal of Physical Anthropology*, 135: 110–116.

Keele, B. F. et al. ... & Hahn, B. H. 2006. Chimpanzee reservoirs of pandemic and nonpandemic HIV-1. – *Science*, 313: 523–526.

Keesing, F., Belden, L. K., Daszak, P., Dobson, A., Harvell, C. D., Holt, R. D., ... & Ostfeld, R. S. 2010. Impacts of biodiversity on the emergence and transmission of infectious diseases. – *Nature*, 468: 647–652.

Keller, M., Spyrou, M. A. et al. ... & Krause, J. 2019. Ancient *Yersinia pestis* genomes from across Western Europe reveal early diversification during the First Pandemic (541–750). – *Proceedings of the National Academy of Sciences*, 116: 12363–12372.

Kerner, G., Laval, G., Patin, E., Boisson-Dupuis, S., Abel, L., Casanova, J. & Quintana-Murci, L. 2021. Human ancient DNA analyses reveal the high burden of tuberculosis in Europeans over the last 2,000 years. – *The American Journal of Human Genetics*, 108: 517–524.

Kılınç, G. M., Kashuba, N., Koptekin, D., Bergfeldt, N., Dönertaş, H. M., Rodríguez-Varela, R., ... & Götherström, A. 2021. Human population dynamics and *Yersinia pestis* in ancient northeast Asia. – *Science Advances*, 7(2): eabc4587.

King, A. 2021: Two more coronaviruses may infect people. – *Science*, 372: 893.

Klingholz, R. 2021. *Zu viele für diese Welt. Wege aus der doppelten Überbevölkerung.* Edition Körber-Stiftung, Hamburg.

Koch, A., Brierley, C., Maslin, M. M. & Lewis, S. L. 2019. Earth system impacts of the European arrival and Great Dying in the Americas after 1492. – *Quaternary Science Reviews*, 207: 13–36.

Koch, T. 2011. *Disease Maps: Epidemics on the ground.* University of Chicago Press, Chicago.

Kocher, A., Papac, L., Barquera, R., Key, F. M., Spyrou, M. A., Hübler, R., ... & Kühnert, D. 2021. Ten millennia of hepatitis B virus evolution. – *Science*, 374: 182–188.

Kolata, G. 2001. *Influenza. Die Jagd nach dem Virus.* Fischer, Frankfurt a. M.

Kolbert, E. 2014. *The Sixth Extinction. An unnatural history.* Bloomsbury Publishing, London. (Deutsch 2015: *Das 6. Sterben. Wie der Mensch Naturgeschichte schreibt.* Suhrkamp, Frankfurt a. M.).

Koopmans, M., et al. 2021. Origins of Sars-CoV-2: window is closing for key scientific studies. – *Nature*, 596: 482–484.

Korber, B. et al. ... & Bhattacharya, T. 2000. Timing the ancestor of the HIV-1 pandemic strains. – *Science*, 288: 1789–1796.

Kormann, C. 2021. The mysterious case of the Covid-19 lab-leak theory. Did the virus spring from nature or from human error? – *The New Yorker*, Oct. 12, 2021 (online: https://www.newyorker.com/science/elements).

Kozlov, M. 2022a. Monkeypox goes global: why scientists are on the alert. – *Nature*, 606: 15–16.

Kozlov, M. 2022b. Monkeypox outbreak: 4 key questions researchers have. – *Nature*, 606: 238–239.

Krause, J. & Trappe, T. 2019. *Die Reise unserer Gene. Eine Geschichte über uns und unsere Vorfahren.* Ullstein, Berlin. (Ullstein Taschenbuch-Ausgabe 2021).

Krause, J. & Trappe, T. 2021. *Hybris. Die Reise der Menschheit: Zwischen Aufbruch und Scheitern.* Ullstein, Berlin.

Kurth, R. 2005. Welche Seuche kommt nach Aids? – In: Grolle, J. (Hrsg.), *Evolution. Wege des Lebens:* 185–193. Deutsche Verlagsanstalt/Deutsches Hygiene-Museum, Stuttgart / Dresden.

Kupferschmidt, K. 2017. Bat patrol. – *Science*, 356: 901–903.

Kupferschmidt, K. 2020. The ›bat man‹ tackles Covid-19. – *Science*, 370: 20–21.

Lam, T. T.-Y., Jia, N., Zhang, Y. W., Shum, M. H. H., Jiang, J. F., Zhu, H. C., ... & Cao, W. C. 2020. Identifying SARS-CoV-2-related coronaviruses in Malayan pangolins. – *Nature*, 583: 282–285.

Latinne, A., Hu, B., Olival, K. J., Zhu, G., Zhang, L., Li, H., ... & Daszak, P. 2020. Origin and cross-species transmission of bat coronaviruses in China. – *Nature Communications*, 11: 4235.

Lau, S. K., Woo, P. C. Y., Li, K. S. M., Huang, Y., Tsoi, H., Wong, B. H. L., ... & Yuen, K. 2005. Severe acute respiratory syndrome coronavirus-like virus in Chinese horseshoe bats. – *Proceedings of the National Academy of Sciences*, 102: 14040–14045.

Lawler, A. 2016. Ancient DNA. How Europe exported the Black Death. – *Science*, 352: 501–502.

Lednicky, J. A., Tagliamonte, M. S., White, S. K., Elbadry, M. A., Alam, M. M., Stephenson, C. J., ... & Glenn Morris Jr, J. 2021. Independent infections of porcine deltacoronavirus among Haitian children. – *Nature*, 600: 133–137.

Lee, J., Hughes, T., Lee, M. H., Field, H., Rovie-Ryan, J. J., Sitam, F. T., ... & Daszak, P. 2020. No evidence of coronaviruses or other potentially zoonotic viruses in Sunda pangolins *(Manis javanica)* entering the wildlife trade via Malaysia. – *Ecohealth*, 17(3): 406–418.

Leendertz, S. A. J., Gogarten, J. F., Düx, A., Calvignac-Spencer, S. & Leendertz, F. H. 2016. Assessing the evidence supporting fruit bats as the primary reservoirs for Ebola viruses. – *Ecohealth*, 13: 18–25.

Le Page, M. 2020. Virus probably didn't take hold in the US and Europe last December. – *New Scientist*, 16. September 2020: 10.

Leroy, E. M. et al. 2005. Fruit bats as reservoirs of Ebola virus. – Nature, *438*. 575.

Lewis, D. 2021. Can covid spread from frozen wildlife? – *Nature*, 591: 18–19.

Li, J., Lal, S., Gao, G. F. & Shi, W. 2021. The emergence, genomic diversity and global spread of SARS-CoV-2. – *Nature*, 600: 408–418.

Li, K. S., Guan, Y., Wang, J., Smith, G. J. D., Xu, K. M., Duan, L., ... & Peiris J. S. M. 2004. Genesis of a highly pathogenic and potentially pandemic H5N1 influenza virus in eastern Asia. – *Nature*, 430: 209–213.

Librado, P., Khan, N., Fages, A., Kusliy, M. A., Suchan, T., Tonasso-Calvière, L., ... & Orlando, L. 2021. The origins and spread of domestic horses from the Western Eurasian steppes. – *Nature*, 598: 634–640.

Lichtwarck-Aschoff, M. 2021. *Robert Kochs Affe. Der grandiose Irrtum des berühmten Seuchenarztes*. Hirzel Verlag, Stuttgart.

Liew, J. H., Kho, Z. Y., Lim, R. B. H., Dingle, C., Bonebrake, T. C., Sung, Y. H. & Dudgeon, D. 2021. International socioeconomic inequality drives trade patterns in the global wildlife market. – *Science Advances*, 7: eabf7679.

Linsmeier, K.-D. 2003. Die Azteken: Von den Pocken besiegt. – *Spektrum der Wissenschaft*, Okt. 2003: 72.

Loddenkemper, R., Murray, J. F., Gradmann, C., Hopewell, P. C. & Kato-Maeda, M. 2018. History of tuberculosis. – In: Migliori, G. B. et al. (eds.), Tuberculosis: 8–27. (ERS Monograph). European Respiratory Society, Sheffield.

Lu, R., Zhao, X., Li, J., Nui, P., Yang, B., Wu, H., ... & Tan, W. 2020. Genomic characterisation and epidemiology of 2019 novel coronavirus: implications for virus origins and receptor binding. – *Lancet*, 395: 565–574.

Lukrez 2014. *Über die Natur der Dinge*. Übertragen von Klaus Binder. Verlag Galiani, Berlin.

Lytras, S., Xia, W., Hughes, J., Jiang, X. & Robertson, D. L. 2021. The animal origin of SARS-CoV-2. – *Science*, 373: 968–970.

Majander, K., Pfrengle, S., Kocher, A., Neukamm, J., du Plessis, L., Pla-Díaz, M. ... & Schuenemann, V. 2020. Ancient bacterial genomes reveal a high diversity of *Treponema pallidum* strains in early modern Europe. – *Current Biology*, 30: 3788–3803.

Malik Peiris, J. S., Poon, L. L. M. & Guan, Y. 2009. Emergence of a novel swine-origin influenza A virus (S-OIV) H1N1 virus in humans. – *Journal of Clinical Virology*, 45: 169–173.

Mallapaty, S. 2019. Spread of deadly pig virus in China hastens vaccine work. – *Nature*, 569: 13–14.

Mallapaty, S. 2020a. Investigation into covid origin begins but faces challenges. – *Nature*, 587: 341–342.

Mallapaty, S. 2020b. Coronaviruses closely related to the pandemic virus discovered in Japan and Cambodia. – *Nature*, 588: 15–16.

Mallapaty, S. 2021a. The hunt for coronavirus carriers. – *Nature*, 591: 26–28.

Mallapaty, S. 2021b. Where did covid come from? Five mysteries that remain. – *Nature*, 591: 188–189.

Mallapaty, S. 2021c. Laos bats host closest known relatives of virus behind covid. – *Nature*, 597: 603–604.

Mallapaty, S. 2022a. Dozens of unidentified bat species could host new viruses. – *Nature*, 604: 21–22.

Mallapaty, S. 2022b. Could deer become a natural covid reservoir? – *Nature*, 604: 612–615.

Mallapaty, S., Maxmen, A. & Callaway, E. 2021. Mysteries persist after World Health Organization reports on covid-origin search. – *Nature*, 590: 371–372.

Mann, C. 2005. *1491. New revelations of the Americas. Before Columbus*. Alfred A. Knopf, New York. (Deutsch 2016: *Amerika vor Kolumbus. Die Geschichte eines unentdeckten Kontinents*. Rowohlt, Reinbek bei Hamburg).

Mann, C. 2011. *1493. Uncovering the New World Columbus Created*. Alfred A. Knopf, New York. (Deutsch 2013: *Kolumbus' Erbe. Wie Menschen, Tiere, Pflanzen die Ozeane überquerten und die Welt von heute schufen*. Rowohlt, Reinbek bei Hamburg).

Marshall, B. M. et al. 2022. Searching the web builds fuller picture of arachnid trade. – *Communications Biology*, 5: e448.

Martin, M. A., Van Insberghe, D. & Koelle, K. 2021. Insights from Sars-CoV-2 sequences. – *Science*, 371: 466–467.

Matthews, A. 2020. Review of Honigsbaum (2020). The Pandemic Century. – *Postdigital Science and Education*, 2(3): 1006–1014.

Mattioli, A. 2017. *Verlorene Welten. Eine Geschichte der Indianer Nordamerikas*. Klett-Cotta, Stuttgart.

Maxmen, A. 2021. WHO report into covid origin zeroes in on animal market. – *Nature*, 592: 173–174.

Maxmen, A. 2022. Wuhan market was epicentre of pandemic's start, studies suggest. – *Nature*, 603: 15–16.

Maxwell, S. L., Fuller, R. A., Brooks, T. M. & Watson, J. E. M. 2016. Biodiversity: the ravages of guns, nets and bulldozers. – *Nature*, 536: 143–145.

May, R. 2000. Simple rules with complex dynamics. – *Science*, 287: 601–602.

Mayr, E. 2005. *Konzepte der Biologie*. Hirzel, Stuttgart.

McNeill, W. H. 1976. *Plagues and Peoples*. Anchor Books, New York.

Meier, M. (Hrsg.) 2005. *Pest. Die Geschichte eines Menschheitstraumas.* Klett-Cotta, Stuttgart.

Meier, M. 2016. The ›Justinianic Plague‹: The economic consequences of the pandemic in the Eastern Roman Empire and its cultural and religious effects. – *Early Medieval Europe*, 24: 267–292.

Meier, M. 2020. The ›Justinianic Plague‹: An ›inconsequential pandemic‹? A reply. – *Medizinhistorisches Journal*, 55: 172–199.

Memish, Z. A., Mishra, N., Olival, K. J., Fagbo, S. F., Kapoor, V., Epstein, J. H., ... & Lipkin, W. I. 2013. Middle East respiratory syndrome coronavirus in bats, Saudi Arabia. – *Emerging Infectious Diseases*, 19(11): 1819–1823.

Metras, R., Edmunds, W. J., Youssouffi, C., Dommergues, L., Fournie, G., Camacho, A., ... & Subiros, M. 2020. Estimation of Rift Valley fever virus spillover to humans during the Mayotte 2018–2019 epidemic. – *Proceedings of the National Academy of Sciences*, 117(39):24567–24574.

Migliori, G. B., Bothamley, G., Duarte, R. & Rendon, A. 2018. *Tuberculosis*. ERS Monograph.

Miller, B. J. 2022. Unprecedented bird flu outbreaks concern scientists. – *Nature*, 606: 18–19.

Mölling, K. 2015. *Supermacht des Lebens. Reisen in die erstaunliche Welt der Viren*. C. H. Beck, München (zitiert hier nach der ergänzten Paperback-Ausgabe 2020).

Mölling, K. 2020. *Kampf den Keimen. Mit Viren aus der Antibiotika-Krise?* Verlag Dr. Friedrich Pfeil, München.

Moore, J. P. 1999. Up the river without a paddle? – *Nature*, 401: 325–326.

Morand, S. & Lajaunie, C. 2021. Outbreaks of vector-borne and zoonotic diseases are associated with changes in forest clover and oil palm expansion at global scale. – *Frontiers in Veterinary Science*, 8: 1–11.

Morens, D. & Taubenberger, J. K. 2018. The mother of all pandemics is 100 years old (and on-going strong). – *American Journal of Public Health*, 108: 1449–1454.

Morse, S. S., Mazet, J. A. K., Woolhouse, M., Parrish, C. R., Carroll, D., Karesh W. B., ... & Daszak, P. 2012. Prediction and prevention of the next pandemic zoonosis. – *The Lancet*, 380: 1956–1965.

Morton, O., Scheffers, B. R., Haugaasen, T. et al. 2021. Impacts of wildlife trade on terrestrial biodiversity. – *Nature Ecology and Evolution*, 5: 540–548.

Mühlemann, B., Vinner, L., Margaryan, A., Wilhelmson, H., de la Fuente Castro, C., Allentoft, M. E., ... & Sikora, M. 2020. Diverse *Variola* virus (smallpox) strains were widespread in Northern Europe in the Viking Age. – *Science*, 369: eaaw8977.

Müller, M. A., et al. ... & Drosten, C. 2014. Mers coronavirus neutralizing antibodies in camels, Eastern Africa, 1983–1997. – *Emerging Infectious Diseases*, 20: 2093–2095.

Murakami, S., Sato, R., Ishida, H., Katayama, M., Takenaka-Uema, A. & Horimoto, T. 2020. Influenza D virus of new phylogenetic lineage, Japan. – *Emerging Infectious Diseases*, 26(1): 168–171.

Murray, C. J. L. et al. 2022. Global burden of bacterial antimicrobial resistance in 2019: a systematic analysis. – *The Lancet*, 399: 629–655.

Muylaert, R. L. et al. ... & Hayman, D. T. S. 2022. Present and future distribution of bat hosts of sarbecoviruses: implications for conservation and public health. – *Proceedings of the Royal Society B*, 289: 20220397.

Namouchi, A., Guellil, M., Kersten, O., Hänsch, S., Ottoni, C., Schmid, B. V., ... & Bramanti, B. 2018. Integrative approach using *Yersinia pestis* genomes to revisit the historical landscape of plague during the Medieval period. – *Proceedings of the National Academy of Sciences*, 115(50): E11790–E11797.

Nasi, R., Taber, A. & Van Vliet, N. 2011. Empty forests, empty stomachs? Bushmeat and livelihoods in the Congo and Amazon Basins. – *International Forestry Research*, 13: 355–368.

Nelson, M. I. & Ghedin, E. 2022. 100-year old pandemic flu viruses yield new genomes. – *Nature*, 607: 244–245.

Nerpel, A., Yang, L., Sorger, J. et al. 2022. Sars-ANI: a global open access dataset of reported SARS-CoV-2 events in animals. – *Scientific Data*, 9: 438.

Neukamm, J., Pfrengle, S., Molak, M., Seitz, A., Francken, M., Eppenberger, P., ... & Schuenemann, V. 2020. 2000-year-old pathogen genomes reconstructed from metagenomic analysis of Egyptian mummified individuals. – *BMC Biology*, 18: 108.

Nga, N. T. T., Latinne, A., Thuy, H. B., Van Long, N., Ngoc, P. T. B., Anh, N. T. L., ... & Fine, A. E. 2022. Evidence of Sars-CoV-2 related coronaviruses circulating in Sunda pangolins *(Manis javanica)* confiscated from the illegal wildlife trade in Viet Nam. – *Frontiers in Public Health*, 10: 826116.

Normile, D. 2004. Viral DNA match spurs China's civet roundup. – *Science*, 303: 292.

Olival, K. J., Hosseini, P. R., Zambrana-Torrelio, C., Ross, N., Bogich, T. L. & Daszak, P. 2017. Host and viral traits predict zoonotic spillover from mammals. – *Nature*, 546: 646–650.

Olivero, J., Fa, J. E., Farfán, M. Á., Márquez, A. L., Real, R., Juste, F. J., ... & Nasi, R. 2020. Human activities link fruit bat presence to Ebola virus disease outbreaks. – *Mammal Review*, 50(1): 1–10.

Ortiz, A. T., Coronel, J., Vidal, J. R., Bonilla, C., Moore, D. A. J., Gilman, R. H., ... & Grandjean, L. 2021. Genomic signatures of pre-resistance in *Mycobacterium tuberculosis*. – *Nature Communications*, 12: 7312.

Ostfeld, R. S. & Keesing, F. 2020. Species that can make us ill thrive in human habitats. – *Nature*, 584: 346–347.

Palumbi, S. R. 2001. Humans as the world's greatest evolutionary force. – *Science*, 293: 1786–1790.

Papagrigorakis, M. J., Yapijakis, C., Synodinos, P. N. & Baziotopoulou-Valavani, E. 2006. DNA examination of ancient dental pulp incriminates typhoid fever as a probable cause of the plague of Athens. – *International Journal of Infectious Diseases*, 10: 206–214.

Parkhill, J., Wren, B. W., Thomson, N. R., Titball, R. W., Holden, M. T. G., Prentice, M. B., ... & Barrell, B. G. 2001. Genome sequence of *Yersinia pestis*, the causative agent of plague. – *Nature*, 413: 523–527.

Patrono, L. V., Vrancken, B., Budt, M., Düx, A., Lequime, S., Boral, S., ... & Calvignac-Spencer, S. 2022. Archival influence virus genomes from Europe reveal genomic variability during the 1918 pandemic. – *Nature Communications*, 13: 2314.

Pekar, J., Worobey, M., Moshiri, N., Scheffler, K. & Wertheim, J. O. 2021. Timing the SARS-CoV-2 index case in Hubei. – *Science*, 372: 412–417.

Pekar, J. E. et al. 2022. The molecular epidemiology of multiple zoonotic origins of SARS-CoV-2. – *Science* (online 10.1126/science.abp8337).

Pepin, J. & Labbe, C. 2008. Noble goals, unforeseen consequences: control of tropical diseases in colonial Central Africa and the iatrogenic transmission of blood-borne viruses. – *Tropical Medicine & International Health*, 13: 744–753.

Perrot, A. & Schwartz, M. 2014. *Robert Koch et Louis Pasteur*. Odile Jacob, Paris. (Deutsch 2015. *Robert Koch und Louis Pasteur. Duell zweier Giganten*. Konrad Theiss Verlag, Darmstadt).

Perry, D. M. 2021. Did the Black Death rampage across the world a century earlier than previously thought? – *Smithsonian Magazine*, online März 2021. (https://www.smithsonianmag.com/history/did-black-death-rampage-across-world-more-century-previously-thought-180977331/).

Petersen, E., Koopmans, M., Go, U., Hamer, D. H., Petrosillo, N., Castelli, F., ... & Simonsen, L. 2020. Comparing SARS-CoV-2 with SARS-CoV and influenza pandemics. – *The Lancet*, 20(9): e238–e244.

Plowright, R. K., Eby, P., Hudson, P. J., Smith, I. L., Westcott, D., Bryden, W. L., ... & McCallum, H. 2015. Ecological dynamics of emerging bat virus spillover. – *Proceedings of the Royal Society B*, 282: 20142124.

Prem, H. J. 1996. *Die Azteken. Geschichte, Kultur, Religion*. C. H. Beck, München.

Preston, R. 1995. *The Hot Zone*. Random House, New York. (Deutsch 1995: *Hot Zone: Tödliche Viren aus dem Regenwald. Ein Tatsachen-Thriller*. Droemer Knaur, München).

Puckett, E. E., Park, J., Combs, M., Blum, M. J., Bryant, J. E., Caccone, A., ... & Munshi-South, J. 2016. *Global population divergence and admixture of the brown rats (Rattus norvegicus)*. – *Proceedings of the Royal Society*, B 283: 20161762.

Puckett, E. E., Orton, D. & Munshi-South, J. 2020. Commensal Rats and Humans: Integrating Rodent Phylogeography and Zooarchaeology to Highlight Connections between Human Societies. – *BioEssays*, 42(5): 1900160.

Pulliam, J. R. C., Epstein, J. H., Dushoff, J., Rahman, S. A., Bunning, M., Jamaluddin, A. A., ... & Daszak, P. 2012. Henipavirus Ecology Research Group (HERG), agricultural intensification, priming for persistence and the emergence of Nipah virus: A lethal bat-borne zoonosis. – *Journal of the Royal Society Interface*, 9: 89–102.

Qiu, J. 2017. One world, one health: combating infectious diseases in the age of globalization. – *National Science Review*, 4(3): 493–499.

Qiu, J. 2020. Die Frau, die Coronaviren jagt. – *Spektrum der Wissenschaft*, Mai 2020: 32–37.

Quammen, D. 2012. *Spillover. Animal infections and the next human pandemic*. W. W. Norton & Company, New York. (Deutsch 2013: *Spillover. Der tierische Ursprung weltweiter Seuchen*. Deutsche Verlags-Anstalt, München).

Rasmussen, S., Allentoft, M. E., Nielsen, K., Orlando, L., Martin S., Sjörgen, K., ... & Willerslev, E. 2015. Early divergent strains of *Yersinia pestis* in Eurasia 5,000 years ago. – *Cell*, 163(3): 571–582.

Redding, D. W. et al. ... & Jones, K. E. 2019. Impact of environmental and socio-economic factors on emergence and epidemic potential of Ebola in Africa. – *Nature Communications*, 10: 4531.

Reid, A. H. & Taubenberger, J. K. 2003. The origin of the 1918 pandemic influenza virus. A continuing enigma. – *Journal of General Virology*, 84(9): 2285.

Reid, A. H., Fanning, T. G., Hultin, J. V. & Taubenberger, J. K. 1999. Origin and evolution of the 1918 »Spanish« influenza virus hemagglutinin gene. – *Proceedings of the National Academy of Sciences*, 96: 1651–1656.

Reinhardt, V. 2021. *Die Macht der Seuche. Wie die Große Pest die Welt veränderte, 1347–1353.* C. H. Beck, München.

Relman, D. A. 2020. Opinion: To stop the next pandemic, we need to unravel the origins of COVID-19. – *Proceedings of the National Academy of Sciences,* 117(47): 29246–29248.

Ripple, W. J., Abernethy, K., Betts, M. G., Chapron, G., Dirzo, R., Galetti, M., ... & Young, H. 2016. Bushmeat hunting and extinction risk to the world's mammals. – *Royal Society Open Science,* 3: 160498.

Roberts, C. A., Pfister, L.-A. & Mays, S. 2009. Letter to the editor: Was tuberculosis present in Homo erectus in Turkey? – *American Journal of Physical Anthropology,* 139(3): 442–444.

Rothschild, B. M., Martin, L. D., Lev, G., Bercovier, H., Bar-Gal, G. K., Greenblatt, C., ... & Brittain, D. 2001. *Mycobacterium tuberculosis* complex DNA from an extinct Bison dated 17,000 years before the Present. – *Clinical Infectious Diseases,* 33 (3): 305–311.

Ruiz-Medina, B. E., Varela-Ramirez, A., Kirken, R. A. & Robles-Escajeda, E. 2022. The SARS-CoV-2 origin dilemma: zoonotic transfer or laboratory leak? – *BioEssays,* 44, e2100189.

Rulli, M. C., Santini, M., Hayman, D. T. S. & D'Odorico, P. 2017. The nexus between forest fragmentation in Africa and Ebola virus disease outbreaks. – *Science Reports,* 7: 41613.

Rutz, C., Loretto, M. C., Bates, A. E., Davidson, S. C., Duarte, C. M., Jetz, W., ... & Cagnacci, F. 2020. COVID-19 lockdown allows researchers to quantify the effects of human activity on wildlife. – *Nature Ecology & Evolution,* 4: 1–4.

Ryan, F. 2010. *Virolution. Die Macht der Viren in der Evolution.* Spektrum Akademischer Verlag, Heidelberg.

Saez, A. M. et al. ... & Leendertz, F. H. 2015. Investigating the zoonotic origin of the West African Ebola epidemic. – *EMBO Molecular Medicine,* 7: 17–23.

Sanchez, C. A., Li, H., Phelps, K. L., Zambrana-Torrelio, C., Wang, L. F., Olival, K. J, & Daszak, P. 2022. A strategy to assess spillover risk of bat SARS-related coronaviruses in Southeast Asia. -*Nature Communications,* 13: 4380.

Schmidt, J. P., Maher, S., Drake, J. M., Huang, T., Farrell, M. J. & Han, B. A. 2019. Ecological indicators of mammal exposure to Ebolavirus. – *Philosophical Transactions of the Royal Society B,* 374: 20180337.

Schuenemann, V. J., Singh, P., Mendum, T. A., Krause-Kyora, B., Jäger, G., Bos, K. I., ... & Krause, J. 2013. Genome-wide comparison of medieval and modern *Mycobacterium leprae.* – *Science,* 341: 179–183.

Segreto, R. & Deigin, Y. 2021. The genetic structure of SARS-CoV-2 does not rule out a laboratory origin: SARS-COV-2 chimeric structure and furin cleavage site might be the result of genetic manipulation. – *BioEssays,* 43(3): 1–9.

Seitz, B. M., Aktipis, A., Buss, D. M., Alcock, J., Bloom, P., Gelfand, M., ... & Haselton, M. G. 2020. The pandemic exposes human nature: 10 evolutionary insights. – *Proceedings of the National Academy of Sciences,* 117: 27767–27776.

Shang, J., Ye, G., Shi, K., Wan, Y., Luo, C., Aihara, H., ... & Li, F. 2020. Structural basis of receptor recognition by SARS-CoV-2. – *Nature,* 581: 221--224.

Shapiro, B., Rambaut, A. & Gilbert, M. T. P. 2006. No proof that typhoid caused the plague of Athens. – *International Journal of Infectious Diseases,* 10: 334–335.

Sharp, P. M. & Hahn, B. H. 2010: The evolution of HIV-1 and the origin of Aids. – *Philosophical Transactions of the Royal Society B*, 365: 2487–2494.

Shi, J., Wen, Z., Zhong, G., Yang, H., Wang, C., Liu, R., ... & Zhao, Y. 2020. Susceptibility of ferrets, cats, dogs, and different domestic animals to SARS-coronavirus-2. – *Science*, 368: 1016–1020.

Shi, W. & Gao, G. F. 2021. Emerging H5N8 avian influenza viruses. – *Science*, 372: 784–786.

Simmonds, P. 2001. Fleming Lecture. The origin and evolution of hepatitis viruses in humans. – *Journal of General Virology*, 82: 693–712.

Slavin, P. 2019. Death by the lake. Mortality crisis in early fourtheen-century Central Asia. – *Journal of Interdisciplinary History*, 50(1): 59–90.

Slavin, P. & Sebbane, F. 2022. Emergence and spread of ancestral *Yersinia pestis* in late Neolithic and Bronze-age Eurasia, ca. 5,000 to 2,500 y B. P. – *Proceedings of the National Academy of Sciences*, 119(21): e2204044119.

Slemons, R. D. et al. 1974. Type-A influenza viruses isolated from wild free-flying ducks in California. – *Avian Diseases*, 18: 119–124.

Smith, K. F., Goldberg, M., Rosenthal, S., Carlson, L., Chen, J., Chen, C. & Ramachandran, S. 2014. Global rise in human infectious disease outbreaks. – *Journal of the Royal Society Interface*, 11(101): 20140950.

Spinney, L. 2018. *1918. Pale Rider. The Spanish Flu of 1918 and how it changed the world*. Jonathan Cape, London. (Deutsch 2018: *1918 – Die Welt im Fieber. Wie die Spanische Grippe die Gesellschaft veränderte*. Hanser, München).

Spence, C. E., Jenkins, S. C. & Osman, M. 2022. Impact of disease characteristics and knowledge on public risk preception of zoonoses. – *Biology Letters*, 18: 202210148.

Sproll, M., Erhart, W. & Glaubrecht, M. (eds.) 2023. *Adelbert von Chamisso: Die Tagebücher der Weltreise 1815–1818. Teil 1: Text; Teil 2: Kommentar*. V & R unipress, Göttingen.

Spyrou, M. A., Tukhbatova, R. I., Wang, C. C., Valtueña, A. A., Lankapalli, A. K., Kondrashin, V. V., ... & Krause, J. 2018. Analysis of 3800-year-old *Yersinia pestis* genomes suggests Bronze Age origin for bubonic plague. – *Nature Communications*, 9(1): 2234.

Spyrou, M. A., et al. ... & Krause, J. 2019a. Analysis pathogen genomics as an emerging tool for infectious disease research. – *Nature Revue Genetics*, 20(6): 323–340.

Spyrou, M. A., Keller, M. et al. ... & Krause, J. 2019b. Phylogeography of the second plague pandemic revealed through analysis of historical *Yersinia pestis* genomes. – *Nature Communications*, 10: 1–13.

Spyrou, M. A., et al. ... & Krause, J. 2022. The source of the Black Death in fourteenth-century central Eurasia. – *Nature*, (https://www.nature.com/articles/s41586-022-04800-3)

Starr, T. N., ... & Bloom, J. D. 2022. ACE2 binding is an ancestral and evolvable trait of sarbecoviruses. – *Nature*, 603: 913–918.

Stearns, S. C. (ed.) 1999. *Evolution in health and disease*. Oxford University Press, Oxford.

Stephens, P. R., Gottdenker, N., Schatz, A. M., Schmidt, J. P. & Drake, J. M. 2021. Characteristics of the 100 largest modern zoonotic disease outbreaks. – *Philosophical Transactions of the Royal Society B*, 376: 20200535.

Stone, R. 2014. A new killer virus in China? Novel pathogen found in cave may solve medical mystery. – *Science News* (online, 20. März 2014).

Streicker D. G. & Gilbert A. T. 2020. Contextualizing bats as viral reservoirs. – *Science*, 370: 172–173.

Symes, W. S., Edwards, D. P., Miettinen, J., Rheindt, F. E. & Carrasco, L. R. 2018. Combined impacts of deforestation and wildlife trade on tropical biodiversity are severely underestimated. – *Nature Communications*, 9: 4052.

Taleb, N. N. 2007/2010. *The black swan. The impact of the highly improbable*. Random House, New York. (Deutsch nach der 2. Auflage 2015: *Der Schwarze Schwan. Die Macht höchst unwahrscheinlicher Ereignisse*, mit dem Postscript Essay *Konsequenzen aus der Krise*. Penguin Random House, München; hier zitiert nach der Pantheon-Ausgabe 2018, 5. Auflage).

Taubenberger, J. K. 2006. The origin and virulence of the 1918 »Spanish« influenza virus. – *Proceedings of the American Philosophical Society*, 150(1): 86.

Taubenberger, J. K. & Morens, D. M. 2006. 1918 influenza: the mother of all pandemics. – *Emerging Infectious Diseases*, 12(1): 15–22.

Taubenberger, J. K., Morens, D. M. & Fauci, A. S. 2007. The next pandemic: Can it be predicted? – *Journal of the American Medical Association*, 297(18): 2025–2027.

Taubenberger, J. K., Reid, A. H. & Fanning, T. G. 2005. Das Killervirus der Spanischen Grippe. – *Spektrum der Wissenschaft*, April 2005: 52–60.

Taubenberger, J. K., Reid, A. H., Krafft, A. E., Bijwaard, K. E. & Fanning, T. G. 1997. Initial genetic characterization of the 1918 »Spanish« influenza virus. – *Sciences*, 275: 1793–1796.

Taubenberger, J. K., Reid, A. H., Lourens, R. M., Wang, R., Jin, G. & Fanning, T. G. 2005. Characterization of the 1918 influenza virus polymerase genes. – *Nature*, 437: 889–893.

Taubenberger, J. K., Reid, A. H., Lourens, R. M., Wang, R., Jin, G. & Fanning, T. G. 2006. Molecular virology: Was the 1918 flu avian in origin? (Reply). – *Nature*, 440: E9–E10.

Taubenberger, J. K., Baltimore, D., Doherty, P. C., Markel, H., Morens, D. M., Webster, R. G. & Wilson, I. A. 2012. Reconstruction of the 1918 influenza virus: unexpected rewards from the past. – *mBio*, 3(5): e00201–12.

Telling, E. C., Springer, M. S., Madsen, O., Bates, P., O'Brien, J. & Murphy, W. J. 2005. A molecular phylogeny for bats illuminates biogeography and the fossil record. – *Science*, 307: 580–584.

Temmam, S., Vongphayloth, K., Baquero, E., Munier, S., Bonomi, M., Regnault, B., ... & Eloit, M. 2022. Bat coronaviruses related to Sars-CoV-2 and infectious for human cells. – *Nature*, 604: 330–336.

Twain, M. 2018. *Die Nachricht von meinem Tod ist stark übertrieben. Meine letzten Geheimnisse*. Aufbau-Verlag, Berlin.

Tyshkovskiy, A. & Panchin, A. Y. 2021. There is no evidence of SARS-CoV-2 laboratory origin: Response to Segreto and Deigin. – *BioEssays*, 43(3): 1–9.

Ulrich, B. 2019. *Alles wird anders. Das Zeitalter der Ökologie*. Kiepenheuer & Witsch, Köln.

Vågene, Å. J., Herbig, A., Campana, M. G., García, N. M. R., Warinner, C., Sabin, S., ... & Krause, J. 2018. *Salmonella enterica* genomes from victims of a major sixteenth-century epidemic in Mexico. – *Nature Ecology & Evolution*, 2: 520–528.

Valleron, A. J., Cori, A., Valtat, S., Meurisse, S., Carrat, F., & Boelle, P. Y. 2010.

Transmissibility and geographic spread of the 1889 influenza pandemic. – *Proceedings of the National Academy of Sciences*, 107(19): 8778–8781.

Valtueña, A. A., Neumann, G. U., Spyrou, M. A., Musralina, L., Aron, F., Beisenov, A., ... & Herbig, A. 2022. Stone age *Yersinia pestis* genomes shed light on the early evolution, diversity, and ecology of plague. – *Proceedings of the National Academy of Sciences*, 119(17): e2116722119.

Van Dorp, L., Acman, M., Richard, D., Shaw, L. P., Ford, C. E., Ormond, L., ... & Balloux, F. 2020. Emergence of genomic diversity and recurrent mutations in SARS-CoV-2. – *Infection, Genetics and Evolution*, 83: 104351.

Van Noorden, R. 2022. Major study errs on covid deaths. – *Nature*, 606: 242–244.

van Schaik, C. & Michel, K. 2016. *Tagebuch der Menschheit. Was die Bibel über unsere Evolution verrät*. Rowohlt, Reinbek bei Hamburg.

van Schaik, C. & Michel, K. 2020. *Die Wahrheit über Eva. Die Erfindung der Ungleichheit von Frauen und Männern*. Rowohlt, Reinbek bei Hamburg.

Vankadari, N. 2020. Overwhelming mutations or SNPs of Sars-CoV-2: A point of caution. – *Gene*, 752: 144792

Vasold, M. 2008. *Grippe, Pest und Cholera. Eine Geschichte der Seuchen in Europa*. Fritz Steiner Verlag, Stuttgart.

Vasold, M. 2009. *Die Spanische Grippe. Die Seuche und der Erste Weltkrieg*. Primus Verlag, Darmstadt.

Vijgen, L., Keyaerts, E., Moës, E., Thoelen, I., Wollants, E., Lemey, P., Vandamme, A.-M. & Van Ranst, M. 2005. Complete genomic sequence of human coronavirus OC43: molecular clock analysis suggests a relatively recent zoonotic coronavirus transmission event. – *Journal of Virology*, 79(3): 1595–1604.

Vijgen, L., Keyaerts, E., Lemey, P., Maes, P., Van Reeth, K., Nauwynck, H., Pensaert, M., Van Ranst, M., 2006. Evolutionary history of the closely related group 2 coronaviruses: porcine hemagglutinating encephalomyelitis virus, bovine coronavirus, and human coronavirus OC43. – *Journal of Virology*, 80: 7270–7274.

Visher, E., Evensen, C., Guth, S., Lai, E., Norfolk, M., Rozins, C., ... & Boots, M. 2021. The three Ts of virulence evolution during zoonotic emergence. – *Proceedings of the Royal Society B*, 288: 20210900.

Voosen, P. 2022. Bids for Anthropocene's ›golden spike‹ emerge. – *Science*, 376: 562–563.

Vora, N. M., Hannah, L., Lieberman, S., Vale, M. M., Plowright, R. K. & Bernstein, A. 2022. Want to prevent pandemics? Stop spillovers. – *Nature*, 605: 419–422.

Vreeken, M., San Quirico, A. & van der Wielen, P. 2021. *Infected and undetected: zoonoses and exotic pets in the EU*. Animal Advocacy and Protection, Almere. (www.aap.nl/publications).

Wacharapluesadee, S., Tan, C. W., Maneeorn, P., Duengkae, P., Zhu, F., Joyjinda, Y., ... & Wang, L. 2021. Evidence for SARS-CoV-2 related coronaviruses circulating in bats and pangolins in Southeast Asia. – *Nature Communications*, 12: 972.

Walsh, P. et al. 2003. Catastrophic ape decline in western equatorial Africa. – *Nature*, 422: 611–614.

Wang, H., Paulson, K. R., Pease, S. A., Watson, S., Comfort, H., Zheng, P., ... & Murray, C. J. L. 2022. Estimating excess mortality due to the Covid-19 pandemic: a systematic analysis of Covid-19-related mortality, 2020–21. – *The Lancet*, 399: 1513–1536

Wang, L. F. & Anderson, D. E. 2019. Viruses in bats and potential spillover to animals and humans. – *Current Opinion in Virology*, 34: 79–89.

Wang, M., Yan, M., Xu, H., Liang, W., Kan, B., Zheng, B., ... & Xu, J. 2005. SARS-CoV infection in a restaurant from palm civet. – *Emerging Infectious Diseases*, 11(12): 1860–1865.

Wang, N., Li, S.-Y., Yang, X.-L., Huang, H.-M., Zhang, Y.-Z., Guo, H., ... & Shi, Z.-L. 2018. Serological evidence of bat SARS-related coronavirus infection in humans, China. – *Virologica Sinica*, 33: 104–107.

Wasser, S. K., Wolock, C. J., Kuhner, M. K., Ill, J. E. B., Morris, C., Horwitz, R. J., ... & Weir, B. S. 2022. Elephant genotypes reveal the size and connectivity of transnational ivory traffickers. – *Nature Human Behaviour*, 6: 371–382.

Watsa, M. & Wildlife Disease Surveillance Focus Group. 2020. Rigorous wildlife disease surveillance. – *Science*, 369: 145–147.

Watson, J. E. M., Evans, T., Venter, O., Williams, B., Tulloch, A., Stewart, C., ... & Lindenmayer, D. 2018. The exceptional value of intact forest ecosystems. – *Nature Ecology & Evolution*, 2: 599–610.

Weiss, R. A. 1999. Is Aids man-made? – *Science*, 286: 1305–1306.

Wever, P. C. & van Bergen, L. 2014. Death from 1918 pandemic influenza during the First World War: a perspective from personal and anecdotal evidence. – *Influenza and Other Respiratory Viruses*, 8(5): 538–546.

Whitfield, J. 2003. Ape populations decimated by hunting and Ebola virus. – *Nature*, 422: 551.

WHO 2021. *WHO-convened global study of Sars-CoV-2: China part.* https://bit.ly/3wiUXze.

Wikramanayake, E., Pfeiffer, D. U., Magouras, I., Conan, A., Ziegler, S., Bonebrake, T. C. & Olson, D. 2021. A tool for rapid assessment of wildlife markets in the Asia-Pacific Region for risk of future zoonotic disease outbreaks. – *OneHealth*, 13: 100279.

Will, W. 2019. *Athen und Sparta. Eine Geschichte des Peloponnesischen Krieges.* C. H. Beck, München.

Wille, M. & Barr, I. G. 2022. Resurgence of avian influenza virus. – *Science*, 376: 459–460.

Wille, M., Geoghegan, J. L. & Holmes, E. C. 2021. How accurately can we assess zoonotic risk? – *PLoS Biology*, 19(4): e3001135.

Winkle, S. 1997. *Geißeln der Menschheit. Kulturgeschichte der Seuchen.* Artemis & Winkler, Düsseldorf.

Winnacker, E.-L. 2021. *Mein Leben mit Viren. Eine Forschergeschichte über die faszinierende Welt der Krankheitserreger.* S. Hirzel Verlag, Leipzig.

Wirth, T., Hildebrand, F., Allix-Béguec, C., Wölbeling, F., Kubica, T., Kremer, K., ... & Niemann, S. 2008. Origin, spread and demography of the *Mycobacterium tuberculosis* complex. – *PLoS One Pathogens*, 4(9): e1000160.

Wördemann, F. 1985. *Die Beute gehört Allah. Die Geschichte der Araber in Spanien.* Piper, München.

Wolfe, N. D. 2011. *The Viral Storm. The Dawn of a New Pandemic Age.* Times Brooks, Henry Holt and Co., New York. (Deutsch 2012. *Virus. Die Wiederkehr der Seuchen.* Rowohlt Verlag, Reinbek bei Hamburg).

Wolfe, N. D. 2012. Fatal exchange. – *Nature*, 490: 33.

Wolfe, N. D., Dunavan, C. P. & Diamond, J. 2007. Origins of major human infectious diseases. – *Nature*, 447: 279–283.

Woolhouse, M. E. J., Haydon, D. T. & Antia, R. 2005. Emerging pathogens: the epidemiology and evolution of species jumps. – *Trends in Ecology & Evolution*, 20(5): 238–244.

Woolhouse, M. E. J., Howey, R., Gaunt, E., Reilly, L., Chase-Topping, M., Savill, N. 2008. Temporal trends in the discovery of human viruses. – *Proceedings of the Royal Society B: Biological Sciences*, 275: 2111–2115.

Worobey, M. 2021. Dissecting the early COVID-19 cases in Wuhan. – *Science*, 374: 1202–1204.

Worobey, M., Han, G.-Z. & Rambaut, A. 2014a. Genesis and pathogenesis of the 1918 pandemic H1N1 influenza A virus. – *Proceedings of the National Academy of Sciences*, 111(22): 8107–8112.

Worobey, M., Han, G. Z. & Rambaut, A. 2014b. A synchronized global sweep of the internal genes of modern avian influenza virus. – *Nature*, 508: 254–257.

Worobey, M. et al. 2004. Origin of Aids. Contaminated polio vaccine theory refuted. – *Nature*, 428: 820.

Worobey, M. et al. ... & Wolinsky, S. M. 2008. Direct evidence of extensive diversity of HIV-1 in Kinshasa by 1960. – *Nature*, 455: 661–664.

Worobey, M. et al. ... & Marx, P. A. 2010. Island biogeography reveals the deep history of SIV. – *Science*, 329: 1487.

Worobey, M., Pekar, J., Larsen, B. B., Nelson, M. I., Hill, V., Joy, J. B., ... & Lemey, P. 2020. The emergence of Sars-CoV-2 in Europe and North America. – *Science*, 370: 564–570.

Worobey, M. et al. 2022. The Huanan Seafood Wholesale Market in Wuhan was the early epicenter of the Covid-19 pandemic. – *Science* (online 10.1126/science. abp8715).

Wu, F., Zhao, S., Yu, B. et al. 2020. A new coronavirus associated with human respiratory disease in China. – *Nature*, 579: 265–269.

Xia, C., Lam, S. S. & Sonne, C. 2021. Seize China's momentum to protect pangolins. – *Science*, 371: 1214.

Xiao, K., Zhai, J., Feng, Y., Zhou, N., Zhang, X., Zou, J.-J., ... & Shen, Y. 2020. Isolation of SARS-CoV-2-related coronavirus from Malayan pangolins. – *Nature*, 583: 286–289.

Xiao, L., Lu, Z., Li, X., Zhao, X. & Li, B. V. 2021. Why do we need a wildlife consumption ban in China? – *Current Biology*, 31: R168–R172.

Xiao, X., Newman, C., Buesching, C. D., MacDonald D. W. & Zhou, Z. M. 2021. Animal sales from Wuhan wet markets immediately prior to the COVID-19 pandemic. – *Scientific Reports*, 11: 11898.

Yang, L. et al. & Jin, Q. 2014. MERS-related betacoronavirus in *Vespertilio superans* bats, China. – *Emerging Infectious Diseases*, 20: 1260–1262.

Yu, H., Spyrou, M. A., Karapetian, M., Shnaider, S., Radzevičiūtė, R., Nägele, K., ... & Krause, J. 2020. Paleolithic to Bronze age Siberians reveal connections with first Americans and across Eurasia. – *Cell*, 181: 1232–1245.

Yu, H., Jamieson, A., Hulme-Beaman, A., Conroy, C. J., Knight, B., Speller, C. ... & Orton, D. 2022. Palaeogenomic analysis of black rat *(Rattus rattus)* reveals multiple European introductions associated with human economic history. – *Nature Communications*, 13: 2399.

Zayed, A. A., Wainaina, J. M., Dominguez-Huerta, G., Pelletier, E., Guo, J., Mohssen, M., ... & Sullivan, M. B. 2022. Cryptic and abundant marine viruses at the evolutionary origins of Earth's RNA virome. – *Science,* 376: 156–162.

Zhang, D. 2020. Anomalies in BatCoV/RaTG13 sequences may be from contamination. – *Preprint* (https://zenodo.org/record/3987503#.YyIF1aTP1aQ).

Zhang, X., Rennick, L. J., Duprex, W. P. & Rima, B. K. 2013. Determination of spontaneous mutation frequencies in measles virus under nonselective conditions. – *Journal of Virology,* 87(5): 2686–2692.

Zhang, Y. & Holmes, E. C. 2020. A genomic perspective on the origin and emergence of SARS-CoV-2. – *Cell,* 181(2): 223–227.

Zhou, H., Ji, J., Chen, X., Bi, Y., Li, J., Wang, Q., ... & Shi, W. 2021. Identification of novel bat coronaviruses sheds light on the evolutionary origins of SARS-CoV-2 and related viruses. – *Cell,* 184; 4380–4391.

Zhou, P., & Shi, Z. L. 2021. Sars-CoV-2 spillover events. – *Science,* 371: 120–123.

Zhou, P., Fan, H., Lan, T., Yang, X.-L., Shi, W.-S., Zhang, W., ... & Ma, J.-Y. 2018. Fatal swine acute diarrhoea syndrome caused by an HKU2-related 444 coronavirus of bat origin. – *Nature,* 556: 255–258.

Zhou, P., Yang, X. L., Wang, X. G., Hu, B., Zhang, L., Zhang, W., ... & Shi, Z. L. 2020a. A pneumonia outbreak associated with a new coronavirus of probable bat origin. – *Nature,* 579: 270–273.

Zhou, P., Yang, X. L., Wang, X. G., Hu, B., Zhang, L., Zhang, W., ... & Shi, Z. L. 2020b. Addendum: A pneumonia outbreak associated with a new coronavirus of probable bat origin. – *Nature,* 588: E6.

Zhu, N., Zhang, D., Wang, W., Li, X., Yang, B., Song, J., ... & Tan, W. 2020. A novel coronavirus from patients with pneumonia in China, 2019. – *The New England Journal of Medicine,* 382: 727–733.

Zhu, T., Korber, B. T., Nahmias, A. J., Hooper, E., Sharp, P. M. & Ho, D. D. 1998. An African HIV-1 sequence from 1959 and implications for the origin of the epidemic. – *Nature,* 391: 594–597.

REGISTER

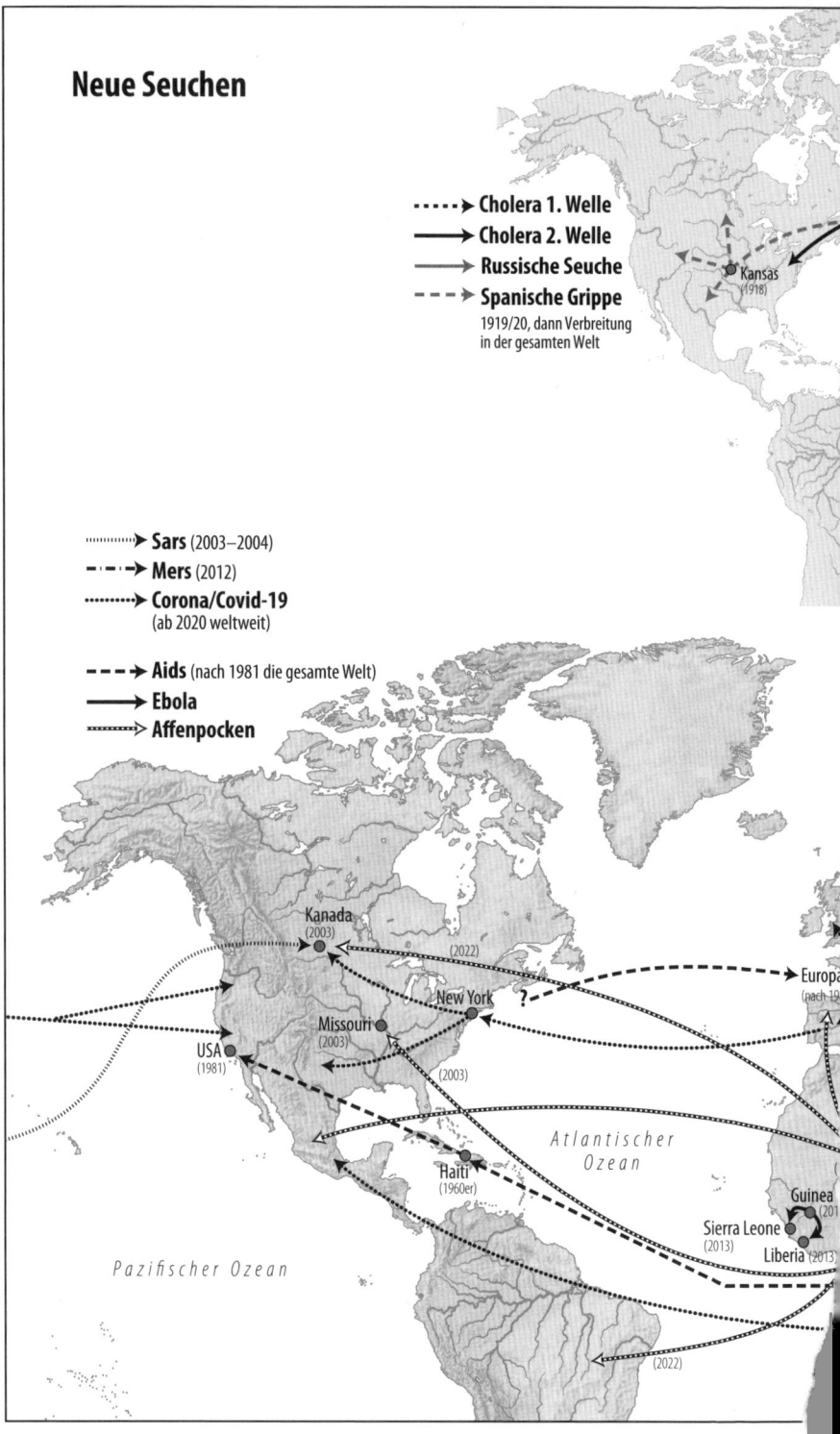

Neue Seuchen

.....▸ **Cholera 1. Welle**
——▸ **Cholera 2. Welle**
——▸ **Russische Seuche**
– – –▸ **Spanische Grippe**
1919/20, dann Verbreitung
in der gesamten Welt

Kansas
(1918)

·······▸ **Sars** (2003–2004)
–·–·▸ **Mers** (2012)
·········▸ **Corona/Covid-19**
(ab 2020 weltweit)

– – –▸ **Aids** (nach 1981 die gesamte Welt)
——▸ **Ebola**
··········▷ **Affenpocken**

Kanada
(2003)

(2022)

New York

Missouri
(2003)

Europa
(nach 19...)

USA
(1981)

(2003)

*Atlantischer
Ozean*

?

Haiti
(1960er)

Guinea
(201...)

Sierra Leone
(2013)

Liberia (2013)

Pazifischer Ozean

(2022)